文
景

—————

Horizon

观 古 今 中 西 之 变

社科新知　文艺新潮

沈松侨 著

纷纭万端

近代中国的思想与社会

上海人民出版社

目　录

代 序
召唤沉默的亡者：我们需要怎样的国族历史？*

　　1929 年 5 月，知名历史学家顾颉刚编著的《现代初中本国史教科书》，因为否认三皇五帝的存在，遭到国民政府下令查禁。当时的考试院院长戴季陶认为，"中国所以能团结为一体，全由于人民共信自己为出于一个祖先"，因此，三皇五帝的历史真实性，只能局限于学者的讨论，却万万不能在教科书中明白点破，"否则动摇了民族的自信力，必于国家不利"。顾颉刚则在答辩书中一再强调，"我们的民族自信力应当建立于理性上"，三皇五帝既然无法通过史学知识标准的检验，"万无维持其偶像之理"。如果真要团结中华民族，中国历史经历过无数次磨难，"这磨难中的牺牲人物正可唤起全民众的爱国精神"。

　　回顾这一段历史轶事，我们可以清楚看出，戴季陶与顾颉刚表面上针锋相对，势同水火，实际上，两人却有着一项共同肯认的基本前提：历史学与历史教育应该为国族利益服务；历史学者应该是"国族"这个被想象出来的共同体的忠诚信徒与护卫。

　　其实，早在 20 世纪初期，中国现代历史学甫行诞生之际，这项知识门类就与国族主义意识形态纠结缠绕，结下了不解之缘。1902 年，梁启超在其掀起近

---

* 本文原为笔者在《台湾社会研究》季刊举办的"历史学与历史意识"论坛上的发言稿，时间为 2004 年 12 月 26 日。

代中国史学革命的名篇《新史学》一文中，便这样地大声疾呼：

> 今日欲提倡民族主义，使我四万万同胞强立于此优胜劣败之世界乎？则本国史学一科，实为无老无幼、无男无女、无智无愚、无贤无不肖，所皆当从事，视之如渴饮饥食，一刻不容缓者也。

正如梁启超所期望的，近代中国的历史学，始终在国族主义的宰制之下；历史教育，也一直被视为"民族精神教育"的重要环节。也正因如此，各类政治势力莫不争相致力于历史记忆与历史诠释的攘夺与垄断，以之为打造特定国族认同的手段。在一片扰攘与喧嚣声中，史学研究与历史教育更不免染上高度政治化的色彩，自觉或不自觉地化作为特定政治利益与意识形态服务的工具。历史学者纵或有过微弱的呐喊与反思，历史学，作为一个独立自主、自具尊严的"客观"知识门类，长久以来，依然是象牙塔内少数学者的"高贵梦想"。

当然，我们也不能过分苛责近代中国的历史知识工作者，历史学与国族主义的共生关系，毋宁是一个普遍性的现象。姑不论举世各国历史教育与国族计划（nationalist project）千丝万缕、难分难解的紧密联系，19 世纪，当历史从传统的业余嗜好正式转化为一门拥有特定研究对象、操作程序与规训系统的专业学科时，无论是在老牌的国族国家如英、法等国，抑或在新兴的国族国家如德、意等国，历史学者对于"过去"的建构与再现，大抵也都难以摆脱国族阴影的笼罩。鼓吹档案研究、强调历史知识客观性，从而被中国新史学中坚之"史料学派"奉为圭臬的德国史学大家兰克（Leopold von Ranke）本人便曾担任普鲁士王国的官方史家；对他及其后辈而言，书写历史乃是为国家服务，而为国家服务，便是为上帝服务。国族国家，作为上帝的观念（ideas of God），乃是只能顺从与膜拜而不容置疑的神圣存在。同样地，在几个伟大的名字，如麦考莱（T. B. Macaulay）、基佐（F. Guizot）、克罗齐（B. Croce）、迈内克（F. Meinecke）

诸人的笔下，历史不多不少，便是国族主体，源起自邈远的过去，在线性进步的历史时间中，实现其伟大使命的特定过程。经由这样一套国族主义化的历史叙事策略，原本只是菲利普·科里根（Philip Corrigan）与德里克·塞耶（Derek Sayer）所谓的"文化效应"（cultural effect），只是由包含历史书写在内的各类论述所建构出之人为产物的国族，却被物化为神圣而永恒的历史主体。历史只能是国族的历史，而史学自然也被提升为孕育、捍卫"国族精神"的堡垒。历史学者艾瑞克·霍布斯鲍姆（Eric Hobsbawm）在回顾这一段历史学的历史时，把史学家与国族主义者之间的关系比作罂粟种植者与海洛因吸食者之间的关系，当然不是戏言。

不过，事实与价值之间并无必然的承续关系，历史学与国族主义在历史中偶然缔结的深厚渊源，并不足以在知识上与道德上为国族历史提供坚实的正当性基础。霍布斯鲍姆同时也指出，伴随国族，俱生共荣的"历史"，绝非汲汲维护知识尊严与伦理规范的专业史家所应提供的历史。勒南（Ernest Renan）在其著名演说《何谓国族？》中，固然高度强调国族建构过程中历史所发挥的重要作用，却也敏锐地观察到：遗忘历史，乃至扭曲历史，才是国族创立的真正枢纽。国族历史，其实只能是一套"神话历史"（myth-history）。

然而，这种借由特定的"框架、声音与叙事结构"（安娜·玛丽亚·阿隆索语）所建构出来的神话历史，却极其有效地形塑了一套强大的"真理治权"（regime of truth），将"国族"缝合成为一个至高无上、同质的、本真的（authentic）、永恒的自然事物，从而要求其成员无私无我地牺牲奉献。性别、阶级、族群与种族等多样的身份与差异，只能驯从于国族认同的宰制；个人与弱势群体的存在与记忆，也只能在国族不断自我再现的炫目光芒中，被抹除、被湮灭，从集体的"过去"中涤荡净尽。殖民时期的印度，为着维护国族的纯净本质，丧夫的寡妇被迫投身柴堆，纵火自焚。争取独立的国族主义运动期间，无以数计的印度农民，在甘地的号召下，义无反顾地投身建国大业，却在独立建国之后，被中产阶级知识分子所书写的国族历史抛弃于印度的国族国家之外。在中国，20世纪初期以黄帝祖源神话为核心的国族主义运动，驱使章太炎立意重新编写一部上起轩辕，下迄洪、杨，由汉族"明王圣帝"一脉相承的历史。1949年后的台湾地区，国民党政权重新打造国族认同的文化实践，也使得一整个世代的本地知识分子沦为失语与失忆的边缘群体。……翻检这些难以直面的斑驳史页，我们在国族历史这座辉煌璀璨的大理石教堂之下所看到的，或许乃是一道幽暗的深渊，里面埋葬着无数沉默的死者。国族历史或许正如乔伊斯所言，是我们最为深沉的梦魇。那么，作为历史知识的工作者，我们在形塑我们这个时代的历史意识时，是不是应该像安托瓦内特·伯顿（Antoinette Burton）对大英帝国历史所做的反思，不停地追问："谁需要国族？""谁需要国族的历史？"是不是应该像印度的庶民研究小组那样，割断我们与国族的共谋纽带，转而面对这群沉默的死者，让久遭遗忘的庶民，终能发出他们自己的声音？或者，我们是不是应该如杜赞奇（Prasenjit Duara）所鼓吹的，把历史从国族的宰制下拯救出来？

对于这些问题，我个人没有能力提出任何明确的答复。环顾当今的政治现实与知识状况，告别国族、告别国族化的历史书写，或许还是难以企及的梦想。杜赞奇的努力，只能在主导性的历史（History）之外，拯救出若干旁生歧出的历史（bifurcated histories）。伯顿在其由后殖民论述出发，试图解构不列颠国族历史叙事的过程中，终不免警觉到，会把国族"从后门带回来"。

虽然，就像顾颉刚那样，我们或许还是可以从事一些局部的、最低限度的尝试，在国族所宰制的历史之外，尝试书写和建构"建立于理性上"的另类国族历史。

首先，我们今天当然已经无法再像19世纪的史学家，对历史的客观真实性抱持着无比乐观的信念。但是，对于基本历史事实的尊重，依然不失为史学专业维系其自主与尊严的最终基石。1930年代，兰克史学所遗留的资产——史学客观性的信念，在一定程度上，便为法、德、意三国的学院史家，提供了免于全面屈从法西斯政权国族历史霸权叙事的解毒剂。我们不必再执着于史学知识的本体性意义与客观价值，但是在历史知识生产的场域中，史学工作者或许如林·亨特（Lynn Hunt）等人所言，还是应该自觉地秉持着一套策略性的"实践的实在论"（practical realism），还是应该遵循尊重史实、考辨史料、审慎诠释等史学操作的清规戒律。唯有在这样的共通前提下，不同的历史诠释之间，在对彼此差异性的肯认与尊重的基础上所展开的多元对话，才有正面、积极的意义，也才不致沦为敌对的整体性国族历史论述之间互不兼容、你死我活的恶性斗争。

其次，犹如戴季陶与顾颉刚的论争所显示的，国族并不是一个本质性的实体，而毋宁是一个各种想象与论述彼此对抗、争逐与协商的场域。戴季陶所想象的中华民族，是一个植根于祖源关系的血缘群体；顾颉刚所建构的国族，却是一个由历史纽带所构成的命运共同体。同样地，我们当然不是没有重新想象一个更开放、更具包容性之国族共同体的空间。我们当代的国族历史，当然也可能是更为多元、更为宽容的叙事模式的产物。回到本文经常引据的德国经验，1986 年至 1987 年间，在联邦德国新保守主义者试图将纳粹历史"正常化"所引发的"史学家论争"（historian's debate）中，哈贝马斯（Jürgen Habermas）砥柱中流，极力持守的宪法爱国主义（constitutional patriotism）立场，便为我们树立了一个足资持守的典范。而 1996 年美国历史学者丹尼尔·乔纳·戈德哈根（Daniel Jonan Goldhagen）撰著的《希特勒的志愿行刑者》一书所造成的历史事件，更是值得我们再三玩味。这本"污蔑德意志民族"的著作在统一后的德国史学界引发轩然大波时，德国社会大众所选择的立场，却是不受国族主义右派的蛊惑，宁可正视自身过去的罪恶与创伤，与异国学者站在同一阵线，共同对抗本国保守主义史学界的攻讦。"他山之石，可以攻玉。"透过对过去的再书写，有意识地抛弃长久以来与国家机器之间的不神圣联盟，致力于抵拒任何本质化、排拒性的国族认同，从而为这个社会培育出一种更为诚实、更合乎公义、更能包容"他者"的历史意识，或许不失为一种可能?

历史学者基于专业的习性，大抵对非历史的、普遍性的抽象价值与理想，抱持着怀疑的态度。然而，这并不妨碍他们成为"自由主义的反讽主义者"（liberal ironist）。根据理查德·罗蒂（Richard Rorty）的解释，"自由主义的反讽主义者"总是认真而严肃地面对自己最核心信念与欲望的偶然性，他们秉持历史主义与唯名论的信仰，并不相信那些信念与欲望的背后存在着任何超越时间与偶然性的基础。不过，在"自由主义的反讽主义者"所仅有的无坚实基础的信念中，却包含着一项卑微的愿望，亦即世间的苦难会减少，人对人的侮辱会停止。这或许是历史学者在他的斗室中书写过去时，所能自我期许的最低目标罢。

　　　　　　　　纷纭万端：近代中国的思想与社会

上篇

思想与人物

一代宗师的塑造
胡适与民初的文化、社会

前　言

　　近代中国史上，以一纯粹学者，全无政治凭借，而能享誉全国、蜚声中外者[1]，舍胡适一人，殆不作第二人想。尤有甚者，胡适于民国初年成名之骤，崛起之速，也诚如论者所言，除梁启超之外，再无他人堪与比拟。[2]1917 年 7 月，26 岁的胡适游美返国，9 月，任北京大学教授，不数年间，声誉鹊起，一跃而成学术文化界的领袖人物，在 1920 年代初期，俨然已有"一代宗师"之目。即胡适本人在晚年也自承早岁"暴得大名"，终生受累。[3]

　　然则，胡适何人，竟能在民国初期的中国社会脱颖而出，"暴得大名"呢？如果以严格的现代学术标准来衡量，青年胡适的治学业绩，实在难免予人"名实不称"的观感。以胡适的专业——哲学而言，历来批驳指摘之声，未尝稍歇。早在 1930 年，金岳霖评论胡适《中国哲学史大纲》一书，便坦率指陈胡适研治

---

[1]　1955 年美国《展望》杂志曾推举 100 位当时世界最具影响力的知名人物。胡适亦名列其间。参见唐德刚：《胡适杂忆》，台北：传记文学出版社，1979 年，第 157 页。

[2]　余英时：《中国近代思想史上的胡适》，台北：联经出版公司，1984 年，第 8 页。

[3]　胡光麃：《波逐六十年》，香港：新闻天地社，1964 年，第 380 页。

中国哲学史，既不免于主观成就，"同时西洋哲学与名学又非胡先生之所长"，以致其综论中西学说时，每多流于牵强附会。[1] 近人吴森也认为胡适对于乃师杜威之实验主义哲学"了解肤浅"，"有师而无承"，完全未能掌握杜威思想的精义。[2] 至于其他从文学、史学各方面，对胡适的学术成就提出质疑的，更是所在多有，不胜枚举。

平心而论，这些"反胡""批胡"的言论，固不免夹杂着"文人相轻"的意气成见，却也尽多"言之成理，持之有故"的严肃批评，绝不是"无的放矢"四字可以轻轻揭过。即使是近人中对胡适最有"同情之了解"的唐德刚，在称颂胡适为"当代第一人"之余，仍不讳言胡适对于现代史学及各项社会科学所知甚浅，终其一生，"中学止于乾嘉，西学亦未超过赫胥黎、杜威二人"。[3] 因此，胡适的早岁得名，似乎并不能只由单纯的学术观点来解释。青年胡适之所以迅速占有近代中国学术文化界的霸权地位，显然还牵涉到复杂的历史脉络与社会背景等因素。

1983 年，余英时在为胡颂平编《胡适之先生年谱长编初稿》所撰长序中，首度针对此一问题提出深入而有系统的分析。余先生从思想史的角度，指出胡适的最大贡献，在于其为近代中国的学术思想树立了一套崭新的"典范"，此项开创之功，正是胡适得享盛名的关键所在。[4]

余先生治中国思想史，善觑大端，阐幽发微，迭出胜义。经过他的诠释，此一久悬人心的公案殆可谓涣然冰释，略无剩义。虽然，余先生该文格于研究

---

[1] 金岳霖：《冯著中国哲学史审查报告二》，冯友兰：《中国哲学史》，台北影印本，"附录"。

[2] 吴森：《杜威思想与中国文化》，汪荣祖编：《五四研究论文集》，台北：联经出版公司，1979 年，第 125—156 页。

[3] 唐德刚：《胡适杂忆》，夏志清作序，第 24 页。

[4] 余英时：《中国近代思想史上的胡适》，胡颂平编：《胡适之先生年谱长编初稿》第 1 册，台北：联经出版公司，1984 年，并有单行本同时出版。

角度与材料限制，殊少触及具体的历史背景，更未能点明作为一个现实人物的青年胡适是在怎样的社会关系网络中从事其学术文化活动的。所幸近数年间，胡适早期的日记、书信陆续面世，使我们得以在思想史的诠释之外，再就更宽广的面向窥探青年胡适成名过程的蛛丝马迹，从而更确切地把握此一独特历史事实所反映的意义。缘是，本篇之作，盖不过规抚时贤，勉为续貂而已。

一、中国学术的"哥白尼"

1917 年 9 月，满怀"为国人导师"[1]之雄心壮志的胡适迈入北大校门时，他在中国的学术界里，还只是一个默默无闻的边缘人物。

在当时，传统儒学仍是中国学术的主流，以章太炎为首的古文经学派与以康有为为首的今文经学派，双峰并峙，二分天下，几乎笼罩了整个中国学术思想界。而在众所瞩目的学术重镇——北大之内，四世家传《左传》的古文大师刘师培与章太炎门下高弟黄侃、马裕藻、钱玄同诸人，坐拥皋比，相率以训诂考据之"汉学"为号召，蔚为斯时北大的学统正宗。[2]以论旧学之邃密，去国多年的胡适，当然是无法与这些人物分庭抗礼的。据耿云志统计，胡适 4 岁入塾，13 岁赴沪入新式学堂，前后在塾 9 年，读过的经典古籍不过"四书"和《诗》《书》《易》《礼》等寥寥数种。[3]1910 年，胡适赴北京应留美赔款官费考试，才在友人指点下，接触到汉儒的经传注疏。[4]及留美期间，胡适虽于课余之

---

[1] 胡适：《胡适留学日记》第 3 册，台北：商务印书馆，1980 年，第 653 页。

[2] 萧超然等：《北京大学校史，1898—1949》，上海：上海教育出版社，1981 年，第 37 页。

[3] 耿云志：《胡适年谱》，香港：中华书局，1986 年，第 7—8 页。

[4] 胡适：《四十自述》，台北：远东图书公司，1964 年，第 89 页。

暇，勤力自修，点读旧籍[1]，毕竟限于日力，涉猎无多。他在 1922 年 12 月 23 日的日记中便感叹说："吾辈去国日久，国学疏废都尽。"[2] 1914 年致胡近仁函中也说："适近年以来，为蟹行文字所苦，国学荒落不可问。"[3] 自返国之后，每当研究工作中遇到音韵学的问题，他往往都要向钱玄同请教，或干脆请钱代作。[4] 从此一事观之，胡适的这些话，也并不全是自谦之词。因此，胡适在担任北大教授之初，"常常提心吊胆，加倍用功"，深恐为学生耻笑。[5] 1919 年 2 月，他的《中国哲学史大纲》出版时，封面上特别题署"胡适博士著"等字样；而蔡元培为该书所撰序文误以胡适为"世传汉学的绩溪胡氏"之后，胡适竟亦默不作声，不加更正。[6] 凡此诸端，在在反映出青年胡适甫行展开学术事业时的中情惴惴，不敢自信。甚至到了晚年，他在回忆其发表《文学改良刍议》而深获钱玄同赏识一事时，也还透露了此中消息：

> 钱氏原为国学大师章太炎（炳麟）的门人，他对这篇由一位留学生

---

[1] 据《胡适留学日记》第 1 册所载，他在 1911 年一年内所披阅之中国古籍有《左传》《杜诗》《诗经》《说文解字》《王临川集》《陶渊明诗》《谢康乐诗》《荀子》《尚书》《春秋》《老子》《韩非子》《墨子》《管子》《易经》《宋元学案》等十余种。1914 年 6 月他在寄赠胡洪声（禹臣）的读书小照上所题绝句亦云："异乡满书架，中有旧经传。"参见胡适：《胡适留学日记》第 1 册，第 248 页。

[2] 胡适：《胡适留学日记》第 1 册，第 152 页。

[3] 胡适：《胡适家书手稿》，合肥：安徽美术出版社，1989 年，第 38 页。

[4] 如 1922 年 8 月胡适拟撰《诗经新解》所列条例中，音韵项下便写道："暂从阙，将来请（钱）玄同补作。"参见《胡适日记》1922 年 8 月 19 日条，香港：中华书局，1985 年，第 433 页；曹述敬：《钱玄同年谱》，济南：齐鲁书社，1986 年，第 41 页。

[5] 胡颂平编：《胡适之先生年谱长编初稿》第 1 册，第 296 页。

[6] 唐德刚：《胡适杂忆》，第 42—43 页。有关胡适博士学位问题，近年论者颇多，参见唐德刚译注：《胡适口述自传》（以下简称《胡适口述自传》），台北：传记文学出版社，1981 年，第 98—103 页，注 1；耿云志：《胡适研究论稿》，成都：四川人民出版社，1985 年，"附录"，第 292—312 页。关于胡适的先世，自蔡元培作序以来，一般皆误以为胡适为清代经学史上"绩溪三胡"中的胡培翚之后，至 1964 年胡颂平始为文辩正，后为李敖采入其《胡适评传》（台北：文星书店，1972 年，远流出版社重印本，1979 年，第 110—112 页）；胡适本人在晚年亦正式澄清此说，参见《胡适口述自传》，第 4—5 页。

执笔讨论中国文学改良问题的文章大为赏识，倒使我受宠若惊。[1]

然而时隔数载，胡适在中国学术界的地位却有了戏剧性的转变。1919 年 3 月蔡元培在《答林琴南函》中，已肯定胡适"了解古书之眼光，不让清代乾嘉学者"。[2] 1920 年梁启超在《清代学术概论》中，更将胡适与章太炎相提并称，许之为清代考证学正统之殿军。[3]

那么，胡适到底有何建树，竟能在短短几年之内，博取如此崇高的学术声望？这就不能不牵涉到清末民初中国传统学术所面临的困境了。

如余英时先生所言，清代考证之学的基本典范在于"通经明道"，也就是通过训诂考订的绵密功夫，探求六经孔孟的义理。自顾炎武以降，"音韵明而后训诂明，训诂明而后义理明"可以说是有清一代 200 年间学者治学的不二圭臬，而其根本价值假设则是"信古"而非"疑古"，是"独尊儒术"而非"诸子平等"。[4]

但是，清代学术经过长期发展，其所蕴涵的基本假定却逐步面临崩溃的危机。首先，随着考证工作的内在需求，自清代中叶以来，治诸子学的风气渐次兴起，知名学者如王念孙、张履等人，率多移治经之法以治诸子。[5] 逮诸子之书考订既明，其在义理上的地位，遂亦昂然振起，寝假威胁到孔孟的独尊霸权。乾隆年间，汪中治墨，已将墨子提升到与儒学相埒的地步。他说：

---

[1] 《胡适口述自传》，第 154 页。

[2] 蔡元培：《答林琴南函》，孙常炜编：《蔡元培先生全集》，台北：商务印书馆，1977 年，第 1087 页。

[3] 梁启超：《清代学术概论》，台北：中华书局，1980 年，第 6 页。

[4] 余英时：《中国哲学史大纲与史学革命》，余英时：《中国近代思想史上的胡适》，"附录一"，第 84 页。

[5] 清代中晚期诸子学兴起的背景与大略经过，参见王汎森：《章太炎的思想：（1868—1919）及其对儒学传统的冲击》，台北：时报文化出版公司，1985 年，第 26—29 页。

《墨子》之说，其在九流之中，惟儒足与之相抗。[1]

又说：

> 自儒者言之，孔子之尊，固生民以来所未有矣；自墨者言之，则孔子鲁之大夫也，而墨子宋之大夫也，其位相埒，其年又相近，其操术不同，而立言务以求胜，此在诸子百家，莫不如是。[2]

既然孔墨齿位相敌，操术纵有不同，又曾何轩轾之有？所以翁方纲痛诋汪中为"名教之罪人"[3]，正是有鉴于这种治学路向终将根本颠覆清代学术的价值系统。

果然，降及晚清，古文大家章太炎上承汪中、孙星衍之余绪，更进一步援引诸子以夺孔孟之正位。他在 1906 年发表《诸子学略说》一文，肆意摭拾《庄子》等书菲薄孔子之事迹，全面扭转传统经学家所设定的孔子面目，"尊子贬孔"的观点在他手中发挥得淋漓尽致，对清末民初的知识界造成了巨大的影响。[4] 许之衡论章氏学术，便指出章一力排孔，"后生小子翕然和之"，"孔子遂大失其价值，一时群言，多攻孔子矣"。[5] 由此可知，清代中晚期以来诸子学的发展，不但以附庸蔚为大国，改变了中国学术的传统面貌，抑且直接撼动了考证之学赖以存立的典范基础。

另一方面，乾嘉以降学者对考证工作的常态研究，也和"明义理"的典范

---

[1] 汪中：《述学·内篇三》，台北：广文书局，1970 年，第 3 页。

[2] 同上书，第 2 页。

[3] 胡适：《翁方纲与墨子》，《胡适文存》第 3 集第 7 卷，台北：远东图书公司，1974 年，第 598 页。

[4] 章太炎与晚清诸子学的关系，参见王汎森：《章太炎的思想：（1868—1919）及其对儒学传统的冲击》，第 29—33 页。

[5] 守微（许之衡）：《读国粹学报感言》，《国粹学报》1905 年第 6 期，"社说"，第 1、6 页。

要求日趋脱节，逐渐流于琐碎饾饤、擘绩补苴的狭隘境界。[1] 一旦西力入侵，形势豹变，这种原已遭逢"技术崩溃"之内在危机的传统学术自然无法有效回应时势的挑战，而不能不被迫走上彻底改造的途径。梁启超在论清学之衰时，便说：

> 清学之蜕分期，同时即其衰落期也，顾、阎、胡、惠、戴、段、二王诸先辈，非特学识渊粹卓绝，即行谊亦至狷洁。及其学既盛，举国希声附和，浮华之士亦竞趋焉，固已渐为社会所厌。且兹学荦荦诸大端，为前人发挥略尽，后起者因袭补苴，无复创作精神，即有发明亦皆末节，汉人所谓碎义逃难也。而其人犹自倨贵，俨成一种"学阀"之观。……海通以还，外学输入，学子憬然于竺旧之非计，相率吐弃之，其运命自不能不复久延。[2]

当然，在上述内外两重危机的交相侵迫下，清末儒学内部并不是没有产生过自救的努力，其最足为代表的，便是以廖平、康有为为后劲的今文学运动。

稍早于康有为，廖平已经试图弥缝诸子异端之学与西方文化对传统儒学所造成的强大冲击。为了应付诸子学的挑战，廖平主张先秦诸子也和孔子一样创教改制，诸子百家与"孔道"非但不相排斥，且有密切的源承关系，他说："子家出孔圣之后，子部窃孔经之余。"[3] 对于西方文化的威胁，廖平则以一个全盘改装的孔子加以化解。他宣称西方现代文明皆为孔子所曾预言，西方"一切之说

---

[1] 余英时：《中国哲学史大纲与史学革命》，余英时：《中国近代思想史上的胡适》，第85—86页。

[2] 梁启超：《清代学术概论》，第5—6页。

[3] 廖平：《皇帝疆域图表》，引见王汎森：《古史辨运动的兴起——一个思想史的分析》，台北：允晨文化出版公司，1987年，第169页。

一代宗师的塑造

15

皆我旧教之所有"[1]，孔子乃是"全球之神圣"，六艺则为"宇宙之公言"。[2]

廖平这种以"奇伟尊严孔子"[3]为手段来为危疑震撼的儒学注入新活力的努力，在康有为手中，阐发推衍，抵于极致。为了达成变法改制的政治目的，康有为不但斥古文六经为刘歆所伪托，一举推倒传统经学中的古史系统，更将六艺经典重新解释成孔子"托古改制"，"垂法万世，范围六合"的一套神秘符号系统。[4]在他笔下，孔子俨然一教主大圣，其推尊高扬，可谓无以复加矣。

然而，廖平、康有为等人因应世变，亟亟乎维系传统学术基本典范于不坠的工作，反而对整个儒学传统造成了致命的一击。梁启超论《孔子改制考》对晚清思想界的影响时，便一针见血地指出了这吊诡的现象：

> 《伪经考》既以诸经中一大部分为刘歆所伪托，《改制考》复以真经之全部分为孔子托古之作，则数千年共认为神圣不可侵犯之经典，根本发生疑问，引起学者怀疑批评的态度。
>
> （康氏）虽极力推挹孔子，然既谓孔子之创学派与诸子之创学派同一动机、同一目的、同一手段，则已类孔子于诸子之列，所谓"别黑白定一尊"之观念，全然解放，导人以比较的研究。[5]

由是而观，中国传统学术在清末民初时，殆已濒临全面瓦解的严重危机。如何在西方强势文化的挑战下，重新建构一套信仰、价值和技术系统，便成为

---

[1] 廖平：《皇帝疆域图表》，引见王汎森：《古史辨运动的兴起——一个思想史的分析》，第168页。

[2] 廖平：《经学五变记》，引见同上注。

[3] 章太炎语，参见章太炎：《国故论衡·原经》（章氏丛书本），台北：世界书局，1982年，第71页。

[4] 有关康有为的思想及其意义，论者甚夥，较详尽的分析可参见王汎森《古史辨运动的兴起——一个思想史的分析》。

[5] 梁启超：《清代学术概论》，第58页。

当时中国学术界最为紧要的课题。章太炎所以在清末首揭"整理国故"的大纛，自然不是无因。

也就是在这样一个关键性的时刻，青年胡适展开了他的学术生涯，也担负起了树立新典范的革命性事业。

当然，胡适所以能扮演如此一个历史性的角色，除去有利的客观形势外，也和他个人的主观凭借密切相关。余英时已经指出，胡适的治学途径自始即遵循着训诂考证的正统路向。[1] 同时，他远在异域"自修汉学"，既然无家法师承，也就不受宗派成见所囿限，一以己意为断，反而多有会心发明。他在1911年4月的日记上，便对"汉儒解经之谬"痛加抨击，立志造作今笺新注，别开生面：

> 读《召南》《邶风》。汉儒解经之谬，未有如《诗》笺之甚者矣。……诗者，天趣也。汉儒寻章摘句，天趣尽湮，安可言诗？而数千年来，率因其说，坐令千古至文，尽成糟粕，可不痛哉？故余读《诗》，推翻毛传，唾弃郑笺，土苴孔疏，一以己意造《今笺新注》。自信此笺果成，当令《三百篇》放大光明，永永不朽，非自夸也。[2]

另一方面，胡适在留美期间，又从杜威的实验主义哲学中提取了一套治学的"科学方法"。在胡适的理解中，这套哲学的精义不外乎"历史的态度"与"实验的方法"两大端，而其基本归趋则是将一切学说都当作由特定历史背景所造成而有待证实的假设，其价值须以其所造成的结果来做评判，绝无不证自明的"天经地义"可言。[3] 如余英时所论，这套方法在根本精神上与清代考证学原可相通，而其精密、严格与系统化的程度，则远非后者所能企及。[4] 因此，当青

---

[1] 余英时：《中国近代思想史上的胡适》，第37—38页。

[2] 胡适：《胡适留学日记》第1册，第22—23页。

[3] 胡适：《杜威先生与中国》，《胡适文存》第1集第2卷，第381页。

[4] 余英时：《中国近代思想史上的胡适》，第48、52页。

一代宗师的塑造

年胡适挟其"科学方法"，着手"重新估定一切价值"[1] 时，他在中国学术界所造成的震撼也就有如"大地震""火山大喷火"[2] 了。顾颉刚记述他在北大初听胡适授课，便有如下的形容：

（北大）哲学系讲中国哲学史一课的，第一年是陈伯弢（汉章）。……他从伏羲讲起，讲了一年，只到得商朝的"洪范"。……第二年，改请胡适之先生来教。……他不管以前的课业，重编讲义，辟头一章是《中国哲学结胎的时代》，用《诗经》作时代的说明，丢开唐虞夏商，径从周宣王以后讲起。这一改，把我们一班人充满着三皇五帝的脑筋骤然作了一个重大的打击，骇得一堂中舌挢而不能下。[3]

究竟为什么顾颉刚会对胡适的说法震惊至斯？我们从蔡元培为《中国哲学史大纲》所撰序文中，可以发现一些线索。蔡序指出了胡适该书的几项特点，其中二、三两项明白点出胡适的主要贡献：一则在以"扼要的手段"截断众流，径从老子、孔子讲起；一则在于摆脱"独尊儒术"的传统成见，以平等的眼光对待诸子百家，"都还他一个本来面目"。[4] 这两点，如前所述，正好扣住了晚清以来中国学术的关键性问题。因而胡适以严密的"证明方法"所完成的"系统研究"，遂能一举摧陷以往学术研究的基本典范，重行指出截然异趣的治学新径。他在晚年夫子自道，认定其《中国哲学史大纲》一书，在民初的中国学术界，"是一项小小的革命"，就是针对这层意义而发。[5]

也正因为胡适的学术工作与当时中国学术发展的内在需求深相契合，他的

---

[1] 胡适：《新思潮的意义》，《胡适文存》第 1 集第 4 卷，第 728 页。

[2] 梁启超语，参见梁启超：《清代学术概论》，第 57 页。

[3] 顾颉刚：《古史辨》第 1 册，"自序"，上海：上海古籍出版社，1982 年，第 36 页。

[4] 蔡元培：《胡适中国哲学史序》，孙常炜编：《蔡元培先生全集》，第 943—944 页。

[5] 《胡适口述自传》，第 216 页。

成就与声望也就迅速受到同时代的知识界所肯定。顾颉刚便说："胡先生讲得的确不差，他有眼光，有胆量，有断判，确是一个有能力的历史家。他的议论处处合于我的理性，都是我想说而不知道怎样说才好的。"[1]1919年2月，胡适的《中国哲学史大纲》出版，不及两月，即告再版，到1922年8月更已出至第八版。[2]甚至僻处四川的熊克武也致函胡适，指出该书在川"购者争先，瞬息即罄"，并称扬该书"为中国哲学辟一新纪元"。[3]可见当时胡适的声名已为全国知识界所公认，且其声光之盛，凌厉无前，我们只要对胡适与梁启超在学术上的交涉，略加爬梳，便可窥见一斑。

胡适早年为学，深受梁启超之启迪[4]，但两人正式会面，则迟至1918年11月。当时梁启超早已誉满天下，隐然中国学术界的泰山北斗，而青年胡适仍无藉藉之名，因而胡适晋谒梁启超时尚须请人介绍，执礼甚恭。[5]但是1920年以后，两人在学术上的主从关系便有了明显的变化。梁启超不但受胡适影响，回过头重理学术旧业，甚至在后者盛名的威胁下，几乎无时无刻不以胡适为其主要敌手。[6]1922年4月，梁启超出版《墨经校释》，将胡适所撰序文置于书末，却将本人的答辩放在书前。[7]同年3月，梁启超又穷二日之力，公开讲演，评论

[1] 顾颉刚：《古史辨》第1册，"自序"，第36页。

[2] 胡颂平编：《胡适之先生年谱长编初稿》第2册，第353页；耿云志：《胡适年谱》，第53页。

[3] 《胡适来往书信选》上册，北京：中华书局，1979年，第71页。

[4] 胡适：《四十自述》，第50—54页。

[5] 丁文江编：《梁任公先生年谱长编》下册，台北：世界书局，1972年，第550—551页。

[6] 胡适于1920年底致函陈独秀，便说梁氏复出讲学，是专对胡适而发，又说："他（梁）在清华的讲义无处不是寻我的瑕疵。他用我的书之处，从不说一声；他有可以驳我的地方，决不放过。"参见《胡适来往书信选》上册，第119页。胡、梁二人的关系与交往，参见耿云志：《胡适与梁启超》，耿云志：《胡适研究论稿》，第240—270页；张朋园：《胡适与梁启超——两代知识分子的亲和与排拒》，《"中央研究院"近代史研究所集刊》第15期（下），1986年，第109—162页。

[7] 中国社会科学院近代史研究所编：《胡适的日记》（以下简称《胡适的日记》），1922年4月30日条，北京：中华书局，1985年，第345页。

胡适的《中国哲学史大纲》。[1] 凡此诸端，历历可见梁启超已视胡适为其在学术界霸权地位的最大竞争者。事实上，就在同时，胡适已受推主编北大国学研究所的《国学季刊》[2]；等到 1923 年初胡适刊布《国学季刊发刊宣言》一文，他在中国学术界的领导地位可说已是完全巩固了。

二、白话文学的"通天教主"

从上节的叙述，我们略可窥知胡适于民初学术界崛起的背景与经过，且其成名之暴、享誉之早，实足令人惊诧。不过，若从范围更为宽泛的文化界来观察，则胡适的享名，却还要更向前推上几年，而其中关键，则系乎其所提倡的文学革命。1920 年 8 月，傅斯年自英国致函胡适，便坦率指陈，胡适自提倡白话文以来，名声骤起，几"于中国偶像界中备一席"。[3] 唐德刚在《胡适杂忆》一书中也说：

> 适之先生于 1917 年回国之初，在名义上他是个英文教授。事实上，在《中国哲学史大纲》出版之前，也没有人把他看成个哲学家。他底名气是从白话文运动里宣扬出去的。[4]

如众周知，胡适于 1917 年 1 月，在《新青年》杂志发表《文学改良刍议》一文，从此奠定他在新文学史上的开山地位，而胡适大名，遂亦随之喧腾众口。耿云志便说，胡适以其白话文运动首倡者的身份，在五四时期"取得了几乎超

[1] 《胡适的日记》，1922 年 3 月 5 日条，第 277—278 页。

[2] 同上书，第 281、288、292 页。

[3] 《胡适来往书信选》上册，第 106 页。

[4] 唐德刚：《胡适杂忆》，第 217—218 页。

过他所应得的荣誉"。[1]

由于胡适的声名太盛，历来"批胡""反胡"之人，经常刻意贬抑胡在文学革命运动上的作用，转而揄扬陈独秀、鲁迅等人的贡献。但就现有史料来看，这种看法显然与史实不符。事实上，不但胡适本人对于文学革命的首倡之功居之不疑，同时代的人，无论赞成白话文学与否，也都一致肯定胡适的领导地位。陈独秀固已宣称胡适为"首举文学革命义旗之急先锋"[2]，甚至到1925年8月，上海学生联合会致函胡适，也还称颂他"首创文学革命，举国风从，遐迩知名"。[3]

虽然，就外在形迹观之，胡适在白话文学运动上的实质成就，实在也和他的学术业绩一样，难免予人稍嫌单薄之憾。先就白话文学的建设理论来说，除了被公认"文学革命运动第一个宣言书"[4]的《文学改良刍议》外，胡适在这方面比较重要的篇章，尚有《历史的文学革命论》《建设的文学革命论》《谈新诗》等文。这些文章在五四时期曾经受到高度的赞誉，郑振铎便认为《建设的文学革命论》乃是"文学革命最堂皇的宣言"[5]；朱自清也说，胡适的《谈新诗》"差不多成为新诗创作和批评的金科玉律了"[6]。但是深入分析，这几篇文章翻来覆去，几乎完全侧重于文学形式的变革，鼓吹以白话代替文言，对于文学内容的改良，则殊少具体的阐释。至于实际的文学创作方面，胡适更可以说是"提倡有心"而"创造无力"，除了在1920年3月出版一册《尝试集》外，别无其他可为称道的重大成果，而《尝试集》一书，从严格的文学批评来看，无论在形

---

[1] 耿云志：《胡适研究论稿》，第9页。

[2] 陈独秀：《文学革命论》，《独秀文存》，上海：亚东图书馆，1934年，第136页。

[3] 《胡适来往书信选》上册，第341页。

[4] 耿云志：《胡适研究论稿》，第39页。

[5] 郑振铎主编：《中国新文学大系》第2集《文学论争集》，香港：文学研究社，1972年，"导言"。

[6] 朱自清主编：《中国新文学大系》第8集《诗集》，"导言"。

式或内容上，实在都难称高明。[1]

那么，青年胡适为什么仅仅凭着"以白话取代文言"的主张，便能鼓动全国、风靡一世，在民初中国的文化界掀起排天巨涛，从而坐享"中国之但丁、乔叟"[2]的盛名呢？这个问题显然还是要从历史脉络与时代背景加以推求。

近代中国史上，白话文的提倡，自然并非始于胡适。晚清以来，以白话或俗话所办的报刊，在全国各地已陆续出现。据统计，自光绪二年（1876）上海出版《民报》日刊首开白话报之滥觞，下迄宣统三年（1911），全国各地有资料可稽的白话报共达 68 种之多，其分布地点遍及上海、北京、无锡、杭州、芜湖、济南、九江、保定、武汉、安庆等大小都市。[3]而胡适本人正是此一风潮的见证者之一；1906 年他 16 岁时，便在上海参与《竞业旬报》的编务，并先后发表多篇以"提倡民气，改良社会"为标榜的白话文章。[4]因此，如果从历史的纵深回顾，胡适在民初所鼓吹的白话文运动，也不过是"一连串起伏冈峦中较为突出的一座"[5]而已。

问题是，晚清 40 年间连绵不断的白话运动何以未能造成重大回响，而须等到民国初年，始由胡适登高一呼，竟其全功呢？

从思想史的背景来说，晚清的白话运动基本上与近代中国的思想变革密切相关。溯自咸同以降，西力入侵，国势飘摇，逮及有清季叶，中国面临西方挑战已达空前未有的高度。在这种危机意识下，爱国士大夫激于救亡图存的迫切心理，相率致力各项改革事业，而其根本薪向则在急速而彻底地动员全国力量，

[1] 耿云志：《胡适研究论稿》，第 63 页。周策纵曾就胡适《尝试集》做过深入的批评，参见周策纵：《论胡适的诗》，唐德刚：《胡适杂忆》，"附录"。

[2] 1925 年 8 月上海学生联合会致函胡适中语，参见耿云志：《胡适研究论稿》，第 63 页。

[3] 陈万雄：《新文化运动前的陈独秀》，香港：香港中文大学出版社，1982 年，第 37—45 页。

[4] 胡适：《四十自述》，第 60—68 页。

[5] B. I. Schwartz, "Introduction," in B. I. Schwartz ed., *Reflections on the May Fourth Movement: A Symposium*, Cambridge: Harvard Univ. Press, 1973, p. 4.

以因应外在局势的挑战。晚清之际，"群学"大盛，改造国民意识的呼声甚高，正是这种外在客观形势逼出的结果。[1]

要想有效动员全国力量，首要之务无疑便在排除阻隔于国民与国民之间的各项障碍，晚清思想家所以一再强调"通"上下之情，便是出于这种要求。在此脉络之下，借用一般社会大众所通行的白话文字为宣传工具，以期"改良风俗，开通民智"，俾将广大群众凝聚于特定政治目标之下，自然成为中国知识分子辗转相仿的时代风尚。1901年9月发刊于北京的《京话报》明白宣称该报缘起在于"要望中国自强，必先齐人心，要想齐人心，必先通语言"[2]，便充分说明了晚清白话运动的内在动因。甚至日后反对白话文学不遗余力的章太炎、林纾等人，在当时也都有过用白话文写成的作品。[3]

但是，晚清知识分子提倡白话文的努力，却格于本身意识上的障碍，未能贯彻。1922年，胡适在检讨半世纪间中国文学的发展流变时，便对此中关键有过深刻的反省：

> 二十多年以来，有提倡白话报的，有提倡白话书的，有提倡官话字母的，有提倡简字字母的。……这些人可以说是"有意的主张白话"，但不可以说是"有意的主张白话文学"。他们的最大缺点是把社会分作两部分：……一边是应该用白话的"他们"，一边是应该做古文古诗的"我们"。我们不妨仍旧吃肉，但他们下等社会不配吃肉，只好抛块骨头给他

---

[1] 对于晚清群学兴起之思想史意义的简要讨论，参见王汎森：《"群"与伦理结构的破坏》，王汎森：《章太炎的思想：（1868—1919）及其对儒学传统的冲击》，"附录一"，第243—249页。

[2] 陈万雄：《新文化运动前的陈独秀》，第38页。

[3] 章太炎于清末主编《教育今语杂志》，以普及国学常识为宗旨，故篇篇均用白话，其后坊间将之汇印一册《章太炎的白话文》，参见黎锦熙：《钱玄同先生传》，曹述敬：《钱玄同年谱》，"附录"，第171页。林纾在晚清曾以俗语写就《闽中新乐府》多篇，以讽世劝俗，参见朱羲胄编：《贞文先生年谱》，《林琴南学行谱记四种》，台北：世界书局，1965年，第19页。

们吃去罢。这种态度是不行的。[1]

换句话说，在晚清鼓吹白话文的知识分子中，士大夫阶层与一般社会大众之间仍然横亘着不可逾越的鸿沟，知识分子虽可降尊纡贵地援引"引车卖浆之徒所操之语"[2]，作为教化细民的工具，然而，"粗鄙俚俗"的白话却绝无可能跻身士大夫的学术文化殿堂。此所以林纾虽曾在清末以白话俚语创作《闽中新乐府》，但其翻译西洋小说，仍始终恪守"桐城义法"的古文矩矱。即使日后大力鼓吹白话文学，甚至喊出"废弃汉文"之激烈口号的钱玄同，在1913年，初见胡以鲁于北大开授"国语学"一课时，也不免为之勃然大怒。[3] 因此，晚清中国知识分子虽假白话以求社会之"通"，他们对知识分子与社会之关系的既定看法，却反而深化了彼此之间的"不通"。他们所提倡的白话运动，当然也就落得潮打空城，寂寞无功了。

清末知识分子这种心理意识上的局限，自有其社会经济结构的背景，正亦无可厚非。但是，也是自晚清以来，这个支撑着传统士大夫意识的社会经济架构，开始历经空前未有的激烈变迁。一方面，1905年科举停废，士大夫阶层制度基础彻底崩解，逐渐为接受现代教育洗礼的新式知识分子所取代；另一方面，随着清末民初数十年间经济的发展，中国社会也涌现出一批新式工商业阶层。根据估计，五四前夕，全国各地的新式产业工人，便已达300万左右。[4] 这些新兴的知识分子、商人与工人，在全国人口中所占比例固然微不足道，但他们大都集中于少数都市，共同参与各项公共事务，成为民初中国政治、经济、社会和文化活动的中坚力量。1919年北京的五四运动发生后，旋即在全国各主要城

---

[1] 胡适：《五十年来中国之文学》，《胡适文存》第2集第1卷，第246页。

[2] 林纾：《致蔡鹤卿太史书》，孙常炜编：《蔡元培先生全集》，第1092页。

[3] 黎锦熙：《钱玄同先生传》，曹述敬：《钱玄同年谱》，第149页。

[4] 洪焕椿：《五四时期的中国革命运动》，北京：生活·读书·新知三联书店，1956年，第16页。

市引发大规模的罢课、罢市与罢工，其动员的社会层面之广，在中国历史上可谓空前未有。[1] 在此前后，各大城市也纷纷成立工商学联合会的组织，更充分显示了至少都会地区，中国的社会组织形态已经出现了重大的变化。相应于这种社会客观现实的变动，知识分子与社会的关系势需重行调整，而如何建构一套知识分子与社会大众的共通语言，也就成为斯时中国文化界的首要课题。日后陈独秀解释文学革命发生的背景时说：

> 常有人说，白话文的局面是胡适之、陈独秀一班人闹出来的。其实，这是我们的不虞之誉。中国近来产业发达，人口集中，白话文完全是应这个需要而发生而存在的。[2]

这段话一语道破了五四时期白话文运动所以成功的历史症结。而胡适乘时顺势，登高而招，自是一呼万应，坐收奇功矣。

虽然，胡适在白话文运动中得享大名，也并不全是"时势造英雄"一语可以轻易道断；事实上，正是在胡适的手中，白话文运动的本质才有了迥然不同的重大转变。对于这一点，我们可以拿同时代的黄远庸与胡适作一对照，略加分疏。

稍早于胡适，政论家黄远庸便已隐约体察到时代的脉动，而在 1915 年 9 月提出这样的呼吁：

> 愚见以为居今论政，实不知从何处说起。洪范九畴，亦只能明夷待访。果尔，则其选事立词，当与寻常批评家专就见象为言者有别。至根本救济，远意当从提倡新文学入手。综之，当使吾辈思想如何能与现代

---

[1]　余英时：《中国近代思想史上的胡适》，第 31 页。关于五四运动在城市社会引发的大规模动员情况，可参看陈曾焘对上海地区所做的个案研究，See Joseph T. Chen, *The May Fourth Movement in Shanghai*, Leiden: Brill, 1971, esp., Chap.V。

[2]　陈独秀：《答适之》，《胡适文存》第 2 集第 1 卷，第 153 页。

思潮相接触而促其猛省，而其要义，须与一般之人生出交涉。法须以浅近文艺，普遍四周。[1]

黄远庸主张以"浅近文艺"来向大众传播"现代思潮"，从思想层面唤起民众。这种观点也恰是五四时期胡适提倡白话文学所遵循的基本路径。此后胡适在回顾白话文学运动的历史时，曾经再三提及黄远庸，充分显示了两人在精神上的一致性。

但是，黄远庸固然有意识地率先揭橥新文学运动的契机，毕竟仍是把"浅近文艺"当作挽救危亡、匡救时弊的手段，也毕竟还没有正面肯定其文学价值。到了胡适，这才直截了当地把白话文从通俗文化的附属地位，提升到文学正宗的宝座。

1916 年 7 月，胡适尚在美国与任鸿隽等人进行文学论争时，即已明白宣称："文学革命的手段，要令国中之陶、谢、李、杜皆敢用白话京调高腔作诗，又须令彼等皆能用白话京调高腔作诗；文学革命的目的，要令中国有许多白话京调高腔的陶、谢、李、杜，换言之，则要令陶、谢、李、杜出于白话京调高腔之中。"[2] 同年年底，他在感慨白话文学长期隐晦不彰之余，更立志要将之超拔至"国语"的地位。[3] 等到 1918 年 4 月，他在《建设的文学革命论》一文中，遂正式标出"国语的文学，文学的国语"的口号。[4] 在他看来，白话文已不再只是高高在上的士大夫阶层启牖民智的工具，毋宁更是取代已死的文言，创造中国真正文学的唯一门径。[5]

---

[1] 黄远庸：《通讯·释言（其一）》，《甲寅》杂志第 1 卷第 10 号，台北：东方文化书店影印本，第 2 页；又见《远生遗著》第 2 卷，台北：文星书店影印本，1962 年，第 360 页。

[2] 胡适：《胡适留学日记》第 4 册，第 993 页。

[3] 同上书，第 115—154 页。

[4] 胡适：《建设的文学革命论》，《胡适文存》第 1 集第 1 卷，第 57 页。

[5] 胡适：《五十年来中国之文学》，《胡适文存》第 2 集第 1 卷，第 246 页。

从社会史的角度而言，胡适这种充满"平民主义"色彩的文学观点，不啻全盘翻转了通俗文化与上层文化的传统差序，更彻底打破了士大夫阶层与庶民大众的固有畛域。1921年7月，在一次宴会席上，胡适的安徽同乡邵子政半褒半贬地借用《封神演义》的典故，称呼胡适为白话文学的"通天教主"，而胡适对此封号丝毫不以为忤，他说：

> 通天教主的门下虽多龟灵圣母一流人物，但他真是一个一视同仁的平民主义者，他的门徒也尽有成仙成佛的畜生，亦正未可厚非。[1]

由此可见，胡适对他自己的文学革命主张背后所蕴含的社会改造意图，也是有着深刻的自觉的。

非仅如此，胡适还极力为这种革命性的文学见解寻求坚实的历史根据与学术基础。他在1920年代初期，一方面着手国语文学史的编写，于1928年正式出版《白话文学史（上卷）》一书，从历史根源上根本扭转白话与文言的主从关系。在该书的序言中，胡适明白宣示：

> 白话文学史就是中国文学史的中心部分。中国文学史若去掉了白话文学的进化史，就不成中国文学史了。[2]

另一方面，胡适又汲汲致力于传统白话小说的整理研究。从1920年到1933年前后十余年间，胡适以传统上研治经学、史学所用的校勘考订的严密功夫，为12部旧小说写了大约30万字的考证文章，从而把千百年间文人学者所轻视的东西，提升到与经学、史学平起平坐的正统学术地位。[3]

---

[1] 《胡适的日记》，第129页。
[2] 胡适：《白话文学史》上卷，台北：胡适纪念馆影印本，1974年，第3页。
[3] 《胡适口述自传》，第194、236、255页。

对民初的文化界来说，胡适这两项"重新估定一切价值"的工作，无疑有着翻天覆地、倒转乾坤的革命意义。直到晚年，胡适对此仍颇为自豪：

> ［在现代的中国学术里，］这一个转变简直与西洋思想史上，把地球中心说转向太阳中心说的哥白尼的思想革命一样。在中国文化史上，我们真也是企图搞出个具体而微的哥白尼革命来。[1]

综合以上叙述，我们或可断言，胡适在民初所鼓吹的文学革命，实在并不只是"以白话取代文言"的文学形式的改良，而更牵涉到范围广泛的社会、文化的变革。

也正因为白话文学运动关涉到整个中国社会文化的变动与改革，其所引发的回响与反应自是异常激烈。据代理发行《新青年》杂志的汪孟邹回忆，《新青年》创刊之初，销路极滞，连赠送交换在内，每期不过千份左右。及至1917年，白话文学运动兴起后，该刊备受瞩目，发行量随之骤增，最高时多达一万五六千份。[2] 而一般守旧大夫也深切感受到这项运动对传统文化秩序与社会结构的严重威胁，纷纷集矢于胡适、陈独秀诸人。[3] 在一连串激烈的论辩声中，青年胡适迅速成为中国文化界万众瞩目的焦点。[4] 到1923年，章士钊在《评新文化运动》一文中，语带讥讽地指出，当时一般青年，"以适之为大帝，绩溪为上京，遂乃一味于胡氏文存中求文章义法，于《尝试集》中求诗歌律令，目无旁骛，笔不暂

---

[1]　《胡适口述自传》，第255页。

[2]　参见《五四时期期刊介绍》第1集（上），北京：生活·读书·新知三联书店，1979年，第37页，注1；又见汪原放：《回忆亚东图书馆》，上海：学林出版社，1983年，第32页。

[3]　参见郑振铎主编：《中国新文学大系》第2集《文学论争集》。

[4]　仅1917年11月下旬的两周之内，胡适便应邀做了四次演讲，可见其声名之盛，参见耿云志：《胡适年谱》，第48页。

停"。[1] 斯时，作为白话文学首倡者的胡适，盖已名满天下，蔚为一代文宗了。

三、民初社会中的胡适

既然胡适在民国初年的学术工作与文化活动，如前所述，在一定程度上，都与整个时代和社会的背景息息相关，我们不免要问：胡适在当时究竟处身于怎样的社会关系网络？他在这一套社会关系网络中的活动，是不是也有助于增添他的荣名盛誉？

民初的中国社会，如众所知，正处于激烈变动的阶段，无数新旧交错的主要轴线，纵横切割着社会活动的各个层面，充分展露出过渡时代的特色。胡适所扮演的社会角色，恰可为这种过渡性的时代特色做一注脚。

唐德刚曾经指出胡适毕生因袭着传统中国知识分子重视籍贯的畛域观念。[2] 从他早期的书信、日记来看，乡情世谊确实不失为胡适社会活动中的一条主轴。1914 年胡适在致其族叔胡近仁的信函中，即对"吾乡文献衰歇"再三致意。[3] 其后他更致力于搜罗桑梓文献，计划编纂《绩溪小丛书》。[4]1918 年胡适入京未久，便已担任绩溪会馆的董事；1920 年又参加旅京皖人所组成的"皖事改进会"，时与安徽同乡酬酢往来。[5] 当时钱玄同曾为函讽示胡适"对于千年积腐的旧社会，未免太同他周旋了"[6]，或许泰半便是针对胡适与安徽同乡的密切交往

---

[1]　章士钊：《评新文化运动》，原载《上海新闻报》1923 年 8 月 21 日至 22 日，后收于赵家璧主编：《中国新文学大系》第 2 集，香港：文学研究社重印本，第 209 页。

[2]　唐德刚：《胡适杂忆》，第 3 页；李敖对这一点的观察，尤为深入，参见李敖：《胡适评传》，第 104—105 页，注 15。

[3]　胡适：《胡适家书手稿》，第 38 页。

[4]　同上书，第 80 页。

[5]　耿云志：《胡适年谱》，第 63—64 页。

[6]　《胡适来往书信选》上册，第 25 页。

而发。

最能显示胡适顾念乡谊的事例，便是上海亚东图书馆的往来。

亚东图书馆是胡适的绩溪同乡汪孟邹于 1913 年所创办。胡适便是透过他的居间介绍，结识了主编《新青年》的陈独秀[1]，继而携手掀起震动全国的新文化运动。此后胡汪二人交往甚密，汪孟邹之侄汪原放屡次赴京，多借寓胡宅；胡适赴沪，亦多假亚东为下榻之处。[2]1920 年汪原放起意标点《水浒传》，胡适即慨然赠以 3 万字的《水浒传考证》作为全书之序，以致该书一经出版，旋即风行一时，短短两年间已行销 8 版，凡 11 000 余部。[3] 此外，胡适复陆续将所译《短篇小说》，所著《尝试集》《先秦名学史》《胡适文存》等书，交由亚东出版，顿使该馆由一默默无闻的小型出版社一跃而成全国知名的新文化重镇。甚至到 1934 年，亚东图书馆营业失败，濒临破产，胡适还不辞艰劳，力为挽救。[4] 由此可见胡适笃念乡谊的作风。

胡适归国之初，中国政坛正值皖系当道，旅京安徽知名士绅在政治与社会上炙手可热，拥有极大影响力。[5] 胡适既与他们频相过从，本身私德又复谨饬，因而备受皖籍耆宿推重奖誉。安徽故家之后的唐德刚便指出：

> 当时在北京居住的吾皖老辈对后起的青年学者，则多鄙薄陈独秀而推崇胡适之。……（胡）是刚自美国学成归来的真正的新青年。学问上固然"中西俱粹"，在个人行为上也循规蹈矩，为一时模范，在同乡长

---

[1] 耿云志：《胡适年谱》，第 37 页。当时胡适并受汪之托，在美代为销售亚东所发行之《甲寅》杂志，参见《胡适来往书信选》上册《一九一六年五月九日汪孟邹致胡适》，第 2 页。

[2] 参见汪原放：《回忆亚东图书馆》，第 59—60、72—73、91—92、94—99 页。

[3] 同上书，第 56—59、81 页。

[4] 同上书，第 178 页。

[5] 如 1919 年 6 月陈独秀因散发《告北京市民书》被捕系狱，便是靠"一大群安徽同乡"的帮忙，才得保释出狱。参见《胡适口述自传》，第 190、205 页。

辈中，口碑极好。因而，新文化运动中，一切为老辈所看不顺眼的什么"反贞操""仇孝""打倒孔家店"等等烂账，都上在陈独秀头上，而"新文化""新文学""新思想""新道德"等一切好的新的，都封给了胡适。[1]

这些安徽同乡的有力推毂，当然为胡适的"暴得大名"，提供了相当的助力。

与畛域观念相类，胡适受诸传统社会关系的另一项影响，则是他对同学关系的重视。胡适返国之后，除却经常参加康奈尔与哥伦比亚两校同学会的活动外，对于提携旧日同窗，更是不遗余力。1919年至1920年间，胡适一度代理北大教务长，即多方汲引朱经农、颜任光、赵元任、张奚若等留美旧侣，前来北大任教，以致其挚友任鸿隽对其一味网罗文学、哲学人才，而忽略科学人才的做法，颇有微词。[2] 其后，商务印书馆经其代为擘画改革后，朱经农、唐钺等人又在胡适力荐下，分掌要职，主持新设各部。[3] 胡适尝自承对于朋友的著作"不免有点偏爱"[4]，实则他对有过同窗之谊的朋友，更是"偏爱"。

当然，随着社会背景的变化，作为一个留美学生的胡适，其个人社会关系网络中的同学关系，已与传统中国知识分子间的同学关系有了显著的差异。第一次世界大战前后，中国留学运动的主流，从19世纪与20世纪之交的日本，渐次转移到欧美大陆。1920年，美国一地便有中国留学生1500余人。[5] 这些留学生大抵出身上层阶级，彼此相互熟识，留美期间也多有加入共济会之类的互

[1] 唐德刚：《胡适杂忆》，第3—4页。当时老辈人物对胡适私德颇多称道，参见《胡适的日记》，1921年8月30日条，第199页。

[2] 《胡适来往书信选》，第76、81页。

[3] 王云五：《初长商务印书馆编译所与初步整顿计划》，《商务印书馆九十年——我和商务印书馆》，北京：商务印书馆，1987年，第251页。

[4] 《胡适来往书信选》上册，第213页。

[5] John K. Fairbank, *The Great Chinese Revolution*, N. Y.: Harper Row, 1987, p. 186；《胡适来往书信选》上册，第101页．

一代宗师的塑造

助组织者。这样的背景，加上相近的教育经验，遂使他们于回国之后，彼此相结，互为奥援，形成一股高度凝聚的强固力量。[1] 而民国之初，北伐之前，归国留学生所受到的优渥待遇[2]，更益发突显他们在中国社会里的特殊地位。

五四时期的胡适，正是这样一个特殊身份团体中的特出成员。他出身于中国校友人数最多，并在中国高等教育界拥有极大势力的哥伦比亚大学，同时，他在留学期间交游极广[3]，声名远播，几为全体留美中国学生所共知。因此，他甫行返国，迅即成为欧美留学生团体的领袖人物。[4] 而胡适似乎也有心联络同志，扩大声势，前述提携留美同学一事，固为例证，1921年他所筹组的"努力会"尤可为说明。是年5月，胡适与王征、丁文江、蒋梦麟等人筹议组织一个秘密性质的"努力会"，由胡适起草的章程中便明定该会会员"当互相联络、互相帮助，并当极力使我们所做的各种职业也互相联络、互相帮助"。此后陆续加入该会者，除王云五外，几全属欧美留学生。虽然此一组织后来并无重大进展，但足以显示胡适透过欧美留学界的关系，致力于强化本身影响力的主观意图。[5]

另一方面，胡适于留学期间与外国学者所缔结的师友情谊，也为他日后在中国知识界的地位，提供了相当的凭借。胡适在留美时期，尤其是在康奈尔大学攻读的那几年，广泛而深入地参与当地社区的各项文化活动，表现杰出，深受校长许满（Schurman）赏识。1921年，许满受命担任美国驻华公使，胡适曾在康奈尔同学会的宴会上，致辞欢迎。[6] 次年，美国政府拟议退还庚子赔款余款，

---

[1]　John K. Fairbank, *The Great Chinese Revolution*, pp. 188–190.

[2]　陶希圣所述商务印书馆对各类留学生及非留学生的差别待遇，为此时的社会风气提供了生动的说明，参见陶希圣：《潮流与点滴》，台北：传记文学出版社，1970年，第74—75页。

[3]　胡适自述其在1906年一年间共收到1200封信，寄出1040封，交游之广，至为惊人。参见胡适：《胡适留学日记》第4册，第1035页。

[4]　胡适曾于1921年10月被举为欧美同学会副主任干事，参见《胡适的日记》，1921年9月28日条，第232页。

[5]　耿云志：《胡适年谱》，第68—69页。

[6]　《胡适的日记》，1921年9月28日条，第231页。

32
纷纭万端：近代中国的思想与社会

资助中国教育文化事业。一时之间，中国教育文化界的大小派系闻风兴起，竞相攘夺。胡适与许满的旧谊，顿成举足轻重的有力筹码。1923 年 1 月，唐钺为抵制"南中教育界"垄断美国庚款的企图，即致函胡适，要求他透过许满的管道，加以阻止。[1] 1924 年 5 月，任鸿隽谋使中国科学社分润庚款补助，也请托"同许满素来要好"且极受许满敬重的胡适，为之先容，以利接洽。[2] 这种情势，无疑有力地增强了胡适在学术教育界的发言权。

较诸美国庚款一事更能反映"外国关系"对胡适个人声望之作用的，则为杜威的访华。

1919 年 3 月，杜威应邀赴日讲学，胡适与陶行知等门生遂乘机联合北京大学、南京高等师范学校、江苏教育会等机关，筹集资金，邀请杜威来华。[3]

杜威于 1919 年 5 月 1 日抵达中国，前后停留两年，足迹遍历北京、上海、奉天、山西、湖北、湖南、广东等 78 处，共发表演讲 150 余次。[4] 在杜威访华期间，胡适经常随侍在侧，除担任其在北京、天津、济南等地讲演的翻译外，并先后发表多篇文章，弘扬乃师的实用主义哲学。[5] 经过他的大力鼓吹，杜威学说蔚为时尚，对五四时期中国的教育与思想产生重大影响。

胡适如此热切接待杜威，其初衷或许只是在阐扬师说，借为中国知识界指明一条康衢正道。然而，从另一种角度观察，在民初教育文化界派系林立、竞相角逐领导霸权的复杂背景中，胡适与杜威的关系，事实上无法不牵动个人乃至各特定团体的势力消长。1921 年 7 月哥伦比亚大学同学会为杜威夫妇饯行时，闹出争当主席的笑话[6]，已隐约透露此中消息。同年 9 月，美国教育家孟禄

[1] 《胡适来往书信选》上册，第 230 页。

[2] 同上书，第 250—251 页。

[3] 耿云志：《胡适年谱》，第 55 页；《胡适来往书信选》上册，第 34 页。

[4] John K. Fairbank, *The Great Chinese Revolution*, pp. 200–201.

[5] 《胡适口述自传》，第 97—98 页。

[6] 《胡适的日记》，1921 年 7 月 1 日条，第 121 页。

一代宗师的塑造

（Paul Monroe）访华时，北京高等师范学校的教员极力阻隔其与北大方面的接触，意图垄断孟禄在华行止，俾"借他大出锋头"[1]，更明白点出"挟洋自重"与民初学界中人权力竞争的微妙关系。而胡适对同时在华的杜威与罗素（William Russell）两人态度之冷热悬殊，尤足玩味。

1920 年 9 月，梁启超发起组织讲学社，邀请英国哲学家罗素来华讲学，至 1921 年 7 月与杜威同时离华。[2]

罗素与杜威在国际学界同享盛名，但胡适对罗素的态度却异常冷淡。他始终不曾出席罗素的公开演讲[3]，及 1921 年 7 月 11 日杜、罗二人同日离京，胡适不但连夜赶撰《杜威先生与中国》一文，复于是日上午亲携幼子赶赴车站为杜威送行；而同日下午，罗素动身时，胡适却因与友人谈论文法问题，延误了送行时刻。[4] 时隔数日，胡适南下上海，在津浦车中作成一首题为《一个哲学家》的白话诗，对罗素尤多讥刺。[5]

杜威、罗素二人在胡适心目中所以有如此高下厚薄的轩轾，固然与胡适本人的哲学成见密切相关，却也不免夹杂着其他不足为外人道的因素。1920 年底或 1921 年初，胡适在致陈独秀的信函中，即隐约指责梁启超领导之研究系邀请罗素、倭铿（Rudolf C.Eucken）访华，用意实在抵制胡适等人的声势。他并明白表示："若倭铿来，他每有一次演说，我们当有一次驳论。"[6] 由此可见，胡适之尊杜贬罗，实在还关涉到他与梁启超在中国文化界领导霸权的角逐争胜。从这种脉络分析，胡适刻意宣扬杜威学说，并以杜威思想在中国的正宗诠释者自居，多少也对他自己在中国文化界的威望增添了正面的助益。杜威哲学固然仰

[1] 《胡适的日记》，1921 年 9 月 27 日条，第 222—223 页。

[2] 张朋园：《梁启超与民国政治》，台北：食货出版社，1978 年，第 159—160 页。

[3] 《胡适的日记》，1921 年 7 月 6 日条，第 129 页。

[4] 同上书，1921 年 7 月 10 日、11 日条，第 135 页。

[5] 同上书，1921 年 7 月 16 日条，第 140 页。

[6] 《胡适来往书信选》上册，第 119—120 页。

仗胡适，乃得以在中国大行其道，反过来说，吴森所谓"胡先生藉乃师学说成了大名"[1]，又何尝全属厚诬之辞？郁达夫为文嘲讽胡适"跟着外国学者跑来跑去"[2]，当然也不是无感而发的。

以上，我们就胡适的人际关系，约略讨论了他在民初社会中得享盛名的若干外缘因素。其次，我们还可以观察一下，在激烈变迁的社会条件下，胡适于新兴的"公共领域"（public sphere）中所扮演的角色。

德国学者哈贝马斯在研究西欧资产阶级社会形成的过程时，特别指出，西欧社会在17、18世纪之间随着经济、社会、政治各方面的长期变化，逐渐转成一个独立于国家权威之外的"公共领域"，而此一公共领域又仰赖沙龙、剧场、公共图书馆、通俗文艺与新闻报刊所共同塑造的"公意"（public opinion），作为其制度性的建构基础。[3] 近年来，许多研究近代中国的学者，纷纷借用此一概念，相继指出，晚清以来，随着都市化与商业化的急遽发展，中国社会也逐渐出现了类似的现象。而以城市居民为主要对象的出版业及报业的蓬勃兴起，便是此一历史过程的具体表征。[4]

那么，胡适与近代中国社会中这个以出版及新闻事业为主要支柱的"公共领域"，有着怎样的关系？他在这个领域中发挥的作用，是不是也有助于他个人声名的传播？

概括而言，胡适在民初社会的"公共领域"中是一个相当活跃的人物，他

[1] 吴森：《杜威思想与中国文化》，汪荣祖编：《五四研究论文集》，第126页。

[2] 《胡适来往书信选》上册，第201页；胡适与郁达夫交恶经过，参见梁锡华：《徐志摩新传》，台北：联经出版公司，1979年，第63页。

[3] Jürgen Habermas, *The Structural Transformation of the Public Sphere: An Inquiry into a Category of Bourgeois Society*, tr. by Thoman Burger, Cambridge: The MIT Press, 1989. 对于此书论点的简要介绍，参见 William T. Rowe, "The Public Sphere in Modern China," *Modern China*（July 1990）, pp. 310–314.

[4] William T. Rowe, "The Public Sphere in Modern China," *Modern China*（July 1990）, pp. 314–315.

与出版界和报界也都长期维持着密切的关系。

先就胡适与出版界的交往来看。前文已经述及他和亚东图书馆的过从，不必赘论。更值得注意的，则是他对民初执出版事业之牛耳的商务印书馆的影响力。

胡适在留美期间曾主编《中国留学生月报》，并尝预闻《科学》杂志的创办，这两份刊物均由商务印书馆出版发行[1]，这是他与商务印书馆接触之始。及五四新文化运动蓬勃兴起后，商务印书馆为顺应时潮，亟欲笼络新派人物，以广招徕而壮声势，胡适遂成其极力拉拢的对象。1920年1月，商务总经理张元济筹议编译哲学、教育科学丛书，即拟请胡适代为主持。[2] 同年3月，张元济与编译所所长高梦旦复计划设立第二编译所，专办新事，"以重薪聘胡适之，请其在京主持"。[3] 当时商务印书馆的构想是借重胡适在学术文化界的声望，联络京师人士为其编译或撰稿，并每月致酬300元。[4] 对于是项提议，胡适似乎并未接受。

及1921年商务决定全面改革时，高梦旦避贤引退，荐胡自代，并多次北上，再三敦劝。对于商务印书馆在文化上的重大影响力，胡适知之甚深，他也明白"得着一个商务印书馆，比得着什么学校更重要"，但他终因眷念个人学术事业，不肯贸然接受，仅应允利用暑假闲暇，南下上海，为商务擘画改革事宜。[5]

是年7月中旬，胡适履约赴沪，以客卿身份在商务待了一个半月，始行北返。在这一个半月中，他分批会晤了商务的重要干部，并拟妥改革方案，同时

---

[1] 《商务印书馆大事记》，北京：商务印书馆，1987年，1915年条。

[2] 张元济：《张元济日记》下册，北京：商务印书馆，1981年，第699页。

[3] 同上书，第719页。

[4] 同上书，第564、576页。

[5] 《胡适的日记》，1921年4月27日条，第24页。

还借箸代筹，为商务制订《万有文库》的出版计划，对于此后商务的发展方向，影响至为深远。[1] 当时，商务为表谢忱，竟馈以 1000 元重酬。[2] 经过这次事件，胡适与商务缔结了深厚的交谊。此后，他又推荐王云五出任改组后的商务编译所所长 [3]，其同学故旧，也有多人在他介绍下，接掌该所各部门主管，从而更扩大了他对商务印书馆的影响力。从他的书信来往中，我们可以看到在 1920 年代初期，胡适经常受朋友之托，代向商务求售书稿或谋觅职位。[4] 因此，透过他与商务的关系，胡适不但一定程度上导引了中国出版事业的路向，同时也为他在学术文化界的领导地位添上了一块强固的基石。

至于胡适与近代中国新闻事业的接触，肇端尤早。1904 年，少年胡适由家乡赴沪求学，正值《时报》创刊，旋即大受吸引。他在上海的六年间，"几乎没有一天不看时报"，甚至还把《时报》所载小说、诗话、笔记及长篇专著等剪下分粘成册。1904 年上海发生木匠周生有被俄国水兵无故杀害的事件，舆情哗然，《时报》逐日以简短时评为周喊冤。在该报言论影响下，胡适不但和同学联合写了一封长信，痛斥上海道袁树勋丧权辱国，及是年其将自梅溪学堂毕业时，还因不愿接受上海道的考试，等不及正式结业，便离校他去。[5] 这是一番亲身经验，使他对于报纸所能发挥的影响力，得到深切的体认。他后来撰写《十七年的回顾》一文，追忆其与《时报》的交往经过时，便说：

> ……日报因为是给大多数人看的，故最应该做先锋，故最适宜于做

---

[1] 汪原放：《回忆亚东图书馆》，第 99—101 页。

[2] 《胡适的日记》，1921 年 9 月 3 日条，第 205—206 页，胡适仅收受 500 元。

[3] 同上书，1921 年 9 月 6 日条，第 208 页。

[4] 如陈独秀即一再请托胡适代张申府及蔡和森谋职售稿，参见《胡适来往书信选》上册，第 231 页。耿云志《胡适年谱》第 82 页亦载 1923 年瞿秋白《饿乡纪程》一书即因胡适介绍而为商务印书馆接受出版。

[5] 胡适：《四十自述》，第 46—47 页；胡适：《十七年的回顾》，《胡适文存》第 2 集第 3 卷，上海：亚东图书馆，1924 年，第 1—3 页。

先锋。何以最适宜呢？因为日报能普及许多人，又可用"旦旦而伐之"的死工夫，故日报的势力最难抵抗，最易发生效果……（是）有力的一种社会工具。[1]

基于这样的觉悟，胡适很早便开始了借报纸言论开通舆情、改造社会的尝试。前已述及，在1906年至1909年间，他曾主持《竞业旬报》编务，大量刊布各类文字。同时，他还在《国民白话日报》《安徽白话报》等报纸上发表文章。[2] 及其赴美留学，对新闻事业的热衷仍未稍减。在那几年中，他不但大量披阅《时报》《神州日报》《民国报》等中文报刊[3]，还一度担任上海《大共和日报》的特约撰述，每月寄稿刊登于该报。[4] 另一方面，他更潜心观察美国报业的状况，对于新闻事业的重要与新闻工作者应有的规范，得到更深一层的认识。1915年1月，他在纽约与友人郑莱欢晤时，便指出中国社会百废待举，当前急务除创设国立大学、公共图书馆、博物院及学会外，尤在培养多数合格的"舆论家"（Journalist）。他认为一名理想的"舆论家"应具备如下六项条件：（1）须能文；（2）须深知吾国史事时势；（3）须深知世界史事时势；（4）须具远识；（5）须具公心，不以私见夺真理；（6）须具决心毅力，不为利害所移。[5] 由此看来，彼时胡适实在颇有及刀而试，在新闻工作中一展身手的雄心壮图。

正因为一直有着如此强烈的"言论的冲动"，所以胡适在回国之初，虽然矢志20年不谈政治时事[6]，却一直与新闻事业保持着密切的接触。早在他返国前夕，汪孟邹即告以有安徽人士拟创办日报，将俟胡适归国后，请其主

[1] 胡适：《十七年的回顾》，《胡适文存》第2集第3卷，第7页。
[2] 胡适：《四十自述》，第67—68页；耿云志：《胡适年谱》，1908年条，第13页。
[3] 参见胡适：《胡适留学日记》第1册，第2、52、83页；《胡适留学日记》第3册，第568页。
[4] 参看耿云志：《胡适年谱》，1913年条，第26页；《胡适年谱》，1914年条，第28页。
[5] 胡适：《胡适留学日记》第2册，第516—517页。
[6] 胡适：《我的歧路》，《胡适文存》（亚东版）第2集第3卷，第96页。

持。[1]1921年，胡适在《时报》主人狄楚青多方敦聘下，终于应允为该报撰文，"不拘字数，不拘体裁，每月送二百元"。[2] 由此数例，殆可窥见胡适始终无法忘情于新闻报纸的言论事业。果然，时至1922年，在现实政治日益恶化的刺激下，胡适终于不再抑遏其"言论的冲动"，转而步武梁启超后尘，创刊《努力周报》，大谈特谈其政治主张。[3] 斯时也，胡适亦仿佛清末之梁启超，已经是中国言论界举足轻重的"骄子""明星"[4] 了。我们可以从他日记上所载的一段轶事，对他通过报纸舆论所发挥的社会影响力，稍做分疏。

1921年5月，胡适的中国公学旧同学谢楚桢写成《白话诗研究》一书，在易家钺、罗敦伟等人的吹捧下，堂皇出版。其后北京女高师学生苏梅撰文抨击该书，大触易等之怒，易乃化名于《京报》为文丑诋苏梅，语极不堪。一时之间，众议喧腾，颇有责难于易家钺者。易遂请托彭一湖、李石曾等八位学界名人于《晨报》刊登启事，为易辩白，却又未提出明确证据，足为易洗刷污名。胡适见之大怒，乃联合高一涵，亦于《晨报》刊载公开声明，对彭一湖等人混淆是非的做法大加非难。在他的严厉指摘下，彭一湖等人被迫认错道歉，此一公案才算了结。[5]

上述事件如果发生在传统知识分子圈中，大概都是通过私人情面暗中化解，鲜有引发社会瞩目之可能。但是在民初的社会条件下，胡适却一洗陈套，转而利用报纸舆论的管道，把原属少数知识分子彼此间的龃龉，化私为公，提升到"公共领域"的层面；而他在此一事件中所赢得的广泛支持，也充分显示出，作为社会正义与道德良知之捍卫者的胡适，已经俨然有着"社会导师"的架势了。

---

[1] 《胡适来往书信选》上册，第2页。

[2] 《胡适的日记》，第142、157、159、167页。

[3] 同上书，1922年2月7日条，第262—263页。

[4] 1922年白坚武致函胡适，即称其为"言论界的明星"，参见《胡适的日记》，1922年8月21日条，第435页。

[5] 《胡适的日记》，1921年5月19日至21日条，第56—62页。

结　语

1922 年 8 月，胡适在细数当时中国学术界的领袖人物时，把他自己和梁启超同样归类为"半新不旧的过渡者"。[1] 从本文对他早岁成名经过的粗略讨论来看，胡适的这项自我定位可以说是十分精当的。

胡适所以能在民国初年"暴得大名"，广邀时誉，如本文所述，一方面牵涉到中国学术文化发展的内在动因，一方面也有其社会背景的外在因缘，而通贯此内因外缘者，则是一个新旧交替的特殊时代背景。无论是作为一位学者文人还是作为一个公众人物，胡适与中国传统都有着千丝万缕的因袭关系，但是他同时又能体察时代脉动，援新入旧，开拓风气，遂能推倒一世豪杰，奠定个人令名盛望。唐德刚宣称胡适是朱子之后，对中国学术思想继往开来，影响最大的一位学者[2]，固然不免过甚其词，然而，如果民国初年真有过他所谓的一个"胡适的时代"[3] 的话，那么，毕生标榜"但开风气不为师"，双手开拓近代中国文化与社会史上一片新天地的胡适，所以在 1920 年代坐享盛名，实在也是"理有固然，势所必至"的了。

---

[1] 《胡适的日记》，1922 年 8 月 28 日条，第 440 页。

[2] 唐德刚于 1962 年在纽约胡适追悼会上所做演说中文，参见《胡适口述自传》，第 280 页。

[3] 同上书，第 273 页，注 1。

五四时期章士钊的保守思想 *

前　言

　　中国近代的历史，简单而言，主要是中国在西力冲击下，被迫走上现代化的过程。这个现代化的过程，涉及的面向极其广泛，可供观察的角度也非仅一端。不过，由于中国的社会结构中，知识分子一向居于政治与文化上的枢纽地位，中国现代化运动本质上也是由他们所领导的"由上而下"的运动。因此，探讨近代中国知识分子对中国现代化的认知与反应，仍不失为了解中国现代化一条必要且极具意义的途径。[1]

　　虽然，在面对现代化所带来的社会文化之急遽变迁时，中国知识分子会因个人出身背景、生活经验、知识领域，以及心态、价值取向等各方面的差异，而表现出极其繁复纷杂的态度。罗西特（Clinton Rossiter）所举西方社会在面

*　本文初稿，惠承苏云峰、陈永发、黄进兴、王汎森诸先生细心评阅，在文字及内容上提供许多宝贵意见；1985 年 11 月在"中央研究院"近代史研究所讨论会报告时，复蒙多位前辈先进多方教正，谨此一并致谢。

[1]　参见金耀基：《我对现代化的看法》，金耀基：《中国现代化与知识分子》，台北：言心出版社，1977 年，第 20 页。

临变革时所展露的七种不同态度[1]，在近代中国知识分子群中，都可找出具体的例证。

基本上，这种种不同的反应，可以依其关怀的目标，而化约为两种对立的意识形态：一是强调"变革"的进步主义，一是重视"认同"的保守主义。百余年来，中国知识分子对中国现代化的认知，便是自觉或不自觉地环绕在这两种意识形态上。晚清以降一连串思想文化的论争，本质上也未能超越进步主义与保守主义彼此对抗的格局。[2]

在这一组相伴而至的意识形态中，保守主义往往倾心于现代化之学者批评指摘的对象。在实际的历史过程中，保守主义确实也"很不漂亮而又不知趣地延缓了中国社会文化发展的速度"。[3] 然而，从另一方面看，这些严苛的责难，却正反映出，直至今日，保守主义的阴影依然笼罩在中国知识分子的心头。那么，对于这个产生过重大影响的思想因素，我们实难漠然置之，而须由历史的脉络中，深入探究中国近代保守主义兴起的动因、具体内容，乃至它在中国现代化问题上正面与负面的功能。

所谓保守主义，乃是一种思想的态度，并无固定不变的实质理想。[4] 这种态度与其所抗拒的变革之间，存在密切的对应关系。每当既存的政治社会秩序与文化伦理价值受到重大挑战，导致激烈的思想与社会冲突时，保守主义即应运而生。[5] 在西方历史上，由启蒙时代的进步主义运动、商业资本主义的茁壮以及

---

[1] 这七种态度，由极左至极右，分别为：革命的激进主义、激进主义、自由主义、保守主义、极端的保守主义、反动、革命的反动。See Clinton Rossiter, *Conservatism in America*, N. Y.: Vintage Books, 1962, pp. 11–14.

[2] 参见殷海光：《中国文化的展望》上册，台北：活泉出版社，1979 年，第 269—270 页。

[3] 同上书，第 270 页。

[4] Carl J. Friedrich, *Tradition & Authority*, London: Pall Mall Press, 1972, p. 21; also, Samuel Huntington, "Conservatism as an Ideology," *American Political Science Review*, Vol. 11, No. 2（June 1957）, p. 457.

[5] Samuel Huntington, *op. cit.*, p. 458.

中产阶级的崛起等三项因素汇集而造成的急遽变动，才在法国大革命后激起一股强大的保守主义思潮。[1] 同样地，中国近代保守主义，也正是对"现代化危机"（crisis of modernization）的回应。用卡尔·曼海姆（Karl Mannheim）的话来说，亦即针对进步理想而发的"抗制运动"（Counter-movement）。[2]

在中国近代保守主义的发展史上，五四时期[3] 无疑是一个承前启后的关键阶段。这个时期，各种类型的保守思想[4] 纷然杂陈，其所蕴含的思考模式与基本理论，不但增添了五四思想的复杂性，也决定了此后中国保守主义运动的主要性格。

所以如此，则与五四保守主义者所遭逢的"变局"息息相关。五四时期，激进派知识分子承接晚清以来一脉相续的变革运动，将中国现代化的问题，由科技器物及政治制度的层次，提升到思想文化的层次。他们鉴于以往自强、变法之徒劳无功，转而认定中国现代化的最大障碍，在于传统文化思想的阻梗。为了清除这些绊脚石，他们提出新文化运动的号召，对传统文化伦理秩序进行激烈的批判。在一片"礼教吃人""打倒孔家店"的呐喊声中，摧毁偶像、破坏传统的思潮泛滥横溢，使中国固有的文化传统面临前所未有的严重危机。

---

[1]　Klaus Epstein, *The Genesis of German Conservatism*, Princeton: Princeton Univ. Press,1966, p.3.

[2]　Karl Mannheim, "Conservative Thought," in his *Essays on Sociology and Social Psychology*, tr. and ed. by Paul Kecskemet, London: Routledge & Kegan Paul Ltd., 1966, pp. 94–99.

[3]　本文所谓"五四时期"系采取最宽泛的说法，以之包含由民国四年（1915）起至民国十六年（1927）止前后 12 年的时间。有关此一时间断限的讨论，详见 Chow Tse-tsung, *The May Fourth Movement: Intellectual Revolution in Modern China*, Cambridge: Havard Univ. Press, 1960, pp. 5–6。以 1927 年为下限的说法，则参见余英时：《五四运动与中国传统》，汪荣祖编：《五四研究论文集》，台北：联经出版公司，1979 年，第 113 页，后又收入余英时：《史学与传统》，台北：时报文化出版公司，1982 年，第 93 页。

[4]　罗西特将保守主义分为四种类型：气质上的保守主义（Temperamental conservatism）、维护既得利益的保守主义（Possessive conservatism）、务实的保守主义（Practical conservatism）与哲学性的保守主义（Philosophical conservatism），参见 Clinton Rossiter, *Conservatism in America*, pp. 6–10；曼海姆则将之分为传统主义（Traditionalism or Traditional Conservatism）及保守主义（Conservatism or Modern Conservatism）两种，参见 Karl Mannheim, "Conservative Thought," in his *Essays on Sociology and Social Psychology*, pp. 98–99。

五四保守思想便是因应这项危机而产生。五四的保守派，从初期的国故派、林纾、严复，以至后期的梁启超、梁漱溟、学衡派与章士钊，动机虽各有轩轾，思想取向也异趣殊途，却有着一项共同的宗旨：他们都反对新文化运动，并以维护传统的文化伦理价值自任。在这种共同的趋向之下，五四的保守思想呈现出一种特殊的性质：它是一种文化的保守主义，与社会、政治的层面较无关系。[1]

　　以往史家对五四时期的保守派率皆轻忽蔑视，肆意排诋[2]，近日史家则渐次注意及此，并已获致若干研究成果[3]，然其涉及之范围仍欠广泛，尚不足以厘清五四保守思想的繁复面貌。

　　本文之目的，即拟赓续前人研究，针对五四时期重要的保守人物之一——甲寅派领袖章士钊，进行个案研究，冀对现代中国保守思想的源起、内涵与特质，获致进一步的了解。

　　章士钊是中国现代史上经常被忽略的人物。实则，他在民国学术史及政治史上不无相当程度的重要性。在学术史上，王森然将其列入"近代二十家"之一[4]；张君劢也认为，章士钊于民国初年，继梁启超之后，在胡适之前，学说行于中

---

[1]　五四保守思想以文化为中心的特质，参见 Charlotte Furth, "May Fourth in History," in B. I. Schwartz ed., *Reflections on the May Fourth Movement: A Symposium*, Cambridge: Harvard Univ. Press, 1970, p.62; also, B. I. Schwartz, "Notes on Conservatism in General and in China in Particular," in Charlotte Furth ed., *The Limits of Change: Essays on Conservative Alternatives in Republican China*, Cambridge: Harvard Univ. Press, 1976, p. 16。

[2]　如郭湛波即将五四保守思想视作"宗法封建农业社会"的回光返照；参见郭湛波：《近五十年中国思想史》，香港：龙门书店，1973 年，第 305 页。

[3]　如林纾、辜鸿铭皆已有专文研究，分见 Leo Ou-fan Lee, Lin Shu and his Translations" 及 R. D. Arkush, "Ku Hung-ming," 皆收于 *Harvard Papers on China*, Vol. 19（1965）；对梁漱溟的研究，参见 Guy S. Alitto, *The Last Confucian: Liang Shu-ming and the Chinese Dilemma of Modernity*, Berkeley: University of California Press, 1979；1976 年，傅乐诗（Charlotte Furth）复将多篇讨论民国保守思想之专文汇集为 *The Limits of Change* 一书。笔者亦曾对学衡派做过粗浅探讨，参见拙著：《学衡派与五四时期的反新文化运动》，台北：台大文史丛刊之 68 号，1984 年。

[4]　王森然：《近代二十家评传》，沈云龙主编：《近代中国史料丛刊正编》900 号，台北：文海出版社，第 296—319 页。

国，为"三四十年学术史上"屈指可数之人物。[1] 在民国政界，他的角色尤其特殊。基本上，他是传统政治中谋臣策士再加清客的混合体，而与民国政治史上几个主要势力都有或深或浅的渊源。他早年投身革命，鼓吹民主立宪；北伐前夕，穿梭奔走于北洋军阀之间，在段祺瑞临时执政府担任要职；北伐后，一度投奔张学良，后赴上海，成了执业律师，受到杜月笙的关照，以为陈独秀案辩护名噪一时；抗战时任国民参政员，1949 年任国共和谈代表，1973 年在香港去世。[2]

　　章士钊不仅在政治上善变多变，其一生思想也历经多次转折。他在早年极为激进，此后趋向温和的改良主义，到五四时期，又变得极端保守。这种戏剧性的转变过程，其实也不是章士钊一人独有的现象，其他如严复、梁启超也都是众所周知的例证。这种普遍性的现象，对于我们研究中国近代知识分子的心态，实为一项重大的挑战。一般讨论中国近代知识分子，往往将受过新式教育的知识分子与接受传统教育的士绅阶层对立起来，认为前者的态度倾向进取，是改革运动的主要动力。但是，从章士钊这些人的实例来看，这种类型分析的研究方法，虽可厘清历史发展的大脉络，却抹杀了其间精微细密的个别差异，也很难圆满解释何以他们会有这样的转变。因此，本文的另一目的，便是希望透过对章士钊的研究，澄清如下问题：为何像他这样受过西方文化熏陶，早年倾心改革的知识分子竟在五四时期一变而为守旧反动的保守人物？他的转变是否可以透露出现代化过程中，中国知识分子所面临的困境？

　　本文并不打算全面探讨章士钊的经历，而仅侧重于他在五四时期的保守思想。不过，由于章士钊的政治活动与其思想发展关系极为密切，故本文仍将涉及他在政治层面上的行动。

---

[1]　张君劢：《章著逻辑指要序》，章士钊：《逻辑指要》，重庆：商务印书馆，1943 年，"卷前"。

[2]　章士钊生平，参见 H. L. Boorman ed., *Biographical Dictionary of Republican China*, N. Y. and London: Columbia Univ. Press, 1967, Vol. I, pp. 105–109；吴相湘：《章士钊倡"新旧调和论"》，《民国百人传》第 3 册，台北：传记文学出版社，1971 年，第 275—291 页。

一、革命马前卒与共和立宪的旗手
——章士钊早期的思想

1. 新旧杂糅的革命思想

章士钊，字行严，号青桐、秋桐、孤桐，光绪七年（1881）生于湖南善化（今长沙）。

从中国近代知识阶层结构的变化来看，1880年代出生的知识分子，乃是中国思想、文化、社会急遽变迁下的过渡期产物。戊戌（1898）到五四（1919）前后20年间，将中国知识分子划分成两个截然不同的世代：前代深受传统的熏陶，不能遽然摆脱；后代则已蒙受西方思想的全面冲击，不再为传统所囿限。[1]章士钊这一时代的知识分子，则正是以这关键性的20年为其成长、活动的主要时期，因而同时承受着传统与西方的双重影响。一方面，在1905年科举制度正式废除之前，他们大体已接受过完整的儒家经典教育，甚至参与科考，博取传统的功名；另一方面，他们当时仍相当年轻，足以在时势驱迫下，大量吸收西方的新思想、新观念，从事自我的改造。比章士钊年长两岁的陈独秀，于1897年应江南乡试时，目睹考场内外种种恶形怪状，从此对腐朽的科举旧制深恶痛绝，转而倾向康有为、梁启超的变法主张。[2]这并非特例的个案，显示出1880

---

[1] 张朋园：《清末民初的知识分子，1898—1921》，李恩涵、张朋园等：《近代中国——知识分子与自强运动》，台北：食货出版社，1977年，第167页。

[2] 陈独秀：《实庵自传》，台北：传记文学出版社，1967年，第35—43页。

年代左右出生的中国知识分子正面临着分化与多样化的蜕变过程。[1]

在这样的历史背景下，1880年代的知识分子无可避免地在思想谱系上呈现纷颐多变的面貌，日后中国的各派思想，由极端激进到极度保守，都可以在这一时代中找到它们的主要代言人。而传统与西化的纠结及紧张，也就自然成为这些知识分子自觉或不自觉的思想特色。

早期的章士钊，具体地印证了这个错综复杂的现象。他出身乡野的耕读之家，幼入村塾，攻习经史，兼治帖括[2]，并曾参加长沙院试[3]，却又雅好辞章，于柳宗元古文，尤所向慕。[4]传统文化素养的长期浸润，不仅奠定他文字生涯的基础，也在他的思想风格与价值取向上烙下不可磨灭的痕迹。

虽然，风雷暴起，巨浪排空的时代潮流，终于也波及了"篝灯苦读，夜雨微吟"的乡村知识分子。经过甲午、庚子诸役的挫败，强兵富国几成举国一致关怀的目标，而传统的制度与观念，也因其对富强目标所构成的阻碍而遭到知识分子日益强烈的怀疑与诘难。新军与新式学堂成为许多不愿或不能蹈袭传统仕进之途的青年知识分子谋求前程的新出路。在时代风尚的鼓荡下，章士钊和他日后最苛厉的批评者——鲁迅一样，几经彷徨之余，毅然挣脱了传统社会的羁绊，步上"走异路，逃异乡"的抗议之途。[5]

---

[1] 黎安友（Andrew Nathan）曾将晚清至民初的知识分子依其出生年代，分为几个层级，比较其价值取向之歧异。他指出：1880年代出生的中国知识分子，"不再以传统教育为其企求的目标，……而转向新式教育或出国留学，……他们接受西方个人主义、平等自由等观念的影响，而逐渐趋于抛弃中国传统，一意模仿日本与西方的风尚"。See Andrew Nathan, *Peking Politics, 1918–1923: Factionalism and the Failure of Constitutionalism*, University of California Press, 1976, reprinted in Taiwan, 1977, p. 12.

[2] 孤桐：《通讯·答梁漱溟》，《甲寅》周刊第1卷第15号，台北："中央图书馆"藏微片，1925年10月26日，第21页。

[3] 章士钊：《疏黄帝魂》，《辛亥革命回忆录》第1集，北京：文史资料出版社，1981年，第269页。唯章士钊是否有生员功名，则不得而知。

[4] 孤桐：《孤桐杂记》，《甲寅》周刊第1卷第8号，1925年9月5日，第23—24页。章氏晚年并撰《柳文指要》三巨册，可见其于柳文用力之深。

[5] 林志浩：《鲁迅传》，北京：北京出版社，1981年，第14页。

1902 年，章士钊考入南京的江南陆师学堂。在这里，他接触到谭嗣同的反传统思想[1]，也开始被梁启超在《新民丛报》上鼓吹的"排满"破坏主义所煽动。[2] 短短的几个月间，章士钊由一个不谙世务的传统文士一变而为主张"废学救国"的激烈革命论者。

1903 年春，章士钊在陆师学堂鼓动学潮，率同学 30 余人，东下上海，加入蔡元培、吴稚晖等人主持的爱国学社，正式投身革命运动。[3]

革命时代的章士钊，一方面积极进行文字宣传。他根据日人宫崎寅藏所著《三十三年落花梦》编译为《大革命家孙逸仙》一书，转变了国人对孙的不良观感[4]，又将孙在日本偶署之别名中山，铸为"孙中山"一词，此后孙中山之名渐腾众口，奠定了 1905 年革命势力大联合的基础。[5] 此外，他先后担任《苏报》《国民日日报》主笔，一日一论，昌言"排满"，并刊载章太炎《驳康有为书》诸文，恣意攻击清廷，以致引起轰动一时之苏报案，于革命势力之扩张，助益甚大。[6] 另一方面，章士钊也实地从事具体的革命行动。1903 年秋，他假借俄事，集会于南京北极阁，畅论革命，开内地公开演说革命之嚆矢。[7] 同年底，他在长沙加入华兴会，并与杨守仁别创爱国协会于上海，作为华兴会之外围组

[1] 章士钊：《疏黄帝魂》，《辛亥革命回忆录》第 1 集，第 226 页。

[2] 时江南陆师学堂订有《新民丛报》百余份，而 1903 年前的梁启超，言论激烈，极能打动人心，章士钊自亦深为所动。分见《江南陆师学堂之黴垢》，《苏报》光绪二十九年三月十九日，台北：学生书局影印本，1965 年，第 280 页；张朋园：《梁启超与清季革命》，台北："中央研究院"近代史研究所，1964 年，第四章。

[3] 南京陆师学堂退学风潮，参见《苏报》光绪二十九年三月十一日、十三日、十四日、廿六日至四月初二日各期。

[4] 参见秦巩黄：《孙逸仙序》，柴德赓编：《辛亥革命》第 1 册，上海：上海人民出版社，1957 年，第 91 页。

[5] 孤桐：《答稚晖先生》，《甲寅》周刊第 1 卷第 22 号，1925 年 12 月 12 日，第 6 页；钱基博：《现代中国文学史》，台南：惟一书业中心影印本，1975 年，第 395 页。

[6] 章士钊与苏报案关系，参见章士钊：《苏报案始末记叙》，柴德赓编：《辛亥革命》第 1 册，第 388—390 页；张篁溪：《苏报案实录》，柴德赓编：《辛亥革命》第 1 册，第 367—386 页。

[7] 孤桐：《赵伯先事略》，《甲寅》周刊第 1 卷第 25 号，1926 年 1 月 2 日，第 8 页。

织。[1] 及 1904 年 11 月，章士钊因万福华谋刺桂抚王之春案，牵连下狱，旋即获释，随黄兴等人亡命日本，结束了短短两年轰轰烈烈的革命活动。[2]

章士钊在革命时期的言论，大抵不脱种族主义的范围。其种族思想炽烈之程度，由其化名"黄中黄""汉种之中一汉种"即可窥见一斑。他认为中国国势杌隉，外患日亟，行将"蹈红夷棕夷之覆辙"，皆因满族权贵抑制汉人有以致之，故欲拯中国于危亡，首要之图，即在"排满"革命。他甚至呼吁国人"不顾事之成败，当以复仇为心；不顾外患之如何，当以排满为业"。[3]

这种激烈的种族思想，无疑源自中国传统的华夷之辨。[4] 不过，从他提出的手段来看，一项来自西方的思想质素，却也已成为章士钊革命活动的理论根据。在一篇文章中，章士钊举出"杀人主义"的标的。他宣称，杀人主义乃是 20 世纪的新主义，法国革命、美国独立，胥赖流血以告成，则中国欲自求独立，建立共和，唯有"拔剑狂呼，奋勇直前"，"以八十人杀一人"，"以四万万人杀一人"。[5] 在另一篇文章中，他更号召国人效法俄国虚无党人，"抉去慈忍之念，直捷痛快，杀君主，杀贵族，杀官吏"，以"逐异种，复主权"。[6] 这种以暗杀

[1] 黄一欧：《回忆先君克强先生》，《辛亥革命同忆录》第 1 集，第 609 页；章士钊：《与黄克强相交始末》，《湖南文史资料》第 1 集，长沙：湖南人民出版社，1981 年，第 61—63 页；章士钊：《疏黄帝魂》，《辛亥革命回忆录》第 1 辑，第 248 页。

[2] 冯自由：《记上海志士与革命运动》，冯自由：《革命逸史》，台北：商务印书馆，1977 年，第 85 页。

[3] 《驳革命驳义》，《苏报》光绪二十九年五月十七日，台北：党史会影印本，1968 年；自然生（章士钊）：《读书拿留学生密谕有愤（下）》，《苏报》（党史会本）光绪二十九年五月十六日。不过，章士钊的种族思想，并不仅止于"排满"，他虽鼓吹"不顾外患"以"排满"，却又极力推崇义和团之盲目排外，甚至视其"为中国种无数强根，播无数国民之独立种子"，参见《义和团与中国之关系》，转引自章士钊：《疏黄帝魂》，《辛亥革命回忆录》第 1 辑，第 238—239 页。

[4] 章士钊：《王船山史义申说》，《国民日日报汇编》第 2 集，台北：党史会影印本，1968 年，第 323—337 页。此文虽未署名，确出自章氏手笔，参见章士钊：《疏黄帝魂》，《辛亥革命回忆录》第 1 辑，第 238 页。

[5] 《杀人主义》，《苏报》光绪二十九年五月十七日（党史会本，下同）。

[6] 《虚无党》，《苏报》光绪二十九年五月廿四日。

为革命手段的主张，显然受到甫经传入中国之无政府主义的影响。[1]

章士钊对中国国民性改造问题的看法，同样也反映出其思想中新旧杂糅的特质。章士钊与晚清许多知识分子同样关切民族性与国家富强之间的密切关系。他固然认为清朝统治乃是中国濒临亡国灭种的首要因素，但中国所以沦于异族宰制，最根本的症结仍在国民性的败坏。他为中国人所构筑的形象，乃是一个"无气无骨无心肝无面目"的奴隶民族。[2] 他并且进一步探求中国国民奴性深重的根源，而将之归咎于历史传统的流毒：

> 奴隶非生而为奴隶者，而吾族人乃生而为奴隶者也。盖感受二千年奴隶之历史，熏染数十载奴隶之风俗，只领无数辈奴隶之教育，揣摩若干种奴隶之学派，子复生子，孙复生孙，谬种流传，演成根性。[3]

由此可见，辛亥以前的章士钊确已杂染新潮，流露出相当明显的反传统倾向。然而，他毕竟无法全然摆脱传统的囿限，他所提出的改造方案，也和五四时期的激进派知识分子截然异趣。就后者而言，中国传统的文化思想早已朽腐不堪，完全不适合现代生活所需，只有借助西方的新思想、新价值，才能涤荡

---

[1] 关于辛亥革命时期无政府主义在中国传播的情形，参见洪德先：《辛亥革命时期的无政府主义运动》（台湾师范大学历史研究所 1984 年硕士学位论文）。按：张继曾于 1903 年将日人幸德秋水所译《无政府主义》一书转译为中文，在上海刊行，章士钊与章太炎、张继、邹容四人既结为异姓兄弟，当亦受到此书影响。

[2] 《哀心死》，《苏报》光绪二十九年闰五月初七日。

[3] 《箴奴隶》，《国民日日报》光绪二十九年六月十六日，台北：学生书局影印本，1965 年；又，《国民日日报汇编》第 1 集，第 16—17 页。按：《国民日日报》"社说"例不揭载作者名姓，此文作者颇难确定。陈万雄及李蒂甘（Lee Nathan Feigon）均将此文认系陈独秀所撰，参见陈万雄：《新文化运动前的陈独秀》，香港：香港中文大学出版社，1979 年，第 116 页；Lee Nathan Feigon, "Ch'en Tu-hsiu and the Foundation of the Chinese Revolution," Ph. D. Dissertation, University of Wisconsin, Madison, 1977；唯细考此文内容，多次征引柳宗元之语，正合章士钊为文惯例，而与陈独秀行文体例不合，故此文当以出自章士钊手笔为是。

瑕秽，促成真正的改造。[1] 而章士钊不然，他所认识的传统，并不是一个统合的整体；他虽然批评传统，却仍是在传统的思想范畴中，觅求改革的动力。他强调个人的道德自觉在扭转外在局势上的重要性：

> 物，耻足以振之；国，耻足以兴之。……当此山穷水尽、气短心丧之时，而羞耻之心一生，遂能转祸为福，转弱为强，是天下无不可为之事、不可为之国。[2]

他甚至把主观意志视作解决一切问题的关键：

> 夫天下之事，孰为成，孰为败，孰为兴，孰为亡，成乎败乎，兴乎亡乎，孰主张是，孰因缘是，曰统于心而已。[3]

这种以心来统摄万物的意志主义（Volontarism），根本上衍自传统儒家的思想模式。孔子说："仁远乎哉？我欲仁，斯仁至矣。"孟子说："人皆可以为尧舜。"二者都肯定个人自觉的努力，足以改造一己的思想与道德，进而促成社会政治的更新。另一方面，把"羞耻之心"视为转化外在环境的动力，也隐含了儒家的另一项基本假定：普遍性的"性善"观念，亦即对个人与生俱来之道德原动力的信念。因此，对此时期的章士钊来说，某些传统的文化信念，仍在他的价值系统中，居于举足轻重的主导地位，无怪乎他要一再肯定一国之立，不能不保存"其天然之国粹"。[4]

---

[1] 参见陈独秀：《孔子之道与现代生活》，《独秀文存》第 1 卷，上海：亚东图书馆，1934 年，第 113—124 页。

[2] 《说耻》，《苏报》光绪二十九年闰五月初九日。

[3] 《哀心死》，《苏报》光绪二十九年闰五月初七日。

[4] 《王船山史义申说》，《国民日日报汇编》第 2 集，第 333 页。

我们还可以再从章士钊承受西方思想的态度，探究其"矛盾杂糅"的思想面貌。前已述及，章士钊颇受无政府主义的影响，但他所了解的无政府主义，却只是一套以暗杀为手段的革命理论。他所重视的，也只是其在达成政治目标上所发挥的工具性价值。至若无政府主义的真正精神，则迥非其关怀所及。[1] 即使如此，他也还要反复重申"复九世之仇"的春秋大义，来为自己的"杀人主义"求取心理上的纾解。[2] 同时，他也和许多同时代的知识分子一样，透过严复的翻译，接受了"物竞天择，优胜劣败"的社会达尔文主义，但他用来解释政治、社会演进过程的观念架构，却是袭自柳宗元的《封建论》。[3] 他甚至把刘禹锡、柳宗元"元气败为痈痔"的说法，比附为"近世天演之先河"。[4] 章士钊这种对西方观念的扭曲与误解，有其特殊的时代限制，不足深责，但这个现象同时也说明了像他这种过渡时代的知识分子，在吸收外来文化时，实难祛除传统先入为主所造成的局限。此后他虽寄迹海外，直接从西方汲取了许多新的思想内容，但其新旧纠缠的思想形式却始终没有根本的变动。

2. 鼓吹共和立宪

1904 年底，章士钊东渡日本。20 世纪初期日本的进步与强盛，使他在思想上受到重大刺戟，开始怀疑武力革命的意义与前途。经过一番冷静反省，他逐渐体认到革命事业艰巨繁重，绝非仅凭一腔热血，便能轻易藏事。从此，章士钊一改以往"废学救国"的激进主张，转而采取"苦学救国"的温和立场，并

---

[1] 事实上，即迻译《无政府主义》一书的张继，也不明了无政府主义的真谛。在该书译序上，张继指出："中国要行无政府主义，要杀官僚、政客，杀资本家，杀、杀……四万万人要杀去一万（万）人。"参见洪德先：《辛亥革命时期的无政府主义运动》，第 69 页。

[2] 《杀人主义》，《苏报》光绪二十九年五月廿七日。

[3] 《论中国历史之血》，《国民日日报汇编》第 2 集，第 367 页。对柳宗元《封建论》中政治起源说的分析，参见萧公权：《中国政治思想史》上册，台北：联经出版公司，1982 年，第 436—437 页。

[4] 《革天》，《国民口口报汇编》第 1 集，第 71 页。

断绝一切政治活动，即同盟会亦始终未曾加入。[1]

为了深入探求西方文化的精蕴，章士钊于 1908 年偕妻吴弱男西渡英伦。

章士钊在英国前后四年，入爱丁堡大学修习政治经济之学，勤奋攻读，遍览有关立宪政治与内阁制度之论著，尤好白芝浩（W. Bagehot）、哈浦浩（L. T. Hobhouse）、蒲莱士（J. Bryce）、戴雪（Dicey）诸人之说。又喜读逻辑，深造有得，蔚为严复之后国人言逻辑学最著名之一人。[2] 今人谢幼伟至称其逻辑论著能一脱剿袭之弊，有其独特见解，与金岳霖并为当代中国两大逻辑学者。[3] 可见章士钊对西方学术研求之精，造诣之宏，断非一般守旧之士所堪比拟。

但是，章士钊之吸收西方文化，并非漫无准据，任意掇拾，而自有其一定之趋向。逻辑思想向为中国传统学术中较不发达的一环，章士钊之讲求斯学，固为性情所近，而其用心，则在借西方逻辑学之法式，阐幽发微，整理中国固有之逻辑材料，融冶中西逻辑于一炉。[4] 换言之，章士钊的治学方针，基本上是以西学来辅助中学之不足，而非以西学来否定中学。对这时的章士钊来说，中西两大文化系统，并不是泾渭分流、全无会通可能的。他在留英期间的一件轶事，便十足透露出此间消息。

先是，吴弱男早岁留日，倾慕西化，平素高倡社会革命，以为非破坏传统礼教之樊笼，讲求男女之平等自由，即不足语于西化之真谛。及随章士钊赴英，交结英国中上阶层妇女，"尽得其忠勤端静，持家教子，非成年女子，无督不得

---

[1] 孤桐：《新旧》，《甲寅》周刊第 1 卷第 8 号，1925 年 9 月 5 日，第 9—10 页；《答稚晖先生》，《甲寅》周刊第 1 卷第 22 号，第 6—7 页。章士钊自谓在日三年，"罕与人接，未有一文流传于外"，但其详细行踪，仍待考订。郅玉汝曾指出 1906 年秋，章士钊在芜湖与陈独秀共事，参见郅玉汝：《陈独秀年谱》，香港：龙门书店，1974 年，第 15 页；李蒂甘引陈春生《安徽之革命运动》一文亦同，Feigon, op. cit., p. 107；然他书皆无类似记载，未知孰是。

[2] 钱基博：《现代中国文学史》，第 396 页；吴相湘：《民国百人传》第 3 册，第 278—279 页。

[3] 谢幼伟：《评章著逻辑指要》，《思想与时代》第 26 期，1943 年 9 月 1 日，第 5 页。

[4] 谢幼伟即指出，章士钊的逻辑著作，于逻辑本身殊少创发，其特点端正"能将我国所有之逻辑材料纳之于西洋的逻辑系统之中，使成为中国式之逻辑"。同上注。

独出诸状"，渐悟"贤母良妻，无碍欧化，欧化亦不尽于平等自由"之理，遂尽弃昔日主张，闭户理家，不问外事。姑不论吴弱男的观察是否失之偏颇与肤浅，这件事确实带给章士钊极大的启示，使他益形认定西方文化与中国传统，至少在道德规范的层次上，不但不相扞格，抑可相互发明，彼此贯通。[1]这种看法与五四时期将传统礼教贬为"万恶之源"的激烈论调，相去何啻霄壤？

辛亥革命爆发后，章士钊买舟归国，于1912年1月底返抵上海，旋应于右任之邀，出任《民立报》主笔，撰写政论。时民国草刱，法度未立，一般人虽向往共和立宪，而于近代民主国家的立国制度，率多蒙昧无识，争议纷纭。章士钊乃标举内阁政治与两党制度为鹄的，大力鼓吹，企图以英国立宪政治为蓝本，规划出民国的规模。

章士钊认为中国处境险恶，人民程度复又低下，当务之急，端在建立一强固有力之中央政府；而欲树立强力政府，则内阁政治实为最有效的途径。[2]他特别指出：内阁政治之精髓，即在立法、行政两部门能打成一片。唯有实行内阁政治，政府施政方能得心应手，不致受立法部门之掣肘而无从展布。[3]

为了维护内阁政治的主张，当1912年6月内阁总理唐绍仪因袁世凯违反约法愤而辞职时，章士钊即在《民立报》上反复著论，力陈总统不过国家名义上之元首，不负任何政治责任，不宜干涉内阁之政策；并对同盟会阁员坚持政党内阁之理想，不惜全体辞职之行动，极力赞同。[4]他这些看法，于澄清时人对立宪政治运作方式的曲解，发挥了相当大的作用；反对者甚至将唐绍仪内阁瓦解

---

[1] 参见钱基博：《现代中国文学史》，第396页。

[2] 行严：《解惑篇》，《民立报》1912年7月12日，台北：党史会影印本，1969年。

[3] 行严：《新总统与内阁政治》，《民立报》1912年2月21日；《说强有力之政府》，《民立报》1912年3月1日。

[4] 行严：《唐总理出京之真相与民国宪法之前途》，《民立报》1912年6月22日；《总统与总理权限问题》，《民立报》1912年6月24日；《再论总统与总理权限问题》，《民立报》1912年6月26日。

后，政局扰攘，新内阁历久无法成立，归咎于章士钊"文章魔力所致"。[1] 这类攻击，自属党同伐异的厚诬之词，并未切中民初政争的真正症结，然亦可看出章士钊在当时的影响力。

不过，章士钊致力最勤、宣扬最力的，还是政党制度的改造。

民国肇造，共和草创，政党组织应运而生。根据统计，1911 年到 1913 年间，新兴的公开党会，多达 680 余个，其中订有政纲、足以称作真正政党者，亦有 30 余个。[2] 但一般党员大多缺乏政党政治之素养，或假政党为争权夺利之工具，或囿于党同伐异之成见，彼此攻讦，相激相荡，致使民初的政党制度始终难以步上正轨。

章士钊有鉴于此，亟思以英国两党制度为典范，救正中国政党政治于方萌。他所提出的办法，便是所谓"毁党造党"说，亦即将现有党派悉行摧破，然后集合全国聪明才智之士，召开一政见商榷会，以超然之态度，针对中国所有政治财政之重大问题一一加以彻底研究，再就讨论所得正反两面之政策，重新抟为两党，俾在新的基础上，再造政党政治之新猷。[3]

这项主张，在当时引起极大的波澜，反对者訾之为"尽情怪诞之说"[4]，而附和者亦不乏其人。统一共和党总干事蔡锷即通电请同盟会与统一共和党"首倡解散之议"。[5] 江苏都督程德全更依据章士钊的构想，创立一个"政见商榷会"，积极从事塑造两党制度的努力。[6] 论者甚至将宋教仁抟聚同盟会与诸小党，

---

[1] 行严：《解惑篇》，《民立报》1912 年 7 月 12 日。

[2] 张玉法：《民初政党之调查与分析》，张玉法编：《中国现代史论集（四）：民初政局》，台北：联经出版公司，1980 年，第 35、40 页。

[3] 行严：《政党组织案》，《民立报》1912 年 7 月 19 日；《毁党造党说》，《民立报》1912 年 7 月 29 日。

[4] 吴敬恒：《政党问题》，《民立报》1912 年 7 月 22 日；其他反对意见，如乐勤：《毁党造党说之讨论》，《民立报》1912 年 8 月 2 日。

[5] 参见吴相湘：《宋教仁——中国民主宪政的先驱》，台北：文星书店，1965 年，第 198 页。

[6] 张玉法：《民国初年对于政党移植的讨论》，张玉法编：《中国现代史论集（四）：民初政局》，第 19—20 页。

组成国民党，亦部分归功于章士钊宣传之效。[1] 凡此种种，皆可窥见章士钊在民初政局上发挥的重大作用。

总之，民国初年的章士钊，热心鼓吹共和立宪，对于促进中国政治之现代化，有其积极的贡献与意义。然而，他这种以客观制度的建构，来为中国民主政治奠定基础的企图，却因缺乏有利的条件与资源而遭到严重的顿挫。在现实局势上，袁世凯固然不甘屈从内阁政治的规范，即从事政党活动的人士，也大多对立宪体制及本身权利义务并无深切体认，不过乘机幸进，以之为向当道谋求个人名利或党派利益之工具，并不热衷于实现任何以国家整体利益为前提之政纲，甚且趋炎附势、攀缘当道，以压迫或摧残敌对党派。[2] 此外，在毫无民主传统的中国，要想建立西方式的民主立宪，自非一蹴可就，而有赖于文化思想的转化与社会、经济基础的更新。因此，章士钊的政治主张，虽然极具理想色彩，虽然激起相当的回响，终不能不归失败，而被迫走上他所拒斥的武力革命之途。

1913 年 2 月，宋教仁被刺，章士钊见事机紧迫，由北京南下上海，参与讨袁的二次革命。

迨二次革命失败，反袁诸人亡命海外，章士钊亦遁逃日本，待机而动。此后袁世凯挟战胜余威，肆行专制，解散国会，压制异己，民国肇建不过数载，即已陷入杌陧不安、危疑震撼之局面。一般知识分子面临晦暝否塞的政治困局，灰心丧志，对民国前途往往抱着极其悲观的看法。1914 年，陈独秀写给章士钊

---

[1] 吴相湘：《宋教仁——中国民主宪政的先驱》，第 197 页。按：辛亥革命前，章士钊尝在英国撰写英宪各论多篇，介绍欧洲各国立宪制度，寄刊北京《帝国日报》，宋教仁曾将这些文章次第裁取，集为一册，供作参考，参见孤桐：《吴敬恒——梁启超——陈独秀》，《甲寅》周刊第 1 卷第 30 号，1926 年 2 月 6 日，第 6 页。吴相湘亦指出，宋教仁与章士钊对民主立宪制度持论绝相吻合，而宋似受章之启示较多，参见吴相湘：《宋教仁——中国民主宪政的先驱》，第 231 页，注 2。据贾士杰（Prof. Don Price）教授于 1984 年 7 月在"中央研究院"近代史研究所午餐会上告知，经其翻检现藏北京之《帝国日报》所见，辛亥革命前夕，《民立报》确曾转载《帝国日报》所刊章士钊论文多篇。足证宋教仁的政治见解确曾受到章士钊影响。

[2] Franklin W. Houn, *Contral Gevernment of China, 1919-1928*, p. 169, 转引自张玉法：《民国初年对于政党移植的讨论》，张玉法编：《中国现代史论集（四）：民初政局》，第 31 页．

的信中便说：

> 自国会解散以来，百政俱废，失业者盈天下，又复繁刑苛税，惠及
> 农商，此时全国人民，除官吏兵匪侦探之外，无不重足而立，生机断绝，
> 不独党人为然也。国人惟一之希望，外人之分割耳。[1]

民初共和试验的失败，带给志切救国的知识分子如此重大的刺激，部
分人士如陈独秀、鲁迅等在愤懑绝望之余，渐次萌生一项信念：为使中国
重获新生，必须进一步从思想文化的层面进行大规模的根本改造。[2]这种看
法激励了他们投身于破坏传统、启迪民智的工作，从而开启了新文化运动的
契机。

这样的思想转折，同样隐约出现于章士钊的笔下。1914年5月，章士钊于
东京创办《甲寅》杂志。在这份刊物上，他放弃了以往只重政治形式的主张，
转而强调民主政治的精神。[3]他指出，民初共和所以失败，便在只有共和之形式，
而无多数政治之精神；为巩固共和政体，切要之务，端在培养民主之精神。[4]至
于多数政治的精神是什么呢？章士钊拈出了"调和"二字作为圭臬。

3. 章士钊改良思想的核心——调和论

章士钊提倡调和论，有其经验上的背景。《民立报》时期，他鼓吹"毁党
造党"，于革命党人，多所讥评，同盟会中激进派已斥之为包藏祸心。及1912

---

[1] CC生（陈独秀）：《通讯·生机》，《甲寅》杂志第1卷第2号，1914年6月10日，台北：
东方文化书店影印本，第129页。

[2] 参见鲁迅：《两地书》，香港：南国出版社影印本，第35—36页；陈独秀：《爱国心与自
觉心》，《甲寅》杂志第1卷第4号，1914年11月10日，第5—6页。

[3] 在《民立报》时期，章士钊强调民主与君主之差异，不在精神，而在政府之形式，参见行
严：《平民政治之真谛》，《民立报》1912年3月10日。

[4] 秋桐：《通讯·救国答问》，《甲寅》杂志第1卷第4号，第7页。

年 8 月张振武案发生，舆论大哗，国民党人至有指为总统杀人，力主武力解决者，章士钊则独违众议，秉持内阁政治之原则，认为袁世凯并无政治责任，而须由陆军总长段祺瑞负责[1]，因而大受国民党人之攻击，谤词载道，终于迫使他辞去《民立报》职务，另创《独立周报》。[2] 这段遭遇，使他对于若干党人褊狭猖急、好同恶异之习性，感慨至深。在致杨昌济信中，他便指责"革命党贪天之功，于稍异己者妄挟一顺生逆死之见，以倒行而逆施，行见中华民国泪没于此辈骄横卑劣者之手而不可救"。[3] 等到《甲寅》创刊，他遂根据这一番亲身经历，对民国政治的病根进行严厉的批判。

在《甲寅》杂志上，章士钊引述丁佛言的话，指出"中国共和而后，扰攘不宁"的根本原因，在于"新旧势力之冲突"。[4] 而新旧势力所以积不相能，则肇因于国民党人与袁世凯皆不了解调和的意义。他认为革命党失败的症结，在于革命成功之初，"未能注意于利益不同之点，极力为之调融"，反而挟其成见，出其全力，"强人同己"，以致激生反响，酿为政变，终至一败涂地。[5] 而袁世凯独揽大权后，却又无视前车之鉴，一味扩张一己势力，丝毫不顾人民利益及国家前途，其且为"逼拶国人，使之附己"，不惜以武力剿灭敌对党派[6]，以致"舆论付之蹂躏，政党亡其根据，民心即于麻木，伏莽肆其凶顽，正气销沉，乖风煽发，民生涂炭，道路怨嗟"[7]，种种败亡征象，一一现于眼前。要之，民国成

---

[1] 行严：《总统责任问题》，《民立报》1912 年 8 月 21 日；另参见吴相湘：《宋教仁——中国民主宪政的先驱》，第 208 页。

[2] 参见行严：《慨言》，《民立报》1912 年 8 月 25 日；于右任：《答某君书》，《民立报》1912 年 9 月 13 日；孤桐：《与杨怀中书》，《甲寅》周刊第 1 卷第 33 号，1926 年 3 月 3 日，第 7 页，按：此函原作于 1917 年，杨怀中即杨昌济，杨守仁之弟，毛泽东的老师兼岳父。

[3] 孤桐：《与杨怀中书》，《甲寅》周刊第 1 卷第 33 号，第 10 页。

[4] 秋桐：《政力向背论》，《甲寅》杂志第 1 卷第 3 号，1914 年 8 月 10 日，第 17 页。

[5] 秋桐：《政本》，《甲寅》杂志第 1 卷第 1 号，1914 年 5 月 10 日，第 11 页。

[6] 同上文，第 10 页。

[7] 秋桐：《政力向背论》，《甲寅》杂志第 1 卷第 3 号，第 21 页。

立以来，动乱相寻，共和徒存虚名，盖皆昧于调和之理有以致之。他强调，调和乃"立国之大经"，为"政制传之永久所必具之性"[1]，违背调和之理，国家即无安宁之日。

然则，调和何以为立国必不可少之方针？章士钊根据蒲莱士的说法，指出：一国之人，感情利害意见习惯，个个不同，在政治上自然形成向心与离心两种力量，为政者如不能详审离心力之所在，容许其于适当范围内，自由流行，使之差足自安，得以与向心之力相质相剂，彼此调融，范为同趋共守之一定轨道，则郁之既久，一旦奔决，必使群体为之崩解，而革命之祸即无由避免。因此，他说："两力相排，大乱之道；两力相守，治平之原。"[2]

调和既是维系向心力与离心力的最佳手段，则其实际运作时，"首忌有牢不可破之原则，先入以为之主"。[3]换句话说，握有政治权力者必先自觉地排除自我中心主义的偏执，一以"公心""通识"为本，将个人的权力限制在一定的范围之内，"当其可而割之，应于时而低之"。[4]而要做到这一点，在思想上便须先破除"好同恶异"的积习。

章士钊认为"好同恶异"乃是人类残余的兽性，也是中国政治学术迟滞不进、远落西欧之后的根本原因。他指出，社会进化的准则在于"化同以迎异则进，克异以存同则退"。[5]他并引用克伦威尔为例，说明"好同恶异"的恶果。他认为，克氏执掌英国大政，所作所为，并非出自一己私心，但其自信太强，"以为己之所行，有百正而无一曲，人有持论稍异于己者，决不容之"，以致不过两代，及子而亡。章士钊强调，要矫正这种弊端，臻国家于长治久安之境，

[1] 秋桐：《调和立国论》，《甲寅》杂志第 1 卷第 4 号，第 3 页。

[2] 秋桐：《政力相背论》，《甲寅》杂志第 1 卷第 3 号，第 2—3、17 页。

[3] 秋桐：《调和立国论》，《甲寅》杂志第 1 卷第 4 号，第 5 页。

[4] 同上文，第 13 页。

[5] 秋桐：《政本》，《甲寅》杂志第 1 卷第 1 号，第 6—8 页。

则当政者便须体认个人之有限性，不自居为真理的化身，而能以开阔的襟怀与兼容并蓄的雅量来宽容反对的意见，听其自由流行。[1]他所谓"为政有本，本者何？曰有容"[2]，正是其"调和立国论"的精义所在。

自章士钊首先揭橥后，"调和""有容"的主张旋即不胫而走，得到许多温和改革者的认同与响应，蔚为民初一股重要的政治思潮。如张东荪即曾发表《续章秋桐政本论》一文，阐述章士钊的调和思想。[3]其后李剑农等人创办《太平洋》杂志，更以调和论作为评骘政治之基本主张，一直到1919年左右，调和论的声势才告衰歇。[4]

本质上，章士钊的调和论是一种温和的改良主义思想。他固然抨击袁世凯的专制独裁，但对革命党人的激烈变革主张，也无所曲谅。他根据英法两国民主政治演进的不同经验，指出促进政治变迁最理想的途径，在于明察改革之阶段，徐图更张，使新旧两端得有衔接转圜之余地。否则，一味坚持极端民主之原则，"欲以一次摧陷廓清之功，竟其革命之业"[5]，必将重蹈法国大革命之覆辙，"大伤国本，甚且亡国"[6]。因此，章士钊在1914年到1915年间，极力反对中华革命党人三次革命的论调，而主张在现状之内从事缓进的政治改良。这种立场使他再度受到激进的革命党人的猛烈攻击。[7]

---

[1] 秋桐：《调和立国论》，《甲寅》杂志第1卷第4号，第15—16页。

[2] 秋桐：《政本》，《甲寅》杂志第1卷第1号，第1页。

[3] 张东荪之文，刊于《正谊杂志》，参见韩伯思：《通讯·政本》，《甲寅》杂志第1卷第5号，第1页；另，丁佛言亦有类似见解，参见徐宗勉：《失败者的探索——1913—1915年间关于中国如何实现民主政治的讨论》，《历史研究》1984年第4期，第39—40页。

[4] ［日］丸山松幸：《中國近代の革命思想》，东京：研文出版社，1983年，第219页。

[5] 秋桐：《说宪》，《甲寅》杂志第1卷第8号，第2页。

[6] 秋桐：《共和平议》，《甲寅》杂志第1卷第7号，第17页。

[7] 如中华革命党在旧金山的机关报《民口》杂志即曾刊出《好同恶异辨》一文，指摘章士钊的调和论为"书生一孔之见"，并认为国民党在民初失败的原因，不但不是"好同恶异"，反而是"不好同恶异"，故"今后补救之方法，舍好同恶异，其道末由"。转引自韩伯思：《通讯·政本》，《甲寅》杂志第1卷第5号，第1—2页。

然而，章士钊的调和论，却有着内在的限制与实际运作的困难，终使他不得不违反初衷，而加入武力讨袁的行列。正如丸山松幸所云，章士钊这项主张带有相当浓厚的"精英主义"（élitism）色彩；他并不奢望多数大众均能养成"有容"的心态，而仅企求少数据有政治权力的人物，抛弃自我中心的褊狭观念，容忍反对势力与异己言论，从而消弭政治上的矛盾与冲突。[1] 但是，要想达成此一目标，客观上便须建构出一套外在的制度作为约束政治权力的规范，而在袁世凯掌权的时代，这项基本前提根本无由以达，因此，章士钊唯一可以凭借的资源，便只有寄望于政治领导阶层主观上道德与理智的自觉。这样的解决方式，却恰又落入传统儒家将政治与道德混淆为一的思想窠臼，不但在实质上难以实现 [2]，同时也是章士钊极力拒斥的做法（详见下文）。如此一来，章士钊的调和思想便遭遇了严重的困境。为解决此一困境，他不得不肯定武力对抗的合法性，甚至视之为实现调和之道的最终保障。他说："调和生于相抵，成于相让。无抵力，不足以言调和；无让德，不足以言调和。"既然在袁世凯政权下，一切反对势力剥蚀殆尽，"抵既无从，让复莫傅"，章士钊也只好暂时把他视作"立国大经"的调和主张弃若敝屣，转而从事反袁活动。[3] 就此而言，章士钊始则提倡调和，终则躬行革命，其起点与终点恰是针锋相抵。

章士钊自然不愿见到这样的结果，在袁世凯推行帝制、和平改革完全绝望之前，章士钊仍然本着《民立报》时期的言论宗旨，汲汲致力于共和立宪的鼓吹，试图从制度层面为调和立国的主张开辟一条可行的蹊径。为达成这个目的，他一方面大力译介白芝浩、哈蒲浩诸人有关内阁制度与立宪政治的论著，一方面对当时阻碍民主政治健全发展的几种理论，进行尖锐的批判。在这些言论中，

---

[1] ［日］丸山松幸：《中國近代の革命思想》，第 222 页。

[2] 参见林毓生：《两种关于如何构成政治秩序的看法（上）》，《联合月刊》第 46 期，1985 年 5 月，第 78—80 页。

[3] 秋桐：《调和立国论》，《甲寅》杂志第 1 卷第 4 号，第 3 页。

章士钊也充分展露了其思想中传统与反传统的质素错综交杂的繁复面向。

4. 声光灿烂的甲寅时期

章士钊首先攻击的对象，便是梁启超等人所提倡的开明专制论。

开明专制原是梁启超自 1903 年思想转趋保守以来，一贯秉持的政治主张。他认为以中国人民程度之低劣与夫外在处境之险恶，若采用暴烈的革命手段，势将演成"暴民专制"，进而招致"瓜分之祸"。因此在民初的政治斗争中，梁启超及其领导的进步党人大抵站在支持袁世凯的立场，反对革命，并冀望袁于共和的形势下，运用专制手段，将中国引导向立宪的道路。梁启超这种主张，正如论者所云，乃是一种迂回的改良主义："为了实现民主，先要实现专制；为了实现理想，先要牺牲理想。"[1]

这种开明专制的理论，本质上带有相当浓厚的"人治"色彩。在 1913 年发表的一篇文章中，梁启超便明白承认"为政在人之义，为中外古今所莫能易"，又把欧洲各国政治改革成功的原因部分归于"得天之佑，笃生奇杰，凭借大权，袭行大职"。[2] 换句话说，梁启超认为政治改革的成败，统治者本身实为最大关键。这种"有治人而后有治法"的观点，无疑受到传统政治思想中"圣王"观念的极大影响。

章士钊虽然也主张温和改良，对梁启超的论调却极不谓然。他一面从现实层面指出，无论清政府还是袁世凯，胥非理想之"治人"，皆不足以担负"开明专制"之重任 [3]；一面又就专制之本质，从理论上根本否定"开明专制"之可能。他认为，专制政治含有"自贼性"，盖所谓专制，即"强天下悉同于己"，而个

---

[1] 徐宗勉：《失败者的探索：近代中国民主化进程研究》，北京：九州出版社，2004 年，第 25 页。

[2] 梁启超：《欧洲政治革进之原因》，《饮冰室文集》第 30 卷，台北：中华书局，1978 年，第 40、44 页。

[3] 秋桐：《开明专制》，《甲寅》杂志第 1 卷第 2 号，第 6 页。

人之能力识见有限，不能不仰赖少数心腹为之爪牙，充其耳目，结果必然导致四贼、四病、六邪等弊端，驯至国家灭亡而后已。他指出，即使是专制政治最佳楷模的贞观盛世，也不过是大乱之后，少纾民困而已，其对养成民力、增进民德、开发民智诸事，并无丝毫成效，实不足"有当于近世国家之理"，至若其他各朝，更是自郐以下，无足为道。因此，他引用蒙森（Theodor Mommsen）的话，强调：即使是最不完全的立宪政治，也比"最开明而博爱"的专制政治远为优越。在这种先天性的限制下，梁启超鼓吹"开明专制"，适足以"以恶济恶"，断无改善国政之希望。[1]

从否定专制出发，章士钊进一步对传统的"圣"观念提出质疑。他认为人性并不完美，各人天赋虽不无差等，亦不致相去复绝，"备德全美"的圣人，在理论上已难成立；而在现实经验中，不但尧舜汤武事迹茫昧，不足置信，即两千年来人类历史中，欲求"一至强至辨至明，能为天下之权称"的君主，亦渺不可得。故所谓"圣王"，根本无益世用，而以"圣王"观念为理论基础的人治政治，也就自然随之落空了。[2]这种批评，不但有力地破除了当时若干知识分子视袁世凯为"梦寐祷视之救时人物"的幻想[3]，对中国传统政治思想中将一切政治、道德秩序完全归诸远古圣王之自觉创制的"人为构成说"（anthropogenic constructivism），也是一项重大的突破。[4]

在批评人治思想的同时，章士钊又抨击了开明专制论的另一项基本假设，即所谓"国民程度不足"的问题。梁启超在1913年刊布的《说幼稚》一文中，曾指出中国人民"程度幼稚"，缺点极多，毫无自治自主的能力。他认为如此幼

---

[1] 秋桐：《国家与责任》，《甲寅》杂志第 1 卷第 2 号，第 14—19 页。

[2] 秋桐：《调和立国论》，《甲寅》杂志第 1 卷第 4 号，第 17—18 页。

[3] 徐宗勉：《失败者的探索：近代中国民主化进程研究》，第 31 页。

[4] 有关"人为构成说"的讨论，参见林毓生：《五四时代的激烈反传统思想与中国自由主义的前途》，《思想与人物》，台北：联经出版公司，1983 年，第 165 页。

稚之国民，唯有透过开明专制的"保育"，始能成立壮大。[1] 苟不经此途，躐等以进，骤行立宪，则犹如"与未列伍之卒谈兵，集不学操缦之人使之顾曲"，结果必然是"步武凌乱，节奏脱落，欲求成章，其道无由"。[2]

章士钊承认中国国民确如梁启超所说的"卑劣下贱，无所不为"，但他强调这并不妨害中国实行代议政体；相反，正因国民程度不足，"政习不良"，才更迫切需要切实推行立宪，以训练国民参政之能力。他指出：中国人民所以不具现代国民资格，并非生性如此，而是不良政制使然。[3] 因此，要想达成改良政治之目的，不仅不应借口人民程度，剥夺其参政权，更应致力创造良好的政治组织，使国中智勇辩力的秀异分子，皆能"随其才之高下钝锐所宜，直接间接以施之政"。[4] 这种理想的政治组织，自非立宪政治莫属，他说："专制下之人才，皆如狙如傀儡；而一入于真正立宪之制，即各抒其本能，保其善量已耳。"[5] 易言之，唯有在共和立宪的体制下，国民能力才有发抒进步的可能。"国民程度"非但不是决定政治制度的固定因素，反而是随政治组织而改变的变项。

在以上的讨论中，章士钊事实上已触及中国思想传统中一项极其重要的论题。儒家虽是一个繁复分歧的传统，但儒家各派对政治的看法，基本上有着共同的假设。从孔子所谓"政者正也"，以及《大学》所称的"修身齐家治国平天下"以降，儒家一贯认定个人的道德资源与其政治、社会的行动具有彼此对应的密切关系。因此，对于如何约束社会中政治权力的现象，儒家所能提供的对策，便是利用道德力量加以化解与提升。[6] 在这种观念的笼罩下，道德与政治密切整合为一个连续性的整体，而政治在价值的优先次序上永远低于道德，以致

---

[1] 梁启超：《说幼稚》，《饮冰室文集》第 30 卷，第 44 页。

[2] 梁启超：《欧洲政治革进之原因》，《饮冰室文集》第 30 卷，第 44 页。

[3] 秋桐：《共和平议》，《甲寅》杂志第 1 卷第 7 号，第 7—8 页。

[4] 秋桐：《政治与社会》，《甲寅》杂志第 1 卷第 6 号，第 4 页。

[5] 秋桐：《共和平议》，《甲寅》杂志第 1 卷第 7 号，第 2 页。

[6] 参见林毓生：《两种关于如何构成政治秩序的看法（上）》，《联合月刊》第 46 期，第 79 页。

道德的提振成为改良政治的唯一枢纽。这种思考方式对中国传统政治产生了深远的负面影响。

民国初年的知识分子，也往往倾向于从道德的角度来检讨政治不良的症结。梁启超即认为革命以来，举国上下，"放纵惰敖，侵轶诈虞，纲弛纽绝，藩绝坊坏"，实为民国政治败坏的根本原因。[1] 孙毓坦在致章士钊函中，也强调道德为万务之基，"风纪败坏，人心腐败"乃是救国首需克服的问题。[2] 甚至新文化运动初期的陈独秀，也仍想透过道德的改造，以达成政治的革新。[3]

对于这些把政治社会问题化约为道德问题的看法，章士钊提出不同的见解。他承认道德确为良好政治一项不可或缺的条件，他对中国道德之堕落也极表忧惧[4]，但是他强调，道德与政治乃是各自独立的领域，政治问题只能用政治手段解决，与道德之良窳并无任何因果关系。他指出，中国传统中往往将政治与伦理两个概念混淆为一，以致"每以伦理之迂谈误政治之大计"。其实，"伦理以道德为归，政治则以法制为归"，两者的指涉不同，互不相干。在政治上，法律制度是唯一的普遍标准，无论何人均应遵循，至于其人道德高低，则非政治所应过问。中国目前最重要的问题，"不在伦理之不良，而在政治之不善；不在道德之不进，而在法律之不立"。真正的解决途径，端在建构一套约束政治权力的客观制度，使当政者"不得行其操纵颠倒之术"；若不此之图，徒然鼓吹"进吾道德，增吾智力"，以为如此"共和幸福自然日引月增"，则其无裨实际，亦犹

---

[1] 梁启超：《欧洲政治革进之原因》，《饮冰室文集》第 30 卷，第 44—45 页。

[2] 孙毓坦：《通讯·救国本问》，《甲寅》杂志第 1 卷第 4 号，第 3—4 页。

[3] 陈独秀在 1917 年《文学革命论》一文中，便将政治革命失败的原因归诸"盘踞吾人精神界根柢深固之伦理、道德、文学、艺术诸端，莫不黑幕层张，垢污深积"，参见《独秀文存》第 1 卷，第 135 页。

[4] 章士钊甚至认为中国"在道德上已是亡国"，而极力鼓吹道德之重振，并于 1912 年及 1917 年前后两次加入蔡元培所发起之"进德会"，参见行严：《论进德会》，《民立报》1912 年 2 月 26 日及《北京大学日刊》1918 年 2 月 27 日，北京：人民出版社影印本，1981 年。

如"讲孝经以服黄巾"耳。[1]

章士钊这种主张，自有其特定脉络与实际的政治作用，其目的盖在矫正当时过度偏重道德改造而忽视政治斗争的思想倾向。不过，若仅就观念本身而言，他对"内圣外王"观念的批判，实为对儒家思考范畴的重大反省与突破，其所蕴涵的反传统潜能，较诸五四新文化运动，不遑多让。

不过，我们也不能因此而高估章士钊思想中的反传统倾向。他固然反对以道德手段来解决政治社会问题的整体性（holistic）观点，却不自觉地承袭了另外一套整体性的思考方式。作为一个现实政治的参与者，他往往过度渲染政治的功效，视之为处理一切问题的根本。在前引的同一篇文章中，他在高唱政治归政治、道德归道德之余，却又强调："政治不良，即民德不进之惟一症结。"[2]在另一篇文章中，他又指出人性基本上相去不远，中国和英法等国的从政者，个人的品德修养本无太大差异，其所以"一则龌龊狼狈"，"一则号称政雄"，则是因为西方各国的政制法度使从政者不得不尽量发扬个人的德性，而中国的政制法度则使从政者日益习为狡诈，汩没善性。[3]因此，他认为，道德或社会并不能决定政治，而是政治塑造了社会的道德与风尚。从这项假设出发，他对于道德、社会问题的处理方式，便是："吾人治国，首当以国家绝对之权，整齐社会风习之事"；他甚至援引《王制》《酒诰》群饮衣服之禁，来证成群俗不可任其自坏，而须以政治力量加以干涉之理。[4]这样的言论，不但预示了他日后借政治权势抑制新文化运动的取向，同时也反映出章士钊对中国文化传统的暧昧态度：虽然拒斥了某些传统的质素，却也坦然承受了另一些传统的质素。对他来说，传统并不是一个同质的整体，五四时期全盘反传统的激烈思想也不是他所

---

[1] 无卯（章士钊）：《迷而不复》，《甲寅》杂志第1卷第3号，第15—16页。

[2] 同上书，第15页。

[3] 秋桐：《政治与社会》，《甲寅》杂志第1卷第6号，第4页。

[4] 秋桐：《读严几道民约平议》，《甲寅》杂志第1卷第1号，第12页。

能理解与接受的。

除了梁启超的开明专制论外，章士钊在《甲寅》杂志上攻击最力的，便是为帝制运动张目的论调。他在这方面的言论，具体地表明了他对传统与变迁的看法。

1915年，帝制运动蓬勃展开，袁世凯的美籍顾问古德诺（Frank J. Goodnow）发表《共和与帝制论》，引墨西哥乱事为喻，指出一国之国体，必须适应本国之历史习俗与社会经济状况，始能巩固，而共和不合乎中国固有国情，不能不改弦更张。章士钊为反驳计，乃撰作《帝政驳议》一文，批评古德诺的说法。

章士钊并不反对古德诺"社会有机论"的观点，也承认"国体必其相宜，始能确定"为"无可非难"的至当之言。但是他强调，"宜"或"不宜"的标准"当求之于通，而不当求之于偏"。所谓历史传统，并不是固定不变的死体，而是与时推移，不断发展，因而包含着"常"与"变"两面。过去的历史是常道，现在的局势则是常中之变。要求得适宜的立国基础，不能只偏重过去，一味泥守历史之"常"，而更须因应时势，做适度的调整与变革，以求合乎"体常尽变"之道。这种变革，并不是基于任何抽象、普遍的原则而发，而是以实际的需要与条件为权衡。他指出，辛亥革命后，君主制度已彻底破产，人民不复迷信君权的神圣性，而国家的艰危处境，更不容许变乱复生，因此，当前中国绝无重返帝政的凭借与资源，纵使共和政体弊端丛生，也只能在现状之下加以改良纠正，断不能全面加以否定。古德诺所云，乃是"泥于过去，抛却现在"的"蔽塞之论"，流毒所届，非至亡国不止。[1]

章士钊这种根据现势、适时变革的理论，自然有其保守性的一面，使他无法认同激进的革命主张。但是，在民国初年，复古反动的守旧思潮弥漫国中之

---

[1] 秋桐：《帝政驳议》，《甲寅》杂志第1卷第9号，第11—31页。

际，章士钊所强调的，乃是其理论中"尽变"的一面，从而发挥了阐扬民主、维护共和的积极作用。

先是，二次革命后，国人眼见政象紊乱、国步阽危，对于共和政治之效用，颇有悲观怀疑之论[1]，而墨西哥自实施共和后，内乱迭起，战祸频仍，尤予守旧人士一反对共和之有力口实。[2]章士钊有鉴于此，在《甲寅》杂志上反复申论共和之意义与价值，企图重振国人对共和政治的信心。

首先，他指斥以墨西哥乱事蔽罪共和之论。他认为墨西哥内乱，实其总统迪亚斯（Diaz）违法擅权，专制恣肆有以致之，与共和本身毫无干系。即使如此，而迪亚斯犹能掌握政权达28年之久，则不得不归功于维持共和形式之效。倘其连形式上的"伪共和"亦不肯顾惜，必欲毁宪法，灭国会，帝制自为，则墨西哥之乱事必早经爆发，且将远为酷烈。

墨西哥如此，中国亦然。章士钊指出，中国建立共和国体，为时甚暂，国中又有"特别势力"觊觎一旁，为之阻梗，所谓共和不过"羊质虎皮"，并未真正付诸实行，故"共和救国，非不能救，实未尝救"。[3]

章士钊承认自己并不迷信共和万能，而只是依据"体常尽变"的原则，认定共和乃是"于理于势，非如此不可"。他指出，欲图中国政治之进步与改良，共和立宪便是不可或缺的变革，否则，非但辛亥革命无意义，即西方国家政治之清明，亦属不足向慕。[4]

章士钊这些言论于澄清国人对共和之误解，恢复国人对共和之信心，实有

---

[1] 参见严复：《民约平议》，《庸言》第25、26号合刊，1914年3月2日；秋桐：《共和平议》，《甲寅》杂志第1卷第7号，第14—16页。

[2] 如筹安会发起宣言书，即引墨西哥乱事为殷鉴，反对共和；康有为亦撰有《墨乱感言》一文。一般人受此影响，多有因而怀疑共和之效者，参见孙毓坦：《通讯·救国本问》，《甲寅》杂志第1卷第4号，第1—2页。

[3] 以上所引，俱见秋桐：《国家与社会》，《甲寅》杂志第1卷第6号，第22页；秋桐：《通讯·答孙毓坦救国本问》，《甲寅》杂志第1卷第4号，第6页。

[4] 参见秋桐：《共和平议》，《甲寅》杂志第1卷第7号，第3页。

莫大之裨益，无怪乎袁世凯于 1915 年竟以"莠言乱政"之罪名，下令通缉章士钊了。[1]

其次，章士钊还致力于宣扬民权与自由的概念。

民国初年，许多知识分子基于民族主义的立场，往往强调"国权"，轻视"民权"，甚至主张抑制民权以张国权。如梁启超在 1912 年，便指出民权之论"甚嚣尘上"，势将"钝国权之作用，不获整齐于内，竞胜于外"，故要求"稍畸重国权主义以济民权主义之穷"。[2] 吴贯因也认为国家重于人民，故人民利益与国家利益抵牾时，"只能牺牲人民之利益以徇国家，而不能牺牲国家之利益以徇人民"。[3]

章士钊反对这种把"国权"与"民权"截然对立的看法。他认为组织国家的目的，在于使"自由人民为公益而结为一体，以享其所自有而布公道于他人也"。[4] 在此目标之下，国家利益与人民利益并非对峙颉颃，而是相辅相成的："民求民利，即以利国；民淬民力，即以卫国。"因此，个人的权利不能借口群体利益而漫无限制地加以牺牲。吴贯因等人的主张，乃是"毁民而崇国"的"伪国家主义"，其所标榜的国家组织，根本不合乎人类需要，存亡与否，实无关紧要。[5]

基于这项信念，章士钊在《甲寅》杂志上一再重申其于民国元年《民立报》上揭橥的主张，呼吁从速建立"出廷状"（Habeas Corpus）制度，为人身权利提

[1]　事见《国民公报》1915 年 10 月 21 日，转引自吴虞：《吴虞日记》上册，1915 年 10 月 22 日条，成都：四川人民出版社，1984 年，第 223 页。同时，《甲寅》杂志亦因章士钊所撰《帝政驳议》一文，在国内遭到查禁，参见汪原放：《回忆亚东图书馆》，上海：学林出版社，1983 年，第 29 页。
[2]　梁启超：《宪法之三大精神》，《饮冰室文集》第 29 卷，第 100 页。
[3]　吴贯因：《宪法问题之商榷》，《庸言》第 1 卷第 10 期，1913 年 4 月 16 日，台北：文海出版社影印本，1971 年，总第 1628 页。
[4]　秋桐：《国家与责任》，《甲寅》杂志第 1 卷第 2 号，第 24 页。
[5]　秋桐：《自觉》，《甲寅》杂志第 1 卷第 3 号，第 7 页。

供客观的保障。[1] 这些言论在在反映出章士钊思想中个人主义的倾向。

虽然，章士钊并不是一个真正的个人主义者。他的主张表面上虽与晚清以来重群体轻个人的集体主义思潮背道而驰，实则他真正关怀的对象仍是作为政治实体的中国。在他的思想脉络中，"民权"所以重要，端在其所能发挥的政治功效，而不在其本身的意义与价值。他在比较中西政治利弊时，便说：

> 民权之说、自治之理，未经一人梦见，遂贻（吾国）数千年强豪篡窃之局，以至于今。若夫西方之政则不然，……灼然见夫人民储有"怒与黜罚"之力，惟因势而利导之，无蹈束缚驰骤之弊，以故……国政以呈平安稳渡之观。[2]

由此可见，"民权"之于章士钊，基本上仍只是达成国家目标的有效工具，而不是一个自足圆满的价值。

也正由于这种基本思想取向的限制，章士钊对于国权与民权孰重的问题，并无一以贯之的明确见解。他的主张也屡屡随具体情境（situation）之需要而转变。吴贯因高倡国权，贬抑民权，章士钊则以民权之说痛折之；反之，当陈独秀竭力鼓吹人民的权利自觉，甚至发为"中国不足爱，国亡不足忧"的极端之论时[3]，章士钊却又一再申言国不可亡之理，呼吁国人"尽其在我"，尽力从事建设国家之事业。[4] 这两种貌似矛盾的论调，其实也只是章士钊"因时制宜"，强调的重点有所不同而已。

对于"自由"，章士钊也用同样的态度来处理。他认为，中国所以形成"独夫僭天之权，日肆淫威"的局面，症结在于"人民自由之力无由发展"，而

---

[1] 秋桐：《自由与出廷状》，《甲寅》杂志第 1 卷第 1 号，第 5—8 页。

[2] 秋桐：《政力向背论》，《甲寅》杂志第 1 卷第 3 号，第 16 页。

[3] 陈独秀：《爱国心与自觉心》，《甲寅》杂志第 1 卷第 4 号，第 1—6 页。

[4] 秋桐：《国家与我》，《甲寅》杂志第 1 卷第 8 号，第 1—10 页。

西方各国所以安定强盛，则肇因于人民享有自由，得以尽性发展。[1] 在这种论证方式下，章士钊事实上和严复一样，把"自由"视作促成国家富强的必要手段 [2]，而与肯定个人价值，反对将其化约为完成其他目标之工具的纯正自由主义，却是差之毫厘、失之千里了。

不过，这种观念上的精微差异，对于当时的知识分子而言，并无太大意义。1914 年至 1915 年间，政局困厄，中国思想界闭塞沉郁达于极点，章士钊适于斯时鼓吹民主自由，对于一般悲观烦闷的知识分子，自是一有力的刺激与鼓舞。一位同时代的知识分子便这样称许章士钊：

> 处天地晦暝，群邪构闪之日，众生猖狂，莫知适从之时，犹有一线微光，照耀大陆，俾末劫悲怜无告之民，尚认得些微途径，不至为鬼为蜮，流浪无归，则足下之功伟矣。[3]

这些话虽不免于夸张溢美，但章士钊言论的声光之盛、影响之巨，殆可由之窥见一斑。事实上，章士钊主持的《甲寅》杂志确实抟聚了许多追求进步理想的新知识分子。日后新文化运动的领导人物如陈独秀、李大钊、高一涵、易白沙等人皆曾为之撰稿，胡适也曾远自美国寄刊翻译小说。因此，《甲寅》杂志可说是五四前夕中国新知识分子的一次大集结，在思想和人员上为新文化运动开一先声。常乃惪认为甲寅时代是新文化运动的萌芽期，章士钊则是新文化运

---

[1] 秋桐：《自然》，《甲寅》杂志第 1 卷第 3 号，第 10 页。

[2] 严复对自由的看法，参见 B. I. Schwartz, *In Search of Wealth and Power: Yen Fu and the West*, Cambridge Mass.: Harvard Univ. Press, 1964, pp. 67-68。参见林载爵：《严复对自由的理解》，《东海大学历史学报》第 5 期，1983 年 12 月。

[3] 黄戬民：《通讯·国家与我》，《甲寅》杂志第 1 卷第 10 号，第 10 页。另一位知识分子则推许章士钊为与梁启超齐名之"舆论宗匠"，参见王燧石：《通讯·呼者》，《甲寅》杂志第 1 卷第 1 号，第 12 页。按：《甲寅》杂志自第 1 卷第 5 号起在国内由上海亚东图书馆代理发行，每期出版，购者踊跃，参见汪原放：《回忆亚东图书馆》，第 29 页。

动的播种者，实非无据之言。[1]

讽刺的是，作为"新文化运动鼻祖"的章士钊，在五四时代，却对新文化运动大肆抨击，甚至被视作反动守旧派的主要代表。对于这种戏剧性的转变，一般的评论都归结于章士钊本身的思想突变；但是，从我们以上的讨论可以看出，即使在章士钊早期最激进的思想中，也已蕴含着许多与新文化运动格格不入的因素。换句话说，在思想的实质内容上，章士钊诚有若干重大的变化，但是在思想的形式层次上，他却始终维持着几项不变的预设。这些预设限制了他思想发展的范围，使他无法认同五四时期的激进思潮。

5. 进步思想中的保守质素

首先值得注意的，便是章士钊此时期思想核心的调和论。在思想来源上，章士钊的调和论无疑受到英国政治哲学的重大启发，但他所以轻易接纳此一观念，甚且"弥致景崇"，奉为圭臬，则不仅鉴于调和思想在实际政治运作上的积极功效，抑且有中国传统的背景为之助力。在儒家的思想传统中，"和"是一项极为重要的价值，儒者至高理想的大同世界，也正是以"和"的精神为基础。[2] 因此，章士钊的调和思想本身便是对中西思想的一种调和。他在引述英人约翰·莫雷（John Morley）所著《论妥协》（*On Compromise*）一书时，采用"执

---

[1] 常乃惪：《中国思想小史》，台北：文海出版社，常燕生先生遗集补编本，第 179—184 页。按：常乃惪为国家主义派人物，此派于北伐前夕攻击章士钊不遗余力，常乃惪于此书称道章士钊早年成就，当无诏谀之意。

[2] 韦伯指出，儒家思想极重视"和"的价值，儒家认为宇宙秩序是和谐的、固定的，个人之修身乃至国家之安定，其前提均在如何与世界取得和谐的关系。See Max Weber, *The Religion of China*, New York: Free Press, 1964, pp. 152-153. 另参见余英时：《从价值系统看中国文化的现代意义》，台北：时报文化出版公司，1984 年，第 70—71 页；丸山松幸则认为章士钊的调和观念，起源于"大同说"中"和"的精神，参见［日］丸山松幸：《中國近代の革命思想》，第 2—8 页。

两用中"的传统语汇来定义"调和"一词[1]，便隐约透露出其思想中新旧杂糅的
蕲向。

其次，作为一种政治运作的基本原则，章士钊的调和论，不可免地带有折
中与妥协的色彩。如前所引，他认为治国之道，首须承认不同势力的客观存在，
切忌以"牢不可破之原则"，先入为主。姑不论这种态度是否更能契合现实政治
的需要，其与五四时期秉持抽象原则、从事彻底改造的理想主义精神，却是相
去悬殊了。[2]我们只要比较章士钊与陈独秀对儒家的不同看法，便能清楚地辨识
这种本质上的差异。

五四初期，儒家乃是新文化运动者极力抨击的对象。陈独秀从社会达尔文
主义的观点，指斥其违反社会进化之原理，并要求国人以"彻底之觉悟，勇猛
之决心"，根本抛弃"与此新社会新国家新信仰不可相容"的文化。[3]但是在
《甲寅》杂志上，章士钊却表达了不同的意见。他对儒家本身，与陈独秀同样深
表不满，甚至认为孔子之道在化民成俗的社会功能上，远不如基督教之有力。[4]
不过，他坚持，儒家虽为不可通之理，但昌言儒家者不但自信甚笃，且人数亦
不在少，则反对儒家者亦应容忍此一事实，使其得"以一种方式觅其途以入宪
法"，俾正反两方相取相予，差足自安。他承认这种解决方式并不完美，却是维
系社会政治秩序，徐图改进的唯一可行之道。[5]他说"调和者，非理想也；以理

---

[1]　秋桐：《国教问题》，《甲寅日刊存稿》，收于《甲寅杂志存稿》上册，沈云龙主编：《近代
中国史料丛刊续编》431号，"附录"，第10页。

[2]　这当然只是概括性的说法，如胡适所提倡"多谈问题，少谈主义"的实验主义哲学，便不
是一套主张彻底改造的抽象原则。

[3]　陈独秀：《宪法与孔教》，《独秀文存》第1卷，第109—112页；又参见陈独秀：《孔子之
道与现代生活》，《独秀文存》第1卷，第113—124页。

[4]　秋桐：《通讯·答张尔田》，《甲寅》杂志第1卷第3号，第23—24页；也参见秋桐：《孔
教》，《甲寅》杂志第1卷第1号。

[5]　秋桐：《国教问题》，《甲寅日刊存稿》，第11页。

想诘调和，斯诚大谬"[1]，即反映出他注重实际，反对空想的现实主义倾向。

当然，章士钊的调和论也并不是全无理想成分，事实上，他也正是民初变革思想最有力的倡导者。只是章士钊所主张的改革方式，与五四时期所标榜的全盘改造大异其趣。他认为政理与物理不同，后者是"通之古今而不惑，放之四海而皆准"，超越时空限制的绝对准则，而前者则是"因时因地"，随时空因素而变化的相对原则。[2] 既云"因时因地"，则理想的改革方式便应以现实社会之需要为方针，既不能"妄忆过去，而流于悲观"，也不应"预计将来，而蹈乎空想"。他所谓的"体常尽变"，便是一面肯定现实条件的限制，一面在此限制下谋求可行的改革。这种主张，很明显地兼具进步与保守的两面。在排斥反动守旧的言论时，他所强调的是"变"的一面："新社会之于旧历史，犹蛾之于蛹焉，由之脱体而出，非能以之自缚而死"[3]；但是当变革过于急遽，超过他所见之现实条件所能容许的范围时，他便转而强调"常"的重要性："夫政治变迁之最合于理想者，亦设其新之必要而存其旧之不必改作者耳。若彻底推翻之，则非常之源，其不大伤国本，甚且亡国者几希。"[4] 把握到这一点，我们便能了解何以章士钊在民国初年鼓吹改革，而到五四时期又昌言守旧了。

然而，"常"与"变"之间，本有着相当程度的紧张性。何时"体常"，何时"尽变"？其间的抉择标准究系何在？这就牵涉到章士钊在政治层面上的终极关怀了。简单来说，章士钊和他所批评的严复、梁启超等人，都是以拯救中国为其首要的关怀目标。自晚清以来，中国面临西方世界前所未有的挑战，在这种危机意识下，如何动员全国力量以救亡图存，成为一般知识分子梦寐以求的鹄的。在民族主义情绪的推动下，中国知识分子虽然从西方汲取了许多新思

---

[1] 秋桐：《国教问题》，《甲寅日刊存稿》，第 12 页。

[1] 秋桐：《国教问题》，《甲寅日刊存稿》，第 12 页。

[2] 秋桐：《学理上之联邦论》，《甲寅》杂志第 1 卷第 5 号，第 1 页。

[3] 秋桐：《通讯·答陈蓬》，《甲寅》杂志第 1 卷第 2 号，第 10 页。

[4] 秋桐：《共和平议》，《甲寅》杂志第 1 卷第 7 号，第 17 页。

想、新制度，但他们所注重的往往不是这些思想制度的内在价值，而是其在达成国家富强这一政治目标的工具效用。因此，不论是梁启超、严复，还是陈独秀，他们对西方思想的取舍，都是以其在解决中国危机方面所能发挥的作用为最终的权衡。[1]

章士钊也无法摆脱这一强大思潮的笼罩。我们前面约略分析过章士钊对"民权""自由"等概念的认识，已可看出其思想中侧重工具理性的一面。再向前追溯，他在晚清革命时期，鼓吹"排满"破坏，用意在使中国免于重蹈"红夷、棕夷之覆辙"；在民国初年，他提倡内阁与政党等西方式民主立宪制度，动机在借以树立强有力的中央政府，以资应付内忧外患的民族危机。由此可见，章士钊之由激进革命转为渐进改良，不过是他对如何达成"救亡图存"的最高目标，选择了不同的手段，至于这项目标本身却是终始如一、未尝稍变的。在这种角度下，我们甚至可以说，章士钊所宣扬的民主立宪制度及民权、自由等价值，事实上已被他转化为传统意义上的"治国方策"。一旦这些制度与价值在时势的推移下，不再符合他的期望，他便会毫不犹豫地加以抛弃，而改从他处觅求适当的资源。五四时期，章士钊的"转变"，也可说是他的终极关怀所导致的结果。

除了以上所述调和论的理论构造及章士钊的终极关怀外，还有两项重要的思想因素；它们也是促使章士钊同五四时期激进派知识分子分道扬镳的主要动力。

1915 年 9 月，政论家黄远庸致函章士钊，除就自己数年来政论生涯之无裨国运深表忏悔外，还对如何挽救危亡、匡救时弊，提出了一种新的觉悟。他说：

> 愚见以为居今论政，实不知从何处说起。洪范九畴，亦只能明夷待

[1] B. I. Schwartz, *In Search of Wealth and Power: Yen Fu and the West*, pp. 67–68; B. I. Schwartz, "Ch'en Tu-hsiu and the Acceptance of the Modern West," *Journal of the History of Ideas*, Vol. XII, No. 1（Jan. 1965）, pp. 63–65；黄进兴：《梁启超的终极关怀》，《史学评论》第 2 期，1980 年 7 月，第 93 页.

访。果尔，则其选事立词，当与寻常批评家专就见象言之者有别。至根本救济，远意当从提倡新文学入手。综之，当使吾辈思潮如何能与现代思潮相接触而促其猛省。而其要义，须与一般之人生出交涉。法须以浅近文艺，普遍四周。史家以文艺复兴为中世改革之根本，足下当能语其消息盈虚之理也。[1]

黄远庸主张用新文学向大众传播"现代思潮"，从思想上唤起民众；这种看法正是五四新文化运动所遵循的基本路径。

但是，章士钊并不赞同黄远庸的改造方案。他在复函中，仍然一贯地强调政治改革的优先性。他说：

提倡新文学，自是根本救济之法。然必其国政治差良，其度不在水平线下，而后有社会之事可言，文艺其一端也。欧洲文事之兴，无不与政事并也。……以知非明政事，使与民间事业相容，即莎士比亚、嚣俄复生，亦将莫奏其技矣。[2]

以上所引两段对话，明白地预示了章士钊与五四新文化运动者在思想取向上的重大分歧。

首先，黄远庸强调以思想文化的更新作为政治改造的前提与先导，易言之，他认为思想文化的变迁乃是政治社会变迁的原动力。这种"借思想文化以解决问题"的方法（the cultural-intellectual approach），正是潜伏于五四时期激烈反传

---

[1] 黄远庸：《通讯·释言（其一）》，《甲寅》杂志第 1 卷第 10 号，第 2 页；又见《远生遗著》第 2 卷，台北：文星书店影印本，1962 年，第 360 页。

[2] 秋桐：《通讯·答黄远庸》，《甲寅》杂志第 1 卷第 10 号，第 5 页。

统思想之下的基本思考模式。[1] 胡适在五四初期下定决心，"二十年不问政治"，而想"在思想文艺上替中国政治建筑一个革新的基础"[2]，可说是绍接黄远庸揭示的契机，为新文化运动指出一条努力的蹊径。

章士钊则不然。如前所述，在他的观念中，政治不仅是一个独立自足的范畴，更是解决其他一切问题的基础。在政治未能改善到相当程度之前，文化与思想的变革，对他来说，是徒劳无功的。因此，他虽口头上敷衍道"提倡新文学乃是根本救济之法"，但他所全力关注的，仍仅限于政治本身的改革。为了达成这个目标，他一再呼吁国人"投入政治"，"使国中才智之量直接间接投于政治涡中，以促其旋转"。[3] 在这样的思想取向下，章士钊自然无法接受新文化运动只谈文化、不谈政治的基本命题了。

其次，黄远庸要求"以浅近文艺，普遍四周"，这句话不但是文学革命的先声[4]，同时也点出新文化运动所蕴含的一项重要价值——平民主义。五四时期，新文化运动者提倡平民文学，鼓吹平民教育，要求思想文化的改造事业"与一般的人生出交涉来"，便是这项价值引导出来的结果。然而，章士钊从传统文化的熏陶与实际政治经验所获致的看法，恰与此背道而驰，他所宣扬的乃是以少数秀异分子作为改革枢纽的"精英主义"。在《民立报》上，他对激进的革命党人所提倡的极端民主主义，已颇多针砭。他认为真正的民主政治应以人民的自治能力为基础，因此，中国虽采用民主政治的形式，却"不可不运用少数政治之精神"；又说"政体之最宜于今日而能获最大利益者，实以平民之国家而建

[1] 林毓生：《五四时代的激烈反传统思想与中国自由主义的前途》，《思想与人物》，第 139—196 页。

[2] 胡适：《我的歧路》，《胡适文存》第 2 集第 3 卷，台北：远东图书公司，1953 年，第 96 页。

[3] 秋桐：《政治与社会》，《甲寅》杂志第 1 卷第 6 号，第 27—28 页。

[4] 胡适称黄远庸的主张为"中国文学革命的预言"，参见《五十年来中国之文学》，《胡适文存》第 2 集第 1 卷，第 228 页。

立贵族之政府"。[1]《甲寅》杂志发刊后，他虽然大力鼓吹民权自由的思想，但其基本立场仍未稍变。在讨论代议政体时，他指出，"代议政体者，本以少数人谋多数幸福之事，非任多数人自谋幸福之事"[2]；对于舆论之构成，他也将之归于少数人的努力："夫舆论者，……必有一部导领社会之人焉，时时以制造公论为事，苟其言出犁然有当于人心，……则所谓舆论者成矣。" [3] 因而，他所提出的救国之道，便只能是"社会中枢人物，必使之出其才智，尽量流通"[4]；他所提倡的调和、民权、自由等观念，实际上也只是针对少数秀异分子说法，与一般大众绝无关系。这也就是何以章士钊虽能吸纳西方的思想内容，将古文改造得精密繁复，"倾向欧化"，"能曲折表达繁复的思想" [5]，却不愿突破文言文体，改采白话的理由之一了。胡适批评他说：

> （章士钊）这种文章的读者仍只限于极少数的人。当他们引戴雪，引白芝浩，引哈蒲浩，引蒲莱士，来讨论中国的政治法律的问题的时候，梁士诒、杨度、孙毓筠们早已把宪法踏在脚底下，把人民玩在手心里，把中华民国的国体完全变换过了。[6]

这几句话，不特指出在现实环境中，章士钊的精英主义所遭到的顿挫，抑且暗示出章士钊反平民主义的价值取向，在思想的内在理路上，与五四时期的主导思潮，确是凿枘不入了。

----

[1] 行严：《论平民政治》，《民立报》1912 年 3 月 1 日。

[2] 秋桐：《古德诺与新约法》，《甲寅》杂志第 1 卷第 2 号，第 4 页。

[3] 秋桐：《政治与社会》，《甲寅》杂志第 1 卷第 6 号，第 6 页。

[4] 同上文，第 4 页。

[5] 胡适：《五十年来中国之文学》，《胡适文存》第 2 集第 1 卷，第 224 页。

[6] 同上书，第 226 页。

二、五四时期保守思想的兴起与章士钊的思想转变

当章士钊在海外高倡调和立国，鼓吹共和立宪之际，国内政局的演变却与他的期望大相径庭。1915 年底，袁世凯的帝制运动正式登场，共和国体濒临存亡绝续的最后关头。和平改良的希望既已完全破灭，章士钊也只有一改初衷，与反袁势力联合从事武力革命。

1916 年初，章士钊偕岑春煊在日本为讨袁军事筹措饷械。4 月，随岑返国入肇庆，岑受推为护国军两广都司令，章任秘书长，赞襄筹划。[1] 6 月，袁世凯病卒，黎元洪继任，国会重开，章士钊原为 1913 年湖南选出之参议员，遂北上出席国会。

讨袁护国之役，原是进步党、国民党温和派与西南军人三种力量的合流[2]，也可说是章士钊调和立国论的初步实现。经过洪宪帝制的教训，有识之士痛感以往自相倾轧之不当，也逐渐体悟到容忍异见之重要。梁启超在讨袁军事结束后，即曾发如下感慨：

> 数年来政局经数度之翻覆，我人实领得一种最良而最切之教训。此教训维何？曰：凡政治之作用，当容许异种之势力同时并存，且各使得相当合法之发展机会。此不磨之原则也。[3]

然而，这线曙光一闪即逝，并未带给中国政治健全发展的新机运。袁世凯

---

[1] 岑春煊：《乐斋漫笔》，沈云龙主编：《近代中国史料丛刊正编》654 号，台北：文海出版社，1992 年，第 20 页；李根源：《雪生年录》，沈云龙主编：《近代中国史料丛刊正编》15 号，第 69—70 页。

[2] 陈训慈：《革命史上护国之役》，转引自张朋园：《梁启超与民国政治》，第 55—56 页。

[3] 梁启超：《与报馆记者谈话（一）》，《盾鼻集》，台北：中华书局，第 34 页。

死后，中国的政局不但未能改善，反而陷入分崩离析的混乱局面。在派系政治（factionalism）的结构性限制下[1]，国会与政党徒然成为各派军阀权力斗争的工具与傀儡。同时，国会中的两大势力——进步党与国民党又因历史宿怨太深与政治理念差距过大，并未能尽释前嫌，和衷共济[2]，以致国会重开后，纠葛丛生，冲突益烈，较诸民国二年尤为变本加厉。

对于这种混乱不堪的局面，主张立宪救国的章士钊自是痛心疾首；愤懑顿挫之余，他对代议政体的信心也慢慢发生动摇。因此，他虽在1917年1月创办《甲寅》日刊，继续阐扬调和有容之主张[3]，并对国会组织与职权一再提出针砭[4]，同时却又韬光养晦，以"三年不问政"自期[5]，并受北京大学之聘，任文科教授，讲授逻辑。[6]

虽然，章士钊的思想取向与人事关系，都不容他置身政治旋涡之外。1917年7月，张勋复辟，旋为段祺瑞敉平，而国会竟以解散，孙中山遂在广州筹组军政府，号召国会议员南下护法。章士钊既反对参加欧战[7]，不见容于段祺瑞，自不能不离开北京；但是，他也不赞成国会重开。他在致岑春煊函中，便说"国会黩货长乱，恢复无当国人意"[8]，因而坚不赴粤，仍任北大教职，日常往来于上海与北京之间。

及1918年5月，广州军政府改组，岑春煊主政，一再相召，章士钊不得

---

[1] 有关派系与民初政治的关系，参见 Andrew Nathan, *Peking Politics, 1918-1923* 一书。

[2] 张朋园：《梁启超与民国政治》，第56—57页。

[3] 《甲寅日刊发端》，《甲寅日刊存稿》，第1—3页。

[4] 《一院制之主张》，《甲寅日刊存稿》，第12—16页；《理想之一院制》，《甲寅日刊存稿》，第16—22页；《论解散权与不信任投票》，《甲寅日刊存稿》，第27—32页。

[5] 钱基博：《现代中国文学史》，第407页。

[6] 章士钊在北大教授本科哲学门一年级伦理学及哲学门研究所逻辑学史，参见《北京大学日刊》第1、12号。按：章与北大夙有渊源，1913年，章在北京，袁世凯为笼络计，拟畀予北大校长一职，章未接受。

[7] 《加入欧战问题之意见》，《甲寅日刊存稿》，第46—48页。

[8] 钱基博：《现代中国文学史》，第407页。

已，出任军政府秘书长，其后又以岑春煊代表之资格，参与南北和议。[1] 在这段时期，他孜孜致力于国会的改造，一面主张议员应加考试，核定资格[2]，一面又发表《裁兵与造法》一文，反对由国会制定宪法。[3] 这些论调在在与国会议员的既得利益相抵触，因而激起众怒，广州非常国会竟以附逆名义，革去章士钊参议员之名籍。[4]

经过复辟、护法几度动乱，许多知识分子对西方式代议制度的效用多感失望，章士钊目击身受，更是感慨良深。不过，多年来对西方立宪体制的浸濡崇信，究非遽尔所能摆脱。直到 1917 年 7 月间，章士钊仍然坚信"西洋种种的文明制度都非中国所及"，若不急起直追，则"无法可以救亡"。[5] 这种理想与现实之间的矛盾与紧张，使得章士钊陷于彷徨踌躇、莫知所归的心理困境。

在章士钊浮沉政海、颠踬困顿之时，中国思想界却展开了惊天动地的重大变迁。一部分激进的知识分子，抛弃了章士钊所标榜的投入政治以改造政治的旧径，转而发挥黄远庸所揭示的主张，企图从文化思想上着手，彻底重塑一个新的中国。

1915 年 9 月，陈独秀创办《新青年》杂志，致力于破坏旧传统、改造青年思想的启蒙事业，新文化运动从此肇端。至 1917 年，随着胡适、钱玄同、刘复等人的抟聚，以及文学革命的蓬勃展开，新文化运动遂如排天巨浪，波涛壮阔地向全国各地急遽扩张。

---

[1] 李根源：《雪生年录》，沈云龙主编：《近代中国史料丛刊正编》15 号，第 88、91 页；谢彬：《民国政党史》，台北：文星书店影印本，1962 年，第 86 页。

[2] 钱基博：《现代中国文学史》，第 407 页。

[3] 《裁兵与造法》，《中华新报》1920 年 5 月 6 日，参见王森然：《近代二十家评传》，沈云龙主编：《近代中国史料丛刊正编》900 号，第 306—309 页。

[4] 王森然：《近代二十家评传》，沈云龙主编：《近代中国史料丛刊正编》900 号，第 305—306 页；钱基博：《现代中国文学史》，第 407 页。

[5] 章士钊于 1917 年 7 月在天津南开中学之讲演，参见陈独秀：《近代西洋教育》，《独秀文存》第 1 卷，第 155 页。

新文化运动是一个多面向的运动，其基本动机则系鉴于中国传统文化与现代生活的精神扞格不入，因而认定，中国要想真正走上现代化的道路，就必须从思想文化的改造入手。根据这项理解，新文化运动的倡导者高举"德先生""赛先生"两面大纛，秉持"重新估定一切价值"的批判精神，对中国数千年来的思想、制度与习俗进行全面的检讨。他们反对孔教、礼法与旧伦理，主张个人独立平等；反对君主专制，提倡民主自由；反对大家庭制度，倡导妇女解放与婚姻自主；反对宗教迷信，鼓吹科学真理；同时又提出"文学革命"的口号，主张废除文言，改用白话，致力于文学形式及内容的全面变革。[1]

然而，这项大规模的文化思想改造运动，本质上并非出自中国文化内在的自发性需求，而是对近代西方优势文化之冲击所做的强烈回应。[2] 基于"救亡图存"的迫切需要，激进的知识分子在"一元论主知主义思想模式"（monistic and intellectualistic mode of thinking）的影响下，认定一切政治社会弊端的祸源，完全在于传统文化思想的不良。[3] 为了拯救中国，他们把对传统的破坏与廓清，视为必要之前提，因而走向极端激烈的反传统主义。一直到 1920 年代中期，集结于新文化运动旗下的青年知识分子还高唱着这样的论调：

> 我判决东方文化是黑暗的文化，是反人性的文化，是退化的文化，是吃人的文化。……我们当赶快觉悟，弃尽东方文化去吸收西方文化。[4]

---

[1] 参见陈独秀：《本志罪案之答辩书》，《新青年》第 6 卷第 1 号，1919 年 1 月，东京：大安株式会社影印本，1962 年，第 15—16 页；胡适：《新思潮的意义》，《新青年》第 7 卷第 1 号，1919 年 12 月，第 9—12 页。

[2] 参见余英时：《五四文化精神的反省》，周策纵等：《五四与中国》，台北：时报文化出版公司，1979 年，第 4—5 页。

[3] 林毓生认为五四知识分子全盘反传统的思想，导源于传统儒家一元论主知主义的思想模式。在此模式笼罩下，他们认为要解决政治社会的问题，首须从事思想文化的改造。See Lin Yu-sheng, *The Crisis of Chinese Consciousness: Radical Antitraditionalism in the May Fourth Era*, Madison: The University of Wisconsin Press, 1979, Chaps. II–III.

[4] 汪静之：《东方文化与西方文化（下）》，《晨报副刊》1925 年 7 月 27 日。

这种态度，很自然地引发了保守派的抗拒。

五四时期保守主义意识形态的产生，可以从几个方面来观察。首先，中国知识分子在儒家思想长期的支配下，一向具有十分明显的"传统导向"的心态。倪德卫（David Nivison）便指出：中国的儒者无不把眼睛向后看，企图从古代的道德训示中寻求规范现代行为与制度的准绳，并复归经典所描述的上古理想世界。[1] 由于这种尊崇往古的心态，他们对于违反传统的变迁往往抱持着怀疑与抗拒。加之二千多年来，中国在东亚世界一向居于主导地位，更使他们在"天朝上国"的优越意识下，发展出根深蒂固的中国中心的文化主义。因此，以儒家伦理纲常为核心的传统文化道德秩序，始终是历代知识分子执着、认同的对象。从孟子、韩愈以迄晚清，许多传统知识分子为维护这一套认同符号，一再扮演了"斥邪说、辟异端"的卫道角色。

另一方面，传统知识分子的"卫道"心理，又与其现实利害的考虑息息相关。在传统中国社会政治结构中，知识阶层介于统治阶层与被统治阶层之间，有其特殊的权利与地位，以致任何可能导致变动的改革措施，都不免因威胁到他们的既得利益，而遭到有力的抵制与反对。由王安石"熙宁变法"到晚清戊戌变法的历史经验，在在显示了中国知识分子安于现状、反对变革的保守倾向。

其次，五四新文化运动激烈反传统的思想取向，虽有助于廓清传统文化中腐朽与不合理的成分，但是传统的价值规范被打倒后，短期内却形成文化与伦理上的"真空"现象。[2] 而为填补此一真空所输入的各种新思想、新学说，复又

---

[1] David Nivison, "Introduction," in Nivison and A. Wright eds., *Confucianism in Action*, Stanford: Stanford Univ. Press, 1959, p. 5.

[2] 五四时期中国思想界的"真空"状态，参见 Leo Ou-fan Lee, "The Romantic Temper of the May Fourth Writers," in B. I. Schwartz ed., *Reflections on the May Fourth Movement*, p. 81; also, Y. C. Wang, *Chinese Intellectuals and the West, 1872–1949*, Chapel Hill: Univ. of North Carolina Press, 1966, "Preface," p. xi。

群言庞杂，互相冲突，更加扩大了中国思想界的分歧与混乱。[1] 这种因急骤变革而引起的"目标迷失"（loss of orientation），自然也刺激了若干知识分子对于新文化运动的检讨与批判。

以上所述几项因素的结合，直接间接促成了五四时期保守思想的兴起。五四时期的保守派在面对文化、社会的急遽变动时，极力强调传统认同符号的延续，并对新文化运动进行尖锐的对抗。他们的言论行动，构成了五四时期一个抗制性的思想面向——反新文化运动。[2]

五四时期的保守思想，依其特质之不同，大致可分为两个阶段，而以 1919 年五四运动为分水岭。在前期，反对新文化的保守人物，从陈恨我、"王敬轩"、国故派以迄林纾，除严复等少数人外，主要是传统士绅知识分子。他们在维护本身利益及辅翼名教的双重动机下，针对新文化运动"覆孔孟、铲伦常""尽废古书，行用土语"的主张，肆力攻诋，因而引发新旧双方一连串的思想论争。[3]

克劳斯·爱泼斯坦（K. Epstein）在研究德国保守主义起源的著作中，将保守主义区分为三种"理想类型"（ideal types）：一为维护现存秩序者，二为有改革倾向者，三为态度反动者。[4] 五四前期的保守派，大致都属于第一个类型。他们往往站在儒家传统主义（Confucian Traditionalism）的立场，以儒家思想作为评估一切文化价值的准绳。但是，他们对固有传统的执着，本质上是出自怀古念旧的感情作用，而非经过理性的反省与检讨；除少数人外，他们对儒家传统

---

[1] 参见周睿：《中国思想界之混战与教育潮》，《新少年旬刊》第 6 期，附载于《晨报副刊》1925 年 8 月 28 日，第 1—3 页；唐庆增：《归国杂感》，《国闻周报》（天津，国闻周报社）第 4 卷第 8 期，1927 年 3 月 6 日，第 2 页。

[2] "反新文化运动"一词并非笔者所创，在目前所见文献中，此名最早系日人西本省三于 1920 年代中期提出，参见张定璜：《中国人和日本人》，《语丝周刊》第 23 期，1925 年 4 月 20 日，上海：上海文艺出版社，1982 年影印本，第 1 页。

[3] 对于五四前期保守派的论述，参见拙著：《学衡派与五四时期的反新文化运动》第一章，第 14—42 页。

[4] Klaus Epstein, *The Genesis of German Conservsvatism*, p. 7.

的真正价值，并无深刻的体认，对于西方文化，更是所知甚浅。[1] 因此，在新文化运动的强大压力下，他们只能做出消极的反应，从事琐屑支离的辩解与反对，而无法提出一套圆融自足的文化主张。即使是声势最盛的林纾，在宣称古文不宜废弃时，也只能说"吾识其理，而不知其所以然"。[2]

由于思想资源的贫乏，五四前期的保守主义者，在面对中西文化的问题时，基本仍停留在晚清以来中国知识分子一贯沿用的"中学为体，西学为用"的理论层次。[3] 如《国故》月刊的薛祥绥即认为，传统的伦理规范乃是明体之道，西方的科学技术不过致用之器，故学者应以宋明儒者"正心诚意"为立身之体，同时讲求西方致用之学，以求"体用兼赅"。[4] 章太炎的说辞更是明白显豁，直截了当：

> 大学一书自格物致知诚意正心，以至修齐治平，可谓内外一致，显微无间者矣。学校大法，必以大学为本，其他形而下者，悉采远西之所长，以供吾用可也。[5]

这种"中体西用"的论辩方式，在晚清的思想脉络中，原有其正面意义，代表着中国传统知识分子对西方文化进一步的认识，并对中国之接受西方文化

---

[1] 参见陈丰祥：《五四时期的民族主义》，《台大历史学报》第 9 期，1981 年 5 月，第 319—320 页。

[2] 林纾：《论古文不宜发》，《民国日报》1917 年 2 月 8 日，参见胡适：《胡适留学日记》第 4 册，第 1—17 页。

[3] 有关"中体西用"理论模式的起源与实质内容，参见王尔敏：《清季知识分子的中体西用论》，王尔敏：《晚清政治思想史论》，台北：自印本，1969 年，第 51—71 页；陈旭麓：《论"中体西用"》，《历史研究》1982 年第 5 期，第 39—55 页。

[4] 薛祥绥：《讲学救时议》，《国故月刊》第 3 期，1919 年 5 月，台北："中央图书馆"藏微片，第 1 页；参见拙著：《学衡派与五四时期的反新文化运动》，第 26 页。

[5] 汤志钧编：《章太炎年谱长编》下册，北京：中华书局，1979 年，第 793 页。

发挥了积极的促进作用。[1]但是，到了五四时期，随着国人对西方文化的认识日趋深入，"中体西用"的旧格局，非但不足以满足解决中西文化问题的迫切需要，反而形成阻滞学术思想发展的重大障碍。早在 1902 年，严复便已痛切指陈"中体西用"说的谬误及其恶劣影响。[2]到五四前夕，中国知识界更普遍地汲汲致力于建构一套新的文化观念，以求突破学术思想上的困境。[3]在这样的背景下，五四前期的保守派却仍自囿于"中体西用"的窠臼，其所提出的主张，自然难以餍足人心，更经不起文化运动者的质难与批驳。

因此，在五四前期，保守派虽曾为新文化的问题与激进派发生过多次论争，甚至援引政治势力，打击新文化运动，却始终未能赢得广泛的赞助与同情，也几乎不曾发挥任何重大的作用。徐志摩便曾讥嘲他们"太没有战斗的准备"，缺乏"对垒的能耐"，根本不是新派的敌手。[4]等到五四运动爆发，新文化运动挟其助力，急速扩展，林纾等人的反对之声，在声势浩大的新思潮冲击下，迅即隐没不闻，五四前期保守主义者的努力遂告彻底失败。

五四前期的保守主义运动虽告失败，但是中国思想界的新旧之争并未就此消歇。相反，另一股保守主义思潮在五四后期接踵继起，而其成员与性质则与五四前期有着重大的差异。这一批后起的保守派，不再以传统的旧士绅、旧文人为主力，而多属受过西式教育的新兴知识分子。他们不但对传统文化的价值有着强烈的信念，也通晓西方的学术思想，对西方文化具有相当的认识。因此，他们往往采用新的语汇与观念架构，来传达他们对中国传统文化价值的信仰，并指陈新文化运动的阙失舛谬。[5]

---

[1] 王尔敏：《清季知识分子的中体西用论》，王尔敏：《晚清政治思想史论》，第 67 页。

[2] 严复：《与外交报主人论教育书》，《严几道文钞》第 4 卷，台北：世界书局，1971 年，第 19a 页。

[3] 参见余英时：《中国近代思想史上的胡适》，第 10—15 页。

[4] 徐志摩：《"守旧"与"玩旧"》，《晨报副刊》1925 年 11 月 11 日，第 21 页。

[5] 参见拙著：《学衡派与五四时期的反新文化运动》，第 40—41、46 页。

为了增强其论证的说服力，这群新兴的保守派不再泥守儒家传统主义的立场，转而致力于重新建构一套解释文化问题的理论模式。他们所提出的，便是所谓"东方文化"与"西方文化"的二元概念。

从"中体西用"转到"东西文化"，显示出中国知识分子对于文化本质的认知有了重大的进展。他们不再把文化分成可以任意做机械组合的"体"与"用"两部分，而开始将之视为一个统合的有机体。这是中国思想界的一项重大突破，也是五四时期中国知识分子共同的趋向。[1] 借用施耐德（L. A. Schneider）的话，这是中国知识分子对本身"文化之发现"。[2] 但是，这种文化的自觉，本质上却是由西方文化所促成。所谓"东方文化"与"西方文化"的分殊，便是西方自海上大发现以后所逐渐形成的概念。[3] 因此，五四后期保守派虽致力于拒斥西方文化，维护东方文化，但其所蕴涵的参考架构，却正反映出他们受到西方的影响。

尤有进者，五四后期以"东西文化"为理论基础的保守主义，其所以抟成的契机，也与欧战前后西方思想界的变易转折有着密切的关系。

19 世纪末叶以降，欧洲思想界对本身文化的信念逐渐动摇，启蒙运动以来西方世界奉为圭臬的理性主义与进步观念，不断遭到若干思想家的怀疑与抨

---

[1] 余英时先生认为"东西文化"的概念是由胡适"重新估定一切价值"的主张促成的。他甚至认为胡适因此树立了一套思想史的新典范，为而后中国知识分子在讨论文化问题时所遵循。参见余英时：《中国近代思想史上的胡适》，第 17—20 页。但考诸实际，胡适此项主张揭橥于《新思潮的意义》一文，发表时间在 1919 年 12 月（胡颂平编：《胡适之先生年谱长编初稿》第 2 册，第 383 页），而在此之前，"东西文化"一词已屡见不鲜，如李大钊：《东西文化根本之异点》（《言治月刊》1918 年 7 月），君实译：《新欧洲文明思潮之归趋及基础》（《东方杂志》第 16 卷第 5 号，1919 年 5 月），梁启超：《欧游心影录》（1919 年 3 月起连载）等文，率皆早于胡适之作，是则"东西文化"概念之流行，恐为当时中国知识界不约而同之共通趋向，未必非由胡适开其风气不可。

[2] Laurence A. Schneider, "National Essence and the New Intelligentsia," in Charlotte Furth ed., *The Limits of Change*, pp. 57–58.

[3] See Stephen N. Hay, *Asian Ideas of East and West: Tagore and His Critics in Japan, China and India*, Cambridge: Harvard Univ. Press, 1970, pp. 1–4.

击。[1] 及第一次世界大战结束，欧洲知识分子饱经兵燹蹂躏之余，对西方文化的前途更是深感幻灭。有些人经过痛彻反省，认定这场浩劫是西方物质主义与科学文明过度膨胀的结果，因而纷纷转向东方，企图从中国与印度的"精神文明"中求得矫治振济之方。[2]1919年，法国文学家罗曼·罗兰（Romain Rolland）在致印度诗人泰戈尔（Tagore）的信函中，便指出：大战之惨祸，已明白昭示欧洲文化弊病深重，非汲取东方文化之精髓，融东西于一炉，不足以言自存。[3] 在这种新的思想蒴向影响下，东方文化之研究，一时蔚为战后欧洲知识界的风尚[4]；其甚者，至乃附和辜鸿铭之说，极力颂扬东方文化之精神价值，谓为沉溺于物质主义之欧人所当尊奉取法。[5]1921年，泰戈尔访欧，鼓吹东西文化之调和，所至之处，亦备受欢迎。[6] 凡此种种，在在显示欧洲人士对东方文化之渴慕与向往。[7]

欧洲战后思想之变迁，基本上是因战祸刺激所生的反映，一旦时过境迁，所谓东方文化的热潮，即告消歇。然而，这种暂时而片面的文化现象，却对

---

[1] Cf. H. Stuart Hughs, *Oswald Spengler: A Critical Estimate*, N. Y.: Charles Scribner's Sons, 1952, p. 16; R. N. Stromberg, *An Inellectual History of Modern Europe*, Englewood Cliff, N. J.: Prentice-Hall Inc., 1975, pp. 411–412.

[2] Chow Tse-tsung, *The May Fourth Movement: Intellectual Revolution in Modern China*, p. 327.

[3] Cited from Stephen N. Hay, *Asian Ideas of East and West*, p. 129.

[4] 参见钱基博：《现代中国文学史》，第277页所引王国维语。

[5] 《中西文明之评判》，平伏译，《东方杂志》第15卷第6号，1918年6月，第81—87页。辜鸿铭于欧战期间在德国以德文刊行《中国对于欧洲思想之辩护》《中国国民之精神及战争之血路》二文，宣扬中国之"精神文明"，颇受德人瞩目。

[6] 愉之：《新思想与新文艺》，《东方杂志》第18卷第17号，1921年9月10日，第79—83页；俞颂华：《德国欢迎印哲台莪尔（泰戈尔）盛况》，《东方杂志》第18卷第15号，1921年8月10日，第124—126页。

[7] 其他具体例证更仆难数，如美国诗人庞德即于斯时致力于仿习中国旧诗。See R. Stromberg, *An Intellectual History of Modern Europe*, p. 425; Stephen Hay, *Asian Ideas of East and West*, p. 150.

五四后期中国思想界造成了重大的影响。[1]

从心理的层面来看，晚清以来中国知识分子一直笼罩在西方优势文化的阴影下，民族自尊心备受摧抑，不能不寻求纾解的途径，因而往往倾向于自觉地或不自觉地将中国文化的理想色彩加以渲染夸大。[2] 欧战后西方思想的新动向，适为这种心理需求提供了宣泄的渠道，从而助长了保守思想的声势。

五四后期的保守主义派别繁赜，思想内容也不尽相同。其中秉持极度守旧之立场，认定西方文明已彻底崩毁，未来世界"非采用东方之道德与政治不可"者[3]，固不乏人；而大部分保守主义者，则已或多或少承受了西方文化思想的习染。他们虽与五四前期的林纾等人同具捍卫传统文化的职志，却已不再仅从儒家的传统范畴中，寻求立论的根据。相反，他们大量掇拾柏格森（Henri Bergson）、白璧德（Irving Babbitt）、罗素诸人的言论，来支持他们的主张；甚至他们所使用的分析架构，也是袭自西方。[4] 在这种情形下，五四后期最具实力的保守思想，便是所谓"东西文化调和论"。

早在欧战期间，《东方杂志》主笔伧父，即已提出调和东西文化的构想。他采用一种整体性的文化观念，指出：西方文化是物质文明，中国则是精神文明。他认为，大战之后，西方文明已陷于混乱矛盾，故中国"绝不能希望于自外输入之西洋文明，而当希望于己国之固有文明"。但是，他又强调，基于时势

---

[1]　陈序经在 1932 年即指出，欧战后欧洲人对东方文化的推崇，不过是欧洲历史上的变态，待其恢复正常后，便不再为人所信奉。参见陈序经：《中国文化的出路》，台北：牧童出版社，1977 年影印本，第 71—72 页。但是，在 1920 年代初期，中国知识分子对欧洲文明普遍产生怀疑的心理，即胡适亦不能免。参见《胡适的日记》下册，1922 年 7 月 3 日条，第 391 页。

[2]　乔迅（Stephen Hay）研究 20 世纪初期中、印、日三国知识分子对"东西文化"的看法时，提出一项假说：他认为在西方的威胁下，三国的知识分子为维护其文化与政治尊严，在心理上每多趋向于建构一套理想化的"东方"概念，以资对抗西方的武力与影响。See Stephen Hay, *Asian Ideas of East and West*, p. 312.

[3]　王国维致罗振玉函，1919 年 3 月，收于吴泽编：《王国维全集·书信》，台北：华世出版社，1985 年影印本，第 285 页；另参见同书第 311 页，王国维致狩野直喜函。

[4]　B. I. Schwartz, "The Limits of Tradition Versus Modernity as Categoris of Explanation: The Case of the Chinese Intellectuals," *Daedalus*, Spring, 1972, p. 84.

所需，中国亦不可能深闭固拒，盲目排斥西洋之文明。唯一可行之道，端在一面"统整吾固有之文明"，一面"尽力输入西洋学说，使其融合于吾固有文明之中"，俾范成一世界性之新文明。[1]

这种根据"物质文明"与"精神文明"的二分法以谋东西文化之调和的主张，不久便在梁启超笔下，得到最有力的发挥。

1918 年底，梁启超赴欧游历，目睹战后遍地疮痍之惨况，复受西方知识分子悲观言论之震撼，思想为之一变，确认西方以"科学"为基础的"物质文明"已完全破产，亟待中国的精神文明为之振济。遂于次年陆续刊布《欧游心影录》一书，呼吁国人发扬传统文化之价值，并致力调和东西，担负起重建世界文明的使命。他说：

> 我们的国家有个绝大责任，横在前途。什么责任呢？是拿西洋的文明来扩充我的文明，又拿我的文明去补助西洋的文明，叫他化合起来，成一种新文明。[2]

以梁启超在中国知识界之崇高地位，振臂一呼，其影响自是不可轻忽。胡适便曾指责梁启超所谓科学破产论，使科学在中国的尊严大不如前，"替反科学的势力助长不少的威风"。[3] 梁启超一人已有偌大魔力，再加上杜威、罗素、泰戈尔等人适于此时相继来华，益使调和东西文化的论调声势大振，对 1920 年代中国思想界的动向有着重大的作用。

---

[1] 伧父：《迷乱之现代人心》，《东方杂志》第 15 卷第 4 号，1918 年 4 月，第 2—7 页。

[2] 以上所引，参见梁启超：《欧游心影录（节录）》，台北：中华书局，1976 年，第 35 页。梁启超此言并非激于一时感情，而确为其文化信念之真诚表白，他返国后，努力方向大幅转变，开始致力于中国历史文化之研究，便是激于此一信念而发。参见素痴（张荫麟）：《近代中国学术史上之梁任公先生》，《学衡》第 67 期，1929 年 1 月，台北：学生书局，1971 年影印本，第 9275—9276 页。

[3] 胡适：《科学与人生观序》，《胡适文存》第 2 集第 1 卷，第 123 页。

杜威于 1919 年应邀来华，在中国停留两年期间，除致力宣扬实验主义学说外，又屡次强调东西文化应彼此调和，折中至当。他甚至认为中国的人生哲学有其伟大的价值，为西方人所亟需。[1]1920 年，罗素来华讲学，也呼吁中国人在追求物质进步的同时，仍须珍惜固有的文化遗产，维护其优美的人生观，俾为世界文化之复兴，提供最大的贡献。[2]

等到 1924 年泰戈尔来华访问，东西文化调和论的发展遂臻顶点。泰戈尔在华一月，遍历北京、上海等地，四处发表演说，极力抨击西方物质文明之弊害，并要求中国与日本、印度联合一致，共图复兴东方"贵重而高深"之固有文化传统，以"赋与人类以平和永远之光明"。[3]当时激进派为了抵制他所造成的影响，不但多方撰文攻讦，甚且发起一个"驱象团"，展开具体的排斥行动。[4]这种极端的反应，正可反映出东西文化调和论对新文化所造成的强大压力。

在梁启超、罗素、泰戈尔等人的鼓吹倡导下，流风所被，所谓"东西文

---

[1] 杜威：《中国人的人生哲学》，愉之译，《东方杂志》第 19 卷第 3 号，1921 年 2 月 10 日，第 28—30 页。

[2] 罗素：《中国人到自由之路》，《东方杂志》第 18 卷第 13 号，1921 年 7 月 10 日，第 123 页；B. Russel, *The Problem of China*, London: George Allen and Unwin Ltd., 1922, reprinted edition, 1966, pp. 183, 194, 250。

[3] 《太戈尔来华之感想谈》，《申报》1924 年 4 月 14 日，上海：上海书店出版社，1983 年影印本；其他类似言论，参见《在上海各团体欢迎会演讲》，《申报》1924 年 4 月 19 日；《太戈尔在京最后之讲演》，《申报》1924 年 5 月 15 日。See Stephen Hay, *Asian Ideas of East and West*, Chap. V, pp. 146–185.

[4] 反对泰戈尔的言论，参见沈雁冰：《对于太戈尔的希望》，《民国日报》1924 年 4 月 14 日，"觉悟"，收于《五四时期期刊介绍》第 1 册，北京：生活·读书·新知三联书店，1979 年，第 2—7 页；吴稚晖：《皇会声中的太戈尔》及《婉告太戈尔》，《吴稚晖先生全集》第 18 卷，台北：国民党党史会印，1969 年，第 1100—1106 页；"驱象团"事见实庵：《寸铁·象的民族》，《向导周报汇刊》第 62 期，1924 年 4 月 23 日，广州：向导周报社，1925 年，第 496 页；其他有关泰戈尔访华所引起之反响及评论，参见 Stephen Hay, *Asian Ideas of East and West*, Chap. VI, pp. 186–245。

化""精神文明"成为五四后期中国知识分子最为关切的论题。[1] 不但一般保守人士假此作为反对新文化的理论根据[2],甚至若干政治组织也将之纳入政纲,资为号召。1923 年,一些留美学生在旧金山筹组新中国党,便以"发扬中国特性,融合泰西文化"的"新中国主义"相标榜。[3]1924 年,孙中山在日本演说大亚洲主义,也袭用东西文化调和论的基本概念,将欧洲文化指为注重功利的"物质文明",而称东方文化为讲求道德的"精神文明"[4],凡此诸端,在在显示东西文化调和的思想在五四后期深入人心,影响极巨。

表面上,所谓东西文化调和论并未完全抹杀西方文化的价值,梁启超等人也只肯定中国文化在"精神"层面上的意义,而仍强调中国的现代化必须取资西方的科技制度。但是,在五四激烈反传统的思想背景中,这种调和折中的主张,不啻承认中国传统自有其独特价值,足以与西方文化分庭抗礼。更何况,此一论调,基本是以中国文化为本位,隐含着精神优于物质的价值判断。因此,此说一出,对于守旧人士自是一大鼓舞,以致继此说之后,"昌明国粹""发扬国光"的呼声,也随之高唱入云。鲁迅便曾讥讽过 1922 年中国知识界的状况:"不知怎的,那时忽而有许多人都自命为国学家了。"[5] 杨铨也指出,1920 年后,

[1] 冯友兰回忆 1921 年梁漱溟演讲《东西文化及其哲学》的情形时,便说"他所讲的问题,是当时一部分人心中的问题,也可说是当时一般人心中的问题",参见《哲学回忆录(一)》,《中国哲学》第 3 辑,1980 年 8 月,第 364 页,也参见余英时:《中国近代思想史上的胡适》,第 18 页。

[2] 例见汤茂如:《中国教育与政治的今昔观》,《新国家杂志》第 1 卷第 2 期,转引自梁冰莹:《所谓"东西文化"》,《晨报副刊》1927 年 3 月 17 日,第 37 页;江亢虎:《欧战与中国文化》,《史地学报》第 2 卷第 3 号,1923 年 3 月,台北:进学书局,1970 年影印本,第 139—142 页;陈嘉异:《东方文化与吾人之大任》,《东方杂志》第 18 卷第 1 号(1921 年 1 月 10 日)、第 2 号(1921 年 1 月 25 日),第 18—38 页。

[3] 谢彬:《民国政党史》,第 135—136 页;另,国家主义派亦有类似主张,参见余家菊:《辩乐观的文明接触论》,《醒狮周报》第 7 号,1924 年 11 月 22 日,台北:青年党党史委员会,1983 年影印本,第 1—3 页。

[4] 孙文:《大亚洲主义》,《国父全集》第 2 册第 8 卷,台北:孙中山百年诞辰纪念筹备委员会,1965 年,第 309 页。

[5] 鲁迅:《热风题记》,《鲁迅全集》第 2 卷,北京:人民文学出版社,1973 年,第 10 页。

发生东西文化的调和问题，代表了中国文化对西方文化的反动。[1]

就是在这股"反动"思潮的鼓荡下，五四后期相继掀起了几次重要的保守主义运动。先是有1920年梁漱溟演讲《东西文化及其哲学》所引发的东西文化论战，继之则有1922年以"阐扬旧学，灌输新知"为标榜的《学衡》杂志创刊，再次更有1923年的"科学与人生观"论战。在这一连串的论争中，保守派与激进派又为新文化的问题展开了激烈的对抗。

章士钊同样不免受到时代思潮转折的波及。1915年，辜鸿铭发表《春秋大义》（*The Spirit of Chinese People*）一书，劝告欧人毁弃一切宪法，学步中国，信奉孔子之教化，章士钊犹曾为文辟斥，詈之为"邪说"。[2]然而时仅数年，西方文化破产之说兴起时，章士钊却已无法漠然置之。长期以来立宪试验一再失败所造成的心理挫折，加上外在思想环境的有力冲击，终于使他怀疑起西方文化的终极价值了。

为了消解心中的彷徨迷惑，替中国的混乱局面找出一套有意义的解释架构，章士钊于1921年初动身赴英，考察战后欧洲社会政治的发展。

然而，章士钊此行并不是一无成见地从事客观研究。相反，他"长途万里，所怀百端"[3]，最根本的动机，却是要否定西方的思想、制度，证成他已隐约接受的西方文化破产论。他在航行途中，致函章太炎，对代议政体深表厌恶，即已明白显露此种趋向。

章士钊在欧洲所见所闻，反过来，又加强了他先入为主的成见。战后欧洲，经济凋敝，政治扰攘，其在国际社会长期所据的中心地位岌岌可危。这一残破景象，带给曾经目睹昔日繁华的章士钊的震撼，可想而知。他在1926年追溯其

---

[1] 杨铨：《民国十三年之学术观》，《杨杏佛文存》，第81页，转引自侯健：《从文学革命到革命文学》，台北：中外文学月刊社，1974年，第84页。

[2] 秋桐：《说宪》，《甲寅》杂志第1卷第8号，第3—4页。

[3] 钱基博：《现代中国文学史》，第407页。

思想变化的过程，便说：

> 近人辄言西方文化已衰，起而代之，应为东方文化。愚初疑是妄言，诞者所云；继见西哲之主是者弥众，……而其政情群态，日感不安，代议政治之势既一落千丈，赍佣调解，复濒绝境，工业旧制之能维持不弊与否，大是疑问。如此看来，俱足显明前说之非无理据。[1]

另一方面，欧洲知识分子对西方文化的批评，也成为促使章士钊转向保守的有力动因。章士钊在欧一年，历访文学家萧伯纳（Bernard Shaw）、史学家H.G.威尔斯（H.G.Wells）、社会学家潘悌（Penty）等人，谘以救治中国之道。这些人经过战祸刺激，对西方式民主政治咸表不满，而潘悌更彻底否定工业文明的价值，极力主张以基尔特社会主义取代议会政治。[2] 在他们的影响下，章士钊的思想产生了重大变化，他从此坚信，唯有传统的文化、制度才是救国的真正凭借。1923 年，他在与国会议员王恒进行有关政党的辩论时，便坦承其二度游欧，"虚衷以受事，借人而自镜"，因而领悟中国立政"自有本原"，无须仿效"欧土现制"。[3]

经过这一次欧洲之行，章士钊从西方获得了反西方的武器，也完成了走向保守主义的历程。此后，章士钊积极从事捍卫传统的工作，甚至成为五四时期最为反动的保守人物。

章士钊转向保守后，最初的表现便是他对新文化运动的批评。

---

[1] 孤桐：《论南京倡投壶礼事》，《国闻周报》第 3 卷第 32 期，1926 年 8 月 22 日，第 8—9 页。

[2] 孤桐：《孤桐杂记》，《甲寅》周刊第 1 卷第 2 号，1925 年 7 月 25 日，第 24—26 页。威尔斯对章亦颇为称道，认为章所著《业治》（*Chinese Politics and Professionalism*）一书批评英美民主政治极为中肯。参见［英］威尔斯：《中国——注意力以外的地方》，戴景雪译，《晨报副刊》1925 年 5 月 9 日；唯此文译者将章士钊之姓误译为张（Mr. S. C. Chang）。

[3] 章士钊：《再论非党》，《上海新闻报》，转载于《东方杂志》第 20 卷第 22 号，1923 年 11 月 25 日，第 134 页。

三、章士钊对新文化运动的批评

一般论及五四时期的章士钊，大抵皆视之为反动守旧派的中坚，对新文化运动仅发生过消极的阻碍作用。实则，章士钊对新文化的态度，正与他本人的思想历程相呼应，有着前后两个截然不同的阶段。最初，他扮演的是一个温和的批评者；及 1922 年再度欧游归来，才开始对新文化运动进行全面的攻击，而于 1925 年《甲寅》复刊后，达于顶点。

1. 对新文化运动的最初看法

章士钊对新文化运动的态度，从一开始便是矛盾错综，摇摆不定。1917 年左右，新文化运动肇端未久，章士钊即甚表同情。他不但公开宣称吸收西方文化思想确属必要，同时更对新文化运动大力襄助，其所创办之《甲寅》日刊与陈独秀的《新青年》辅翼而行，成为五四初期新文化运动的两个主导刊物。[1] 即使到五四后期，他仍然承认此一运动有其重大的贡献与意义。他说："吾国社会黑暗重重，非有大力从而冲决，本难有所震动。年来新思潮之播荡，社会顿呈昭苏之象，不可谓无大功。"[2] 由此可见，五四之初，章士钊非唯不曾根本反对新文化运动，抑且发挥了奖掖助长的作用。

不过，章士钊虽然赞成新文化运动所揭示的"思想革命""伦理革命"等目

---

[1]　参见陈独秀：《答吴又陵》，《独秀文存》第 3 卷，第 30 页。按：章士钊最初同情新文化运动，与其私人情谊亦有密切关系。章与陈独秀早年结识，共事多次，交谊甚笃，1919 年 6 月，陈因散发反政府传单被捕，章即大力营救，参见毛泽东：《陈独秀之被捕及营救》，《湘江评论》第 1 号，1919 年 7 月 14 日，收于王树棣等编：《陈独秀评论选编》上册，郑州：河南人民出版社，1982 年，第 105—106 页。

[2]　行严：《新思潮与调和》，《新闻报》1919 年 10 月 10 日，转载于《东方杂志》第 17 卷第 2 号，1920 年 1 月 25 日，第 108 页。

标，却对此一运动的思想取向与进行方式，大不谓然。一方面，他无法接受陈独秀等人鄙弃旧有、一意趋新的激烈反传统倾向；另一方面，他也认为新文化运动虽有崇高理想，却缺乏周密之计划与具体之步骤，结果非但不能收革新之实效，反将重蹈辛亥革命之覆辙，徒增国家社会之纷扰。[1] 因此，他秉持其一贯立场，主张以"渐进改良"取代新文化运动的"激烈变革"；而其手段，厥为"调和新旧"。

如前所述，"调和"观念原为民初章士钊的中心思想。他不仅视之为解决政治冲突的最佳途径，还进一步将之运用到文化思想的层面。

构成章士钊"调和新旧"之文化主张的理论基础，乃是他对"历史连续性"（historical continuity）的重视。1918 年，他在北大建校二十周年纪念会上演说，便指出，人类历史的演化，乃是一个浑然的整体。任何一个新的时代，"断非起于孤特，与前时代绝不相谋"，反之，时代的嬗递，犹如犬牙交错，环环相接，今日之社会即由前代之社会蜕变而来。因此，所谓"新""旧"，并非厘然分立之二境，其间自有并存相通之余地。欲求社会之进步，即在掌握此新旧交通的契机，"舒其力能，寄其心思，以为除旧开新之地"。他认为，若不经过此一新旧交融的调和过程，"世运决无由行，人道或几乎息"。换句话说，他是将"调和"视作历史进化的基本动力。[2] 这种黑格尔式的辩证进化观[3]，自与新文化运动者所提倡的一元直线进化观（unilinear evolutionism）扞格不入了。

五四运动后，章士钊复接连发表《新时代之青年》及《新思潮与调和》二文，重申其对历史传统的看法。他首先拈出"社会移行"的观念，进一步阐释调和的意义：

---

[1] 行严：《新思潮与调和》，《新闻报》1919 年 10 月 10 日，转载于《东方杂志》第 17 卷第 2 号，1920 年 1 月 25 日，第 108 页。

[2] 以上所引，俱见章士钊：《调和与进化》，重刊于《甲寅》周刊第 1 卷第 15 号，1925 年 10 月 24 日，第 5—6 页。

[3] 章士钊调和论受诸黑格尔的影响，参见行严：《欧洲最近思潮与吾人之觉悟》，《东方杂志》第 14 卷第 12 号，1917 年 12 月，第 4 页。

宇宙之进步，如两圆合体，逐渐分离，乃移行的而非超越的。既曰移行，则今日占新面一分，蜕旧面亦只一分。蜕至若干年之久，从其后而观之，则最后之社会，与最初者相衡，或厘然为二物，而当其乍占乍蜕之时，固仍是新旧杂糅。此之谓调和。[1]

社会之进化，既是循调和之途径逐步移行，则一切改造创新，只能是渐进的，并须以旧有传统为基础。他说："不有旧，决不有新；不善于保旧，决不能迎新。"[2] 因此，章士钊对于新文化运动者将传统一概斥为"腐败""陈旧"，而亟欲彻底加以破坏的激进做法，深表反对。他认为这种"惟新是尚"的论调，实与"顽固派欲尽弃新以笃旧者"同其无稽，倘尽其量以推之，只有回复上古原人之生活状态而已。[3] 他并引用西方文艺复兴之例，强调创造新文化与修明旧学似相反实相成，务须同时并举，不能偏废。[4] 这种说法与胡适的"整理国故"貌相仿佛，而其意趣则大相径庭。

然则，调和新旧既为创造新文化之唯一正轨，新旧两者又应依何标准以相调融？章士钊提出的方案，仍是他在民初所一再强调的"适时"二字。他说"思潮切于时势之需要者，为正当之思潮；不切于时势之需要者，为病的思潮"，又说"思想者，亦求其与时与事适相合而已，无所谓新旧也"。[5] 在这种观点之下，章士钊虽不反对变革，却强调，任何有意义的变革，必须以顺应历史传统、适合现实情势为前提。因此，他认为，吸收外来思想学说，首应加以彻底研究，了解其背景渊源与利弊得失后，再依据中国本身的社会情状，斟酌

[1] 行严：《新时代之青年》，《东方杂志》第 16 卷第 11 号，1919 年 11 月，第 160 页。

[2] 同上文，第 162 页。

[3] 行严：《新思潮与调和》，《东方杂志》第 17 卷第 2 号，第 110 页。

[4] 参见朱谦之：《新旧之相反相成》，《时事新报》1919 年 4 月 21 日，转引自吴虞：《吴虞日记》上册，1919 年 5 月 15 日条，第 462 页。

[5] 行严：《新思潮与调和》，《东方杂志》第 17 卷第 2 号，第 108、110 页。

损益，通盘筹度，方能期于推行无碍，计日程功。若夫新文化运动所标举之主张，则大抵剿袭成说，人云亦云，既无彻底之研究，又不明病症之所在，徒然"以其囫囵吞枣之传说，漫为不留余地之试行"，以致陈义虽高，却如登天之不可跻，非但无益，反将激起反动，酿为纷争。[1]

章士钊这种"适时"的主张，在理论上并无可议之处，问题是，何以在《甲寅》杂志时代，这套主张是他呼吁变革的有力根据，而到五四时期，竟成为批评新文化运动的主要理由？用他自己的话来说，何以章士钊竟由"尽变"一转而为"体常"？这就牵涉到他对现实情势的主观认知了。如前所述，章士钊曾对梁启超的"国民程度不足"说大加抨击，但在此时，他却踵继梁的后尘，援引同一理由反对新文化运动所宣扬的民主思想。而促使章士钊做此转变者，则是他直接参与议会政治所得到的亲身体验。[2] 由此可见，作为一个实际政治的参与者，章士钊的思想发展确如他自己所说，是由"证例归纳所得"[3]，与其生活经验有着密不可分的关系。新文化运动所预设的普遍理性原则与夫放之四海而皆准的价值标准，对他来说，则是"空泛而不切实"的。

整体而论，五四初期的章士钊对于新文化运动是同情甚于反对，他所提出的批评，也大都着重于从技术的层面消弭此一运动所引发的新旧冲突，并纠正其偏颇阙失。他自己也说："愚……决非有意过抑新思潮，且愚自信历年以来，对于革新运动亦少有尽力，今后仍当于革新之学术上，……从事研究。特见今之谈新思潮者有所偏蔽，且空泛而不切实，徒然惹起社会之反感，而无益于本身，故以调和之说进之。"[4]

但是，正如其早期进步思想中蕴涵着保守的质素，章士钊在五四初期对新

---

[1]　行严：《新思潮与调和》，《东方杂志》第 17 卷第 2 号，第 105—110 页。

[2]　同上文，第 105—106 页。

[3]　行严：《新时代之青年》，《东方杂志》第 16 卷第 11 号，第 164 页。

[4]　行严：《新思潮与调和》，《东方杂志》第 17 卷第 2 号，第 110 页。

文化运动的温和批评，也显露了他日后趋于反动的端倪。首先，章士钊为抑制新文化运动的反传统倾向，特别强调历史的连续性。然而，对历史传统的过度尊崇，却使他不自觉地偏向另一极端，袭染了历史循环论的色彩。为了证明新旧思想之间的承续关系，他甚至把西洋的新学说，说成"千百年前所曾倡导之学"。从这种观点来看，历史遂无进步可言，而"无平不陂，无往不复"自然成为"世运之通理"。[1] 这种反进步主义只要向前稍加推演，章士钊之走向复古反动，便只是指顾间事了。

其次，章士钊虽力倡新旧调和，以"既不笃旧，亦不骛新"自许，实则他真正认同的对象，仍是传统的文化伦理价值。在《新时代之青年》一文的结论中，章士钊说道：

> 今世文明，科学奋进，吾国暗陋，当然衰多益寡，以求自存。然固有之道德学问，可资为本源者，不知所以保存而疏导之，是为忘本。[2]

这段话，再度印证了前文所论章士钊对西方文化只是着重其"工具价值"的态度。尽管章士钊一再强调其折中调和之立场，"新""旧"文化在他心目中显然仍有畸轻畸重之别。因此，他在早期虽曾基于"救亡图存"的政治目标，鼓吹西方的民主立宪，但其政治关怀与文化关怀之间，却隐然存在着相当强烈的紧张。一旦他对这些西方价值的实际效用丧失信心，则其转而固持传统，企图将政治层面与文化层面的关怀统合为一，也就是理所必至的发展了。

除了这些思想上的潜在因素，还有一项非思想的因素，多少也助长了章士钊之转趋保守。盖章士钊批评新文化运动，初虽无排诋拒斥之意，但在五四时期新旧交哄极为激烈的时代背景中，章士钊的温和论调，不免被视作为旧派张

---

[1]　行严：《新思潮与调和》，《东方杂志》第 17 卷第 2 号，第 110 页。

[2]　行严：《新时代之青年》，《东方杂志》第 16 卷第 11 号，第 164 页。

目，从而遭到新文化运动者的指摘与非难。前引章士钊所撰诸文甫行发表，即有张东荪、蒋梦麟等人陆续为文驳斥，一致强调新旧思想水火不容，绝难并存，甚至指斥章士钊的调和之说为"庸医之见"。[1] 这场论战虽无具体结论，或不免使章士钊激于意气，异帜独标，而自绝于新文化运动之外了。

由于以上这些因素的诱发激荡，当章士钊再度对新文化运动提出批评时，他所扮演的，便不复是一个温和的评论者，而是新文化运动的"最后之劲敌"了。

2. 新文化的"拦路虎"

1921 年，章士钊二度欧游，已彻底撼动了他对西方文化的信心；及 1923 年曹锟贿选，立宪破产，更使他确认西方的制度、观念于中国有害无益，中国自救之道，端在回归传统的文化与制度。[2] 因此，他自返国以来，一面高唱"农村立国"，一面又对新文化运动展开严厉抨击，企图从思想文化上达成正本清源的目的。1925 年，章士钊创办《甲寅》周刊，以"斟酌中西，调和新旧"为号召。[3] 这份刊物与民国初年风行一时的《甲寅》杂志，名同心异，具体地显示出章士钊思想发展中的两个不同阶段。

《甲寅》周刊创刊于 1925 年 7 月，停刊于 1927 年 4 月，前后共出版 45 期。论其篇幅、分量及发行久暂，均远不及同一时期的另一份保守刊物——《学衡》杂志；其成员数量更瞠乎《学衡》之后，《学衡》汇聚了大批新兴知识分子，《甲

---

[1] 参见张东荪：《突变与蜕变》，《时事新报》1919 年 10 月 1 日；蒋梦麟：《新旧与调和》，《时事新报》1919 年 10 月 10 日，皆转引自朱调荪：《研究新旧思想调和之必要及其方法论》，《东方杂志》第 17 卷第 4 号，1920 年 2 月 25 日。并参见景藏：《我之新旧思想观》，《东方杂志》第 16 卷第 12 号，1919 年 12 月，第 3 页。

[2] 曹锟贿选在民国政治思想上造成的严重影响，李剑农有简要之评述，参见李剑农：《中国近百年政治史》下册，台北：商务印书馆，1977 年，第 601 页；亦可参见 A. Nathan, *Peking Politics, 1918–1923: Factionalism and the Failure of Constitutionalism*, p. 220. 章士钊在贿选期间，避居上海，连续撰文指摘代议制度之流弊，力主抛弃西法，重返农国之旧基，详见下节。

[3] 孤桐：《答稚晖先生》，《甲寅》周刊第 1 卷第 22 号，第 9 页。

寅》则几全由章士钊一人支撑，甚至可说是章士钊的个人刊物。[1] 但是，由于《甲寅》周刊于天津发行，逼近新文化运动策源地的北京，较易歙动视听，加以章士钊在中国知识界素具声望，此时又担任段祺瑞临时执政府要职，挟政治权势为后盾，所以这份反对新文化的刊物，问世之后，颇受瞩目[2]，在当时确实发挥了不容轻忽的影响力量，蔚为五四后期保守主义运动的一大重镇。守旧派固然视之为砥柱中流的卫道堡垒，群从蚁附；即新文化运动者亦感于这股反对势力声势浩大，起而并力攻剿，甚至特意创办《国语周刊》与之对垒。[3] 因而，五四后期，北伐前夕，章士钊遂以《甲寅》周刊为机关，点燃了新旧两派之间一场激烈的论战，他也因此被称作新文化运动的"拦路虎"。[4]

　　章士钊在五四后期批评新文化运动的言论，洋溢着极其强烈的文化道德危机感。他认为，自新文化兴起，不过数年，中国社会已陷于一片混乱，以往的道德规范沦丧殆尽，致使"躁妄者悍然莫明其非，谨愿者苶然丧其所守"。[5] 对于这种"群饮狂泉，黄钟毁弃"的现象，章士钊深感痛心。在"国风之衰，不

---

[1] 有关《学衡》杂志的创办及其成员，参见拙著：《学衡派与五四时期的反新文化运动》，第72—86 页；对《甲寅》周刊的个人色彩，章士钊做过这样的表白："甲寅者，愚与国人共资以与天下明道解惑者也。其中所任文事之重、蹩莫若愚。愚生甲寅生，愚死甲寅死。"参见孤桐：《晶报后题》，《甲寅》周刊第 1 卷第 36 号，1926 年 12 月 18 日，第 20 页。

[2] 徐志摩便指出，《甲寅》周刊的势力甚大，在销售数量上超过当时任何同性质的刊物。参见徐志摩：《"守旧"与"玩旧"》，《晨报副刊》1925 年 11 月 11 日，第 22 页。

[3] 当时参与围剿章士钊的新派人物包括胡适、吴敬恒、高一涵、唐钺、鲁迅等，所涉及之主要的新文化刊物包括《语丝周刊》（鲁迅、周作人主编）、《猛进周刊》（鲁迅指导）、《现代评论》（胡适等自由派人士主持）等。参见《鲁迅全集》第 3 卷及赵家璧主编《中国新文学大系》第 2 集《甲寅派的反动》所收诸文。《国语周刊》则系黎锦熙与钱玄同以私人名义，针对《甲寅》周刊所创办之白话刊物，及章士钊去职后，亦告停刊，共出 29 期，通称《前国语周刊》，以别于日后复刊之《后国语周刊》，参见黎锦熙：《国语运动史纲》下册，上海：商务印书馆，1934 年，第 135—136 页。

[4] 《甲寅》周刊承继《甲寅》杂志的传统，以老虎图为封面（寅年属虎），故有此号；章士钊亦因此被称作"老虎总长"。

[5] 孤桐：《评新文化运动》，赵家璧主编：《中国新文学大系》第 2 集，第 210 页。

远可复"[1]的文化信念激励下，章士钊与其他守旧人士一同扮演着维护儒家传统的卫道角色。

章士钊对新文化的批评，可以从三方面来看。他首先根据历史主义的（historicist）文化观，指陈新文化运动鼓吹西化的谬误。他认为，所谓"文化"，并非一无凭赖，凭空发展，而是与一个民族的生活状况息息相关，不能脱离人、时、地三要素的羁绊。他说：

> 凡一民族，善守其历代相传的特性，适应与接之环境，曲迎时代之精神，各本其性情之所近，嗜好之所安，力能之所至，孜孜为之，大小精粗，俱得一体，而于典章文物，内学外艺，为其代表人物所树立而布达者，悉呈一种欢乐雍容情文并茂之观，斯为文化。[2]

在这样的文化定义下，章士钊特别强调个别文化的独特性。他指出，任何文化系统都是在具体的历史脉络中有机地成长，从而展现与其他文化迥然有别的殊貌。因此，所谓东西文化的分野，不在进化程度之迟速，而在本质上的轩轾。乃新文化运动者不明此理，竟以为西方文化蕴涵着"放之四海而皆准，俟之百世而不惑"的普遍价值，当为举世所共趋，因而企图毁弃中国固有之文化传统，以求与"稗贩剿袭"自西洋之制度观念合辙同轨。[3]章士钊指斥这种"盲目欧化"的做法为本末倒置，不但背离了"吾古先哲王化民成俗之道，历代贤儒正名辨物之故"[4]，致贻数典忘祖之讥，抑且忽视了西洋文化自有其独特之史性、素养与节度，绝非"诸缘尽异"的中国人所能学步而至。[5]勉强以行，势将

---

[1] 孤桐：《疏解輂义》，《甲寅》周刊第 1 卷第 11 号，1925 年 9 月 26 日，第 6 页。

[2] 孤桐：《评新文化运动》，赵家璧主编：《中国新文学大系》第 2 集，第 208 页。

[3] 同上文。

[4] 孤桐：《论吴淞政治大学》，《甲寅》周刊第 1 卷第 42 号，1927 年 2 月 12 日，第 6 页。

[5] 孤桐：《党治驳义》，《甲寅》周刊第 1 卷第 36 号，1926 年 12 月 18 日，第 8 页。

化文为野，"陷青年于大阱，颓国本于无形"，其害不可胜言。[1]

知识社会学家卡尔·曼海姆（Karl Mannheim）曾经指出，激进的自由主义者往往强调一切政治、社会改革的普遍适用性，而保守主义者则认为，将一个国家的政治、社会制度任意移植到另一个国家，是不可能成功的。[2]这种意识形态上的重大区别，正是五四时期新文化运动者与章士钊之间的基本差异。事实上，章士钊之抨击新文化，正与他之提倡农国、科举一样，都是源自社会有机论的理念。

其次，随着章士钊对西方文化态度的转变，他对传统与变迁的关系也有了不同的看法。在五四前期，章士钊虽一再申言新旧两者牵连纠结，未可厘然划分，但是在概念上，他毕竟还是把新与旧视作两个不同的范畴。然而，到了五四后期，章士钊却幡然改图，极力阐扬他前此蕴而未发的历史循环论，从而根本抹杀了新旧之间的界限。

章士钊宣称，人的聪明才智有限，其所能发明的思想与设施，不过寥寥数种。因此所谓思想的新旧，不过是一时一地之人，格于本身际遇、情感、偏好所做的主观区分。如果我们超越古今东西的时空囿限，以全面的观点加以衡量，则厘然可见整部人类历史，唯有少数几种思想"流转于宇与久之间，恒相间而迭见"。例如，达尔文的进化论，貌虽新颖，实则昉自古希腊的恩培多克勒（Empedocles）；而柏格森反对进化论，提倡创造进化说，则系近宗黑格尔，远绍阿那克萨戈拉（Anaxagoras），恰与达尔文所排诋的结局论转相近似。[3]

既然人类思想的发展只能是旧有故物的一再重演，这种尼采式"永恒再现"（eternal recurrence）的历史观，在逻辑上即已排除任何进步的可能性。[4]因此，

---

[1] 孤桐：《评新文化运动》，赵家璧主编：《中国新文学大系》第 2 集，第 212 页。

[2] Karl Mannheim, "Conservative Thought," in his *Essays on Sociology and Social Psychology*, p. 118.

[3] 以上所引，俱见孤桐：《评新文化运动》，赵家璧主编：《中国新文学大系》第 2 集，第209—210 页。

[4] 尼采之永恒再现说，参见 H. Stuart Hughs, *Oswald Spengler: A Critcal Estimate*, p. 21.

章士钊断言，新文化运动者奋力外驰，企图以主观的努力追寻新的事物，但其结果终将回归到潜存之旧。这就是他所谓的"本期开新，卒乃获旧"。[1]

根据卡尔·洛维特（Karl Löwith）的看法，人类对历史的了解，基本不外乎两种不同的原型：或者认为历史是一连串的循环，或者认为人类历史发展有其终极的目标。[2] 依此而论，章士钊与新文化运动的对立，也可说是两种不同历史观所造成的歧异。

但是，就章士钊本人的理论体系来看，他所提出的历史循环论却与其一向标榜的新旧调和论有着重大的矛盾。如果一切"新"与"旧"，在最后都可归约为绝对意义的"旧"，则这两个对立概念实质上已毫无意义可言，所谓"新旧调和"自然也随之落空。

其次，如果"本期开新，卒乃获旧"确是人类历史不变的规律，则章士钊实无必要大声疾呼，一意排诋新文化运动，因为不论后者如何求新求变，终究仍会回到旧有路径。[3] 是则章士钊一再为文辩驳，实无异乎庸人自扰，反不若严复秉持进化论的信念，主张"听其自鸣自止"[4] 那样怡然自得。

虽然，从另一个角度来看，章士钊这种极端守旧的主张，却仍是由其新旧调和论发展出来的产物。在章士钊的观念中，新旧调和虽是历史演进必然的归趋，仍须透过人为的主观努力，以促其实现。何以如此？如第三节所述，他的调和论是以两个互相抗衡的对等力量为前提，只有在这两种力量彼此竞争、相持不下时，才有进一步调和的可能。因此，人类意志在历史发展中所能发挥的作用，即在尽力维持新旧两种势力的均衡。当年他参与讨袁，鼓吹立宪，部分

---

[1] 孤桐：《评新文化运动》，赵家璧主编：《中国新文学大系》第 2 集，第 210 页。

[2] See Karl Löwith, *Meaning in History*, Chicago: Univ. of Chicago Press, 1949, pp. 19, 221.

[3] 对章士钊此项理论上的内在矛盾，李孝悌已先行指出，参见李孝悌：《略论五四时代的保守思潮》，《幼狮月刊》1983 年 5 月，第 25 页。

[4] 这是严复对白话文运动的看法，参见严复：《与熊纯如书札节钞·第六十四》，《学衡》第 20 期，1923 年 8 月，第 2761 页。

原因便是鉴于守旧力量过于强大，亟须培育新生势力与之对抗，借以引导双方由竞争而入调和之正轨。而五四时期，在他看来，则正好相反。新文化运动的急速发展，已经使得一切传统价值沦胥殆尽，守旧势力也式微零落至无以复加的地步。处于这样"新旧失衡"的具体情境，章士钊唯有"矫枉过正"，先行标榜守旧，俾为新旧势力的调和奠定基础。[1] 就此而论，章士钊在五四后期昌言守旧，实际上却是在谋求他所认定的"进步"。

从以上的分析，我们可以看出，从前"甲寅"到后"甲寅"，前后十余年间，章士钊的言论始终是以"调和"二字为中心。问题是，他所谓的调和，只是一个空洞的形式概念，其实质内容则端视他对现实环境的看法而定。在这种意义上，章士钊虽然一贯秉持调和的原则，其实并无固定不变的立场，真正决定章士钊思想发展的关键，乃是他一再提及的"适时"二字。

可是，在章士钊强调"适时"的同时，新文化运动者却也是以"迎合时代要求"作为思想革命的理论根据，是则双方对于所谓"时代要求"，显然有着不同的认定标准。这便构成了章士钊批评新文化的第三项主要论点。

简单而言，章士钊仍是以前文论及之"精英主义"价值观，来反对新文化运动"平民主义"的取向。他指出，一个时代，自有与之相应的思想事业，此即所谓"时代要求"。不过，这种要求，不能靠社会大众一时病态的心理来决定，而须由"通人艺士"独运匠心，"于国民智识之水平线上，提高其程度以成之"。[2] 尤其，文化之为物，既为一民族之"代表人物"所树立布达者，先天的便只能由极少数人所独擅，绝非凡民众庶所能与闻。因此，文化也者，"贵独至不贵广喻"，只能求程度之提高，不能求范围之普及。而新文化既以"运动"为

---

[1]　章士钊曾这样辩解他的守旧主张："一时矫枉或嫌太过，稍一回波，旋见其平。"参见《通讯·答贺有年》，《甲寅》周刊第 1 卷第 16 号，1925 年 10 月 31 日，第 15 页。当时人在揣测章士钊趋于反动的动机时，也有类似说法，参见杨忠宇：《通讯》，《安徽教育评论》1925 年 12 月 22 日；参见孤桐：《通讯·答易微尘》，《甲寅》周刊第 1 卷第 24 号，1925 年 12 月 26 日，第 18 页。
[2]　孤桐：《答适之》，《甲寅》周刊第 1 卷第 8 号，第 6 页。

号召，势须以普及大众为鹄的，此则与文化之本质自相抵捂。以故，新文化的最终结果，必然是"视茹蒲为神圣，戳子弟以名高"的反文化行为，徒然造成学术文化的莫大损害。[1]

章士钊的精英主义论调，充分显示出他在文化上的保守立场。曼海姆从知识社会学的角度指出，保守主义乃是贵族阶级的产物。[2] 依此而论，章士钊，正如其他同时代的保守主义者，也是一个"知识上的贵族主义者"。这种"知识上的贵族主义"不但为他以"息邪说，放淫词"自任的卫道主张提供了心理凭借，在他攻击新文学运动时，更得到淋漓尽致的发挥。

3. 对新文学的攻击

五四时期，章士钊对新文化的批评，大体局限于抽象层次的理论纠驳；他真正攻击最力的，则是胡适等人倡导的白话文学运动。

从理论上说，文学本是文化的一部分，新文学运动也是新文化运动中不可分割的一环。然而，在五四时期，不论新旧人士，往往都得将新文化与新文学视作两个不同的对等名词。[3] 他们对这两个运动的态度，也并非全然一致。保守派固然不遗余力地攻击白话文学，若干拥护思想伦理革命的激进派人物，也不免对文学革命颇有微词。[4] 因此，文学革命遂成为五四时期新旧两派争执最烈的

---

[1] 孤桐：《评新文化运动》，赵家璧主编：《中国新文学大系》第 2 集，第 210、212 页；孤桐：《答适之》，《甲寅》周刊第 1 卷第 8 号，第 4 页。

[2] Karl Mannheim, "Conservative Thought," in his *Essays on Sociology and Social Psychology*, pp. 102-116.

[3] 如郑振铎在为新文化运动分期时便说"第一期是新文化运动和白话文运动"，参见郑振铎主编：《中国新文学大系》第 2 集，"导言"，第 17 页。

[4] 如被胡适誉为"只手打倒孔家店"的吴虞，便曾撰作《论文学革命驳胡适说》，反对白话文学，而主张以魏晋文章取代桐城派古文，作为文学正宗。参见吴虞：《吴虞日记》上册，第 240、309 页；南社柳亚子亦认为陈独秀"驳孔教诸篇，可谓绝作"，但对其倡导文学革命，则表示"未敢赞同"，参见《柳亚子致吴虞函》，吴虞：《吴虞日记》上册，第 200 页。不过，柳亚子后来态度转变，大力推阐白话文学，致使南社内部发生分裂，参见柳弃疾（亚子）：《南社纪略》，沈云龙主编：《近代中国史料丛刊续编》253 号。

主题。

在保守主义的思想传统中，语言文字被当成极其神圣而重要的文化质素。它不仅是一个民族的成员彼此沟通情意的媒介，更是整个民族文化传统的核心[1]，透过共通的语言文字，个体与群体始能融合为一。[2]基于这种信念，由古迄今的保守主义者往往将维护本国语言文字的纯粹与完整，当作责无旁贷的神圣使命。五四时期中国的保守主义者也不例外。他们可以有限度地赞成思想与伦理的改革，却无法容忍胡适、陈独秀的文学革命，至若钱玄同废弃汉文的论调，更是他们口诛笔伐、一致声讨的对象了。

章士钊便具体表现了这种保守的心态。他对新文化的看法，还有阶段性的差异，唯独对新文学，却是终始反对，前后如一。早在 1918 年，胡适初倡白话文学时，章士钊即力言"尝试白话之未可"[3]；等到他与新文化运动阵营正式决裂后，白话文学遂成为他肆力抨击的首要目标。

胡适等人提倡的文学革命，其主旨是根据历史进化论的观点，贬抑文言为已死的腐朽文字，主张改用白话创造新鲜的、有生命的文学。因此，五四时期新旧两派有关文学的论争，最初便集中在白话与文言孰优孰劣的问题上。

依章士钊看来，白话文学非但不足以取代文言文学，且将贻害无穷，严重影响学术文化的发展，寖假动摇立国的本基。他指出，自白话文兴起后，举国风靡，"如饮狂泉"，"束发小生，握笔先登"，"诗家成林，作品满街"，表面盛极一时，实则不过"以鄙倍妄为之笔，窃高文美艺之名"，结果是"欲进而反退，求文而得野，陷青年于大阱，颓国本于无形"。[4]对于这种"驰骋而狂，毒

---

[1] 这是法国保守主义者德·迈斯特（De Maistre）的说法，参见 Carl J. Friedrich, *Tradition & Authority*, p. 31。

[2] 赫尔德认为个人唯有透过共同的民族语言，始能体悟其自我及其民族性。See F. M. Barnard, *J. G. Herder on Social and Political Culture*, Cambridge: Harvard Univ. Press, 1969, "Introduction," p. 7.

[3] 孤桐：《答适之》，《甲寅》周刊第 1 卷第 8 号，第 3 页。

[4] 孤桐：《评新文化运动》，赵家璧主编：《中国新文学大系》第 2 集，第 212 页。

流后世"的文化病态，他要求"有文化之责者"挺身而起，匡济时溺。[1] 他自己在《甲寅》周刊创刊时，发布启事，即已明揭反对白话之旨：

> 本刊研究学理，悉取公开态度，……海内贤达，有以著述见惠，无任欢迎，惟文字须求雅驯，白话恕不刊布。[2]

为了实现这项宗旨，章士钊挹聚同道，广结奥援，在《甲寅》周刊上不断撰文攻讦新文学运动，而与《学衡》杂志、《华国》月刊等文言刊物共同构成一条反新文学的联合阵线。

章士钊首先指出文言并非过时的已死文字。他强调，所谓死文字，"必其迹象与今群涉不相习，仅少数人资为考古而探索之，废兴存亡不系于世用者也"，而中国的文言绵延传递达千百年，"意无二致，人无不晓"，甚至两千年前的经典，犹可"琅然诵于数岁儿童之口"，可见文言绝非欧洲希腊拉丁文之俦，断不能以死文字目之。反之，白话文则受时间与空间的限制，一旦时地转易，"诵习往往难通"，才是真正的死文字。[3]

其次，章士钊就中国文字的特性，辟斥胡适"文言一致"主张的不当。他认为西方文字为拼音的复音文字，而中国文字却是象形的单音文字；复音文字的特性是音随字转，同音异义之字较少，听与读毫无差异，故可文言一致；而单音文字则"音乏字繁"，同音异义之字甚多，仅能目识，不可音辨，故中国文字先天已无文言一致的可能。若不此之顾，强求文言一致，势须将说话时辅助单音之赘字冗词混杂入文，破坏了文学的艺术之美。[4]

---

[1] 孤桐：《通讯·答张中》，《甲寅》周刊第 1 卷第 16 号，第 20 页。

[2] 《甲寅周刊社启事二》，《甲寅》周刊第 1 卷第 1 号，"卷首"。

[3] 孤桐：《评新文学运动》，《甲寅》周刊第 1 卷第 14 号，1925 年 10 月 17 日，收于赵家璧主编：《中国新文学大系》第 2 集，第 234 页。

[4] 孤桐：《评新文化运动》，赵家璧主编：《中国新文学大系》第 2 集，第 211 页。

接着，章士钊又反驳胡适"必讲求文法"的说法。他认为文言文自有其约定俗成的律则，可与白话文的"语法"并行不悖，故不能以"无文法"之罪名加诸文言。

复次，章士钊极力反对胡适将文言、白话区分为贵族文学与平民文学。他举传统私塾与新式学校为譬，指出：前者虽教授文言经典，而受教人数反远较以白话为教材的新式学校为多。因此，他强调，造成贵族教育的症结系乎社会经济之状况，与文言白话之争，了不相干。提倡白话，徒然便利"佻达不学者之恣肆"，并不能造成真正的平民文学。[1]

以上所述，是章士钊针对胡适文学革命的原始主张——"八不主义"所提出的纠驳。不过，章士钊反对白话文学的主要用心并不在此，他所极力维护的，乃是文言文学的艺术价值与道德功能。

章士钊和中国传统文人一样，深信文章乃是"经国之大业，不朽之盛事"，文事也者，非可率尔操觚，而自有其崇高的标准。这个标准是什么呢？章士钊深受柳宗元古文义法的影响，奉"雅洁"二字为文章之矩范。他说：

> 夫于气则厉，于支则畅，于端则肆，于趣则博，于幽则致，于洁则著，相引以穷其胜，相剂以尽其美，凡文章之能事，至此始观止矣。就中，"雅"之云者，尤为集成一贯之德。有获于是，其余诸德自帖然按部而来。[2]

这个标准，当然不是一蹴可就，而唯有少数天资学力俱优的文家，经过长期简练揣摩的工夫，始能窥见文事之奥秘，写就"令人百读而不厌"之美

---

[1] 孤桐：《评新文学运动》，赵家璧主编：《中国新文学大系》第 2 集，第 235—236 页。

[2] 参见钱基博：《现代中国文学史》，第 392 页。

文。[1] 因此，以前的人，执笔为文，"穷年矻矻，莫获贯通"[2] 者，往往有之。而白话文兴起后，以语文合一为号召，"凡口所道，俱为至文"，致使文学的标准破坏无余，"束发小生"，不明韵味，不解剪裁，即轻易操笔，以致赘琐冗繁之字句，挟泥沙以俱下，"晦涩臃肿，不可爬梳"，完全丧失了"士君子立言之经"。[3]

章士钊进一步指出，白话文所以缺乏美感，不能跻登文学之林，症结在乎其推行方式之谬误。他认为，文学的创作，必须以模仿前人作品为基础，盖"文本天成，得之至艰，而理复夥颐，发挥难尽"，前人既有独到之处，后人自不能不加以揣摩仿效，扩充变化。而胡适等人却以进化论的观点评骘文学，强调"一时代有一时代的文学"，自我作古，全然抛弃往昔的文学遗产，"胎息揣摩，举无所施"[4]，以致除"一时手口所能相应召集者"外，别无凭借，此所以白话文"流于艰窘，不成文理，味同嚼蜡，去人意万里"[5]。因此，章士钊断言，白话文虽非绝不能为美文，但若一味趋新，盲目贬弃传统的文言文学，则将"回环于断港绝潢而不得出"。[6] 这种见解，同章士钊用以反对新文化的论据，正是一脉相通，彼此呼应。

章士钊强调艺术标准、重视文学技巧的主张，既是他浸淫古文多年所形成的主观偏好，同时也是五四时期所有反对白话文学者的共同意见。[7] 所以如此，

---

[1] 孤桐：《通讯·答陈小豪》，《甲寅》周刊第 1 卷第 8 号，1925 年 9 月 5 日，第 20 页；《文俚平议》，《甲寅》周刊第 1 卷第 13 号，1925 年 10 月 10 日，第 4 页；孤桐：《答适之》，《甲寅》周刊第 1 卷第 8 号，第 6 页。

[2] 孤桐：《答适之》，《甲寅》周刊第 1 卷第 8 号，第 6 页。

[3] 孤桐：《三答稚晖先生》，《甲寅》周刊第 1 卷第 29 号，1926 年 1 月 29 日，第 3 页。

[4] 孤桐：《答适之》，《甲寅》周刊第 1 卷第 8 号，第 5—6 页。

[5] 孤桐：《评新文化运动》，赵家璧主编：《中国新文学大系》第 2 集，第 212 页。

[6] 孤桐：《答适之》，《甲寅》周刊第 1 卷第 8 号，第 7 页。

[7] 例如严复、林纾及学衡派皆曾以同样理由反对白话文，只不过他们的理论根据略有差异，如学衡派的文学见解便是直接袭自白璧德。参见拙著：《学衡派与五四时期的反新文化运动》，第 155 页。

则与当时白话文学不重技巧、缺乏美感的普遍现象密切相关。1920 年，陈独秀即已指责一般提倡新文学的人，只注意通俗易解，却忽略了文学本身的价值。[1] 直到 1925 年，新文学阵营中也还有人批评一般白话文学作品"意境既浅，格调又卑，直是胡说八道"。[2] 连新文学的倡导者都不满于白话文，也无怪乎章士钊这样的保守主义者要极力辟斥白话，捍卫文言了。

不过，章士钊反对新文学的理论，却自有其盲昧之处。从文学创作的角度而言，个人的创造力与传统的资源本是相辅相成、不可偏废的两端。[3] 五四时期的新文学运动，要求"文字改革"，原属无可厚非，但其尽废文言、全用白话的主张，则确为偏颇不当的极端之论。章士钊的批驳辩正，在某种程度上自有其匡矫时弊的针砭作用。但是他一意排斥白话，结果却又陷入另一极端，徒知拘泥于文言的传统，而忽略了白话文作为一种新的文学形式，虽在早期不免失之粗陋，长远而言，仍有发展的余地。此后数十年中国新文学的成长，证明了章士钊对白话文的批评，不过是片面的真理（half-truth）而已。

另一方面，胡适等人提倡文学革命，除了对文学本身进行改革外，还带有浓厚的社会意义。在他们的心目中，文学乃是推动社会改造、启迪民智的有效工具。[4] 因此，他们的文学主张自始即深染平民主义色彩，务求文学之普及与向下看齐。而章士钊察不及此，唯知执守文学的艺术标准，则其不为新文学运动者所悦服，也是理所固然了。

---

[1]　陈独秀：《新文化运动是什么呢？》，《新青年》第 7 卷第 5 号，1920 年 4 月，第 699 页。

[2]　赵幼龙：《对于现代出版界之批评》，《现代评论》（北京）第 2 卷第 31 期，1923 年 7 月 11 日，第 96 页；又，曾虚白亦曾指出 1928 年前新文艺的成绩不过"贫""弱"二字。曾虚白：《给全国新文艺作者一封公开的信》，转引自陈炳堃：《最近三十年中国文学史》，上海：太平洋书店，1931 年，第 258—259 页。

[3]　参见 T. S. 艾略特：《传统与个人才具》，曹葆华选译：《现代诗论》，台北：商务印书馆，1968 年，第 109—124 页。

[4]　陈独秀：《文学革命论》，《新青年》第 2 卷第 6 期，1917 年 2 月，第 490 页；Jerome B. Grieder, *Hu Shih and the Chinese Renaissance: Liberalism in Chinese Revolution, 1917–1937*, Cambridge: Harvard Univ. Press, 1970, pp. 83–85.

造成章士钊这项认知盲点的原因，其实恰是其理论所含的基本预设。如上所述，章士钊之批判新文学与其反对新文化，如出一辙，都是从"精英主义"的立场出发。在这种价值取向下，章士钊所谓的文化，本质上是少数人所独享的"上层文化"（élite culture）；所谓的文学，也就被当成"宇宙间之秘事"[1]，唯有少数特出之士方能窥其堂奥，而非多数庸众所堪企及。这种文学所注重的，当然只能是质的提升，而非量的扩充。此所以章士钊要三复斯意，一直强调文学创作中遣词用字、写情造境的艺术要求了。就此而言，章士钊与新文学倡导者的歧见，乃是双方对文学的"艺术性"与"社会性"所做的抉择有所不同。

那么，章士钊是否就完全否定了文学的社会功能？却也未必尽然。事实上，他对白话文最严厉的指摘，便是从道德教化的考虑而发：

> 计自白话文体盛行而后，髦士以俚语为自足，小生求不学而名家，文事之鄙陋干枯，迥出寻常拟议之外，黄茅白苇，一往无余，诲淫诲盗，无所不至。此诚国命之大创而学术之深忧也。士钊所为风雨彷徨，求通其志，亘数年而不得一当者也。[2]

在章士钊看来，文学的艺术性与道德性是密不可分的一体两面；文言文，在形式上是一种优美的艺术，在内容上，更是中国文化精神与伦理秩序的具体表征。他说："吾之国性群德，悉存文言，国苟不亡，理不可弃。"[3]因此，他认为新文学运动废弃文言、改行白话，流弊所及，非但将使文学之艺术价值沦胥以尽，抑且更将因文事之隳坏，而导致道德秩序的全面崩溃。[4]在这种意义下，

---

[1] 孤桐：《答适之》，《甲寅》周刊第 1 卷第 8 号，第 5 页。

[2] 孤桐：《籾立国立编译馆呈文》，《甲寅》周刊第 1 卷第 5 号，1925 年 8 月 15 日，第 2 页。

[3] 孤桐：《评新文学运动》，赵家璧主编：《中国新文学大系》第 2 集，第 235 页。

[4] 孤桐：《三答稚晖先生》，《甲寅》周刊第 1 卷第 29 号，第 4 页。

章士钊贬斥白话、翼护文言的动机之一，却是在捍卫文言背后所蕴含的传统道德价值。

章士钊这种文学道德化的观点，无疑承袭自传统的文学观念。他为文师宗河东，古文家"文以载道"的主张，为其耳熟能详。平时他虽未必以此标榜，一旦面临白话文的挑战，其转而诉求于此，也是极其自然的心理过程。他自己便曾说道："文以载道，愚夙昔疑之。自白话文兴，立言无范，以致论思失其准据，共喻为艰，然后笃信古人之不我欺。"[1] 由这段话，足可窥见章士钊受诸传统文化的影响既深且巨；因而，他在反对新文化、新文学之余所提出的代替方案，也就只能是重建一个"美好的过去"（Golden past）了。

四、以传统为归趋的文化重建论

在《评文化运动》一文中，章士钊于指陈新文化之阙失谬误外，借箸代筹，替新文化运动的进行方式，拟议了一项新的纲领。他要求这项运动的领导者，放弃文化思想上的改革，专力从事社会运动，"熟察今之阻滞文化，与后来足资辅导者何在，因树为标的，与世同趋"[2]，以奠定文化发展所需的社会基础。这段话一方面透露出章士钊一贯强调经由社会政治改革，以解决思想文化问题的基本取向；同时也显示了，章士钊并不是爱泼斯坦所指之第一类型的保守主义者。他对于当时中国社会政治不完美的现况并不满意，同样亟思加以改造。

不过，章士钊理想中的社会政治秩序，却与新文化运动企求的目标大相径庭。他并不赞成遵循西方国家的模式改造中国；相反，他要把中国受诸西方的影响涤荡净尽，使中国重新回复到美好的古代世界。

[1] 孤桐：《文俚平议》，《甲寅》周刊第 1 卷第 13 号，第 7 页。
[2] 孤桐：《评新文化运动》，赵家璧主编：《中国新文学大系》第 2 集，第 212 页。

然而，章士钊也明白：在不断迁易的历史过程中，要寻求一个固定不变的"过去"是不可能的。他所要复的"古"，也绝不可能是历史时空中曾经存在过的具体情境。为了解决这项难题，章士钊借用"体用"的传统概念，把历史划分为可变与不可变的两部分。他说：

> 国于天地，必有与立，所与立者，以今语出之，则主义也。……主义有体有用，体者不可变，用者不可不变。执体以泥用，非也；趋用以丧体，尤非。[1]

这个不可变的"体"是什么？章士钊说："不可变者，……礼与农而已矣。"[2]换句话说，中国文化中不可背离的本基，便是数千年一脉相承的儒家伦理秩序以及维系此一秩序于不坠的农业经济制度。他的复古，也就是要回归到以礼、农为基础的传统政治与社会秩序。

1. 礼文约束论

在章士钊心目中，礼是传统中国文化的精髓，也是中西文化所由判分的主要关键。[3] 所谓礼，乃是一套强制性的行为规范，亦即由伦常纲纪所构成的道德秩序。他说：

> 夫礼教者非他，设为三纲五常、上下等威之制，使天下共由，贤者不得太过，不肖者不得太不及是也。[4]

---

[1] 孤桐：《对作》，《甲寅》周刊第 1 卷第 36 号，1926 年 12 月 18 日，第 8 页。

[2] 同上。

[3] 孤桐：《论南京倡投壶礼事》，《国闻周报》第 3 卷第 22 期，第 10 页。

[4] 孤桐：《通讯·答褚祎》，《甲寅》周刊第 1 卷第 41 号，1927 年 1 月 22 日，第 21 页。

那么，这种礼是如何产生的呢？章士钊根据荀子的性恶说以及他曾在民初极力驳斥的"人为构成说"，提出所谓"礼文约束论"的说法：

> 愚尝澄心以求之，以为人本兽也，人性即兽性，其苦拘囚而乐放纵，避艰贞而就平易，乃出于天赋之自然，不待教而知，不待劝而能者也。使充其性而无法以节之，则人欲不得其养，争论不知所届，祸乱并至，而人道且息。古之圣人知其然也，乃创为礼与文之二事以约之，一之于言动视听，使不放其邪心，著之于名物象数，使不穷于外物。复游之以诗书六艺，使舒其筋力而瀹其心灵。初行似局，浸润而安，久之百行醇而至乐出，……夫是之谓礼教，夫是之谓化。[1]

基于"礼文约束论"的信念，章士钊认为儒家的纲常礼教乃是维系社会政治秩序的支柱。这根支柱的强固与否，直接关系到民族文化的兴衰存亡。他指出，中国文化所以"历数千年而不变"，且能"自成一宗，久持无弊"，原因便在恪守纲常礼教所定下的规范。由于中国一向以礼治国，故能"贯通天人，斟酌器数，葆其精而不流，因于时而制宜，流衍百变，不误所归"。反之，民国以来政治污乱，社会动荡，则是个人浮慕西化，"苟偷西制"，以致礼教隳坏，人心沦胥所造成的结果。因此，他强调，欲谋中国之复兴，首要之图，即在重建纲常礼教的道德秩序。

章士钊进一步指出，这种道德秩序不特为中国所当持守，更是世界文化共同归向的鹄的。他认为，西方文化轻礼重利，"只知所以利之，而不知所以节之"，使人类之原始兽性衍发无遗，终致酿成欧战之酷毒稔祸。因此，根据"物极必反"的"物理铁律"，"吾儒礼教之说"必当复起于今日，而为西方文化穷极思变与中国文化綮然复兴所共循之矩矱，纵使浅识者流，"放言相拒"，亦无

[1] 孤桐：《评新文学运动》，赵家璧主编：《中国新文学大系》第 2 集，第 234 页。

从挽回这种复古的趋势。[1]

从上引这些言论，可以看出，章士钊是依照"东西文化"的模式，把人类文化简化成两个对立的系统：中国文化以"礼"为核心，西方文化则以"利"为归趋，两者针锋相对，彼此拒斥。如前所述，这种整体性的文化概念，正是当时讨论中西文化异同的中国知识分子所共有而不自觉的基本假设。[2] 在这种认知模式的限制下，决定一个人对中国文化所持态度者，往往不是明辨慎思的理性判断，而是意识形态层面的价值信念。

但是，这种整体性的观点，事实上和章士钊所宣扬的调和论绝不相容。那么，究竟是什么因素使得他放弃了折中主义（eclecticism）的一贯立场，转而与守旧的传统主义者同声唱和，在新潮泛滥的五四时期，不顾笑骂，毅然以复古的卫道者自命呢？这就牵涉到他对中西文化本质的认知问题了。

2. 农国与工国

章士钊在《甲寅》杂志上，本于调和折中的主张，鼓吹变革时，他所了解的西方文化并不是一个浑然的整体，中国大可借用西方的若干制度与价值，从事必要的改革。然而，议会政治的惨痛经验，却动摇了他对这些制度、价值的

---

[1]　孤桐：《论南京倡投壶礼事》，《国闻周报》第 3 卷第 22 期，第 11 页；《通讯·答陈朝爵》，《甲寅》周刊第 1 卷第 40 号，1927 年 1 月 15 日，第 21 页。

[2]　此处所谓"整体性的文化概念"，意指在观念上抹杀"东方文化"或"西方文化"本身的内在差异，而将之视为一个浑然的整体。事实上，如哈茨（Louis Hartz）所指出，世界上从无一个同质而统合的"西方文化"存在过，西方各国间的文化差异甚至可能超过所谓"西方文化"与中国文化的差别。同样地，所谓"东方文化"，也是一个并无实存指涉对象的虚名。参见 Louis Hartz, "Introduction," in B. I. Schwartz, *In Search of Wealth and Power*. 不过，五四时期中国知识分子并未反省及此，他们用来区分人类文化的几个主要范畴，如"精神文明与物质文明""静的文化与动的文化""物的文化与人的文化"，以及梁漱溟所讨论的"东西文化"，乃至激进派的"全盘西化论"，事实上都蕴涵着将人类文化划分为两个对立之整体性文化系统的基本假设。参见陈序经：《中国文化的出路》，第 49—104 页。这种现象普遍反映在当时知识分子的言论中，甚至胡适也不免受此影响，他在《我们对于西洋近代文明的态度》一文中，便说："东方文明的最大特色是知足，西洋的近代文明的最大特色是不知足。"参见《胡适文存》第 3 集第 1 卷，第 13 页。

信心。1921 年，他在赴欧途中，致函章太炎，便指斥代议制度"既立十年，捉襟见肘，弊害百出"，并对章太炎于辛亥革命前预见"代议制度不适于中土"的"先识巨胆"，深表钦服。[1]

但是，西方的代议制度为什么不适用于中国？是人为的努力不够，还是有其他更深刻的因素？章士钊显然不能不对这个问题做进一步的探究。

章士钊从欧洲之游找到了答案。经过战后欧洲的实地考察以及与欧洲知识分子的交往，章士钊终于发现：西方文化乃是一个有机的整体，有其独特的本质，其一切制度与价值，都是由这个本质衍生出来，而中国文化的本质则与西方截然不同。因此，议会民主等西方式制度与价值，所以无法在中国正常运作、发挥功能，乃是无可突破的先天限制使然。

然则，中国文化与西方文化本质上的差异何在？章士钊指出：中国与西方的根本不同，在于双方的经济制度有别：中国是"农国"，西方是"工国"。

章士钊认为，所谓"农国"，即

> 凡国家以其土宜之所出，人工之所就，即人口全部，谋所配置之，取义在均，使有余不足之差，不甚相远，而不攫国外之利益以资挹注者，谓之农国。

所谓工国，则取径悬殊：

> 反是而其人民生计，不以己国之利源为范围，所有作业专向世界商场权子母之利，不以取备国民服用为原则，国之资产集中，贫富悬殊，国内有劳资两级，相对如寇雠者，谓之工国。

---

[1] 汤志钧编：《章太炎年谱长编》下册，第 742 页。

由于农国与工国的生产原则大相径庭，其立国精神与政法制度亦因之迥异。在价值取向上，农国尚俭节欲，讲求清静安定，重视礼法名分与家族伦理；工国则尚奢纵欲，崇尚建设进步，强调个人主义，抹杀伦理之爱。在制度上，农国恶诉讼，以科举取士，厌弃朋党；工国动辄涉讼，以选举及政党为立国本基。[1] 此即所以中西文化有重礼与重利之分的根源。

既然农国与工国在经济组织、价值系统与政治制度上截然相反，则彼此之间自有不能畔越之界限。而晚清以来，国人慑于欧洲工国"国势之强，学术之盛，工艺之精"，油然而生仿效之心，"凡西来者，卒不加考问，一律迎之"，对于本国固有之文化制度，则一概加以唾弃拒斥。[2] 然而，工国财源富厚，故可举止阔绰，而中国以匮乏之农国，强行仿效工国之排场，以致西方各项制度因无适当之经济条件与之配合，非特其优点不能显现，其流弊且衍发无遗，在国家则不得不举外债，以弥补其帑金之不足，在个人则不能不贪婪诈骗，以便肆意挥霍。积累至今，公私涂炭，国且濒于灭亡。换言之，章士钊把中国动荡混乱的受病之源，完全化约为以农国剿袭工国"浮滥不切"之思想法制所导致的恶果。[3] 因此，他所提出的振济之道，便是"返本还原"，将抄袭自工国的制度习尚悉行铲除，专力从农业上谋求生计与道德之改良，以安国本。[4]

根据这种认识，章士钊在1922年返国后，毅然出长北京农业大学，以培植农业人才，导农业于正轨自任[5]，同时并多方撰文，攻讦政党及代议制，鼓吹

---

[1] 以上所引，俱见孤桐：《农国辨》，原刊《新闻报》1923年11月，转刊于《甲寅》周刊第1卷第26号，1926年1月9日，第9页。

[2] 同上文。

[3] 孤桐：《再答稚晖先生》，《甲寅》周刊第1卷第27号，1926年1月16日，第7—8页；孤桐：《通讯·农国》，《甲寅》周刊第1卷第2号，1925年7月25日，第23页。

[4] 蓝瑾：《章行严在农大之演说辞》，《晨报副刊》1924年12月28日；孤桐：《农国辨》，《甲寅》周刊第1卷第26号，第13页。

[5] 蓝瑾：《章行严在农大之演说辞》，《晨报副刊》1924年12月28日。

"农村立国"[1]。这些论调引起了相当大的回响，同情者固力加揄扬，若干工业化论者则肆力驳斥，从而激发了一场重农与重工的论辩。

面对工业化论者的质难，章士钊对其农国主张，提出了进一步的说明。

章士钊首先指出，工国与农国真正的分野，不在工业之有无，而在立国精神之不同。所谓以农立国，并非完全放弃工业，只不过，其所发展之工业，必须是与农业精神相一致的"农国之工"，不能是背道而驰的"工国之工"。[2]他说："以工国之精神兴农，有农仍为工国；以农国之精神兴工，有工仍为农国。"[3]

其次，章士钊认为，中国所以未能成为工国，乃是"古先哲王"所树立的价值规范使然。他强调，中国自古以来，即不缺乏发展工业的物质条件，甚至"今欧西物质文明之所昭揭，在吾三代以前，即盛蓄其机可得迎之"。但是，先圣古哲基于对人性的洞识，认定"由工之道，极工之弊，必有欲穷于物，物屈于欲之一日"，结果必将演成"世界大乱，杀人灭国"的惨祸，因而致力于正本清源的防范措施，奠定以农立国的长治久安之道，使人欲与物质两者更相质剂，体用兼赅，有"雍容和乐之盛"，而无偏畸独至之害。[4]因此，中国所以未发展为工业文化，"非质不能，实不愿焉"。[5]

退一步说，纵使中国打算放弃以农立国的"万年之道"，汲汲追求工业化，终亦将格于现实形势而末由实现。他指出，中国若在19世纪中叶，甫遭鸦片战争之创钜时，即锐意革新，"求为一外强中干，参伍欧美，尚工形似之国"，仍

---

[1] 章士钊返国后，首先在为赵恒惕代拟之湖南自治宣言中揭橥农国之目，此后直到《甲寅》周刊创刊前，其鼓吹农化的主要文字有《非党》、《再论非党》（《东方杂志》第20卷第22号，1923年11月25日）、《论代议制何以不适用于中国》（《申报》1923年4月18—19日）、《农国辨》（《新闻报》1923年11月）。

[2] 孤桐：《农国辨》，《甲寅》周刊第1卷第26号，第8页；《通讯·答董时进》，《甲寅》周刊第1卷第42号，1927年2月12日，第14页。

[3] 孤桐：《通讯·农国》，《甲寅》周刊第1卷第20号，第22页。

[4] 孤桐：《对作》，《甲寅》周刊第1卷第36号，第8页；孤桐：《何故农村立国》，《甲寅》周刊第1卷第37号，1926年12月25日，第4—5页。

[5] 孤桐：《论南京倡投壶礼事》，《国闻周报》第3卷第22期，第11页。

属可能。盖当斯时，工业革命肇端未久，仍有广大世界市场，可供新兴工业国家从事竞争。但自20世纪以来，世界商场已为欧美工业先进国家垄断殆尽，则于此际再倡工业化，已绝无成功之希望。[1]

事实上，从欧美工业国的前车之鉴来看，中国也殊无工业化的必要。他认为，西方国家自18世纪工业革命以来，"机械渐兴，工业日茂"，纷纷化农为工。但是，在资本主义经济制度下，物质文明与生活享受虽有高度发展，却也产生无穷流弊。对内而言，则因生产工具的集中，造成贫富悬殊、劳资对立与阶级斗争等现象，从而渐起社会主义之反动，"自共产以至工联，随激有差，而求所以甘心于资本家则一"，致使社会骚乱不安，"亲爱之意绝无，杀戮之气横绝"，患祸所届，正不知伊于胡底。[2] 对外而言，则因各国争相发展工业，工业产品之市场日益狭隘，而机械之效能反日趋精良，产量激增，以致20世纪以来，欧美工业状况完全陷入供过于求之窘境。工业势力最盛之英、德两国遂不得不"力轰其一，以为一时苟且偷托之计"，因而引发旷古未有之世界大战。追本溯源，正是各国一味讲求工业化所必然产生的恶果。[3] 是则，惩前毖后，中国岂有踵继各国后尘，自贻伊戚之理？更何况，自经世界大战惨祸后，欧洲有识之士幡然警悟，纷纷发为农业复兴之论，各国工党所标政纲，主张"公制作以均民用"，亦"隐然有逃工归农之意"，可见弃工返农，实为举世潮流所同趋。不过，西方国家工业化程度已深，农村组织破坏无遗，人民嗜欲贪诈，习与性成，故其舍工就农之良图，不免荆棘载道，遂行为难。而中国受祸尚不甚深，"农村组织大体未坏，重礼讲让之流风余韵犹自可见"，不远而复，尚有可为。因此，他呼吁国人负起"独有不贷之责"，"力挽颓风，保全农化"，以成中兴之大业，并为

[1] 孤桐：《农国辨》，《甲寅》周刊第1卷第26号，第10—11页。

[2] 孤桐：《农国辨》，《甲寅》周刊第1卷第26号，第10页；孤桐：《对作》，《甲寅》周刊第1卷第36号，第9页。

[3] 孤桐：《农国辨》，《甲寅》周刊第1卷第26号，第10—11页。

西方树一良好楷模。[1]

　　章士钊所标持的"农国"之说，与他对新文化及新文学的批评，一脉相通，互为体用。这套理论，基本上仍是新旧循环历史观的产物。他在回答反对者批评他知古昧今，以"一隅历史之见"，期期反对欧化时，便援引马克思从历史研究中树立唯物史观为例，指出："凡善持历史观者，绝不抛弃现在"，他之主张农治，"固非先天竺旧之论，特谓承今日工窳之敝，惟返古为无可避免之尾闾尔，此谥曰最新，固无不可"。[2]

　　然而，章士钊虽动辄自炫其理论是由观察历史证例"归纳所得"，他所见到的历史，却已经过其主观价值取向的扭曲。人类的历史文化经验是否可以用"农化"与"工化"这两个简单而整齐的概念加以涵摄？传统中国是否真如他所说的，是个完美的"农国"？即或如此，这个"农国"的规模是否仅是由"古先哲王"的人为设计而奠定？这一连串的问题显然都无法从章士钊的说辞中找到圆满的答案。研究保守主义的学者指出，极端保守主义者往往倾向于将人类经验化约为两个针锋相对的极端。[3]章士钊"农国"与"工国"的二分法，正如他对"东西文化"的看法，乃是两极化（polarization）与过度简化（oversimplification）之思想取向的结果。在这种意义上，章士钊虽以历史规律为标榜，他的态度却是非历史的（ahistorical）；他所谓的历史，犹如法国大革命后，欧洲保守主义者对"基督教世界"之渲染与扭曲，只不过是"想象中的过去"。[4]

　　其次，章士钊对西方"工业文明"的批评，显然某种程度上袭取了马克思

---

[1]　孤桐：《何故农村立国》，《甲寅》周刊第 1 卷第 37 号，第 7—8 页；孤桐：《农国辨》，《甲寅》周刊第 1 卷第 26 号，第 12 页。

[2]　孤桐：《通讯·答曾士先》，《甲寅》周刊第 1 卷第 41 号，1927 年 1 月 22 日，第 19—20 页。

[3]　N. O'sullivan, *Conservatism*, London: J. M. Dent and Son Ltd., 1976, p. 38.

[4]　*Ibid*., p. 32.

主义者对帝国主义的解释架构。[1] 这种论证方式，一方面加强了其主张的说服力，一方面也显示出章士钊虽号称守旧反动，仍与深闭固拒、盲目排外的儒家传统主义者有所区别，从而亦可反映出五四时期保守思想的复杂性。但是，章士钊所援引的这套解释架构，实已完全脱出其原有的理论脉络。我们无法想象，一个反对西方资本主义的共产主义者，会以回归"封建的"农业社会为其鹄的。因此，章士钊用以支持本身主张的理论根据，实难与其农国理想相贯穿。

对于这许多问题，章士钊并未做进一步的交代。事实上，如何解决这些问题，也不是他所关怀的对象。他的农国主张，并不是一套解释世界的抽象理论，而是一套指导行动，借以改变世界的意识形态。至于这套意识形态的核心理念，则是他个人独特的价值取向。质言之，章士钊提倡农村立国，表面上是要求社会经济组织的改造，实际用心却是在维护传统的文化道德秩序。我们只要看他把"礼"与"农"并列为不可变的"立国之体"，即可窥见此中消息。蔡和森批评章士钊，将他与梁启超、梁漱溟共同归入"东方文化派"，便是针对其"农村立国论"的文化含义而发。[2]

然则，章士钊为什么不像其他保守主义者，直接致力于捍御儒家的道德价值，而要采取迂回途径，煞费周章地鼓吹一套复古的社会经济制度呢？这就牵涉到他对传统文化道德秩序与社会政治体系之密切关系的体认了。传统儒家的

---

[1]　精确地说，应是列宁主义的观点，参见 V. I. Lenin, "Imperialism: The Highest Stage of Capitalism," in Lenin, *Selected Works*, N.Y.: International Publisher Co. Inc., 1980, pp. 169–265。章士钊对共产主义的理论似有相当涉猎，参见孤桐：《马学微》，《国闻周报》第 3 卷第 26 期，1926 年 7 月 11 日；《工潮与余值》，《甲寅》周刊第 1 卷第 44 号，1927 年 2 月 26 日。陈源亦称其搜集社会主义论著甚多，参见陈源：《做学问的工具》，《现代评论》第一年增刊，转引自鲁迅：《华盖集续编》，《鲁迅全集》（北京：人民文学出版社，1956 年注释本）第 3 卷，第 484 页，注 14。陈独秀甚至说"俄德共产党人曾传说旅欧中国人中有一个倾向共产主义的章行严"，参见陈独秀：《一封给章行严的信》，《向导》第 102 期，1925 年 2 月 14 日，收于《向导周报汇刊》第 3 集，第 853 页。

[2]　蔡和森：《中国现在的思想界》，《中国青年》第 6 期，1923 年 11 月 24 日，收入蔡尚思主编《中国现代思想史资料简编》第 2 卷，杭州：浙江人民出版社，1982 年，第 173—176 页。

道德秩序，并非空洞之物，而是透过一套具体的行为规范，与特定的社会政治秩序紧密地整合在一起。[1] 因此，要想维系传统的文化道德价值于不坠，则传统社会经济秩序的重建便是不可省却的功夫。章士钊自己曾隐约点出："礼意不敝，群秩不乱，则农尚焉。"[2] 陈源对他的批评，更是深切着明，一语中的：

> 孤桐先生算究竟比较聪明些，他们知道中国的旧礼教与新环境不相合。可是他们不去找适应新环境的新礼教，却想退到适应旧礼教的旧环境。[3]

就此而论，章士钊的保守思想，殆已完全脱离了"中体西用"的旧范，而是对现代化的彻底反动。吴敬恒批评他"开倒车"[4]，为深中肯綮之论。

值得注意的是，章士钊这种"开倒车"的主张，却夹杂着许多西方文化的质素。上文所讨论的马克思主义，即为一例；甚至其农国之说，也师承自英人潘悌的农村基尔特社会主义。[5] 他在1922年草拟《治湖南新案》，首度揭櫫农国主张时，尝写就长诗一章，明白指出这项理论乃是来自西方的"新理"："欧洲大战四五载，新理翻腾若江海，中有农治为胜义，小子殷勤恣探采，探采归来颇自豪，敢言救国如擎毛。……"[6] 可见，章士钊虽从整体性的观点全盘否定西方文化，事实上却摆脱不了西方文化的影响。这种对西方文化错综复杂的矛盾态度，乃是中国现代保守主义者共具的特色，也是他们在理论上难以自圆其

---

[1] Lin Yu-Sheng, "The Suicide of Liang Chi: An Ambiguious Case of Moral Conservatism," in Charlotte Furth ed., *The Limits of Change*, pp. 165–166.

[2] 孤桐：《对作》，《甲寅》周刊第1卷第36号，第8页。

[3] 西滢：《闲话》，《现代评论》第3卷第66期，1926年3月13日，第271页。

[4] 吴稚晖：《章士钊——陈独秀——梁启超》，赵家璧主编：《中国新文学大系》第2集，第251页；参见吴稚晖：《广说轞》，《吴稚晖先生全集》第3卷，第657—661页。

[5] 孤桐：《何故农村立国》，《甲寅》周刊第1卷第37号，第6页；参见杨铨：《中国近三十年社会改造思想》，《东方杂志》第21卷第17号，1924年9月10日，第55页。

[6] 孤桐：《孤桐杂记·草新湖南案成放歌》，《甲寅》周刊第1卷第24号，1925年12月27日，第24页。

说的重大困境。

3. 业治、科举与科道

在章士钊的"农国"中，不仅道德秩序与经济组织必须"返本还原"，即政治制度亦须做相应的改造。首先应予废除的，便是来自西方的代议制度。

如上所述，章士钊于1921年顷，已对代议制度的实际效用深表怀疑；二度欧游，更使他认定在文化差距的限制下，强行仿效西方的代议政治，唯有陷中国于万劫不复之境地。及1923年初，曹锟积极部署贿选，国会议员多为收买，引起一般知识分子极度的愤慨与不满。章士钊遂于此时发表《论代议制何以不适于中国》一文，从"农国"与"工国"的分野，痛彻指陈代议制度失败的症结。他指出，自国会重开以来，种种行径，咸不当人意，国人痛心疾首之余，率皆以为代议制度不适于中国。但何以代议制不适于中国？一般论者大都归咎于议员品性卑下、政识废弱诸端。章士钊认为这种枝节琐屑的看法是错误的。代议制所以不能在中国发挥正常功能，最究竟的原因在于：中国是个农国，与袭自西方工国的政治制度凿枘不入。

章士钊强调，代议制能否顺利推行，与一国的经济条件息息相关。西方各国工业发达，资本家财力雄厚，故其从事组党、竞选等政治活动时规模宏阔，举止豪华，且皆取足于一己私财，不必仰给国库。由于从事政治活动者，皆有丰厚之"荷包"为后盾，故在政治上造成许多良好的现象：第一，为政不必以贿成，较能充分发挥个人所持之主义；第二，一旦失势，生计亦不受影响，故执政与在野两党可从容更迭；第三，政略之设备与人才之征集，宽舒裕如，无捉襟见肘之穷蹙之象；第四，党资独立，政党不为国蠹，议员与选民之间感情不伤。他认为，代议制在理论上虽不完美，犹能在西方国家久行不衰，便是工国富裕的经济条件使然。反之，中国素为农国，经济匮乏，勉强学步，遂使有限资源靡耗于"浮华虚伪"之政治排场，以致传统低水准平均主义的经济均衡为之崩解，人民生计日蹙，而大乱日甚。另一方面，议员本身既无财力，不得不以政治为谋利之途，致使：第一，议员唯利是视，毫无操守与主义可言；第二，政治权位即谋生之资，故阴攘阳夺，无所不用其极；第三，任何政党皆无规模粗备之机关，亦无一富有识力之主持者；第四，议员悖妄渎乱，人民衔之入骨，全失代议之意。中西双方实行代议，悬绝如此，追根究底，盖即"人之从政者有荷包，而我无荷包"所致。因此，章士钊断言，代议制实非补苴弥缝所能维持，而须彻底予以抛弃。[1]

从以上的叙述，可以看出，章士钊认为代议政体是和资本主义经济制度有机地整合在一起。他既不愿中国化"农"为"工"，自然只能全盘否定代议制度在中国的可行性。然而，近日学者的研究已经明确指出，代议政治并不必是现代化的产物，欧洲各国的代议制度，也可能仅是封建时代遗留的政治传统。[2]代议政体与经济发展并无一一对应的因果关系。章士钊的说法，诚如蒋梦麟的批评[3]，乃是基于错误的历史观察所得的结论。

既然代议制流弊丛滋，窒碍难行，则中国当以何道立国？章士钊提出的方案，便是"业治"。

章士钊认为，经过大战的摧残，英美式的代议民主政体已至穷途末路，"断乎无复自存之价值"，而须以业治代之。[4]所谓业治，其精神在于唯有自食其力者，方得与闻政治；其实行方式则为有业者各依其业，分聚为若干团体，然后合治其国，为一大团体，使各业平流并进，"内而画地自瞻，外而通力合作，凡业皆由自身裁制，不使他业妄侵权"，而无业及"似有业而实无业"的游闲之

---

[1] 以上所引，俱见章行严：《论代议制何以不适于中国》，《申报》1923年4月18—19日。

[2] ［美］布莱克（C. E. Black）：《现代化的动力》，郭正昭译，台北：百杰出版社，1978年，第50页。

[3] 看：《代议制的又一讨论》，《东方杂志》第20卷第7号，1923年4月10日，第129—130页。

[4] 行严：《再论非党》，《新闻报》，转引自《东方杂志》第20卷第22号，1923年11月25日，第137页。

徒，则悉行斥逐。[1]

章士钊这种"业治"的构想，犹如其农国主张，显然都受到西方社会主义思潮的影响。他自己也说："业治者甚高理想，极合人道之政式也。……愚近年居英，甚为此说倾动，……志在移植本土，代久成病根之民治，以为国是。"[2]这个例证，再度说明了章士钊对西方文化的暧昧态度。更精确地说，章士钊虽以整体性的观点反对西方文化，却又不自觉地采择了西方文化的若干成分，来支持他自己的反西方立场。

在这样的采择过程中，西方思想的原貌，无可避免地会因采择者本身的价值取向而受到严重扭曲。章士钊的"业治"，基本上袭自19世纪末期发源于英国的基尔特社会主义[3]，但是，他却把性质、手段迥然不同的苏维埃制也包括在内[4]。其次，在基尔特社会主义的脉络中，作为自治单位的，乃是经济意义的产业行会，而章士钊所谓的"业"，却不是阶级的区划，而是笼统的身份畛域。他说：

> 夫业云云者，指人类社会相需为用之全部事项而言，此不当有生产消费之偏，尤不当有劳心劳力之执。[5]

因此，他为中国设计的"业治"模式，乃是以传统社会的士农工商四业为准。他并且认为，由于传统社会结构中，士为四业之首，居于领导地位，他业望风景从，故若改行业治，"农工商者虽骤被解放，使自为政，将未见横决，无

---

[1] 孤桐：《论业治》，《甲寅》周刊第1卷第38号，1927年1月1日，第4—5页。

[2] 同上文，第4页。

[3] 有关英国基尔特社会主义最简略的讨论，参见 George H. Sabine, *A History of Political Theory*, N. Y.: Henry Holt and Company, 1949, p. 716。

[4] 孤桐：《论业治》，《甲寅》周刊第1卷第38号，第4页。

[5] 孤桐：《苏法比论》，《甲寅》周刊第1卷第41号，1927年1月22日，第10页。

可理董"，反较西方恢复久废之基尔特制为便易。[1] 在这种论证下，西方用以改造现存社会的理论，却变成章士钊借以维护中国传统社会秩序的手段了。

在"业治"的政治体制下，章士钊又提出两项具体的制度为辅翼：科举与科道。

明清以降，科举制度屡遭有识之士诟病；及海禁大开，西潮侵迫，科举制度更被热切改革的人士目为中国积弱不振的祸源。章士钊早年便曾基于这种心态，毅然舍弃帖括生涯；甚至到民国初年，他在《甲寅》杂志上批评古德诺帝制主张时，还把恢复科举的提议说成"种毒自溃，宁非狂呓"[2]，态度至为激越。

然而，相去不过数载，章士钊却一反畴昔，鼓吹起这种"狂呓"之论。1919 年，章士钊发表《新思潮与调和》一文，为科举制度大做翻案文章。他指出，科举制度自隋唐以迄清末，绵延久长，非但培育了许多贤才，制度本身亦有不可磨灭之价值。他认为，科举的优点有三：一，机会均等，使寒畯之士亦得出仕为政，阶级之弊不生；二，文人掌政，武人擅权之祸较鲜；三，维系历史文化于不坠。因此，他说："考试者，本吾国最有历史功绩之制。"[3] 这种论调与他以往的态度相去复绝，不啻霄壤。

章士钊何以会有这样重大的转变呢？最基本的原因，乃是议会政治失败的刺激。他在同一篇文章中检讨民国以来国会不洽人意的根由时，指出：由于国民智识低下，能力薄弱，又缺乏政治兴趣，实行选举的结果，当选之议员率多浮滥阘茸，以致议会政治无法步上正轨。因此，他建议在"旧者已废，新者立而未善"的"青黄不接之时"规复考试制度，以与有限度的选举辅翼而行。其方法则系由国家特设专员，厘定科目，凡欲角逐议员者，先行考试，及格后始得进行竞选活动。他认为，这套办法，"凡了解吾国历史及现在情势者，即在圣

[1] 孤桐：《论业治》，《甲寅》周刊第 1 卷第 38 号，第 5 页。
[2] 秋桐：《古德诺与新约法》，《甲寅》杂志第 1 卷第 2 号，第 4 页。
[3] 行严：《新思潮与调和》，《东方杂志》第 17 卷第 2 号，第 106 页。

人亦无以易"。[1]

最初，章士钊提倡恢复科举，目的仅在弥补选举之不足，并无根本取代选举之意。然而，随着对代议制度日益加深的失望，他终于在提出农国之说的同时，完全否定了代议政体的价值，而要求以科举制度作为"进退人才"的唯一标准。[2]

其次，章士钊复科举的主张，多少也受到章太炎的影响。章士钊与章太炎渊源甚深，辛亥革命时期，二章即与张继、邹容同订金兰，入民国后，两人的政治取向亦颇相契合。对于代议制度，章太炎素抱怀疑态度；早在辛亥革命之前，即曾撰作《代议然否论》一文，指摘代议政体为封建变相，与国情舛迕。[3]及民国以来，政治污乱，国会败坏，益使章太炎确信代议为扞格不适之秕政，因而呼吁恢复固有之科举制以代之。[4]章士钊在他的谆谆晓谕下，不免也走上了同样的道路。

再次，西方知识分子对中国科举制度的称扬，也坚定了章士钊复古的决心。他在二度访欧时，尝与 H. G. 威尔斯论及科举之优劣，威尔斯再三赞许斯制之美，并对中国"妄废试科"深表惋惜，并指为"愚不可及"之举。[5]在这样有力的支持下，无怪乎章士钊敢冒天下之大不韪，毅然以倡复科举为标榜了。

---

[1] 行严：《新思潮与调和》，《东方杂志》第 17 卷第 2 号，第 106 页。

[2] 行严：《再论非党》，《东方杂志》第 20 卷第 22 号，第 137 页。

[3] 章太炎：《代议然否论》，《太炎文录·别录一》，收于《章氏丛书》下册，台北：世界书局，1982 年，第 810—816 页。

[4] 章太炎：《与章行严论改革国会书》，《华国月刊》第 1 卷第 5 期，1924 年 1 月 25 日，台北：文海出版社影印本，第 709 页。

[5] 行严：《再论非党》，《东方杂志》第 20 卷第 22 号，第 137 页。威尔斯对中国科举制的看法，参见其《世界史纲》(Outline of History)。

基于上述三项原因，章士钊复刊《甲寅》后，即多方提倡恢复科举。[1]这种"反动"主张，自然引起激进派强烈的驳斥，甚至有人斥之为"复辟阴谋"。[2]

虽然，章士钊犹不以复科举为已足，他同时还提倡恢复另一项传统制度——科道的监察官制。

章士钊鼓吹科道制，也是受到章太炎的影响。章太炎既主张废黜代议，罢除国会，"以选举元首，批准宪法之权还之国民"，则为监督政府及官吏计，他建议将监察权从行政权及立法权中独立出来，规复古代给事中与监察御史诸职，"分科分道，各司其事"。他并且拟订详细办法：给事中定为九科，每部一科，并特设一科，专对国务院，监察御史亦准部院分之；名额则每科每道各置四员，悉以考试举之。[3]对于章太炎这项提议，章士钊亦步亦趋，在《甲寅》周刊上一意宣扬，甚至公开悬赏征文讨论科道制与代议制之优劣得失。[4]

章士钊的科道主张，也和科举之议一样，激起了反对的声浪。汪馥炎在致章士钊函中，便指摘章士钊"因痛恶国会之念，至欲绝代议之根株，复台谏之旧制"为"志大而计疏"的谬举。他认为科道制只能行于专制之朝，不能行于立宪之国；只能行于君主之世，不能行于共和之邦；只能成于未有代议制之前，不能复行于代议制既兴之后。章士钊无视社会进化之理，一味返古复旧，实不

---

[1]　不过，《甲寅》周刊上鼓吹科举最力的，并不是章士钊，而是瞿宣颖。瞿氏主张"本汉代诏举贤良及策试孝秀之遗意，兼采明清乡会试制，而大体则规之康乾两次博学鸿词制科，举行特科一次"，并拟订详细实施办法。参见瞿宣颖：《科举议》，《甲寅》周刊第 1 卷第 2 号，1925 年 7 月 25 日，第 15—19 页。

[2]　孤桐：《通讯·答郁嶷》，《甲寅》周刊第 1 卷第 22 号，1925 年 12 月 12 日，第 14 页。不过，并非当时所有知识分子均反对章士钊的主张，曾任司法总长的罗文干也和章士钊一样主张恢复科举。参见罗文干：《外国制度与中国》，《晨报副刊》1924 年 10 月 23 日。

[3]　章太炎：《与章行严论改革国会书》，《华国月刊》第 1 卷第 5 期，第 705—709 页；但焘亦有类似主张，参见但焘：《御史制度论（上）》，《华国月刊》第 1 卷第 6 期，1924 年 2 月 15 日，第 863—865 页。

[4]　《甲寅》周刊第 1 卷第 3—5 号，"卷首"。

免"夏裘冬葛之讥"。[1]

汪馥炎的批评，虽是根据与章士钊完全不同的历史观而发，却确实抉发了章士钊这些作为的根本动机。业治、科举与科道的构想，在理论上，固为章士钊理想农国的基本政治架构，而其直接的外在因缘，正是激于议会政治之腐败而产生的反动。有趣的是，章士钊这些政治设计，与孙中山五权宪法的规划颇有雷同貌似之处。至于孙、章之间有无思想上的交涉，则非本文所能论究的了。

4. 支持者与反对者

从经济发展的角度来说，农业的振兴为传统社会走向经济发轫提供了有利的条件与资源，因之，对农业的提倡，乃是后进国家追求现代化的一项有效策略。[2] 然而，章士钊提倡"农国"，用心并不在此。相反，他的目的是要借此抑制现代化冲击下社会经济的变迁，将中国带回到以传统阶序伦理与匮乏经济为本位的乌托邦式的过去。[3] 换言之，章士钊的"以农立国"，乃是对中国现代化的一种"基要主义式的反动"（fundamentalist reaction）。因此，他在评骘农业与工业的优劣时，一味强调工业化的弊害与黑暗面，无视工业化所能带动的社会经济的进步。这种偏颇片面的观点所反映的，不过是后进社会在工业化初期经常出现的"马克思情境"（Marxist situation）。[4]

虽然，章士钊这项提议在 1920 年代，却引起中国知识分子热烈的回响，支持与反对的意见哄然并起，演为当时一项重大的争论。所以如此，则与当时特殊的思想背景有关。五四运动的洗礼，引发了一般青年知识分子对政治与社会

[1] 汪馥炎：《通讯·两院分职》，《甲寅》周刊第 1 卷第 7 号，1925 年 8 月 29 日，第 14—16 页。

[2] ［美］罗斯托（W. W. Rostow）：《经济发展史观》，饶余庆译，香港：今日世界社，1965 年，第 40—42 页。

[3] 章士钊自谓其提倡农治的最终理想在使"农子妇八口衣食俱足，三代井田之意可复"。《农治翼》，《甲寅》周刊第 1 卷第 5 号，1925 年 8 月 15 日，第 6 页。

[4] 所谓"马克思情境"的简要说明，参见金耀基：《从传统到现代》，"新序"，台北：时报文化出版公司，1990 年，第 10 页。

改革的渴盼。然而，现实政治的日益恶化与国家危机的日益严重，使得他们在顿挫不满的情绪下，逐渐转向诉求于以"动员群众"为手段的激烈革命行动。在狂热的民族主义意识形态引导下，1920年代初期，民粹主义运动（populist movement）飘然而兴，"走向民间"的呼声四处洋溢，农村问题也就与劳工问题同样成为中国知识分子普遍关切的论题。[1] 此外，欧战的惨况与中国身受列强侵凌的经验，更随社会主义之传播，在五四后期，掀起一股反对西方资本主义的思潮。[2] 凡此种种因素相互作用，许多知识分子纷纷转向农村，寻求救国济世的方案。一时之间，"重农救国"的论调[3]与各式各样的"归农运动"[4]风起云涌，蔚为时尚。章士钊的"以农立国"便是在这样的环境中乘时而起，同时也对这股新兴思潮起到了推波助澜的作用。[5] 无怪乎他的主张竟在当时受到众人瞩目。

支持章士钊的，当然以保守派为主。他们大都基于维护传统文化伦理秩序的动机，来拥护章士钊的"以农立国"。例如龚张斧便以为"立国之道，不在物质之文明，而在风俗之淳厚；不在都市之华美，而在乡村之乂安"，因此，在经济上为挽救贫弱，不能不大力提倡农业；在道德上为振济人心，尤不能不全力推行农化。[6] 刘如春也指出，工业化的物质文明，尚竞逐欲，流弊无穷，"直

[1]　叶嘉炽：《民族主义与革命——1920年代学生激进主义的本质与原因》，张玉法主编：《中国现代史论集（六）：五四运动》，第167—182页；毕仰高指出五四后期自由主义渐为"左倾"的社会主义及右倾的国家主义两股思潮所取代。See Lucien Bianco, *Origins of The Chinese Revolution, 1915–1949*, tr. by Muriel Bell, Stanford: Stanford Univ. Press, 1971, p. 50.

[2]　甚至连金融资本家吴鼎昌也对西方资本主义制度表示怀疑，参见吴鼎昌：《十八世纪以来经济学说的流毒》，《国闻周报》第3卷第9期，1926年3月14日，第9—10页；这种情绪自然对社会主义的传播有助长之效，连胡适也不免受其影响，参见胡适：《一个态度，一个案语》，《晨报副刊》1926年9月11日，第17—18页。

[3]　李协：《重农救国策》，《国闻周报》第3卷第37期，1926年9月19日，第1—6页。李协即李仪祉，河海工程专家，时任西北大学校长。

[4]　杨开道：《归农运动》，《东方杂志》第20卷第14号，1923年7月25日，第17—29页。

[5]　梁漱溟即自承其乡村建设运动受过章士钊的间接影响，参见梁漱溟：《中国民族自救运动之最后觉悟》，台北：学术出版社，1971年影印本，第13—14页。

[6]　龚张斧：《农化蠡测》，《甲寅》周刊第1卷第19号，1925年11月21日，第13—15页。

为人类自杀之征兆"，故中国"亟应以重农为要图"。[1] 他们甚至认为，农国之说，"殆将衣被全球"，为世界人类所共遵。[2] 这类论调，自是与章士钊声气相求、貌似心同的。

不过，也有一些"农国"的赞成者不以此为然，而仅强调农业的改进。董时进便反对章士钊把农国与工国之辨提升到东西文化之争的层次。[3] 他认为农国与工国的不同，主要是经济结构的差异：工国即"工业较盛于农业之国"，农国则以农为主业，而工居次位。工国与农国相较，农国较为优胜："粮食原料充足而欲跻为工艺隆盛之邦，易事也；粮食原料不足而欲进为农国，难能也。"[4]中国既一向以农立国，便应保守农国本色，只可运用工业技术来辅助农业，不可"牺牲农业以媚工"。[5]

在这群农国论者的鼓吹下，段祺瑞临时执政府于 1925 年初颁布电令，将"力图而食，以农立国"悬为国是，使重农运动的声势达于巅峰。[6]

另一方面，反对"农国"的，也不乏其人。早在 1923 年，章士钊初次揭橥农国主张时，即有一些鼓吹工业化的论著，为文辩诘。在这些人看来，中国衰乱的真正缘由，非但不在仿习工国之制，反在工业化程度不足。他们认为，农业不能脱离工业而自存，若不图工业之发展，全国民众衣食器具所需，皆将仰承外人鼻息，驯至富力外流，漏卮日巨。何况自中西接触以来，外国制造家已挟其资本技术，在中国各地后建新式工业，中国即使不愿工业化，外人亦将代

---

[1] 刘如春：《农业立国建议》，《顺天时报》1925 年 3 月 15—17 日，台北："中央研究院"近代史研究所藏微卷。其他类似意见参见之鉴：《窒欲主义与农国》，《顺天时报》1925 年 10 月 1—2 日。

[2] 贺有年：《通讯·群言》，《甲寅》周刊第 1 卷第 16 号，1925 年 10 月 31 日，第 14 页。

[3] 董时进：《通讯·农国》，《甲寅》周刊第 1 卷第 42 号，1927 年 2 月 12 日，第 13 页。董为美国哥伦比亚大学农学博士，后从事农村合作运动。

[4] 董时进：《释农国》，《甲寅》周刊第 1 卷第 14 号，1925 年 10 月 17 日，第 12—13 页。

[5] 董时进：《工化与农业》，《甲寅》周刊第 1 卷第 15 号，1925 年 10 月 24 日，第 15 页。

[6] 《临时执政电令》，《政府公报》1925 年 2 月 25 日，台北：文海出版社影印本，第 995 页。

我兴之。大势所趋，无可挽回，顺应之道，端在急起直追，振兴工业，以与外国相抗衡。因之，他们指斥章士钊所谓以农立国云云，于理于势皆不可通，殆属"痴人说梦"已耳。[1]

接着，激进的共产主义者也对章士钊展开攻讦。瞿秋白指出，在列强的压迫下，中国已沦为帝国主义的经济附庸，变成军阀与官僚商业资本联合垄断的国家，因而无法发展出欧美资产阶级式的代议制度。他坚信，要创造"真正的民主政治"，唯一办法在增进平民的实力，并联合全世界"革命的无产阶级"，扫除帝国主义、军阀、议员、政客等恶势力，整顿生产及财政机关。至于章士钊的"农国"，则是违逆实际经济趋向的唯心主义空想，代表着"中国旧士绅阶级全体的垂死之哀鸣"，终将为历史所淘汰。[2] 此外，陈独秀则讥刺章士钊行不顾言，只知在"高车美食"的上海租界中高谈阔论而绝不涉足农村，绝不从事丝毫实际运动。[3]

对章士钊批评得最激烈的，则是以《现代评论》及《语丝》为主力的自由主义者。现代评论派的态度较为和缓，他们承认章士钊确有想把中国弄好的诚意，却因求效心切，又缺乏历史进化的眼光，以致蹈袭"时代错误"（anarchronism）之病，将古今之别视作中西文化的差异，企图用"敦诗说礼，孝悌力田"的复古办法来补救西方文化、制度的流弊。事实上，这种"开倒车"的办法只能行于专制时代，而与当前现实格格不入。因此，章士钊的农国主张，正如梁启超、梁漱溟的东西文化论，都是旧制度崩坏、新制度尚未确立时所必然产生的反动。要促成中国文化的进步，非得将这种"中体西用"式的精神文明论彻底破坏不可；要廓清中国的政治，更须扫荡章士钊所代表的"借传统的

---

[1]　参见杨铨：《中国能长为农国乎？》，《申报》1923 年 10 月 28 日；戴英：《中国可以不工业化乎？》，《申报》1923 年 10 月 30 日。

[2]　瞿秋白：《现代中国的国会制与军阀》，《前锋》第 1 期，1923 年 7 月，东京：汲古书院影印本，1971 年，第 10—23 页。

[3]　独秀：《寸铁·夷场上的农村立国》，《前锋》第 3 期，1924 年 2 月 1 日，第 80 页。

幌子以自重"的游民阶级。[1]

语丝派的态度，则至为激切。他们除了对章士钊百般讥讽外，又喊出"全盘欧化"的口号。他们认为中国政象之混乱，症结仍在中国民族精神之昏愦卑劣；章士钊宣扬的复古主义，便是"这个根本败类底民族种种糟糕的道德与思想底代表"。他们根据文化一元论的观点，指出：西方文化乃是世界性的现代文化，并非西方人所独有；易言之，中西文化并无本质的差异，而仅是进化程度的差异。因此，要想挽救中国，便只有彻底排除传统文化，大胆无畏地全面吸收欧洲文化，以谋中国民族精神的根本改造。[2] 这种激烈的论调，正是新文化运动"借思想文化以解决问题"之思想模式的进一步发展，而为1930年代的"全盘西化论"开一先河。

面对"诽议麻起"的抨击，章士钊"扶轮大雅之志"并不因此稍挫。[3] 他并且从自己的亲身经历，为农国之说提出辩解。他指出，自庚子以降，不论改革派或革命派，对于本身所倡导的主义，皆无真诚之了解，"只图倡之之时，快于心而便于口"，至于如何针对时势补偏救弊，则绝所不计，以致"鲁莽灭裂，以国尝试"，而国事遂因"无办法"，一误再误。他认为，目前的各项救国主张，不论其为国家主义派或新文化运动派，仍是"一无办法，了无进步"。既

---

[1]　高一涵：《那里称得起"反动"》，《现代评论》第2卷第44期，1925年10月10日，第271—273页；吴稚晖：《章士钊——陈独秀——梁启超》，赵家璧主编：《中国新文学大系》第2集，第246—256页；擘黄：《中国史的新页》，《现代评论》第5卷第108期，1927年1月1日，第66—69页；擘黄：《可惜太聪明》，《现代评论》第5卷第105期，1926年12月11日，第9—12页。

[2]　钱玄同：《写在半农给启明的信底后面》，《语丝》第20期，1925年3月30日；林语堂：《给玄同的信》，《语丝》第23期，1925年4月20日；钱玄同：《回语堂的信》，《语丝》第23期，1925年4月20日；鲁迅：《看镜有感》，《语丝》第16期，1925年3月20日。参见钱玄同：《关于反抗帝国主义》，《语丝》第31期，1925年6月15日。

[3]　孤桐：《疏解辇义》，《甲寅》周刊第1卷第11号，1925年9月6日，第5页。章士钊述怀之诗亦云："……谁信明农能建国，世工作党不须才，……大海茫茫成独狂，如膏烧尽自然回。"参见孤桐：《缠蕙诗齿及甲寅重张事，夜不成寐，次韵答之》，《甲寅》周刊第1卷第39号，1927年1月8日，第22页。

然如此，与其伪为有办法，"四出缴绕，使丝益棼，以覆其国"，不如自承无办法，少安勿躁，俾国家能苏复元气，徐图兴造。[1]他强调，倡导农村立国，便是为解决"利害冲突，是非殽乱"的现况而提出的消极手段，其情形恰如"诸车悉撞"、拥塞一团时，只能向后倒车，"却乃更进"。所以，他的主张貌似反动，其实却是"进化必然之理"。[2]

章士钊又进一步援引 1925 年美国小学教员师科布（J. Scopes）因讲授进化论而遭控诉一案，指出：一个社会所以能保全其整合性而不致崩解，全赖其成员有"公同信念"为基础。这种信念，"亦期于有而已"，不必以绝对的道德标准或逻辑规律来衡量，纵使其与真理相违忤，但为维系社会秩序起见，仍不可任意废弃而不顾惜。章士钊说，他之鼓吹复古，致力于卫护传统文化与道德价值，目的正在巩固这项立国所不可或缺的"社会公同信念"。[3]

由上所述，可见章士钊"礼文约束论""农村立国""科举""科道"等一连串复古守旧的主张，固然出于他对传统文化伦理秩序的执着，却也是为了达成政治目的的权宜措施。透过这套设计，章士钊寻得了同时实现其政治关怀与文化关怀的枢纽。[4]徐志摩批评他缺乏理想主义的色彩，唯知重视实际政治利害，对传统文化的态度只是"玩旧"，而非"守旧"。[5]这样的批评虽不尽中肯，倒也明确地指出了章士钊极具政治性的思想特色。

既然章士钊的保守思想与其政治行动有着如此密切的关系，我们当然有必要从实际政治的角度，来观察其实地运作的情形。

---

[1] 孤桐：《吴敬恒——梁启超——陈独秀》，《甲寅》周刊第 1 卷第 30 号，第 5—13 页。

[2] 孤桐：《说辖》，《甲寅》周刊第 1 卷第 7 号，1925 年 8 月 29 日，第 4 页。

[3] 孤桐：《再疏解辖义》，《甲寅》周刊第 1 卷第 17 号，1925 年 11 月 7 日，第 3—5 页。

[4] 当时人便曾指出章士钊的农村立国说，目的不专在农，"而实欲基于东方文化之农本主义，以农为出发点，解决我国一切政治及经济问题者也"。参见叶度：《农村立国与农大校长》，《顺天时报》1925 年 6 月 17 日。

[5] 徐志摩：《"守旧"与"玩旧"》，《晨报副刊》1925 年 11 月 11 日，第 22 页。

五、行动中的保守主义——章士钊与"整顿教育"

1924 年第二次奉直战后，直系溃败，曹锟政府瓦解，北京政权由冯玉祥及张作霖共同控制。由于双方相持不下，卒以妥协的方式推戴段祺瑞出任中华民国总执政，筹组临时政府。11 月 2 日，段祺瑞宣誓就职，公布临时执政府组织条例；同日，发布内阁阁员名单，章士钊受任为司法总长。[1]

段祺瑞的临时执政府，是国民军系与奉系两大势力利害冲突下的权宜产物，本身并无强大军事实力为后盾，其合法性完全奠定在各地军阀的默认之上，因之，内阁的主要成员也就几乎全由各大军阀的代表担任。在这样复杂的权力结构下，章士钊以毫无凭借的一介政客，骤跻高位，其处境之困难可想而知。

章士钊久历政途，对于这种情形不可能一无所知，他也明白在当时的环境中绝难有所作为。[2] 然则，章士钊何以竟舍弃其在知识界的盛名清望[3]，夤缘奔竞，投身北府？除了个人名利禄位的考虑外，最可能的解释，当然是他仍和传统士大夫一样，抱有浓厚的"感恩知遇"心理。他在回答章太炎的责难时，便说："自礼失其教，报施之道不讲，弟拘牵古义，此辄未肯弃置。夫弟与合肥，素非能相善也，一言投契，遂许驱驰。人无醴酒之怠，我怀国士之报，始终其

---

[1] 吴廷燮编：《合肥执政年谱初稿》，沈云龙主编：《近代中国史料丛刊正编》653 号，第85—86 页；陶菊隐：《北洋军阀统治时期史话》第 7 册，北京：生活·读书·新知三联书店，1978 年重印本，第 102 页。按年谱载段氏就职日期为 25 日，今从郭廷以：《中华民国史事日志》第 1 册，台北："中央研究院"近代史研究所，1979 年，第 845 页。

[2] 孤桐：《与章太炎书》，《国闻周报》第 3 卷第 31 期，1926 年 8 月 15 日，第 15 页。

[3] 章士钊虽因反对新文化运动而与胡适等人发生争论，但他在知识分子圈中仍有崇高声望，以致 1923 年北京学界发生驱彭运动，北大校长蔡元培愤而辞职时，教育总长彭允彝一度拟请章继任北大校长，章辞而未就。参见朔一：《学潮酝酿后的第一声爆裂》，《东方杂志》第 20 卷第3 号，1923 年 2 月 10 日，第 13 页。

事，弟意早然。"[1]

不过，章士钊之出仕，亦自有其理想与抱负。在《与章太炎书》中，他又说道："弟猥与时会……自信粗有计略，足挽时趋，失今不为，邦基将沦无底。"[2] 这种强烈的使命感，使他在"事君食禄"之余，犹以振挽颓风，实践其复古守旧之主张为标榜。

章士钊的努力很快便获致局部的成果。段祺瑞所以拔擢与其毫无渊源甚至略有雠怨的章士钊，当然有其政治目的。盖执政府成立前夕，旧国会议员多方活动，冀使国会重开，因而政潮迭起，严重动摇段祺瑞的地位，而章士钊既"能文善思，有声南北"[3]，复不满于代议制度，主张废弃约法与国会，自可加以利用，供其驱驰。在双方"交相利"的政治结合下，章士钊遂得从容展布，将其以农立国的改造方案次第推动。

章士钊首先重申他在 1923 年提出的"毁法造法"说，献策改大总统为临时执政，树立了段祺瑞政权的规模。[4] 及出任司法总长后，在他的拟议下，段祺瑞于 1924 年 12 月下令撤销曹锟宪法，并宣告临时约法失效，解散国会；次年 4 月，复下令取消法统，中国十余年的立宪传统于焉中斩[5]，而章士钊毁弃代议制的心愿，竟得实现。他并且撰作一文，来为此项举动辩护，他认为，民元约法是由西方移植来的法，为"吾民所不习"，中国自有长期历史积累而成，"人

---

[1] 孤桐：《与章太炎书》，《国闻周报》第 3 卷第 31 期，第 15 页。当时人亦有体察及此者，如梁明致便曾这样为章辩解："人或责其（章）逢迎军阀，邀宠固位，吾则谓其感恩情重而已。盖彼年近知命，'铁饭'半生，一旦擢为阁员，喜出望外，遂不禁感激涕零，弗知所云。"参见梁明致：《通信·关于"咒甲寅"》，《现代评论》第 3 卷第 56 期，1926 年 1 月 2 日，第 79 页。

[2] 孤桐：《与章太炎书》，《国闻周报》第 3 卷第 31 期，第 15 页。章士钊的使命感，看其论苌弘死周之事，参见《孤桐杂记》，《甲寅》周刊第 1 卷第 43 号，1927 年 2 月 19 日，第 26 页。

[3] 钱基博语，参见钱基博：《现代中国文学史》，第 410 页。

[4] 钱基博：《现代中国文学史》，第 410 页；吴相湘：《民国百人传》第 3 册，第 284 页。

[5] 谢彬：《民国政党史》，第 9 页；凤冈及门弟子编：《民国梁燕孙士诒先生年谱》，台北：商务印书馆，1978 年，第 851 页。

人相沿为用之精神法则"可资立命，正不必"稗贩剿袭"远西法制。[1] 这番话虽不无为自己开脱的嫌疑，却也与他反对新文化运动的精神一贯相通。

不过，章士钊在政制改造方面的成就也仅止于此。他的恢复科举制与科道制的构想，不但未能付诸实行，事实上也不是段祺瑞政府所能有效推行的。

即使如此，章士钊这项行动已不免因违反旧国会议员的既得利益，而成为各方集矢的攻击对象。1925 年 4 月，北洋政府承认金佛郎案，举国哗然。章士钊因在复核中法新协定时，批注"安稳无疵"四字，遂为浮言所中，至有指其受贿卖国者。[2] 这段公案后来虽不了了之，却伏下章士钊最终失败的厉阶，而其中所透露的政治斗争与党派倾轧之消息[3]，也充分反映出章士钊的保守主张，在现实政治的层面中，实难有贯彻之可能。

值得注意的是，章士钊这一连串政治措施在当时并未遭到一般知识分子太大的抨击。[4] 经过贿选一幕的国会，毕竟已经光芒尽丧，为国人所共弃。[5] 此

---

[1] 孤桐：《毁法辨》，《甲寅》周刊第 1 卷第 1 号，1925 年 7 月 18 日，第 8—9 页。

[2] 有关金佛郎案的经过，参见陶菊隐：《北洋军阀统治时期史话》第 7 册，第 22—24、27—28 页；章士钊审核协定之呈文，参见《顺天时报》1925 年 4 月 22 日。其后此案交总检察厅依法侦查，至 10 月间，检察官翁敬棠作成报告书，认定财长李思浩、外长沈瑞麟及法长章士钊犯有诈欺受贿及外患诸罪嫌疑，但翁于提出报告后，举家逃往天津，致谣言四起，引生极大波澜。章个人的辩解，参见孤桐：《寒家再毁记》，《甲寅》周刊第 1 卷第 21 号，1925 年 12 月 5 日，第 6 页。其他评论，参见雪（王世杰）：《可耻的法院》，《现代评论》第 3 卷第 68 期，1926 年 3 月 25 日，第 902 页；公展：《国内一周间大事纪》，《国闻周报》第 2 卷第 39 期，1925 年 10 月 11 日，第 23 页。

[3] 参见天生：《波澜再起之金佛郎案》，《国闻周报》第 2 卷第 40 期，1925 年 10 月 18 日，第 2 页，谓此案"有借为政争工具者，有借为毁人利器者"。

[4] 对段祺瑞取消约法的批评，参见《醒狮周报》第 12 号，1924 年 12 月 27 日。这些批评多系针对段氏，而未提及章士钊。

[5] 黎安友即谓 1923 年贿选一幕引发的派系斗争，使大部分中国知识分子对立宪的信心破灭。See Andrew Nathan, *Peking Politics*, p. 3. 当时呼吁改造代议制的言论，参见李三元：《代议制之改造与消极投票》，《东方杂志》第 21 卷第 6 号，1924 年 3 月 25 日，第 15—23 页；毛以亨：《代议制革新》，《东方杂志》第 21 卷第 23 号，1924 年 12 月 10 日，第 17—26 页。反对宪法及国会的，参见巨掾：《寸铁·二十六》，《前锋》第 3 期，第 78 页；布雷：《此后之中枢与国会》，《国闻周报》第 3 卷第 16 期，1926 年 5 月 2 日，第 4—5 页。

后章士钊所以迭遭攻击，谤满天下，乃是他兼任教育总长后所推行的整顿办法使然。

段祺瑞政府成立之初，原推王九龄出任教育总长，后因北京各校一致抵制，无法行使职权。1925 年 4 月，王九龄请假获准，由章士钊兼署教长。

这时的中国教育界正是扰攘多事之秋，风潮迭起，深为一般保守人士所诟病。

造成这种现象的原因，颇为复杂。一方面，在军阀割据的局面下，北京政府号令不出国门，其有限的财政资源又须外付赔款，内应各地军阀诛勒，悉索敝赋，司农仰屋，以致教育经费屡次拖欠，严重影响中国教育的健全发展。自1921 年北京国立各校发起"教育经费独立运动"，罢课数月以来[1]，风潮愈演愈烈，"教育破产"之声不绝于耳。而政府束手无策，或漠然置之，或以暴力手段强行压制，教育界与行政当局遂成水火不容之局面。

另一方面，自经五四运动之冲击，青年学生的社会地位益形提高，成为社会各界的先导。[2]学生对本身力量的评估，也有了重大的转变。罗家伦在 1920年检讨五四以来学生运动的得失成败时，便说：

> 自从六三胜利以来，我们学生界有一种最流行而最危险的观念，就是"学生万能"的观念，以为我们什么事都可以办，所以什么事都要去过问。[3]

---

[1] 《北京国立学校"教育经费独立运动"纪实》，舒新城编：《近代中国教育史料》，北京：中国人民大学出版社，2012 年，第 146—176 页。北洋政府积欠国立各校经费的情形，可由当时教职员连年欠薪之窘状略窥一斑，参见郑学稼：《鲁迅的收入》，《鲁迅正传》，台北：时报文化出版公司，1978 年，"附录二"，第 557—560 页。

[2] 蔡元培举 1919 年上海、杭州等地商人罢市，置官厅命令于不顾，反愿听从学生联合会指挥一事为例，称"五四以后，全国人以学生为先导，都愿意跟着学生的趋向走"。参见蔡元培：《在北京高等师范学生自治会演说辞》，《蔡孑民先生言行录》，沈云龙主编：《近代中国史料丛刊正编》940 号，第 444 页。

[3] 罗家伦：《一年来我们学生运动底成功失败及将来应取的方针》，《新潮》第 2 卷第 4 期，1920 年 5 月，台北：东方文化书局影印本，1972 年，第 851 页。参见朱执信：《青年学生应该警戒的两件事》，《朱执信文存》，台北：河洛书局影印本，1980 年，第 385 页。

五四后期的青年学生既习染于解放、改造的新思想，又处于"学生万能""学生神圣"[1]的自我意象支配下，对于教育体制乃至政治社会的腐败现况，莫不怀抱着强烈的不满情绪与高度的改革意愿。一位师范学校学生便曾套用中华民国约法与美国独立宣言，申明其反对该校校长的行为，非特是其当有的权利，更是不容推诿的义务。[2]此外，现实的出路生计问题，更使他们深刻感受到与现实社会的疏离，因而纷纷趋向于激烈的行动。[3]这种种因素交相迭乘的结果，小自学校内部的琐事，大至内政、外交的纠纷，都随时可以引发大规模的学生运动。常乃惪便曾慨然指出，自1920年代初期以来，新文化运动逐渐走到绝境，"中国青年的精神才力，似乎已变了方向，已再从文化的转入到政治的了"。[4]

然而，学生运动的政治化，徒然增添教育界的混乱。北伐前夕的中国，在南北分裂的政治局面下，党派林立，竞相角逐。五四后的学界，既是一个极有势力的新兴团体，也就不免成为研究系、国家主义派、国民党等新旧政治势力极力拉拢和利用的对象。[5]再加上教育界本身亦自有其门户之见与派系纠葛，少数"学阀"往往借助政治势力以逞私欲，甚且"视教育为升官之梯，目学校为

---

[1] "学生神圣"一词出自张维周《救国欤？亡国欤？》一文，《晨报副刊》1926年5月4日。

[2] 常道直：《民国十一年度学校风潮之具体的研究》，《教育杂志》第15卷第4期，1923年4月，台北：商务印书馆影印本，1975年，第21424—21425页。

[3] 五四青年学生的出路问题与中国革命的关系，参见前溪（吴鼎昌）：《智识阶级与革命》，《国闻周报》第3卷第44期，1926年11月14日，第2页；友蓬：《这的确是一个社会问题啊》，《晨报副刊》1924年10月7日。

[4] 常乃惪：《中国民族与中国新文化之创造》，《东方杂志》第24卷第24号，1927年12月25日，第11页。

[5] 梓生：《北京的学潮》，《东方杂志》第20卷第1号，1923年1月10日，第17页。政治党派渗入学校之事在五四后期并不少见，如1925年东南大学学潮，便牵涉到国民党与研究系的势力斗争，参见罗时实：《十四年东大潮与我——成贤街回忆之二》，《传记文学》第1卷第5期，1962年10月，第24、27—29页。

植党之薮"，更使学潮与政潮纠结交缠，继长增高。[1]

由于上述几项原因的牵引激荡，五四后期的教育界动荡嚣扰，几无宁日，学潮蔚为中国社会一项重大的困扰。据常道直研究，1922 年全国 16 省区仅因校内问题便发生学潮 106 次 [2]；另据周策纵估计，是年重大学潮至少达 125 次。[3] 这种"士气嚣张，学风日坏"的恶劣现象，自然引起各方人士的关注与指摘，但他们对此一现象的解释与对策，又因各人立场不同而迥异。

自由派的人士承认教育界弊端深重，但反对由北京政府以政治力量"整饬学风"。他们认为学生运动误入歧途的根本原因，在于政治势力之不良影响以及学生本身对新思想缺乏觉悟，故要求政治与教育分离，俾学校得以"自由改善发达"，并呼吁学生痛自警醒，彻底廓清旧思想的遗毒，增进本身知识，以培植坚实的运动基础。换句话说，他们强调，唯有继续发扬新文化运动的精神，才能力挽狂澜，导学生运动于正轨。[4]

保守派知识分子的看法恰与此针锋相对。学衡派的刘永济便指出，五四后期青年学生竞相舍弃学业、生命，以从事学生运动，成则骄慢怠惰，败则灰心丧志，原因在于提倡新文化运动者"诋毁礼教，破坏一切标准，遂使青年屏营

---

[1] 熊莲初：《培养子弟者对于教育界之希望》，《国闻周报》第 3 卷第 17 期，1926 年 5 月 9 日，第 10 页；1924 年 11 月北京国立专门以上学校教职员代表联席会议在致兼署教育总长黄郛的信中，也公开指责北京各校风潮迭起的主因在于"政客之阴谋利用，与夫校内之倾轧，校外之觊觎"，参见《教育杂志》第 16 卷第 11 期，1924 年 11 月，第 24789 页。至各校内派系倾轧之一斑，参见胡适对沈尹默的批评，《胡适的日记》下册，1922 年 7 月 3 日条，第 392—393 页。

[2] 常道直：《民国十一年度学校风潮之具体的研究》，《教育杂志》第 15 卷第 4 期，第 21417—21418 页。

[3] Chow Tse-tsung, *The May Fourth Movement: Intellectual Revolution in Modern China*, p. 263. 另据杨申明《民国十一年之学潮》，则为 120 次，转引自叶嘉炽：《民族主义与革命——1920 年代学生激进主义的本质与原因》，第 175 页。

[4] 文：《谁配整饬学风》，《现代评论》第 2 卷第 39 期，1925 年 9 月 5 日，第 5 页；松：《女师大风潮与教育界》，《现代评论》第 2 卷第 39 期，1925 年 9 月 5 日，第 4 页；张维周：《救国欤？亡国欤？》，《晨报副刊》1926 年 5 月 4 日，第 1—4 页。

迷罔，而不知所适从"。[1]另一个守旧派也认为，新文化运动昌言平等，侈谈自由，致使"父兄之教不率"，"男女之防尽夷"。五四以来，学殖荒落，士风日颓，正是由"洪水猛兽"的新思潮所酿成。因此，他强调，救济之道，端在恢复传统的文化伦理秩序，"谨庠序之教，申之以孝悌之义"。[2]

对于构成北京政府的军阀官僚而言，学生运动却不只是一个文化思想的问题，还威胁到他们的统治基础。因而，他们往往基于"阴谋理论"（conspiracy theory）的猜疑心理，完全抹杀学生运动的理想色彩，认定这些风潮乃是若干不轨分子主使操纵，企图推翻政府、攘夺政权的阴谋。1922年底北京学界反对彭允彝出任教育总长，而有"驱彭运动"之爆发，黎元洪于次年2月发布整顿学风令，便说：

> 近来士习嚣张，风化凌替，少数教职员及在学生徒等聚众干政，倡言脱离政府，解散国会，甚至……借口研究学说，组织秘密团体，希图扰乱公安，……近则破一时之纪纲，远则酿将来之变乱。[3]

在这种心态下，北京政府也就以高压强制作为解决学潮的不二法门，使得青年学生与政治权威的对立情势益形激化。

章士钊对教育问题的看法，与后两派较为近似。他在晚清革命时期，曾亲身领导学生运动，但民国以后，他鉴于当年陆师学堂罢课学生"失学者过半，余亦未见别有成就"，因而矍然警悟，认定"罢学之于学生，有百毁而无一成"，从此对学生运动抱定怀疑与反对的态度。[4]五四运动之初，他即根据这一段经历，剀切指陈：学生运动，即使激于爱国心理，亦只能是一时的非常之举，

[1] 刘永济：《今日中等教育界之紧急问题》，《学衡》第20期，第2656—2657页。
[2] 余戴海：《通讯·鄙瞽》，《甲寅》周刊第1卷第23号，1925年12月19日，第4页。
[3] 《大总统令》，《申报》1923年2月19日。
[4] 孤桐：《通讯·答马晋羲》，《甲寅》周刊第1卷第1号，第23页。

不能习为故常，否则必将惹起社会之反感，且将荒废学生课业，造成"学术自杀"。[1] 等到五四后期，学风日非，章士钊更是痛心疾首，肆力抨击。

在章士钊眼中，五四后期教育风气之败坏，已臻绝境，教师则植党营私，煽动事端，学生则"荒检逾闲，恣为无忌"，而政府既乏良策，社会复无公评，以致"校纪日颓，学绩不举"。他认为，这种现象，一方面是新文化运动者毁弃礼教，提倡新思潮的恶果，另一方面则是少数阴谋分子居间操纵，挟持多数所致。[2]

为了挽救教育的"危机"，章士钊兼任教育总长后，旋即拟具四项整顿教育的方案：第一，筹措国立北京八校经费，清理积欠，此后并由教部负责按月拨发；第二，设中央考试院，仿英国大学成例，学生入学、升级与毕业诸试，概由教部统筹办理；第三，设置编译馆，集各大学教授之力，编译优良著作，以期每年出版新书数十百种，供学生阅读参考；第四，合并北京八所国立大学，以裕经费，并提高学生程度。[3]

表面上看，章士钊这几项改革措施，不失为切中时弊之良策，一般忧时之士也对他的主张颇表同情。[4] 但是，若深入探究，则可发现章士钊的用心并不单纯。这些计划，除了应付实际的需要外，同时也是章士钊保守主义意识形态的产物，甚至可说是他为实现其保守主张所设计的具体手段。他在创办国立编

---

[1] 行严：《新思潮与调和》，《东方杂志》第 17 卷第 2 号，第 107 页。

[2] 参见章士钊：《停办女师大呈文》，《甲寅》周刊第 1 卷第 4 号，1925 年 8 月 8 日，第 2—3 页；孤桐：《通讯·答蔡元培》，《甲寅》周刊第 1 卷第 1 号，第 16—17 页；孤桐：《通讯·导之以学》，《甲寅》周刊第 1 卷第 8 号，1925 年 9 月 5 日，第 20 页；孤桐：《释言》，《甲寅》周刊第 1 卷第 6 号，1925 年 8 月 22 日，第 9 页；孤桐：《书邵振青》，《国闻周报》第 3 卷第 27 期，1926 年 7 月 18 日。

[3] 《章兼教长之新计画》，《顺天时报》1925 年 5 月 1 日；又见《教育杂志》第 17 卷第 6 期，1925 年 6 月，第 26252—26253 页。

[4] 如钱端升便认为章士钊这些计划洞见时弊，差强人意；参见钱端升：《甲寅周刊的"通讯"》，《晨报副刊》1926 年 2 月 27 日。胡适亦早有加强考试及合并北京八校之构想，参见《胡适的日记》下册，1922 年 6 月 10 日条，第 377 页。

译馆的呈文中，指出清季江南制造局以文言翻译西书，"字斟句酌，文义俱精"，而自白话文体兴起以来，文字日趋芜俚，以致翻译事业急遽退步，学术著作亦极为贫乏。因此，他主张延聘博学能文之士，取法李善兰、徐寿等人"体中用西"的良规美意，从事著译，俾吾国文化得以大放光明。[1] 换句话说，他以为唯有重新采用文言文，才能提振学术文化的水准。从这个角度看，他之创办国立编译馆，正是要为拒斥白话、维护文言的保守主张寻求一个实践的据点。此外，他在规程中明订编译馆直隶教育总长，负责审查学校教科图书。[2] 这项规定，隐约透露其控制教育、箝束言论思想自由的企图。至于他之特别注重考试，适与其倡复科举的论调若合符节，也就不免被当时人怀疑为恢复科举制度的先声了。[3]

然而，这些构想一旦落实到实际运作的层面，却立即招致北京学界的激烈反对。他们虽未必明了章士钊的真正用心，却有着足够的理由来抵制章士钊的行动。

在这四项办法中，最为北京教育界所不满者，乃是统一考试与合并八校二事。对于前者，章士钊曾加以剀切说明。他认为五四以后，一般学生倾心外鹜，以不受试验为尚；勉强应试，则或求指示范围，或胁迫教员加给分数，以致"丑迹四播，有试若无"，故力主矫正以往松散之考试制度，从严考核。[4] 这种想法本已不易为一般学生所接受[5]，更何况，由于新思潮的熏陶，青年学生竞

---

[1] 章士钊：《创办国立编译馆呈文》，《甲寅》周刊第 1 卷第 5 号，第 1—2 页。

[2] 《教育部编译馆规程》，《政府公报》1925 年 4 月 30 日。

[3] 章士钊自认在其四项改革计划中，"设立考试委员会，分别试验在校诸生成绩一条，尤为纲要"，参见《教育杂志》第 17 卷第 6 期，1925 年 6 月，第 26240 页。一位守旧派曾将严格考试与恢复科举联想在一起，参见金兆銮：《论学制》，《甲寅》周刊第 1 卷第 10 号，1925 年 9 月 19 日，第 12 页；激进派则直称章士钊"谋复科举"，参见周睿：《中国思想界之混战与教育潮》，《新少年旬刊》第 6 期，附载于《晨报副刊》1925 年 8 月 28 日。

[4] 孤桐：《通讯·答蔡元培》，《甲寅》周刊第 1 卷第 1 号，第 16 页。

[5] 即谓"一般学生感受非常之苦痛与反感"，《教育杂志》第 17 卷第 6 期，第 26239 页。

相标榜自由解放，对于一切权威与制度往往抱着敌视的态度。一名北大学生于1920年谈到学生解放问题时，便说：考试制度不但养成学生的竞争心与自利性，且将造成学生的阶级对立，因此，"若要废除阶级之差别，必先把学校之考试废除"。[1] 在这种心态下，北京学生极力抵制章士钊严格考试的计划，也是理所当然的了。

其次，合并北京八校，优点固多，但取舍分合，本难有明确之标准，复不免直接影响到各校教员的切身利益，自然更易遭到阻力。因而章士钊的改革方案甫经公布，北京学界即已"私相讥议"，积极联络部署，准备反抗。[2] 暗潮汹涌，酝酿至5月7日遂告爆发。

先是，自1915年5月7日日本提出最后通牒，要求袁世凯接受"二十一条"后，北京学界每年是日必循例集会，举行国耻纪念，北京政府亦往往出面阻止，因而屡肇事端。1925年5月初，北京警察厅照例函请教育部通令禁止各校学生集会。章士钊乃于5月7日转知各校，允许学生在校内开会演讲，唯不得外出游行，以免遭警察干涉。[3] 于是学生大愤，咸认章士钊"摧残教育，禁止爱国"，遂于是日游行途中纠集200余人，群趋章宅，肆意捣毁，并与警察发生冲突，被捕18人。[4] 9日，学生再度罢课，游行示威，要求释放被捕学生，罢免章士钊及警察总监朱深。11日，被捕学生全部释放，风潮转趋缓和。12日，章

---

[1] 列悲：《学生解放问题》，《北京大学学生周刊》第2号，1920年1月13日，北京：人民出版社，1980年影印本，第6—7页。

[2] 《整顿教育问题之形势》，《顺天时报》1925年5月8日。

[3] 章士钊在此事件中扮演的角色，各种记载颇不一致。吴相湘根据章的自辩文字，认为章并无禁止集会之命令，该命令系反对者所伪造，参见吴相湘：《民国百人传》第3册，第285页；国家主义派则谓章下令禁止放假及集会，参见瞿世庄：《北京学潮发生之原因与经过》，《醒狮》第33号，1925年5月23日；《教育杂志》所载亦同，第17卷第6期，第26239页；《顺天时报》则谓章仅通知各校学生不得外出游行，并未禁止集会，参见《顺天时报》1925年5月9日。

[4] 《章士钊为五七事件呈文》，《教育杂志》第17卷第6期，第26240页；陶菊隐：《北洋军阀统治时期史话》第7册，第108页。

士钊请辞本兼各职，经段祺瑞劝挽，留任司法总长。[1]

不久，五卅惨案发生，学生运动的热潮急遽升高，各党派复居间捭阖纵横，斗争扰攘[2]，教育界之问题益形复杂与严重。7月28日，章士钊调任教育总长，赓续推动各项措施，积极"整顿学风"。

经过五七风潮，章士钊已成全国教育界交相诋毁的对象。北大评议会与教务会议联席会议于事后发布宣言，即指斥章士钊助纣为虐，践踏人民言论集会结社之自由，实为此次风潮的罪魁祸首。[3]国家主义派领袖曾琦亦痛责章士钊仰承军阀鼻息，曲学阿世，其遭学生攻击，可谓咎由自取。[4]湖南学生更企图掘毁章士钊先人茔墓以泄愤。[5]凡此诸端，在在显示出章士钊所处局面极为艰难。

不过，章士钊并不因形势之横逆而更易初衷，仍图贯彻其保守的教育改革蓝图。为了表明决心，他并将笔名自秋桐改为孤桐，以示立身孤直、不徇流俗的立场。[6]如此强矫激越的态度，自然更易引发他与教育界的对抗与冲突，不旋踵乃有女师大事件发生。

自1924年初出任北京女子师范大学校长以来，杨荫榆因作风保守，迭遭学生反对，导致风潮屡生，学生至推代表赴教部请愿，要求撤换校长，并对外发布宣言，否认杨荫榆。及1925年5月，杨借口学生破坏国耻纪念大会，开除学生自治会干部许广平、刘和珍等6人，事件随之扩大。[7]

---

[1] 《顺天时报》1925年5月10—13日；《政府公报》1925年5月30日。

[2] 北京学界内国民党、共产党与国家主义派斗争激烈，北京各校联合否认原有之学生联合会，另组新学联，参见剑波：《共产党治下的中国国民党市党部与北京学生联合会》，《醒狮》第45号，1925年8月15日，第2—4页。

[3] 《教育界消息》，《教育杂志》第17卷第6期，第26243页。

[4] 曾琦：《斥章士钊并勖北京学生》，《醒狮》第32号，1925年5月16日，第1页。

[5] 孤桐：《通讯·答汤松》，《甲寅》周刊第1卷第41号，1927年1月22日，第17页。

[6] 孤桐：《字说》，《甲寅》周刊第1卷第1号，第2—3页。

[7] 复旦大学、上海师大、上海师院《鲁迅年谱》编写组：《鲁迅年谱》（以下简称《鲁迅年谱》）上册，合肥：安徽人民出版社，1979年，第220—256页；许广平：《鲁迅回忆录》，北京：作家出版社，1961年，第6—9页。

此一事件旋又因教员之介入与北大内部斗争而转趋复杂。同情学生之北大兼任女师大教员马裕藻、鲁迅、周作人等 7 人，发表公开宣言，抨击杨荫榆；支持校长之北大教授陈源等则为文讥斥北大教授中"某籍某系"暗中鼓动女师大风潮。[1] 双方意气相持，互相攻讦，女师大的校内风波，遂演成举国瞩目之严重教育问题。

章士钊冯妇再作，首先便面临此一棘手难题。章士钊自早岁留欧，目睹英国中上阶层妇女守礼唯谨之现象后，对女子教育一向抱持着保守的看法。他认为，理想中的女子教育，应以传统道德规范为圭臬，因此，他对女师大学生的行为极为反对，斥之为"伪托文明，肆为驰骋"。同时，他又鉴于各校因开除学生而引发风潮时，往往不问是非曲直，"革生留而校长去"，致使学生有恃无恐，恣为无忌，若再行姑息，势难重导教育于正轨。[2] 在这种保守理念的引导下，章士钊决定采取强力手段对付此一事件。8 月 1 日，章下令解散女师大；6 日，又提经国务会议通过停办女师大，改设女子大学。[3]

在五四后期，章士钊此一行动立即招致猛烈的回响。北京学界挟五卅运动之余烈，展开反击。北京 98 所学校学生联合会紧急集会，发布启事，声讨章士钊，指其受帝国主义收买，"卖国媚外"，摧残学生爱国运动，并呼吁国人"否

---

[1] 马裕藻等：《对于北京女子师范大学风潮宣言》，转引自《鲁迅年谱》上册，第 259 页；西滢：《闲话》，《现代评论》第 1 卷第 25 期，1925 年 5 月 30 日。"某籍某系"意指浙江籍北大国文系教员。北大教授中反对章士钊者多是留日派出身，反之，陈源等人大抵留学英美（按：杨荫榆亦曾留学美国哥伦比亚大学）。故女师大事件之争议，部分也和参与者学历背景差异有关。参见梁锡华：《徐志摩新传》，台北：联经出版公司，1979 年，第 63—75 页。

[2] 章士钊：《创设国立女子大学呈文》，《甲寅》周刊第 1 卷第 6 号，1925 年 8 月 22 日，第 2 页；《解散女师大呈文》，《甲寅》周刊第 1 卷第 4 号，1925 年 8 月 8 日，第 2—3 页。

[3] 《顺天时报》1925 年 8 月 2—26 日；《鲁迅年谱》上册，第 269—274 页；《教育界消息》，《教育杂志》第 17 卷第 9 号，1925 年 9 月，第 26665—26667 页。章士钊本人说辞，参见《甲寅》周刊第 1 卷第 5 号，"时评"，第 4 页；自由派的看法，参见仲揆（李四光）：《在北京女师大观剧的经验》，《现代评论》第 2 卷 37 期，1925 年 8 月 22 日，第 11—12 页。

认章贼为教长","以最严厉之手段，驱之下野"。[1]另一批青年学生则攻击章士钊锐意复古，反对新潮，又以武力解散女师大，侮辱妇女人格，"凡所措置，类属乖异"，故要求全国各校一致抵制章氏命令，脱离教育部管辖。[2]情势演变至此，女师大事件遂由教育问题再转化为政治风潮，甚至取代五卅惨案之交涉，成为当时北京知识分子最为关切之问题。8月18日，北大评议会几经争论，议决通过脱离教育部，宣布独立。[3]章士钊陷入与全国教育界为敌之困境。

历经这一连串挫折，章士钊仍未放弃其既定政策，态度且相对于反对声浪之高涨而益趋强硬。8月底，在他的主持下，段祺瑞政府下达整饬学风令，明白申诫学生，并以武力弹压相恫吓。[4]10月底，教育部部务会议决议展开"读经运动"，规定小学设读经科，初小学生自四年级起每周读《孝经》一小时，高小由一年级至三年级，每周读《论语》一小时，以"移士习而挽颓风"。[5]11月间，章士钊复提议设立教授院，储养大学师资。[6]

以章士钊当时千夫所指，"举世戳辱"之处境，这几项办法自然立刻遭到严厉的攻击。筹设教授院被认为是甄别教授，排斥异己。读经运动则被指摘为"违教科之原则，乱学术之体系，袭袁氏之绪余，示国人以非制"。[7]鲁迅甚至指斥他并非真信读经可以救国，不过以此欺人，便利其反动统治，其心可诛。[8]

---

[1]《学生联合会启事》，《甲寅》周刊第 1 卷第 6 号，1925 年 8 月 22 日，第 4 页；另参见《顺天时报》1925 年 8 月 2—3 日。

[2]　丘汉兴：《反对章士钊与脱离教育部》，《新少年旬刊》第 7 期，《晨报副刊》1925 年 9 月 8 日。

[3]《顺天时报》1925 年 8 月 24 日。

[4]《甲寅》周刊第 1 卷第 7 号，1925 年 8 月 29 日，"时评"。此全文出自章士钊手笔。

[5]《顺天时报》1925 年 11 月 12 日；《教育界消息》，《教育杂志》第 17 卷第 12 期，1925 年 12 月，第 27901 页。

[6]《顺天时报》1925 年 11 月 25 日。

[7] 黎锦熙：《为反对设"读经科"及中学废止国语事上教育总长呈文》，舒新城编：《近代中国教育史料》，第 88 页。

[8] 鲁迅：《十四年的"读经"》，《华盖集》，收于《鲁迅全集》（1957 年横排注释本）第 3 卷，第 95—98 页；《鲁迅年谱》上册，第 279 页。

至于整顿学风，更为各方所抵制，吴敬恒并公然宣称，学风固应整顿，章士钊却不配当此重任。[1] 至此，章士钊与学界之间已无调和妥协余地，唯有诉诸暴力，以为解决。

1925 年 10 月 16 日，北京学生为反对关税会议，游行示威，警察阻止，互有死伤，学生与政府敌对之态势益形紧张。[2]11 月 28 日，北京工学各界数万人又召开国民大会，以打倒帝国主义、废除不平等条约为号召，并组织革命敢死队，包围执政府，要求段祺瑞下野、查办金佛郎案、惩处卖国贼。接着，示威学生转往章士钊寓所，大肆破坏，复举火焚之。[3] 次日，学生再度示威，捣毁一向同情章士钊之研究系言论机关《晨报》馆，并通电宣称拟采革命手段，打倒北京政府，夺取政权。[4] 在此压力下，章士钊于 12 月初请辞教育总长，其所推动之教育革兴随之停顿，保守主义在现实政治中的试验完全失败。[5]

章士钊担任教育总长前后仅五个月，以如是短暂之时间，自难评断其各项措施之成败得失。不过，他这些由保守主义理念衍生出来的主张，虽有若干独到之处，却与当时的思想潮流背道而驰，基本上难有成功之望。五四后的中国社会，在求新求变的心理引导下，弥漫着反传统、反权威的浪漫主义色彩；而章士钊企图借用政治力量重建传统伦理的规范与秩序，自难邀得青年知识分子的同情与支持。何况，他所拟订的计划，不但没有考虑到实际环境的限制与阻

---

[1] 参见舒新城：《整顿学风》，《晨报副刊》1925 年 8 月 31 日；文：《谁配整饬学风》，《现代评论》第 2 卷第 39 期，第 4 页。吴敬恒语，转引自钱基博：《现代中国文学史》，第 413 页。

[2] 《一周间大事纪》，《国闻周报》第 2 卷第 42 期，1925 年 11 月 1 日，第 28 页。

[3] 《顺天时报》1925 年 11 月 29 日；《北京治安》，《国闻周报》第 2 卷第 47 期，1925 年 12 月 6 日，第 27 页；孤桐：《寒家再毁记》，《甲寅》周刊第 1 卷第 21 号，第 4—7 页。

[4] 《顺天时报》1925 年 12 月 2 日；《国闻周报》第 2 卷第 47 期，第 27—28 页。

[5] 《顺天时报》1925 年 12 月 2 日；《国闻周报》第 2 卷第 48 期，1925 年 12 月 13 日，第 25 页。章士钊下台后，女师大旋即复校，国立编译馆亦告星散。

碍，也从未落实为具体的执行办法[1]，更缺乏足够的资源可为凭赖。在他推展读经运动时，遭遇到的最激烈的抗拒，正是来自教育部的成员。以如此贫乏的条件而强欲推动毫无运作可能性的政策，成败之数，自是不待智者而后决了。

退一步说，即使章士钊真能克服运作上的困难，他所身处的政治大环境，仍将使其努力完全白费。北伐前夕，反军阀与反帝国主义是中国青年知识分子热烈企求的目标，而章士钊所投身的段祺瑞政府，在他们眼中，却是军阀与帝国主义势力勾结下的产物。章士钊虽以实践理想为说辞，而其难邀谅解，亦为理之所必至。一名《甲寅》周刊的读者，在致章士钊函中，便直率指出，章士钊从政以后，"疑谤满躬，怨毒交至"，即因不知与恶劣政治绝缘所致。[2]

其实，章士钊亦明知段祺瑞政府不餍人望，"万无自存之理"[3]，但是他的思想取向却使他别无选择。如前所述，章士钊提倡"精英主义"，主张由政治入手，从事自上而下的改革；北洋政府虽为众人所不齿，南方国民政府却力行一党专政，实施"党化教育"，绝无容其"饬政明学"施展抱负之余地[4]，则其欲求"得君行道"，除舍北府，复谁与归？

然而，章士钊对段祺瑞政府的了解，毕竟不够深刻。参加段政府，虽使他得以有限度地实践其保守主义理想，但是在派系政治的权力结构限制下，他所做的决策根本无从贯彻。当北大决议脱离教育部，章士钊即下令停发北大经费，

---

[1] 当时人批评章士钊，便说："章先生如果有整顿学风的决心和勇气，应当把学风的好坏，详详细细地调查，痛痛快快指示出来，才不至于犯了空疏而笼统的毛病；（更）应当把……正确的办法发表出来，给大家评价评价。"参见祝融：《何谓整顿学风》，《新少年旬刊》第 4 期，《晨报副刊》1925 年 8 月 8 日。

[2] 孙炎：《通讯·金案》，《甲寅》周刊第 1 卷第 35 号，1926 年 3 月 27 日，第 17 页。另，孙光廷亦有类似看法，参见《通讯·诤友》，《甲寅》周刊第 1 卷第 40 号，1927 年 1 月 15 日；钱端升亦指章"不知择人而事，自暴自弃"，参见钱端升：《甲寅周刊的"通讯"》，《晨报副刊》1926 年 2 月 27 日。

[3] 《时评》，《甲寅》周刊第 1 卷第 45 号，1927 年 4 月 2 日，第 2 页。

[4] 同上文，第 3—4 页；"党化教育"为当时北方知识分子争论的一大课题，参见《晨报副刊》1925 年各期。章士钊的看法，参见孤桐：《党治驳义》，《甲寅》周刊第 1 卷第 36 号，1926 年 12 月 18 日，第 10 页。

而北大却能直接向财政部领款；章士钊虽在国务会议席上，要求财政部配合行动，北大的经费依然由"某机关暗中拨给"，其数额且超过教育部所拨之数。[1]在这样处处掣肘的情况下，章士钊的各项措置，欲求其成功，实戛戛乎难矣。

当然，造成章士钊失败的最主要因素，还是党派之间的政治斗争。自 1924年国共第一次合作后，两党在北京的革命活动日趋积极，甚至推动学潮，以达驱段倒奉的政治目的。当时的军阀官僚群指学生为"赤化"，虽多属诬罔罗织，但学生运动已由自发性的单纯爱国运动转化为染有党派色彩的政治运动，则确属不争的事实。因此，章士钊之迭遭攻击，表面上虽为其保守措施所激起的反动，实际上却还混杂着政治的动机。[2] 如此，章士钊既困处于内外环攻、腹背受敌的境地，其所做努力，当然要归于失败。

章士钊辞教育总长职后，避居天津，专意主编《甲寅》，继续在言论上阐扬其守旧主张。旋复应段祺瑞之邀，担任执政府秘书长。1926 年 3 月 18 日，段祺瑞以武力镇压为大沽事件而发动示威之北京学生，造成百余人伤亡的惨案。[3]五四以来轰轰烈烈的学生运动遂在血泊中画下一道休止符。4 月，段祺瑞被迫下台，章士钊随之赴津。及国民革命军进逼北京，下令通缉章士钊等人，章乃潜逃欧洲。他所鼓吹的保守主义运动，就此烟消云散。唯其所拟议的各项教育措

---

[1] 《顺天时报》1925 年 9 月 7—10 日；另参见陈源对此事的评论，西滢：《闲话》，《现代评论》第 2 卷第 40 期，1925 年 9 月 12 日，第 182—183 页。

[2] 《顺天时报》1925 年 5 月 9 日；并参见中共对"五七事件"及"一·二八"事件的评论，分见和森：《五七纪念北京学生奋斗的意义》，《向导周报汇刊》第 3 集第 115 期，1925 年 5 月 17 日，第 1059 页；魏琴：《北京十一月二十九、三十两日示威运动的意义》，《向导周报汇刊》第 3 集第 135 期，1925 年 12 月 20 日，第 1267—1268 页。

[3] 有关"三一八惨案"的缘起、经过，参见《国闻周报》第 3 卷第 11—14 期，1926 年 3 月 28 日—4 月 18 日；《东方杂志》第 23 卷第 7 号，1926 年 4 月 10 日；朱自清：《执政府大屠杀记》，《语丝》第 72 期，1926 年 3 月 29 日；陈翰笙：《三月十八日惨案目击记》，《现代评论》第 3 卷第 68 期，1926 年 3 月 25 日。章士钊在此惨案中的角色如何，颇难查考，就现有史料来看，似乎并未参与其事。

施，后竟颇为国民政府所承袭，却也并非毫无影响。[1]

结论：从章士钊看五四保守思想的非传统性

近代中国的现代化，正如其他后进社会，乃是在西方现代化国家坚船利炮的武力冲击下，为了救亡图存，而被迫展开的"防卫性"的现代化。

由于这项特殊的性质，中国自 19 世纪中叶以降一连串的西化努力，不论其层次深浅，要皆以追求富强，以维持中国在国际社会之生存为其终极目标。借用帕森斯（Talcott Parsons）的理论来说，近代中国的发展，正是由以"整合"或"模式维持"为中心价值，逐步走向以"目标获取"为中心价值的蜕变过程。[2]

然而，伴随着这项蜕变过程，同时引发了"认同"的问题。为了挽救作为一个政治实体的"中国"，是否必须舍弃"中国之所以为中国"的传统文化价值系统，而代之以来自西方的制度与价值？在传统与现代之间，是否绝无折中调和、平衡发展的余地？

对于上述问题的不同反应，促成了近代中国知识分子思想态度上的高度分歧。我们若以"强调变迁"与"注重认同"作为对立的两极，大致可以将这些不同态度画成一道思想的光谱。就五四时期而言，反传统的激进思想，代表这道光谱的极左侧；保守思想，则居于光谱的极右端。在这左右两极之间，则散布着兼重传统与变迁而重点略有轩轾的各种温和的改良思想。

---

[1] 国民政府定都南京后，加强考试，合并各校，设立大学区，其后又创设国立编译馆，其事皆章士钊首倡，则国民政府虽不必有意仿效，殆亦有取不以人废言之意欤？

[2] 帕森斯认为一个社会系统如要存在、发展，必须具备四项基本功能，一为"适应"（adaption），二为"目标获取"（goal-attainment），三为"整合"（integration），四为"模式维持"（latency or pattern-maintenance）。有关帕氏社会系统论的简要介绍，参见 George Ritzer, *Sociological Theory*, N.Y.: Alfred A. Knopf, Inc., pp. 179–200。

这道思想光谱所涵盖的范围，并不是固定不动的。一方面，随着时势的推移，这道光谱不断向左侧偏移。汪荣祖便曾指出，在晚清变法时期，严复、康有为等人的思想极为"激进"，而至清末民初，他们的思想核心虽未尝稍变，却已被目为"反动"或"保守"。[1]

另一方面，个人在这道光谱上的位置，也可以随其主观认知与意图的改变而转换。章士钊便是一个具体的例证。他在早年倾心革命，其后渐趋温和改良，最后则变为保守反动。从清末到五四，他的思想历程可谓极尽变化之能事。

面对这样一个人物，我们不免要问：什么样的因素，使他产生这样戏剧性的变化？列文森（Joseph R. Levenson）曾提出一项众所周知的假说：中国知识分子在西力冲击下，理智上倾向西方，感情上仍拥抱传统；这种"价值"与"历史"的冲突，使得许多人在晚年纷纷转向保守。[2] 就章士钊而论，这套解释架构，固有其适用性，却也不无值得商榷之处。如本文所示，章士钊乃是近代中国新旧交替最剧烈的时期所产生的过渡型知识分子；即使在他思想最为激进的阶段，他对传统的价值也从未全盘否定。不过，我们如果将章士钊的"转变"完全归诸感情与心理的因素，不免将忽略其思想的复杂性。从本文的分析可见，在清末以迄五四这段时期，章士钊的思想外貌虽一再更迭，其中若干基本要素则始终未曾改变。其所以对西方的各项制度与思想时而迎受，时而排拒，基本肇因于他对西方文化的看法，完全是以"工具理性"作为权衡取舍的标准。由此而论，章士钊之由"激进"而转向"保守"，绝非以感情的因素为唯一动因，而仍须部分归结于他对外在局势的"理

---

[1] 汪荣祖：《晚清变法思想析论》，汪荣祖：《晚清变法思想论丛》，台北：联经出版公司，1983 年，第 24—25 页。

[2] See Joseph R. Levenson, *Liang Ch'i-ch'ao and the Mind of Modern China*, Berkeley: University of California Press, 1970; also, Joseph R. Levenson, "'History' and 'Value': The Tensions of Intellectual Choice in Modern China," in Arthur F. Wright ed., *Studies in Chinese Thought*, Chicago: University of Chicago Press, 1953, pp. 146–194.

性"判断。他的例证，说明了在讨论近代中国知识分子的思想变迁时，实难以一套普遍性的抽象理论加以概括，而须就各人的思想内涵及具体境遇深入探析。

在五四时期保守主义的阵营中，章士钊无疑是相当特殊的一员。其他的保守主义者，大抵只以维护传统的儒家文化伦理价值为职责，殊少涉及社会、政治等制度层面；唯独章士钊同时要求恢复传统的政治、经济秩序。这种特殊的取向，使他在当时被视为较一般保守派更形守旧的反动人物。然而，经由本文的讨论，我们发现，章士钊的"农国""科举"等一连串有关政治、经济的制度建构，基本上仍只是他借以捍卫传统文化伦理价值的具体手段。因此，对儒家文化伦理秩序的关怀，可说是五四保守主义者共具的基本信念。

不过，五四时期的保守主义者，也并不是一个同质的整体。我们如果拿章士钊和当时另一个保守团体——学衡派相比较，便可发现，五四时期中国的保守主义者，在面对西方文化的强大压力时，为了证明中国传统文化有其不可磨灭的价值，大体上采取了两条不同的途径。梅光迪、吴宓等人所组成的学衡派，代表了第一派。他们从西方的思想传统中，汲取了一套评估中西文化的普遍标准，再根据这项标准，反过来肯定中国传统自有其内在价值，并可与"真正"的西方文化彼此会通。[1] 而章士钊所属的第二派，则根本反对将中国文化与西方文化任意比附。他们认定中西文化有着本质上的差异，这种差异形成的症结，则在双方具体的历史发展有所不同。这两种保守思想，在最终的目标上虽可殊途同归，而其所蕴涵的思想模式，却是截然异趣，甚至有着相当强烈的紧张与矛盾。由此亦可知，五四的保守思想，正如其所对抗的新文化运动，亦自有其内在的歧异，并不能用一个笼统的名词完全统摄。

当然，对当时的激进派而言，这种分疏是毫无意义的。在五四时期尖锐的

---

[1]　参见拙著：《学衡派与五四时期的反新文化运动》，第246—249页。

思想论争中，激进派与保守派各有其鲜明的旗帜——前者是反传统的，后者则是传统的维护者。但是，我们若以章士钊为例，深入探究，却可发现，保守主义与传统的关系，并不像表面上那样简单，而是纠葛错综、极其复杂的。

首先，在对中西文化的看法上，五四的激进派认为中西文化只有进化程度的迟速，而无本质的差异。换句话说，西方文化乃是一种世界性的文化，而为落后的中国所当仿效。根据这项基本假设，他们很容易走上对中国传统的彻底否定；同时，他们所推崇的新文化运动，虽是以民族主义为原动力，却又带有相当强烈的"大同主义"（Cosmopolitanism）色彩。[1] 这种思想貌似激烈，其所蕴涵的思想模式，却与中国传统的世界观并无二致。质言之，五四的激进派事实上保留了传统"天下"概念所包含的文化一元论，所不同者，只是他们以西方思想取代儒家思想，作为世界性文化秩序的核心内容。反之，章士钊则以为中西文化本质不同，世界文化是由许多各具特色、并无优劣可分的异质文化所构成的多元系统；因而中国人绝无自弃本身文化，全盘袭取"史性、素养与节度"迥然有别的西方文化之理。这套理论，虽是为翼护传统而发，实已轶出传统的概念范畴。两相比对，五四的激进思想有其传统的一面，而章士钊的保守思想，却有着非传统甚或反传统的一面。

其次，五四新文化运动强调以文化、思想的改造作为解决一切政治、社会问题的手段。这种取向，又与传统的思想模式有着密切的内在关联。如本文所曾提及，传统儒家的政治思想中，对政治、社会问题的解决，基本上是以个人的道德资源作为最终凭借。《大学》所谓修齐治平之道，便是将道德与社会、政治等不同范畴融成一个一贯的连续体（integral continum），由"内圣"以臻"外

---

[1] 五四时期，无政府主义思潮盛极一时，世界语（esperanto）亦为新文化运动者所大力鼓吹，凡此皆可显示新文化运动之大同主义倾向。

王"。这个"大学典范",不仅历代儒家传统主义者奉之为圭臬[1],也为五四反传统主义者所承袭。为了改造社会和政治秩序,五四新文化运动所呼吁的,正是国人思想、道德上的自觉。[2] 章士钊则不然。他虽以传统文化伦理秩序的卫道者自任,却把这套秩序看成由特定的经济基础所制约的"上层结构",因而不得不要求恢复"以农立国"的生产关系与经济结构。在这一点上,他和当时的激进派又有着"角色互换"的辩证关系,亦即,后者循传统的途径进行反传统的工作,前者则是用非传统的手段来为传统辩护。史华慈(Benjamin Schwartz)曾指出,五四时期的思想层面,不能单纯地以"激进—保守"的二分法加以涵盖[3];同样地,激进与保守的区分,也不是"传统—非传统"的简单概念所能完全包容。

另一方面,我们亦可由此窥见五四保守思想的根本困境。为了有效地维护传统,他们极力向传统之外探求有利的思想资源。然而,这些非传统因素的引入,却解消或稀释(rarefy)了传统本身。五四保守主义所标榜的传统,严格说来,已非中国的旧有故物。[4] 这种进退两难的尴尬处境,正是中国现代保守主义者的最大特色。

就其具体内容而言,章士钊的保守主张对中国现代化的进程只能产生消极阻碍的作用。在他的思想中,显然缺乏"发展"的概念;他也不了解,一个传

[1] 例如晚清洋务运动期间极力反对改革的大学士倭仁,便反复强调:"立国之道尚礼义而不尚权谋,根本之图在人心不在技艺。"参见陆宝千:《倭仁论》,《"中央研究院"近代史研究所集刊》1971 年第 2 期,第 260 页。

[2] 这一点或可部分解释何以当时有许多强调个人修身之道的青年知识分子,后来竟成为激进的革命派。一个显著的例证便是恽代英。参见他的早期日记,恽代英:《恽代英日记》,北京:中共中央党校出版社,1981 年。

[3] Benjamin I. Schwartz, "Notes on Conservatism in General and in China in Particular," in Charlotte Furth ed., *The Limits of Change*, p. 20.

[4] 除章士钊外,学衡派也面临着同样的困扰,参见拙著:《学衡派与五四时期的反新文化运动》。其实,非仅五四保守主义有此纠结,晚清的保守派亦不例外。如张之洞的"中体西用"模式,便与中国传统思想中的体用观念格格不入,在儒家的思想体系中,体用二者绝难分立,"体用不二,显微无间",盖为儒者的基本信念也。

统社会被迫走上现代化的路途时，已无向后逆退的可能。同时，他更不明白，社会变迁的过程中，必得付出许多重大的代价。个人主观的努力，只能是以理性的方式，将这些代价尽量减低至原有社会系统可以容受的程度，而非完全否定变迁的"可欲性"。因此，他的保守主义之所以终归失败，不但是现实的政治局势使然，更是历史发展必然的结果。陈炳堃对他的批评，也并不是无的放矢。[1]

虽然，从章士钊与激进派在五四时期的论争中，我们可以看见，当时的激进改革者谋求中国现代化的努力，基本上犯了两项认知上的错误：第一，他们把"现代化"与"西化"混淆为一；第二，他们认为"传统"与"现代化"针锋相对，绝无并存之余地。事实上，近十余年来中外学者的研究成果，已确切显示，现代化与西化迥非一事，现代化之所以以西化的面目出现，不过是历史上的偶合；同样地，传统与现代化亦非水火不容，反而可以相辅相成。一个社会，唯有立基在自身的传统上，才可能发展出适合本身需要的现代化模式。因此，五四时期的章士钊虽与激进派蹈袭了同样的认知错误，而其对历史文化之延续性的一再强调，却也并非毫无可取。

---

[1] 陈炳堃指出："章士钊……的'后甲寅'，若是仅从文化上文学种种新的运动而生的流弊，有所指示，有所纠正，未尝没有一二独到之处，可为末流的药石。但他想根本推翻这种种新的生机、新的势力，仍然要维持四千年来君相师儒续续用力恢宏的一些东西。所以他努力的结果，……只能表示这是他最后一次的奋斗，他的生命最终的光焰。"可谓持平之论。参见陈炳堃：《最近三十年中国文学史》，第253—254页。

中篇

政治与经济

从自治到保甲

近代河南地方基层政治的演变（1908—1935）[*]

前　言

近代中国在政治发展上的最大课题，便是如何建设一个强固而统一的现代国家。

从历史上看，在 16、17 世纪，近代西欧民族国家的形成过程中，除了历经集权化、官僚化等政治组织上的重大变化外，政府大量吸取地方社会的财税资源，以及国家与地方权力精英的合作与竞争等现象，也是各国政治发展过程的共通特色。[1]换句话说，现代国家的塑造（state-making），不可避免地蕴含着国家与社会关系的重新调整。近代初期的西欧如此，19 世纪末期以来的中国，也在不同程度上面临着类似的挑战。[2]

有清一代，地方基层虽有保甲、乡约等组织，实则国家行政权力大抵止于

---

*　本文惠承陈永发、陈秋坤、朱浤源、陈仪深、王树槐诸位先生多方指正，受益良深，谨赘数语，聊申谢悃。

[1]　Charles Tilly ed., *The Formation of National States in Western Europe*, Princeton: Princeton Univ. Press, 1975.

[2]　Prasenjit Duara, *Power in Rural Society: North China Villages, 1900–1940*, Ph. D. Dissertation of Harvard University, 1983, p. 395.

州县衙门，县以下广大地区的权力结构，则为地方士绅所控制，维护治安、举办公益等公共职能，亦由士绅承担，在国家权力所及的范围之外，构成了费孝通所谓由下而上的"无形组织"。[1]

这种缺乏"结构之紧凑性"（structural firmness）的传统国家组织，在小农经济与非竞争性的国际条件支撑下，牵机架漏，弥缝补苴，大体仍能维持着稳定与平衡的局面。然而，19世纪末期以来，中国迫于外力之交逼，各项现代化事业次第展开，传统政治组织已难应付此一新局，古老帝国自不能不走向现代国家的蜕变之路。在此情形下，如何向下延伸国家权力，以谋社会资源之动员，遂成一迫切问题。[2]基于此项需求，国家与地方精英（local elite）的权力关系势须重行编组，俾后者得以纳入国家体系，整合于共同的政治目标之下。

一般来说，要想达成上述政治整合，大致有两种不同的策略可供选择：积极方面，政府可建构一套制度，使各种社会力量循正常管道，参与政治过程，从而达成政治上的共识；消极方面，则可透过官僚化的途径，扩张政府行政组织，强化国家对社会的控制力量。[3]

这两种策略，当然不是截然对立、互不相容的两极。任何一个政治体系，也绝不可能只强调其中一端，而忽略另外一端。不过，如以本文所讨论的这段时期中国地方政治的演变作为考察对象，仍可看出畸轻畸重的变化轨迹。简单

---

[1]　费孝通：《基层行政的僵化》，费孝通：《乡土重建》，上海：观察社，1948年，第42—53页。有关清代地方基层行政组织与士绅的政治角色，论者已多，参见 T'ung-tsu Ch'ü, *Local Government in China Under the Ch'ing*, Cambridge Mass.: Harvard Univ. Press, 1962; Kungchuan Hsiao, *Rural China: Imperial Control in the Nineteenth Century*, Seattle:Univ. of Washington Press, 1960, 2nd printing, 1967。

[2]　关于传统中国政治组织的特色，黄仁宇有独特而扼要的叙述，参见黄仁宇：《放宽历史的视界》，台北：允晨文化公司，1988年，特别是第63—86、242—246页。

[3]　Samuel Huntington, *Political Order in Changing Societies*, New Haven: Yale Univ. Press, 1968, 13th printing, 1977, pp.1–91; Lloyd Eastman, *The Abortive Revolution*, Cambridge: Harvard Univ. Press, 1974, p. 273.

来说，由清末以迄抗战前夕，中国地方政治的发展过程，乃是由以参与为重的政治动员，转换到以统制为主的政治控制。而自治与保甲的递嬗，则在制度上充分体现了这个推移的过程。

20 世纪初，清廷在西方政治思潮的冲击及国内开明知识分子的要求下，下诏预备立宪，除于京师设资政院、各省设谘议局外，并有地方自治之倡议，将府厅州县划为自治单位，使自治组织与地方行政及公益事业结为一体。及民国肇建，改行共和，地方自治则因而未改，其间虽遭袁世凯之摧残与军阀政权之抑制，而告朔饩羊，形式犹存。

虽然，清末民初之地方自治，并未能达成政治整合之目标，徒增无数由地方精英所控制之自治机关。及国民政府北伐成功，推行训政，初犹依据《建国大纲》之规划，力行地方自治，积极整顿基层行政；其后卒因实际困难所限，罢废自治，改行保甲，政府权力遂随地方行政组织之扩大而向下伸展，政治控制亦取代政治参与而成为地方政治发展的主要趋向。

上述演变过程所涉及的层面至为广泛，可供探讨的问题非仅一端，至于各省的实际情况更是迥然异趣。[1] 本文所做的，只是以河南省为个案，对此过程做一初步探讨。同时，由于资料的限制，本文仅拟从制度与组织的变化，检讨政府部门在改造地方政治上的成败得失；至于在此国家塑造的过程中，国家与社会如何互动，地方权力精英与原有的地方权力结构如何发生相应的变化，则非本文所能讨论。

---

[1] 有关近代中国地方自治及地方精英与国家权力之消长，历来学者研究颇多，如张玉法先生、王树槐先生、王萍女士、沈怀玉女士均有讨论地方自治之专文发表，参见《"中央研究院"近代史研究所集刊》第 6、7、8、9 期；此外，孔飞力（Philip A.Kuhn）、萧邦奇（R.Keith Schoppa）、冉玫铄（Mary B.Rankin）、布拉德利·盖瑟特（Bradley K. Geissert）、杜赞奇亦有专书或论文，日本学者横山英亦编有《中國の近代化と地方政治》（东京：劲草书房，1985）一书，均可参考。唯以上研究大体皆以其他省区为讨论对象，所取角度亦与本文不尽相同，兹不具论。

一、地方自治的开办与顿挫

西方的地方自治制度与观念之传入中国，始于道咸年间，至甲午（1894）之后而大盛。[1]一般有识之士鉴于中国各州县辖境辽阔，户口殷繁，而"编户齐民，散而不群，各务私图，遑知公益"，致使地方公众事务，完全操诸一二守令及少数缙绅之手，"辗转相蒙，而事终不举"，因而主张仿效日本成例，举办地方自治，扩大士民政治参与之范围，以培养国民"公德之感情、参政之能力"。[2]

光绪三十二年（1906），清廷下诏预备立宪，地方自治既为"立宪之根本"，自属立宪工作之大端。故光绪三十四年（1908），清廷颁布预备立宪逐年应行筹备事宜时，亦同时规定了地方自治分期进行之程序，而以设立推动机关及训练自治人才为张本。

河南一省的地方自治筹备工作，最初由谘议局筹办处设置专科，兼理其事。及宣统元年（1909）九月，谘议局选举事竣，谘议局筹办处奉令裁撤，遵章改组为地方自治筹办处，负责拟定地方自治施行细则，并颁发表式，调查疆界、户口，督促各属从速筹办。[3]

在训练自治人才上，自预备立宪明诏发布后，热心立宪之河南人士已有地

[1] 参见沈怀玉：《清末西洋地方自治思想的输入》，《"中央研究院"近代史研究所集刊》第8期，1979年10月，第159—182页。

[2] 《出使俄国大臣胡惟德奏请颁行地方自治制度折》，光绪三十二年七月十八日，军机处原档，故宫博物院明清档案部编：《清末筹备立宪档案史料》（以下简称《清末筹备立宪档案史料》）第2编，北京：中华书局，1979年，第714—716页。

[3] 《河南全省财政说明书》第2册《岁出·地方行政经费》，北京：经济学会，1915年，第2—3页；《顺天时报》宣统元年闰二月廿一日、九月十一日、十二月廿五日，宣统二年一月廿四日、三月十五日；《时报》宣统二年正月廿一日；《河南巡抚吴重熹奏第二届筹备宪政事宜成绩折》，《政治官报》第712号，宣统元年九月初七日。

方自治研究社之组织[1]；宣统元年五月，豫抚吴重熹复于省城创办地方自治研究总所，令饬各州县选送绅士2人入所学习。至同年十二月，第一届学员毕业，分别派充自治讲员或自治办事员，各回本籍筹办自治。宣统二年（1910）三月，又招收第二届学员163人，同年十二月毕业，仍派赴各县办理自治。[2]

另一方面，河南各府厅州县也在省方督催之下，相继开办自治筹备机关，培育自治人才。至宣统二年底，通省各府厅州县及繁盛城镇业已一律设置自治筹办事务所；各属之自治研究分所卓有成效者，亦达62处，每所学员自40名至120名不等，尉氏、密县等19属并已续办至第二届，毕业学员均分派各地，襄办自治。[3] 其间虽因事属创举，规章未谙，而多所舛错延误，要可想见其进行之蓬勃。兹就资料所及，略举若干州县自治事务所及研究分所成立情形，以为示例：

表 1.1　清末河南各州县自治事务所及研究所成立情形

州县别	自治筹备所			自治研究所			
	名称	设立年代	主持人	名称	设立年代	主持人	毕业学员
正阳	自治筹办事务所	光绪三十四年	袁丕行	自治研究所	宣统二年		二届150余名
汝宁	宪政筹备处	宣统元年	徐鸿翔	自治研究所	光绪三十四年		一届
祥符	自治筹备事务所	宣统元年		自治研究所	宣统元年十二月		
信阳	自治筹办事务所	宣统二年		自治研究所	宣统元年	徐大中方子杰	一届86名

---

[1] 《顺天时报》光绪三十四年九月十五日。

[2] 《顺天时报》宣统元年五月初三日、十二月廿三日，宣统二年一月十五日、三月十五日、三月廿一日，宣统三年一月十二日。

[3] 《河南巡抚宝棻奏胪陈第四届筹备宪政情形折》，《政治官报》第1088号，宣统二年十月初六日。

续表

州县别	自治筹备所			自治研究所			
	名称	设立年代	主持人	名称	设立年代	主持人	毕业学员
新安	自治筹备事务所	宣统二年	郭保全	自治研究所	宣统二年		一届50余名
阳武	地方自治筹备事务所	宣统二年七月		自治研究所	宣统元年一月		一届50名
安阳	自治筹备事务所	宣统二年	王金声	自治研究所	宣统二年	常植榕	
荥阳	筹办自治事务所	宣统二年二月	孙定家	自治研究所	宣统二年		

资料来源：①《重修正阳县志》卷2《政治》，1936年；②《重修汝南县志》卷7《民政考》，1938年；③《顺天时报》宣统元年十二月二十九日、宣统二年九月初九日；④《重修信阳县志》卷9《民政志二》，1936年；⑤《新安县志》卷6《民政》，1938年；⑥《阳武县志》卷2《自治》，1936年；⑦《续安阳县志》卷4《民政志》，1933年；⑧《续荥阳县志》卷7《自治志》，1924年。

各州县自治筹备机关成立后，陆续延聘地方士绅充任参事、干事，积极进行各项准备工作；繁盛城镇并广设白话宣讲所，向一般民众宣传自治之义，以期减少工作之阻力。[1]

依照清廷宣示之立宪步骤，地方自治分作两级：厅州县之自治为上级自治，城镇乡之自治为下级自治；至其施行次第，则以后者为先。光绪三十四年十二月，宪政编查馆奏准城镇乡地方自治章程，通饬各省依限举办，河南遵章将省内下级自治施行期限定为宣统元年十一月至四年九月。[2]

据城镇乡自治章程规定，凡府厅州县官署所在地为城，其余市镇村庄屯集等地人口满5万以上者为镇，不满5万者为乡。城镇乡自治范围以学务、卫生、

---

[1] 《续荥阳县志》卷7《自治志》，1924年，第1—2页；《时报》宣统二年正月初六日。
[2] 城镇乡自治章程参见《清末筹备立宪档案史料》第2编，第724—741页；河南所定期限参见《河南巡抚宝棻奏筹办地方自治酌量变通办理情形折》，《政治官报》第1197号，宣统三年二月初三日。

道路、农工商务、慈善事业、公共营业及自治经费为主。至于地方自治之机关，凡城镇均设议事会及董事会，凡乡均设议事会及乡董。议事会由城镇乡选民互选产生，凡具本国国籍，年满 25 岁，在该城镇乡连续居住三年以上，并年纳正税或地方公益捐二元以上之男子，均具选举及被选举权。城镇议事会议员以 20 名为定额，每加人口 5000，得增议员 1 名，但不得超过 60 名之上限。乡议事会则依人口比例另定名额，少于 2500 人之乡，得举议员 6 名，超过 2500 人，则依次递增，至多可选出 18 名。议员为名誉职，不支薪水，任期两年，每年改选半数。各级议事会每季召开一次，会期以 15 日为限，必要时得展延 10 日以内，其职权在议决本城镇乡兴革事宜、自治规约、自治经费、选举争议、自治职员之惩戒，以及城镇乡间诉讼、和解等事务。

城镇董事会设总董 1 人、董事 1 至 3 人、名誉董事 4 至 12 人，由议事会就本城镇选民中选举，呈请地方长官核准任用，任期均为两年，其职权在执行议事会议决事项与地方官府委任办理事务，并负筹备议事会选举及议事之责。

乡的地方自治执行机关较为单纯，仅设乡董、乡佐各 1 名，由乡议事会就本乡选民中选举，呈经地方官核准任用，其任期与职权，与城镇董事会相同。[1]

河南自宣统元年九月遵章开办下级地方自治后，各州县相率着手划分城镇乡自治区域，调查各区人口户数。至次年四月，自治区域初步厘划完竣，计通省共划定 1132 区，其中城区 107、镇区 57、乡区 968。[2] 同年九月，全省户口调查亦告蒇事，并谘报民政部查照。[3]

城镇乡自治区域厘定后，各区先后设置自治公所，调查合格选民，进行议事、董事诸会之选举，唯各州县办理情形并不一致，其时间或迟或速，其范围

---

[1] 《清末筹备立宪档案史料》第 2 编，第 724—741 页。

[2] 《政治官报》第 1055 号，宣统二年九月初三日；各州县划区详情参见《时报》宣统二年四月廿一日。

[3] 《河南巡抚宝棻奏胪陈第四届筹备宪政情形折》，《政治官报》第 1088 号，宣统二年十月初六日。

或广或狭。至宣统二年底，城镇自治会依限成立者有 1 直隶厅、5 直隶州、9 府之首县城区，及清化、周口 2 镇，提前成立者则有沈丘、扶沟等 16 城，虢略等 4 镇；乡自治会完成者则有杞县、陈留、伊阳、虞城、沈丘等县之 29 乡。[1] 宣统三年（1911），续行举办完成者又有禹州等 44 城、古怀等 28 镇、敦睦等 58 乡。[2] 及辛亥事起，城镇乡自治机关大率停顿，民国初年，间有恢复或新行筹办者，但数量有限、经费困难，已成名存实亡之局。

府厅州县上级自治的开办，晚于城镇乡自治一年。宣统元年十二月清廷颁行府厅州县自治章程，定府之直辖地方及各厅州县为自治区域，分设议事、参事两会。议事会为民选议事机关，议员任期三年，名额以人口总数为准，不满 20 万者设议员 20 名，每加 2 万，增设 1 名，至多以 60 名为限。议事会每年九月集会一次，会期一月，议决本府厅州县自治经费及有关公益事务。参事会则为地方自治之辅助议决机关，地位介乎官民之间。该会以各府厅州县行政长官兼任会长，各参事员由议事会议员互选，人数定为议事会议员总额的十分之二，每月集会一次，审议议事会决议事件，对府厅州县自治经费之收支账目亦有稽核之权。至于议、参两会议决事件，则交由府厅州县长官实际执行。[3]

河南的府厅州县上级自治自宣统二年九月展开，先就省城祥符照章筹设议事、参事两会，作为各属先导。最初原定在宣统二年十一月将全省各府厅州县自治一律办竣，卒因经费困窘、政局动荡，一延再延，其间虽经巡抚宝棻奏准改变进行次第，暂行缓办下级自治，全力赶办府厅州县自治事宜，但直到清廷覆亡前夕，河南各地上级自治告成者，不过 20 余处。[4] 多数州县都要迟至民国

[1] 《政治官报》第 1088 号，宣统二年十月初六日；《政治官报》第 1285 号，宣统三年五月初三日。

[2] 《顺天时报》宣统三年十月廿四日。

[3] 《政治官报》第 825 号，宣统二年一月初八日；参见胡次威编著：《民国县制史》，上海：大东书局，1948 年，第 8—13 页。

[4] 《政治官报》第 1197 号，宣统三年二月初三日；《政治官报》第 1088 号，宣统二年十月初六日；《内阁官报》第 168 号，宣统三年十二月二十日；《顺天时报》1913 年 7 月 12 日。

初年，才完成议事会及参事会之组织。兹据方志资料，略举数县上级自治机关之成立情形，以示一斑：

表 1.2　清末民初河南州县议事、参事两会成立情形

州县	议事会		参事会 *		备注
	成立时间	议员数	成立时间	参事员数	
汝南	宣统三年	40	宣统三年	8	民国三年取消
新安	民国元年	20	民国元年	4	民国三年停办
正阳	民国元年	20	民国元年	4	民国二年取消
阳武	民国元年	20	民国元年	4	民国二年取消
林县	民国元年	23	民国元年	5	民国三年取消
信阳	民国元年	27	民国元年	5	民国三年取消
安阳	民国元年	40	民国元年	8	民国三年取消
通许	民国元年	23	民国元年	4	民国三年取消

* 均由知县或县知事兼任会长。

资料来源：①《重修汝南县志》卷 7《民政考》；②《新安县志》卷 6《民政》；③《重修正阳县志》卷 2《政治》；④《阳武县志》卷 2《自治》；⑤《重修林县志》卷 4《民政》，1932 年；⑥《重修信阳县志》卷 9《民政志二》；⑦《续安阳县志》卷 4《民政志》；⑧《通许县新志》卷 10《行政志》，1934 年。

河南州县议事会议员的出身背景，已无从悉知，但就现有资料观察，似以科第出身的传统士绅所占比例较大。如滑县、氾水、汝南三县县议会议员 97 人中，已知教育背景者 39 人，其中拥有生员以上功名者即达 25 人（有 4 人兼受新式教育），纯粹出身新式教育者仅 14 人。此外，议员所具功名，绝大多数均系生、贡等低级功名，具举人以上高等功名者仅 1 人。由此可知，各州县的上级自治机关大体由本地低层士绅所控制。

州县议、参两会本质上是带有浓厚地方色彩的低级代议机构，其议事范围大抵局限于层次较低的实际地方行政事务。整体而言，由于存在时间太过短暂，河南各州县议会真能发挥作用，大肆兴革者，并不多见。但在自治潮流高涨、

民气奋发的时代背景中，少数州县议会，确亦有相当突出的表现。例如西华县议事会自宣统三年七月成立后，至民国元年改组前，数月之间，连提30余案，对于剔除县衙积弊、整顿地方财赋，颇具贡献。[1]汝南议、参两会则于革命事起、政局飘摇之际，出面主持大计，维护了地方的安谧。[2]

河南各州县议会虽无重大的实际作为，但在其运作过程中，却曾引发一连串的激烈冲突。盖议会组织固属地方自治之一环，从另一角度看，则又关系到地方权力结构的改组。凡能跻身议会的地方精英，自可取得主导地方事务的合法权威，因而议会席次遂成地方势力竞相角逐的对象。另一方面，议会的角色，又不可避免地与既得利益团体有着若干抵触扞格之处。在这两种因素的交互作用下，河南州县议会自筹设以来，风潮迭起，打闹议会的事件层出不穷。宣统二年，河南府城选举自治会长，该府负责办理巡警，担任警局总董之巨绅庄、杨、马三姓，以会长一职为他姓士绅所得，愤而迁怒学界中人，竟令所统巡警前往学堂，肆行殴打，致学生负伤者多人。[3]民国元年7月，祥符县议会提议清理车马局积弊，并拟更换局董，该局执事绅士，遂纠众群赴议会，进行质问。[4]同年8月，太康县议会因提议裁废县署差役，遭到差役200余人的严重骚扰，"手持器械，逢人便打，逢物便毁，捣毁尽净"。[5]9月，信阳州议会因议事牵涉警务，警务长庞某竟率其手下巡警涌至议会，大闹大捣，事后议员提案弹劾，该警长又以武力解散相要挟，致议员心生恐惧，为之停会三日。[6]睢州选举议会，地方豪绅五城首事蒋某以选举失利，纠集百余人，捣毁票匦，殴辱筹办人员，复勾结差役，扬言起事，一时之间，风雨满城，人心惶惧，地方官府不

[1] 《西华县续志》卷5《民政》，1938年，第4b页。

[2] 《重修汝南县志》卷7《民政考》，1938年，第5a页。

[3] 《顺天时报》宣统二年四月初二日；《大公报》（天津）宣统二年四月十九日。

[4] 《顺天时报》1912年7月28日。

[5] 《顺天时报》1912年8月3日。

[6] 《顺天时报》1912年9月21日。

得不赴省请兵，调动陆军三营前往弹压。[1] 其他如洛阳、宁陵、宜阳、西华等地亦先后发生类似事件。[2] 由此可见，州县自治的施行，实直接影响到地方权力均势的失衡。

地方权力结构变动，不仅促发议会与其他团体的正面冲突，在议会内部也造成激烈的派系之争。尉氏县议会自成立以来，新旧纷争，扰攘不已，"旧派斥少年为浮躁，新派斥旧派为顽固"，彼此"各抱竞争权利之思想"，迭生龃龉，甚而挥拳相向，传为笑柄。[3] 武安县议会议员李某更因与同会议员黄某彼此相争，竟纠结防军数十人，包围议会，殴辱议员。[4] 1914 年，袁世凯改组地方自治制度的令文中痛斥各地自治"始基不慎，弊窦潜滋，……能力薄弱，风俗浇漓，利民适有以累民，自治乃终于自扰"[5]，揆诸河南州县实况，要非厚诬之辞。

1914 年 2 月，袁世凯根据各省民政长呈文，以各属自治机关"良莠不齐，平时把持税捐，干涉词讼，妨碍行政"[6] 为借口，下令停止地方自治。在此之前，河南各地自治机关已因经费大幅删减，陷于半停顿状态[7]，至是遂告正式解散。清末以来基层地方的政治参与，甫经扩大，又行萎缩。

清末民初河南的地方自治，可说是一次失败的政治试验，而地方自治所以无法顺利推展，因素甚多。首先，从制度层面来看，清廷从一开始，便深恐地方自治之施行，将使政府失其统驭之权，因而于拟订章程之时，斤斤于自治与官治"相倚相成"之说，对于自治机关，百计防范，监督綦严，无论上级或下

---

[1] 《民立报》1912 年 8 月 4 日。

[2] 《顺天时报》1912 年 8 月 24 日、31 日，1913 年 4 月 20 日；《西华县续志》卷 1《大事记》，第 21 页。

[3] 《顺天时报》1912 年 10 月 9 日。

[4] 《顺天时报》1912 年 11 月 13 日。

[5] 陈之迈：《中国政府》第 3 册，上海：商务印书馆，1945 年，第 69 页。

[6] 《政府公报》1914 年 2 月 4 日。

[7] 《顺天时报》1913 年 12 月 24 日。

级自治，官府皆具解散的权力，其目的则在使"自治区域虽多，而一一就我准绳，不至自为风气；自治职员虽众，而一一纳之轨物，不至紊乱纪纲"。[1] 在这种构想下设计出来的地方自治，主动地位完全操诸官府，与近代意义的地方自治名同而实异。清末民初，河南州县议会经常与地方官府发生争执，甚至横遭行政部门的武力摧残[2]，基本症结即在制度之不良。

其次，经费困难与国民程度不足，也妨碍了地方自治的正常发展。清末开办自治，范围遍及全国，所需财力之巨，实非政府所能负担。据河南巡抚宝棻估计，河南一省仅创设筹备事务所、自治研究所、宣讲所及调查、选举、开办等费，便需耗银 120 余万两，而彼时河南藩库罗掘俱穷，连省城设立自治研究总所及自治筹办处所需 82 940 两亦难如数拨付，遑论全省自治机关。[3]

因而河南各属之自治经费大抵皆由地方自行筹款，遂致滋扰丛生。以下级自治而言，城镇乡之区域本即狭小，人口无多，经费筹集维艰，往往一经放废，莫能自举。至府厅州县虽区域较广，人才经费较易征募，却又因民智未开，不识自治之义，而屡生反动。河南首县祥符于宣统二年筹设自治机关，着手调查选民人数时，便曾因公告选举人资格的榜文中有"年纳正税二元以上方为合格"等字样，引起民众误会，以为政府将增新税，以讹传讹，风雨满城。[4] 同年，密县因开办自治筹备处，议增亩捐 120 文，大滋绅民之怒，遂纠聚 1700 余人，捣毁县署，殴击官勇。[5] 同年十一月，豫南叶县乡民更因反对自治加捐，蜂从蚁附，聚集一二万人，包围县城，倡言造反，致使河南巡抚不得不调动陆军一营前往

---

[1] 陈之迈：《中国政府》第 3 册，第 68 页；《顺天时报》宣统三年八月二十四日。

[2] 如郑州之官绅冲突，参见《顺天时报》1912 年 9 月 7 日；西华县知事之嗾使流氓衙蠹破坏议会，参见《西华县续志》卷 1《大事记》，第 21 页。

[3] 《政治官报》第 1055 号，宣统二年九月初三日。

[4] 《顺天时报》宣统二年四月初七日。

[5] 《东方杂志》第 7 卷第 4 号，宣统二年四月廿五日，第 55 页。

弹压。[1]由此可见，在社会、经济的发展未达一定程度之前，硬性推动政治上的变革，实难有成。

也正因清末民初的地方自治，并不是社会经济发展成熟、自然逼出的产物，而是依照人为设计、由上而下强行贯彻的结果，非但未能达成借扩大参与以动员社会资源的原始目的，反使地方的权力精英，得假自治之名，益形扩张其势力。基层地方的政治情况，遂随传统权力结构之变动而益形恶化。宣统三年广西道监察御史萧丙炎奏陈各省地方自治流弊一折，对这种现象便有相当深入的描述：

> ……各省办理地方自治，督抚委其责于州县，州县复委其责于乡绅。乡绅中公正廉明之士，往往视为畏途，而劣监刁生，运动投票，得为职员及议员与董事者，转居多数。以此多数刁生劣监，平日不谙自治章程，不识自治原理，一旦逞其鱼肉乡民之故伎，以之办理自治，或急于进行而失之操切，或拘于表面而失之铺张，或假借公威为期辱私人之计，或巧立名目为侵蚀肥己之谋，甚者勾通衙役胥差，交结地方官长，藉端牟利，朋比为奸。……似此办理地方自治，其人既多败类，其费又多虚糜，苛取民财，无裨民事，怨声载道，流弊靡穷。若不量为变通，严加整顿，臣恐民怨日积，民心渐离，大乱将兴，何堪设想。[2]

由上引折文灼然可见，清末地方自治的推行，除了将地方权力精英的传统政治功能加以制度化，从而导致地方领导阶层内部权力关系的再调整及再分配外，并未能根本扭转国家与社会的传统关系，广大的农村地区事实上仍为传统

---

[1] 《东方杂志》第 7 卷第 11 号，宣统二年十一月廿五日，第 181—182 页。

[2] 《御史萧丙炎奏各省办理地方自治流弊滋大拟请严加整顿折》，宣统三年闰六月初七日，军机处原档，《清末筹备立宪档案史料》第 2 编，第 757 页；民政部某司员亦有类似看法，参见《顺天时报》宣统三年五月初十日。

士绅所宰制。[1]

及 1914 年地方自治停顿后，地方士绅把持的局面并未因各级议会的取消而动摇。盖自治虽告中止，而地方官府为便利政务推行，依然维持自治区之区划，或改就原有社仓区域，另行划区，分别委任区董，畀以征收赋税、募集公债、办理乡团等公共事务之职责。[2] 另一方面，自 19 世纪中期以来，河南各地动乱频生，差徭繁重，地方士绅为应付政府需索，纷纷成立车马局、差徭局等组织[3]；清末推行新政，各地复有劝学所、巡警局、公款局等局所之开办，大抵皆由地方士绅主持，成为具有半官方地位的自治机关。民国之后，县署组织迭经更张，始而裁撤书役，继而分科办事，而局所势力始终屹立如初，牢不可破。[4]

这些区董、局长，名义上或由地方公推，或由县府择委，实则全属势大士绅的禁脔，他们凭恃官府所予合法地位，武断乡曲，把持一方，甚至自拥武力，形同割据。[5] 如洛宁某区区官张某平日勒派税捐，诬陷良民，遇事则不按警章，滥用刑威。[6] 密县公款局董则横行乡里，随意诬陷，擅行拷掠，勒捐罚款。[7] 至于操纵选举，包揽词讼，更是河南各地所在皆有的普遍现象。[8] 民国之后，所谓"土豪劣绅"与盗匪、军队同为河南地方政治上的重大弊害；其所以如此，固

---

[1] 有关地方领导阶层传统功能制度化后引起的结构变化及其对地方社会的影响，参见杜赞奇对 20 世纪前半期华北（山东、河北）农村权力关系的研究，P. Duara, *Power in Rural Society: North China Villages, 1900–1940*, Chapter 4, esp. pp. 220–221；河南淅川地方的一个实例，参见《民立报》1913 年 6 月 22 日。

[2] 参见《重修林县志》卷 4《民政》，1932 年，第 1b — 2a 页。

[3] 河南各地自 19 世纪中叶之后社会军事化的程度日渐加深，此可由各县志所载寨堡多修筑于咸同之际一事窥出。至车马局创设之例，参见《续安阳县志》卷 5《财政志》，第 20b — 21a 页。

[4] 有关清末民初河南州县政府组织的变动，参见拙稿：《中国现代化的区域研究——河南省（1860—1937）》，第二章《政治的现代化》（未刊稿），第 65—73 页。

[5] 《西华县续志》卷 4《职官志》，第 11b 页；《林县志》卷 5《财政》，第 63b 页；《商水县志》卷 5《地理志》，1918 年，第 3b 页。

[6] 《顺天时报》1916 年 10 月 24 日。

[7] 《顺天时报》1913 年 12 月 17 日。

[8] 《顺天时报》1916 年 6 月 5 日，1918 年 6 月 13 日、18 日。

有长远的历史脉络可寻，而清末民初地方自治推行不善，自亦有其推波助澜的作用。

二、地方自治的再起

1914 年初，袁世凯借口地方自治办理不良，下令暂行中止后，为掩国人耳目，复于同年 12 月 29 日，公布地方自治试行条例 39 条，采行一级自治制，将区定为自治单位；翌年 4 月，又颁行地方自治试行条例施行细则，将自治之进行次第分为调查、整理与提倡、实行三个阶段。然调查整理尚未着手，而帝制覆亡，该项条例遂成陈迹。[1]

及 1916 年之后，地方自治呼声再起，北京政府在各方压力下几经延宕，卒于 1919 年 9 月颁布县自治法 69 条，筹议自治。[2] 而办理地方自治，须先培养人才，乃由内务部设立地方自治模范讲习所，通令各省分道考送合格学员赴京讲习，河南遵章先后选派周希文等 55 人，分为三届入所肄业。次年第一届学员毕业返省后，分发各道，办理道自治讲习所，每道一班，为期六月，共毕业学员 57 人，依次再行分发各县，办理县自治讲习所。数年之间，自治教育殆有普及之势，河南之地方自治遂再度兴起高潮。[3]

不过，河南此时推行的地方自治，并非依据北京政府所颁行的县自治法，而是仿效山西成例，实行所谓市区街村制。

先是，自治中断以来，河南醉心民治之人士，仍未忘情于自治之实现，鼓吹奔走，不遗余力。1916 年 8 月，河南各界公组自治研究会，以调查地方利弊、

---

[1]　《内政年鉴·民政篇》，1936 年，第 616b — 617 页。

[2]　陈之迈：《中国政府》第 3 册，第 70 页。

[3]　河南自治学社编印：《河南自治史略》，1931 年，第 1—6 页。

促进地方自治为宗旨。[1] 及 1919 年，督军兼省长赵倜鉴于自治潮流风起云涌，势不可遏，乃命吏治调查所所长张之锐因袭山西自治成规，起草河南市区街村自治条例，提交省议会表决通过，次年 5 月，由省长王印川公布实行。[2]

依据河南市区街村条例，全省地方自治分成市区与街村两级，在区域划分上，凡县城及商务繁盛地方称市，此外称区，每县一律划为南北东西中五区，而以县城之市为中区，唯辖境辽阔之县，仍可酌量增设数区，至多不得超过十区。市区之下，以每 200 户至 300 户为一单位，凡有工商营业列肆而居者称街，此外称村。在自治机关上，市区各置公所，市设市长 1 人、佐理 2 人，区设区长 1 人、佐理 2 人，市、区长任期均为三年，由市区议会加倍推举呈请县知事转呈省长委任，但在议会未成立前，暂由省长径行委派。市、区长职权约有下列五项：（1）执行以市区经费支办之事件；（2）管理市区财产及营造物；（3）发布收入支出之命令及监督会计；（4）依法律命令征收公物使用费、公事酬报费及役费；（5）县知事及其他上级官府委办之事件。街村组织略仿市区，亦有公所之设，街置街长、街副各 1 人，村置村长、村副各 1 人，均由街村会加倍推选呈请县知事择优委任，任期亦为三年。至其职权则极为广泛，举凡户口、道路、工商、卫生、慈善、街村经费等事项，概由街村长统辖办理。[3]

河南市区街村条例颁布后，先后委派各县自治督催员，督饬各县设立自治筹备处，积极进行调查、编区、选举等工作，原定于三个月内办理完竣，唯各县奉行情况极不一致，至 1921 年，河南政局变动，自治停办时，多数县份均未蒇事，甚至有仅设筹办处而尚未着手调查者。[4] 所谓自治，殆同虚文。兹就资料所及，略举数县之实况，以见一斑：

---

[1] 《顺天时报》1916 年 9 月 9 日、10 月 10 日。

[2] 《申报》1920 年 6 月 1 日、7 月 14 日。

[3] 河南自治学社编印：《河南自治史略》，第 7—17 页。

[4] 《申报》1921 年 3 月 27 日。

表 1.3　1921 年河南各县自治区划

县名	实施时间	区划情形				停办前实施程度
		市	区	街	村	
阌乡	1920 年		3	7	34	区街村长均已选定呈报委任
西华	1920 年			210		区街村长均按区选定呈报委任
光山	1921 年	3	7			街村长业经委任，市区长尚未选举
阳武	1920 年		5		81	区村长业经选定
信阳	1921 年		5			市区街村编制未完
正阳	1921 年		5			区街村长已选定加委

资料来源：①《新修阌乡县志》卷 6《民政》，1932 年；②《西华县续志》卷 5《民政志》，1938 年；③《光山县志约稿》卷 2《政务志》，1936 年；④《阳武县志》卷 2《自治》；⑤《重修信阳县志》卷 9《民政志二》；⑥《重修正阳县志》卷 2《政治》。

　　1921 年之后，河南的地方自治运动仍不绝如缕。1922 年，冯玉祥首度督豫，以扶植民治为号召，委任暴式彬为自治筹办处处长，划定开封、商丘、沁阳三地为自治模范县，依据修正市区街村条例，积极推动，并创办河南自治周刊，以文字为鼓吹之具。1923 年，刘积学继任处长，复拟定河南市乡自治条例，通令各县依此条例，重新擘画自治工作。一时之间，自治气象蓬勃展开。但在军阀擅政的局面下，各项自治努力辄因政治势力之摧折而遭顿挫。1923 年 8 月，宰制豫局的直系军阀吴佩孚以刘积学假自治之名，宣扬三民主义，"树党谋乱"，下令拘捕，并饬河南自治暂行缓办，所有筹备机关概行裁撤，于是河南的自治运动又告中断。及 1924 年底，第二次直奉战争结束，吴佩孚势力瓦解，国民二军入豫，由胡景翼出任河南督办，于 1925 年，徇豫人之请，明令恢复自治，而戎马倥偬，政局多故，直到 1927 年冯玉祥再度主豫之前，所谓地方自治，大抵停留在纸上谈兵的阶段，略无实际进展可言。[1]

　　这段时期，河南基层政治组织名义纷更，变化多端，究其实际，要仍为前

---

[1]　有关北伐前河南地方自治推行的情况，参见河南自治学社编印：《河南自治史略》，第 18—88 页。

述区董、局长等地方士绅所操纵，且其权势，更因政局混乱与社会军事化的加深而益形扩张。政府当局虽行自治之名，却始终未能制定一套有效的动员系统，使地方权力精英甘为公众利益而效力。[1] 在此情形下，河南的广大农村地区，徒成"土豪劣绅"剥削宰割之对象。据调查，国民政府势力入豫前，河南各地区长气焰极盛，不但控制民团，拥有私人武力，更垄断了地方财政与司法权力，在乡间任意派捐，擅作威福。[2] 1925 年底，荥泽县长因公款局账目不清，将局长收禁查办，其子竟纠集地方红枪会众 13 000 余人，攻入县城，破监劫囚，并放火焚烧县长私人财物，驻防军队与地方警察亦无可奈何。[3] 由此数例足可窥见，所谓地方自治，非但未能促成地方权力关系的转化，反使政府对社会的控制日趋削弱。国民政府时期，河南所以走上废弃自治、改行保甲一途，殆非无因。

三、从自治到保甲

1927 年 6 月，冯玉祥大军入汴，遵奉国民政府号令，推展训政。河南的地方自治又开一新纪元。

训政的目的，在于实现地方自治，以奠定民主政治的基础。孙中山先生生前，于地方自治之义，再三致意，1920 年手订《地方自治开始实行法》，1924 年制订《国民政府建国大纲》，明定以县为自治单位，至其施行步骤，则以下列六事为入手：（1）清户口；（2）立机关；（3）定地价；（4）修道路；（5）垦荒

---

[1] Philip Kuhn, "Local Self-Government Under the Republic: Problems of Control, Autonomy, and Mobilization," in Frederic Wakeman Jr. and Carolyn Grant eds., *Conflict and Control in Late Imperial China*, Berkeley: Univ. of California Press, 1975, p. 280.

[2] 行政院农村复兴委员会编：《河南省农村调查》（以下简称《河南省农村调查》），上海：商务印书馆，1934 年，第 98 页。

[3] 《申报》1926 年 1 月 13 日。

地；（6）设学校。[1]

国民政府定都南京后，遵奉孙中山遗训，定地方自治为训政时期之要政，并着手拟订自治之方略与程序。1928 年 7 月，国民政府法制局草拟县组织法，经多次讨论复议，于次年 6 月公布，其后又制订县组织法施行条例、区自治施行法、乡镇自治施行法、县自治法等 20 余种，自治法规粲然大备。[2]

国民政府所推行的地方自治，基本上仍系参照山西村治成法，略加修订而成。[3] 依据 1929 年所颁县组织法及区、乡镇自治施行法，地方自治以县为自治主体，县以下分为区、乡镇、闾、邻等层级，每县分 4 至 10 区，每区由 10 至 50 乡镇组成；县内百户以上之村庄称乡，百户以上之街市称镇，但乡镇均不得超过千户；乡镇居民以 25 户为闾、5 户为邻。县设参议会，由县民选举；区设区公所及区民大会，区长由区公民选举，并设监察委员会，作为监察财政及纠举区长违法失职之机关。乡镇设乡镇公所及乡镇民大会，乡镇长由乡镇公民推选，亦设监察委员会；闾有闾长，邻有邻长，分别由闾邻居民会议选举。凡区、乡、镇之国民，无论男女，年满 20 岁，在本区、乡、镇居住一年，或有住所达二年以上，经宣誓登记后，即为公民，有出席大会及行使选举、罢免、创制、复决之权。[4] 在此规定下，政治参与的范围大为增广。

按照国民政府所拟地方自治施行程序，各省应于 1930 年完成县组织，1934 年底以前完成县自治。[5] 河南于中央政府功令督责之下，各项自治筹备工作相继展开。

---

[1]　陈之迈：《中国政府》第 3 册，第 63 页。

[2]　同上书，第 71—73 页。

[3]　Philip Kuhn, "Local Self-Government Under the Republic," in Frederic Wakeman Jr. and Carolyn Grant eds., *Conflict and Control in Late Imperial China*, pp. 284–285.

[4]　陈之迈：《中国政府》第 3 册，第 73 页；《内政年鉴·民政篇》，1936 年，第 635b — 636 页；《鄢陵县志》卷 11《自治志》，1936 年，第 4—5 页。

[5]　《内政年鉴·民政篇》，1936 年，第 632b 页。

先是，冯玉祥主豫期间，已对地方自治颇加留心。1928年初，开封省城设立训政学院，内附自治训练班，通令各县考送学员，先后共办两期，每县每班均在5人以上，毕业学员先后委为县自治襄办员，返县筹备自治。同年2月，复于省政府民政厅附设自治筹备处，同年7月离厅独立，由郭景岱任处长，仍照市区街村旧制，督饬各县分设筹备分处及自治训练班，积极进行自治之试验。[1] 至实际执行情况，各县颇有出入，兹以阳武为例，略做说明。阳武县于1928年初奉令选派学员赴省受训，结业后返乡办理自治，是年8月，成立自治筹备分处，设主任1人（县长兼）负筹备一切自治事宜之总责，襄办员4人，事务员6人，分任庶务、会计、文牍、训练等事，至1931年6月裁撤。同年10月，县自治训练班开办，分教员、庶务两股，设主任1人，按自治村招生，每村1人，共招81名，训练一期，先后三月，期满停办。11月，调查户口分局成立，全县分属16组，每组置组长1人、调查员5人，分别着手调查全县户口事宜。[2]

及1929年10月，县组织法及区乡镇自治法次第公布后，河南自治改依中央法令办理，并制定筹备自治程序，令发各县按期遵报，限于1930年8月底完成县之组织。[3] 然策划甫定，未及实施，而反蒋内战爆发，中原板荡，自治工作又告中断。

1930年底，中原大战结束，国民政府势力正式伸入河南，由刘峙出任省主席，改组省政，原有之自治筹备处随之撤销，改归民政厅兼办。在民政厅长张钫的主持下，厘定县等、编划自治区域、开办区长训练班、委派自治指导员、宣传自治要义、核定自治经费等项工作，陆续展开。唯河南新承兵燹，地方"未靖"，以故自治期限一延再延，直到1931年底，全省自治区域才初步划定，

[1] 河南自治学社编印：《河南自治史略》，第88—90页。

[2] 《阳武县志》卷2《自治志》，第1—2页。

[3] 河南自治学社编印：《河南自治史略》，第94 97页。

区乡镇公所亦先后成立，计全省共编为751区，2492镇，16 466乡。[1]其后因开封等49县所定自治区域或失于狭隘，或编划不当，乃于1932年依据规定办法重行划分，分别增减，共改划为744区，2575镇，18 281乡，214 798闾，1 032 826邻。[2]

县组织完成后，自治工作主要集中于三方面：（1）训练自治人员：除省方续办区长训练班外，复令饬各县按章实施乡镇长、副之训练，其训练内容以党义及自治法规为主。至1933年底，经区长训练及格，奉派委任者共1142人，自治训练所期满毕业者共430人。[3]（2）调查户口：各县分设户籍人员训练班，进行户口调查及人事登记。至1932年底，1931年度之全省户口，除六七县外，大抵调查竣事，并造报统计表格。（3）筹措自治经费：将契税附捐及随粮附收2角5分，定为自治专款，充作区公所经费，并由省方派员视察，严格监督各县自治经费收支情形，以防勒派。[4]

河南依据乡镇闾邻制所编组的地方自治，以区级联系上下，最关紧要。河南所划之区共分六级，公所编制、经费略有出入，各区的实际组织形态也与前述区自治施行法的规定颇有不同。兹以鄢陵县为例，说明如下。[5]

鄢陵县于1931年2月奉令将原设自治筹备分处改为自治筹备事务所，克期开办自治。同年6月，全县户口调查完毕，区乡镇闾邻之编制亦告竣事，计全县共分6区，38镇，144乡，2199闾，10 998邻，乡镇闾邻各长及各级监察、

———————

[1] 张钫：《民国二十年河南民政之回顾》，《河南民国日报》1932年1月11日，台北："中央研究院"近代史研究所藏微卷；河南省政府秘书处编：《五年来河南政治总报告·民政》（以下简称《五年来河南政治总报告》），开封：河南省府秘书处，1935年，第5页。关于本段时期自治区域编划过程之波折，可参见王肇宏《训政时期省市实施地方自治的实况》一文，收于张玉法主编：《中国现代史论集》第8辑《十年建国》，台北：联经出版公司，1982年，第55—57页。

[2] 《内政年鉴·民政篇》，1936年，第645b、670页。

[3] 同上书，第749b—750页。

[4] 李敬斋：《一年来之河南民政》，《河南政治月刊》第3卷第1期，1933年2月，第2页。

[5] 《鄢陵县志》卷11《自治志》，第5b—8a页。

调解委员均依法选定,区长则由省民政厅就曾受区长训练合格人员委充。各区公所设区长1人,其职权极为广泛,举凡户口、土地、道路、教育、保卫、体育、卫生、水利、森林、农工商学、储粮、垦牧渔猎、合作社、风俗、慈善救济、公共营业及财政收支、公产公款等有关地方事项,均属区长之权限。区长之下设助理员1至2人,辅助区长办理区务,其人选由区长就本区公民中具相当资格者遴请县长委任;雇员2人,分任书记、会计等职,亦由区长遴委;区丁2至4人,执行区之公务,并负内外勤务。以图示之,全区组织系统大致如下:

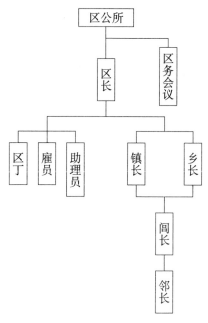

由鄢陵县的实例可以看出,国民政府时期河南实行地方自治的最大特色,在于强化区长的职权,并将区长人选由民选改为官委,编列一定经费。在这样的改编下,区实际上已脱离自治系统,成为半官方的地方基层行政单位。这种现象显示了政府加强地方控制的端倪。

不过,国民政府在河南推行地方自治的努力,也和前几次自治试验一样,并未得到预期的效果。所以如此，匪氛猖炽，戎机紧迫，影响政务之正常运作，自为基本之因素。此外，则执行者不得其人，与夫自治经费、区长人选等问题，亦与自治成败有着极为密切的关系。

以地方自治的实际执行者而言，河南自治学社于1932年元旦撰文检讨1929年以来自治筹办之成绩时，指出：河南各县推行自治，多由县长兼任筹备主任，而110余县中，明了自治精义、热心推动者，寥寥无几。多数县长或为图谋一己私利，或因任期短促，往往对自治事宜漠不关心，甚或刻意阻梗[1]，以致自治甫行开办，根基已隳，自难有良好成效可期。

从经费上看，则财源之短绌，实为河南自治难以健全发展之致命伤。如前所述，国民政府实施地方自治，原订有自治经费之筹集办法，唯揆诸实际情形，自治经费总额之庞大，殆非迭经兵燹、民穷财尽之河南地方所能担负。依1936年内政年鉴估计，河南各区若以最低之第六级计算，每一区公所之人事费及办公费月需119元，每县平均以6区计算，则每县每月共为714元，连同区丁之制服费，全年共需开支8604元，如照每丁银1两附征2角5分之定章筹募，必须该县丁银总额在4万两以上，始敷支应，无如河南各县丁银大都仅在2万两至3万两之间，以致区公所经费实收之数往往远较预算数字为低。[2]

如项城县第一区公所，在1932年6月之前，每月经费原定115元，实际仅支领60元。[3]以此戋戋之数，而欲应付端绪纷繁之区政，虽天下之至巧，殆有不能。

区公所经费分配之不合理，不但导致区政废弛，更予不法区长肆行摊派、�9勒农民的机缘。据调查，1933年初，河南13县区公所经费及其来源，有如下表：

---

[1] 河南自治学社：《河南地方自治之回顾与前瞻》，《河南民国日报》1932年元旦特刊。

[2] 《内政年鉴·民政篇》，1936年，第725b页。

[3] 曹冠如：《视察日记》，《河南政治月刊》第6卷第7期，1936年7月，第2页。

表 1.4 河南 13 县区公所全年经费及其来源

区别	全年经费总数（元）	经费来源
辉县第一区	1332	随粮附加
辉县第二区	1920	按区内地亩摊派
汲县第一区	1380	①每两丁银附加 2 角 5 分　②契税附加四成
新乡第四区	1848	按地亩酌派
淇县第一区	1548	随米粮征收
修武第六区	1757	①自治款项下一半　②地方派款一半
滑县第一区	1908	由县政府地丁附加项下拨发
滑县第九区	1908	向县政府领
许昌第三区	2604	由地方财务委员会拨发
许昌第四区	2604	同上
许昌第六区	2604	同上
许昌第七区	2604	同上
洧川第一区	1131	地亩附征
郾城第一区	1620	财务委员会拨给
临颍第一区	1500	地方款项下动支
镇平第二区	2440（？）	十区自治办公处拨发
邓县第二区	3648	由本区民众按亩摊派
信阳第一区	1750	契税及地丁附加
信阳第四区	1308	同上
信阳第八区	1308	同上

资料来源：《河南省农村调查》，第 72 页。

　　上表所列各区全年经费少者 1131 元，多者亦不过 3648 元，实难谓之庞大，但各区公所每月所得一二百元之经费，用以支付职员薪金尚感不敷，而区长属下民团团丁之给养、区级公务之执行，在在非款莫办，解决之道遂唯有出诸摊派一途。上举各区，实际上的经费，便远较表列数字为高，且其超出幅度往往多达数倍，乃至数十倍，究其来源，则全系向农民按地亩摊派。[1] 由此可知，地

---

[1] 《河南省农村调查》，第 73 页。

方自治实施的结果，成效未彰，而农民负担已急骤增加。

再就区长人选而论，河南推行地方自治之初，几度开班训练区长，实际编组时，又将原应民选之区长职位，改为由厅委派，其目的均在打破既有权力结构，防范重蹈"土豪劣绅"把持地方之覆辙。但实际推行的结果，区长一职大体仍为地方权力精英所垄断。据行政院农复会调查，1933年初，河南数县44个区长中，拥有田产百亩以上者达32人，占总数的72.7%，田产在百亩以下者仅有12人，占总数的27.3%，充分说明各县区长之非属地主、富农者，盖居绝对少数。

自治制度下，区长既具合法政治地位，复为地方上有力豪绅所控制，其在农村社会中自易形成一股特殊势力，而包揽词讼、任意派款，乃至杀戮良民等不法情事，遂层出而不穷。[1] 辉县五区区长陈某，1929—1930年间任副区长，1931—1932年间任正区长，长期掌握地方权力，擅作威福，横行乡里。其到任之初，仅有田地十余亩，卸任时已增至二三顷；在其任内，遭其刑虐致死者不下十数人；1930年一年内，其所勒派款项即高达12万元，气焰之盛，即该县县长亦不敢撄其锋。[2] 豫南商城、光山等县区长，"非土豪即劣绅，互相勾结，专事盘剥"，1932年初，两县乡区均为红军所陷，而各区长仍设区公所于县城，向各该区避乱难民勒派摊款，以饱私囊，人民"难避张牙舞爪，势如贪狼之土豪恶棍，实无民治自治之可言"。[3] 同年元月，河南省政府民政厅通令严禁各县区长病民，令文中说："各县区长，每以膺得区长职务为升官发财之机会，一遇政府派款，非居心中饱，即借端滥收，甚或苞苴公行，以区治为藏污纳垢之所，声名狼藉，良堪痛恨。"[4] 连政府当局都有如此不堪的评语，则地方自治之下，区

---

[1] 《河南省农村调查》，第76页。

[2] 同上书，第94—95页。

[3] 《河南民国日报》1931年12月31日、1932年1月18日。

[4] 同上，1932年1月13日。

政窳败之情况，亦可推知矣。

一般区政堕落如斯，至于少数之区虽在维护地方秩序上卓有成效，而其行径，却又与政府部门贯彻统治权力之初衷大相违背。以商城某区区长顾敬之为例，顾敬之于其辖区内制订公约，一面减租减息，安抚农民，一面编练民团，严刑峻法，以巩固个人之威望。在其治下，对于官府，除完粮纳税外，禁止军队官吏入境骚扰；采取游击对游击之战略，坚壁清野，武装对抗。因而在豫南各境遍地烽烟之时，独顾氏辖区仍得保全。

像顾敬之这样的地方势力，其独立于政府威权之外的割据态势，也暴露出河南所谓地方自治充其量只是传统绅权的强化与深化，与政府借地方自治，扩大政治参与管道、动员民众，以达成政治整合的原始构想，相去何啻霄壤？1933 年 6 月，河南省主席刘峙在河南高等法院院长就职典礼上致辞，公然指斥"土劣把持政治，武断乡村，致政治成为空谈，人民受其荼毒"。[1] 这一番话便反映出以地方自治为骨干的政治动员方式，在现实社会条件下所遭遇的严重困境。

借参与以扩大动员之路既壅塞不通，则其改弦易辙，在所难免。1932 年底，豫鄂皖三省"剿总"以训令颁发区内各县编查保甲户口条例，改自治为保甲。河南自治遂告停顿，晚清以来扩大地方政治参与的潮流亦于焉中斩。

四、保甲制度下的地方政治

保甲制度为传统中国之民众自卫组织，亦为政府控制社会之手段。清代，州县城乡，十家为牌，立一牌头，十牌为甲，甲有长，十甲为保，保有正，由士民公举诚实识字者点充。户给门牌，备书家长姓名生业，附注丁男名数，出注所往，入注所来，户口迁徙登记，随时报明，换给门牌。凡遇盗贼奸宄匪人

---

[1]《河南政治月刊》第 3 卷第 6 期，1933 年 7 月，第 2 页。

窃发事件，邻右即报知牌甲长转达保正，而上申于州县；如有隐匿，其邻右及牌甲不行首告者，俱治以连坐之罪。[1] 禁网之密，堪称空前。不过，清代保甲自草定以来，即告废弛，清代中叶以降，朝廷虽屡次重申保甲之禁，也无实际效力可言。[2]

民国以来，河南兵匪蜂起，地方骚然，遂有局部地区重拾保甲之坠绪。1913 年，淮阳划全境为 13 区，各置守望社，依保甲成规，查编户口牌甲。[3]

1924 年，河洛道尹由升堂以豫西股匪横恣，为谋正本清源，乃饬道属 19 县概行组织保甲总分各局，次第举办调查户口、编查保甲、颁发门牌等事宜。[4]1930—1931 年间，洛阳、陈留等县，亦奉省令组编甲牌，实行自卫。[5] 凡此，皆可视为河南全面改行保甲之先声。

1932 年 8 月，三省"剿总"以河南、湖北、安徽等省份，社会动荡，"非先充实民众自卫力量，不能收肃清之功；非急严密民众之组织，不能充实自卫之力"，乃明令颁布区内各县编查保甲户口条例 40 条，停止自治，改办保甲。[6]

河南于同年 10 月接奉训令，即将原行乡镇自治概行停顿，着手编查保甲。

三省"剿总"所行保甲，大体规抚清制而略加变通。其编组以户为单位，户设户长；十户为甲，甲设甲长；十甲为保，保设保长。各保系就各县辖区内原有乡镇界址编定，或合并数乡镇以成一保，唯不得分割乡镇之一部编入他乡镇之保。保、甲长各设办公处，如一乡或一镇中住户过多，经编为二保以上者，得由各保共设保长联合办公处，互推联保主任一人。保、甲长之主要职责，在

[1] 嘉庆《大清会典》卷 11，第 3—6 页；《清朝文献通考》卷 22《职役二》。

[2] T'ung-chu Ch'ü, *Local Government in China Under the Ch'ing*, pp. 151, 301；《大清会典事例》卷 158，第 11 页。

[3] 《淮阳县志》卷 4《民政》，1934 年，第 23 页。

[4] 《新修阌乡县志》卷 6《民政》，1932 年，第 11b — 12a 页。

[5] 《河南民国日报》1932 年 1 月 26 日、27 日、30 日。

[6] 黄强编：《中国保甲实验新编》，南京：正中书局，1935 年，"附录"，第 322—326 页。

于承区长之指挥监督，维持本保、本甲安宁秩序，其工作内容包括编查户口、稽察出入、警戒匪患、整修碉堡、组训壮丁等事项。[1]

依编查保甲户口条例，保甲编组应于80天内完成。河南于1932年10月15日起着手举办，原拟分三期完成：第一期20天，以准备编查手续、改组区公所为主要工作；第二期30天，以推定户长、甲长、保长及联保主任为大端；第三期亦为30天，赶办清查户口、登记枪支、调查壮丁、制定保甲规约、缮具连保切结等事项。但因各县境域辽阔，民众智识低下，保甲实行诸多窒碍，直到次年10月，全省保甲方告编竣，除固始、经扶两县部分地区未克编查外，通省111县共编为762区，53 923保，547 886甲。[2]与此同时，登记户口、烙印枪支、训练保甲长、订定保甲经费、组训壮丁等保甲事务，亦陆续展开。[3]

及1935年10月，河南省政府鉴于各县联保户数多寡不一，不唯民众负担苦乐不均，且于政令推行多有窒碍，乃遵照军事委员会切实整理保甲之通电，重行编组，计通省共编为404区，6009联保，47 196保，559 204甲。[4]

如前所述，编查保甲乃是国民政府为加强地方控制所采行之手段。与实施保甲齐头并进，同以强化控制为指归者，则有改组县行政组织、收编地方团队与整顿区政等措施。

在改组县行政组织方面，其基本方向为强化县政府的行政职能，其手段则

---

[1] 黄强编：《中国保甲实验新编》，"附录"，第326—334页；《内政年鉴·警政篇》，1936年，第361c—363页。

[2] 李培基：《三年来之河南民政》，《河南政治月刊》第3卷第10期，1933年11月，第7页；《五年来河南政治总报告·民政》，第22页；《内政年鉴·警政篇》，1936年，第388c页。唯各地实际编组情形，似与官方公布资料不尽相符。据日人调查，豫北彰德（安阳），系自1935年3月起着手调查户口，1936年7月起实行整理门牌，同年10月底完竣，抗战爆发时，保甲长之训练方次第进行中，所谓保甲，盖属有名无实。彰德如此，其他各县当亦无太大进展可言。参见"南满铁道株式会社"调查部编：《北方农村概况调查报告——彰德县第一区宋村及侯七里店》（以下简称《北方农村概况调查报告——彰德县第一区宋村及侯七里店》），东京：日本评论社，1940年，第35页，注1。

[3] 《五年来河南政治总报告·民政》，第22、43—45、66—67页。

[4] 《民国二十五年河南省政府年刊》，开封：河南省政府秘书处，1937年，第123—124页。

为裁局改科。先是，民国以来，河南各县陆续裁撤旧日差役书吏，于县署内分设二至四科，掌理县内各项行政事宜，唯多数县份，仅系在名义上遵章设科，实则仍以旧有人等，改换名称，并无实质的变革。一切主要地方行政事务，大抵操诸前述由地方绅士主持，具有半官方地位的公款、教育、实业、公安等局所之手。[1] 及 1929 年，国民政府修订公布县组织法，正式厘定各县政府依事务繁简，分设一至二科；县政府之下，并辖公安、财政、建设、教育四局，各局局长由县长就考试合格人员中遴选，呈请省府核准委任，不再任由地方公推。1932 年 11 月，河南省政府更进一步呈准三省"剿总"，将各县公安、建设、财政三局同时裁撤，县政府所设科数增为三科，分掌总务民政、财政、建设等事宜，皆受县长之统一指挥，于是地方政权在形式上遂集中于县长之手。[2]

收编团队，整理地方武力，则为政府强化控制不可或缺的一环。河南自民国以来，兵匪迭乘，四野骚然，为维护一境之治安，各地多有民团、自卫团等地方武力之组设。迨时日既久，遂不免为"土豪劣绅"所凭借操纵。彼等坐拥武力，霸据一方，挟制官方，鱼肉乡民，甚或通匪养匪，从中渔利，驯致官府法令扞格不行，蔚为施政上绝大阻力。[3] 直到 1933 年 9 月，河南清乡督办张钫上呈绥靖主任刘峙的电文中还说："陕县辖境八区，而县令仅可行于二十里内，土豪把持地方团队，互相仇杀，五六区械斗，引匪相助，数十村横被蹂躏。"[4] 仅此数语，即可窥知地方团队蠹害乡里之一斑了。

及 1930 年底，豫局粗定，省府鉴于各县团队"名目庞杂，系统不明，多为地方土劣把持，名虽自卫，实属为害"，乃于省城设保安处，着手整顿。首先依

[1] 例见《重修正阳县志》卷 2《政治》，第 1b — 2a 页。

[2] 有关民国时期河南县政府组织之变化经过，参见拙著：《中国现代化的区域研究——河南省（1860—1937）》，第二章《政治的现代化》（未刊稿），第 68—73 页。

[3] 《刘主席出巡纪事》，《河南政治月刊》第 3 卷第 6 期，1933 年 7 月，第 3 页。

[4] 麻安邦：《现行保甲制度之利弊及今后整理之意见》，《河南政治月刊》第 4 卷第 3 期，1934 年 4 月，第 3 页。

据中央所颁保安队法规及县保卫团条例，督饬各县将原有常备民团及杂项武装部队一律改编为保安队，直接隶属省保安队指挥。1932年，行政专员公署成立后，复于各专员区附设区保安司令部，以专员兼任司令，负责地方团队之统辖与整理。1933年，省府再依三省剿匪总司令部所颁《剿匪区内各县民团整理条例》之规定，进一步将各县保安统一于县，并视各县财力及治安状况，改编为保安总（大）队或中队，前后计编妥354个中队、25个骑兵分队、7个骑兵班、1个迫击炮班。唯保安部队虽经改组，然各县队额悬殊，人民负担轻重不等，且彼此畛域甚深，互不应援，故至1935年初，河南又将各县保安总（大）队等队伍再行改编，废除原有番号，集中于行政督察区，各依正规陆军编制，编成1至2个团，由专员区保安副司令兼任团长。同年秋，复将各专员区保安团调集省城，连同省保安处直属六团，混合编成15个步兵团及2个独立大队，屯驻开封，并统筹统支经费，另简团长，其调遣范围亦改以省区为主。至此，原本散漫无序的地方团队，遂在名义上统一于省。[1]

区的组织，也随着保甲制的推行，大幅更张。1932年8月"剿总"颁布编查保甲户口条例时，同时公布《区内各县区公所组织条例》80条，正式将区由自治单位改为县级以下的行政单位，区长改由县长荐请该管行政督察专员委任，不再经过民选；区长之职权则改定为：（1）辅助县长执行职务；（2）宣达法令，调查区内各种情况；（3）监督指挥保甲人员执行其职务；（4）依保甲条例及其他法令应由区长执行之职务。[2]

区公所改组甫竣，军事委员会委员长南昌行营鉴于"区长人选，尚取材当地，区制规模，亦未充实，以之积极辅助县政之发展，仍感不足"，遂在1934年12月制定公布《各县分区设署办法大纲》35条，命饬河南、湖北、安徽、江西、

[1] 《五年来河南政治总报告·保安》，第1—3页；《河南办理警卫连系实施计划》，《河南政治月刊》第4卷第6期，1934年7月，第3页。地方团队编遣改组之实例，参见《阳武县志》卷2《武备志》，第21a—22页。

[2] 《内政年鉴·警政篇》，1936年，第363c—364页；胡次威：《民国县制史》，第103页。

福建等省区遵照实行。依此办法，各县政府应就原辖行政区域，酌划为 3 至 6 区，于各区内位置适中或交通便利地点，设置区署。区署设区长 1 人、区员 2 至 4 人、书记 1 人、助理书记 1 人、录事 2 人、区丁 2 至 3 人；区长由县长就候选合格区长名册中，遴荐省府委任，但须回避本县原籍。区长任期三年，其职权在承县长之命，办理下列各项行政事务：（1）关于编查户口、训练民众、保卫地方及整理土地事项；（2）关于推进教育、卫生、合作及农田水利事项；（3）关于宣导政令及调查报告区内各种情形；（4）其他县长认为应交办之重要事项。[1]

河南于接奉上项指令后，自 1935 年 1 月起依章编并原有各区，分三期施行分区设署，至次年 5 月，先后改设完竣，全省共划编 404 区，各区区署编制及经费，统按丙种区等编定。1937 年 1 月复做局部调整，将安阳、南阳两县各区升为甲等，商丘、开封等 20 县各区升为乙等，其余诸县各区仍为丙等。[2]

另一方面，在区政改组的过程中，区长人事亦有急遽之变动。1933—1934 年间，河南省府陆续厘定多项规章，积极考核各区区长，总计本期间区长遭撤职者 163 人、通缉者 1 人、押办者 1 人、记过者 12 人、申斥者 5 人。[3] 其间为贯彻整顿之决心，甚至不惜动用武力。如 1933 年 6 月间，刘峙据报知悉豫西临汝、洛宁、卢氏、渑池等县之区长拥据武力，各霸一方，对省府所委县长多方阻挠，致使县府无从行使职权，遂调动国军七十六师进驻洛阳，一面下令通缉各区"土劣"，一面派保安团前往进剿。经此一役，豫西各地旧任区长气焰稍戢，省府政令方能勉强推行。[4]

及分区设署实行，河南又遵章设立区长、区员考选委员会及区政训练班，

[1]《内政年鉴·民政篇》，1936 年，第 101b — 102 页；胡次威：《民国县制史》，第 103—106 页。

[2]《五年来河南政治总报告·民政》，第 65—66 页；《民国二十五年河南省政府年刊》，第 118—119 页。

[3]《五年来河南政治总报告·民政》，第 22、43 页。

[4] 范龙章等口述：《张钫与二十路》，中国人民政治协商会议河南省委员会文史资料研究委员会编：《河南文史资料选辑》（以下简称《河南文史资料选辑》）第 2 辑，1979 年，第 124 页。

前后考训区长 800 余名，依其名次，编为三轮，发交各行政督察专员公署挨次饬县荐请委用。[1]

经过上述诸项改革，河南各区组织日形扩大，行政地位亦告确立，整个地方基层政治的形态，便由以往的自治，转成彻头彻尾的官治。

但是，从实施保甲以迄分区设署这一连串的制度变革，虽然具体反映了1930 年代政府部门扩张权威、加强控制的企图，而其实际成效，就河南而论，仍值得怀疑。

河南的保甲制度推行未久，时人对于保甲流弊已有诸多指摘，如户口调查不实、人口登记草率、壮丁训练不良、未尽维护治安之责等情事，均为各地保甲的通病。以户口编查来说，新安县人口总数凡 153 674 人，却仅编成 15 774户，其中多有以二三户或四五户合编一户，以避按户派款者。汝南保甲，更有五户、十户仅编一户，甚至一街亦仅编一户者。渑池县于 1933 年 9 月呈报全境人口总数凡 123 696 人，至次年 6 月再度呈报，竟无一人之增减。[2] 连保甲制度最基础的户口编查，亦复疏漏荒唐至斯，遑论组训壮丁、纠察奸宄等进一步的工作。1933 年底，河南省政府在拟订次年度施政计划时，曾对施行年余的保甲工作提出如下检讨：

> 河南奉令办理保甲，……因循敷衍，以致错误层出者，仍所在多有，如区长、保长滥用职权、受理诉讼；保甲经费多不按章开支；联保连坐切结，多系代填，未经本人签押；保甲规约，不合当地需要；户口异动情形，未能随时查报等项。[3]

---

[1] 《五年来河南政治总报告·民政》，第 65 页；《一月来之民政》，《河南政治月刊》第 6 卷第 7 期，1936 年 7 月。

[2] 麻安邦：《现行保甲制度之利弊及今后整理之意见》，《河南政治月刊》第 4 卷第 3 期，第1—2 页；《重修汝南县志》卷 7《民政》，第 6—7 页。

[3] 《河南政治月刊》第 3 卷第 11 期，1933 年 12 月，第 2—3 页。

至于河南保甲所以不上轨道，保甲长人选不当，实为主者症结。

河南广大农村地区经济落后，民智低下，识字者寡，了解保甲作用者，更属绝无仅有，加以保甲长地位卑微，乡党自好者多不肯充，不省者则因缘为奸，以遂私图。因之，河南各地保甲长的素质普遍极为低落，有不识之无者，有七八十岁者，有吸食毒品者，有伪造一名轮流顶充者。陆离光怪，无奇不备，其间对于法令规约毫无认识者，盖居绝大多数。[1] 在此情形下，保甲长之敷衍塞责、草率将事，甚或武断乡曲、肆行不法者，比比皆是。如开封各区保甲长在调查户口时，多不肯亲自到场[2]；辉县保长于摊派麦款时，浮收之数竟至三倍之多[3]；至豫西各地保长更常有"私设公堂，飞〔非〕刑拷打，吓诈乡愚"者[4]。

另一方面，保甲制度虽经实行，而各县旧有乡董多仍继续存在，凡有兵差、派款，保甲但居名义，实际收支率皆操诸绅董之手。[5] 即使最关紧要的钱粮征收，各县保甲亦无法尽其督催之本分，致地方政府开征丁漕，往往不经保甲，而径自撕票交由各机关直接赴乡征取，甚至沿承包揽之旧例，将地丁串票以八折九折之价格，批售于地方豪强，任其肆意苛敛。[6] 在此情形下，保甲制度显然无法有效取代原有的地方权力机关，发挥积极功能，反而造成新旧基层组织骈植并立，徒增民众无谓之负担。[7] 人类学家费孝通便曾感慨系之地指出：

---

[1] 麻安邦：《现行保甲制度之利弊及今后整理之意见》，《河南政治月刊》第 4 卷第 3 期，第 5 页。

[2] 《保安处最近之工作及巡视豫东各县情形》，《河南政治月刊》第 3 卷第 2 期，1923 年 3 月，第 3 页。

[3] 《河南省农村调查》，第 96 页。

[4] 《怎样去实行保甲制度》，《河南政治月刊》第 3 卷第 11 期，第 6 页。

[5] 冯和法编：《中国农村经济资料续编》上册，台北：华世出版社影印，1978 年，第 215 页。

[6] 《刘主席出巡孟津、渑池、新安三县记》，《河南政治月刊》第 4 卷第 4 期，1934 年 5 月，第 18 页。

[7] 《河南省农村调查》，第 89 页。

> 保甲制度不但在区位上破坏了原有的社区单位，使许多民生所关的事无法进行，而且……把基层的社会逼入了政治死角。而事实上新的机构并不能有效地去接收原有的自治机构来推行地方公务，旧的机构却失去了合法地位，无从正式活动。基层政务就这样僵持了，表现出来的是基层行政的没有效率。[1]

姑不论费孝通是否对"自治机构"的正面作用揄扬太过，上引这段话，确实一语揭破了河南保甲的真实面貌。

其次讨论地方武力的收编。由于资料不足，其成效如何，已难详考。唯若就新安一县来看，似亦难称妥善。新安于1931年奉省令将各区保卫团改编为保安大队，集中于县，但实际上直到1934年，县保安大队依旧分驻各区，为各区区长所把持，先后仅集中训练过一次，是名称虽改，究其实质，则与固有之保卫团无异。[2] 至于其他各县，纵有出入，当亦乏善可陈。1934年，河南省主席刘峙便明白坦承各县团队之改编，多属草率苟且，"思想陈旧，故步自封者"往往借口地方财力不胜，多方把持，不肯切实改编；寻常民众复对地域观念牢不可破，每有调遣，辄行阻挠破坏，不遗余力。[3]

再就区政改革观察。河南于1930年代实施分区设署，严格考训区长，目的无非在铲除旧有地方势力，俾政府权威向下延伸，确切掌握农村社会的广大资源。然而，从现有少数资料看，政府在这场资源争夺战中显然未能占得上风。以最具关键性的区长人选而言，分区设署办法中原有回避本籍之严格限制，一旦付诸实行，却因种种困难，未能贯彻。兹举阳武县为例，表列1930年以后该县五区区长姓名、籍贯及任期如下，借窥一斑：

---

[1] 费孝通：《基层行政的僵化》，费孝通：《乡土重建》，第52页。

[2] 天陶：《豫西一周记》，《河南政治月刊》第4卷第3期，1934年4月，第26页。

[3] 刘峙：《河南最近之剿匪及政务工作》，《河南政治月刊》第4卷第4期，1934年5月，第6—7页。

表 1.5　阳武县各区区长姓名、籍贯及任期，1930—1935

区别	姓名	籍贯	任期	备注
第一区	贾克宽	阳武	1930 年 8 月—1932 年 3 月	1932 年 3 月—1934 年任四区区长
	李春泰		1932 年 3 月—1932 年 7 月	1931 年—1932 年 3 月任四区区长 1933 年—1934 年任五区区长
	毛鸿儒		1932 年 7 月—1933 年 8 月	1930 年任二区区长 1932 年任五区区长
	张宗孟		1933 年 8 月—1934 年 1 月	1935 年任五区区长
	李维藩	延津	1934 年 1 月—不详	
	裴位坤	阳武	1935 年	
	牛星南	确山	1935 年	
第二区	毛鸿儒	阳武	1930 年	1932 年 7 月—1933 年 8 月任一区区长 1932 年任五区区长
	郝涌泉		不详	
	刘嘉善	延津	1934 年	
	董德馨	阳武	1935 年	
	张敬忠	武陟	1935 年 10 月	
第三区	李继唐	阳武	1930 年—1933 年	
	李坤元	延津	1934 年	
	曹德修	开封	1935 年 8—9 月	
	庄兰馥	南阳	1935 年 10 月—不详	
第四区	杨明信	阳武	1930 年	
	李春泰		1931 年—1932 年 3 月	1932 年 3—7 月任一区区长 1933 年任五区区长
	贾克宽		1932 年 3 月—1934 年	1930 年 8 月—1932 年 3 月任一区区长
	孟兆襄	原武	1934 年	
	李友	阳武	1935 年	1929 年 9 月—1931 年 9 月任教育局长

续表

区别	姓名	籍贯	任期	备注
第五区	宋景钊	阳武	1930 年—1932 年	
	毛鸿儒		1932 年	1930 年任二区区长 1932 年 7 月—1933 年 8 月 任一区区长
	李春泰		1933 年	1931 年—1932 年 3 月 任四区区长 1932 年 3 月—1932 年 7 月 任一区区长
	段日俊		1934 年	
	张宗孟		1935 年	1933 年 8 月—1934 年 1 月 任一区区长
	朱德宇	开封	1935 年	
	杨承仁	阳武	1935 年	

资料来源：《阳武县志》卷 3《职官》，第 44—47 页。

由上表可知，阳武五区区长，除 1934 年、1935 年间有以外县人士充任者外，皆为本籍之人；即便在分区设署，严定姻避之禁后，除第三区尚能合乎规定外，其他四区区长仍多属本县土著。尤其注意的是，区长一职往往由少数人轮流充当，辗转把持，区政改革并未能打破地方权力精英专擅垄断之传统局面。在此情形下，旧有弊端，自亦难望消弭。直到全面抗战前一年，河南省政视察团遄赴省内各县考察，所见区长苛扰滥派等情事，犹极为繁夥，而控告区长不法的讼案，亦高居各类案件之冠。[1] 因此，国民政府时期，河南耗费无数人力、物力，投注巨额经费[2]，积极推动基层地方政治的改造，所得到的，却只是下级行政机构的臃肿膨胀与地方政务的废弛隳坏。至于政治整合、民众动员等鹄的，仍属遥不可及。

---

[1] 曹冠如：《视察日记》，《河南政治月刊》第 6 卷第 7 期，1936 年 7 月，第 2—6 页。

[2] 例如 1936 年，河南全省 404 个区，每月经费凡 91 304 元，全年合计支出 1 095 648 元，而 1935 年度河南一省全年财政总预算不过 16 172 973 元。《民国二十五年河南省政府年刊》，第 119 页；参见河南省政府秘书处统计室编：《河南省政府五年来施政统计》，1935 年，第 21 页。

结　语

从清末到民国，河南地方基层政治的组织形态，在政府部门的极力推动下，先后历经两次重大的变革。清朝末造，随着立宪运动的潮流，而有地方自治之编组；至1930年代，复因军事需要，罢废自治，改行保甲。

这两种地方政治制度，设计理念不同，表现出来的特质，截然异趣。不过，从整个近代中国政治发展的大脉络来看，无论是仿习西法，以扩大参与为标榜的地方自治，抑或承袭传统，以强化控制为鹄的的保甲制度，事实上殊途同归，都是近代中国在国家塑造的崎岖路程中所从事的政治实验。这两种制度的终极目标，也都在于重新调整国家与地方社会的权力关系，将传统的地方权力精英纳入国家体系，进而使国家权力直接下达一般民众，俾便动员广大农村的社会、经济资源，为现代国家之建设奠定稳固的基石。因此，论者往往多着眼于此一过程在政治"现代化"上的意义。

然而，这种改造地方政治的努力，至少在河南省的范围内，并未收到预期的成果。自治则徒具虚名，沦为地方势力盘踞垄断的凭借；保甲则非但未能加强政府威权，扩大其控制范围，徒然造成行政资源的浪费与地方政务的废弛。

河南的自治与保甲所以无法有效达成其原始目标，制度不良、人谋不臧、政局动荡，自然都是主要的因素。不过，追根究底，则河南的社会、经济条件，才是决定自治与保甲之成败的根本症结。本文无法详论清末民国河南的社会经济情况，仅拟举出一段小故事，作为是篇的终曲。

1934年某月，河南省主席刘峙赴豫西各县视察，因道路破坏，交通不便，途中多以马匹代步。及巡视事竣，赶赴车站，拟搭车返回省城时，适值天雨，泥泞难行，遂止宿于某村庄中。该村因迭受兵匪蹂躏，颓败不堪，人民大多流散，刘峙之随员几经搜寻，始觅得乡民二人，即告以省主席莅临，嘱其传唤地方保甲长前来晋谒，不意告之再三，乡民仍瞠目以对，竟不知省主席为何物。不得已，遂改称督军驾临，乡民方明其意旨而去；良久，复命曰保甲长早经离村，不知下落。刘峙无奈，不得不于敝破废屋中留栖一宵，俟次日雨霁，始得顺利起程。[1]

从以上这段轶事，不难窥见民国时期河南农村地区贫穷、落后、交通不便与人民智识低落等实况。在缺乏社会、经济等下层结构的有力支撑下，要想依靠主政者的主观意图，强行推动大规模的政治改革，其情形犹如无源之水，可立而待其枯竭。无怪乎 20 世纪前期，河南地方基层政治组织的一再更张，也只能是在旧有结构上叠床架屋，无裨实际。从这种角度看，近代河南从自治到保甲的地方基层政治演变过程，与其说是政治的现代化，毋宁说是政治的内卷化。[2]

---

[1] 天陶：《豫西一周记》，《河南政治月刊》第 4 卷第 3 期，第 5—6 页。

[2] 人类学家克利福德·格尔茨（Clifford Geertz）研究爪哇水稻农作时，以 agricultural involution 一词，指称农场劳力过度集约化导致边际报酬递减的现象，参见 Clifford Geertz, *Agricultural Involution: The Process of Ecological Change in Indonesia*, Berkeley: Univ. of California Press, 1963。杜赞奇借用此一概念，研究民国时期华北的地方财政，指出民国时期政府组织的扩张，并非基于对现有或新增的人事及行政资源的有效运用，而只是旧有国家和社会关系的沿袭与扩大。他将此一现象称作 state involution，参见 P. Duara, "State Involution: A Study of Local Finance in North China, 1911–1935," *Comparative Study of Society and History*, Vol. 29, No.2（April 1987）, pp. 132–161, esp. pp. 135–136。本文略仿其意，将河南从自治到保甲的地方政治改组过程中，新旧机构骈植并立，资源浪费而行政效率反趋低落的现象，称作"政治的内卷化"（political involution）。"involution"一词在中文里苦无适当译名，姑依黄宗智之意，译为"内卷化"，参见黄宗智：《华北的小农经济与社会变迁》，北京：中华书局，1986 年；此书为中译本，原名为 *The Peasant Economy and Social Change in North China* (Stanford: Stanford Univ. Press, 1985)。

地方精英与国家权力

民国时期的宛西自治（1930—1943）*

前　言

西方学者讨论 16 世纪以来西欧民族国家的抟成，明白指出各国"国家的塑造"（state-making）或成或败的关键因素，首推政府能否有效大量吸取地方社会的财税资源。[1] 若干政治学者甚至以动员资源的能力作为界定国家权力的尺度。[2] 依据这种标准衡量，20 世纪以来，尤其是民国肇建以降，农民税赋负担的日渐加重所反映的政治现象，理应是近代中国在塑造一个现代国家的崎岖历程中，国家权力的不断扩张。1930 年代孙晓村已指出，自 1928 年南京国民政府成立之后，"地方财政不断地在膨胀，省市县政府的组织骤然扩大，所有漂亮的政治旗

* 本文撰作期间惠承张瑞德、李孝悌两位先生自美影寄重要资料；初稿草就，复劳陈永发、翟志成、吕芳上诸先生审阅一过，指正多端，盛意可感，谨此敬申谢悃，唯文中错谬疏漏之处，概系笔者不学失察所致，合当声明如上。

[1] Charles Tilly, "Reflections on the History of European Statemaking," in Charles Tilly ed., *The Formation of National States in Western Europe*, Princeton: Princeton Univ. Press, 1975, p. 40.

[2] Alan C. Lamborn, "Power and the Politics of Extraction, " *International Studies Quarterly*, Vol. 27（June 1983）, p. 126; cited from Joel S. Migdal, "Strong States, Weak States: Power and Accomodation," in Myron Weiner and Samuel P. Huntington eds., *Understanding Political Development*, Boston: Little, Brown and Company, 1987, p. 401.

帜一起搬上舞台"。[1] 同时代的另一位作者对政府掠取农村经济资源，也有如下的概述：

> ……近些年来，……各县当局往往滥用权力，任意摊派，不独兵差供应分摊于民，即他如造路、兴学、县财政不敷、民团经费、治河、办理自治，以至官吏欠薪、招待上官等费用，也皆责令县民分摊，往往一款收毕，一款又至，……一般人民负担之重、痛苦之深可知。[2]

即以本文所拟讨论的河南省而言，根据一项统计，光绪二十八年（1902），境内最佳稻田每亩税负约为 0.4 元，其后逐年递增，及 1927 年已增至 1.196 元，增加率达 299%，1928 年更增为 3 元，增加率高达 750%。[3] 姑不论其间所牵涉的纷繁头绪，此一现象足以显示民国时期国家征课权力的日益增强。论者所称民国期间政府积极致力于强化国家行政机能[4]，殆非河汉之言。

虽然，此一时期中国国家权力的"扩张"，却未能如西方近代国家一般，树立稳固的国家结构；反之，在多数历史著作的描述中，民国时期乃是国家权威失坠、政治体制全面崩解的时代。[5] 至于广大内地农村，更是经济衰退、社会动荡、饥馑洊至、盗匪时作，普遍陷入高度混乱的无政府状态。

对于这两种互为矛盾却又同时并存的现象，美国学者杜赞奇依据其对华北农村社会权力结构的研究，提出"国家内卷化"（state involution）的理论试图加

---

[1] 孙晓村：《地方财政对于农村经济的影响》，《中国农村》第 2 卷第 9 期，1936 年 9 月，第 38 页。

[2] 程树棠：《日趋严重的农村摊款问题》，《东方杂志》第 32 卷第 24 号，1935 年 12 月 16 日，第 52 页。

[3] 徐羽冰：《中国田赋之一考察》，《东方杂志》第 31 卷第 10 号，1934 年 5 月 16 日，第 56 页。

[4] Philip A. Kuhn and Susan M. Jones, "Introduction," in Susan Mann Jones ed., *Select Papers from the Center for Eastern Studies*, No. 3, Chicago: Chicago Univ. Press, 1979, p. xiii.

[5] 其最为人熟知者如薛立敦（James E. Sheridan）即径以 "China in Disintegration" 为其著作标题。

以解释。

杜赞奇指出，20世纪中国国家组织不断扩张，权力所及的范围持续扩大，然而，此一过程却是透过掮客化（brokerage）的手段进行的。也就是说，国家的各级行政机构虽然日益膨胀，却始终无法直接伸入农村基层，而不得不仰仗地方权力精英所掌握的各类非正式组织（informal structures）扮演中介者的角色，以便有效遂行各项行政机能。在这种"内卷化"的演进模式下，地方精英蔚为一股难以驾驭的社会势力，寖假侵夺了国家在地方政治过程中的支配角色。[1] 换句话说，民国政府虽曾勠力于建构一套中央集权化的行政体系，但在缺乏社会、经济等下层结构的有力支撑下，其所勉强完成者，也不过为一"头重脚轻"（topsy）的畸形产物。政府既无力凭借意识形态、强制力量与物质报酬等诱因凝聚基层地方的精英分子，将之整合于共同的政治目标之下，遂亦唯有听任后者恣意分掠地方社会的权力与资源。[2] 于是，农民赋税负担虽日益苛重，而国家所能掌握的资源却未能相应大幅增长。

就此角度而言，如欲探究20世纪前半叶中国政治发展的轨迹，国家与地方精英之间的矛盾与紧张，殆为一不容忽视的重要课题。而为数繁夥、形态各异的地方精英，其出身之背景、崛起之经过、控扼之资源、竞争之策略，乃至其与国家权力之间的交涉瓜葛，自亦成为厘梳近代中国国家/社会关系，首须加以澄清的枢机。近年来，学界渐次注目及此，并已获致若干研究成果。[3] 唯此一问题牵涉至广，各地的实际状况复又千门万户，莫衷一是，殊难援据少数案例，推衍为概括性的综合论断，而仍有待于更多具体事例的发掘与考辨。缘是，斯

[1] Prasenjit Duara, *Culture, Power, and the State: Rural North China, 1900–1942*, Stanford: Stanford Univ. Press, 1988, pp. 73–74.

[2] Philip A. Kuhn and Susan M. Jones, "Introduction," in Susan Mann Jones ed., *Select Papers from the Center for Eastern Studies*, No. 3, p. xiii.

[3] 最新的研究成果参见 Joseph W. Esherick and Mary B. Rankin eds., *Chinese Local Elites and Patterns of Dominance*, Berkeley: Univ. of California Press, 1990。本书为1987年在加拿大班夫所召开之学术会议的论文集。

篇之作，实亦仅止于以河南省的特殊个案——宛西自治为断际，冀对此一重大问题做一粗浅的初步探讨。

"宛"为河南南阳之古名，所谓"宛西自治"者，意指河南西南部南阳府属之内乡、淅川、镇平等县[1]于1930年代和1940年代，在少数地方精英支配与推动下所展开的地方自治运动。对于这段史事，历来聚讼纷纭，评价不一，誉之者固然揄扬备至，许之为中国地方自治的典范[2]；毁之者则不免肆意诋諆，詈之为"土豪劣绅"的封建割据势力。[3]本文目的自不在卷入这场善恶贤不肖的道德臧否，但求透过史实的重建与诠释，或于前述近代中国国家／社会关系的政治发展脉络，不无些微厘清之劳。

一、社会军事化与地方精英的转化

本文所谓"地方精英"，泛指任何在特定地方社区掌握支配（dominance）权力的个人或家族。[4]一般而言，构成地方精英之权力基础者，固有多项不同来

---

[1] 一般所称"宛西自治"，通常亦包括邓县在内，唯该县自治发轫甚迟（1936年始行展开），故本文除间或涉及外，不予列入讨论范围。

[2] 如乡村建设派对于镇平自治即盛加称道，参见乡村工作讨论会编：《乡村建设实验》（以下简称《乡村建设实验》）第1集，上海：中华书局，1934年，"序"，第5页；毕生致力于地方自治运动的李宗黄更认为宛西自治与孙中山的"三民主义"精神立意深相契合，成效斐然。参见李宗黄：《宛西地方自治评价》，《地方自治专刊》第2卷第2期，1947年7月15日，收于陈舜德：《闲话宛西集》，台北：唯勤出版社，1979年，"附录"，第231—245页；参见李宗黄：《李宗黄回忆录：八十三年奋斗史》第3册，台北：地方自治学会，1972年，第324—329页。

[3] 例见张和宣：《我所知道的别廷芳》，中国人民政治协商会议全国委员会文史资料研究委员会编：《文史资料选辑》（以下简称《文史资料选辑》）第47辑，1981年，第31—65页；别光典：《河南内乡土皇帝别廷芳》，《文史资料选辑》第38辑，1980年，第176—189页；杜薇丽：《试论宛西军阀别廷芳的发迹》，河南省地方史志编纂委员会编：《河南史志资料》（以下简称《河南史志资料》）第7辑，1984年，第70—76页。

[4] Joseph W. Esherick and Mary B. Rankin, "Introduction," in *Chinese Local Elites and Patterns of Dominance*, p. 10.

源[1]，但在 20 世纪以前，通过科举功名取得士绅地位，实为跻身地方精英之列的主要途径。民国《光山县志》便说："满清之季，人民好尚犹在科举范围之内，传经士子有转移世俗之力，故秀才之一举一动，几成神圣不可侵犯。"[2]

如众所知，有清一代，国家行政权力的实际效力仅及于州县衙门，县以下广大农村地区的权力结构，则由以士绅为主体的地方精英所控制，维护治安、兴办公益等公共事业，亦由彼等承担，在国家权力所及的范围之外，构成了一套由下而上的"无形组织"。虽然，这些地方精英的权力亦自有其限制。一方面，朝廷借由科举制度的设计，利用儒家规范性意识形态，塑造出一套社会价值系统，以维系"普遍王权"的合法性（legitimacy）于不坠，并将各地精英统摄于共同的国家目标之下。另一方面，地方精英干预地方事务的程度，亦由官府明定界限，士绅之包揽钱粮、教唆词讼，始终悬为厉禁。[3]民国《正阳县志》叙及该县政治沿革时，即有如下描述：

> ……正阳在有清一代，县运衰替，文化不彰。咸同以前，官施政于上，民受治于下，纯粹一官府独裁政体。初无政治思潮之发展，间有公正绅衿，感受政治黑暗，有所声请，上峰辄以妄干政务，不守卧碑条文，严加箝制，其蚩蚩者可知矣。[4]

逮及 19 世纪中期，情势丕变。外则列强交逼，内则太平天国及捻军相率继

---

[1]　周锡瑞和冉玫铄便指出，地方精英为维系其支配地位，必须控制下列各项资源：（1）物质资源（土地、商业财富、军事力量等）；（2）社会资源（社会影响力的关系纽带、氏族群体、结社等）；（3）个人资源（专长技能、领导能力、宗教或魔术力量）；（4）象征资源（身份、名望、特殊生活方式等）。See Joseph W. Esherick and Mary B. Rankin, "Introduction," in *Chinese Local Elites and Patterns of Dominance*, p.11.

[2]　民国《光山县志约稿·忠烈》，1936 年，第 8b 页。

[3]　参见［美］孔飞力：《西方对近代中国政治参与及政治体制的影响》，《新史学》第 2 卷第 2 期，1991 年 9 月，第 118 页。

[4]　民国《重修正阳县志》卷 2《政治》，第 2b 页。

起，清廷的统治力量大为削弱，不得不仰仗地方精英弭平寇患，重建政治秩序。所以前引《正阳县志》接着又说：

> 同治中兴以后，大乱初平，官民相与，骤难惬洽，势不能不有道焉，斡旋其间，以维官令而通民志。于是有张宝禧等贤令尹，曲体民隐，汲引士绅。在城则下交袁报来、王均礼等，筹商要政；在乡则分店择贤，协助政治，名曰首事。[1]

绅权的膨胀，不独正阳一县为然。清末河南各地普遍出现"车马局""支应局""急公局"等由地方士绅承办的组织，作为国家与社会之间的中介机构。如豫北安阳于光绪初年，胥吏横恣，肆行不法，征收钱粮，勒收浮费甚巨，至有正银一两，加派车马等费至四五千文者，后经邑绅张廷献、马吉森等人联名上控，豫抚饬令查办，并为特立车马局，厘定章程，拨归绅办，于是浮费大减，民困以苏。[2]类此事例，充分显示19世纪中叶以来，随着"公共领域"（public sphere）的拓展，河南各地地方精英也开始掌握了日趋自主化的权力机制。[3]及

---

[1] 民国《重修正阳县志》卷2《政治》，第3a页。

[2] 民国《续安阳县志》卷16《人物表》，第37、40页。

[3] See Joseph W. Esherick and Mary B. Rankin eds., "Concluding Remarks," in *Chinese Local Elites and Patterns of Dominance*, p. 337. 冉玫铄研究清末浙江地方精英，也指出地方绅董在太平天国运动之后，积极参与地方重建事务，在地方社会中逐渐传成一个介乎官僚组织与私人活动之间，并以地方公共利益为依归的"公共领域"。See Mary B. Rankin, *Elite Activism and Political Transformation in China, Zhejiang Province, 1865-1911*, Stanford: Stanford Univ. Press, 1986, Chapter 3, pp. 92-135. "公共领域"（public sphere）此一概念，借自德国社会学家哈贝马斯，参见 Jürgen Habermas, *The Structural Transformation of the Public Sphere: An Inquire into a Category of Bourgeois Society, tr. by Thomas Burger*, Cambridge: The MIT Press, 1989；关于此一概念在近代中国研究上的运作效力，罗威廉有一扼要讨论，参见 William T. Rowe, "The Public Sphere in Modern China," *Modern China*, Vol. 16, No. 3（July 1990）, pp. 318-325；唯孔飞力对此颇有微词，参见 Philip A. Kuhn, "Civil Society and Constitutional Development," draft paper for the American-European Syposium on State and Society in East Asian Traditions, Paris, May 1991, pp. 4-7。

至 20 世纪初年，清廷施行新政，各地筹办自治，普设机关，举凡地方教育、警务与建设诸端，率由士绅带领推动，于是地方精英的地位进一步获得合法承认，国家权力渐次下移。[1] 传统绅权的强化与深化，于焉可谓达于前所未有之巅峰。

然而，正是在地方精英权力急遽扩张的过程中，其成员结构与权力基础也产生了重大变化。一方面，1905 年科举停废，士绅阶层再生产的制度支柱彻底崩解；不旋踵而辛亥鼎革，皇权覆灭，士绅权威的合法性更遭到严重质疑。反之，在社会经济快速变迁的潮流中日趋壮盛的商人与接受新式教育的专业知识分子，渐次取代了传统士绅在地方社会的支配地位。[2] 民国初年，河南各地新旧"士绅"分立派系，党同伐异，明争暗斗，扰攘不已 [3]，恰足说明地方精英内部分化之一斑。

尤其重要的是，清末以来绅权扩张，基本上是以一个兵连祸结、集体暴力泛滥、社会高度军事化的时代为背景。这样的背景，对于清末民初河南地方精英的性格及其资源凭借，发生了决定性的转化作用。

如前所述，清末河南地方精英的崛起，实以太平天国及捻军的长期存在为契机。

咸丰三年（1853）四月，太平天国北伐军长驱入豫，攻城略地，所向披靡，捻军乘间发难，所在蜂起，中原板荡，于是清廷以毛昶熙为督办河南团练大臣，檄令州县绅民筑寨自守，团练乡勇。一时之间，地方士绅望风景从。仅睢州一

---

[1]　黄宗智：《华北的小农经济与社会变迁》，1986 年，第 285 页。

[2]　Marianne Bastid-Bruguiere, "Currents of Social Change," in *The Cambridge History of China*, Vol. XI. Late Ch'ing, pt. 2, Cambridge: Cambridge Univ. Press, 1980, pp. 555–559；对于浙江省社会精英的分化情形，参见 R. Keith Schoppa, *Chinese Elites and Political Change: Zhejiang Province in the Early Twentieth Century*, Cambridge: Harvard Univ. Press, 1982, pp. 71–72。

[3]　例如民初尉氏县议会分新旧两派，彼此互争，迭生龃龉，甚至挥拳相向，传为笑柄。参见《顺天时报》1912 年 10 月 9 日；1933 年时豫东扶沟士绅尚有新旧之别，门争甚烈，参见《刘主席出巡扶沟、西华、商水三县记》，《河南政治月刊》第 3 卷第 12 期，1934 年 1 月，第 9 页。

地，为寨凡九十有四 [1]；夏邑一县，死去的团勇前后不下数千 [2]，在地方力量的动员下予以平定。

依据韦伯所做界定，国家的首要本质端在其对合法武力的垄断，这也正是国家机构赖以存立的最终保障，一旦国家丧失该项垄断力量，既有的政治秩序必然产生危机。[3] 咸同以降，清朝政府即无法凭借经制武力维持政治控制与社会秩序，反须仰赖私有性质的地方武力为奥援，遂不免启地方精英觊觎侵夺国家权力之厉阶。孔飞力已指出，19 世纪中期，地方社会的军事化导致各地绅董在维护治安、征收赋税与公共建设方面的权责大为增强，其既有的支配地位益形巩固。[4] 而河南南阳一县的实际例证，尤能具体说明此一趋势。南阳于咸丰中期，团练大行，县境各保皆置保甲局，稽查编氓，防范奸宄；县城别设筹防总局，由邑绅刘若棣、崔怀玉等董局事，"局权畸重……惊急非局绅不能办，府县官亦仰给之"，而各乡团勇为数众多，横行无忌，"赊旗店团长戴文熊尝一日杀数十人，民无敢怨者"。[5] 由是可见，在社会军事化的过程中，地方精英实已凭借强大的武力资源，重新塑造了政府机关与地方社会的关系模式。此后以迄 1930 年代，河南基层地方政治的变化，大体仍沿循此一轴线持续发展。

另一方面，咸同时期编组团练、筹办防务的河南地方精英，固多忠义愤发，以维系帝国体制为职志者，唯其绝大多数则不免囿于地域观念，但知保境安民，屏障桑梓一隅之利益，从而首鼠两端，依违于官"匪"之间者，更仆难数，所在多有。如咸丰末年，捻首陈大喜、张凤林等倡乱豫南，自汝南正阳，以迄新蔡息县，纵横数百里间，民寨并为所迫，多领旗附贼，"蓄长发，供刍粮"，"匪"

---

[1]　光绪《续修睢州志》卷 2《建置》，第 13a 页。

[2]　民国《夏邑县志》卷 6《人物·忠烈》，第 14b 页。

[3]　David Held et al., *States and Societies*, N.Y.: University Press, 1983, pp. 35–36.

[4]　Philip A. Kuhn, *Rebellion and Its Enemies in Late Imperial China: Militarization and Social Struture, 1796–1864*, Cambridge: Harvard Univ. Press, 1970, pp. 211–215.

[5]　光绪《南阳县志》卷 8《兵防》，第 29 页。

势因以大张，其最盛时，正阳全境除铜钟一镇犹向清廷外，"其余地面一切事务，生杀予夺，均归凤林主办，居然一方政府"。[1] 及同治初，官军威势复振，连破贼兵，"从逆"诸寨乃相率改图，剃发投诚。[2] 他如地方精英恃团练之势，抗纳钱粮、滋生事端者，尤属屡见不鲜。咸丰五年（1855）五月清廷上谕便说：

> 地方团练原以保卫乡间，近来河南彰、卫、怀及开封等属抗粮滋事之案，层见叠出，皆因联庄会借团练为名，纠众抗官。……[3]

咸丰十一年（1861），督办团练大臣毛昶熙奏罢豫北彰德、卫辉、怀庆三府团练一折也说：

> ……团练本助兵力之不足，而奸民则藉练为名，敛财肥己，恃势抗官，纠聚既众，要挟多端，缓之则养痈，急之则铤险，……请罢河北三府团练。[4]

凡此诸端，在在显示，河南地方精英所编练的军事组织，本质上仍是以地方利益为依归的武装内向团体，唯有在趋利避害的前提下，才有可能整合于国家的整体目标之下。日后宛西自治所以一再被政府当局指斥为封建割据，即应由此一特殊历史脉络来了解。

再次，上引毛昶熙的奏折又隐约透露出一项重要消息，亦即控扼武力资源，实为地方精英积累财富权势、谋求晋身之阶的有效途径。如获嘉监生张曜起家

---

[1]　尹耕云纂：《豫军纪略》卷 4《土匪八》，第 6b — 7a 页；民国《重修正阳县志》卷 3《大事记》，第 42—43 页。

[2]　尹耕云纂：《豫军纪略》卷 5《土匪十》，第 12b 页；《重修正阳县志》卷 3《大事记》，第 45 页。

[3]　尹耕云纂：《豫军纪略》卷 2《会匪二》，第 8a 页。

[4]　同上书，卷 4《土匪七》，第 8b — 9a 页 。

寒微，乃以督办团练，迭立战功，不次拔擢，十余年间，竟膺封圻重寄，巡抚山东。[1]此固为一突出特例，唯各县志书所载低层士绅倚仗地方武力，平步青云，急遽向上流动之事迹，盖可谓繁于秋荼，不胜枚举。即或布衣黔首，亦可假此机缘，跻身精英之列。如信阳乡民何有玉，即于咸同之际，倾其家赀，抚辑流亡，编练乡勇，兴筑寨堡，"以一身系地方安危者垂五十年"。[2]由此可知，经过社会军事化的动荡洗礼，河南地方精英的权力基础显已抽梁换柱，发生了极大变化。军事资源的掌握，纵仍无法与科举功名相提并论，要已不失为维系地方精英支配地位的一大基石。

逮及民国，河南社会军事化的程度每况愈下，上举咸同之际地方精英的行为模式与性格特质，遂亦一脉相承，愈形显豁。

民国时期，河南社会的军事化，可由各类武装团体在数量上的急速扩张略窥一斑。

先就军队而言。清代河南额设驻防、绿营等经制官兵，为数甚寡。道光二十九年（1849），除省垣驻防旗兵外，全省官兵不过 15 381 员。同光之后，变乱迭乘，四郊多垒，河南的军事组织随之渐趋膨胀，唯其规模仍属有限。宣统末造，全豫除编余绿营外，计辖新军一协，步骑官兵 5956 员，五路巡防队马步 40 营，官弁兵夫 10 696 人，两共合计尚仅 16 000 余人。

逮及民国肇建，政纲解纽，中央权威彻底崩溃，各地拥兵军人不再受政治权威羁勒，彼此攻伐，竞相扩充实力，蔚为恶名昭彰的"军阀政治"，而河南位居全国腹心，控扼京汉、陇海两大铁路干线，在战略形势上为兵家所必争，遂不免时时卷入军阀角逐的旋涡。民国以来，豫省全境，兵马倥偬，客军纵横，军队数目直线上升：1912 年，通省官兵约为 23 000 人，1915 年增至 37 600 人，已居全国之冠；1920 年直皖战后，复增至 56 550 人，1922 年第一次直奉战争

---

[1] 民国《河南获嘉县志》卷 12《乡宦》，第 22—25 页。

[2] 《重修信阳县志》卷 26《人物志二之一》，第 16a 页。

后，再增至 78 650 人，及 1924 年第二次直奉战争，吴佩孚败溃，国民二军入豫，收编降卒，招纳土匪，豫省军队暴增至 20 万人；1926 年，吴佩孚东山再起，反攻河南，省内杂项部队乘势扩张，一时之间，"大军云集，司令如麻"，是年 10 月，仅京汉铁路南段自郑州起至武胜关止，驻军已达 30 余万，益以豫北奉军，总数不下 40 万。其扩张之速、数量之夥，令人咋舌。[1]

与军队扩张相表里者，厥为战争频率之繁及破坏之巨。1920 年代以降，河南兵连祸结，几乎无日不战；战祸之惨烈，更是日甚一日。1924 年，国民二军胡景翼入主中原，而驻陕之镇嵩军憨玉琨提兵来争，相持数月，豫西一带蹂躏几遍。[2]1926 年，吴佩孚联奉倒冯，分兵三路，攻入河南，豫南各地复遭劫火，仅信阳一处，双方攻守 48 天，全城泰半毁于炮火，民众死者万余，"附郭之庐舍如鳞，仅存瓦砾；车站之市廛遗迹，无复人烟"，摧残之巨，可以想见。[3]1930 年初，据河南赈务会报告，全豫各地在长期兵匪战祸荼毒下，罹祸至惨，"陕州、洛阳、南阳等县，浩浩数十里，寂无人烟，……田野荒废，人畜相食，死尸累累，宛然阿鼻地狱之光景"。[4]而天不悔祸，鲁难未已，同年 5 月，中原大战爆发，河南沦为决胜战场。战事初期，灾民总数已达 1550 万人，每日仅饿毙者即逾 1000 人；逮是年 12 月战事收束，河南各地更是"尸骨遍野，禾稼未收，房屋倒塌，十室十空，疾疫流行，满目凄凉"。[5]此类说辞固不免渲染夸大之嫌，但社会经济所受破坏之巨，要难否认。

另一方面，军队数量既增，粮饷补给自成严重问题。民国以来，军费开支

[1] 参见拙撰：《中国现代化的区域研究：河南省（1860—1937）》，第三章《政治的现代化》，未刊稿。

[2] 陶菊隐：《北洋军阀统治时期史话》第 7 册，第 135—138 页。

[3] 同上书，第 239—242 页；李泰棻：《国民军史稿》，沈云龙主编：《近代中国史料丛刊正编》658 号，第 321、325—356 页；《重修信阳县志》卷 31《大事记》，第 3b—4a 页。

[4] 《顺天时报》1930 年 2 月 3 日。

[5] 郭廷以：《近代中国史纲》，香港：香港中文大学出版社，1979 年，第 606—607 页。

始终占据豫省财政的绝大比例。1912 年，河南军费约 300 万元，居省府预算的四分之一，是后逐年递增，1917 年岁支 480 万元，1921 年增至 780 万元，1923 年骤增为 1440 万元，已达全省岁入的 84%；及 1925 年，军费更逾 6000 余万，超过 1923 年直鲁豫三省岁入之总额。[1] 即使 1931 年后，河南军队虽已改归中央节制，而驻军来去，为数恒达 30 万以上，军需饷糈，仍责由省方筹措，以致财政困竭，几难支持。[2]

政府既无力筹措财源，供养军队，则军队盘踞地方，滥行派差，肆意苛扰，便成为司空见惯的现象。1925 年河南遍驻大军，最小县份亦须供应两营之给养，无日无需索，无日无委员，动辄以贻误军机相恫吓，限日缴纳；沿铁路各县，给养数达百万，稍少者，亦不减三五十万，人民水深火热，无以为生，至有"不作匪、不当兵，不能安生"之谚流传乡里。[3]1930 年，十二路军驻扎豫北，任意委派县长，专司筹办给养，仅安阳一地，数月间勒派百余万元；次年，该军改编移防，临行征敛车牲粮秣等费，为数又不下百余万。[4] 据时人调查，该年河南 112 县，负担兵差者凡 92 县[5]；而军队的征发苛派，动辄较地丁正税高上十倍至百倍，有时甚至高达数百倍[6]。直到 1933 年，豫中豫南各地农村，举目但见牛驴等工作效率低下的"坏牲口"，马骡一类"好牲口"则已为军队抢掠一空，几近绝迹。[7] 由此数端，足可窥见军队扰害为祸之烈。

---

[1] 吴世勋：《河南》，上海：中华书局，1927 年，第 61—62 页；陈翰笙：《中国农民负担的赋税》，《东方杂志》第 25 卷第 19 号，1928 年 10 月 10 日，第 10 页；《顺天时报》1926 年 4 月 6 日。

[2] 刘峙：《我的回忆》，台北：自印本，1966 年，第 121 页。

[3] 《顺天时报》1925 年 3 月 5 日。

[4] 《续安阳县志》卷 1《大事记》，第 15b 页。

[5] 王寅生等：《兵差与农民》，冯和法编：《中国农村经济论》，上海：黎明书局，1936 年，第 363 页。

[6] H. M. Tien, *Government and Politics in Kuomintang China, 1927–1937*, Stanford: Stanford Univ. Press, 1972, p. 169.

[7] 《河南省农村调查》，第 16 页。

伴随军队与战争所造成的社会解体、经济破坏，民国期间河南社会中另一类型的武装掠夺团体——土匪，遂亦蓬勃发展。

盗匪劫掠，原为传统中国久已有之的普遍现象。清朝末年，豫西伏牛山脉崇山峻岭之间，伏莽潜滋，素为刀匪出没之区；豫东毗邻鲁、苏、皖的边陲僻险地界，更是闻名中外的盗贼渊薮。据狄德满（R. G. Tiedemann）统计，1870年至1899年间，山东全省及冀、豫、皖、苏四省边区共发生141桩有案可稽的盗匪事件，其中发生于豫东归德与山东曹州、苏北徐州交界地区者，即达124桩，占总数的87.9%。[1] 及庚子以降，由于清廷统治力量的堕弛与社会经济状况的恶化，盗贼活动更形猖獗。1911年初，侍御史陈善同所上奏折便说："今者，两广、两湖、东三省、黔、豫、川、鲁、江、皖等省，盗贼纵横，所在伏莽，官民莫之敢撄。就豫省言之，河南府盗首王天崇（纵）、南阳府盗首王八老虎，据山为巢，结伙各数千人，四出剽掠，有南王北王之称。上年冬月，内乡知县邱缙致为所掳，以千金赎归；今年三月，盗竟在永（城）、夏（邑）一带榜示各村，赈济灾民，实属骇人听闻。"[2] 盗匪为患，竟致官厅束手，是亦可见问题之严重。

不过，辛亥以前河南匪盗，大致仍属局部地区的治安问题，对于社会整体发展的影响有限。逮入民国，河南吏治腐败，政以贿成，政治秩序荡然无存[3]，益以兵燹连年，旱涝时作，民无生路，纷纷聚众拉杆，铤而走险。尤其自1922年河南督军赵倜败溃，属下宏威军七八万人散而为匪，烧杀劫掠，掳人勒赎，

---

[1] R. G. Tiedemann, "The Persistence of Banditry," *Modern China*, Vol. 8, No. 4（Oct. 1982），p.398.

[2] 陈善同：《奏请设法绥辑内乱折》，《陈侍御奏稿》第3卷，沈云龙主编：《近代中国史料丛刊正编》274号，第14页。

[3] 如民国元年，张镇芳任河南都督，任用60余名私人为知县，其中"贪利忘义，卑鄙龌龊，吸民膏髓者，比比皆是"，《时报》（上海）1914年3月30日；1916年河南各县之缺，分上中下三等，各有定价，数月之间，纳赀行贿，得宰一邑者，竟达30余人，参见《顺天时报》1916年10月7日。此外，民国时期河南县长任期之短促，亦为地方政治无从步上正轨之重要因素，参见拙撰：《中国现代化的区域研究：河南省（1860—1937）》，第三章《政治的现代化》，未刊稿。

无所不至[1]，河南寇盗遂与军队合流，一变而为"兵匪"。兹后，军队败溃则为匪，土匪受抚则为兵，辗转相寻，习为成规，匪祸随之益形蔓延，1920年代的中原大地萑苻遍野，荆棘满地，已成家喻户晓的"土匪世界"。[2]根据日人长野朗调查，1923—1924年间，河南知名盗匪约有42股，25 000余人[3]；另据何西亚估计，1924年河南各地杆匪凡52股，51 000余人[4]。实际上，若再加上零星小股及未经调查者，斯时河南土匪总数当在12万人以上，平均每县有匪千人左右，其中临汝一地即有土匪12 000人，洛宁县亦达7000人之谱，殆可谓遍地皆匪。[5]从而河南在民国时期盗匪为祸之烈，甲于全国。著名巨匪如白狼、老洋人之纵横数省，震惊中外，固为显著例证，即寻常股匪，踪迹所至，亦不免举目蒿莱，蹂躏殆尽。据估计，自1912年以迄1928年，河南仅27县之地，便发生大小匪乱630起。[6]其他如豫东僻邑沈丘县，在1922年至1933年十余年间，土客杆匪凡数十起，小者不下数百，大者无虑数千，县城被破三次，村镇集寨陷于匪者不知凡几，无告小民惨遭屠戮，肝脑涂地，劫后灾黎辗转沟壑，鹿独流离。[7]豫南邓县向称繁庶，乾隆时民口80余万，共和以来，连年匪乱，至1933年时，耕地荒废者竟达11 000余顷，几占全县农地之半，编氓口数更锐减至40

[1] 《上海民国日报》1922年7月8日。

[2] See Phil Billingsley, *Bandits in Republican China*, Stanford: Stanford Univ. Press,1988, Chap. 3, pp. 40—69.

[3] ［日］长野朗：《土匪·军队·红枪会》，东京：中国问题研究所，1931年，第85—87页。

[4] 何西亚：《中国盗匪问题之研究》，上海：泰东图书公司，1925年，第88—94页。

[5] 参见戴玄之：《红枪会》，台北：食货出版社，1982年，第71页；吴蕙芳：《民初直鲁豫盗匪之研究（1912—1928）》，台北：学生书局，1990年，第118页。据吴书统计，1912年至1928年间，活动于河南省内之土匪凡340股，远高于山东、河北两省，见同书，第182—183页；另据1922年9月13日《上海民国日报》，则是年河南全省土匪已达12万人。

[6] 吴蕙芳：《民初直鲁豫盗匪之研究（1912—1928）》，第315页。

[7] 河南省地方史志编纂委员会编：《沈丘县志·大事记》，《河南新方志初稿选编》第1辑，1985年，第33—35页。

余万。[1] 豫西新安、渑池一带民谣有曰："白日不敢出外跑，黑夜不敢听狗叫，一听放枪炮，人人胆破了。"[2]1930 年底，红十字会调查豫东兵匪灾情报告书中更是一字一泪地描绘出匪寇荼毒的惨况：

> 土匪蜂起，烧杀掳掠，架人勒赎，甚至烹食婴孩，惨无人道，……人民不死于岁，即死于兵，（不死于兵，）即死于匪。过其地，但见瓦砾堆积，墙壁残余，不见炊烟，徒闻腥血，奄奄待毙之孑遗，令人望而下泪。[3]

以上所述，不过胪列河南匪患之片段，而其酷烈已一至于斯，是全豫所罹祸殃之严重，实难想象。时人所谓，民国时期，土匪、军队与"土豪劣绅"并属河南社会重大祸害，殆非厚诬之辞。

民国时期，河南匪盗丛滋，根本症结固须归于政治、经济环境的败坏，不过，从社会流动的角度而言，盗匪普遍化的现象，却与本文所论地方精英之多元化密切相关。溯自辛亥年间，河南革命党人部署起义，积极笼络豫西绿林豪杰，畀予王天纵丁部大将军之名号[4]，遂开招抚盗匪之恶例。此后军阀混战，故智相师，莫不招匪纳寇，以为扩充实力之手段。1920 年代，河南盗匪之接受招安，改编正式军队者，屈指难数，如张庆（老洋人）、宋一眼等皆其中之尤，而刘镇华、张钫等巨公名流麾下部队，更不啻土匪之化身。如此一来，拉杆啸聚，弄兵潢池，蔚为志士豪杰升官发财的终南捷径。王怡柯论河南匪患，即有如下讥刺：

> ……今则何如？百人成杆，踌躇四顾，待价而沽。时则有军界领袖、

---

[1] 《河南省农村调查》，第 108 页。

[2] 何西亚：《中国盗匪问题之研究》，第 88 页。

[3] 孔国维：《中国农村复兴问题》，《河南政治月刊》第 4 卷第 3 期，1934 年 4 月，第 7—8 页。

[4] 段剑岷：《辛亥年间河南革命轶事》，《辛亥革命与民国建元》第 5 册《各省光复》，第 152 页。

政海要人，纷往勾结，竞相罗致，现款若干、地位某级，视其高者、厚者而从之，蔑有不售。[1]

在此有利诱因推动下，社会风尚与价值观念自不免为之丕变。民国年间，河南各地普遍流传"要当官，去拉杆"之俗谚；若干"匪乡"甚至出现"父诏其子，兄勉其弟，妇勖其夫"，争相为匪的局面，苟有不从，则"妻室恨其懦"，其愿为匪，则"父老夸其能"。[2]《阌乡县志》便明白指陈：

> 近岁地方不靖，绿林伏莽，一经收抚，则归乡自豪，而无识少年，因视此为升官发财捷径，野心勃勃，为盗渊薮。[3]

揆诸实际例证，由盗匪转化为地方精英者，可谓比比皆是。如伊阳人范龙章于1920年代初落草为寇，迭抚迭叛，至1930年代已升任二十路军旅长，于禹县、漯河屯驻期间，贩运烟土，制售毒品，居然在其家乡置地700余亩，一跃而为当地四大豪绅之一。[4]1933年豫西临汝民团司令王某，赫然便是昔日土匪司令。[5]1934年渑池县著名杆匪常邦彦竟与现任区长角逐区长之职位。[6]另一方面，地方精英之通匪庇匪、分肥窝赃等情事，亦属屡见不鲜；绅匪不分、熏莸同器的报道更是层见叠出，不一而足。1929年遂平县不肖士绅便一度勾结股匪，联合暴动，劫监释囚。[7]直到1933年，南召土劣犹与土匪狼狈为奸，甚至

---

[1] 王怡柯：《农村自卫研究》，汲县：河南村治学院同学会印，1932年，第58—59页。

[2] 黄广廓：《有关白朗起义的一些资料》，《史学月刊》1960年第2期，第24页。

[3] 《新修阌乡县志》卷7《风俗》，第2a页。

[4] 范龙章口述：《回忆蹚将生活与军阀生活》，《河南文史资料选辑》第3辑，1980年8月，第74—100页。

[5] 《河南省农村调查》，第90页。

[6] 麻安邦：《现行保甲制度之利弊及今后整理之意见》，《河南政治月刊》第4卷第3期，第4页。

[7] 《河南民国日报》1931年12月30日。

自造枪炮，供给土匪，并凭借后者势力，宰制全邑，"县长、区长等也必须听他们的话，否则便不安于位"。[1] 狄德满也曾指出，华北土匪领袖阶层不乏"身家清白，受过良好教育之人"。[2] 然则，民国时期河南匪患猖炽，固然显示出社会军事化进程的加剧，同时也反映了在社会秩序解体、地方权力结构重新编组的历程中，带有高度强制性的武力资源，再度成为巩固地方精英支配地位的一大支柱，且其重要程度，较诸 19 世纪中叶有加无已。这种情形不独于掠夺性的土匪集团为然，即便是处于防御性位置的民间社会，亦不能不受其影响。

在兵匪交侵、荆天棘地，而官府阘茸、不足仰恃的恶劣处境下，河南各地绅民为保身家性命之安全，其舍抟聚自卫一途，实无他策；而其入手之方，要不外乎昔日对抗捻军的故步遗辙。于是，民国以降，全豫境内，寨垣棋布，民团蜂起，整个河南农村社会几彻底转化为一个以"制造暴力"（production of violence）为首要目标的武装组织，社会军事化的长期进程至此达于无以复加的地步。[3] 民国《信阳县志》对此即有一段典型的描述：

> 六区吴家店向为商务辐辏之处，匪人垂涎尤甚。民国初尝一破于白狼，再扼于杆匪，创巨痛深，人咸思奋。近年乃实行坚壁清野法，将寨垣增高培厚，添筑炮楼多座，于雉堞上满布铁丝网，排架罐子炮、快枪、

---

[1]《河南省农村调查》，第 109 页；传教士艾赉沃也说苏北豫东一带乡董士绅几无不暗通土匪，至有明目张胆直接号令者。See R. G. Tiedemann, "The Persistence of Banditry," *Modern China*, Vol. 8, No. 4（Oct. 1982），p. 411.

[2] R. G. Tiedemann, "The Persistence of Banditry," *Modern China*, Vol. 8, No. 4(Oct. 1982), p.407.

[3] 本文所谓"军事化"，严格而论，较偏重于"militarism"概念，意指军事权威凌驾文治权威（civilian authority），与社会中好勇斗狠的价值观念（warlike value）抬头等现象。至于习用的"militarization"一词，则被西方学界界定为"民间社会为达制造暴力之目标，进行重新编组的矛盾而紧张的社会过程"。关于此二概念的区分，参见 John R. Gillis ed., *The Militarization of the Western World*, New Brunswick: Rutgers Univ. Press, 1989, "Introduction," p. 10。不过，自实际历史现象而言，这两个概念殆难完全划分，一般论及近代中国相关史事之著作，大抵仍多沿用"militarization"一词，足证社会现实繁复多变，盖难依据一二抽象概念即可整齐规范。

机枪，撩钩、搭钩各守具，民团勤加训练。平时间谍四出，稽查严密；有警，虽富家子弟无不荷械守陴。[1]

兹先就寨堡修筑略做说明。前已述及，咸同年间，基于堵御捻军的需要，河南各地已普遍兴修寨堡，以为坚壁清野之计。嗣后承平日久，旧有寨垣，渐就颓圮；清末民初，间有重修新筑，为数尚鲜。及 1920 年代，兵匪迭作，全豫大扰，寨堡碉楼遂又应运而兴，其数骤增。如新安县于 1927 年后，"兵匪交警，焚杀县境几遍"，阖邑官绅乃倡议筑寨，"或修葺古迹，或奉请赈款新造，凡为寨五十有六"。[2]1933 年行政院农村复兴委员会调查队于豫北滑县，自县城以至离城三十里之九区区公所，沿途所见稍大村镇，概皆筑有土寨，朝开夜闭，以防匪患。[3]《重修信阳县志》罗列全县寨堡凡 486 座，由其修筑年代之分布，更可窥见民国时期筑寨自卫风气之盛：

表 2.1　信阳全县寨堡创修、重修年代分布表

年代 寨堡数 类别	总数 （%）	明末 清初	嘉庆	咸同 时期	光宣 年间	民国时期			不明
						1912— 1920	1921— 1930	1931— 1934	
创修	486 100%	16 3.29%	2 0.41%	73 15.02%	8 1.65%	20 4.11%	78 16.05%	250 51.44%	39 8.03%
重修	85 100%	0	0	5 5.88%	4 4.71%	8 9.41%	19 22.35%	49 57.65%	0
合计	571 100%	16 2.80%	2 0.18%	78 13.66%	12 2.10%	28 4.90%	97 16.98%	299 52.36%	39 6.83%

资料来源：《重修信阳县志》卷 6《建设二》，第 3a—21b 页。

---

[1] 《重修信阳县志》卷 6《建设二》，第 5 页。

[2] 民国《新安县志》卷 5，第 5 页。

[3] 《河南省农村调查》，第 101 页。

从表 2.1 可知，咸同时期与民国时期为信阳修寨的两大高峰，而民国时期的寨堡数目，无论新建、重修，尚且远居前者之上，在 571 座新旧寨堡中，便有 424 座修葺于 1912 年之后，所占比率高达 74.26%。此虽系信阳一隅之状况，唯稽诸各县相关记载，殆与全省普遍趋势相去不远。

民国时期河南各地寨堡，形制互异，广狭不一，其小者，夯土成围，工陋费省，所容不过数十人；至其大者，依山筑垣，砌以砖石，高雉深壕，俨若金汤，如陕县温塘寨，耗时期年，周长四里半，号称"小城池"。[1] 信阳游河镇寨，系就旧基改建，添设炮楼，可容三万余人，为申西一大保障。[2] 唯不论其规模大小，这些寨堡大致均为地主士绅等地方精英所控制。赵纯于 1930 年代初期考察南阳唐河间农村状况，便指出，当地筑寨者多为富裕之村，平日将贵重财物存储寨内，匪至则携眷牵牛避入其中。大寨皆有寨主，率由豪富势家担任，统制寨务，乱时，寨内欢迎外村逃难人户，以增厚势力，无寨可守的外村居民亦多赖之保全性命，彼此互利相依，构成一个以自卫为宗旨的武装共同体。[3] 1932年，河南省主席刘峙在豫南发表演讲，亦谓豫南各乡农村每多筑寨自守，各寨寨主概系田连阡陌，"平日把持一切，鱼肉乡民"的地主豪绅，寨中雇有许多贫农游民执械守御，究其实质，"是地主的武力，并非民众的武力"。[4] 而若干零星实例，尤足明白显示此中消息。如 1926 年豫东考城巨富吕某，独居一寨，昼夜出入，皆有壮丁数十巡逻护卫，寨中储藏金银米粮，不可胜计，远近匪寇屡欲染指，而寨垣坚固，防御周延，莫可如何。[5] 由是可知，民国时期河南各地寨

---

[1] 民国《陕县志》卷 4，第 8b 页。

[2] 《重修信阳县志》卷 6《建设二》，第 9a 页。

[3] 赵纯：《南阳唐河间的农村现状》，《河南政治月刊》第 4 卷第 4 期，1934 年 4 月，第 1—2 页。

[4] 《河南民国日报》1932 年 9 月，该月份原报已佚，转引自王怡柯：《农村自卫研究》，第 60 页。

[5] 《河南农业公报》第 1 卷第 6 期，1926 年 1 月，"纪闻"，转引自章有义编：《中国近代农业史资料》第 3 辑，北京：生活·读书·新知三联书店，1957 年，第 323 页。

罗棋布的寨堡碉楼，实为地方精英控制农村社会的具体表征。

与修筑寨堡相倚相成，并轨而行者，厥为民团之类地方武力的崛起。这些地方武力，自系承袭清代团练遗绪发展而成，唯其名目之繁多、数量之庞大，则为前清所难企及。

就其性质而言，河南民团大致可分两类：一为由官府推动，具有半官方名义之地方团队，一为纯系私人编练的民间武力。唯此二者界限不明，时生混淆，实难严格区划。

清末民初，地方不靖，伏莽潜滋，河南各地即曾陆续筹办乡团，以备不虞。宣统三年（1911）八月，河北道石庚曾督同武陟知县曾广翰，招集士绅多人，商订章程，于城关设筹防局，募勇百名，严加训练，巡缉守卫；复饬令各乡村镇分设守望社，"藉资接应"。[1] 同年十二月，太康县令以会党谋乱，局势危殆，乃大练民团，分全境为 88 区，第为三等，上等练勇 300 名，中等 200 名，下等100 名，统名曰守望团，由士绅公举团长统带，时加督训，筹措战守。[2] 嗣后，各县团队继踵纷起，名义屡更，存废不定，要皆不脱官督绅办、兵由招募、器械给养概仰地方摊派供应等基本模式。兹以阳武县为例，对其演变过程，略做说明如次。

先是，阳武县境于民国初元各地方皆有守望社之筹设，至 1912 年改称保卫团，唯以经费无着，名存实亡。及 1921 年，县知事孟平复划全县为五区，每区各办民团 1 队，置队长 1 员、团丁 10 人，就地筹款、分头购枪。1927 年，开封省垣设民团军总司令部，阳武民团遵章改组为民团军，团丁扩编至 150 人，各区别设后备民团军。次年，又改民团军为人民自卫团，实行缩编，直隶于省自卫团部。1931 年，河南省政府着手整编地方武力，各县常备民团（即人民自卫团）一体改称保安队，统归省保安处管辖；各区后备民团则改编为保卫团，以

---

[1] 民国《续武陟县志》卷 11《兵防志》，第 5—6 页。

[2] 《顺天时报》宣统三年十二月二十日。

县长兼任总团长，各区区长兼任该区分团长，服装薪饷等费，一由地方摊派。及 1932 年，河南停罢自治，改行保甲，地方团队，再起变化。阳武县保安队即于斯时改称保安大队，其后复缩编为保安中队，移驻开封；各区保卫团则一律撤销，改按保甲编制，调训壮丁，另组壮丁队。[1] 至是，阳武地方团队，一如河南各县，在名义上统归于政府之号令。1934 年，一位作者在综述民国以来河南地方武装性质之演变时，便认为自 1931 年后，河南所有民间自由组织之武装已为官府统制之"官僚武力"所取代。[2]

虽然，民国期间，河南各地除上述官府编组之正式民团外，其由地方绅民自行团练，不奉节制者，所在多有。1922 年杆匪舒德合盘踞林县，剽掠四野，各区绅民知官与兵皆不足恃，相率立民团，三日间集城下者四五千人，攻围数昼夜，卒能驱逐匪众，克复县城。[3] 再如 1929 年，豫南罗山县地方豪绅纷起组织自卫武装，其中仅丁印坤一人即编练有民众自卫团 1 队，人枪 300，丁自任团长，经常配合政府军围剿。[4] 至若 1920 年代中期风起云涌，遍布全豫，最盛时成员多达 150 余万的红枪会，论其本质，实亦不外以"保卫身家，防御盗贼，守望相助"为宗旨的民间自卫武力[5]，此所以地方志书每多将民团与枪会混为一谈。由是以观，民国时期河南地方武装组织规模之庞大、数量之繁多，盖难确切估量。

尤有甚者，纵或是政府认可之各县正规民团，表面上人数器械皆有定章，实则官厅鞭长莫及，无力控扼，以致潜滋暗长，日见扩大。民国《陕县志》便说：

---

[1] 民国《阳武县志》卷 2《武备》，第 20—22 页。

[2] 赵纯：《南阳唐河间的农村现状》，《河南政治月刊》第 4 卷第 4 期，第 2 页。

[3] 民国《林县志》卷 14《大事记》，第 14b — 15a 页。

[4] 罗山县志编纂委员会：《罗山县志》，郑州：河南人民出版社，1987 年，第 173 页。

[5] 戴玄之：《红枪会》，第 9、85 页；有关红枪会与民团之关系，参见 E. Perry, *Rebels and Revolutionaries in North China, 1845–1945*, Stanford: Stanford Univ. Press, 1985, p. 178.

自（民国）十一年后，陕县迭遭兵祸，土匪乘隙而起，时有抢掠。三、四、五、六、七、八等区皆先后组织民团，专事抵御匪患，人数枪支多寡不一，队长由本区推举，呈请县公署委任。其后四、五、七、八等区，……民团人数枪支大事扩充，渐成私人势力，尾大不掉，官吏莫可如何。[1]

即使到1930年代，河南省府虽极力整饬地方团队，大加裁汰，而各县地方武力固仍有增无减。如豫南光山县东南境于1931年被攻占，拥枪游民无处容身，纷纷投充该县第七区易本应所部民团为团丁，致该团人枪众至5000，俨若正规军旅。[2] 再如商城亲区区长顾敬之所辖民团，人枪之数，亦不下3000。[3] 豫南一隅，即已如此，阖省何如，自可想见。

伴随着地方武装组织的急遽扩张，河南民间拥有的枪械武器，自亦为数日增。据1927年河南民团局等机关所做调查，彼时散落河南各地的制式武器，计有大炮52门、迫击炮600余门、快枪50余万支、盒子枪（手枪）10余万支，连同土炮及仿造枪械合计，总数殆不下百万；而各地工匠所设仿造炉子，又达400余处，每处每日可造快枪2至4支。[4] 兹后，河南连年苦战，流失民间的兵器弹药，复不知凡几。1933年河南省府着手查验民枪，迄1935年8月，凡共烙印各县民枪23.24万余支[5]，而隐匿逃验、拒不呈报者，更数倍于此。斯时全豫100余县，每县仅快枪一项，即无下于1万支者，豫西临汝民有枪支，更高达8万余支，至足惊人。[6]

[1] 民国《陕县志》卷11，第2b页。

[2] 《形胜关寨志》，民国《光山县志约稿》，第4—5页；《河南民国日报》1932年1月10日。

[3] 《河南民国日报》1932年1月18日。

[4] 王怡柯：《农村自卫研究》，第169—170页。

[5] 《五年来河南政治总报告·保安》，第37页。

[6] 王怡柯：《农村自卫研究》，第170页；《河南省农村调查》，第90页。

河南民间私藏枪械风气之盛，固然逼于兵匪交侵、社会紊乱，不得不恃之为保命之具。然而，购备枪械、兴修寨堡的靡费，却使河南农民的经济负担益发沉重。如豫北汲县农村，即制有定章：凡有地五十亩之农户，概须购备快枪1支；百亩以上，则备手枪1柄或快枪2支；一二十亩之小户，亦须备置土炮1门，马刀或长枪1把，苟有不遵，公行处罚。[1] 在这样苛重的压力下，河南农村社会于历经兵灾匪祸蹂躏之余，仅仅残留的少量资源，也为之耗费殆尽；地方建设、经济发展，自亦无由推动。1933年，豫西各县农村，四野萧然，经济文化落后不堪，便肇因于匪乱频仍，"人民之精神财力，尽倾注于御匪，其他事务，置为缓图"。[2] 就此而言，民国时期，河南社会基于抗御兵匪等武装暴力的急迫需要，进行高度动员，其结果不过是制造了更多的暴力机制，反而加深了社会军事化的程度。1930年代，河南乡里之间，"少年相见，各出枪炮比试"[3]；出嫁女儿，例须"陪田""陪枪"，以致贫寒农户溺女之风，变本而加厉[4]。种种现象，正是社会军事化在社会意识与风俗习尚上的明确反映。

另一方面，河南地方武力既强雄如斯，遂不免成为各方觊觎、争相攘夺的目标。北洋时期，河南各地民团遭军政当局强迫调遣或席卷入枪的情事，层出不穷，以致1931年全省保甲会议一度通过各县民团绝不奉命他调之议案。[5] 及至国民政府控扼豫局，迭次改编民团，稽其用心殆亦不外图谋掌握此一有力的军事资源。不过，政府在这场资源争夺战中，显然未能占得上风。至少在抗战以前，河南的地方武力基本仍操持于地主豪绅等地方精英之手。1930年，河南省府改组地方团队为保安队的动机，便是感于各县民团"名目庞杂，系统不明，

---

[1] 王怡柯：《农村自卫研究》，第104页。

[2] 《刘主席出巡记事》，《河南政治月刊》第3卷第6期，第3页。

[3] 王怡柯：《农村自卫研究》，第104页。

[4] 《河南省农村调查》，第116页。

[5] 《续安阳县志》卷9《兵防志》，第4页。

多为地方土劣所恃，名虽自卫，实属为害"。[1]上文引述过的一位作者，也把1918年以迄1931年间河南农村武力的性质，视为"地主资产阶级"领导农民组织团练、防御土匪、反抗军阀的活动。[2]而即使在1930年代，民团统辖权名义上收归省府后，地方精英对地方武力的把持垄断，仍未稍懈。1933年6月，刘峙出巡豫西禹县、登封、密县等地，便痛陈该地区"地方武力，得有特殊发展，土豪劣绅，凭借操纵，其权势之重，至县长仰其鼻息，政治不能推进"。[3]同年9月，河南清乡督办张钫上呈刘峙的电文中也说："陕县辖境八区，而县令仅可行于二十里内，土豪把持地方团队，互相仇杀。"[4]1934年2月，刘峙再赴豫西巡视，所见所闻，犹是"豪劣多拥武力，霸据一方，政令推行不易"。[5]由此数语，足可窥见地方精英对于地方武力资源控制綦严，未可轻易撼动。

反过来说，掌握地方武装，也正是民国时期河南地方精英猎取或巩固其支配地位不可或缺的重要凭借。王怡柯在论及农村自卫之流弊时，便对河南各地两种不同类型的"团阀""团霸"，有过如下的描述：

> ……民愚而弱，遭受兵匪之害，无以自存，时则有草泽英雄，乘机而起，召集民众，抗拒土匪，威望既立，生杀由己，人呼大人，自称司令，……久乃自忘其本来面目，骄侈淫逸，无所不为。……又有地方望族，连合姻戚，把持公事，若再容其主持民团，真所谓虎复附翼者也。往往三五私人，曲室之内，烟榻之旁，相与计议，某也不服，可指某事陷害；某也有财，可指某端重罚。立派团丁，蜂拥而至，横拖倒曳，禁锢团部，

---

[1] 《五年来河南政治总报告·保安》，第1页。

[2] 赵纯：《南阳唐河间的农村现状》，《河南政治月刊》第4卷第4期，第2页。

[3] 《刘主席出巡记事》，《河南政治月刊》第3卷第6期，第30页。

[4] 麻安邦：《现行保甲制度之利弊及今后整理之意见》，《河南政治月刊》第4卷第3期，第3页。

[5] 《刘主席出巡陕、灵、阌三县记》，《河南政治月刊》第4卷第2期，1934年3月，第5页。

打罚任意，求无不遂。是辈手眼通天，官府为之张目；其尤雄者，勾结他县同党，遥为声援，根深蒂固，莫或能拔。[1]

　　姑不论王氏遣词用字所夹杂的浓厚道德谴责色彩，上引这段文字，确实可以从许多实例获得印证。1936 年中央政治学校地政学院研究生孟光宇遄赴洛阳，从事田野调查，途经该县九区区署所在的平乐村，但见全村刁斗森严，组织高度军事化，平素生人不得入村，一旦有警，区长叱咤之间，立可动员人枪数百，因而该村向称平靖，未闻匪患。[2]前举商城亲区区长顾敬之，在 1930 年代初，兼任民团团长，控有人枪数千，于其辖境，制定规约，一面减租减息，抚循农民，同时严刑峻法，巩固威望。在其治下，一以保境安民为宗旨，除完粮纳税外，兵匪官吏一概不得入境骚扰。据张国焘形容，顾在其势力所及地面，大权独揽，地方大小事务，一皆取决于其意，甚至私设公堂，处决人犯，"简直成了一个土皇帝"。至于另一个隐晦无闻的地方精英——傅乃方兴衰起灭的生活历程，尤能显示武力资源与地方精英权力基础的密切关系。傅乃方，汤阴任固镇人，出身于地主家庭，有地 300 亩。1920 年，豫北大旱，盗匪蜂起，傅父为保身家，招募团勇，购备枪械 20 余杆，组成一支私有武力，乃方任队长，联结商民，加固寨防，地方赖以安堵。1928 年，傅自县府假得名义，编组"汤阴县菜园区民众保安团"，自任团长，实力扩充至百余人枪。是时，卫河航运兴隆，船舶往来如织，乃方遂自任老鹳嘴至楚旺镇河段保镖，向船户客商勒收酬金，以故财雄势盛，炙手可热。唯好景不长，1930 年代初期，傅之部属抢劫杀人，牵连及傅，遂遭安阳行政专员公署下令通缉，所辖保安团队亦被勒令解散。傅经此打击，羽翼尽丧，一蹶不振，不旋踵而抑郁以殁。[3]从这些事例来看，武力

---

[1] 王怡柯：《农村自卫研究》，第 80—81 页。

[2] 孟光宇：《洛阳实习调查日记》，台北：成文出版社，1977 年，第 86838—86839 页。

[3] 汤阴县志编纂委员会：《汤阴县志》，郑州：河南人民出版社，1980 年，第 598—599 页。

资源殆可说是河南地方精英权力消长的关键命脉。易言之，在社会军事化的长期浸濡下，民国时期河南的地方精英，盖已由标榜礼乐教化，翼护儒家文治秩序的传统士绅，一转而成凭借武装力量，宰制农村社会的军事强人。民国之后，旧习未替，一般仍多以"士绅"一词指称河南各色地方精英，实则赵帜未拔，汉帜早树，其精神面貌迥异于昔。而本文所论宛西自治，便是在这样的背景中次第展开的。

二、从自卫到自治——宛西自治的形成

河南西南部的镇平、内乡、淅川三县，位居南阳盆地西侧，清代隶南阳府属，通称"宛西"。在地理形势上，宛西毗邻秦楚，距省窎远，正是官府统治力量鞭长莫及的边陲地区，原即有利于地方势力的割据发展。另一方面，本区坐落于伏牛山南麓，冈峦绵亘，山多田少，土地硗确，经济发展极度落后，以淅川而言，全县可耕土地尚不及总面积的十分之一，人民生计备极艰困。[1] 道光十二年（1832），豫抚杨国桢奏准裁汰淅川知县，改设淅川厅一折即谓："南阳府属之淅川县，幅员虽广，多系丛山硗确之区，地瘠民稀，抚字催科，均属极简。"[2] 民国时期，豫西灵宝一带隙地，犹多有内乡、淅川穷民携眷来此佣工，得利则留，失利则去。[3] 在这样恶劣的自然条件下，宛西自明清以降，文风否塞，科第寥落，镇平自顺治初年以迄同治十三年（1874）两百年间，凡得进士 2 人、举人 14 人；淅川由明代万历甲申（1584）下及咸丰庚申（1860）三百年间，更

---

[1] 中国地方自治学会淅川支会：《淅川县地方自治实施之经过及其成效》，陈舜德：《闲话宛西集》，"附录"，第 193 页。

[2] 咸丰《淅川厅志》卷 1《舆地》，第 7a 页。

[3] 民国《灵宝县志》卷 2《人民》，第 11b 页。

是礼闱久虚，其勉登乡榜者亦仅得 3 人。反之，宛西武风则相对昌盛，同一时期内，镇平武科得隽者凡进士 3 人、武举 16 人 [1]，其数尚在文科之上，足见本区民风犷悍，重武轻文之一斑。

　　地势僻塞、经济落后、文化凋敝、民性近武等等因素所影响于宛西社会结构者，则为传统士绅控制力量的薄弱与夫豪强土霸之凭恃武力，武断乡曲。研究中国地方精英形态构造的学者曾经指出：华北农村社会相对于华南而言，由于士绅势力衰微，一旦国家权威陵替，往往容易形成军事强人（如民团领袖等）乘间崛起、宰制地方的局面。[2] 清末民国以来的宛西所面临的，亦正不外乎此一情境。如内乡一县于 1927 年 4 月至 9 月间，县长凡六易其人 [3]，政局动荡，官府权威扫地以尽，号令所及，几不出县城一隅，城外四乡，则是三里一豪、五里一霸，各拥兵丁，肆意敲剥。[4]

　　尤有甚者，清末以降，外在局势日益恶化，兵灾匪祸继踵相接，更有力地促进了宛西地方精英走向全面军事化的转变过程。

　　宛西僻处边隅，为三省瓯脱，夙称多匪，鼎革以还，豫局紊乱，灾荒时作，人民铤而走险，于是盗贼大起，匪氛披猖。民国初元，淅川全境已是零星小匪充斥遍布，拉票抢掠一日数起；1919 年之后，情势陡变，大杆啸聚，动辄数百，攻城破寨，烧杀掳掠，无所不至。曾经参与宛西自治工作的王士范便有这样的形容：

　　　　……淅川自清季以还，险象日增，……民八以后，土匪蜂起，抢掠

---

[1]　光绪《镇平县志》卷 5《人物志·选举表》，台北："中央研究院"史语所傅斯年图书馆藏，第 5b 页；咸丰《淅川厅志》卷 3《选举》，第 86b 页。

[2]　Joseph W. Esherick and Mary B. Rankin, "Introduction," in *Chinese Local Elites and Patterns of Dominance*, p. 22.

[3]　张和宣：《我所知道的别廷芳》，《文史资料选辑》第 47 辑，第 40 页。

[4]　别光典：《河南内乡土皇帝别廷芳》，《文史资料选辑》第 38 辑，第 176 页。

烧杀，民无宁息。大股土匪如白狼之围攻县城，吴凤山之焚烧上集，庞大个、赵老儿等之盘踞马碥，老洋人之屠杀李官桥，刘实彬之焚掠荆紫关，大小杆首，前后不下数百，裹挟匪众，前后无虑数万，大小市集以及穷乡僻壤，靡不遭其蹂躏，城门尽闭，途绝行人，良田鞠为茂草，崇宇变为颓垣，一肉票之值降及布履两双，极人世未有之惨酷。[1]

　　淅川如此，内乡、镇平自亦不能幸免。1923 年，内乡境内仅西硖口一地即有股匪一二千人[2]，全县匪众，无从悉数，大股攻城掠寨，小股打家劫舍，影响所及，十室九空，闾里荡然，"一般劳苦民众有地不能耕，有工不能作，损失之广，骇人听闻，啼饥号寒，声震天地"。[3]镇平县于 1920 年代之初，匪乱大起，"遍野蜂火，一夕数惊，每到天晚，人民扶老携幼，出村觅僻静处，露宿野餐，轮替哨探，防匪之突至"。[4]1928 年 9 月，镇平县城遭股匪攻陷，县长死难，民屋被焚者 9000 余间，男女遭俘者 12 000 余口。[5]1932 年春，镇平再罹匪劫，焚毁房屋 47 256 间，伤亡 1422 人，被拉男女 4172 人，流离难民 112 499 人，几达全县总人口的三分之一，财物损失凡约 648.31 万元。[6]1923 年，近城的腰庄尚极称繁庶，不乏有地数百亩之人家，十年之后，全村居民已减至 50 余户，小

[1]　王士范：《中华民国二十四年淅川县地方自治工作报告》，《淅川文史资料》第 4 辑，1989年 9 月，第 66—67 页。

[2]　《上海民国日报》1923 年 4 月 22 日。

[3]　原景信：《怪杰别廷芳》，上海：新中国出版社，1939 年，转引自杜薇丽：《试论宛西军阀别廷芳的发迹》，《河南史志资料》第 7 辑，第 70 页。中国地方自治学会内乡支会：《内乡县地方自治实施之经过及其成效》，陈舜德：《闲话宛西集》，"附录"，第 189 页。

[4]　谭恒信遗稿：《彭禹廷事迹片断》，《河南文史资料》第 14 辑，1985 年 6 月，第 17 页。

[5]　中国地方自治学会镇平支会：《镇平县地方自治实施之经过及其成效》，陈舜德：《闲话宛西集》，"附录"，第 162 页。

[6]　镇平县十区自治办公处：《镇平县自治概况》（以下简称《镇平县自治概况》），1933 年，第 114—115 页。

康以上，迭经土匪架票勒赎，大抵破产。[1] 由此数例，不难窥知该县匪患之烈。

匪祸之外，宛西各县复无所逃于各色军队之刮剥揾勒。1912 年豫南著名土匪马文德受抚招安，所部改编为西路巡防队一、二两营，屯驻淅川，平素通匪纵匪，不抢民宅，即劫河道，1918 年初，复大举哗变，与匪合流，洗掠全境。[2]1929 年，西北军二十六师兵过淅境，纵兵抢掠，由县城至荆紫关，沿丹江 200 里内，粮面食品、未收麦禾，搜括无遗，甚至赈灾苞谷，亦遭席卷以去。[3]镇平自 1925 年底至 1928 年 8 月，迭经张治公、樊钟秀、马文德、魏凤楼等部驻防，支应兵差凡 130 余万元，所掠牲畜、财物亦不下百余万。[4]1928 年岳维峻部驻镇，全县兵差局共支应 80 万元，民间所派车、牛无可计数；1929 年石友三部接防，派差复 20 万元；1930 年，某部更派至 50 万元。[5]是军队所施苛扰，盖亦无减于匪。无怪乎彭禹廷于 1931 年的一篇讲词中，便径将"匪式军队"与大股土匪、贪官污吏同列为宛西地方的三大祸害。[6]

外则兵匪扰害、官府阘茸，内则民习尚武、豪强势盛，民国期间宛西地区的地方自卫武装组织遂有蓬勃之发展。内乡自 1919 年匪乱大起，地方豪绅为保身家，纷纷筑寨买枪，编练民团，一时之间，寨堡遍布，团局并峙，其最盛时，全县仅有名大寨即达 300 余座，每寨人枪俱众，动辄数百。[7]淅川于 1923 年后，地方人士鉴于匪祸之靡有底止，相率奋起，卖妻鬻子，以购械弹，倡办民团，

---

[1] 《河南省农村调查》，第 108 页。

[2] 《顺天时报》1918 年 1 月 16 日。

[3] 《上海民国日报》1929 年 7 月 21 日。

[4] 《镇平县自治概况》，第 29 页。

[5] 《河南省农村调查》，第 78 页。

[6] 彭禹廷：《对乡村小学教师讲缩小的三民主义》，《镇平县自治概况·附录》，第 204—205 页。

[7] 别光典：《河南内乡土皇帝别廷芳》，《文史资料选辑》第 38 辑，第 177 页。

风起云涌，不数月而"团局林立，星罗棋布"。[1]

宛西这些寨堡团局，或有官方名义，或系私人武力，唯称号虽殊，而其为地方权力精英把持垄断，借以宰制一方，攘夺资源，则无二致。如淅川团局，各自为政，不受节制，夷考其筹设主旨，"黑幕重重，多欲藉以派款自肥"，积渐所至，"一区之中，不下数个筹款机关，恣意搜括，层层剥削，虽不法至此，（而）政府无暇下顾"。[2] 内乡各寨，并有寨主，平素于其势力所及，不唯派款要差，擅理词讼，尚可恣意捕人押人；每届烟土收割，各处局勇寨丁，络绎下乡，勒收烟捐，至达每亩大洋十元之谱。[3] 稽其行径，殆与盗匪少有轩轾；其如内乡民团大队长杨保三者，更是蹚将出身，由土匪受抚改编而成。[4] 由是以观，本文上节所述河南地方精英的转化过程，在宛西一地，可谓展露无遗。

就是在这样混乱的背景与局势中，内乡别廷芳、淅川陈舜德、镇平彭禹廷三个位阶不等、才性各异的地方精英，相继崛起，陆续凭恃所控资源，运用各项不同策略，卒能统合各股地方势力，进一步将宛西的自卫武装组织扩大而为大规模的自治运动。

宛西自治领袖中，举事最早也最富争议者，首推内乡的别廷芳。

别廷芳（1883—1940），字香斋，内乡县丹水镇张堂村人，出身于小地主家庭，有田产三十余亩，其父永平，平素为乡人排难解纷，德望甚孚。廷芳幼时，尝入塾就傅，读书十年，唯赋性不羁，不务正业，日与同村恶少为伍，寻

---

[1] 王士范：《中华民国二十四年淅川县地方自治工作报告》，《淅川文史资料》第 4 辑，第 67 页；王士范：《中华民国二十四年淅川县地方自治三年计划概要》，《淅川文史资料》第 4 辑，第 29 页。

[2] 王士范：《中华民国二十四年淅川县地方自治三年计划概要》，《淅川文史资料》第 4 辑，第 29 页。

[3] 别光典：《河南内乡土皇帝别廷芳》，《文史资料选辑》第 38 辑，第 177 页；张和宣：《我所知道的别廷芳》，《文史资料选辑》第 47 辑，第 37 页。

[4] 张和宣：《我所知道的别廷芳》，《文史资料选辑》第 47 辑，第 35—36 页。

衅滋事，横行乡里，因而屡遭词控，一度为官府扣押，身系缧绁。[1] 及民初易祚，匪盗潜滋，地方秩序渐趋紊乱，绅富地主间有修寨筑垣，以图自卫者；张堂村大地主杜升堂，即于斯时出赀重修邻近的老虎寨，举别廷芳为寨主，寨中防务，悉以委之。别之发迹，遂肇端于此。[2]

当别廷芳据寨为主、自树一帜之初，实力尚极有限；根据一项资料，其所辖寨丁不过二人，有枪仅一杆[3]，此说固不足深信，唯其势单力薄，殆无疑义。虽然，别胆略过人，部署有方，主寨之后，加紧构筑工事，整编丁勇，复就老虎寨统辖地面，组训村民，"设排头，立甲长"，村中丁壮，十人一棚，有枪持枪，无枪者亦分执刀矛，轮值逻卫，以是全寨整肃，土匪无可乘之隙。时全县72寨，为匪所破者66个，而老虎寨以一蕞尔小寨，巍然屹立，得保不失，于是别廷芳名声大噪，豪杰之士，争相蚁附，居然一方屏障，蔚为地方知名士绅。其时乃民国六七年间耳。[4]

不过，老虎寨僻处深山，山多人稀，辖境方圆仅二三里，其向外发展复为邻近丹水、阳城、回车诸大寨所扼，别廷芳欲扩充一己势力，自不能不与各踞一方的地方精英相角逐。而别之争胜策略，机变百出，极具弹性，用能于十年之间，削平群雄，独霸全县。

缔结婚姻、结拜兄弟，素为中国各级地方精英扩大社会关系网络、增强个人声望实力所经常运用的手段。别廷芳自不例外。方其崭露头角之初，即已与

---

[1]　参见别光典：《河南内乡土皇帝别廷芳》，《文史资料选辑》第38辑，第176页；张和宣：《我所知道的别廷芳》，《文史资料选辑》第47辑，第31—32页。关于别廷芳早年事迹，正式记载极形缺漏，别本人亦颇为讳言，故本文所述只能采择别光典与张和宣之回忆，其中污蔑歪曲，固所难免，矛盾歧出，时或有之，斯亦不得已焉。

[2]　张和宣：《我所知道的别廷芳》，《文史资料选辑》第47辑，第32—33页。

[3]　别光典：《河南内乡土皇帝别廷芳》，《文史资料选辑》第38辑，第177页。

[4]　张和宣：《我所知道的别廷芳》，《文史资料选辑》第47辑，第33—34页；杜薇丽：《试论宛西军阀别廷芳的发迹》，《河南史志资料》第7辑，第71页；陈舜德：《闲话宛西集》，第10页；《宛西地方自治领袖传》，《地方自治专刊》第2卷第2期，陈舜德：《闲话宛西集》，"附录"，第228页。

左近石创、阳城两寨寨主结成亲家，互为奥援。1922年，别已坐拥人枪数百，盘踞内乡重镇西峡口，羽翼粗丰，遂又与内乡巨绅民团总办张和宣、丹水镇民团团总聂国政，互递兰谱，结为兄弟，并透过张的汲引，呈准县府委为西二区民团分团总，正式取得官方名义，声势益振。[1]

虽然，别固亦深知其个人真正凭借端在武力资源的盛衰，对于人枪地盘之扩充，始终汲汲营营，未敢稍息，而上述地方精英彼此间基于利害关系所缔结的拟似（pseudo）亲族网络，事实上也未能有效遏制其向外发展。1918年至1921年间，别廷芳伺其不备，先后攻并石创、阳城两寨，实力渐充，乃极力督训所部，征粮招兵，复自洛阳聘得造枪工人数十名，于石创寨开炉设厂，先后仿造快枪数十百支，弹药称是。1921年，回车镇天宝寨寨主、内乡民团大队长杨保三为股匪擒杀，所部无主，乃投归别廷芳麾下，别乘势并占天宝大寨，人枪数目急遽扩张至五六百左右。斯后，别屡假"剿匪"之名，迭次统兵出境，慑平四乡，地方豪强畏其威势，相率输诚，迄1925年春，别之人枪已近两千，兼领民团军团长名号，俨然一方霸主，内乡全境能与相颉颃者，唯余民团军旅长张和宣一人。次年，别复趁张率部移防之隙，拦路邀击，张部溃散，只身亡命洛阳；自是，内乡全县总归别氏掌握，遂进号宛西民团司令，置司令部于西峡口南关马王庙，号令一邑。[2]

另一方面，为筹措饷糈器械所需给养，别廷芳于扩张势力的同时，复积极致力于经济资源之攘夺。1921年，别应西峡口绅商之邀，派兵进驻该地，协同防匪。西峡口控扼南阳盆地往来汉中平原之孔道，联络豫陕，两省桐油、油漆、

[1] 张和宣：《我所知道的别廷芳》，《文史资料选辑》第47辑，第35、38页；杜薇丽：《试论宛西军阀别廷芳的发迹》，《河南史志资料》第7辑，第71—72页；别光典：《河南内乡土皇帝别廷芳》，《文史资料选辑》第38辑，第177页。

[2] 关于别廷芳扩充势力的经过，各家说法不尽一致，确切年代亦难考订，唯其基本模式则略无轩轾，或尚可引以为据。参见张和宣：《我所知道的别廷芳》，《文史资料选辑》第47辑，第35—40页；杜薇丽：《试论宛西军阀别廷芳的发迹》，《河南史志资料》第7辑，第71—72页；别光典：《河南内乡土皇帝别廷芳》，《文史资料选辑》第38辑，第177—178页。

药材、烟土于此集散，为豫西商业重镇，镇内广居殷商地主，财力富厚。别廷芳既占此区，遂为其向外发展，奠定一有力的经济支柱。[1]此外，内乡为著名烟区，烟土产量闻名全省。1922年冯玉祥主豫，开征烟捐，按亩纳税，内乡一县，收额即达345 000余元，而纳捐之地，尚不过实数之什二，全县种烟之广可以想见。[2]以是，勒收烟捐自然成为地方豪强筹饷养军的主要财源，别亦不能例外。根据一项资料，仅1923年间，别廷芳即曾以所收烟款，购得汉阳造木鞍长枪1300余支、子弹100余箱。[3]是则其所派烟捐总额，虽无确切数字可稽，当亦十分可观。再者，别之治下，摊捐苛派，所在多有，自亦为其重要收入之一。据张和宣回忆，别廷芳控制内乡期间，苛捐杂税多如牛毛，头会箕敛，民不胜苦，如1930年别以保护桑梓为名，大派枪款，全县15万石稞，每石摊款20元，共收款凡300余万元。[4]此一说法，固不无渲染夸大之嫌，唯1933年农村复兴委员会调查队在内乡见闻所及，农民不堪苛敛，相率他迁，至有全村300余户，流徙逃亡多达70余家者。[5]两相印证，足征别之繁征重敛，要非捕风捉影的厚诬之辞；而别廷芳经由此一途径所积累的财富资源，自属惊人。

在上述武力和经济资源同时扩张、交相支援的情况下，别廷芳的实力声势日益壮盛。1930年正式实行自治之前，别之麾下共编民团9团，下设常备12营、后备12营，人枪总数殆不下数千。[6]及1933年全豫改行保甲，民团整编，

---

[1] 张和宣：《我所知道的别廷芳》，《文史资料选辑》第47辑，第37页；杜薇丽：《试论宛西军阀别廷芳的发迹》，《河南史志资料》第7辑，第72页；尚景熙：《河南地名漫录》，郑州：中州古籍出版社，1984年，第207页。

[2] 《上海民国日报》1923年4月22日。内乡既盛产鸦片如此，其经济情况当非真如文献所载之土地贫瘠、民生困穷等语所能形容。唯此问题尚涉及地权分配、市场结构等诸多层面，且与本文主题关系不大，兹不深论。

[3] 杜薇丽：《试论宛西军阀别廷芳的发迹》，《河南史志资料》第7辑，第73页。

[4] 张和宣：《内乡反动团队内幕》，引见同上注，第73—74页。

[5] 《河南省农村调查》，第115页。

[6] 别廷芳：《地方自治》（内乡，1930），转引自杜薇丽：《试论宛西军阀别廷芳的发迹》，《河南史志资料》第7辑，第72页。

而别氏所辖仍有十大连之数，兵力约8000，"俨然军队，骇人听闻"。[1] 其时宛西民间谣曰："西峡口雾气腾腾，老虎寨赛如北京。司令部好似金殿，别香斋又像朝廷"[2]，恰可反映别氏威势之一斑。

较诸别廷芳之起家寒微、一无倚恃，全凭个人才具魅力（charisma），攫取一方霸权，继别而起的另一宛西自治领袖陈舜德，显然拥有较为丰富的资源凭借。

陈舜德（1891—1982），字重华，淅川县上集乡人，世居西坪头，耕读传家，人户繁殷，为地方有名望族。曾祖五典，恩贡生，咸同年间为防堵发捻，尝督率乡民修筑石寨，屏障一方，卒蒙南阳府宪颁赐"格杀勿论"旗帜两方，声震乡里，正是本文所论地方精英军事化的典型实例。兹后，陈氏家族此一重武风习，沿袭不替，舜德兄弟雁行，即多有娴习弓马，得隽武科者。[3]

舜德幼入家塾，从秀才杨树芳授读，稍长，入淅川县高等小学堂，1913年，考入开封河南省立优级师范附属中学，得识彭禹廷等人；次年，转入信阳省立第三师范本科，求学余暇，复周旋各界，结交军政人士甚多。[4] 这些社会关系，对其日后办团剿匪，助益甚深。

1919年，陈自信阳三师毕业返乡，出任县立高等小学教员；翌年，升任县立简易师范学校校长。斯时，全淅盗寇大起，为祸酷烈。1920年8月，股匪吴凤山、艾松年等聚杆千人，窜扰北二区，击溃驻军民团，攻破上集寨，焚屋700余间，掳去男女肉票200余人，舜德弟舜哲亦遭绑架勒索。兹后，民团无主，

[1] 麻安邦：《现行保甲制度之利弊及今后整理之意见》，《河南政治月刊》第4卷第3期，第5页；《河南省农村调查》，第74页。

[2] 张和宣：《我所知道的别廷芳》，《文史资料选辑》第47辑，第37—38页。

[3] 陈舜德：《闲话宛西集》，第117—118页；王本庆：《陈重华事略》，《淅川文史资料》第4辑，第180页。

[4] 陈舜德：《闲话宛西集》，第119—120页；王本庆：《陈重华事略》，《淅川文史资料》第4辑，第180—181页。

地方空虚，于是匪乱转炽，明火执仗，劫掠烧杀，无所不至。该区绅董乃群聚县城，俯陈之业师杨树芳出面斡旋，坚邀陈回里办团，陈以情面难却，复于匪患有切肤之痛，遂亦步武先人，辞职归乡，接办团练。[1]

陈舜德继任本乡保卫团总，立寨全山之初，其实力之单弱、处境之艰困，盖亦不减于别廷芳。据说，方其视事之始，麾下仅得勇丁 10 余人、土炮 7 门，而其中 6 门又复弊破不堪，唯余 1 门勉可使用。[2]不过，陈出身望族，原属士绅阶层的一员，自易取得其他地方精英的支持与合作。即如其入手办团时，募勇购械诸项费用，便完全来自本地红十字会会首万年新的捐助。及其遭受股匪威胁，力不能胜，乃师杨树芳复为之乞援于邻近有力豪绅，结为同盟，彼此呼应，用能震慑一时，徐图发展。[3]

除了在本乡所能仰恃汲取的资源外，陈舜德于求学任教期间所积累的人际关系，更是一项极为有力的凭借。1920 年 9 月，陈甫行任事，即有匪首冯振德以焚屋杀人相要挟，勒逼其辞职他去，陈乃运用私人情谊，洽请县城驻军营长派兵两连，由陈督率，觑匪不备，一鼓捣灭匪巢，俘馘百余，得枪数十，于是人心淬奋，根基以立，不数月而本区细匪相率逃匿，一境乂安。及 1921 年，复有剧匪孙天堂聚众千余，陡窜上集，意图围歼民团，陈以众寡不敌，彷徨无计，忽有旧识西峡口驻军营长张某率部过访，因得大破匪众，化险为夷，自是群匪相戒，不敢轻入陈之辖境。1922 年，淅川全县九区聚议筹款，公推舜德赴汉购置枪械，其事棘手，非嗟咄可就，陈即调动其政界关系，趋谒河南省财政厅长刘子青，请其出面介绍，乃能购得汉阳造长枪 500 支，各附子弹 300 发；及其赴省请照，运枪返里时，又遭经办官吏百计刁难，扣枪不发，卒亦赖刘为之缓

[1] 陈舜德：《闲话宛西集》，第 120—122 页；王本庆：《陈重华事略》，《淅川文史资料》第 4 辑，第 181 页；谢锦章：《陈舜德弃教回乡办民团》，《淅川文史资料》第 4 辑，第 98—99 页。

[2] 谢锦章：《陈舜德弃教回乡办民团》，《淅川文史资料》第 4 辑，第 99 页。

[3] 同上。

颊，始克顺利成行。[1] 由此数事殆可窥见，超乎地方范围的外在资源，实不失为陈借以巩固地位、扩张势力的重要基础。论者尝谓中国地方精英权力来源的一大要项，系乎其与地方社会之外广大世界的联络牵系[2]，陈舜德的崛起，恰可为此说下一注脚。

依凭上述两项有利条件，陈舜德的势力声望扩展极速。1920年至1921年间，陈在本区辖境整编团队，每户有壮丁者二丁抽一，三丁抽二，按保组队，各带刀枪武器，轮番逻卫；复又摊派粮款，购备枪械，因而实力大增，剿办股匪，所向有功，威名远播，声震四方，陈之地位渐以巩固，一跃而为地方头面人物。[3]1923年，淅川公款局改选，陈受推继任局长，同时兼任九区保卫团团总，遂得控扼全县财政及军事资源，并可假此名位，操持县政，拓展其军政关系。1925年胡憨战后，憨部溃军退踞淅川县城，县长弃职潜逃，兵差摊派，概归舜德支应，究其实质，已不啻一县之主。次年，复有西北军孙连仲部由陕入淅，屯驻荆紫关，饷糈给养，率皆责成地方，陈即以办事得力，大获赏识，由孙电请省府委派为淅川县县长，正式掌握了全县军政大权。[4]及1927年5月，冯玉祥誓师五原，参加北伐，别命岳维峻率师经陕南商雒出荆紫关，进袭南阳、襄樊，军势壮盛，地方归服，陈舜德借此机缘，不特竭力筹措军需，并主动配合冯军作战，以是不次擢升，先后膺任国民革命军第二集团军补充旅旅长及淅川民团军团长等职。1929年底，复经国民政府委任为豫西游击司令兼淅川民团总指挥。至是，陈无论名位实力皆已超轶群侪，独霸全淅。[5]当1930年自治之

---

[1] 陈舜德：《闲话宛西集》，第 122—124 页。

[2] Joseph W. Esherick and Mary B. Rankin, "Concluding Remarks," in *Chinese Local Elites and Patterns of Dominance*, p. 313.

[3] 陈舜德：《闲话宛西集》，第 123 页；《民国时期地方武装变改略谈》，《淅川文史资料》第 4 辑，第 111 页；王本庆：《陈重华事略》，《淅川文史资料》第 4 辑，第 181 页。

[4] 申庆璧：《宛西陈舜德先生传》，台北：弘道文化事业公司，1976 年，第 37、39 页。

[5] 王本庆：《陈重华事略》，《淅川文史资料》第 4 辑，第 182—183 页；《民国时期地方武装变改略谈》，《淅川文史资料》第 4 辑，第 112 页。

始，陈麾下所辖凡常备民团2团、后备民团4团，团丁总数达4000余人，分驻各地，威服四境；并于上集大泉寺设有小型兵工厂一座，步枪、手枪、手榴弹皆可自制，为其权力基础提供了有力的保障。[1]

综上所述，至1920年代末期，别廷芳、陈舜德二人大致业已凭恃军事力量，分别慑服内乡、淅川两县，奠定个人绝对优势的支配地位。然而，诚如研究中国地方精英的学者所言，军事力量固为地方精英发迹起家的重要凭借，亦自有其内在限制。方兵马倥偬、匪患猖炽的大乱之际，地方精英虽可倚仗强制性的武装资源，弋取名位，扩充实力，一旦秩序稍复，地方安靖，其所控扼之军事力量，便不免因为缺乏"合法性"的文化建构基础，从而备遭质疑，甚至影响到地方精英既有的支配地位。所谓"可以马上得天下，不可以马上治天下"，便一语道破了武力资源殆不足以长久维系地方精英之身份地位于不坠。[2]苟欲长治久安，势不能不在武力之外，另觅其他足资号召的象征性资源（symbolic capital）。[3]

随着本身武装势力的日益巩固，别廷芳与陈舜德自亦逐渐体察到此一困境，同时也在筹思应对之策。1924年冬，别陈两人即已鉴于以县为界、各自为政的自卫方式，难于遏阻股匪流窜，从而缔结同盟，协议联防。[4]及1926年春，两人复会晤西峡口，更进一步拟议在联防的基础上，推动自治，决定两县各设地

---

[1] 《民国时期地方武装变改略谈》，《淅川文史资料》第4辑，第113—114页；周昌林：《我对淅川地方自治的回忆》，《淅川文史资料》第4辑，第121页。

[2] Joseph W. Esherick and Mary B. Rankin, "Concluding Remarks," in *Chinese Local Elites and Patterns of Dominance*, p. 312.

[3] 此项说法的一个具体例证，可参见马寇德（Edward A. McCord）对贵州军阀刘显世崛起过程的研究，参见 Edward A. McCord, "Local Military Power and Elite Formation: The Liu Family of Xingyi County, Guixhou," in *ibid.*, pp. 163–188；所谓"象征性资源"（symbolic capital）一词，为法国学者皮埃尔·布尔迪厄（P.Bourdieu）所提出之概念，泛指身份、名望、特殊生活方式，以及各项在文化上具有支配性的仪节、行动。See P. Bourdieu, *Outline of a Theory of Practice*, tr. by Richard Nice, Cambridge: Cambridge Univ. Press, 1977, pp. 171–183.

[4] 申庆璧：《宛西陈舜德先生传》，第34页。

方自治委员会，举程炳传草拟章程，确立"自治先自卫，寓兵于工农，生产与教育努力以建设为宗旨"的政治方针。[1] 不过，此一构想虽已具备日后宛西自治之雏形，终因缺乏明确理论基础，形格势禁，未克果行。一直要到彭禹廷崛起镇平，联络别陈，积极擘画，所谓宛西自治始告正式展开。别光典追忆别廷芳生平事迹，便对此一转变有过如下的扼要叙述：

> 别廷芳……势力的组织措施及活动情况，可分两个阶段：1930 年以前他们只注意扩张武装力量，不大注意政治，总的称呼是"办民团"；1930 年以后，由于彭锡田的参与策划，在军事和政治上都增加了一些新东西，并且牵强附会地找出一些理论作依托。随之，总的称呼也变了，就是不再呼为"办民团"，而称为"地方自治"了。[2]

作为宛西自治关键性人物的彭禹廷，论其身份位阶之高、资源凭借之广，率非别陈二人所能望其项背，在宛西地方精英群中，堪谓独具一格，自成典型。

彭禹廷（1892—1933），名锡田，以字行，镇平县侯集七里庄人，家世寒素，有地仅六亩余，其父原业塾师，以赞修所入不足以赡家用，改习岐黄，设药肆于本村，兄长数人或耕或买，勉得维生。禹廷幼而岐嶷，髫龄入塾，及科举罢废，考入县立高等小学堂，旋入开封知新中学，1909 年保送河南优级师范，时革命思潮澎湃汹涌，彭为所歆动，结交志士，暗图大举。1911 年，武昌事起，彭与党人张钟端等筹谋响应，发难汴垣，事败，走汝南，奔襄阳，旋随革命军回宛，以故与河南革命魁杰多有故旧之谊，于其日后事业大有裨益。1913 年，彭转学至北京，得识乡村建设派巨子梁仲华，过从甚密，结为兄弟焉。1916 年，以学费不给，中道辍学，返乡任教于南阳五中，复与乡建派之吴丽泉缔交，兹

[1] 陈舜德：《闲话宛西集》，第 72—73 页。

[2] 别光典：《河南内乡土皇帝别廷芳》，《文史资料选辑》第 38 辑，第 179 页。

后宛西自治，方针策略多有取资于乡村建设理论者，而镇平彭禹廷之名喧腾众口，为世所知，也泰半得力于乡建诸子为之鼓吹。[1]

虽然，彭之最大凭借固仍须归结于其与西北军的深厚渊源。1919 年，彭以南阳五中校长阎敬轩之介，出任河南省印刷局副局长，旋复奉委为南阳丝厘局局长；越明年，应阎电邀，遄赴西安，任职陕西路政局。时西北军驻陕，旅长张之江对彭特加识拔，引入帐下，充军法处长。兹后，彭随军移徙，不次升转，至 1926 年，张之江任西北边防督办，以彭为督办公署秘书长，位尊权重，俨然军界要人，侧身全国性精英之列。[2]

迄 1927 年，彭之生涯发生重大变化。是年秋，彭丁母忧，返乡守制，时镇平全境匪盗大起，所在横行，遍野烽火，一夕数惊，地方绅民环堵哀恳，吁请彭留乡办团剿匪。先是，彭于奔丧途中，阻于匪乱，滞留 18 日，始得动身，及抵里，其母已殡，由是于匪盗之横暴，切齿腐心，加以父老恳告，情难推却，遂毅然电辞秘书长职位，屈就本区区长，担负起练团剿匪的工作。[3]

彭既于西北军于役多年，娴习军事，一旦出面组团，自是驾轻就熟，得心应手。方其甫任区长，即于区内各村寨抽调壮丁，纠合枪支，不数日而编就民团两队，声势壮盛，较诸别陈两人起家之困塞，殆不可同日而语。另一方面，

[1]　彭禹廷生平事迹参见李腾仙：《彭禹廷先生事略》，《镇平县自治概况》第 2 集（镇平，1936），转录于《河南文史资料》第 14 辑，1985 年 6 月，第 1—10 页；彭与梁仲华、吴丽泉缔交事，参见吴丽泉：《我的朋友彭禹廷》，《河南文史资料》第 14 辑，第 11—12 页。关于彭之名声远扬颇得力于乡建派为之推毂事，王抚洲即有如下追忆："民国廿年前后，我在平津冀鲁一带，时常听人谈到宛西镇、内、淅三县联防自治，谈到三县自治的领导人物，多半谈到彭禹廷，……似乎彭即是宛西地方自治的原始创建人。尤其，……定县办民众教育和邹（平）县办村治学院的一些朋友们都很推崇彭禹廷，这是因为彭在回乡办自治以前，在行政、教育方面已经颇有地位，尤其热心于乡村自治和民众教育，交游甚广，外间知者较多之故。"参见王抚洲：《路不拾遗夜不闭户记宛西》，《传记文学》第 16 卷第 4 期，1970 年 4 月，第 64 页。

[2]　李腾仙：《彭禹廷先生事略》，《河南文史资料》第 14 辑，第 2—3 页。

[3]　彭禹廷：《在南阳开绥靖会议时之演词》，《镇平县自治概况·附录》，第 247—248 页；李腾仙：《彭禹廷先生事略》，《河南文史资料》第 14 辑，第 3 页；谭恒信遗稿：《彭禹廷事迹片断》，《河南文史资料》第 14 辑，第 17 页。

以彭之地位声望及其与西北军之关系，所获致的官绅支持，自亦远非别陈所堪企及。彭本人追忆办团经过，便说：

> ……当时马县长、各区区长都很帮忙。不过几天的工夫，（凑枪二百多支，）就开始剿匪了。……驻宛西的南路军看张江帅的面子，不大掣肘，进行总算顺利。……当区长两个月，本区的土匪完全肃清；远近的老百姓，就哄动起来，枪支虽是不多，哄的声势不小。[1]

正因彭所凭深厚，实力扩充至为迅速，迄 1928 年底，麾下民团计一大队，下辖四中队，每中队各辖三分队，人枪俱众，以之剿匪，所向克捷，不过数月，匪盗敛迹，阖邑安宁，彭之威名，因以树立。同年 8 月，西北军石友三部驻防南阳，任彭为镇平民团军旅长；1929 年 1 月，河南人民自卫团成立，彭复奉委为豫南第二区区长，统辖南阳、南召、泌阳、唐河、邓县、内乡、淅川、新野、镇平 9 县民团，号令所及，不下 30 万众，迭破悍匪，生民仰赖，俨若一方长城。[2]

不过，也就是在栉风沐雨、亲冒矢石的剿匪生活中，彭禹廷深入乡野，蒿目时艰，痛感中国农村积弊深重，贫病愚弱，已成膏肓，殆非仅恃一手一足之烈，涤荡匪氛，所足振济，苟欲出民水火，登诸衽席，要须更为根本的救济办法。于是，彭之思想为之丕变，逐渐转向乡村建设的道路。[3]1929 年，河南省主席韩复榘任彭为豫南民团总指挥，彭坚辞不就，转而商得韩之资助，于豫北辉县百泉创设河南村治学院，自任院长，以梁仲华为副院长，敦聘梁漱溟、孙廉泉、冯悌霞、王炳程、吴丽泉等乡建派知名人物分任教职，下设农

---

[1] 彭禹廷：《在南阳开绥靖会议时之演词》，《镇平县自治概况·附录》，第 248 页。

[2] 李腾仙：《彭禹廷先生事略》，《河南文史资料》第 14 辑，第 4—5 页；谭恒信遗稿：《彭禹廷事迹片断》，《河南文史资料》第 14 辑，第 18—19 页。

[3] 彭禹廷：《在南阳开绥靖会议时之演词》，《镇平县自治概况·附录》，第 249 页。

村师范、农村组织训练、农林警察训练、村长训练等部，积极培育乡建人才；彭本人亦对乡建理论悉心研讨，探赜发微，宛西自治的构想，遂萌蘗于此。[1]

正当彭禹廷倾注心力，惨淡经营村治学院之际，变故又起。1930年中原大战爆发，河南首当其冲，兵匪交作，全豫大乱，镇平一带以民团乏人领导，匪氛尤炽，掳掠烧杀，行路断绝，地方人士函电交驰，吁请归里。彭不得已，于是年9月返抵镇平，再度荷起剿匪重担。

彭禹廷冯妇重作，二度练团，虽然备受拥戴，民众归之如堵，但时易境迁，竟不复昔日威势：一则匪寇猖獗，啸聚大杆，为数动辄千万，清剿之难，已非往年零星散匪可比；二则国民军于内战中全面溃败，势力瓦解，彭禹廷不特丧失有力奥援，更屡受地方官府驻军百计掣肘，险遭不测。[2] 彭盱衡时势，深知独木难支，要想肃清匪患，推动自治，非得邻封别陈诸人同心协力，实难有成。于是而有宛西联防之议。

彭与别廷芳境遇迥异，素不相识，于陈舜德则系多年旧交。据陈氏回忆，彭于1927年返乡办团，即曾受淅川自卫成效所激励；两人日常晤谈，亦多以建设地方、献身自治相偶勉。[3] 至是，彭乃致函陈舜德，请其出面邀约别廷芳，共商联防剿匪、办理自治之大计。[4] 1930年9月27日，内乡别廷芳、刘顾三，镇平彭禹廷，淅川陈舜德，邓县宁洗古诸人如约晤集于内乡县城民团大队部，先

---

[1] 吴丽泉：《我的朋友彭禹廷》，《河南文史资料》第14辑，第12—13页；李腾仙：《彭禹廷先生事略》，《河南文史资料》第14辑，第6页。

[2] 如镇平县县长阚葆贞即对彭甚为疑忌，百般阻挠，参见彭禹廷：《在南阳开绥靖会议时之演词》，《镇平县自治概况·附录》，第249页；谭恒信遗稿：《彭禹廷事迹片断》，《河南文史资料》第14辑，第20—21页。

[3] 陈舜德：《闲话宛西集》，第19—20页。陈与彭两人固为旧知，唯陈氏回忆录撰于暮年，每多舛误，如宛西自治正式发轫于1930年9月之内乡会议，陈竟误置于1929年，申庆璧作《宛西陈舜德先生传》，仍袭此误，是陈氏所言，殆未可尽信。

[4] 函件原文引自陈舜德：《闲话宛西集》，第7页。

后会议三天，达成宛西四县联防御匪之协议，同时决定使用"宛西地方自治"名义，订定十条公约及"五不"办法；并成立宛西民团指挥部，推别廷芳为司令兼第一支队队长，宁洗古为第二支队队长，陈舜德为副司令兼第三支队队长，彭禹廷为第四支队队长，共誓以保卫桑梓、建设地方为职志。会后复发布檄文，昭告全境，于是，在少数地方精英策划推动下，河南地方政治史上所谓"宛西自治"之新页，于焉诞生。[1]

三、"地方革命"的理论与实际

近代河南之实施地方自治，自非以宛西为嚆矢。溯自光绪末年，清廷筹备立宪，即已确立地方自治之方针。兹后政局多故，变乱迭乘，而自治名号，不绝如缕。逮1929年，国民政府颁布县组织法，复陆续制定区自治施行法、乡镇自治施行法、县自治法等20余种自治法规，清户口、立机关，所谓地方自治，规模粗备。[2]河南既为国民政府势力所被，自亦一体奉行，而宛西自治的展开，因缘际会，在时间上与此一官方所推动的全国性地方自治运动，正相重叠。

不过，宛西自治虽与政府所行地方自治称谓雷同，仿佛近似，究其实质，两者殆有泾渭之别。晚清以来，各级政府致力于地方自治之擘画，主要用心仍在借由政治参与管道的扩大，重行编组地方权力结构，俾便动员广大社会资源，以强化国家的统治权力。在此考虑下，地方自治的主导权力始终操持于行

---

[1]　陈舜德：《闲话宛西集》，第7—8页；李腾仙：《彭禹廷先生事略》，《河南文史资料》第14辑，第6页。所谓"十条公约"，即1.兵农合一；2.统一指挥；3.抚恤划一；4.粮弹自筹；5.整编保甲；6.清丈地亩；7.普及民教；8.设保健所；9.采会议制；10.务实去虚。"五不办法"则为：1.不泥法纵匪；2.不偏听诬陷；3.不奔兢说情；4.不浪费公帑；5.不拂逆民情。

[2]　有关清末民初河南实施地方自治的梗概，参见本书《从自治到保甲：近代河南地方基层政治的演变（1908—1935）》。

政部门之手，如清末所订自治章程，即斤斤于自治与官治"相倚相成"之说，对于自治机关，百计防闲，监督綦严，原其旨要，则在使"自治区域虽多，而一一就我准绳，不至自为风气；自治职员虽众，而一一纳之轨物，不至紊乱纪纲"。[1] 反之，1930 年代的宛西自治，却肇端于少数地方精英维护桑梓利益，巩固自身支配地位的迫切需求。以是，宛西所行自治，不遵轨范、抵牾法令之处，不免所在多有。曾任镇平县县长的马国琳便说："宛西创办自治伊始，积极锐进，间有措施不无有越法令，驯至与省政府关系形同断绝。"[2] 语虽委婉，要已明白点出宛西自治自外于国家政治体制的态势。

宛西自治既与官方定制扞格不入，标举自治旗号的地方精英遂不能不面对一项重大挑战，亦即如何证成（justify）其自治权力的"合法性"？

对于这项质疑，宛西自治设计者彭禹廷的对策，乃是揭橥"地方革命"的口号。

如一般所习知，帝制中国一切政治权力，率以皇帝所代表之宇宙秩序（天道）为其合法性的终极根源；各级官绅，便是透过皇权的分授，取得支配地方社会的正当权力。[3] 苟天道不变，官绅所行使的国家权力，自亦具有不容置疑的绝对合法性。

及至辛亥鼎革，清祚告终，随着"普遍王权"的全面崩溃，传统政治权威的合法性基础亦趋瓦解，于是纪纲解组，政治失序，中央号令不出都门，加之以军阀割据，混战连年，苛捐重敛，官不保民，国家权力遂面临严重的"合法性危机"。由本文前节所述匪盗大起、破城杀官的泛滥程度，殆足窥见 20 世纪

---

[1]　陈之迈：《中国政府》第 3 册，第 68 页。

[2]　马国琳：《序》，韩亮：《宛西御倭鸿忆录》，台北：奋斗出版社，1968 年，第 37 页。

[3]　Guy S. Alitto, "Rural Elites in Transition: China's Cultural Crisis and the Problem of Legitimacy," in Susan Mann Jones ed., *Select Papers from the Center for Far Eastern Studies*, No. 3, p.218.

前半期，国家权威的失坠实为中国政治发展过程的最大问题。[1]

在这样的历史脉络下，彭禹廷提倡宛西自治，起手便将"地方自治"与"地方革命"等同为一，否定了国家权威的正当性。1931 年 7 月，彭在对镇平民团官佐的演讲中明白宣示：

> 照目前我们进行自治的情形论，"地方自治"就是"地方革命"，两件事实在是一件事。

何以如此？彭进一步指出，阻碍宛西自治顺利推行之祸源有三：（1）匪式军队；（2）贪官污吏；（3）万恶土匪。此三者基于自身利益，率皆仇视自治，百计阻挠，苟欲贯彻自治，"非把这三种障碍除去不可"。虽然，军队与官吏系由政府委任，原即国家机器的一部分；而土匪盗贼，纵未得官方承认，实则"今日的土匪，明日就可以变成军队；目前的军队，也未必不是将来的土匪"，军队土匪盖属一体两面，混淆难辨。既然军队、官吏、土匪一皆获有政府认可，恃国家为护符，则欲扫除障碍，推行自治，"就不能不与政府发生误会"，此所以"'地方自治'就是'地方革命'"。[2]

彭禹廷所以喊出"地方革命"的激越口号，自亦有其实际经验背景。先是，彭筹办村治学院之初，校产丰厚，引人垂涎，河南省府教育厅、建设厅与辉县县署等机关已为学院管辖权归属问题互不相下，争持甚烈，以致创校事务，丛脞险巇，艰困备尝；及至彭离校返乡，辉县县长李晋三竟嗾使股匪焚掠学院，省垣大僚复从中破坏，竭力阻挠，卒使村治学院于 1930 年底宣告撤销，彭数载

---

[1]　白鲁恂（Lucian W. Pye）即认为民国政治的最大问题，在于"政治权威的危机"（crisis of political authority），参见 Lucian W. Pye, *The Spirit of Chinese Politics: A Psycho-Cultural Study of Authority Crisis in Political Development*, Cambridge: The M.I.T. Press, 1968。

[2]　彭禹廷：《对民团宫佐演讲地方革命》，《镇平县自治概况·附录》，第 194—195 页。

心血，毁于一旦，愤懑之情，不言而喻。[1] 另一方面，彭二度办团剿匪以来，所受地方官府驻军掣肘嫉害，不可胜数。1930 年 10 月，其得力助手宁洗古于奉召赴汴屡次，遭杨虎城部南阳警备司令姚丹峰指使镇平县县长阚葆贞、泌阳县县长薛宾侯设伏狙杀于泌阳城下。[2]1932 年春，巨匪王太、崔二且聚众 3 万进袭宛西，镇平全县罹祸至惨，当时即已传言有驻军某部暗中接济股匪枪械弹药，冀以借刀杀人，消灭民团势力。[3] 凡此诸端，在在使彭对官府军队深怀戒心，一意排拒。1931 年 7 月，他对宛西乡村小学教师发表演讲时，便断然指斥"官治"之不足仰恃：

> ……"地方自治"本为中山的遗教、中央的法令；我们遵照遗教、法令去行，有何问题？无奈在政治上轨道之前，我们又居鞭长莫及之地，贪污之辈早拿"总理遗教""中央法令"当作具文；仍旧利用两千多年的积威，以上治下，看民众好像亡国奴似的；种种黑幕，较前清末叶更加十倍！关于自治的空气，或者有时候喊几个口号，贴几张标语，敷衍敷衍民国的面子，若谈到真正人民自治，那是绝对不许可的！所以"自治"这件事，万无官民合作之理。我们想推行"自治"，就得推倒"官治"；推倒"官治"之后，……进行自治，才没有障碍。[4]

既然官府、驻军徒为蠹贼，不可倚仗，地方事务自不能不由地方精英出面领导，自力举措，此即宛西自治精义所在，亦即彭、别、陈等民团领袖支配权

[1]　彭禹廷：《在南阳开绥靖会议时之演词》，《镇平县自治概况·附录》，第 249 页；吴丽泉：《我的朋友彭禹廷》，《河南文史资料》第 14 辑，第 13—14 页。
[2]　陈舜德：《闲话宛西集》，第 36—37 页；赵金镶、秦俊：《邓县宁洗古事略》，《河南文史资料》第 14 辑，第 47 页。
[3]　陈舜德：《闲话宛西集》，第 54—56 页。
[4]　彭禹廷：《对乡村小学教师讲缩小的三民主义》，《镇平县自治概况·附录》，第 205 页。

力赖以存立的关键所系。[1]

不过，从上举引文亦可窥知，彭虽对官府权威肆意抨击，讥弹备至，而于国民政府所标榜之正统意识形态——总理遗教，殆无一丑诋之词。非特如此，彭于日常言谈中，对孙中山极表尊崇，誉之为 20 世纪三大伟人之一 [2]；其为宛西自治所拟订之基本蓝图——三自主义，亦多比附三民主义之处。1931 年 5 月，彭对民团官长训话时，即公开宣称：

> 什么是我们的主义呢？简单言之，即"地方主义"是也。什么是"地方主义"呢？即自卫主义、自治主义、自富主义是也。……吾所谓"地方主义"，即孙总理之三民主义，范围上虽有大小之分，实质上初无二致也。……我们的自卫主义，即是民族主义；我们的自治主义，即是民权主义；我们的自富主义，即是民生主义；合而言之，我们的地方主义，即总理的三民主义也。[3]

然则，宛西自治的三自主义，何以就是孙中山的三民主义？彭禹廷自亦有其说辞。他认为孙的三民主义，不但有其时间性，与时俱进，一变再变，抑且更是以具体的环境需要为依归，深具空间性。宛西僻处内陆边隅，地瘠民贫，自有其独特的迫切需要，而与全国性的环境需要相去复绝，类不相侔。苟不加辨析别择，因地制宜，徒然哓哓于"日日打国民革命的招牌，唱三民主义的口号"，其欲克奏肤功，解民倒悬，"真乃必无之事"。即以民族主义言之，孙所

---

[1] 彭禹廷：《在第八区高台对西五乡保卫团民众讲话》，《镇平县自治概况·附录》，第 243 页。

[2] 彭禹廷：《对乡村小学教师讲时代与地位》，《镇平县自治概况·附录》，第 199 页。其他两大伟人分别是甘地与列宁。

[3] 彭禹廷：《对民团官长讲话》，《镇平县自治概况·附录》，第 190 页。彭本人对三民主义似颇具信仰，王抚洲亦谓彭为三民主义的信徒（王抚洲：《路不拾遗夜不闭户记宛西》，《传记文学》第 16 卷第 4 期，第 65 页），陈舜德甚至宣称彭所倡导的"完全是三民主义的地方自治"（陈舜德：《闲话宛西集》，第 20 页）。唯此问题与本文主旨关系不大，兹不具论。

揭举之民族主义，集矢于国外帝国主义势力的压迫，而宛西所罹祸害，初非异族凭陵，而是来自国内土匪、军队与官吏的残贼。孙的民族主义一旦失败，中国固不免亡国灭种之忧，宛西诸县自亦无幸存之理；唯行远自迩，登高自卑，若不图奋起自卫，先行解决宛西燃眉之急，一味奢谈全国性的三民主义，殆不免"既犯空洞之病，又贻迂阔之诮"，纵令孙的民族主义终底有成，也"当不住镇平县仍然亡县"，甚至"将来中山的民族主义成功之日，或即吾镇平人消灭之日，亦未可知"。以是，宛西绅民讲求"民族主义"，盖只能就宛西本地设想，筹谋所以自卫自存之道，己立立人，由近及远。民族主义如此，民权、民生亦复如斯？彭指出，审时度势，以宛西所处环境，自救之道端在努力下层工作；既然努力下层工作，便非将全国性的"国民革命"缩小而为一县一区的"地方革命"不可。而"国民革命"既经缩小，其所使用的革命工具——三民主义，自亦不能不相应缩小。宛西自治所标举之自卫、自治、自富等"三自主义"，便正是缩小了的三民主义。分而言之，自卫主义便是"缩小的民族主义"，自治主义便是"缩小的民权主义"，自富主义便是"缩小的民生主义"。既然"三民主义是救中国的宝贝"，缩小化的三自主义，当然就是振救宛西的不二法门。[1]

姑不论彭禹廷所谓"缩小的三民主义"，在理论上是否圆融无碍，或是否契合孙中山提倡三民主义的本旨，这套"三自主义"的构想，确使宛西地方精英所推动的自治运动获得有力的理论支持，从而有别于一般但知以"保境安民"为号召之地方势力。另一方面，经由对三民主义的重新诠释，彭禹廷更为宛西自治奠定了坚实的合法性基础。陈舜德晚年追忆此一史事，一再强调宛西自治"完全是三民主义的地方自治"，并极力推奖彭禹廷的贡献，许之为"宛西自治

---

[1] 彭禹廷：《对乡村小学教师讲三民主义之时间性与空间性》，《镇平县自治概况·附录》，第 201—203 页；彭禹廷：《对乡村小学教师讲缩小的三民主义》，《镇平县自治概况·附录》，第 203—206 页。

的导师"，殆非无因而发。[1]

就是在彭禹廷"三自主义""地方革命"的策划下，宛西自治事业次第开展，而凡百举措，要以"路不拾遗，夜不闭户，村村无讼，家家有余"16字为归趋。[2]

先述自治机关的组织与演变。1930年秋，镇内淅邓四县协议联防自治后，即分头筹设机构，以取代官方行政组织，推动地方自治事宜，兹以资料较为详备之镇平为例，略做说明。

1930年9月，镇平阖邑士绅召集全县政务会议，议决设置十区自治办公处，总揽全县自治行政大权。镇平十区自治办公处最初系由办公处、自治委员会及息讼会三个部门共同组成。办公处为全县自治执行机关，负责执行自治委员会决议案件，并督促各区自治事务所暨地方各机关实际办理各项事务；处内置正副处长各1人，由自治委员会选举产生，下辖事务、调查、财务及宣传四股，各设主任1名、职员若干，统由正副处长遴选委任之。自治委员会则为自治议事机关，以十区区长及地方法定机构领袖担任委员，负议决全县自治兴革事宜之责。息讼会设公断员5人，由自治委员会及办公处处长共同推举，以调解全县诉讼事件为职任。

及1931年11月，地方人士鉴于自治委员会与自治办公处混合编组，权责不明，性质混淆，倡议改组，乃将自治委员会独立划出，另成统系，作为全县立法机关，亦为推进自治的最高权力机构。改组后之自治委员会员额增至25人，由办公处正副处长兼任正副委员长，职权范围亦大为扩张，除仍得推选正副处长及各股主任外，举凡全县自治机关预算决算、地方应兴应革事宜、自治职员违法失职之处分诸端，咸归统摄。原设之自治办公处则改为纯粹执行机构，

---

[1] 陈舜德：《闲话宛西集》，第18、20、22页。

[2] 此16字为彭禹廷提出，参见彭禹廷：《在区村长大会演词》，《镇平县自治概况·附录》，第170页。

增设副处长 1 人，原辖四股亦扩编为总务、财务、调查、宣传、建设五股，秉承自治委员会各项决议，综理全县自治事务，并对各区及各机关负指挥监督之责。

自治委员会及自治办公处之下，镇平全县共划分十区，第为三等，每区设区长 1 人、副区长 1 人，连选得连任之。区有区公所，所内置总务、建设、教育、指导等股，各设主任 1 员，职员区丁若干，办理全区自治事务。区下别设邻闾乡镇，各有长副，由下而上，一体纳入自治体系。[1] 于是，全县行政、司法、财政、军事大权，悉归自治委员会及十区办公处之手，官方所置县署，虽具合法地位，论其实质，不过承上启下，转递公文，有职无权，形同虚设。

逮 1932 年底，河南省府遵奉三省"剿总"训令，全面停办自治，改行保甲，对地方基层组织的控制渐趋强化。宛西镇平等县迫于功令，亦于 1934 年 6 月将一切自治组织概行取消，自治委员会与自治办公处合并改组为地方建设促进委员会，乡镇闾邻亦同时撤废，改编保甲。改组后之地方建设促进委员会凡设委员 35 人，以县政府各级首长为当然委员，县长为名誉委员长，另由委员中推举常务委员 5 人，委员长 1 人，下辖总务、指导、设计、调查四组，在制度上对地方事务仅有设计与建议之权，一切实际行政完全归由县政府处理；唯委员会名义虽更，职权固未稍减，"仍负推进自治事业之重责，仍为全县人民自治工作之重心"。[2] 直到 1938 年王抚洲道经宛西，见闻所及，"地方自治行政管理权与地方武力的管理指挥权"，犹为由地方公举产生之建设促进委员会把持垄断，县政府垂拱而已。[3]

---

[1] 《镇平县自治概况》，第 1—23 页；王彬之：《镇平乡村工作报告》，《乡村建设实验》第 2 集，上海：中华书局，1935 年，第 180 页。

[2] 王彬之：《镇平乡村工作报告》，《乡村建设实验》第 2 集，第 181 页；赵秩甫、王扶山：《一年来镇平自治工作报告》，《乡村建设实验》第 3 集，上海：中华书局，1937 年，第 348 页；陈舜德：《闲话宛西集》，第 73 页。

[3] 王抚洲：《路不拾遗夜不闭户记宛西》，《传记文学》第 16 卷第 4 期，第 63 页。

自治机关既经确立，权责划一，自卫、自治、自富等诸项具体措施，遂亦分头并进，雷厉风行。

宛西联防自治，原即肇端于护卫桑梓的迫切需要，早在1930年内乡大会时，彭禹廷已明白揭橥先由自卫入手的自治方针，兹后迭次演说，晓谕民众，所标榜者亦不外"自治以自卫为手段，自卫以自治为基础"之宗旨。[1] 而在盗匪环伺、各方觊觎的恶劣处境下，诚如陈舜德所言："没有自卫力量，治安就维持不住；治安不能维持，一切事业都无法推行。"[2] 因此，宛西自治过程中，用力最勤、成效最著者，允推自卫之工作。

宛西三县的自卫工作，头绪纷繁，包罗甚广，总其纲要，则大致集中于编练民团、严密保甲与推行五证、稽查奸宄诸端。

如前所述，别、陈、彭等地方精英崛起宛西，盖以民团武力为其最终凭借；地方武力资源的盛衰强弱，亦正与其支配权力之大小存亡息息相关，由是，民团的组训扩充，实为彼等念兹在兹、勠力以赴的首要目标。1930年内乡联防会议所制十条公约，开宗明义，便是以"农兵合一"、全民皆兵作为自治的基石。

在"农兵合一"的前提下，宛西三县陆续仿袭瑞士义务民兵制之精神，采取"枪不离人，人不离乡，就地选官，就地训练"四项原则，聚集民间枪械，进行团队编组。[3] 至其具体办法，虽各县情况略有轩轾，要属大同而小异。以镇平县为例，其民团分常备、后备两种，自1930年底开始调查全县18岁以上、30岁以下合格壮丁，分期调训，每期四个月，期满归家，各务本业，训至第四期时，第一期退伍，至第五期时，第二期退伍，以此类推，递进递退，以全县训练完毕为止。凡期限未满，甫正受训之壮丁与自愿长期入伍者，悉属常备，

[1] 陈舜德：《闲话宛西集》，第21页；彭禹廷：《在南阳开绥靖会议时之演词》，《镇平县自治概况·附录》，第251页。

[2] 申庆璧：《宛西陈舜德先生传》，第60页。

[3] 《镇平县自治概况》，第148—149页；陈舜德：《闲话宛西集》，第59页。

编制同于正规军队，有团、营、连之分，上设支队部，统辖于宛西联防总部，各级官长以旧日民团干部之有军事学识者充任，团丁每月给饷 16 千文，官长自 20 千文至 40 千文不等，日常除操练上课外，兼习手工，并参加筑路、栽树等工作，以符"化兵为工"之鹄的。至期满解散之壮丁，概依所居地域，另行编组为后备民团，其组织以队为单位，每队百人，队上有中队，队下设小队，平素务农，不离生产，每月初一，由队长集合点名，带至中队部擦枪听讲，各给饷 3 千文，每月十五复集合擦枪一次；遇有紧急，即按原先受训队号集合，一变而为常备，是为"寓兵于农"。[1] 及 1934 年宛西改编保甲，团队名称随之更张，常备民团易为壮丁巡查队，编制组织改采队、中队、分队之区划；后备民团别称壮丁队，配合保甲，另行编组，唯其实质，殆未稍变。[2]

常备与后备民团之外，镇平又有保卫团之设，其宗旨与民团无殊，而组织训练稍有不同。举凡全县 18 岁以上、45 岁以下之男子，除废疾疲癃及现任公职或在校肄业者外，概须编入保卫团，于冬春农暇，集合受训，依伍组甲区为编制，县城别置总团部，以民团支队长兼任总团长，平素各持刀矛土炮等器械，巡逻守卫，维护秩序，性质近似乡村警察，而与组织严密一如军队之民团辅翼并行，各有专司。逮 1934 年后，亦一体编入壮丁队，每保立一小队，每联保立一联队，每区立一区队，计全县所编壮丁共达 3 万余人。[3]

在这套彭禹廷所谓"增加实力，减轻负担"[4]的组训办法下，宛西三县的团队武力急遽扩张，成长极速。迄 1935 年 10 月止，镇平前后调训壮丁五期，凡

[1] 《镇平县自治概况》，第 148—149 页；王彬之：《镇平乡村工作报告》，《乡村建设实验》第 2 集，第 210—211 页；陈舜德：《闲话宛西集》，第 59—60 页；冠生：《镇、内、淅三县考察记（一）》，《河南民国日报》1938 年 7 月 31 日。

[2] 赵秩甫、王扶山：《一年来镇平自治工作报告》，《乡村建设实验》第 3 集，第 346—347 页；冠生：《镇、内、淅三县考察记（一）》，《河南民国日报》1938 年 7 月 31 日。

[3] 《镇平县自治概况》，第 158—160 页；王彬之：《镇平乡村工作报告》，《乡村建设实验》第 2 集，第 212 页；冠生：《镇、内、淅三县考察记（一）》，《河南民国日报》1938 年 7 月 31 日。

[4] 彭禹廷：《在区村长大会演词》，《镇平县自治概况·附录》，第 178 页。

共 5000 余人，其中常备民团为数恒在 2000 人以上。[1] 淅川于 1930 年时，本有民团 6 团，2 团常备、4 团后备，总团丁 4000 余人；兹后大举微调 18 岁以上、35 岁以下成年壮丁，编制训练，迄 1936 年底，受训壮丁已达 75 665 人，居全县总人口的 30%。[2] 此外，复将全县各保 36 岁以上、50 岁以下农民，分别编为通信队及纠察队，每保每队各 20 人，分负传递公事、侦伺匪踪之职任，皆以四月为期，轮流服役，计全县 425 保，共设通信、纠察队员 17 000 余人。[3] 内乡自 1934 年 11 月至次年年杪，除常备民团蜕化之壮丁巡查队不可胜计外，共抽训壮丁训练队二期凡 2500 人，组训各保壮丁 61 000 余人，另有通信队、纠察队亦达 12 000 余人。[4] 宛西诸县各色团队，平素于本县从事清乡缉盗、修筑寨堡、取缔私枪等工作，安堵地方，维持秩序；遇有大股匪警，则由宛西民团总指挥部统筹调度，相互支援，其粮饷弹药概出自备，伤残阵亡，抚恤划一，用能凝聚团结，所向有功。[5]

与编练民团相配合者，则为严密保甲、厉行连坐的控制手段。方自治之初，宛西三县即已相继着手调查户口，实行人事登记；及奉省令改编保甲后，乃积极动员县境各校教职员生暨公务人员，施加训练，各回本乡分任编查员，协助联保主任、保长严行编查，逐户点验，除切实贯彻"人必归户，户必归甲，甲必归保，保必归乡镇"之原则，复饬令各级甲户联保切结，互相纠察，彼此监督，遇有盗窃失物等情事，所在保甲地段一律课以连坐之罪，并负分摊赔偿之

---

[1] 计第一期 1500 余人、第二期 900 余人、第三期 1300 余人、第四期 762 人、第五期 755 人。《镇平县自治概况》，第 149 页；赵秩甫、王扶山：《一年来镇平自治工作报告》，《乡村建设实验》第 3 集，第 347 页。

[2] 王士范：《中华民国二十四年淅川县地方自治三年计划概要》，《淅川文史资料》第 4 辑，第 37—38 页；《民国时期地方武装变改略谈》，《淅川文史资料》第 4 辑，第 114 页。

[3] 王士范：《中华民国二十四年淅川县地方自治三年计划概要》，《淅川文史资料》第 4 辑，第 43 页；淅川全县保数，参见该书第 37 页。

[4] 别香斋、罗卓如：《内乡一年来之乡村工作报告》，《乡村建设实验》第 3 集，第 360—361 页；内乡全县计 320 保，参见张和宣：《我所知道的别廷芳》，《文史资料选辑》第 47 辑，第 48 页。

[5] 《镇平县自治概况》，第 160—162 页；陈舜德：《闲话宛西集》，第 60 页。

责[1]，地方基层组织因以整饬。

在严密保甲的基础上，宛西三县更进一步推行五证制度，彻底管制境内民人行止动静。所谓五证者，即出门、迁移、通行、乞丐及小贩营业等证。凡本县居民因事出门或迁居他处，离开本管联保辖境者，概须先向该管保长或乡镇公所取得出门证或迁移证，填明事由去处，出入本境均交团队盘查站验明登记，以备查考。至外人如欲进入宛西地界，则须经盘查站询明核可后，发给通行证，详载行走路线、停留时地等项，出境时缴证放行；凡无证或不依所载，任意行动者，押送该管保长盘诘查办。而县内乞丐与肩挑负贩人等，亦一律配发乞丐证及小贩营业证，无证者，不特无处乞讨，无法营生，抑且频遭盘诘，不得自由。[2]斯时宛西境内，处处高揭"白天查路条，夜间查住客"之大字标语，凡来历不明、面生可疑之人，步步罣碍，动触刑网[3]，控制之严，通河南全省，可谓无与伦比。宛西各县凭此五证，羁勒黎民，遂使全境无一行踪不明之人，内无奸宄，外谍不入，卒能臻至"路不拾遗，夜不闭户"之境界，宛西自治亦以此见知海内。

自卫而外，宛西三县在自治工作上的成就，亦复斐然足观，其可得而称述者，约有调查户口、清丈土地、整理财赋、修筑道路、架设电话、调解讼诉诸端，考其范围，则大体不逾孙中山《建国大纲》所列条目。

调查户口为办理自治之基本工作。宛西诸县实行自治伊始，为强化社会控制，于此特加注意。镇平于1932年9月，即由十区办公处派遣地方服务人员训练班受训合格人员，分组会同各地乡镇长及小学教员共同展开调查，至同年9

[1] 《淅川县三自办法提要》，《淅川文史资料》第4辑，第10—13页；王抚洲：《路不拾遗夜不闭户记宛西》，《传记文学》第16卷第4期，第63—64页。

[2] 陈舜德：《闲话宛西集》，第61页；别香斋、罗卓如：《内乡一年来之乡村工作报告》，《乡村建设实验》第3集，第362—363页；冠生：《镇、内、淅三县考察记（二）》，《河南民国日报》1938年8月1日。

[3] 陈舜德：《闲话宛西集》，第61页。

月，调查完竣，旋于 10 月间举行人事登记，共刊发出生、死亡、婚姻、分居、迁徙、失踪、继承七类登记表，饬令烟户随时如实填报，以免户口紊乱。[1] 淅川于 1931 年奉省令采行乡镇间邻制，曾普查全县户口一次；1933 年改行保甲，再度举行调查；1935 年为防境内奸宄蠢动，复大举清查，订 8 月 1 日为户籍日，动员全县小学教师及各级公务员凡 250 余人，积极将事。经此三次调查，全县户口状况了若指掌。[2]

清丈地亩、均平赋税，与调查户口同属自治要政，于自治经费之筹措，关系尤大。宛西各县地权关系，一如全国各地，历经长期演变，紊乱不堪，"或有粮而无地，或有地而无粮，数百年间未加清厘，负担不均，苦乐悬殊"[3]，逮及自治推展，地亩清丈遂成当务之急。内乡于 1920 年代初期，已着手丈量全县土地，并制定"稞石册"，每地 3 亩定为 1 石稞，计全县共厘定 15 万石稞，摊派课赋，悉以是为准。[4] 淅川于 1932 年至 1934 年间，陆续举办全县土地之清丈、覆丈与抽丈，各户田段多寡、四至坐落、银粮额数，逐一厘析，汇造清册，作为异日清理田赋之准备。[5] 而镇平之地政整理，尤称完善。自 1931 年初，镇平自治办公处议决调查地亩，即分组派员下乡宣导；同年 2 月，又动员办公处与民团主要干部，分区展开实地调查，至同月底，调查完竣。及 1932 年 10 月，办公处复召训全县勘丈人员 144 人，分组按期进行清丈，各段各户按册入账，同时组织勘验委员会，厘分土地等级，督饬有地花户陈报候勘；至 1933 年间，各项工作先后蒇事，多年积弊一扫而空，"民众负担，自此咸称平均"。[6]

[1] 《镇平县自治概况》，第 92—98 页；中国地方自治学会镇平支会：《镇平县地方自治实施之经过及其成效》，陈舜德：《闲话宛西集》，"附录"，第 166 页。

[2] 王士范：《淅川工作报告》，《乡村建设实验》第 3 集，第 376 页。

[3] 同上。

[4] 张和宣：《我所知道的别廷芳》，《文史资料选辑》第 47 辑，第 43 页。

[5] 王士范：《淅川工作报告》，《乡村建设实验》第 3 集，第 376 页。

[6] 王彬之：《镇平乡村工作报告》，《乡村建设实验》第 2 集，第 185—189 页；李腾仙：《彭禹廷先生事略》，《河南文史资料》第 14 辑，第 7 页。

地亩既经清丈，宛西各县进而厘定税则，整理财赋，以为自治经费之张本。囿于资料限制，兹以镇平为例，略做说明如次。

先是，镇平迭经匪患，民生困穷，财政紊乱，迨自治办公处成立，乃着手整理全县财政，一面统一收支、铲除积弊，一面撙节开销、力戒糜烂；前后两年之间，其重要措施有六。（一）整理征收机关：撤销县府财务局课税权力，改由办公处派员代征，剔除中饱，至所征得丁粮正款，仍交县府照额上解。（二）清理积欠：凡地方各区与财务局累年积欠账项如平粜、谷仓生息、水利等款，逐笔追缴，限期清厘。（三）取消官府任意加派之苛捐杂税，如房捐、车捐、店捐等。（四）禁止乡镇罚款：除习惯公约罚规外，严禁各乡镇私自罚款，倘有违犯，除惩办各该乡镇长外，本管区长亦受连带处分。（五）自治经费之摊派：全县自治经费，概依地亩摊派；摊派以收麦为原则，并采累进税率，凡民户有地5亩以上者，每亩摊派小麦2升（8斤），不足5亩者免之；有地1顷以上至5顷者，每顷加收2斗（80斤），5顷以上至10顷者，每顷加收4斗（160斤），以是类推，务期于减轻人民负担之中，达成分配公平之目的。（六）统一开支：凡各区乡镇自治机关及各级自治职员经费薪给，统由十区自治办公处按月核发，严禁私自派款。[1] 经此厘剔，镇平财政渐趋正轨，匪特自治经费着有的款，不虞匮乏，贫困小农之赋税负担，亦相对纾解。[2]

另一方面，基于御匪自卫的军事需要，修筑道路、架设电话等交通设施，自亦成为宛西各县自治工作之一要项。镇平于1932年至全面抗战前夕，动员各区民夫，先后筑成环境交通道路400余里，路幅各宽1丈6尺；架设环境电话线500余里，置电话总机4部，城内各机关与各区乡镇、民团营部咸可通话，

---

[1]《镇平县自治概况》，第46—51页；王彬之：《镇平乡村工作报告》，《乡村建设实验》第2集，第189—191页。

[2] 谭恒信遗稿：《彭禹廷事迹片断》，《河南文史资料》第14辑，第21页。

殊有助于政令传达、维持治安。[1] 淅川于同一时期，修妥省县乡道凡 415 里，各区大路面广 1 丈 2 尺，乡镇小路由 5 尺至 8 尺不等，路面铺以细沙，两侧有沟排水；所架电话则遍及全县紧要处所，一隅有警，全县瞬息皆知。[2] 内乡截至1934 年，全县环境汽车路、马车路与山间小道皆经修筑完竣，全长计 655 里，其中汽车路达 415 里，幅广 1 丈 2 尺，路基平坦坚固，犹胜省属许宛大道；其所架电话，分通毗邻各县，境内各重要集镇，亦均可通话。[3]

宛西交通建设之最大特色，在于其与保甲组织的紧密配合，不但道路兴筑概依保甲编制，征调民工义务修治，即日常维护，亦责令各区保甲分段管理，雨后铺沙、雪后扫雪，苟有疏怠，一体严惩，因而宛西全境道路，泥泞不生，路基长固，入境行旅，咸称便利。[4] 由此一端，殆可窥见宛西自治令行禁止，控制綦严之一斑；而地方精英行使支配权力的有效程度，洵非官府行政机构所堪望其项背。

类此情事，尚可见诸自治机关对于司法权力的操持与侵夺。

宛西地处边陬，民习犷悍，讦讼之风素称炽烈。清末民初，镇平县署三八放告，各期所收呈控词状不减 200 余纸；据彭禹廷估计，1930 年代以前，全县每年诉讼官司至少 5000 桩，所费赀财达 100 余万串；其间缠讼累年，破家荡产者，不可胜数。况以民国之后，县长、承审半由军委，无非庸懦之徒，尽属贪黩之辈，民人含冤诉官，徒糜金钱，虚耗岁月，而"冤枉仍不能伸，是非仍不

---

[1] 中国地方自治学会镇平支会：《镇平县地方自治实施之经过及其成效》，陈舜德：《闲话宛西集》，"附录"，第 166 页。

[2] 王士范：《淅川工作报告》，《乡村建设实验》第 3 集，第 375—376 页。

[3] 罗卓如、别廷芳：《内乡县建设工作报告》，《乡村建设实验》第 2 集，第 218 页；别香斋、罗卓如：《内乡一年来之乡村工作报告》，《乡村建设实验》第 3 集，第 365 页。

[4] 《淅川县三自办法提要》，《淅川文史资料》第 4 辑，第 15 页；王抚洲：《路不拾遗夜不闭户记宛西》，《传记文学》第 16 卷第 4 期，第 63 页。

能明"。[1]因此，宛西各县推行自治之初，即于自治办公处内附设息讼会（其后改称调解委员会），区村乡镇别置分会，遴聘公正士绅担任委员，民众遇有争执纠纷，概须先经各级息讼会调解仲裁，不得擅自控官；至其调处原则，不为法律条文所泥，一以"人情公理"为断，务使争议两造得以互让了处；而尤注重平素之告诫晓谕，期能消弭衅端，减少讼累。[2]据时人记述，宛西三县这套调解诉讼的办法，收效甚宏。1930年代，内乡、镇平境内政简刑清，囹圄几空，县属监狱羁系人犯为数恒不过五六，狱卒守卫无人承乏，稽其原因，便在"息讼成功"。[3]

除上举荦荦大端外，宛西各县于自治期间，复致力于积谷赈荒、剪发放足、禁溺女婴、取缔赌博等各项社会改良措施，风动草偃，成效彰著。

综上所述略足显示，在"自卫"与"自治"的旗号下，宛西三县百万编氓的政治、社会生活，可谓已为各级自治机构所严密控制。虽然，彭禹廷的自治鹄的尚不仅此，在政治、社会的层面之外，领导自治的地方精英更透过"自富"政策，将一般农民的经济活动纳入轨范，统筹规划。

如前所述，宛西地区山峦盘亘，地瘠民贫，经济发展极度落后。淅川在1930年代，人口凡27万有奇，耕地面积却仅得26万余亩，平均每人摊得田地尚不足1亩，加以水利不兴、旱涝时临，贫苦小农终年但以南瓜红薯充食果腹，民生困穷达于极致。[4]民国以来，宛西地区社会动荡，盗贼繁兴，追根究底，不能不归因于经济之匮乏。此所以彭禹廷筹办自治之初，便反复强调发展经济、赈救贫穷，实为正本清源之不二途轨。[5]

---

[1]《敬告乡人息讼书》，《镇平县自治概况》，第143页；彭禹廷：《在区村长大会演词》，《镇平县自治概况·附录》，第175页。

[2]《镇平县自治概况》，第137页。

[3] 选之：《宛西印象记》，《河南民国日报》1938年3月18日。

[4] 冠生：《镇、内、淅三县考察记（三）》，《河南民国日报》1938年8月5日。

[5]《镇平县自治宣传大纲》，《镇平县自治概况》，第28页。

宛西自治为解决经济问题所拟订的"自富"政策，为术多方，包罗甚广，唯其基本原则不外"增加生产、减少消费"两要目；总其旨要，则以"家家有余"为归趋。

在减省消费的消极办法上，宛西各县为防范资金外流，滋害民生，乃运用自治行政权力，积极推行四禁（禁鸦片、禁赌博、禁用洋货、禁吸纸烟），以杜漏卮。其中于禁鸦片一事，尤为严厉。镇平自1931年起经自治委员会决议全面禁止种烟、取缔烟馆，并责成各区调查吸食鸦片口名，造册汇报，由自治办公处征缴罚款，按月追比，凡违反禁令、私设烟馆、贩卖烟土或吸户隐匿不报、拒缴罚款者，一律解送民团支部执行枪决。[1] 内乡、淅川则于境内设置戒烟所，吸烟人户勒送入所，编成"烟杆队"，强制从事苛重苦役，不稍宽假，直迄烟瘾断绝，始得觅保释放。[2] 当时别廷芳有婿王某，染有烟癖，入所勒戒后，再度犯禁，即由别下令处决。[3] 在此严刑峻法的高压手段下，不数年而宛西全境烟毒绝迹，匪特社会风气为之肃然，无谓糜耗，节省尤多。

节流而外，开辟富源、提高生产，更是自富政策的重点所在。兹胪举数事，以示一斑：

（一）拓展耕地面积：宛西既苦多山，耕地不敷，其欲改善农村经济，首要之图，自非扩大耕地范围，提高单位面积产量莫属。以是，宛西推行自富，提出的第一个口号，便是"与山争地"。自三县联防，匪氛稍戢后，宛西各县即大规模调查境内可资利用之荒山，继而动员附近民众，利用农暇，依山坡形势，垦辟梯田，分配贫农佃耕，并贷予款项，购置农具种子，数载之间，各县山地陆续化为良田。以内乡为例，迄1935年止，县内四、五、六区改治坡地，共成

---

[1] 《镇平县自治概况》，第122—123页。

[2] 罗卓如、别廷芳：《内乡县建设工作报告》，《乡村建设实验》第2集，第226页；《淅川县三自办法提要》，《淅川文史资料》第4辑，第19页。

[3] 陈舜德：《闲话宛西集》，第12页。

315 顷，平均收获量增加十分之三四。[1]

另一方面，宛西地区河川纵横，水源甚富，唯因水利失修，河床淤浅，每逢暴雨，山洪骤发，河水溃决，泛滥成灾，以致两岸沃壤，尽化沙碛。逮自治开展，别廷芳遂标举"与水争利"之口号，致力于治河改地的工作。自是，每届初冬，三县领袖分别督率所辖各该区长，相度河滩地势，顺其水性，先行规划，再依保甲编制，征调民工，修筑堤坝，广栽柳树；经此整治，不特水势就范，束水归槽，河床自然深浚，无复泛滥之虞，沿河沙滩亦因淤泥积塞，逐渐变成膏腴良田，大幅增加了可耕土地。[2]据统计，1929 年至 1934 年五年之间，仅内乡一县，为治河改地，动员民夫数以万计，凡共修筑堤坝 145 道，植柳 8000 万株，增辟河田 36 817 亩，改良土地 18 000 余亩。[3]镇平、淅川大体雷同。其于农业生产之增加、农民生计之改善，自有重大裨益。

（二）兴修水利：与治河改地辅翼并行、同时俱举者，厥为水利工程之兴修。以淅川而言，抗战之前，屡次利用小河溪泉之水，作堰开渠，引水灌田，如 1934 年所凿姬家山根堰渠，长 4 里许，灌溉面积达 2500 亩；同年春，自治机关更发动民夫 72 万人次，挑挖引河、分段筑坝，以遏丹江水势，又得沃壤 200 余顷。[4]镇平于抗战期间，新开渠道 6 处，可灌溉田地 15 000 余亩。[5]至于内乡水利建设，尤负盛名。该县西峡口老灌河上游两山交接处，旧名石龙堰，

---

[1] 陈舜德：《闲话宛西集》，第 66—67 页；别香斋、罗卓如：《内乡一年来之乡村工作报告》，《乡村建设实验》第 3 集，第 363—364 页。

[2] 陈舜德：《闲话宛西集》，第 67—68 页；王抚洲：《路不拾遗夜不闭户记宛西》，《传记文学》第 16 卷第 4 期，第 62 页。

[3] 别廷芳：《宛西自治实行法辑要》，转引自杜薇丽：《试论宛西军阀别廷芳的发迹》，《河南史志资料》第 7 辑，第 76 页；罗卓如、别廷芳：《内乡县建设工作报告》，《乡村建设实验》第 2 集，第 216—217 页；冠生：《镇、内、淅三县考察记（三）》，《河南民国日报》1938 年 8 月 5 日。

[4] 王士范：《淅川工作报告》，《乡村建设实验》第 2 集，第 379—380 页。

[5] 中国地方自治学会镇平支会：《镇平县地方自治实施之经过及其成效》，陈舜德：《闲话宛西集》，"附录"，第 170 页。

水势湍急，颇富灌溉之利，别廷芳即于 1930 年代初期，征发数万民工，耗时年余，筑成拦河大坝，贮积水量，"使三百余顷旱地，无旱灾之苦，而渐次改作麦稻二季之田"[1]；其后并引河入莲花寺冈，以之发电，分设电灯、面粉、碾米、纺纱诸厂，嘉惠黎民，其利甚溥。[2] 据陈舜德回忆，全面抗战前后，宛西全境，沟渠纵横，大者可灌田数万亩，小亦不下百数十亩，沟渠不能通达之处，别凿深水井，以资补救；每当春夏之交，极目远眺，但见山村处处青禾畦畦，潺潺流水自山顶沿梯田如带而下，回环曲折，以至平野，所谓"无山不梯田，无田不水灌"之美誉，洵非向壁虚造。[3] 虽陈氏所言难免矜伐夸大之处，唯 1943 年河南省政府尝指定踵继三县而起之邓县为全省农田水利示范县，1947 年国民政府褒扬宛西团队之明令中亦指称宛西各县"讲求水利，增加生产，……卓著异绩"[4]，是宛西水利建设之全豹，纵无具体资料可资复按，而其成效之斐然，或可断言。

（三）植树造林：宛西地界冈峦起伏，造林之利原属农村经济之一大命脉；况以森林有调剂雨水、保护堤塘之效，尤与农田水利息息相关，以是宛西各县自富工作中，于植树造林一端，刻意讲求，不遗余力。别廷芳幼居乡里，迭遭水患，很早便体会到"山空河饱、造林防洪"之理。及其奋起草莽，宰制全邑后，即多方聘请植桑有年、饶富经验之陈凤梧等人出面倡导。自 1929 年至 1934 年五年之间，内乡各区先后成立公有苗圃，以保甲组织为骨干，普遍推行造林运动。迄 1934 年冬，全县共栽种榆柏桑柳各类树木 1.62731 亿株；兹后以至 1935 年末，续栽近水林木 818.01 万株、近山树木 120 万株、宅傍果树 42 969

[1]　别廷芳：《宛西自治实行法辑要》，转引自杜薇丽：《试论宛西军阀别廷芳的发迹》，《河南史志资料》第 7 辑，第 76 页。

[2]　陈舜德：《闲话宛西集》，第 69 页。

[3]　同上书，第 67 页。

[4]　同上书，第 1、69 页；申庆璧：《宛西陈舜德先生传》，第 95 页。

株；凡大小苗木，一概责成各段保甲长妥善保护，严禁牛羊践踏及宵小盗伐。[1]
镇平于 1931 年起，在彭禹廷擘画下，首先成立模范林场一处，推举林务专员
多人，负责督导全县造林事宜，各乡亦相继成立林业公会，刊定简章，大力鼓
吹。自是年年底以迄 1932 年 3 月，全县共栽各类树木 41 万余株，荒山点种橡
子 9000 余石；复详订护林规则，饬令闾邻各长加意保护，凡有盗伐及放牧牲畜
者，从重惩处。至 1934 年春，镇平栽种林木已达 200 余万株，境内十区公路两
侧遍植桐柏柳槐，每路一色，不间杂木，青苍蓊翳，至为美观。[2]淅川林政大体
仿效内乡，对山地则严禁樵采，以期幼苗成长，对河川两岸居民，则限令育苗
植树，以期蔚然成林；至其目标，尤注重于能迅速生利之树种。计自 1932 年至
1934 年止，共栽树木 609 万余株，点播油桐 532 石、橡子 479 石，非特民间柴
薪不虞匮乏，复可榨油制蜡，销售境外，蔚为农家一大收益。[3]

（四）振兴实业：宛西各县谋求经济发展，除特重农业改良外，于乡村手工
副业，亦未敢轻忽。其中用力最勤、成效较著者，首推镇平一县。初，镇平北
乡多饲山蚕，农民缫丝织绸，由丝绸号给价收取，转销上海、东三省各处，素
为该县农家主要富源。1920 年代末叶全盛时期，仅石佛寺一地，即有丝绸号 16
家，每年营业收入高达 130 余万元，一般农民仰之为生者，为数不下 10 万。及
至 1930 年代以降，蚕种退化，丝绸品质日趋窳劣，加之世界丝业萧条，销路停
滞，镇平丝绸大受打击，丝行绸号相继倒庄，每年营业金额骤减至 20 万元以
下，于是农村之内，机声匿迹，农民生计因以日蹙。[4]彭禹廷有鉴乎此，乃于

[1] 张和宣：《我所知道的别廷芳》，《文史资料选辑》第 47 辑，第 49 页；罗卓如、别廷芳：
《内乡县建设工作报告》，《乡村建设实验》第 2 集，第 220—221 页；别香斋、罗卓如：《内乡
一年来之乡村工作报告》，《乡村建设实验》第 3 集，第 366—367 页。
[2]《镇平县自治概况》，第 86—91 页；王彬之：《镇平乡村工作报告》，《乡村建设实验》第
2 集，第 198—199 页；谭恒信遗稿：《彭禹廷事迹片断》，《河南文史资料》第 14 辑，第 22 页。
[3] 王士范：《淅川工作报告》，《乡村建设实验》第 2 集，第 377—378 页；陈舜德：《闲话宛
西集》，第 71—72 页。
[4]《河南省农村调查》，第 110—111 页；《镇平县自治概况》，第 57 页。

1932年初提请自治委员会议决设立丝绸改良委员会，自兼委员长，厘定章程，严格管制缫丝织绸之规格品质，由委员会派员彻底检查，凡品质低劣、规格不符或逃匿拒检者，人即罚款，货即没入，冀以提高品质，推广销路，俾资救济农村经济。[1]经此整顿，镇平丝绸工业渐有起色，据自治办公处统计，1921年镇平所产各色丝绸凡722 156疋，1931年增至821 621疋，1936年一度减至507 487疋，及1941年再次增长为862 748疋。[2]其间虽无重大突破，但在资金、设备两皆缺乏的恶劣条件下，犹有如是成绩，殆属难能。

镇平而外，内乡淅川亦各曾发展若干小型工业。1930年代初期，内乡先后创设酿酒、玻璃、造纸等厂；酿酒厂以本地所产葡萄为原料，延聘技师指导，酒味醇厚，年产3万余斤，行销鄂陕豫三省，年可获利11 000余元；玻璃厂设于内乡县城，原料、燃煤悉取资本地，专制平板玻璃及各色器皿，除运销省内外，复可远贩汉口等地。[3]淅川于抗战期间，全县有铁织机3000部、木织机5000部，每日产布可达4万余疋。凡此种种，率非河南一般县份所能望其项背。[4]

（五）调剂金融、发行货币：先是，宛西地区迭经兵匪蹂躏，农村凋敝，经济恐慌，及至自治施行，各项改良事业齐头并进，雷厉风行，而一般农民囿于资金短绌，无力配合，自治成效，不免大打折扣。为振救斯弊，宛西三县自治机关自不能不采行若干措施，以期活泼金融、促进流通。以镇平而言，除迭由自治办公处下令严禁重利盘剥，放账放麦，利息概不得超过三分，借以纾解小农重负外，复于1931年6月，筹措资金2万元，成立农民借贷所，办理放款、存款、储蓄、汇兑各业务，凡农民为购置农具、肥料、牲畜、种子等生产资料，

[1]《镇平县自治概况》，第57—63页。

[2] 中国地方自治学会镇平支会：《镇平县地方自治实施之经过及其成效》，陈舜德：《闲话宛西集》，"附录"，第172页。

[3] 罗卓如、别廷芳：《内乡县建设工作报告》，《乡村建设实验》第2集，第221—222页。

[4] 李宗黄：《宛西地方自治评价》，陈舜德：《闲话宛西集》，第236页。

经由乡镇长审查核可，填具申请书，即得向借贷所申贷款项，利率低至年息一分。兹后，镇平又进一步倡办信用合作社，截至 1934 年 6 月，全县四乡共成立信用合作社 30 处，社员 2443 人，股本总额 4517 元，共放贷款项 155 637 元，其于农村金融之调剂，不无裨益。[1]

农民借贷所成立后，宛西三县凭此根基，进而发行各色地方货币。镇平于 1932 年春由农民借贷所印行洋元票 2 万元、铜元票 2 万串。[2] 淅川于 1931 年前后，发行一串文纸票，每 8 串文可兑银元 1 枚。[3] 而内乡发行货币之数量，尤称庞巨。1930 年该县首先发行"内乡流通券"一种，票面分 20 文、100 文、500 文、1000 文不等；1932 年，又在汉口印制面额一元之纸币数百万元，以公鸡为图案，俗称"公鸡票"。[4] 据当时人记载，宛西这些私印货币，信用良好，币值稳定，深得民众信赖，不但可在宛西辖境自由流通，甚至远达许昌城内，亦可使用，其声势之隆，几欲凌驾官定法币而上之。[5] 由此一端，不难窥见宛西自治成效之卓著。

值得注意的是，上述宛西自富政策的诸般措施，一如其自卫、自治事业，率皆以地方精英所掌握的自治机构为其发动枢纽，并与基层保甲严密配合，循上而下，如臂使指，用能指挥裕如，令出必行。换言之，人事与组织的健全，实为宛西自治得以奏功的关键所在。也正因如此，彭、别、陈等人，于推展自治工作的同时，殚精竭虑，对各级干部的培训，用力至勤。

最能代表宛西地方精英培植自治干部之努力者，允推宛西乡村师范学校之

---

[1] 《镇平县自治概况》，第 64—70 页；王彬之：《镇平乡村工作报告》，《乡村建设实验》第 2 集，第 192—195 页；《河南省农村调查》，第 111 页。

[2] 《镇平县自治概况》，第 70 页。

[3] 黄连科：《民国时期的淅川货币概略》，《淅川文史资料》第 4 辑，第 168 页。

[4] 张和宣：《我所知道的别廷芳》，《文史资料选辑》第 47 辑，第 44—45 页。

[5] 同上书，第 45 页；《河南省农村调查》，第 107 页；杨廷贞：《宛西乡村师范和宛西自治的回忆》，《淅川文史资料》第 4 辑，第 96 页。

创立。

先是，宛西各县为筹办自治，即曾开设多项训练班，召训各级自治职员，如镇平于 1931 年至 1932 年间，陆续开办民团教导队、现任乡镇长训练班、地方服务人员训练所、乡村小学教师训练班等各项干部训练，先后集训 3000 余人，结业学员分派各区担任指导、执行等工作，兹后镇平自治之成果，盖多得力于此。[1]

虽然，这些以现职人员为对象的短期训练，为时仓促，素质参差，加以受训人员久在地方，利害纠葛，缠绕深结，自难收得彻底改造之效。1932 年 1 月彭禹廷在对新任乡镇长讲话时，便坦率指斥若干受训村长，"简直比未受训练时更坏"。[2] 因之，如何摆脱旧有羁绊，另起炉灶，从头培养一批得力干部，遂成彭禹廷诸人亟欲从事之要图。

1930 年冬内乡联防会议席上，别、彭、陈等人便已协议创设宛西乡村师范学校，作为培育自治干部之中心。经长期筹备，宛西乡师于 1933 年 3 月正式开学招生，校址位于内乡马山口，就天宁寺旧基添建屋宇，扩充而成，初由彭禹廷任校长，彭死后，别廷芳继之。[3]

宛西乡师规模宏大，设备充实，师资概皆延聘山东和平津一带知名乡建派人士如孙伏园、张含清、李益闻等凡 20 余人，所招学生以镇内淅邓四县子弟为主，分设师范、自治两班，修业期限自一年至二年不等，前者旨在培育各县小学校长与教师，后者毕业后分别派充各区联保主任或保长。[4] 由于该校系因应宛

[1] 《镇平县自治概况》，第 32—38 页；中国地方自治学会镇平支会：《镇平县地方自治实施之经过及其成效》，陈舜德：《闲话宛西集》，"附录"，第 169 页。

[2] 彭禹廷：《对全县新乡镇长讲话》，《镇平县自治概况·附录》，第 232 页。

[3] 据陈舜德回忆，宛西乡师设立于 1930 年夏，参见陈舜德：《闲话宛西集》，第 22 页；唯据李腾仙所记，则为 1933 年 3 月，参见李腾仙：《彭禹廷先生事略》，《河南文史资料》第 14 辑，第 8 页。依史料可信程度言，当以李说为是。

[4] 杨廷贞：《宛西乡村师范和宛西自治的回忆》，《淅川文史资料》第 4 辑，第 94、96 页；陈舜德：《闲话宛西集》，第 22 页；张和宣：《我所知道的别廷芳》，《文史资料选辑》第 47 辑，第 53—54 页。

西自治之需而设，故除一般师范课程外，复设多项与自治有关课目，如农村经济、农村组织、农民教育及养蚕技术等。学生在学期间，课余之暇，尚须实地参与生产劳动，平日升旗朝会，更由校长、教师反复阐述地方自治之理，并以"枪杆""笔杆""锄杆"三者并重的"三杆主义"相劝勉，崇实斥虚，身体力行，可谓别具特色。[1]

对于这所学校，宛西各县自治领袖均极为重视。彭禹廷于创校之初，亲住校中，终日与学生讲话劝谕，朝夕得暇，即偕诸生致力劳动，井曰粪除，率皆以身先之。[2] 及彭死别继，复于校中别设行辕，召集部属、发布政令，不啻以之为宛西自治的政治中枢[3]；至别之交接学生，更是曲意抚循，不次拔擢，以致上下固结，构成一套紧密的"恩护"（patron-client）关系。1934 年，别以内乡旧有联保主任"因循敷衍，不堪任事"，乃拣选乡师内籍学生，派充各联保联队副兼民校校长，辅导联保主任执行公务[4]；1937 年秋，别出任河南省第六行政区抗敌自卫军司令，势力扩及宛属 13 县，又遴派乡师学生分赴各县，充任各级干部，彻底整编基层组织，论其性质，殆有如别之监军。[5] 因此，宛西乡师的创办，非但为宛西地方自治提供大批得力干部，宛西自治所以蔚然有成，要以此为枢机；其对别廷芳等地方精英支配权力的巩固，实亦不无重大贡献。[6]

在上述树立机关、培育人才、厉行"三自"等各项措施分头猛进、相辅相成的部署下，宛西三县于 1930 年代所推展的自治事业斐然有成，绩效彰著。但以最为世人称颂的自卫而言，镇内淅三县外则凭恃强大民团武力，互为声援，

---

[1] 杨廷贞：《宛西乡村师范和宛西自治的回忆》，《淅川文史资料》第 4 辑，第 94 页；申庆璧：《宛西陈舜德先生传》，第 67—68 页。

[2] 李腾仙：《彭禹廷先生事略》，《河南文史资料》第 14 辑，第 8 页。

[3] 杨廷贞：《宛西乡村师范和宛西自治的回忆》，《淅川文史资料》第 4 辑，第 93 页。

[4] 别香斋、罗卓如：《内乡一年来之乡村工作报告》，《乡村建设实验》第 3 集，第 356 页。

[5] 陈舜德：《闲话宛西集》，第 44—45 页。

[6] 张和宣：《我所知道的别廷芳》，《文史资料选辑》第 47 辑，第 42 页。

迭经血战，屡破巨寇，不特全境匪氛尽戢，民生乂安，甚且多次赴援邻封，方城、南阳、唐河、泌阳、南召、邓县等地，同被惠泽。[1] 另一方面，宛西三县对内厉行保甲，严密控制，卒使自治辖境奸宄不生，秩序井然，在兵匪环伺、战祸连绵的荆天棘地中，居然开拓出一片足资安居乐业的桃源净土。据王抚洲自述其亲身经历，斯时宛西地区确实做到"路不拾遗、夜不闭户"的理想境地[2]；纵或是对别、陈等恣意丑诋，斥之为"封建割据""军阀恶霸"的史学工作者，亦不能不承认宛西各县的自治措施，虽以"维护地主阶级的利益、巩固自己的地盘"为鹄的，却也"在客观上给当地人民的生活、生产带来了一定的便利"[3]。曾经就学于宛西乡师的杨廷贞也说："宛西一带，特别是内乡、镇平、淅川，在1937年前后，直至1940年春别廷芳病逝前的一段，确是和国民党统治区其他地方不一样。"[4] 至于谭恒信所述的一段轶事，更可深切反映宛西自治的实际成效。先是，镇平西南境有村曰黑龙集，坐落于镇平、邓县两县交界，分界碑石植于大街中心十字路口，全村依此一划为二，南属邓、北属镇。及镇平自治开展，全境整饬，黑龙集属镇北面，地方安堵，街道整齐，属邓南面则依然故我，抢劫偷盗，一片萧条。于是，两县分界石碑位置渐挪，初由街口移至南街，而南街立趋平靖，兹后又移至村口寨外，全村匪盗随之匿迹，整个黑龙集就此全属镇平管辖。[5] 由此插曲，殆可窥知宛西自治于1930年代所以名闻遐迩，饮誉全国，甚至山西、广西诸省亦相继派员观摩仿袭，蔚为中国地方政治史上的"奇

---

[1]　王彬之：《镇平乡村工作报告》，《乡村建设实验》第 2 集，第 212 页；谭恒信遗稿：《彭禹廷事迹片断》，《河南文史资料》第 14 辑，第 25—26 页；李宗黄：《宛西地方自治评价》，陈舜德：《闲话宛西集》，第 237 页。

[2]　王抚洲：《路不拾遗夜不闭户记宛西》，《传记文学》第 16 卷第 4 期，第 61 页。

[3]　杜薇丽：《试论宛西军阀别廷芳的发迹》，《河南史志资料》第 7 辑，第 76 页。

[4]　杨廷贞：《宛西乡村师范和宛西自治的回忆》，《淅川文史资料》第 4 辑，第 96 页。

[5]　谭恒信遗稿：《彭禹廷事迹片断》，《河南文史资料》第 14 辑，第 22 页。

迹"[1]，实非无因而至。

虽然，所谓"中国地方自治楷模"的宛西自治，亦自不免有其重大局限。

首先，如本文一再强调的，宛西自治本质上纯系少数地方精英倚恃雄厚武力为后盾，透过严密组织，全面控制辖下农民的生活行止，并以高压手段，自上而下，遂其主观意图之贯彻。在这种高度强制性的支配模式下，严刑峻法往往被视作最方便而有效的统治工具。彭禹廷自承其推行"地方革命"，便是借"不顾官厅、不顾法律、不顾手续"的"革命手段"，以达扫除地方自治障碍之目标。[2] 陈舜德处理"怙恶不悛"的"土豪劣绅"，亦一本"治乱世用重典"之古训，动辄处以极刑。[3] 至若别廷芳之刑杀无度，尤为世人之所共知。因此，自治期间，刑罚苛滥，实为宛西地区之普遍现象。据亲历其境的金峰回忆，彼时凡有触犯条禁、扰乱秩序者，不论情节轻重，概皆严惩不贷，重罪大憝如吸毒劫掠，固不待言，甚至偷牛攘羊的微过细罪，亦不免于斩首示众。[4] 王抚洲也明白点出，即或是世所称羡之"路不拾遗、夜不闭户"的道德乌托邦，事实上也植根于苛细严酷的连坐禁网。[5] 就此而言，宛西这种缺乏健全法制结构的统治方式，殆与本文所述顾敬之一辈据地自雄的地方势力，殊无重大轩轾；其与以法治为根柢之现代意义的地方自治，毋宁更是差以毫厘、失之千里。李宗黄曾于称颂宛西自治的辉煌成就之余，剀切指陈其不足之处，其所指出的第一项弊窦，便

---

[1]　据邓县人高应笃所言，广西李、白、黄所行"三自""三寓"政策，即仿自宛西；而晋省阎锡山亦于官廨居所筑有"愧别亭""敬彭堂"，以示对别、彭等人之景慕，参见高应笃：《宛西地方自治与陈舜德（一）》，《中原文献》第 2 卷第 11 期，1970 年 11 月，第 12 页；李宗黄说法亦同，参见申庆璧：《宛西陈舜德先生传》，第 58—59 页。关于广西自治，可参见朱浤源：《1930 年代广西的动员与重建》，《"中央研究院"近代史研究所集刊》第 17 期（下），1988 年12 月，第 307—353 页。

[2]　高应笃：《宛西地方自治与陈舜德（一）》，《中原文献》第 2 卷第 11 期，第 13 页。

[3]　陈舜德：《闲话宛西集》，第 150 页。

[4]　金峰：《忆民国时期宛西地方自治》，《淅川文史资料》第 4 辑，第 123—124 页。

[5]　王抚洲：《路不拾遗夜不闭户记宛西》，《传记文学》第 16 卷第 4 期，第 64 页。

是宛西自治只是"人治",而非"法治"。[1]考诸宛西实况,此语要可谓洞见肯綮之论。

其次,宛西自治的诸般成就固然不无裨益民生、泽被黎庶之功,但是在1930年代宛西生产落后、普遍贫穷的社会经济条件下,其发挥的实际作用,不无可疑。以调剂农村金融而言,宛西三县普设农民贷款所,低利放贷,自属良法美意,无如资金短绌,力有未逮,以此而言救济农村,不啻杯水车薪。据1933年农村复兴委员会河南农村调查组在镇平农村实地所见,农村金融信用,非特不见些微改善,较诸以往,反更形枯窘,如东乡二区的大榆树村,放账取息之风,犹极盛行,地主于正月、二月间贷予农民大洋1元,秋收后须还利麦1.5升至3升,按麦价折算,实际利率高达六分。[2]再如教育普及一端,镇平于自治期间创设宛西中学一所,以"教学做合一"为标榜,免收学费,师生生活一体劳动化,目的原在配合农村实况,造就贫农子弟,唯其结果则真正的贫困农家依然无力负担,农民子弟克蒙其惠者,几如凤毛麟角,少之又少。[3]至于万方推奖,引为宛西自治一大劳绩的公路建设,更不免于与实际的社会经济状况彼此脱节。盖宛西各县投注大量资金,侵夺民地,动员民力,大肆辟建公路之际,为谋路基巩固,严格禁止农民所有"牛马各车及人力小车"通行其上[4];此项禁令固有其实际考虑,无可厚非,然而,各县初无公共汽车等大众运输工具之设,于是1933年农复会人员在内乡通往镇平的宽广大道上,举目寂寥,唯见别廷芳座车一辆奔驰如飞,而两侧甲户,仍不能不负维护整修之责,扫雪铺沙,宵旰辛勤,亦云苦矣。[5]

---

[1] 李宗黄:《宛西地方自治评价》,陈舜德:《闲话宛西集》,第239页。

[2] 《河南省农村调查》,第112、114页。

[3] 同上书,第111页。

[4] 《镇平县自治概况》,第85页。

[5] 《河南省农村调查》,第116—117页。

宛西自治实质成效如此，农民所增负担，却至为沉重。如前所述，不但治河改地、植树造林、修路架桥诸端，一皆征调民夫，无偿劳动，即自治经费之筹措，亦复按亩摊派，取诸农民。以号称"减轻负担"的镇平而言，每亩派麦8斤，为数似甚菲薄，而揆诸农民实际生产力，要难谓轻。据刘端生等人所做调查，1930年代南阳地区平均每亩产额仅及小麦八九十斤[1]，是镇平所派自治经费约及农民收益的十分之一；况且自治经费而外，地丁正供、省县附加仍须如数缴纳，不得宽减，1933年镇平田赋合正附各税每两仍达7.5元[2]，如是层层刮剥，民不堪命。至于内乡的情况，尤为恶劣。据张和宣估计，别廷芳统治期间，定全县每3亩地为1石稞，每1石稞春夏两季各出粮麦2.5升，作为自治常款，其他临时杂派，为数更多，综计当时农民为供应自治，每石稞全年须上缴粮麦四五斗，约达其总收益的40%。[3]而据农复会调查，则农民实际负担较此犹有过之。如内乡东乡张家村某农户虽有地1顷，而泰半皆属坏地，1932年全年仅收麦稞2石有奇，乃自治办公处所派自治款项，竟高达10石，该户农民无力负担，被迫携妻带子弃地流徙。[4]由是以观，宛西农民在自治美名下，固然得免官府驻军之揸勒陵虐，唯其生活资源是否因之加增，殆未敢必。

另一方面，宛西各县在自治过程中，既以自治机关取代政府官署，全盘掌握地方行政、军事、财政、司法诸权柄，负责执行自治措施的各级干部自亦威权显赫、莫之敢撄。别光典便指出，内乡各区保甲长在自治体制下，权威甚重，罚人捕人，一凭私意，一般农民畏之如虎。乡里小民，年节酒宴，例必延列首席，一旦请不到保甲长，也请不到保甲长的家属时，亦须取其衣物或烟袋置于

---

[1] 冯紫冈、刘端生：《南阳农村社会调查报告》，上海：黎明书局，1934年，第45页。

[2] 《河南省农村调查》，第77页。

[3] 张和宣：《我所知道的别廷芳》，《文史资料选辑》第47辑，第43—44页。

[4] 《河南省农村调查》，第115页。

首席位中，然后他人方敢入座。[1]

自治职员威势既重，又无健全法制可资制衡，则其滥用权力、营私舞弊等情，断不能免。彭禹廷虽严禁地方私派款项，但镇平各区村长强行勒派、鱼肉乡里之事，仍层见叠出，所在多有。[2] 内乡区长别瑞久、刘顾三等人，更是巧取豪夺，无所不至；据张和宣所言，刘顾三于区长任内，放账买地，肆行搜刮，不数年间，居然有地数百顷。[3] 至如其他记载缺漏、无可详考的案例，尚不知凡几。因之，宛西实施自治以降，各级地方精英彼此之间明争暗斗，倾轧甚烈，究其实质，殆不外乎竞争自治职位，俾便攘夺地方资源。王士范缕陈淅川推行自治所遇困难时，指斥若干"不能作乡建工作，而（又）不甘寂寞"之人，"或暗中阻挠，或兴风作浪，流言蜚语，蛊惑视听"[4]，正应由此角度来理解。就此而言，宛西自治虽动辄以"为群众谋福利"相期许，但在既有社会经济结构限制下，实仍不脱传统绅治之矩矱，此所以李宗黄尝谓宛西自治仍是"绅治"，而非"民治"[5]；而彭禹廷不惮辞费，唇焦舌敝，汲汲于"正绅"与"土豪劣绅"之辨 [6]，当然也不是无的放矢、河汉不当的了。

---

[1] 别光典：《河南内乡土皇帝别廷芳》，《文史资料选辑》第 38 辑，第 182 页。

[2] 彭禹廷：《在自治研究会演讲》，《镇平县自治概况·附录》，第 210 页。

[3] 张和宣：《内乡团阀刘顾三》，《河南文史资料选辑》第 3 辑（1980 年 8 月），第 163—166 页。张和宣所言，当然不无挟怨污蔑之处，未可尽信，唯据高应笃所述，抗战末期，战事吃紧，内乡一度准备计口授粮，刘顾三即自承其与其他民团团长均系本县"大地主、大粮户"，自愿出其私粮供给军需民食，然刘出身寒素，家无恒产，苟如歌功颂德者所言，一生清廉自持，而无挟势掠夺之行径，其何克臻此？是高氏引述此一轶事，原意固在称扬刘之"大公无私"，却适足反证张和宣指诉各端，并非空穴来风。 参见高应笃：《宛西自治联防奇迹》，陈舜德：《闲话宛西集》，第 271 页。

[4] 王士范：《淅川工作报告》，《乡村建设实验》第 3 集，第 384—385 页。

[5] 李宗黄：《宛西地方自治评价》，陈舜德：《闲话宛西集》，第 239 页。

[6] 彭禹廷：《对宛汝各属保卫团干部训练所毕业学员讲话》，《镇平县自治概况·附录》，第 256 页。

四、国家权力与地方精英

"土豪劣绅"的恶意中伤、阴图破坏外，宛西自治所遭遇的最大阻力，端为政府机关的嫉害掣肘。1947 年中国地方自治学会淅川支会在回顾该县自治历程时，便说：

> 淅川僻处边陲，山岭阻隔，……实际的自治工作，每不为外间所明了。……官厅不明真相，认为此间自治完全和政府政令相龃龉，处处加以怀疑，处处加以限制。在抗战以前的淅川，那时候的办理地方自治，真可以说完全是偷着干，一不小心，官厅就大兴问罪之师了。[1]

1937 年底出任河南省党务特派员的李宗黄对于全面抗战前宛西自治与省政当局的紧张关系，也有一段清楚的描述：

> 我到河南前后，就听说镇内淅三县是一个特殊地区。别廷芳对于中央政令阳奉阴违，跟河南省政措施也是扞格不入、落落寡合，他甚至拒绝在三县设立党部，推行党务。历任河南省党政当局都视别廷芳为据地自雄的土皇帝、河南省境之内的一大赘疣。[2]

政治学者乔尔·米格代尔（Joel Migdal）观察"二战"后第三世界新兴国家的政治发展过程，曾经指出：一个现代国家的最大特色，在于其法令划一，举

---

[1] 中国地方自治学会淅川支会：《淅川县地方自治实施之经过及其成效》，陈舜德：《闲话宛西集》，"附录"，第 198 页。

[2] 李宗黄：《李宗黄回忆录：八十三年奋斗史》第 3 册，第 327 页。

国不二；而后进国家内部，国家与其他社会组织之间，往往却为何者有权制定规范人民社会行为之条规法令而时起冲突，相争甚烈，蔚为国家与社会的最大矛盾。[1] 中国虽非新兴殖民地国家，但 1930 年代宛西自治与国家权力的往来交涉，却不脱此一模式。

如前所叙，宛西三县在彭、别、陈等地方精英的支配主导下，实施地方自治，自设机关，视官厅如无物，别订规章，以法令为弁髦，不特垄断地方行政、军事、司法、财政诸权柄，甚且高唱"地方革命"之口号，否定国家权威的合法性，以致全面抗战之前，宛西在行政系统上虽仍隶属省府管辖，但后者之军令政训，实难顺利下达执行。王抚洲便说当时宛西各县虽仍置县署，由省主席委派县长，实则县署工作不过收纳自治机关转缴赋税款项，上呈省库，地方一应民政诉讼、军队指挥，概皆不得过问，可谓政简刑清，形同虚设。[2] 曾任淅川县县长的朱法宽更痛彻指陈：

> 按照宛西地方自治的传统做法，老百姓事无巨细，概由民团司令部作主，甚至连一般家庭不和、离婚案件、打架斗殴，也要到司令部解决，而不找县政府。所以被派到这里当县长的人，只是仰承司令鼻息，徒具虚名，毫无实权，想做事，无事可做，想刮地皮，无地皮可刮。[3]

以常理稽之，朱氏所言，或不免有挟怨构煽、渲染夸大之嫌，唯据资料显示，则宛西三县于自治期间，不奉号令、不受节制，乃至擅杀县长，目无法纪等情事，实繁有徒。1931 年，剧匪崔二旦围攻南阳，形势危殆，县长何培云以代理第六保安区总指挥名义，檄调镇平、内乡两县民团星夜赴援，乃彭、别二

[1] Joel S. Migdal, "Strong States, Weak States: Power and Accomodation," in Myron Weiner and Samuel P. Huntington eds., *Understanding Political Development*, pp. 397–398, 426–427.

[2] 王抚洲：《路不拾遗夜不闭户记宛西》，《传记文学》第 16 卷第 4 期，第 64 页。

[3] 转引自吴凯：《杨嘉会县长的由来》，《淅川文史资料》第 4 辑，第 130 页。

人咸抗命不从，坐观其变。[1]1932 年河南省政府开征烟捐，勒派属县巨款各有差，时镇平额派 20 万元，结果却分文未出，盖镇平除地丁正项外，于官厅其他摊派，率不应命。[2]1931 年初，镇平县县长阚葆贞卸任他调，道经侯集，竟遭彭禹廷设计诱杀，以为宁洗古报仇雪冤，并将阚之首级传送邓县，充作祭品。[3]凡此种种，要足显示宛西三县，揭举自治旗号，侵轶国家权力，几至无以复加的地步；而各级政府机关，对于这股形同"国中之国"的强大地方势力，自亦有如芒刺在背，亟欲去之而后快。在此情势之下，一旦其他被排拒于自治权力体系之外的失意士绅，心怀怨望，居间挑拨，宛西地方精英与国家权力之间的冲突对抗，自不可免。

先是，宛西三县正式实施联防自治之前，别廷芳等人即曾与河南军政当局兵戈相向，肇为衅端。1926 年国民军石友三部驻防南阳时，平素吸食鸦片、包揽词讼之内乡"劣绅"杨香亭以别廷芳推行禁烟、取缔诉讼，于其利益颇有关碍，乃趋赴南阳，呈控别之不法情事。石友三即派副军长秦德纯率兵两师，进驻内乡，意图一鼓扫减内乡民团武力，而别亦将所部团队布防对峙，宣称石军如逼迫太甚，唯有孤注一掷，奋力拼战，"成则为关岳，败则为宋江"，一时之间，双方剑拔弩张，紧张万分，卒因彼此各有顾忌，相持数月，和平解决。[4]1929 年，彭禹廷二度返镇办团，县长阚葆贞奉南阳驻军司令姚丹峰密令，刻意防范，百计阻挠，不特公然召集民团，恫吓威胁，阻其倒戈归彭，复又使人赍送路费，促彭离境他往；兹后双方水火不容，终于引发宁洗古被害、阚葆

---

[1] 《上海民国日报》1931 年 7 月 18 日。

[2] 《河南省农村调查》，第 114 页。

[3] 谭恒信遗稿：《彭禹廷事迹片断》，《河南文史资料》第 14 辑，第 24—25 页。另据张和宣所述，别廷芳亦曾擅杀内乡县长袁升庵（张和宣：《我所知道的别廷芳》，《文史资料选辑》第 47 辑，第 41 页），唯此事别无旁证，与别光典所称别廷芳对付官府"打屁股，不打脸"的行事作风（别光典：《河南内乡土皇帝别廷芳》，《文史资料选辑》第 38 辑，第 183 页），亦不相符，殆未可尽信。

[4] 陈舜德：《闲话宛西集》，第 11 页。

贞亦以身殉等一连串事端。[1] 据此可见,宛西地方精英与官府驻军之间的嫌隙猜忌,由来有渐,要非一朝一夕之萌蘖。

虽然,1930 年代以前,河南全境大小军阀据地自雄,相互攻伐,法令紊乱,政出多门,而宛西三县僻处边隅,资源贫乏,省政当局鞭长莫及,拥兵武人莫或之顾,1920 年至 1930 年间各类官私载记,便鲜有片言只字涉及宛西,因而别、陈等人乃得趁此权力真空,"苦干偷干"[2],发展实力;其与各级国家机关,也大致维持着不即不离的和平局面。

逮及 1930 年中原大战结束,国民政府统治势力渐趋稳固,进而亟欲将其控制力量向下延伸至基层地方,宛西地方精英与国家权力的关系为之骤变,双方的摩擦嫌隙日形激化。

如孔飞力曾指出,1930 年代国民政府为扩张国家权力所遭遇的棘手难题,正是彭、别、陈一类地方"土豪劣绅"。1933 年,军事委员会南昌行营重拾北伐旧绪,颁行《惩治土豪劣绅条例》,凡"武断乡曲,虐待平民""恃势怙豪,胁迫官吏""逞强恃众,阻挠政令""假借名义,派捐派费"者,率皆摒置"土劣"之列,严加惩处。[3] 同一时期,南京政府并于剿匪各省撤发自治、改行保甲、考核区长、收编民团,诸般措施一时并举,稽其用心,正是针对盘根错节的地方势力而发。[4] 河南既为国民政府政令所到,自亦不免波及。本文第二节已述及 1930 年代河南省府整编团队、烙验枪支等情节;1932 年,河南省府复呈准三省剿匪总司令部,于辖下各县实行裁局改科,将地方民政、财政、建设诸事宜,

[1] 彭禹廷:《在南阳开绥靖会议时之演词》,《镇平县自治概况·附录》,第 249—250 页;谭恒信遗稿:《彭禹廷事迹片断》,《河南文史资料》第 14 辑,第 20—21 页。

[2] "偷干"一语为别廷芳自况之词,参见申庆璧:《烽火汴宛行(下)》,《艺文志》第 25 期,1967 年 10 月,第 33 页。

[3] 湖北全省保安处法令汇编委员会:《湖北全省保安处法令汇编·军法》,第 73、75—76 页。

[4] Cf. Philip A. Kuhn, "Local Self-government Under the Republic: Problems of Control, Autonomy, and Mobilization," in Frederic Wakeman Jr. and Carolyn Grant eds., *Conflict and Control in Late Imperial China*, Berkeley: Univ. of California Press, 1975, pp. 294–295.

一皆收归县长统一指挥，以强化县府行政职能。1933 年至 1934 年间，更进一步厘定规章，严密考核各区区长，综计两年之内，各县区长遭撤职者 163 人，通缉者 1 人，押办者 1 人，记过者 12 人，申斥者 5 人。[1] 凡百举措，略足显示河南省政当局整饬地方，贯彻国家统治权威之决心。斯时，省主席刘峙不但迭次撰文演说，反复抨击各地"把持政治、武断乡村"的"土豪劣绅"，比之为与毒品、土匪鼎足并列的河南三大祸害之一[2]；抑且不惜大动干戈，动辄以武力裁抑各地强豪。1933 年 6 月，刘峙据报得悉豫西临汝、洛宁、卢氏、渑池等县区长拥据武力，各霸一方，对省府委派县长多方掣肘，致使县府无法行使职权，乃调动国军七十六师进驻洛阳，严密监视，一面下令通缉各区"土劣"，一面派遣保安团前往进剿，卒使豫西各地旧任区长气焰稍戢，省府政令勉得推行。[3] 同年 9 月，刘巡视豫东西华县，鉴于该县民团队长"不听调遣，把持武力，无恶不作，实为地方之巨患"，乃密令所属参谋长督率省保安团一营，重重包围，逼令缴械，遣散改编。[4] 他如阌乡第二区区长横行不法，私刑殴伤县府书记，一经县长质问，竟于县署开枪轰击县长，后经河南第十一行政督察区专员欧阳珍派兵围剿，就地枪决。陕县第七区区长陈顺长"勾结叛徒"，图谋扰乱治安，亦为欧阳珍统兵击破，处以极刑。[5] 即使是前述商城区长顾敬之，据地自雄，权势太甚，卒遭政府逮治，判处死刑。[6] 在河南省府如此雷厉风行、极意摧抑地方势力的强

---

[1] 参见本书《从自治到保甲：近代河南地方基层政治的演变（1908—1935）》。

[2] 刘峙：《铲除三害为河南目前的最要任务》，《河南政治月刊》第 3 卷第 6 期，1933 年 7 月，第 2 页。

[3] 范龙章等口述：《张钫与二十路》，《河南文史资料选辑》第 2 辑（郑州，1979），第 124 页。

[4] 《刘主席出巡扶沟、西华、商水三县记》，《河南政治月刊》第 3 卷第 12 期，第 2 页。

[5] 麻安邦：《现行保甲制度之利弊及今后整理之意见》，《河南政治月刊》第 4 卷第 3 期，第 4 页。

[6] 据张国焘言，顾敬之后为国民政府所杀，但据《商城文史资料》所载，则顾于 1946 年在开封被捕，经开封地方法院判处死刑，未及执行而解放军攻陷开封，顾乘间逃狱，辗转流徙，卒老死台湾。参见《商城文史资料》第 1 辑，转引自《光州文史资料》第 6 辑（潢川，1989 年 12 月），第 37、53 页。

硬措置下，不旋踵而"土劣寒心，强豪敛迹"，官府权威为之大振，"人民只知有区长保长，不知有政府之观念，亦完全改变"。[1] 至是，宛西自治之终将与国家权力相劘以刃，不卜可决。

概自 1930 年豫局粗定以来，河南省府对于不奉号令的宛西各县，即已视若腹心大患，百计防闲。1932 年 2 月，省府民政厅以内乡、淅川怠忽政令，除组织民团武力统一外，"对于自治事项，置若罔闻"，乃分别训令两县，严饬改善。[2] 1933 年初，省府财政厅复以彭禹廷把持镇平税捐，破坏税政，呈准三省剿匪总司令部，通令拿办，从严惩治。[3] 而在这些煌煌政令的纸面文章之外，河南省府更付诸实际行动，企图以国家武力阻遏宛西自治力量的扩展。

1932 年初，彭禹廷拟议在三县联防自治的基础上，进一步扩大自治区域，乃成立"南南新邓"（南阳、南召、新野、邓县）四县自治办公处，自任处长，集结同志，分头筹备。南召人李益闻便在彭禹廷的支持下，返乡推动自治，练团剿匪、清厘财赋、调解诉讼、惩处贪官，一切制度规模，大体仿习宛西成轨；而一般结交官府、鱼肉乡里的地方"土劣"，以利害所系，自难容忍，送联名上控，诬指自治派阴图不轨。刘峙便在是年年底调派省保安第一团开赴南召，剿办自治，李益闻寡不敌众，被迫解散自治机关，偕阎庆秩、符敬轩等遭受指名通缉的中坚干部，分别逃匿镇平、内乡境内。所谓南召自治，前后不及一年，便告烟消云散；彭禹廷扩张自治力量的计划大受打击，复因此事结怨南召巨绅杨子清，卒为后者买通手下卫士，乘间暗杀，镇平自治为之动摇，几致倾覆。[4] 同年，新野、唐河等县的自治运动，亦遭省府保安处勒逼解散，领袖人物均陷

[1] 麻安邦：《现行保甲制度之利弊及今后整理之意见》，《河南政治月刊》第 4 卷第 3 期，第 4 页；对于"革命民权"的标榜，参见刘峙：《我的回忆》，第 119—120 页。

[2] 《河南民国日报》1932 年 2 月 21 日。

[3] 《一月来之财政》，《河南政治月刊》第 3 卷第 3 期，1933 年 4 月，第 6 页。

[4] 周启邦口述：《我所经历的南召自治运动》，《河南文史资料》第 14 辑，第 34   39 页。

囹圄。[1] 于是，镇内淅三县的羽翼附从，尽遭剪除，河南省府的武力威胁，遂直指宛西本境。

先是，1932 年春，南京政府特设豫陕鄂边区绥靖督办公署，任刘镇华为督办，开府南阳。刘为正本清源，乃致力组训民众，实施联防，因将宛属 13 县划为四个联防区，敦聘地方士绅出面主持；镇、内、淅、邓四县属第二联防区，由别廷芳任主任，彭禹廷别掌南阳卧龙岗训练所，负责调训各县联保队长。其事闻于省府，刘峙大起疑惧，便在 1933 年间，以"西南各县不听节制"为名，饬令第二十三师师长李云杰率部进剿宛西团队；一时之间，战云密布，稍触即发，所幸省府民政厅厅长李敬斋暗为护持，乘间谏阻，中道撤兵，一场滔天战祸始告消弭。[2] 唯武力解决一途虽不克举，而刘峙对宛西自治势力仍难释怀，时思有以裁抑。适 1934 年邓县绅民向省府呈控别廷芳所部团长杨捷三横暴不法、武断乡曲等情，刘峙乃顺势饬令别廷芳率杨捷三团移驻许昌整训，嗣又力保两人赴庐山受训，考其用心，盖在诱别出境，一鼓成擒。别廷芳自亦洞悉其间机谋，但又不敢公然抗命，只得令杨率团开驻许昌，继转庐山，及杨受训期满回部途中，即被河南省府逮捕枪决，所部全团亦遭许昌驻军包围缴械。[3] 类此诸端，层出不穷，在在显示 1930 年代前期宛西自治备受政府机关摧折抑制之苦况，而别廷芳等自治领袖处境之艰困险巇，殆亦不难想见。

不过，宛西地方精英虽面临国家权力的强大威胁，却也不无抵瑕蹈隙，在夹缝中求生存的活动空间。从上引刘镇华、李敬斋两人的举止行径，要可窥见当时河南军政系统派系分立、倾轧角逐之一斑；别廷芳便充分掌握此一矛盾，肆力结交与省府暗中颉颃的高官将领，资为护符。李敬斋在其回忆中，便自承：

---

[1] 《河南省农村调查》，第 106 页。

[2] 陈舜德：《闲话宛西集》，第 23、56—57 页。

[3] 张和宣：《我所知道的别廷芳》，《文史资料选辑》第 47 辑，第 56—57 页。

……宛西各县，……创办地方自治，规模粗具，而主省政者，每目为豪绅专制，思有以裁抑之，余辄委曲调护其间。……（后）香斋积劳病逝，第一战区司令长官兼豫主席卫立煌昌言自治即自乱，诬余扶植地方武力，别具用心，而（余）奉调浙江。[1]

　　至于别与地方驻军之密切联系所发挥的重大作用，也可由张和宣所述一段轶事，反映一二。

　　1934 年春，刘峙采纳属下献策，假视察名义，移节南阳，召别前往晋谒，伺机拿办。不意南阳驻军司令庞炳勋（国民军系）与别早有谅解，极力保护，时刻紧随，致使刘峙无从下手，废然而返。[2] 由此可见，别廷芳一类地方势力所以在民国时期枝蔓盛滋，无由芟除，固为诸多因素汇聚以成，而国家官僚组织内部的矛盾分裂、步调不一，不失为一有力助因。

　　另一方面，国民政府时期政治结构上的缺失弊窦，也限制了实际执行国家政策之基层行政官吏，在处理地方势力一事上的行为方式。通贯整个民国期间，河南县级政府人事更迭极其频繁，县长任期至为短促；1930 年代，亦不例外。据统计，1931 年，河南 111 县，县长更动凡 169 次，变动比例高达 84.7%，每任县长平均任期仅 155 天，于全国 18 省中最称短暂；次年情况虽稍有改善，而更动比例仍达 82.3%，平均任期亦不过 238 天。[3] 据另一统计，则 1930 年 10 月至 1933 年 8 月，河南共历县长 556 任，扣除现任者不计外，凡为 445 任，每任平均在职仅八月有奇，其勉能超逾一年者，不过 41 任，尚不及总数的十分之一。[4] 在如此更调频繁、朝不保夕的情况下，掌司县篆之人，自不免常怀五日京

---

[1] 李敬斋：《宛西御倭鸿忆录叙》，韩亮：《宛西御倭鸿忆录》，第 75—78 页。

[2] 张和宣：《我所知道的别廷芳》，《文史资料选辑》第 47 辑，第 56—57 页。

[3] 《内政年鉴》（1935），第 831b — 833 页；H. M. Tien, *Government and Politics in Kuomintang China 1927-1937*, p. 132, table 7.

[4] 《河南省三年来各县县长任期统计图》，《河南政治月刊》第 3 卷第 10 期，1933 年 11 月。

兆之意，蝇营狗苟，敷衍塞责，但求保禄全位，不遭讼累，至国家政令之能否有效推行，要非所得措意，从而河南基层行政官僚勾结"土劣"，曲意逢迎，坐令彼等垄断地方资源、侵越国家权力者，所在多有。1934 年河南省保安处长方其道便对通省县长有过如下的严厉批评：

> 河南的县长有什么不好呢？
>
> 第一，圆滑。圆滑就是不负责任，不讲是非，无论万事万物，均以对付了事。一切都抱定瞒上不瞒下的宗旨，上面的令文雪片飞来，他的呈文也雪片飞出，实际上一件事也没有办。……天天与土劣勾结，为他歌功颂德，置小民死活于不顾，……推其用心，以为非如此各方敷衍，恐怕保不住一个官位。……（又）怕被人控告。（我）常常在县长亲笔报告后发现几行，大意说，如果不与土劣势力合作，恐怕他们要向省政府控告。[1]

这段话语虽苛切，却绝无诬罔之处。1933 年农复会调查员在鄢陵县境所见情况，正可为此下一注脚：

> （鄢陵）现在虽然已经实行保甲制，旧的保董还存在，而且关于派款等事，仍由保董经手的时候为多。……全县有十八个保董，这些保董是乡村中政治的中心，县长没有他们固然无法应付兵差，而老百姓没有他们，也就少了"公正人士"。[2]

由此可见，1930 年代，国民政府虽致力于整编地方秩序，重建国家权威，

---

[1] 方其道：《河南各县县长的一个总批评》，《河南政治月刊》第 4 卷第 3 期，1934 年 4 月，第 1—2 页。

[2] 《河南省农村调查》，第 124 页。

但至少在河南境内，却因政治结构的未臻健全，成效如何，颇值商榷。

尤有甚者，这种"求存政治"（politics of survival）[1]所造成的妥协心态，不仅普遍弥漫于基层官僚组织，即或负责推动一省政务的省垣大僚，也难保不受影响。1933年刘峙派兵讨伐宛西，却为李敬斋一言所动，中道改图；当时刘与李闲谈间语及宛西事，李笑谓刘曰："以中央正规军攻打地方团队，胜之固然不武；败则贻笑大方，无以善其后。"[2]这一番话一举击中"不求有功，但求无过"的官僚心结，致使刘峙投鼠忌器，不敢率意而行，宛西三县因得幸免覆灭之危机。

在上举两项因素交相作用之下，1930年代前期河南省府固然遵奉中央功令，极力摧抑"土豪劣绅"等地方势力，但宛西三县地方精英依然能在风声鹤唳的紧张态势中厚植实力，坐待时变。

1937年，宛西自治领袖翘首以望的变局随之降临。

抗战全面爆发后，豫北、豫东相率沦陷，河南省府播迁洛阳，各级机关学校先徙南阳，继移镇平、内乡，宛西一隅顿成河南抗敌军事政治中心，数万军民衣食所需，悉皆取资地方，兵员补充，亦全赖自治领袖翊赞襄助。于是，别、陈等人声望地位，顿形改观；党政要员，争相笼络，名位勋奖，纷至沓来，宛西自治与政府之间多年嫌怨，涣然冰释。

先是，1937年秋，朱玖莹自归德调任南阳行政区督察专员。时战事吃紧，政府无暇兼顾地方治安，宛属各境，盗匪蜂起，不可爬梳，即首善之区的南阳县城，亦不免高沟深垒，一夕数惊；唯独宛西三县团防巩固，士马精妍，虽有剧寇，不敢轻犯。朱玖莹下车伊始，深知以当时局面，不能不借重宛西地方势力，以肃清匪患，推行政令；遂电邀别廷芳、陈舜德、赵秩岑赴宛集议，共商

[1] Cf. Joel S. Migdal, "Strong States, Weak States: Power and Accomodation," in Myron Weiner and Samuel P. Huntington eds., *Understanding Political Development*, pp. 405–409.

[2] 陈舜德：《闲话宛西集》，第16页。

大计。斯时，河南地方军制，专区与县各设国民抗敌自卫团，司令以行政督察专员及县长兼领，另设副司令，负实际指挥之责，由预备役军官专任之；唯各县副司令，率非本籍土著，与地方士绅扞格不入，一遇变乱，每有束手无策之苦。朱玖莹为取信地方，不惜违反功命，将所兼南阳专区司令一职畀予别廷芳，各县副司令非本籍者，悉令罢去，改由别廷芳就地物色，呈请任命，斟酌定制，另立规章。[1] 次年9月，别廷芳、赵芝庭正式宣誓分别就任自卫团正、副司令，至是，宛属13县地方武装，悉归别廷芳统辖，麾下人枪，高达20余万。[2]

军事之外，别廷芳复在党政关系上有所斩获。1937年底，李宗黄出任河南省党务特派员兼军事委员会第六部开封办事处主任。李平素醉心自治，于宛西自治之成就，独具慧心，特加赏拔，至是乃代为向省府军政首长疏通解释，于次年3月，将别廷芳迎至开封，待若上宾，并介绍其加入国民党，委为宛西三县党务特派员，付以发展地方党务之职任；旋复假中国地方自治学会名义，呈报国府，请准镇内淅三县民选县长，并特令褒扬彭禹廷、别廷芳等有功人员。[3] 同年夏，别廷芳更赖李宗黄大力保举，趋赴汉口，晋谒军事委员会蒋委员长，面陈宛西剿匪自卫、实行五证、治河改地、农田水利等各般自治实绩，蒋温颜抚慰，勖勉有加。[4] 别既登龙门，身价百倍，从此誉满海内，世人刮目；而一向被视作土劣专制、据地自雄的宛西自治，至是亦为政府机关正式承认。当时国民政府为固结其心，更由军事委员会转令河南省府，信誓旦旦，矢口保证宛西团队"人不离省、枪不离乡"。[5] 在这样优渥的境遇中，别廷芳等宛西地方精英

[1] 朱玖莹：《序》，韩亮：《宛西御倭鸿忆录》，第9—11页；参见陈舜德：《闲话宛西集》，第13—14页。

[2] 《河南民国日报》1938年9月2日；张和宣：《我所知道的别廷芳》，《文史资料选辑》第47辑，第61页。

[3] 李宗黄：《李宗黄回忆录：八十三年奋斗史》第3册，第328—329页。

[4] 陈舜德：《闲话宛西集》，第16页。

[5] 《河南民国日报》1938年2月20日。

权势熏天、踌躇满志，居然可知。据汤恩伯所辖第十三军参谋胡静如回忆，全面抗战初期，十三军开驻宛西时，奉有总部教令，处处退让，不敢轻撄地方豪强之锋；而别廷芳却是盛气凌人，目无余子，接见军方代表，严申戒令，不假辞色，足见斯时宛西自治威势之盛。[1]

虽然，国民政府对于别廷芳等人的宠遇优礼，不过是迫于时势的权宜之计，一旦战局稳定、国家权力稍形巩固，则其抑制地方势力、伸张政府权威之本衷，立行展现。1939年卫立煌接任第一战区司令长官兼河南省主席后，宛西各县与军政当局的关系渐形恶化。前举朱玖莹、李敬斋等人，便在此时先后以违制专擅、扶植地方武力等罪名获谴，陆续去职，宛西地方势力顿失有力臂助。[2] 屯驻宛西的第十三军也在汤恩伯发纵指使下，态度转趋强硬，一度假借部队士兵遭地方团队拘押之细故，全军动员，对驻地各县自卫团部展开包围监视，情势至为紧张；后经省府派员调处，迫令别廷芳声明道歉，并具结保证不再干预驻军事务，亦不妨碍地方政府协办后勤补给，始告了结。[3] 及至是年年底，卫立煌更以釜底抽薪的手段，电召别廷芳赴洛开会，即席裁示宛属13县民团副司令，除镇内渐仍得保持原状外，其余一律免职，另由省府择人委派。此一举动不啻从根剪除别之羽翼爪牙，别虽仍得保有司令名义，但各县团队不受号令，复有省府委员从旁掣肘，纵有通天本领，亦只能徒呼负负。当时，别抗颜力争，辞色俱厉，竟为卫下令拘押，险遭不测。经此重挫，别积忿难伸，返抵内乡不久，即在1940年3月愤恚而卒。[4]

别廷芳死后，宛西自治势力丧失维系支柱，旋即陷入分崩离析的混乱局面，

---

[1] 胡静如：《烬余掇拾》（稿本），《豫西的劣绅专政》，第100页。本条史料蒙陈永发先生示知，谨此致谢。

[2] 朱玖莹：《序》，韩亮：《宛西御倭鸿忆录》，第11页；张和宣：《我所知道的别廷芳》，《文史资料选辑》第47辑，第62—63页。

[3] 胡静如：《烬余掇拾》（稿本），《豫西的劣绅专政》，第100页。

[4] 陈舜德：《闲话宛西集》，第17—18页；《河南民国日报》1940年3月21日。

各县民团领袖为角逐权位，竞相结交军政要员，恃为奥援，彼此倾轧，相争甚烈，而政府当局遂得乘间挑拨，纵横捭阖。[1] 至此，宛西各县闭关自守的独立态势，已难维持，不得不走上与政府妥协合作的道路。1942 年冬，经由陈舜德倡议，宛西各县地方领袖群聚昔年宛西自治策源地——内乡县城民团大队部，开会三天，一致同意响应中央号召，自动请缨，离乡参战。次年 9 月，宛西民团奉令改编成立"鲁苏皖豫边区挺进队"，辖属四、六、七三个纵队，各由王金声、陈舜德、别光汉担任司令，分赴豫东各地抗御日寇，隶归周家口警备司令倪祖耀指挥，正式纳入国家军事体制。[2] 于是，这场国家权力与地方精英的长期角逐，前者终获最后胜利；所谓"宛西自治"，名义上虽仍沿袭至 1949 年，实则已在人枪出境、脱离地方的情况下黯然收束矣。

结　语

在民族主义意识形态笼罩下，近代中国政治思想的终极关怀，无疑是建立一个强固有力的统一国家。然而，20 世纪前半叶，中国政治发展的实际历程，却与此一根本薪向不尽相符。诚如论者所言，民国时期的国家政权，一如当代第三世界新兴国家之通例，一方面固因拥有新式军事组织与庞大官僚机构，而使国家权力大为强化；然而其强固的程度，却又不足以抗御外力侵侮，更无法

---

[1] 如 1940 年底便发生各县民团副司令联名向第一战区副司令长官孙连仲指控继任民团司令别光汉不胜职任，并要求解散自治之情事，参见陈舜德：《闲话宛西集》，第 83 页；至内乡内部亦有刘顾三与别光汉、别瑞久内讧争权之纠纷，参见张和宣：《内乡团阀刘顾三》，《河南文史资料选辑》第 3 辑，第 168—171 页。

[2] 陈舜德：《闲话宛西集》，第 85—86 页。

维持国内政治秩序，进行有效的社会控制。[1] 研究华北农村社会经济变迁的黄宗智也曾指出：民国时期的国家机器虽有进一步渗入地方社会的强烈意图，毕竟无力将正式的官吏和权力直接伸进县以下的各级行政组织，以致政府与地方社会间利害矛盾的调剂，仍须仰仗各色地方精英为之中介。[2] 在这样的限制之下，掌握基层社会支配权力的地方精英，遂得乘间侵夺国家的合法权力，并与国家部门构成一套相互依存而又彼此竞争的复杂关系。民国时期，所谓"土豪劣绅"蔚为地方政治过程中的重大困扰，便是衍生自此一"调适政治"（politics of accomodation）模式 [3] 的表面现象。而本文所论的"宛西自治"，亦正需由此一角度来理解。

从历史发展的脉络观察，推动宛西自治的诸多地方精英，盖与 19 世纪中期以来领导社会军事化的传统地方士绅一脉相承，前后辉映。事实上，宛西地方精英也确实以绍袭组训团练、弭平寇患的湘军领袖为标榜。王士范论宛西自治之缘起时，便说：

> 宛西三县，昔本以自卫受知于国内。盖以地处边隅，夙多盗匪，政局多故，不暇顾及人民，为救死计，乃起而自卫。主其事者，多属彬彬书生，仿之清季湘军，虽事业之大小不同，实具体而微。[4]

虽然，彭、陈等人的外在形迹固与曾、胡诸公差堪比拟，唯其本质，殆已有重大轩轾。就后者而言，国家权威的合法性，要属无可置疑；他们纵或凭借

[1] David Strand, "Mediation, Representation, and Repression: Local Elites in 1920s Beijing," in Joseph Esherick and Mary Rankin eds., *Chinese Local Elites and Patterns of Dominance*, pp. 217-218.

[2] 黄宗智：《华北的小农经济与社会变迁》，第 298 页。

[3] Cf. Joel S. Migdal, "Strong States, Weak States: Power and Accomodation," in Myron Weiner and Samuel P. Huntington eds., *Understanding Political Development*, p.428.

[4] 王士范：《淅川工作报告》，《乡村建设实验》第 3 集，第 374 页。

地方武力为其向上流动之资，却仍透过科举功名与各级士绅彼此间的关系网络，而与国家权力紧密相连。但在民国时期，随着皇权的覆灭，地方精英与国家之间不复具备制度性的联系管道，其支配权力自亦丧失了传统的合法性根源。于是，在20世纪前期河南地区兵连祸结、盗匪猖獗，整个社会趋向高度军事化的具体背景下，彭、别、陈等人遂亦唯有极意扩张武装资源，恃之为巩固个人权势的不二法门，从而其所树立的支配形态，也就只能建基于高度强制性的暴力手段。

另一方面，宛西地方精英的自治运动，也改变了传统士绅与国家之间的既定关系模式。如本文所述，彭、别、陈诸人多方汲引各项理论资源，以证成其自治权力的合法性。传统上以"保境安民"为号召的地方主义，固为其诉求的主要鹄的；梁漱溟等知识分子所鼓吹的乡村建设主张，亦为其纳入自治事业的设计蓝图；甚至原是以实现民族主义目标为依归的三民主义，也在彭禹廷的重新诠释下，转而与地方主义合流，蔚为宛西地方精英支配权力的一大支柱。然则，宛西自治的开展，殆可谓在传统上定于一尊，并为各级士绅所紧密依附的国家权力之外，揭示了现代中国政治权威多元化的发展趋向。就此而言，1930年代宛西自治与政府机关长期的冲突对抗，要非无因而至。

不过，我们仍不能过分强调宛西地方精英自外于国家权威的独立态势。就其本质而论，民国时期的宛西自治，实在只能说是国家权力功能不彰（dysfunction）导致政治失序、社会混乱，地方权力结构全盘瓦解下的过渡性产物；彭禹廷等人所指摘的，与其说是国家权力本身，毋宁乃是该项权力运作上的缺失。他们在推展自治的漫长过程中，仍然不时寻求国家机关的认可，甚且挟持后者所赋予之名位，作为与其他地方精英角逐权势、巩固一己支配地位的有力凭借。因此，一旦面临国家的强大压力，所谓自治运动迅即烟消云散，并不能真正开出中国政治发展的新局面。

宛西自治所以无从摆脱上述囿限，殆与民国时期的社会经济条件息息相关。

本文曾经指出，宛西自治一如河南各地的"土豪劣绅"，乃是少数地方精英在缺乏健全法制结构的情形下，倚仗强制性的横暴力量，以遂行严密的社会控制。然而，这样的支配方式，适因其足以达成维护社会秩序的基本需求，而广受农民群众的拥戴支持；马国琳追忆其在宛西之见闻，对于乡里黎民景慕彭禹廷的情景，即有如下之描述：

> ……每逢其（彭）忌日，不论国历农历，地方皆举行纪念，岁以为常。……农历之日，在侯集镇举行庙会，民间百里之内，男妇老幼咸集，皆焚香顶礼，凡有祈求疾苦，呼彭爷爷保佑。[1]

由是可见，宛西自治固多可议之处，然而民国时期，广大内陆地区困处于匮乏经济、贫病愚弱的农民大众，其所求于政治权力者，实亦不过此一最低限度之基本秩序的维持。不幸，民国时期的国家机器，远不足以语此，徒然哓哓于自治、保甲等地方行政制度之变革，而其结果，便是本文所论之地方精英侵夺国家权力，宰制农村社会的混乱局面。梁漱溟在 1929 年即已指出，以当时中国农村的社会经济情况，勉强实行所谓地方自治，不特增加农民负担，抑且必将助长"土豪劣绅"的威势。[2] 然则，上文所述的宛西自治，其背后所隐含者，亦正不外乎在一定的社会经济结构下，近代中国地方政治发展所遭遇的根本限制。

---

[1] 马国琳：《序》，韩亮：《宛西御倭鸿忆录》，第 36 页。

[2] 梁漱溟：《中国民族自救运动之最后觉悟》（北平，1932），台北：学术出版社影印本，1971 年，第 197—198 页。

经济作物与近代河南农村经济
以棉花与烟草为中心（1906—1937）

前　言

近代河南农业经济的一项重要变化，便是农业商品化程度的日益加深。黄宗智研究河北及山东西北部的农业发展，即认为其在 20 世纪最初三四十年间所经历的商品化程度，至少相当于过去的三个世纪。[1] 这对同属华北旱作农业区的河南来说，当亦不能例外。

所谓农业商品化，可以从两方面来观察：其一是粮食作物的商品化，其二是经济作物的推广。

河南粮食作物的商品化，主要是透过农民"粜精籴粗"的方式进行，而其大宗则为小麦。

小麦为河南主要冬季粮食作物，种植面积恒占全部耕地的半数以上，清末民初时，河南小麦产额已相当于日本的总产量，高居全国第一。[2] 不过，小麦属于细粮，一般贫农常将所获小麦运至市场出售，交换现金，另购高粱、玉米等

---

[1]　Philip C. Huang, *The Peasant Economy and Social Change in North China*, Stanford: Stanford Univ. Press, 1985, p. 121.

[2]　东亚同文会编：《中国省别全志》卷 8《河南省》，第 631 页。

粗粮供作日常食物。直到 1934 年，张厚昌赴豫调查，由郑州渡河以迄彰德（安阳），沿途所见，"农民将价格较高昂之粮卖出，而自食者多用高粱，或以小米掺青菜做粥，或以菜豆磨粉做面条，煮为汤面"。[1] 因此，在农民降低自身消费水平，以谋取较高收益的努力下，河南的小麦一向在进入市场流通的商品作物中占有举足轻重的地位，且其商品化的比率，亦有日趋增高的倾向。据卜凯（John L. Buck）调查，1921 年至 1925 年间，新郑、开封两县农家的小麦出售率平均约为 26.6%。[2] 及至 1934 年，平汉铁路局对河南平汉铁路沿线 16 处农村进行调查时，各类农户的小麦出售率已达 44.9%—61.8%。[3] 换句话说，我们虽无法精确估算近代河南小麦商品化的速率，大体仍可肯定这种趋势的存在。

至于纯粹为市场而生产之经济作物的推广，较诸粮食作物，更能显示近代河南农业商品化的一般倾向。自明清以降，棉花、大豆等经济作物本已在河南的农业生产中占有一席之地。逮至 20 世纪初期，河南经济作物的经营规模，复因新品种的传播以及交通运输的改善与国内经济的发展而益形扩大。在若干地区，棉花、大豆、芝麻、花生等作物的栽培，更取代粮食作物，蔚为农民的主要生产活动，农民利用厚生，多取资于斯。[4] 因此，探讨近代河南农业经济的变化，盖不能不注目于经济作物的发展过程。这也就是本文所欲厘清的第一项问题。

那么，以经济作物之推广为主要内容的农业商品化过程，对于近代河南农业经济，究竟产生了怎么样的影响？关于这个问题，历来学界有着相当分歧的看法。1930 年代许多学者基于依赖理论的立场，认为经济作物之推广，系以帝国主义的经济侵略为动力，其本质是帝国主义势力在不等价的交换条件下，吸收中

[1] 张厚昌：《豫省农民生活之所见》，陈伯庄编：《平汉沿线农村经济调查》，上海：交通大学研究所，1936 年，"附录二"，第 44 页。

[2] ［美］卜凯：《中国农家经济》，张履鸾译，太原：山西人民出版社，2015 年，第 276 页。

[3] 陈伯庄编：《平汉沿线农村经济调查》，"附表 9—10"。

[4] 同上书，第 17 页。

国农村的贸易及工业原料的过程，结果则造成"经济殖民地化"的危机，从而促使农村破产，农民生活水准降低。[1]1950 年代以后的大陆学者，则往往采取资本主义萌芽的理论，强调经济作物的经营，对于扩大农业基础、提高农民经济收益、增加国民积累以及促进农业"资本主义"发展的重要作用。[2]若干日本学者亦认为 1930 年代华北农村中经济作物的大量栽培，导致农民的阶层分化，并促成使用雇佣劳动力从事大规模生产的"资本主义"农业经营方式的出现。[3]

除了以上两种截然异趣的观点，近年来的相关研究，还曾提出一些修正性的看法，如马若孟（Ramon H. Myers）根据"满铁"调查资料，对河北、山东农业经济所做研究，曾指出 1890 年至 1937 年间，华北农村人口持续增加，耕地高度零碎化，但农民生活水准并未随之下降，佃农比例亦未见显著增加，其主要关键之一，端在于经济作物的栽培带给农民较高的收益。不过，马若孟仍强调，这个农业商品化的过程并未促进华北农业生产技术与生产组织的改变，也并不是一个趋向"资本主义"农业生产的发展过程。[4]黄宗智根据同一资料，对同一地区所做的研究，则更进一步指出近代华北农业商品化的复杂性质。他认为近代华北的农业商品化至少有三种不同的类型：第一种是由经营地主与富

---

[1] 此一观点的代表性看法，可参见孙晓村：《中国农产商品化的性质及其前途》，《中山文化教育馆季刊》创刊号，1934 年 8 月，第 220—228 页；薛暮桥：《农产商品化和农村市场》，《中国农村》第 2 卷第 7 期，1936 年 7 月，第 59—67 页。

[2] 典型的说法，可参见许涤新、吴承明主编：《中国资本主义发展史》第 1 卷，北京：人民出版社，1985 年，第 214、252 页。

[3] 例见［日］吉田修一：《二十世纪中國の一棉作农村における农民层分解について》，《东洋史研究》第 34 卷第 3 期，1975 年 12 月。该文系根据河北省丰润县米厂村的"满铁"调查资料立论。根据同一资料而有不同之看法者，参见［日］石田浩：《一九三○年代华北棉作地带における农民层分解》，《中國農村社會經濟構造の研究》，京都：晃洋书房，1986 年，第 35—62 页。本文所谓资本主义，并非严格意义之西方历史中的"资本主义"，更不涉及马克斯·韦伯阐述之资本主义的精神层面，而仅系沿用大陆学界的一般用法，故此名词是否适切，仍大有商榷之余地。关于这个问题的一项初步检讨，参见石锦：《中国资本主义萌芽研究理论的评介》，《知识分子》1986 年夏季号，第 37—45 页。

[4] R. H. Myers, *The Chinese Peasant Economy: Agricultural Development in Hopei and Shantung, 1890–1949*, Cambridge: Harvard Univ. Press, 1970, pp. 235–240.

农所推动的半资本主义式商品化，第二种是由贫农为求生存而转向种植经济作物所引起，第三种则是由帝国主义入侵而带动的依赖性的商品化。这三种不同的商品化过程，对华北农业经济产生的作用各有轩轾，不能不加区别地一律等同于向"资本主义"过渡。[1]

以上各项说法，各有其立论根据，殊难定于一是。事实上，中国农村地域辽阔，光景各殊，自亦无从期其一律。因此，本文的第二项目的，便是打算透过河南经济作物栽培的实际状况，对以上诸不同观点的适用程度略加分析。

由于资料与篇幅的限制，本文无法全面论述河南各项经济作物的发展经过，而仅拟选取棉花与烟草两项，作为讨论的主要对象。在这两者之中，棉花于河南农村有着较长的栽培历史，其产区散布全省各地，无论是栽培面积还是产量，均在河南农业生产中占有重要地位。至于烟草一项，则系高度专业化与地域化的作物，种植范围仅限少数地区，其产额与产值在整个河南农业生产中亦属微不足道，唯其发展实与帝国主义之经济侵略息息相关，蔚为近代河南经济作物中一大特色。因此，本文所选取的棉花与烟叶两项，或可在相当程度内涵盖近代河南经济作物栽培的繁复面貌。

当然，在进入正题之前，本文仍须先将近代河南农业经营的一般状况略做描述，俾为经济作物的发展提供一个背景脉络。

一、近代河南农业生产的基本困境——人口压力与农业内卷化

根据德怀特·珀金斯的研究，自 17 世纪以来，中国人口持续增长，而农业生产也在并无重大技术突破的条件下，相应地大幅扩张。这种以人口增长为动

---

[1]　Philip C. Huang, *op.cit.*, p.299.

力的发展形态，便构成了王业键所谓的"广泛的成长"。[1]

不过，明清以降农业的广泛性成长，却是以降低个人平均消费水平来换取的。在这个长期的成长过程中，由于人口不断增加，而耕地无法随之相应扩张，中国的农业遂逐步陷入伊懋可（Mark Elvin）所谓的"高度均衡的陷阱"（high-level equilibrium trap）。一般农民为维持最低的个人基本生计，不得不采取下列三种途径，来保持生产可能曲线与最低消费曲线的均衡：（1）提高劳动量对土地与资本的比例，以增加固定土地的生产可能；（2）改种适应边际土地的高产作物，如玉米、马铃薯等；（3）改种高度商品化的经济作物或从事各项副业。[2]这些特色，在清代后期的河南农业中，业已充分显露。乾隆年间，黄河北岸的孟县，便因"按口计地，每人不足一亩"，只好"耕作而外，半资纺织"。[3]这虽是一个相当极端的特例，大致仍可反映近代初期河南农业所面临的危机。

不幸，从清末以迄 1930 年代中期，河南农业的危机不但未获妥善解决，反而日益深化；所以如此，关键仍在于人口持续增长与耕地严重不足对农业生产所造成的巨大压力。

有关近代河南人口与耕地的数字，虽有较为详尽的统计资料可稽，唯因调查方式不够周全，殆难尽信。王业键在最近的一篇论文中，即曾指出学界对近五六百年中国人口与耕地的数字仍未达成大致可以接受的共识。[4]因此，本文也不打算对此做一全盘性的讨论。兹仅就若干较为可信的数据资料，略做说明，以窥其变化趋势之一斑。

---

[1]　王业键：《近代中国农业的成长及其危机》，《"中央研究院"近代史研究所集刊》第 7 期，1978 年 6 月，第 355—370 页；珀金斯的说法，参见 Dwight H. Perkins, *Agricultural Development in China, 1368–1968*, Chicago: Aldine Publishing Co., 1969。

[2]　R. F. Dernberger, "The Role of the Foreigner in China's Economic Development," in D.H. Perkins ed., *China's Modern Economy in Historical Perspective*, Stanford: Stanford Univ. Press, 1975, pp. 24–26. 有关"高度均衡陷阱"的理论，参见 M. Elvin, *The Pattern of the Chinese Past*, Stanford: Stanford Univ. Press, 1973, pp. 312–314。

[3]　乾隆《孟县志》，转引自许涤新、吴承明主编：《中国资本主义发展史》第 1 卷，第 677 页。

[4]　王业键：《战后研究明清时代人口与耕地之检讨》（论文稿）。

先就人口的增长而言，据何炳棣与刘大中、叶孔嘉等人的研究，1787年河南人口总数约为2100万，至1933年已增至3630万，前后150年间人口增长的幅度高达173%。[1] 至于其他统计资料所显示的变化虽较为和缓，要亦可见河南人口增长的快速：

表 3.1　近代河南人口数字估计表（1873—1935）

年份	人口数（人）	变动指数（1873年=100）	资料来源
1873（同治十二年）	23 941 000	100	①
1893（光绪十九年）	22 120 000	92.4	①
1913（民国二年）	28 518 437	119.1	②
1922（民国十一年）	30 831 909	128.8	③
1932（民国二十一年）	32 635 723	136.3	④
1933（民国二十二年）	32 672 928	136.5	⑤
1935（民国二十四年）	34 289 848	143.2	⑥

资料来源：①严中平：《中国近代经济史统计资料选辑》，第362—374页；②《中国经济年鉴·正编》，第17c页；③阮湘：《第一回中国年鉴》，第51页；④《内政年鉴》，第437c页；⑤《申报年鉴》（1935），第88b页；⑥《中国人口之统计分析》，第10页。

由表3.1可知，从1873年到1935年的半个多世纪，河南人口增加几近半数（43.2%），而同一时期，耕地面积扩张的速度则远为迟缓。据珀金斯估计，从1873年至1933年，河南耕地仅由1070万市亩增至1230万市亩，亦即增加了14.9%而已。[2] 中央农业试验所于1933年对河南109个县所做调查，也得到同样的结论。[3] 再从其他统计数字来看，更可明白窥出耕地面积的拓展已无法配

[1]　Ping-ti Ho, *Studies on the Chinese Population, 1368–1953*, Cambridge: Harvard Univ Press, 1959, p.283; Ta-chung Liu and Kung-chia Yeh, *The Economy of the Chinese Mainland*, Princeton: Princeton Univ. Press, 1965, p.178.

[2]　D. H, Perkins, *Agricultural Development in China 1368–1968*, p.236.

[3]　中央农业试验所：《近六十年中国耕地面积增减之趋势》，《农情报告》第2卷第12期，1934年12月，转引自国民政府主计处统计局编：《中国土地问题之统计分析》，南京：正中书局印行，1941年，第44页。

合人口增长的速率：

表3.2　近代河南耕地面积与人均耕地面积估计表（1873—1935）

年代	耕地面积（市亩）	变动指数（1873年=100）	平均每人耕地面积（市亩）	资料来源
1873（同治十二年）	98 244 000	100	4.1	①
1893（光绪十九年）	97 262 000	99.0	4.4	①
1913（民国二年）	114 945 000	117	4.03	①
1931（民国二十年）	108 786 871	110.7	3.31	②
1932（民国二十一年）	112 981 000	115	3.62	③
1935（民国二十四年）	107 882 347	109.8	3.15	④

* 人口数同表3.1，不另注明。

资料来源：①许道夫：《中国近代农业生产及贸易统计资料》，第8—9页；②万国鼎：《中国田赋鸟瞰及其改革前途》，《地政月刊》第4卷第2、3期；③国民政府主计处统计局：《统计月报》1932年第1、2期合刊；④唐启宗：《我国土地之垦殖指数与可耕地指数》，引自［日］天野元之助：《中国农业经济论》上卷，第91页。

　　表3.2所显示的河南耕地面积变化趋势，与珀金斯的研究及中央农业试验所的调查若合符节，充分印证了近代河南人地比例的高度恶化，也说明了河南农业生产的基本限制——耕地的匮乏。

　　这种耕地不足的现象，还可以从实际从事农业生产的农民所拥有的平均耕地面积得到进一步的了解。

　　自古以来，农业乃河南最主要的生产活动，农业人口始终占有全部人口的绝大多数。这种人口结构，直到1930年代，迄无重大的变化。1934年土地委员会对河南108县所做调查显示，河南农户占全省总户数的81.8%，农民人数占全省总人口的77.48%。[1] 据1932年国民政府主计处统计局的报告，则河南农民计506.17万户，2622万人，均占全省总户数及人口总数的84%。[2] 此外，1933

[1]　土地委员会编：《全国土地调查报告纲要》（南京，1937），"表11"，第22页。

[2]　乔启明：《中国农村社会经济学》，上海：商务印书馆，1948年，第29页。

年内政部的报告，更将河南农民所占比例估定为88%。[1]

以如此众多的农业人口分享有限的耕地资源，则每一农民所能摊得的平均耕地亩数，殆属至为狭小。据上引土地委员会所做调查，1934年河南农民平均每户拥有耕地23.16亩，平均每人摊得耕地4.22亩。[2]据张心一的中国农业概况报告，则1932年河南平均每一农户有耕地22亩，平均每一农民有地3.62亩。[3]而1934年郑佩刚在平汉铁路沿线若干农村所做的实地调查，更具体地指出了河南农民耕地严重不足的状况：

表3.3　平汉铁路沿线河南农村每农户及每农民平均拥有耕地面积（1934）

地点	农户数（户）	农民人数（人）	耕地总数（亩）	平均每农户耕地（亩）	平均每农民耕地（亩）
汤阴魏城村	50	250	1500	30	6
获嘉亢村驿	325	1356	6630	20.4	4.9
长葛贾庄	56	323	630	11.25	1.95
刘村	59	412	516	8.75	1.25
许昌石固镇	443	2807	8500	19.2	3
西平三里湾	160	962	820	5.12	0.85
邵村	45	158	277	6.16	1.75
总计	1138	6268	18 873	16.58	3.01

资料来源：郑佩刚：《平汉沿线农村见闻杂述》，陈伯庄：《平汉沿线农村经济调查》，"附录一"，第26—36页。

以上的叙述，大致已可显示近代河南所面临的耕地不足的困境，而在实际农业经营的层面上，农民内部的阶层分化以及地权转移等因素，更使得近代河

---

[1]　《内政年鉴·土地篇》（1936），第998d—999页。

[2]　土地委员会编：《全国土地调查报告纲要》（南京，1937），"表13"，第24—25页。

[3]　《繁荣农村与土地政策》，《地政月刊》第1卷第12期，1934年12月，第1640页；另据张心一：《河南省农业概况报告》，《统计月报》第3卷第2期，1931年2月，"表1"，第90页，则1931年河南每农户平均有耕地22.32亩。

南农业耕地呈现高度零碎化的特色。这由金陵大学农业经济系的调查结果，略可窥知一斑：

表 3.4 河南各类农户历年使用耕地面积比较表（1913—1934）

单位：市亩

调查县数	自耕农			半自耕农			佃农		
12	1913	1923	1934	1913	1923	1934	1913	1923	1934
	33	28	28	38	37	37	50	48	48

资料来源：金陵大学农业经济系编：《豫鄂皖赣四省之租佃制度》，南京：金陵大学农业经济系，1936年，第13页。

1933 年行政院农复会对许昌、辉县、镇平 3 县 15 村各类农户在 1928 年至 1933 年间平均每户使用田亩数之增减所做的调查，也显示出同样的趋势：

表 3.5 许昌等 3 县 15 村各类农户平均每户使用耕地面积的增减（1928—1933）

单位：亩

类别	许昌			辉县			镇平		
	1928	1933	增减幅度	1928	1933	增减幅度	1928	1933	增减幅度
富农	51.33	46.09	−10%	106.92	87.00	−19%	61.09	48.74	−20%
中农	21.19	18.37	−13%	34.08	31.27	−8%	34.08	32.60	−4%
贫农	8.24	7.80	−5%	9.75	10.09	+3%	6.98	6.45	−8%

资料来源：《河南省农村调查》，第35—39页。有关富、中、贫农的划分标准，参照该书凡例。

从表 3.5 来看，许昌等三个具有代表性的县份普遍呈现农田使用日见零碎、农业经营规模日趋缩小的倾向。我们可以再从民初农商部与 1934 年土地委员会对河南农户经营农场大小所做调查的比较，进一步验证这项观察的正确性。

表 3.6　河南农户每户经营面积及各组户数百分比的变化（1918—1934）

单位 : %

年份	不足 10 亩	10—29.9 亩	30—49.9 亩	50—99.9 亩	100 亩以上	合计
1918	39.7	25.2	17.4	10.6	7.1	100
1934	47.9	34.6	9.5	6.2	1.8	100
增减	+8.2	+9.4	— 7.9	— 4.4	— 5.3	

资料来源 : 1918 年, 第 9 次农商统计表, 第 38 页；土地委员会编：《全国土地调查报告纲要》, 1934 年, 第 26 页。

　　至于局部地区的调查结果, 尤足说明耕地零碎化的严重程度。如 1930 年代豫南唐县某村与豫东杞县陈敏屯两地农地经营的户数分配如下 :

表 3.7A　1930 年代唐县某村农户经营面积大小、各组户数及其百分比

耕种亩数组别	户数（户）	占总户数百分比（%）
不足 3 亩	281	17.2
3—5 亩	397	24.4
6—10 亩	427	26.2
11—25 亩	360	22.2
26—50 亩	106	6.5
51—100 亩	45	2.8
101 亩以上	11	0.7
合计	1627	100
平均每户耕种亩数	12.3 亩	

资料来源 : 古梅编著：《中国农村经济问题》, 表 19, 上海：中华书局, 1933 年, 第 27—28 页。

表 3.7B　杞县陈敏屯农户经营面积大小、各组户数及经营耕地（1935）

耕种亩数组别	户数（户）	占总户数百分比（%）	经营耕地面积（亩）	占总耕地面积（%）	平均每户经营面积（亩）
0 亩	25	9.9	—	—	—
1—9 亩	97	38.1	484.9	13	5
10—29 亩	106	41.5	1808.5	47.9	17.1
30—49 亩	14	5.5	515	13.9	36.8
50—69 亩	8	3.1	459	12.4	57.4
70—120 亩	5	1.9	472	12.8	94.4
合计	255	100	3739.4	100	14.7

资料来源：郑统九：《凋敝的豫东农村》，《大公报》（天津）1934 年 7 月 15 日。

综合以上诸表，灼然可见自 20 世纪初年以迄 1930 年代，河南农村长期的人口增长，不但造成耕地严重不足、人地比例悬殊的情况，更使得耕地日趋细碎，小农经营成为农业生产的主要骨干。

那么，农业经营的零碎化对河南的农业生产有着怎样的影响呢？

据黄宗智估计，按照 1930 年代的农业技术水平，华北平原上，一个成年男子的劳动力可以耕种 15—30 亩地。[1] 另一项资料则指出以河南相对粗放的经营方式，一个成年男子可以耕种 20 亩地。[2] 若以每户农家平均拥有 1.5—2 个成年男子劳动力计，则每一家庭农场至少应拥有 30—40 亩的耕地，才不致造成劳动力的浪费。一项调查也显示，唯有占地 30 亩以上的自耕农家庭，才能适当调度劳动力与土地的配置，并维持基本生活。[3]

然而，如上引统计数字显示，河南绝大多数农民家庭所经营的耕地面积远远不及 30 亩，但是小农家庭又无法解雇多余的劳动力，从而形成严重的劳动力

---

[1]　Philip C. Huang, op. cit., p.70.

[2]　冯和法编：《中国农村经济资料续编》上册，第 185 页。

[3]　同上书，第 200—201 页。

剩余现象。在工商部门相对落后、不足以吸纳农村过剩人口的情形下[1]，小农家庭迫于生计，唯有在狭小的耕地上投入过多的劳动力，而这种劳动力集约化的程度往往超过边际报酬递减的地步。人类学家克利福德·格尔茨将这种集约化到边际报酬收缩的现象，称作"农业的内卷化"（agricultural involution）。[2] 就此角度观察，从清末到1930年代河南农业的演变，正可说是农业经营内卷化不断加深的过程。

农业经营内卷化的一项主要特色，表现为较高的土地生产率和较低的劳动生产率。[3] 河南小农经营的内卷化，确实有助于单位土地生产量的提高。1929年新郑唐河村的一项调查指出：农民的土地愈少，其生产力愈大，小农一亩地的收获往往超过大农一亩地的收获。[4] 宁陵县的农地在1930年代以前，每亩土地一岁仅收麦130斤、谷180斤，中地岁收麦90斤、谷130斤，下地岁收麦50斤、谷90斤，而至1930年代以后，由于"人烟较稠，耕地所用之肥料较多，种植所用之手续较繁"，农地的单位面积产量获得大幅度的提升。[5]

然而，农业内卷化下，土地生产率的提高却以劳动力的高度浪费为代价。1930年代卜凯对全中国22省154县16 786个田场所做的大规模调查，已明白指出农场经营面积越小，单位劳动生产率便越低。以平均面积仅及0.58公顷的

---

[1] 以豫北工商业重镇安阳而言，据1939年日人之调查，安阳虽有六河沟煤矿、广益纱厂等大规模新式工矿企业，商业活动亦远较河南大部分地区繁盛，但矿、工、商等非农业部门所能吸纳的就业人口，尚不及全县总人口的7%。参见"南满铁道株式会社"调查部编：《北方农村概况调查报告——彰德县第一区宋村及侯七里店》，第3—5页。甚至到1982年河南全省市镇总人口仍仅占全省总人口的14.1%，远低于20.6%的全国平均数，而且其中尚包括许多"离土不离乡"的农业生产人口。由此亦可反映其工商部门落后之一斑。参见董式珏、貉琦：《河南省人口城镇化问题的研究》，《河南大学学报》1986年第6期，第1—4页。

[2] Philip C. Huang, *op. cit.*, p.8; Clifford Geertz, *Agricultural Involution: The Process of Ecological Change in Indonesia*.

[3] Philip C. Huang, *op. cit.*, p. 15.

[4] 冯和法编：《中国农村经济资料续编》下册，第686页。

[5] 河南省政府编：《各县社会调查》，《河南统计月报》第3卷第6期，第83页。

小农场与平均占地广达 5.27 公顷的巨大农场相比，两者在单位面积生产量上大致相同，但后者每一人工等数的劳动力所能经营的面积高达前者的 2.8 倍，每一单位劳动力的产量亦为前者的 2.5 倍。[1] 这种情形充分反映了小农经营在劳动力与土地的相对配置上的极度浪费。

另一方面，在农业内卷化的支配下，高度劳动集约的小农经营方式，其农业所得的绝对额虽有增加，但其单位劳动力的平均所得事实上已降低到不敷劳动报酬的程度。据"满铁"调查资料显示，1939 年彰德宋村各组农家的农业收入与劳动报酬之差距，约如下表：

表 3.8　彰德宋村 16 户农家经营面积、组别、农业收入及

劳动报酬率差距表（1939）

经营组别	平均每人耕作面积（亩）	平均每亩投入劳动日（日）	平均每亩农业粗收入（元）	平均每劳动力粗收入（元）	正当之劳动报酬（元）*	农业净收入（粗收入减去地租）（元）	劳动报酬与净收入之差额（元）
10 亩以下	2.86	25.20	13.33	38.21	63.40	51.34	−12.06
11—20 亩	6.30	23.42	8.95	56.38	100.50	97.24	−3.26
21—30 亩	10.40	19.56	11.51	119.66	219.61	190.24	−29.37
31—50 亩	13.30	15.78	9.89	131.68	285.55	264.79	−20.76
51—100 亩	21.37	9.55	9.61	181.39	306.15	325.07	+18.92

* 以农忙期间短工一月之工资为基础推算。

资料来源："满铁"调查部：《北方农村概况调查报告》，第 91、131—133 页。

由上表可见，耕地面积愈小的农家，在同一单位土地上投入的劳动日愈多，其高低差距可达 2.6 倍，但其单位面积所得最多仅及较大农场的 1.38 倍，而其每单位劳动力的所得更低至后者的 21%。在这种情形下，一般小农虽是极端勤

[1]　［美］卜凯主编：《中国土地利用》，成都：成都出版社印行，1941 年，第 376 页。

苦，而其由农业生产所得收入，自亦十分有限。据1934年土地委员会之调查，河南农家全年收入不及100元者，高达全体农户的68.91%。[1] 这个数字已远低于维持基本生计和保持简单再生产能力的最低需求 [2]，更遑论扩充资本设备，改进生产技术的努力。因此，1934年郑佩刚遍历平汉沿线河南农村，见闻所及，触目惊心，便曾发出如下的慨叹：

> ……生产技术，还是数千年来传下来的古拙方法。地少人多，一切工作还是用人力、畜力，尚有许多没有耕畜，生产所获，仅足以供消费，无资本之积众，不能超脱此静止之死海。加之以旱灾水灾，听命天然，自己不能作主。外族凌夷、军阀荼毒、土匪焚杀、豪劣盘剥，均束手听命。天灾、人祸、贫穷遂使中国农村日陷于绝境。[3]

以上数语，虽不免于夸大渲染，但近代河南在巨大人口压力与高度内卷化的限制下，其农业生产之凋敝，要可推知一二。

虽然，也正是在这个基本背景下，棉花、烟草等经济作物开始在河南境内推广，由于这些作物系以高度劳动力密集为先决条件，正可为内卷化下的河南农村剩余劳动力提供一条宣泄的管道，而经济作物相对较高的经济收益，自亦成为在饥饿线上挣扎求生之河南小农鹜趋的对象。因此，伴随着近代河南农业内卷化过程而发展的，便是经济作物的普遍推广。

---

[1] 土地委员会编：《全国土地调查报告纲要》，第49页。

[2] 据古梅估计，华北每户农家（5.5人计）每年收入至少需在328.9元以上，方敷应付各项支出。参见古梅编著：《中国农村经济问题》，第192—193页。这个数字似嫌偏高，据另一项资料显示，则1935年豫东虞城县农民每户全年须有180元以上之收入，才可维持基本的生活。《各县社会调查》，《河南统计月报》第3卷第11期，第180页。

[3] 郑佩刚：《平汉沿线农村见闻杂述》，陈伯庄编：《平汉沿线农村经济调查》，第42页。

二、经济作物的兴起

河南境内经济作物的栽培，事实上并不始于 20 世纪。以棉花而言，早在明代中叶，随着人口大量增加以及市场经济的扩张，加之江南及闽广地区棉纺织业原料需求的刺激，河南境内棉花的种植已渐次发展。明末徐光启曾谓："今北方之吉贝贱而布贵，南方反是；吉贝则泛舟而鬻诸南，布则泛舟而鬻诸北。"[1] 当时的北棉南运，主要便是河南与山东所产的棉花。所以万历年间钟化民奏称："臣见中州沃壤，半植木棉。"[2] 据记载，明末南阳人李义卿"家有地千亩，多种棉花，收后载往湖湘间货之"。[3] 可见在明朝末年，河南的棉花栽培已相当普及，甚至对该省的政治发展也起了相当大的作用。日本学者片冈芝子便认为，由于16 世纪棉花的大量种植，河南地区才得以推行"一条鞭法"的赋役改革。[4]

清代以后，由于官方大力倡导，河南棉花栽培续有扩展。乾隆时河南巡抚尹会一便说："今棉花产自豫省，而商贾贩于江南。"[5] 当时河南棉产区以孟县、巩县、洛阳、陕州一带为主，北部彰德、武安，南部南阳，东部归德亦间有栽种。[6] 道光《汝州志记》曰："（汝州）地种木棉，多于菽麦。"[7] 民国《陕县志》也说："（陕州）向来为产棉地，种之者倍于五谷。"[8] 同治年间，德国

---

[1] （明）徐光启：《农政全书》卷 35《木棉》。

[2] 钟化民：《赈豫纪略》（荒政丛书本）卷 5，第 14b 页。

[3] 张萱：《西园闻见录》（中华丛书本）卷 17。

[4] ［日］片冈芝子：《华北の土地所有ょ一条鞭法》，《清水博士追悼纪念明代史论丛》，东京：大安书店，1962 年，第 158 页。

[5] 尹会一：《尹少宰奏议》（畿辅丛书本）卷 3，第 13b 页。

[6] 许涤新、吴承明主编：《中国资本主义发展史》第 1 卷，第 202 页。

[7] 道光《直隶汝州全志》卷 10《艺文》，第 9a 页。

[8] 民国《陕县志》卷 13《实业》，第 5b 页。

人李希霍芬游豫，亲见河南府地区绝大部分土地均栽种棉花，洛阳城内棉花交易值每天平均高达 1 万两，并以陕西、甘肃为主要销场。[1] 英国人威廉姆森（A.Williamson）所记豫西阌乡一带，则"极目四望，尽是棉花"。[2] 凡此皆可反映清代河南棉花栽培之繁盛。

棉花之外，河南在清代发展出来的重要经济作物尚有烟草、花生、靛蓝、罂粟等项。虽栽培面积与产量仍属有限，然其对特定地区的农村社会经济状况，确已发生相当显著的影响。如光绪末年郑州一带，"土产以烟叶为大宗，……所收五谷不敷民食，中稔之年，尚仰给外境，谷价腾价，时常而然，贫民恒丰岁不饱，故溺女成风"。[3] 南阳县境则"罂粟、淡芭菰或连阡陌，故谷贵，鲜蓄积"。[4]

不过，在 19 世纪末期以前，由于交通运输条件的限制，河南农民所生产的经济作物大都仅流通于农村附近的集镇市场圈，在性质上仍属于小农业生产者彼此间的互通有无。其真正进入长距离贸易网络，流向国内市场者，至为有限。据珀金斯估计，直到 20 世纪初期，全中国农村地区农业产品之进入国内及国际市场者约及农产品总值的 7%—8%，而河南与陕甘晋等僻处内陆、未设通商口岸的省份，其农产品的交易量在 1890 年至 1899 年间，合计更仅达全国长距离贸易总量的 8%。[5] 在这种情况下，河南经济作物的经营规模自难大幅扩张。以棉花而论，除豫西所产间由陆路输往陕甘等地外，一般农民仍多以自给为目的，

---

[1] 《李希霍芬书信集》第 3 篇（1870 年 6 月），第 7 页，转引自农也：《十九世纪后半中国农业生产的商品化》，《经济研究》1956 年第 3 期，第 126 页。

[2] A. Williamson, *Journey in North China*, 1866, p. 390，转引自农也，上引文，第 126 页.

[3] 潘守廉：《作新续议》下册，第 21 页，转引自李文治编：《中国近代农业史资料》第 1 辑，北京：生活·读书·新知三联书店，1957 年，第 472 页。

[4] 光绪《南阳县志》卷 2《疆域》，第 41b 页。

[5] D. H. Perkins, *Agricultural Development in China 1368–1968*, pp. 118–119.

倘能敷一家衣着被褥所需，即不愿多种。[1] 据"满铁"调查部调查，在 1907 年以前，整个黄河流域的棉花输出绝少，几乎全为世人所忽视，其产量亦仅勉敷省内消费而已。[2] 以花生来说，在 1890 年美国种大仁花生传入之前，河南东部黄河故道虽极宜花生之栽培，却因市场需求有限，产量甚鲜，仅能供本地榨油及食用而已。[3]

逮至 20 世纪之后，上述情况急骤改观，经济作物的栽培开始大量扩张，而其主要关键，厥为运输条件的改善。1906 年平汉铁路通车，1909 年陇海铁路汴洛段完工，这两大交通干线纵横交会于河南境内，使河南的农业经济结构发生重大变化。在此之前，河南由于缺乏航运之利，货物运输端赖大车、牲畜及人力挑负，运输费用至为高昂，市场经济因之大受限制，以致农民不能不以自身消费作为生产的首要前提，此所以"宜于造林之山麓，竟改种其他作物"。[4] 及铁路出现后，由于铁路载运量大，速度又复快捷，其运输费用较诸其他交通工具自属相对低廉。据 1926 年的一项调查，华北平原货物的运输费用，以铁路最为低廉，在传统的交通工具中，仅有水运勉能与之竞争。

在铁路运输低廉而便捷的有利条件推动下，河南农民可以大量自产地运出体积庞大且单位价格较低的农产品，在市场上进行交换。因之，凡铁路所经地区的农民，遂逐渐在追求较高利润的动机下改变土地利用方式，放弃以往自给自足的作物配置，因地制宜，从事经济作物的栽培。这么一来，河南经济作物的种植便在 20 世纪初期快速扩展。

---

[1] 彭望恕：《调查在天津集散之棉花》，转引自章有义编：《中国近代农业史资料》第 2 辑，第 234 页。

[2] "满铁"调查部：《山东省经济调查资料》第 3 辑（1936），转引自章有义编：《中国近代农业史资料》第 2 辑，第 156—157 页。

[3] 《河南之花生业》，《农商公报》第 65 期，1919 年 2 月，转引自章有义编：《中国近代农业史资料》第 2 辑，第 207 页。

[4] 〔美〕卜凯主编：《中国土地利用》，第 5 页。

表3.9 华北地区各项交通工具货物运输费用比较表（1926）

运输方式	平均载重	平均每日可行里程（英里）	平均每吨货物每英里运费（元）
平汉铁路			0.015
民船	40—100 吨	20—35	0.036
大车	1 吨	20—30	0.120
驴子	250—300 磅	25	0.298
小车	700 磅	20	0.151
脚夫	180 磅	20	0.313

资料来源：Julean Arnold, *China: A Commercial and Industrial Handbook*, p. 533，转引自张瑞德：《平汉铁路与华北的经济发展》，台北："中央研究院"经济史研究所，1987 年，第 16 页。

另一方面，铁路的修筑也使一向闭塞的河南经济得以透过通商口岸同海洋交通及世界经济相连接，其结果不但造成许多新作物品种源源输入河南境内，提高了河南经济作物的品质与产量，更使国外市场的大量需求直接对各种经济作物的栽培发挥了巨大的推力。兹以芝麻为例，略做说明。清代后期，豫西唐、白河流域及豫南淮河流域即已盛产芝麻，每年所获除供省内自用外，余多集中周家口，浮淮而下，达于镇江，运销南省。[1] 唯芝麻收成（9、10 月间），正值枯水季节，运输条件的困难遂限制了芝麻的生产与销售。

等到平汉铁路通车，河南芝麻得以改循铁路集中在汉口，运输条件大为改善，加以当时欧洲市场对芝麻需求甚殷，芝麻出口量急遽增加[2]，价格亦由 1907 年的每担 4.2 海关两，上涨至 1909 年的 5.4 海关两。[3] 在这两项有利因素的刺激

---

[1] 东亚同文会编：《中国省别全志》卷 8《河南省》，第 619—629 页；《东方杂志》第 3 卷第 6 号，光绪三十二年五月廿五日，第 135 页。

[2] 《英文中华年书》（1912），第 47 页，转引自章有义编：《中国近代农业史资料》第 2 辑，第 135—136 页。

[3] Imperial Maritime Custom, *Annual Reports and Returns of Trade*, 1909, "Hankow," pp. 262-263，转引自张瑞德：《平汉铁路与华北的经济发展》，第 92 页．

下，河南芝麻的输出数量遂告大幅增长，其增长之快速，甚至造成河南本省麻油市场的供需失调。1906 年 10 月 6 日的《时报》便说：

> 汴省麻油大涨，每斤百二十八文，较之平常价值加倍有奇。据实业调查人云：芝麻宛、陈两郡大收，均在漯河出售，由火车运往南省，以致汴省来源不畅，油价为之大涨。[1]

市场需求的扩张，反过来又带动了河南芝麻的种植。据许道夫所做估计，在 1918 年至 1937 年的二十年间，河南全省芝麻的栽培面积至少增加了一倍有奇：

表 3.10　河南芝麻历年种植面积及产量（1918—1937）

年度	种植面积（千市亩）	产量（千市担）	产额（市斤／市亩）
1918	2845	3112	101
1933	6431	5338	83
1934	6009	5468	91
1935	5235	4231	81
1936	5687	3794	67
1937	5869	4467	76

资料来源：许道夫编：《中国近代农业生产及贸易统计资料》，第 163 页。

再从 1929 年到 1931 年间汉口及平汉铁路所输出芝麻数量的变化，亦可间接证明这种趋势：

---

[1] 李文治编：《中国近代农业史资料》第 1 辑，第 440 页。

表 3.11　汉口芝麻出口量及平汉铁路芝麻运出量历年变化表（1929—1931）

数量 年代 项目	1929		1930		1931	
	千公担	吨	千公担	吨	千公担	吨
总净入口量	1343	132 178	1729	170 167	1492	146 842
全国出口量	887.1	87 308	1162.8	114 442	1010.6	99 462
汉口出口量	364.7	35 898	601.4	59 189	626.1	61 619
平汉运出量	115.6	11 375	589.3	58 000	625.2	61 530

资料来源：陈伯庄编：《平汉沿线农村经济调查》，第 2 页。

表 3.11 显示，在 1930 年至 1931 年间，当世界芝麻市场与中国芝麻出口均呈萎缩之际，汉口输出量却不减反增，其中由平汉铁路运出的芝麻则几乎独占了汉口的芝麻市场。而平汉铁路上的芝麻货源，可以说完全是由河南供应的。[1]据 1937 年 5 月《国际贸易导报》的记载，仅郾城、驻马店、信阳三地每年所产芝麻即达 270 万担，其中运销国外之数量高达 165 万担（61.1%），以每担市价 10 元计，可得 1600 余万元之收入。[2]由此亦可窥见铁路运输与世界市场对河南经济作物发展的重大作用。

推动近代河南经济作物栽培的第三项因素，则是国内新式工业的原料需求。仅就河南本身而言，1920 年上海纺织业巨子穆湘玥集股募资 200 万两，在郑州创设豫丰纱厂，规模宏大，拥有纱锭 5 万锭，每年消耗皮棉 10 余万担，以致该厂创立之后，郑州、新乡、孟县等地植棉区域大为扩张。[3]此外，豫北汲县在 1922 年后，随着卫辉华新纱厂的开办，寖假发展成为黄河北岸的重要棉花集散市场。至于本文所将讨论之美种烟草的栽培，更完全是因应国内新式卷烟工业的需求而得以急骤扩张。

---

[1]　据海关统计，民国以后，汉口市场上的芝麻有 90% 来自河南。参见张瑞德：《平汉铁路与华北的经济发展》，第 93 页。

[2]　《国际贸易导报》第 9 卷第 5 期，1937 年 5 月 15 日，第 234—235 页。

[3]　《河南省农村调查》，第 2 页。

再就农民本身而言，则河南农民对货币的需求，也不失为推动经济作物栽培的另外一项有力因素。20世纪以来，随着市场经济的日益扩大，河南农户家计费用中现金部分所占的比重也有渐趋增加的倾向。据卜凯所做调查，1921年至1925年间，新郑、开封两地农民生活费用中自给与购买所占的百分比如下：

表 3.12A　新郑、开封农民各项生活费用自给与购买之百分比（1921—1925）

单位：%

地区	总计		食物		衣着		灯油燃料		其他	
	自给	购买	自给	购买	自给	购买	自给	购买	自给	购买
新郑	77.5	22.5	91.9	8.1	—	100	46.9	52.1	26.2	71.8
开封	87	13	94.9	5.1	89.9	10.1	71.4	28.6	35.7	64.3

资料来源：［美］卜凯：《中国农家经济》，第522—525页。

在表 3.12A 中，农民生活所需绝大部分仍属自给自足，现金支出十分有限。等到1940年，"满铁"经济调查所调查彰德武官村时，该地农民生活费中仰赖现金支出的比例，几乎已相当于自给自足的部分（见下页）。

生活费用中货币支出比重的渐次增高，再加上晚清以来政府赋税的不断加重，遂使河南农民对现金收入的需求日益殷切。[1] 而一般农民如欲获取现金收入，最直接的办法便不外乎从事其他副业与改种经济作物二途。陈伯庄便曾指出：

> （华北）乡间庄家有言："在外谋生，存钱寄家；回乡做活，种些棉花，讨点入息。"此真小农制农村经济之金科玉律也。……回乡做活，别无现款收入，非种商品作物，则必需之食盐、蔽体之土布，亦无钱易得。

---

[1] 如襄城县境农民所负担的赋税，在1905年至1915年间即增加了两倍，且均需以现金支付。See Chen Han-sheng, *Industrial Capital and Chinese Peasants*, Shanghai: Kelly and Walsh Ltd., 1939, pp. 7–8.

表 3.12B　彰德武官村农家平均各项生活费自给及现金支出（1940）

单位：元

合计		饮食		衣着		居住		灯光燃料		保健		教育娱乐		交际杂支	
自给	购买	自给	购买	自给	购买	自给	购买	自给	购买	自给	购买	自给	购买	自给	购买
448.63 （54.1%）	375.65 （45.9%）	414.72	175.73	—	21.06	12.69	7.19	21.22	75.19	—	3.73	—	13.24	—	79.51

资料来源："满铁"调查所：《昭和十五年度农家经济调查报告——彰德县第十区武官村》，[日]天野元之助：《中国农业の诸问题》下册，东京：技报堂，1952 年，第 14 页。

　　　　　　　　纷纭万端：近代中国的思想与社会

故棉花、黄豆、芝麻、花生四者，为华北农民利用厚生之源。[1]

由此可知，河南经济作物的普及实与农民经济货币化的加深密切相关。

在以上所述诸项因素的交互作用下，近代河南农业的生产结构发生了显著的变化，以高度专业化与地域分工为特质，并主要为市场而生产的经济作物，在相当程度上渐次侵夺粮食作物的地位，其经营规模也不断扩大。关于这一点，我们可以从民初及1930年代中期河南农业生产中各项作物所占耕地比例的消长，略见一斑：

表 3.13　河南各类作物所占耕地面积历年变化表（民初—1934）

作物种类种植面积（千亩）		民初（约 1918）		1934 年	
		种植面积（千亩）	占总耕地比例（%）	种植面积（千亩）	占总耕地比例（%）
粮食作物	麦（含大麦、小麦）	197 125	66.7	—	42.94
	高粱	9735*	3.3*	—	7.47
	稻	4484	1.5	—	0.08
	玉米	4325	1.5	—	5.68
	小米	1852*	0.6*	—	9.95
	甘薯	—	—	—	2.60
	马铃薯	237	0.08	—	0.03
	芋	86	0.03	—	
小计		217 844	73.70	—	68.75
经济作物	棉花	8043	2.72	—	5.31
	花生	438	0.15	—	0.63

[1]　陈伯庄编：《平汉沿线农村经济调查》，第 17 页。

续表

作物种类种植面积（千亩）		民初（约1918）		1934年	
		种植面积（千亩）	占总耕地比例（%）	种植面积（千亩）	占总耕地比例（%）
经济作物	豆类	68 250	23.09	—	21.68
	烟草	756	0.26	—	0.04
	芝麻	159	0.05	—	2.44
	麻类	81	0.03	—	0.02
	蔬菜	—	—	—	0.78
	油菜	—	—	—	0.05
小计		77 727	26.3	—	30.95
其他		—	—	—	0.30
总计		295 571	100	—	100

* 估计过低，不可信。

资料来源：①民初数字据刘大钧依农商统计资料修正数计算，参见刘大钧：《中国农田统计》，中国经济学社编：《中国经济问题》，第41—42页；②1934年数字见土地委员会编：《全国土地调查报告纲要》，第16页。

从表3.13所列不完全的统计，虽然无法确切估量粮食作物与经济作物在河南农业生产中相对比重的变化，但是由棉花、花生、豆类、芝麻等主要经济作物所呈现的增长趋势来看，经济作物的推广殆为近代河南农业中一明显事实。底下我们便以棉花及烟草为例证，进一步讨论这项变化的发展过程。

三、棉花的改良与推广

河南气候土质，最宜棉花之种植。[1]如前所述，自明末以降，棉花栽培在豫省境内已渐形普及，唯因交通运输条件不良，始终难有重大突破。

---

[1] 河南省实业厅：《河南全省棉业调查报告书》，开封：河南官印局，1925年，第1页。

及至 1906 年平汉铁路通车，加以国内新式纺织工业蓬勃兴起，棉花的市场需求大幅增长，河南农民在较高价格的刺激与追求现金收入等动机的驱使下，就本身劳力及灌溉许可范围内尽量从事棉花之种植，于是棉田面积日形扩大。光绪三十二年（1906）农工商部调查全国棉产时，河南的主要棉花产地仍局限于安阳、洛阳、灵宝、邓州等少数县份。[1] 五年后（宣统二年，1910），农工商部再行发表全国棉业考略，河南的重要棉花产区已扩充至安阳、邓州、洛阳、通许、孟县、商丘、虞城、项城、临漳、武安、灵宝、阌乡、汝阳、新野、罗山等十余县份，每县年产额多者至 700 余万斤，少者亦达二三百万斤。[2] 此后再经公私团体之鼓吹提倡，河南遂由以往默默无闻一跃而成国内一大主要棉产区。

在河南棉业发展的过程中，最突出的一个现象，乃是新品种的输入与传播，这也正是近代河南棉业得以急遽扩张的一大契机。

河南土棉系于宋末由印度及克什米尔一带辗转传入，经过长期栽培，品种渐繁，有红花、黄花、紫花、白花、大花、懒花、茧花等不同类别 [3]，而其品质亦因沿传年久，日见退化。据 1930 年代中央棉产改进所考察各省国棉 157 种的结果，中国来棉纤维的长度全部在 1.5625 英寸长绒标准之下，未及 1 英寸者更多达 144 种 [4]，且国棉直径之粗、蜡质之多，亦为重大缺点。以之纺纱，普通品种仅能纺 10 至 12 支粗纱，其号称最优良之品种，亦仅能纺至 16 支纱而已。[5] 河南的情形亦不例外，1920 年代中期的一项资料显示，豫省土棉普遍纤维粗短，

---

[1]　《光绪朝东华续录》第 214 卷，光绪三十四年二月条。

[2]　农工商部：《棉业图说》第 3 卷，《中国棉业现情考略》，转引自李文治编：《中国近代农业史资料》第 1 辑，第 426 页。

[3]　同上书；参见民国《续安阳县志》卷 3《地理志·物产》，第 13a 页；"满铁"调查部编：《北方棉花综览》，东京：日本评论社，1940 年，第 207—213 页。

[4]　严中平：《中国棉纺织史稿》，北京：科学出版社，1955 年，第 331 页。

[5]　刘家璠：《改良棉业意见书》，《农商公报》第 99 期，第 2 页，转引自章有义编：《中国近代农业史资料》第 2 辑，第 392 页。

仅能纺 10 至 14 支纱，且颜色暗淡，光泽欠佳。[1] 因之，为配合新式纺织工业之原料需求，如何引进优良品种，改进棉花质量，遂成河南棉业的急务。

1892 年湖广总督张之洞创办机器织布局于武昌，随即委托出使美日秘国大臣购得美国陆地棉种子 34 担，分发湖北各州县试行种植，其后虽因不谙选种及栽培方法，终至失败，而美国棉种乃从此输入中国。[2]1908 年清廷发布上谕，令饬农工商部详细考察各国棉花种类及种植成法，并优定奖励种植条例，颁行各省，广为提倡。河南遂在朝廷督催下，由河南农工局及彰卫怀道向山东劝业公所分购棉种 15 包，着手美棉之推广。[3]

民国之后，政府当局对于棉产改进，尤属不遗余力。1914 年农商部发布植棉奖励条例，1916 年借袁世凯私产 300 亩，设中央政府直属模范植棉场于彰德，1918 年复自美国购入大批脱字（Trice）及郎字（Lone Star）棉种，于次年交由各省实业厅分给农家种植。[4]河南当局对此项功令奉行甚力，除由实业厅令饬各县知事责成各地农会及农事试验人员分赴农村免费散放、广为宣导外，并于试种美棉各县分设收买美棉处所，备价收买；而一般农民鉴于美棉抗旱性强，产额较高，且色白绒长，价格远较土棉优厚，亦闻风兴起，争相种植。于是河南棉种大获改良，植棉面积亦随之急遽扩充。[5] 如安阳棉花一向仅产于县城西北，1919 年美棉输入后，实业局设棉业试验场于南关，大力倡导；县内广益纱厂经理袁心臣等人复集资 10 万元，购地 50 顷，设植棉公司于白璧集，大量种植，不旋踵间，"东南原隰之地，以前只种五谷者，今已为产棉上田矣，而冈阜地带，

---

[1] 吴世勋：《河南》，上海：中华书局，1926 年，第 33 页。

[2] 张之洞：《张文襄公全集》卷 99《公牍 14》；胡竟良：《中国棉产改进史》，上海：商务印书馆，1946 年，第 5—6 页。

[3] 《山东全省劝业公所报告书·农务科文牍》，转引自李文治编：《中国近代农业史资料》第 1 辑，第 893—894 页。

[4] 严中平：《中国棉纺织史稿》，第 324 页。

[5] 《申报》1919 年 10 月 24 日；杨大金：《现代中国实业志》上编，台北：华世出版社影印本，1978 年，第 52—53 页。

向种土棉者，今亦试植美棉，……土棉几有被淘汰之势"。[1] 再如新乡境内原仅有少量土棉，自 1925 年美棉传入，植棉区域急遽扩张，所产棉花号称小冀花，大量运销省内省外各地。[2]

自 1919 年美棉正式传入后，河南棉业蓬勃发展，而于 1925 年至 1927 年间达于极盛，其时棉田面积与皮棉产额一跃而几占全国十分之一。唯自斯而后，豫省军事扰攘，兵燹连年，原棉生产急遽衰落，加以历次输种之美棉，因长期混植，亦呈退化现象，质量俱差，河南棉业遂陷于停滞危机。所幸 1931 年后，中原大战结束，豫局渐趋安定，加以国民政府勠力提倡，河南棉业始得再获发展之机。

1933 年 10 月，国民政府全国经济委员会鉴于国内棉产萎缩，棉纺织业濒临崩溃，遂成立棉产统制委员会，力谋棉产之增进与改良。[3]

棉业统制委员会下辖中央棉产改进所，负责实际工作之推行，并于各产棉省区分设棉产指导所。河南棉产指导所于 1934 年 3 月成立于太康，同年 7 月扩大为河南棉产改进所，以胡竟良为所长，下辖太康、安阳、郑县、洛阳、灵宝、商丘、禹县、汝南、南阳、新乡 10 区植棉指导所，并附设开封、安阳、太康、郑县、灵宝等棉场，专供棉花育种繁殖及栽培试验之用。[4]

河南棉产改进所的主要工作目标在于新棉种之培育与推广。1935 年至 1936 年间，棉业统制委员会先后向美国购入斯字棉（Stoneville）4 号及 3 号、德字棉（Delfos）531 号及 719 号棉种各数千磅，分送各场繁殖。迄全面抗战爆发前夕，

---

[1] 《续安阳县志》卷 3《地理志·物产》，第 13a 页；《续安阳县志》卷 7《实业志》，第 1b 页。

[2] 《河南省农村调查》，第 103 页。

[3] 胡竟良：《中国棉产改进史》，第 19—20 页；关于棉业统制委员会的详尽研究，参见王树槐：《棉业统制委员会的工作成效，1933—1937》，"中央研究院"近代史研究所编：《抗战前十年国家建设史研讨会论文集》，台北："中央研究院"近代史研究所，1984 年，第 713—762 页。

[4] 胡竟良：《中国棉产改进史》，第 24—25 页；中央党部国民经济计划委员会：《十年来之中国经济建设》第 15 章，南京：扶轮日报社，1937 年，第 36 页。

河南棉产改进所共在安阳繁殖斯字棉 4 号 121 亩，在太康、洛阳繁殖斯字棉 3 号 605 亩，在灵宝繁殖德字棉 531 号 114 亩。[1]

与此同时，河南棉产改进所复致力于美棉之推广。自 1934 年起，该所一面在汝南等素不产棉之地区，贷放棉种，提倡植棉，以期增加棉田面积，一面在太康等退化美棉区或中棉区换种优良美棉，以期改良品质。计 1934 年河南共推广美棉 40 427 亩，1935 年增至 192 396 亩，1936 年更高达 345 522 亩。[2]

在政府部门的有力推动下，1930 年代的河南棉产不但渐复旧观，且有百尺竿头凌厉向前之势。1936 年河南 114 县中，产棉县份已多达 84 县，占总县数的 76%，其中棉田面积在 1 万亩以上者达 70 县，在 10 万亩以上者亦有 20 县。[3] 在少数地区，棉花已凌驾粮食作物，成为农民的首要作物。1934 年，安阳、唐河棉田分占全县耕地面积的 50%，陕县为 55%，阌乡为 60%，偃师、禹县均为 70%，灵宝更高至 75%。[4]1935 年，安阳一县之棉田且创下 90 万亩之纪录，几占该县耕地的三分之二[5]；棉花收获，亦占全县农产物总额的 70% 以上。[6] 豫西的陕县，农民植棉者"倍于五谷"，棉花收成之丰歉，直接影响到全县人民的经济生活。[7] 凡此皆可反映棉花种植在当时河南农业中所居的重要地位。兹将民初以来河南历年棉田面积及皮棉产额的变化，列表如下：

[1] 王树槐：《棉业统制委员会的工作成效，1933—1937》，第 735 页；胡竟良：《中国棉产改进史》，第 77—78 页；马广文：《一年来之棉业》，《国际贸易导报》第 9 卷第 1 期，1937 年 1 月，第 99 页。

[2] 胡竟良：《中国棉产改进史》，第 76 页；[日]天野元之助：《中國農業の諸問題》上册，第 130 页。

[3] 河南省棉产改进所：《河南棉业》，1936 年，第 26 页。

[4] 严中平：《中国棉纺织史稿》，第 339 页。

[5] 河南省棉产改进所：《河南棉业》，第 26 页。

[6] 顾裕昌：《安阳县棉业调查》，《国际贸易导报》第 7 卷第 10 期，1935 年 10 月 10 日，第 75 页。

[7] 民国《陕县志》卷 13《实业》，第 5b、8b 页。

表 3.14　河南历年棉田面积及皮棉产额（1919—1937）

年份	棉田面积（市亩）	占全国百分比（%）	皮棉产量（市担）	占全国百分比（%）	每亩平均皮棉收获量（市斤）
1919	1 312 748	4.29	500 300	4.74	38.1
1920	—	—	—	—	—
1921	792 656	3.03	256 698	4.04	32.4
1922	2 821 655	9.11	649 392	6.68	23.0
1923	2 493 781	9.11	780 989	9.34	31.3
1924	2 478 902	9.30	669 405	7.33	27.0
1925	2 764 758	10.62	637 222	7.23	23.0
1926	2 666 991	10.53	652 190	8.93	24.4
1927	2 608 496	10.20	690 558	8.78	26.5
1928	1 450 672	4.91	250 710	2.42	17.3
1929	841 262	2.69	143 770	1.62	17.1
1930	2 481 986	7.13	662 839	6.43	26.7
1931	2 667 260	9.10	754 116	10.07	28.3
1932	3 170 754	9.23	698 203	7.36	22.0
1933	3 433 372	9.17	955 480	8.36	27.8
1934	3 788 980	9.10	1 196 158	9.13	31.6
1935	1 662 503	5.14	487 630	4.84	29.3
1936	5 619 011	10.80	1 599 654	9.42	28.5
1937	6 462 611	10.89	1 357 522	10.68	21.0

资料来源：全国纺织业联合会编：《中国棉产统计》，转引自上海市棉纺织工业同业公会筹备会：《中国棉纺统计史料》，1950 年，第 114—118 页。

由表 3.14 观察，除 1920 年、1935 年重大灾荒及 1928—1930 年之长期战乱造成农业生产的衰退外，河南自 1919 年后棉花的种植面积及皮棉产额均呈持续增长之趋势。至于河南棉花生产中土棉与洋棉的相对比重之消长，可以从另一项统计资料中略见一二：

　　　　　　　　　　　　　　　纷纭万端：近代中国的思想与社会

表 3.15　河南历年棉花生产中棉与洋棉种植面积及
皮棉产额比较表（1919—1936）

年份	棉田面积（亩）						皮棉产额（担）					
	中棉		洋棉		合计		中棉		洋棉		合计	
	面积	%	面积	%	面积	%	产额	%	产额	%	产额	%
1919	1 153 408	81.36	264 246	18.64	1 417 654	100	—	—	—	—	—	—
1922	2 627 820	86.24	419 324	13.76	3 047 144	100	474 516	85.49	80 520	14.51	555 036	100
1923	1 977 430	73.43	715 638	26.57	2 693 068	100	490 329	73.46	177 184	26.54	667 512	100
1929	667 690	73.49	240 800	26.51	908 490	100	81 680	66.47	41 200	33.53	122 880	100
1930	1 668 860	62.26	1 011 410	37.74	2 680 330	100	370 055	65.32	196 474	34.68	566 529	100
1931	1 105 590	38.38	1 744 820	61.62	3 424 140	100	217 617	33.67	417 527	66.33	644 544	100
1932	1 183 770	34.57	2 240 370	65.43	2 880 410	100	277 976	46.58	318 779	53.42	596 755	100
1933	1 071 446	28.90	2 636 191	71.10	3 707 637	100	186 096	22.79	630 554	77.21	816 650	100
1934	1 057 437	25.84	3 034 334	74.16	4 091 771	100	227 474	22.25	794 883	77.75	1 022 357	100
1935	420 437	23.42	1 374 923	76.58	1 795 360	100	90 437	21.70	326 341	78.30	416 778	100
1936	1 531 174	25.23	4 514 872	74.77	6 068 046	100	267 304	19.55	1 099 922	80.45	1 367 226	100

资料来源：据华商纱厂联合会及中华棉业统计会发表数字，转引自河南省棉产改进所：《河南棉业》，第 3 页。

表 3.15 的数字显示，美棉传入后，无论在种植面积还是皮棉产额上，均逐渐取代了原有的中国土棉，尤其自 1931 年以降，河南棉花几乎已成洋棉的天下。这一点充分印证了前述新品种的传播乃是河南棉业得以迅速发展的关键，同时也反映了近代河南农业所受到的外力影响。

在主要棉产地区与中、洋棉的相对分布上，据 1934 年一项调查，河南产棉区域，可分豫西、豫北、豫东、豫南四大部。豫西棉区包括陕县、灵宝、阌乡、洛阳、偃师、巩县、新安、渑池、伊川、登封、邓县、卢氏等县，其中陕、灵、阌、洛等县，均以盛产洋棉著称，中棉栽培已濒消灭。豫北棉区包括安阳、新乡、辉县、武安、临漳、汤阴、林县、淇县、济源、获嘉、温县、汲县、孟县、沁阳等县，产量甚富，唯系中棉洋棉杂植之区，洋棉品质以退化故，不如豫西。豫东棉区有太康、扶沟、西华、杞县、淮阳等县，亦属中棉洋棉杂种，且以中棉较占优势。豫南棉区有新野、唐河等县，以地近湖北，洋棉栽培较为普遍，但因交通不便，品种退化甚烈。[1]

河南各地所产棉花，在品质上以豫西灵宝、阌乡、陕县一带所产为最，其棉衣分达 32% 左右，色白绒细，拉力又长，可用于纺 42 支之细纱，在国内市场上通称灵宝棉，闻名远近，为各纱厂所乐用。[2] 据 1930 年上海商品检验局对全国 18 种著名棉花检验结果，灵宝棉长度为 0.96875 英寸，细度为 0.000844437英寸，均居全国棉种之冠，捻度则为每英寸 93.9229 转，位居第四。[3] 至于河南全省棉产的平均品质，一般而言，亦属相当出色：

---

[1] 金陵大学农业经济系编：《豫鄂皖赣四省之棉产运销》，南京：金陵大学农业经济系，1936 年，第 38 页。

[2] 陇海铁路局：《21 年度陇海铁路全路调查报告》，1933 年，第 278 页；河南省棉产改进所：《河南棉业》，第 47 页。

[3] 方显廷：《中国之棉纺织业》，上海：商务印书馆，1934 年，第 37 页。

表 3.16　河南美棉平均品质（1936）

种别	检验处所	长度（英寸）	整齐度（%）	强度（克）	捻度（转）	纤维量（公丝）	可纺支数
美棉	16	15 / 16	88	5	96	0.002	24—42

资料来源：《国际贸易导报》第 9 卷第 1 期，1937 年 1 月，第 155—169 页。

由于河南棉花量丰质优，其作为商品，投入市场，运销于省内省外各地的数量，自亦十分可观。据河南省实业厅估计，1920 年代中期，豫省全年皮棉产额约为 8000 万斤，除民间销用并供给本省纱厂外，输往他省者约达 2000 万斤。[1]另据 1933 年中央农业试验所根据河南 55 县之报告所做估计，河南棉产的商品率约为 47%[2]，再依表 3.14 所列数字推算，则 1930 年代初期，河南每年大约有 45 万担至 56 万担的棉花以商品的形式在市场上流通，其余则供作农民手纺及棉胎消耗之用。不过，以上所举数字显然都过低。据严中平估计，1936 年仅河南省内四家新式纺纱厂所耗原棉即达 35.8 万担，约为 1935 年河南棉花总产额的 31.8%。[3]此外，1935 年 10 月至 1936 年 9 月间，山东济南市场上棉花总供应量为 177.89 万担，其中来自豫境的灵宝棉即达 15.53 万担。[4]另据金陵大学农业经济系调查，1932 年至 1934 年间由河南各地运至郑州，堆存于货栈之棉花，每年恒在 18 万包（每包约 200 斤）左右，而此数量尚不包括直运打包厂、纱厂及该地零星消费之部分。[5]再据河南棉产改进所的估计，1936 年河南所产 130 余万担棉花中，留供省内农家消耗者仅约 30 万担，其余 100 多万担则完全进入市场，供作省内省外纺织工业的原料所需，其中输出省外者便

---

[1]　河南省实业厅：《河南全省棉业调查报告书·序》。

[2]　《农情报告》第 1 卷第 10 期，1933 年 10 月，引见冯和法：《论中国农产买卖》，《国际贸易导报》第 8 卷第 1 期，1936 年 1 月 25 日，第 3 页。

[3]　严中平：《中国棉纺织史稿》，第 319 页。

[4]　"满铁"调查部编：《北方棉花综览》，第 349 页。

[5]　金陵大学农业经济系编：《豫鄂皖赣四省之棉产运销》，第 94 页。

在 80 万担以上。[1] 因此，我们大致可以断定，1930 年代河南棉花商品化的比率至少应该在 60% 以上。

另一方面，河南各地棉花的产销状况也颇不一致。安阳、新乡、新野、洛阳、陕州、灵宝等棉产集中地区，农民往往视之为主要作物，栽培集约，产量丰盛，商品化的比率也相对较高。[2] 以安阳为例，1935 年该县苦旱，棉产锐减，全年产额仅为 7 万担左右，而是年安阳棉花运销上海、济南及卫辉、郑州等地的，仍有 6 万担之多，亦即商品化的比率高达 85.7%。[3] 另据"满铁"调查部调查，1939 年安阳宋村农民所种棉花，有 86.08% 通过地租及商品的形式流入市场，当地农民留供自用的数量仅占 13.92%。[4] 由此亦可证实，近代河南的棉花生产殆已脱离传统小农经济以有济无的附属性质，而转化成为市场而生产的商品经济的一环。

随着棉花生产性质的转化，河南棉花的运销结构也相应发生变动。明清时期，华北地区农民所生产的棉花主要是在产地附近的市集贸易圈内流动，并透过买棉卖布的织户，转化为棉布的形式，再由商贩收买运售他省。因此，在 19 世纪末期以前，华北各地棉花出口的数量相当有限。[5]

等到 20 世纪以后，河南棉业既系因应国内外新式纺织工业的原料需求而兴起，于是棉花遂取代棉布，成为主要的贸易商品。而其产量的不断增加，也使棉花从生产者到消费者的运销过程中，逐渐分化成产地市场、次级市场与终点市场三个层级。

河南棉花的主要产地市场有灵宝、陕州、洛阳、新乡、许昌、商丘、确山

[1] 河南省棉产改进所：《河南棉业》，第 26 页。

[2] 同上书，第 93 页。

[3] 据安阳县棉业公会统计，引见同上，第 30 页。

[4] 《北方农村概况调查报告——彰德县第一区宋村及侯七里店》，第 135 页。

[5] 曲直生：《河北棉花之出产及贩运》（北平，1931），第 86 页，引见张瑞德：《平汉铁路与华北的经济发展》，第 70—71 页。

及信阳等处。[1]一般棉农于9、10月间陆续收花后，多经花贩或轧户零星收买，集中于各产地市场，再经花行中介，辗转运至次级市场。

河南棉花的次级市场大多位于铁路要站或航运据点，共有郑州、安阳、汲县、武陟四处，全省棉产除豫南新野、唐河、镇平、淅川一带以交通关系，多集中湖北襄阳，转销汉口、宜昌、上海等处外，大部经由平汉、陇海两铁路分向此四处次级市场汇集。[2]以郑州而言，该地为平汉、陇海两路交轨之处，交通便利，商务殷盛，其每年所吸纳之豫西及陕、晋两省所产棉花，常在三四十万担以上，因而棉商云集，设行收买，蔚为全豫最大棉花集散地。在民国初年，当地棉花多为粗绒，且仅能供本地消费之用，故花行仅有三数家，营业萧条。及1917年后，日商陆续前来设庄收花，于是郑州棉市蓬勃兴起，在1920年代的极盛时期，花行多达30余家，其后虽因军事干扰及陇海铁路西展，陕州棉市代兴，而渐次衰落，但在1930年代中期，郑州花行仍有15家之多，平均每家每年营业数额高达36 267担。[3]

棉花聚集于次级市场后，除部分供应本省纺纱厂所需原料，大都经过花行之手，打包输运至各终点市场。

河南棉花的终点市场为上海、天津、汉口、济南、青岛等通商口岸，其中尤以上海最为重要。如1932年以前郑州棉花的销路约有70%为上海所吸收，至1933年后，青岛市场需求日增，但上海市场的销售量仍占65%。至于豫北安阳棉花的销路，在1920年至1928年间以天津为首位，1928年至1933年间改趋济南，1934年后则多半输往上海。[4]当地棉花行市即由棉业公会听取南京无线

[1]　河南省棉产改进所：《河南棉业》，第95页。

[2]　同上书，第95—96页。

[3]　金陵大学农业经济系编：《豫鄂皖赣四省之棉产运销》，第58、137—138页。

[4]　同上书，第58—59页。

电台所播上海标花报告及济南、天津供需情形而言。[1] 由此，我们亦可窥见棉花的推广，事实上也发挥了联结河南农业经济与全国市场的作用。

那么，河南棉花的栽培究竟对河南农村经济带来多大的收益呢？对于这个问题，由于资料的不足，我们无法做出明确的回答。但若根据上引河南棉产改进所的估计，全面抗战前夕，河南每年输出棉花在 80 万担左右，以每担 50 元计，则河南全省全年由棉花生产所能得到的收益，约达 4000 万元之谱，这对河南的农村经济与农民生计来说，自属关系重大的了。

四、美种烟草的输入与栽培

从棉花的种植，我们已可窥见近代河南农业受诸外在经济力量的影响，而另一项经济作物——美种烟草的发展，更可明白显示市场需求与外国资本在河南农业商品化过程中所起的作用。

河南烟草的栽培，也和棉花一样，有着长久的历史。中国土烟原产于菲律宾，明末随海外贸易的发展，输入闽粤，清代大量推广，渐及内地。乾隆之后，北地烟业大盛，种植面积广达数百万亩。[2] 种烟的经济收益甚大，"视百蔬则倍之，视五谷则三之"。[3] 不过，烟叶的栽培必须占用膏腴良田，所耗人工亦十分巨大，对粮食生产构成相当严重的威胁，乾隆年间方苞即曾奏称，黄河流域五省种烟，"所减之粟米，较之烧酒所耗，亦十之六七"。[4] 清廷为了维护粮食的供应，曾

---

[1]　河南省棉产改进所：《河南棉业》，第 97 页。

[2]　许涤新、吴承明主编：《中国资本主义发展史》第 1 卷，第 210—211 页。

[3]　方苞：《望溪全集·集外文》卷 1《奏札》。

[4]　方苞：《请定经制札子》，引见李文治编：《中国近代农业史资料》第 1 辑，第 83 页。

迭次降谕,禁止民间种烟。[1] 这项禁令虽未必发生重大作用,但清代河南的烟叶生产也和棉花一样受制于交通与市场的因素,始终没有重大的进展。

等到 19 世纪末叶,由于出口需要的刺激以及清廷禁烟(鸦片)政策的影响,河南的烟叶生产始告急遽兴起。1870 年中国烟叶贩运出口量仅为 0.4 万担,1880 年增至 1.9 万担,1890 年再增为 9.3 万担,1900 年又增至 13.4 万担,1910年更扩大为 21.8 万担。[2] 一般原本栽种罂粟的农民在朝廷禁烟的功令下,乃纷纷改种烟叶,以资弥补。[3] 于是河南的烟叶种植面积迅速扩张。1904 年至 1910年间,英美烟公司派员分赴中国各地调查土烟生产状况,便曾指出河南烟叶产区遍及豫中与豫西南各地,每年产量约达 2100 万磅至 2600 万磅,为汉口市场的主要供应来源。[4] 当时河南知名的烟叶产地包括邓州、光山、河内、南阳、安阳等地。[5] 如邓州一地,"纵横数十里,皆烟田",所产烟叶有伏白、伏黄两种,伏白销路最阔,上起山西,下至粤省,皆可见其踪影;伏黄则品质稍逊,专销湖北省境大小口岸。[6] 再如安阳县西水治、阜城一带,多种烟叶,"制为旱烟,行销各处"。[7]

也就是在这段时期,美种烟叶传入中国,改变了河南烟草栽培的形态,而推动这项变化的主要动力,则为国内烟草消费习惯的改变以及消费市场的迅速增长。

[1]《钦定大清会典事例》第 168 卷,《雍正五年上谕》,第 3—4 页;《乾隆八年上谕》,第 9 页。

[2] 章有义编:《中国近代农业史资料》第 2 辑,第 201 页。

[3] 陈扬:《筹豫近言》,台北:成文出版社,据 1914 年石印本影印,第 45 页。

[4] 颐中烟草公司档案,引见上海社会科学院经济所编:《英美烟公司在华企业资料汇编》(以下简称《英美烟公司在华企业资料汇编》)第 1 册,北京:中华书局,1983 年,第 240—243 页。

[5] 陈扬:《筹豫近言》,第 45 页。

[6]《农学报》第 21 期,光绪二十四年正月,引见李文治编:《中国近代农业史资料》第 1 辑,第 443 页。

[7]《续安阳县志》卷 7《实业志》,第 5a 页。

国人吸食烟草，向以旱烟及水烟为主。[1] 及至1890年，美商老晋隆洋行（Mustard & Co.）运入品海牌纸烟，在沪销售，是为中国有卷烟之滥觞。纸烟传入中国后，极受欢迎，销路甚畅，该洋行以有利可图，乃于次年运入卷烟机械，设厂制造。[2] 中外商人亦闻风兴起，争相仿效，并以各种手段在中国各地推广纸烟。结果国内纸烟消费量在极短的时期内，以惊人的速度飞跃增长。1900年全国纸烟一年消费量不过3亿支，1910年增至75亿支，1920年增至225亿支，1930年增至700亿支，1933年更创下885亿支的空前纪录。[3] 这种风靡的情况，在河南也不例外，据1935年一项调查，河南农家将纸烟视为生活必需品，经常以现金购买吸用者，高达全部农户的28.3%，其比例甚至超过购用洋布（24.3%）、肥皂（19.4%）、肥料（16.3%）的农户所占百分比。[4]

市场需求的无限扩张，自然使得烟叶原料的供应成为急务。对纸烟制造者而言，如能在中国就地取得适宜之烟叶，其所获利润自可相对提高。据日后一项估计，中国生产的烟草，成本仅为0.08—0.1元一磅，而由美国运入品质相近的弗吉尼亚烟草，则需0.43元一磅，两者相差达四五倍之巨。[5]

不过，中国土种烟叶因品种不良，加以栽培技术落后，品质欠佳，叶面窄小，味道甚浓，且于焙干、整理等工作，素不讲求，故仅能供制水烟、旱烟，

---

[1] ［日］天野元之助：《中國農業の諸問題》上册，第97页；唐垂裕：《从烟业看帝国主义对华的经济侵略》，《历史教学》1957年第12期，第9页。

[2] 《英美烟公司在华事迹纪略》，第4—6页，转引自汪敬虞编：《中国近代工业史资料》第2辑，北京：生活·读书·新知三联书店，1957年，第213—214页。

[3] Chen Han-sheng, *Industrial Capital and Chinese Peasants*, p. 24.

[4] 《农情报告》第4卷第8期，引见章有义编：《中国近代农业史资料》第3辑，第310页。

[5] Sherman Cochran, *Big Business in China: Sino-Foreign Rivalry in the Cigarette Industry, 1890–1930*, Cambridge: Harvard Univ. Press, 1980, pp. 202–207.

无法充作卷烟原料。[1] 以故，早期在华香烟公司所制纸烟，率多以输入之美国烟叶为原料；换句话说，中国卷烟工业的兴起，在最初并未能相应地带动烟叶种植的发展。

这种情形要到第一次世界大战期间，美国烟种传入中国，试种成功后，才全面改观。而促成此一改变者，厥为英美烟公司的努力与策划。

英美烟公司系于 1902 年由英美两国烟业托拉斯合并组成，总行设于伦敦及纽约，资本额高达 2250 万英镑。该公司成立后，旋即在香港成立驻华英美烟公司，陆续归并英美两国在华原有之卷烟制造公司，并在上海（1903）、香港（1905）、汉口（1908）、沈阳（1909）等地相继设立卷烟工厂及附属企业，形成一个垄断中国纸烟产销市场的庞大机构。[2]

英美烟公司侵入中国后，透过大规模宣传与推销，不旋踵间，就使其产品在市场上大为流行，并深入内地。[3]1902 年该公司纸烟销售量不过 12 682 箱（5万支装），1919 年增至 309 419 箱，至 1930 年已达 877 905 箱，1937 年且突破百万箱大关，达到 1 118 616 箱的销售高峰。[4] 在 1930 年代，英美烟公司的卷烟销售量经常占据全国总销售量的三分之二左右。[5] 在河南，其市场占有率更高达85% 以上：

[1] 《近代中国实业志·山东省》，第 107 页；陈真编：《中国近代工业史资料》第 4 辑·上，第437 页。

[2] 中国科学院上海经济研究所、上海社会科学院经济研究所合编：《南洋兄弟烟草公司史料》（以下简称《南洋兄弟烟草公司史料》），上海：上海人民出版社，1958 年，第 1 页；Sherman Cochran, *Big Business in China*, Ch. 2, pp. 10—53。

[3] 汪熙：《从英美烟公司看帝国主义的经济侵略》，《历史研究》1976 年第 4 期，第 86 页。关于英美烟公司在华销售纸烟的具体策略，参见 S. Cochran, *Big Business in China* 一书。

[4] 《英美烟公司在华企业资料汇编》第 2 册，第 512 页。

[5] 同上书，第 4 册，第 1641—1644 页。

表 3.17　英美烟公司及其他公司所制纸烟在河南销售量比较（1931—1937）

年代	英美烟公司		永泰和公司（英美烟公司之子公司）		其他公司	
	箱数（每箱5万支）	%	箱数	%	箱数	%
1931	30 329	60.2	14 294	28.4	5738	11.4
1932	32 048	58.4	15 061	27.5	7761	14.1
1933	34 279	66.4	8890	17.2	8481	16.4
1934	27 628	69.5	6748	17.0	5370	13.5
1935	27 451	69.2	5180	13.1	7044	17.7
1937	37 190	72.0	5802	11.2	8686	16.8

资料来源：《英美烟公司在华企业资料汇编》第 2 册，第 737 页。

英美烟公司迅速扩张其在华势力的同时，为了获取廉价的原料烟叶，即着手调查华北各地烟草种植状况，准备在华试种美烟。1910 年该公司首先在山东威海卫附近的文登县及湖北老河口一带，输入美国烟种，试行栽培，但因气候条件不宜而告失败。及 1913 年，改于胶济铁路潍县附近的坊子承租 60 亩耕地再行试种，卒获成功。此后，该公司便以无偿贷给种子、肥料及烤烟所需器具等手段鼓励当地农民广泛种植美种烟草，并许以收获后不论品质良窳，均以最高价收购。在此有力诱因的吸引下，农民纷纷与该公司定约承种，在 1918 年至 1922 年的四年中，平均每年有 25 万担的美种烟叶自山东 20 里堡运出，美种烟草的栽培遂在中国渐次扩展。[1]

1917 年，英美烟公司进一步将美种烟草的种植范围扩充至河南中部。当时，河南中部栽植土种烟叶的地区，仅限襄城、叶县两处，且此两处农民均未

---

[1]　颐中烟草公司档案，引见《英美烟公司在华企业资料汇编》第 1 册，第 256—257、260—261、270 页；［日］服部满江：《北方に于ける葉煙草栽培普及事情》，《满铁调查月报》第 23 卷第 3 期，1942 年 3 月，第 128—129 页。

将烟草种植作为重要生计。[1] 该公司乃仿照山东成例，在襄城散放烟种，指导农民种植，结果第一年便取得 200 万磅烟叶的重大收获，农民获利甚厚。于是邻近地区的河南农民亦争相停种杂粮，改种烟叶。由于许昌一带土质适宜，所产之烟色如黄金，味纯清香，品质不逊于入口美烟，该公司便选定许昌作为推广河南美种烟草的大本营。[2]

1920 年，英美烟公司透过华籍买办任伯延，以永安堂名义，在许昌西关车站附近购地数百亩，建造了一座烤烟工厂，从事采购烟叶，施行打包、烘干、存储等工作，并有英美等外籍技师十余人常川驻厂，主持一切。[3] 在该公司的大力提倡下，河南的美种烟草种植地区，以许昌为中心，迅速拓展至 11 县，包括豫西的禹县、郏县、灵宝、宝丰、鲁山，豫中的长葛、襄城、许昌、临颍、郾城及豫北的安阳等地。[4]1926 年以前，该公司在河南平均每年可收购价值 2000 多万元的烟叶。[5]

及 1927 年北伐期间，冯玉祥以英美烟公司无权在内地购置厂地及制造货品，遂放火焚毁许昌烤烟厂，没收厂中机器及所存烟叶，英美烟公司在河南的势力遭到惨重打击。[6] 但到 1933 年时，英美烟公司卷土重来，复利用华人买办邬挺生出面组织许昌烟草有限公司，资本额 10 万元（英美烟公司拥有 51% 股

[1]　明洁：《英美烟公司和豫中农民》，《中国农村》第 2 卷第 7 期，1936 年 7 月，第 69 页。

[2]　陈亦：《中国卷烟工业的过去和现在》，引见陈真编：《中国近代工业史资料》第 4 辑（上），第 438 页；郑佩刚：《平汉沿线农村见闻杂述》，陈伯庄编：《平汉沿线农村经济调查》，第 33 页。

[3]　《国民政府外交档案》，"中央研究院"近代史研究所藏，编号 03-18-12；明洁：《英美烟公司和豫中农民》，《中国农村》第 2 卷第 7 期，第 69 页。

[4]　Chen Han-sheng, *Industrial Capital and Chinese Peasants*, p. 19.

[5]　郑佩刚：《平汉沿线农村见闻杂述》，陈伯庄编：《平汉沿线农村经济调查》，第 35 页；明洁：《英美烟公司和豫中农民》，《中国农村》第 2 卷第 7 期，第 70 页。

[6]　明洁：《英美烟公司和豫中农民》，《中国农村》第 2 卷第 7 期，第 70 页；Chen Han-sheng, *op. cit.*, p. 28；据英美烟公司本身估计，该公司因而蒙受之损失高达 4 517 359 墨西哥银圆，参见《英美烟公司在华企业资料汇编》第 1 册，第 289 页。

权），接受英美烟公司委托，代收烟叶。1935 年，许昌烟公司以低价购入烤烟厂旧址，设立收烟场，直接向农民收购烟叶，于是英美烟公司再度控扼了河南烟草栽培事业的命脉。[1]综计民初以来英美烟公司在河南历年收购美种烟叶的数量，略如下表：

表 3.18　英美烟公司历年在豫收购烟叶数量（1918—1936）

单位：磅

年份	数量	年份	数量
1918	1 940 383	1924	23 508 736
1919	7 578 819	1925	7 635 690
1920	14 330 545	1926—1933	—
1921	8 305 574	1934	42 824
1922	5 598 178	1935	17 394 184
1923	9 468 246	1936	6 813 840

资料来源：陈真、姚洛等编：《中国近代工业史资料》，第 123 页。

继英美烟公司之后，华资纸烟公司亦在河南美种烟草的推广上，扮演了一定的角色。1905 年，简照南、简玉阶兄弟集资成立广东南洋烟草公司，其后改名为南洋兄弟烟草有限公司，陆续增资，开始在纸烟市场上与英美烟公司进行激烈竞争。[2]1917 年，该公司在河南市场上，每月所售纸烟已达 400 箱。[3]为了获取廉价的原料来源，该公司遂亦仿效英美烟公司故伎，在华北各地推广美种烟草的栽培。1918 年，南洋兄弟烟草公司大量购运美国烟种，并将栽

[1]　明洁：《英美烟公司和豫中农民》，《中国农村》第 2 卷第 7 期，第 72—73 页；Chen Hansheng, *op. cit.*, pp. 30–31；颐中烟草公司档案，参见《英美烟公司在华企业资料汇编》第 1 册，第 291—293、299 页。

[2]　有关南洋兄弟烟草公司之创立及其与英美烟公司之竞争，参见 S. Cochran, *Big Business in China*。

[3]　《南洋兄弟烟草公司史料》，第 34 页。

种方法编印成书，传播于山东坊子、安徽刘府及河南许昌一带，劝诱农民种植。[1]1922年，该公司又派员远赴豫北安阳一带劝导农民改种美国烟叶，并贷款协助农民搭建烤烟棚。[2]同时，该公司于1920年也在许昌西关车站附近购地百余亩，兴建收烟厂一座，专事烟叶之收买及烘烤，加工精制后运往上海。[3]计由1920年至1931年间，南洋兄弟烟草公司在河南收购的烟叶数量亦不下2000万磅：

表 3.19　南洋兄弟烟草公司历年收购河南烟叶数量（1920—1931）

单位：磅

年份	数量	年份	数量
1920.12—1922.8	3 702 605	1924.10—1925.6	5 926 068
1922.9—1923.5	3 041 703	1925.9—1928.9	4 754 385
1923.9—1924.7	5 273 354	1930.11—1931.4	1 960 420

资料来源：《南洋兄弟烟草公司史料》，第203页。

除南洋兄弟烟草公司外，其他华资烟厂亦曾在河南大量收购烟叶。据一项估计，1927年至1934年英美烟公司势力撤离豫境期间，河南所产美种烟叶约有80%为上海各华资卷烟工厂所承购，其中南洋兄弟烟草公司仅占16%，其他各厂则占到64%。[4]

就在上述卷烟工业的有力驱策下，河南的美烟栽培发展至为迅速。1919年左右，许昌、襄城一带，农家种植烟叶的面积尚属微不足道，降及1934年，两地的烟区中已有24%—40%的耕地改种烟叶。[5]襄城农村中，种植烟叶之农户

[1]　章有义编：《中国近代农业史资料》第2辑，第171页。

[2]　《英美烟公司在华企业资料汇编》第1册，第277—278页。

[3]　《南洋兄弟烟草公司史料》，第196页。

[4]　Chen Han-sheng, op. cit., p. 44.

[5]　希超：《英美烟公司对于中国国民经济的侵蚀》，中国经济情报社编：《中国经济论文集》第1集，上海：生活书局，1936年，第96页。

比例高达 63.7%。[1] 另据陈翰笙对山东潍县、安徽凤阳及河南襄城 6 个种烟农村所做调查，从 1921 年至 1934 年间，6 个村的烟田面积大约增加了 66.5%。[2]1934 年，仅河南中部烟叶栽培面积便达 37 万亩，烟农人数凡 93.2 万，全年烟叶产量达 8000 万磅，以每百磅市价 21 元计，产值共约 1700 万元。[3] 当时由许昌以迄襄城，沿途烟田弥目，"遥视农家檐下窗前，青黄累累者，皆烟叶也"。[4] 依据美国农业部农业经济处的估计，河南的烤烟产量在 1916—1937 年间，竟然增加了 20 余倍。

表 3.20　河南烤烟产量（1916—1937）

单位：万磅

年代	产量	年代	产量
1916	微不足道	1927	500
1917	250	1928	500
1918	250	1929	500
1919	1000	1930	4500
1920	1600	1931	6000
1921	900	1932	4500
1922	650	1933	6500
1923	1100	1934	5000
1924	3200	1935	6300
1925	1100	1936	7000
1926	450	1937	6000

资料来源：Chen Han-sheng, *Industrial Capital and Chinese Peasants*, p. 93。

---

[1]　Chen Han-sheng, *op. cit*., p. 22.

[2]　*Ibid*., p. 17.

[3]　*Ibid*., p. 20.

[4]　吴世勋：《河南》，第 129 页。

烟草是商品化比率最高的经济作物[1]，农民所获，除运往市场销售外，别无出路。豫中烟农多于清明下种，经施肥、中耕、除草、捉虫、摘叶等繁杂手续，至9月开始摘叶，亘一月始毕，所摘之叶，复须送至烤烟棚烘烤，然后再以大车或驮兽运销市场。[2]因此，烟叶产区大多仅限于铁路沿线交通利便之处，殊难向外大幅扩张。

烟草的运销结构较诸棉花，远为单纯。一般而言，河南农民运入市场的烟叶绝大多数均由中外各卷烟工厂所收购，再经铁路运至汉口及上海等处加工制造。据统计，1925年至1935年间，全中国的纸烟有一半是由上海的烟厂制造，其所用的原料烟叶，有20%来自许昌。[3]

由于英美烟公司资本雄厚，远非华资各厂所堪比拟[4]，河南农民所产烟叶最初多系该公司直接设厂收购。及1927年至1934年间，英美烟公司被迫撤离豫境，本地烟商乘间兴起，纷设烟行，专为上海各烟厂代购烟叶，最盛时，其数目多达上千所，并组织烟业公会，联合垄断了豫中地区80%以上的烟叶市场，并借操纵价格之手段，牟取暴利。[5]英美烟公司重返许昌后，复行设厂收购，到1936年时，其在河南所购烟叶已占全省总产量的56.62%。[6]

在英美烟公司的直接收购政策下，河南烟农如欲售烟叶，即以驴车或大车，将烟叶运至烟厂，依次陈列于栈房场地，以候该公司外籍烟师看货估价，并将

[1] ［日］天野元之助：《中國農業の諸問題》下册，东京：技报堂，1953年，第41页。

[2] 郑佩刚：《平汉沿线农村见闻杂述》，陈伯庄编：《平汉沿线农村经济调查》，第34页。

[3] Rhodes Murphey, *Shanghai: Key to Modern China*, Cambridge: Harvard Univ. Press, 1953, p. 114.

[4] 1932年时，英美烟公司资本总额达3600万镑（约合4亿元），而60家华商烟厂总资本仅为1546万元，尚不及英美烟公司的4%。参见《英美烟公司在华企业资料汇编》第4册，第1511页。

[5] Chen Han-sheng, *Industrial Capital and Chinese Peasants*, p. 29.

[6] 《英美烟公司在华企业资料汇编》第1册，第419页。

等级价格填入货单，烟农即持此货单送去过磅计价，领取货款。[1] 以图示之，整个烟叶产销流程大致如下：[2]

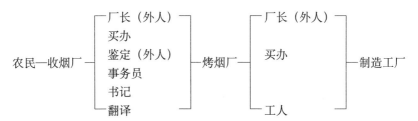

在上面这样的产销过程中，英美烟公司凭借对市场及价格的控制，往往攫取了巨大的利润。但对河南农民来说，种烟叶仍不失为一项重要的收入。1928年4月27日，英美烟公司在致国民政府的函件中称：

> 许州烟叶，每年出产之价值，约在四五百万元左右，大英烟公司每年所收买者，平均约及半数，农民借此以谋生活者，为数甚众。[3]

这一段话虽属该公司自辩之辞，但在一定程度上，的确也反映了烟叶种植在烟区农民经济中的重要性。

五、经济作物的影响及其限制

以上，本文概略叙述了棉花及烟草等经济作物在近代河南的发展过程。然则，这些经济作物的栽培，究竟对近代河南的农业经济产生了如何的影响？

---

[1] 牛森：《美种烟叶指南》，引见同上，第380页。牛森，美籍，为英美烟公司派驻许昌之收烟负责人。

[2] 《英美烟公司在华企业资料汇编》第1册，第378—380页。

[3] 同上书，第287页。

首先，经济作物推广后，河南农业生产最直接而显著的变化，端在于农民作物布局的改观。1940年，日人服部满江调查山东胶济沿线烟叶产区的农村状况，便指出：当地农业经营原本采取粟、高粱—小麦—夏季作物的两年三作形态，但自烟叶渐次普及以来，夏季作物遂遭排挤，在若干地区，其栽培面积甚至缩小了40%左右。[1]这在河南，也可发现同样的事例。如豫东开封、陈留等地，美种大仁花生自广泛种植以来，渐次侵夺了原先用以种植高粱、小米的耕地。[2]豫中地区的高粱栽培，也随着烟叶栽培的扩大，日益萎缩。[3]在豫北彰德宋村，棉花的大量栽培，更使得小麦的供应无法自给，即使无灾平年，该村仍有四成以上的农家必须向外购入谷物。[4]由此可见，经济作物的普及，确实在相当程度上改变了河南农民传统上以自给自足为首要目标的经营形态。

那么，这样的变化是否有助于提高农民的收益？对于这一点，1930年代的一些学者，往往抱持着否定的看法，如陈翰笙便认为豫中烟农并没有从烟叶栽培中得到现金或实物的充分报酬。依据他的估算，1930年代中期，襄城农民每栽培一亩美种烟叶，便要亏损7—16元：

[1] ［日］服部满江：《北方に於ける葉煙草栽培普及以来の農業經營の變化》，《满铁调查月报》第21卷第12期，1941年12月，第98页。

[2] 章有义编：《中国近代农业史资料》第2辑，第213页。

[3] ［日］天野元之助：《中國農業の諸問題》上册，第143页。

[4] 《北方农村概况调查报告——彰德县第一区宋村及侯七里店》，第12、147页。

表 3.21　襄城美种烟叶每亩平均收入及支出（1933—1934）

单位：元

项目	1933	1934	项目	1933	1934
（1）作物总收入	5.6	14.7	肥料	4.0	4.3
主要作物收入	5.3	14.4	干燥费用	2.3	2.2
副作物收入	0.3	0.3	工资	15.3	15.3
（2）作物总支出	21.6	21.8	净收益（1）—（2）	−16.0	−7.1

资料来源：Chen Han-sheng, *Industrial Capital and Chinese Peasants*, p. 59。

　　不过，陈翰笙的这项调查，如论者曾指出的，在时间上正值世界经济大恐慌、烟叶价格狂跌的时期，因而是否能够代表一般状况，颇成疑问。[1] 同时，陈氏的损益计算方式，也忽略了烟叶栽培的特殊性质。关于这一点，下文将做进一步的讨论。

　　如果撇开陈氏的估算不论，其他可见的资料几乎都一致肯定经济作物的栽培确实有助于提高农民的绝对收入。以棉花而言，据陈庚苏的估计，1936 年华北地区种植棉花与其他作物相比，其损益状况约如下表：

表 3.22　1930 年代华北棉花与其他作物平均每亩收支比较表

单位：元

作物种类	收入	支出	损益
美棉	25.80	17.90	7.90
国棉	19.25	16.17	3.08
大豆	9.10	7.20	1.90
高粱	10.50	9.70	0.80
粟	4.70	12.20	−7.50
小麦	10.50	11.30	−0.80
玉米	8.50	9.90	−1.40

资料来源：陈庚苏：《华北棉花栽培问题》，《国际贸易导报》第 8 卷第 2 期，1936 年 2 月，第 32 页。

[1]　张瑞德：《平汉铁路与华北的经济发展》，第 90 页。

由表 3.22 可见，农民从棉花，尤其是美种棉花的栽培所得收益，迥非其他粮食作物所堪比拟。天野元之助也曾指出，全面抗战之前，华北的棉花收益，平均每亩要比其他旱地作物高出 6—8 元。[1]1924 年河南省实业厅所做调查，也显示出农民即使是租地植棉，仍能得到较高的收益，在 98 个大小产棉县份中，亏损的只有 4 个县，其余 94 个县棉农通常都能得到每亩 6—8 元的净益，唐河一地的每亩棉田收益更高达 13.62 元。[2]

至于美种烟草，较诸棉花更属有利。1935 年的一项调查显示，许昌地区每亩美烟生产成本约为 32.5 元，收入则为 57 元，亦即农民净收益高达 24.5 元。而同一时期，每亩高粱的收益为 2.75 元、小米为 2.38 元，两者相去几至 10 倍。[3]因此，张厚昌在河南各地农村游历时便指出，许昌地区由于生产烟叶，故“农民较为富庶”，日常食品“米麦兼用”，洵非郑州以北专食杂粮之一般农民所能企及。[4]张锡昌在 1937 年也观察到，华北的美烟栽培地区，农村的瓦房日渐增加，农民穿着渐由土布改易洋布，食用粮食也以细粮居多。[5]

除棉花、烟草之外，其他的经济作物也表现出类似的现象，如新郑地区土地贫瘠、水利缺乏，农作物仅足自给，但因红枣、水梨、花生等经济作物的栽培，农民生活反较他处优裕。[6]陈伯庄也指出，平汉沿线农村，由于运输条件相对有利，经济作物较为普及，农民实际所得遂亦较偏僻农村为高。[7]凡此，在在

---

[1] ［日］天野元之助：《中國農業の諸問題》上册，第 129 页。

[2] 河南省实业厅：《河南全省棉业调查报告书》，第 7—325 页。

[3] ［日］天野元之助：《中國農業の諸問題》上册，第 146 页。

[4] 张厚昌：《豫省农民生活之所见》，陈伯庄编：《平汉沿线农村经济调查》，第 43—44 页。

[5] 张锡昌：《烟草区域的农民生活》，引见［日］天野元之助：《中國農業の諸問題》上册，第 145 页。

[6] 郑佩刚：《平汉沿线农村见闻杂述》，陈伯庄编：《平汉沿线农村经济调查》，第 29 页。

[7] 陈伯庄编：《平汉沿线农村经济调查》，第 3 页。

说明了经济作物对提高农民收入的正面作用。

当然，经济作物带来的收益并不是平均分配于各阶层的农民。由于棉花、烟草等经济作物均属资本密集的作物，所需生产成本相对较高。以棉花而言，据天野元之助调查，华北农民每栽培一亩棉花，其生产费用约为高粱、小米的1.5倍。[1] 至于烟叶的栽培，因肥料及烤烟燃煤所耗甚巨，其生产成本更远高于其他作物。依陈翰笙估计，1934年襄城地区每亩美烟的生产成本高达22.8元，约为小麦的3.2倍、高粱的4倍。[2]

在生产成本相对较高的情形下，一般小农由于资力有限，往往无法投入足够的资本设施。陈翰笙便指出，即使是烟叶栽培所不可或缺的豆饼肥料，河南的种烟贫农也只有3%有能力使用，反之，中农使用豆饼的比例已达17%，富农则更较此为高。至于烤烟所需燃煤，贫困农民无力预先购置，唯有向地主所设煤铺赊购，并负担约15%的利息。[3]

另一方面，在经济作物收获季节，货源充裕，市价普遍较低，资金较为充裕的富农可以暂时囤积，俟价格上涨，再行脱售，但贫农则因生计拮据或急需现金，往往在收成之后，立刻运至市场出售。[4] 因此，在相对的交易条件下，贫农也处于较为不利的地位。

既然无论在生产或交易的条件上，富农均较小农有利，则其由经济作物栽培所得的收益，自亦较后者为高。据陈翰笙估计，一般而言，富农每亩烟叶可

---

[1] ［日］天野元之助：《中國農業の諸問題》下册，第48页。

[2] Chen Han-sheng, *op. cit.*, p. 73. 据服部满江估计，一亩烟叶的生产费用中，除去劳动力成本不计，仅肥料及燃煤两项所耗即高达总成本的81%。参见［日］服部满江：《北方に於ける葉煙草栽培普及以来の農業經營の變化》，《满铁调查月报》第21卷第12期，第91页。

[3] Chen Han-sheng, *op. cit.*, pp. 13–14. 据服部满江调查，华北烟田每亩需用豆饼7个（约170斤），用量稍有不足，即严重影响所产烟叶之质量。参见［日］服部满江：《北方に於ける葉煙草栽培普及以来の農業經營の變化》，《满铁调查月报》第21卷第12期，第88页。

[4] 据卜凯调查，1929—1933年间，河南农民于收获后立刻将农产品出售的比率高达69.29%。See J. L. Buck, *Land Utilization in China, Statistics*, Nanjing, 1937, p. 343.

比中、贫农多得 10% 的收益，而其现金收入更较中、贫农高 20%：

表 3.23　潍县、凤阳、襄城三县六村各阶层农民每亩烟叶平均收获及
现金收入比较表

阶层别	每亩烟叶产量（磅）		指数		现金收入（元）		指数	
	1933 年	1934 年	1933 年	1934 年	1933 年	1934 年	1933 年	1934 年
富农	154	188	100	100	10.7	19.3	100	100
中农	150	170	97	90	9.4	13.8	88	72
贫农	134	160	87	85	8.2	15.3	78	79

资料来源：Chen Han-sheng, *Industrial Capital and Chinese Peasants*, p. 77。

从理论上说，富农栽培经济作物的所得既然相对较高，则其投入较大资本、扩大经营面积的意愿自应较为强烈。另一方面，富、中、贫农的所得差距，也应该会加速农民之间的阶层分化。黄宗智便认为，华北的棉花种植，促使部分自耕小农加速沦为佃农和雇农。[1] 而这些向下流动的小农，正可为富农的扩大经营提供必要的雇佣劳动力。因此，经济作物的推广，似乎应该为河南农业走上"资本主义"经营方式开拓一条蹊径。

从可见的有限资料中，我们的确看到一些使用雇佣劳动力、从事大规模经济作物栽培的"资本主义"经营方式的出现。例如清末民初豫北新乡八柳镇的杜姓经营地主，拥地 30 顷，雇用监工 1 人、长工 10 余人、揽活（短工）25 人，全年可收麦 1000 石、杂粮 2000 石、棉花 5 万斤。1933 年农复会的调查也发现许昌地区有一个占地 98 亩的富农，雇长工 3 人，从事烟叶的种植。[2] 至于豫北

---

[1]　黄宗智：《略论华北近数百年的小农经济与社会变迁》，《中国社会经济史》1986 年第 2 期，第 11 页。

[2]　《河南省农村调查》，第 103—104、113 页。

彰德宋村的情况，尤能具体说明这种发展趋势。据调查，该村农户有耕地 20 亩以下者，多倾向于栽培麦、粟等粮食作物，占地 20 亩以上的中、富农则栽培棉花的比率较高，且经营土地的面积愈大，棉花栽培所占比例也有愈大的倾向：

表 3.24　彰德宋村各组农户棉花栽培所占比例比较表（1939）

单位：%

经营总面积 组别	未种棉花农 户所占比例	棉花占总经营 面积25%以下 农户所占比例	棉花占总经营 面积50%以下 农户所占比例	棉花占总经营 面积50%以上 农户所占比例	合计
10 亩以下	55.6	22.2	11.1	11.1	100
11—20 亩	61.5	15.4	15.4	7.7	100
21—30 亩	12.5	25.0	37.5	25.0	100
31—50 亩	0	36.4	54.5	9.1	100
51—100 亩	0	42.8	42.8	14.4	100

资料来源：《北方农村概况调查报告——彰德县第一区宋村及侯七里店》，第 136 页。

上引的同一项调查，也涉及宋村农民从事雇佣劳动的情况，明白显示出耕地愈小的农户，其受雇担任日工或月工的频率也愈高。耕地面积在 10 亩以下的农户，平均每户每年充任雇工的时间多达 87.8 日，而有地 30 亩以上的农户，从事雇佣劳动的时间每年都在 6 日以下。[1] 从这些材料观察，所谓"资本主义萌芽论"的看法也并非毫无根据。

不过，若就整个河南范围来看，上述以追求较大利润为主要动机的农业经营方式，事实上不但未见其持续发展，反而日趋没落。到 1933 年时，前述新乡八柳镇的杜姓经营地主所余土地仅及 10 顷，并已分成五家；其他各地的经营地主与富农也日益减少。[2] 反之，经济作物栽培的零碎化则为一般的趋势。陈伯庄

---

[1] 《北方农村概况调查报告——彰德县第一区宋村及侯七里店》，第 121—122 页。

[2] 《河南省农村调查》，第 104 页。

的调查即显示，平汉铁路沿线农村中全力投注于经济作物之栽培者，多属有地在 3 亩以下之贫农，而耕地在 5 亩以上者，反因"生事稍裕"，较为注重粮食作物的种植。[1] 这种情形在烟叶栽培中尤为显著。希超便指出，河南产烟地区有地十余亩的农家，往往只是以一二亩的面积种植烟叶，绝无雇佣工人大量种植的富农经营。[2] 陈翰笙的研究也指出，1934 年襄城烟农的平均经营面积仅得 4.7 亩 [3]，而且愈是资力薄弱的中、小农，其对烟叶的依赖程度也愈高：

表 3.25 潍县、凤阳、襄城三县六个代表村各阶层农民栽培烟叶

所占经营耕地面积比例（1934）

阶层别	总经营耕地面积（亩）	种烟面积（亩）	种烟面积占总耕地面积比例（％）
富农	1966.5	187.1	9
中农	4433	464.9	10
贫农	2685	340.6	13

资料来源：Chen Han-sheng, *Industrial Capital and Chinese Peasants*, p. 78。

由表 3.25 明显可以看出，河南的烟叶栽培，在贫农经营中间反而比在富农经营中间更为普遍。换句话说，这种经济作物的栽培，本质上并不是以追求利润为动机的"资本主义"农业经营，而毋宁是日人柏佑贤所谓小农为维持生计，以牺牲本身食粮的自足生产，来换取较大收益的"穷迫贩卖型农业"。[4]

再从生产关系的变化来看，同样可以印证上述河南经济作物栽培的特殊性

---

[1] 陈伯庄编：《平汉沿线农村经济调查》，第 39 页。

[2] 希超：《英美烟公司对于中国国民经济的侵蚀》，中国经济情报社编：《中国经济论文集》第 1 集，第 98 页。

[3] Chen Han-sheng, *op. cit.*, p. 20.

[4] ［日］柏佑贤：《北方農村経済社会の構造とその展開》（京都，1944），第 57 页，引见［日］石田浩：《中國農村社會經濟構造の研究》，第 42 页。据柏佑贤的看法，华北的棉花栽培亦属贫农经营。

质。马若孟曾指出，山东农村自烟叶普及以来，种烟农村的佃农户数逐渐下降，半自耕农的户数日趋增加，而不种烟农村的佃农比例反呈增高的趋势。[1] 同样地，河南种植烟叶最盛的许昌地区，其富农经济也远比农业商品化程度相对较低的辉县、镇平为衰落。1933 年，许昌平均每人所有耕地不到 3 亩的中、贫农所占比例为全体农民的 83.19%，而其所占田亩则达全部耕地的 76.23%。相对地，辉县 79.91% 的中、贫农户，仅占有 51.77% 的耕地；镇平 72.55% 的中、贫农户，更仅占有 22.76% 的耕地。[2] 由此可见，经济作物在河南，非但没有造成农民阶层分化加速、土地日趋集中的现象，反而成为维系小农经营的有力支柱。

然则，何以河南经济作物的栽培竟局限于零碎化的小农经营方式？这当然和经济作物所冒的风险相对较高有密切关系。一般来说，经济作物较易随自然条件的变动，而发生极大的丰歉差异；同时，经济作物对市场的依赖程度较高，也比较难于避免市场价格周期性波动的影响。因此，栽培经济作物的绝对所得虽较粮食作物为高，耕地稍多的农民为保障本身食粮的供应，往往宁可采用较为多样化的作物类型，以期分散风险；同时，其作物形态的基本特征也偏向于先粮食而后经济作物，亦即后者的生产只能利用产粮所需以外的隙地及产粮所不需的余暇。[3]

不过，以上的说法虽然指出河南经济作物发展受到的一项重大限制，却无法完全解释何以河南的小农仍愿冒着较高的风险从事经济作物之栽培。事实上，农业生产风险对小农的威胁要远比富农为大，对后者来说，一茬棉花或一季烟叶的失收，或许只能降低其正常的消费水平，但对几乎完全依赖经济作物维持生计的小农来说，却是生死攸关的关键所在。因此，河南经济作物所以呈现小

---

[1]　R. H. Myers, *The Chinese Peasant Economy*, p. 235.

[2]　《河南省农村调查》，第 8—9 页。

[3]　严中平：《中国棉纺织史稿》，第 336 页；陈伯庄编：《平汉沿线农村经济调查》，第 15 页。

农经营化的特色，仍须由另外一项因素考虑，那便是经济作物栽培中的劳动成本问题。

棉花与烟草，一般而言，都是高度劳力密集的作物。据英美烟公司的调查，河南地区每种植一亩棉花，须耗 30 个人力劳动单位，而每亩小麦、高粱则分别只需 11、12 个劳动单位。[1] 至于烟草所需劳力更为可观，清代包世臣便说："每烟一亩，需人工五十而后成，……是烟叶一亩之人工可抵水田六亩、旱田四亩也。"[2] 陈翰笙也指出，1933 年襄城农民每种一亩美种烟叶，须投入 78 个劳动单位，分别是小麦与高粱所需劳力的 20 倍及 16.5 倍。[3]

由于棉花与烟草所需劳力极大，农忙之际，不但成年男丁的劳动量高度强化，即连传统上不参加农场劳动的妇孺亦须动员参加劳动。[4] 而且，这些投入的劳动力，其边际报酬往往远低于市场工资水平，甚至趋近于零。在这种情形下，如果经营面积过大，必须改用雇佣劳动力从事栽培时，其生产所得常常尚不足以偿付工资。上文表 3.21 中，1934 年襄城烟农每亩烟叶所以亏损 7.1 元，便是把工资成本（15.3 元）纳入计算的结果。服部满江也曾指出，山东益都的烟农，凡经营面积在 10 亩以下者，几无失败之例；一旦超过此限，则因必须偿付巨额雇佣工资，而屡遭亏损。[5]

反之，对耕地不足、劳力相对有余的小农来说，他们在劳动力的机会成本极低或竟等于零的情形下，大可把过剩的家内劳动力大量投入经济作物的栽培，而完全不必考虑其边际报酬率极度低下的事实。陈翰笙对 1934 年河南烟区佃农

---

[1] 《英美烟公司在华企业资料汇编》第 1 册，第 399 页。

[2] 包世臣：《安吴四种》卷 26《齐民四术》。

[3] Chen Han-sheng, *op. cit.*, p. 63.

[4] *Ibid.*, pp.63-64；吴汉光：《中国之棉花栽培》，《地理学季刊》第 1 卷第 3 期，1933 年 9 月，第 34—35 页；黄西仲：《山东临淄的烟农》，《中国农村》第 3 卷第 1 期，1937 年 1 月，引见《英美烟公司在华企业资料汇编》第 1 册，第 398 页。

[5] ［日］服部满江：《北方に於ける葉煙草栽培普及以来の農業経営の變化》，《满铁调查月报》第 21 卷第 12 期，第 93 页。

栽培烟叶与其他作物的相对损益所做的一项分析，便透露出，在不计较劳力成本的情形下，经济作物的栽培对农民而言仍属有利：

表 3.26　襄城佃农种植烟业与高粱损益比较表（1934）

单位：元

区别	劳力成本	肥料	烘烤成本	运销成本	杂费	支出总额	所得总额	真实所得
烟草	15.30	2.15	1.10	0.25	1.00	19.80	7.55	— 12.25
高粱	1.80	2.10	—	—	0.90	4.80	1.60	— 3.20

资料来源：Chen Han-sheng, *Industrial Capital and Chinese Peasants*, p. 84。

从表 3.26 来看，襄城佃农每栽培一亩烟叶，须亏损 12.25 元，种植一亩高粱仅亏损 3.2 元；但若扣除劳力成本不计，则每亩烟叶获利 3.05 元，而每亩高粱仍亏损 1.4 元。日本华北综合调查研究所在 1943 年对英美烟公司所做调查，便直截了当地道破了此中玄机：

> 美种烟叶的栽培价格，对生产成本未加考虑，所花劳动力不一定能取得充分的报酬。只有专靠家属劳动力从事栽培，从而毋需计较单位劳动力报酬的农家，才能将美种烟叶作为有利的农作物而进行栽培。[1]

因此，从上面所做的讨论来看，河南的经济作物栽培，正是典型的内卷化农业经营方式，其所起的作用只能是支撑着为求生存而挣扎的小农经济。用黄宗智的话来说，这是一种以"生计"（subsistence）为导向的农业商品化，而不是以利润为依归的"资本主义"式商品化过程。

也正因为经济作物的栽培是与日趋内卷化的小农经营相结合，它的进一步

---

[1]　华北综合调查研究所：《英美托拉斯烟叶收集工作》（1943），引见《英美烟公司在华企业资料汇编》第 1 册，第 409 页。

发展也就被限制了。

如前所述，经济作物的生产，不但需要高度密集的劳力，而且要投入远较粮食作物为高的生产资本。以长葛县和尚桥为例，当地农民每种一亩烟苗，需施用麻饼 100 斤充作肥料，价值 3 元，此外，烘烤烟叶的燃煤更是所费不赀。[1] 然而，一般小农因资金缺乏，往往无力进行必要的资本投资。前引陈翰笙的估计，已显示河南种烟的贫农仅有 3% 有能力负担施用豆饼的费用，中农情况稍好，然亦不超过 17%。因此，河南农民在种植棉花、烟叶等作物时，大多仍沿用古老而落后的生产技术。换句话说，经济作物的栽培，并未在河南促成农民生产方式的改善，张锡昌便指出，河南中部产烟地区从未出现过新式的耕种方法和大规模的农业经营。[2]

农业生产条件既然未获改善，农民所能仰赖者唯在其过度劳动，其结果，经济作物生产受诸自然环境变异的影响自难克服。1936 年河南棉产改进所所长胡竟良便说："豫省土壤，宜于植棉，但以水利失修，每遇天旱即受影响。"[3] 另一方面，经济作物的生产力也在生产条件的限制下，难于大幅提升。从本文表 3.10 及表 3.14，我们可以明显看出，1918 年以迄 1937 年间，河南棉花及芝麻等作物的单位面积产额，不但未见逐渐提高，反而呈现渐趋下降的现象。这种现象固然与品种退化等长期因素有关，而生产条件的恶劣，无疑也是一大关键。

再者，由于农民无力负担栽培经济作物所需的生产费用，这便给予商业资本及高利贷资本大肆活跃的机会。以烟草种植来说，当农民采收烟叶后，由于无钱购煤烘烟，便只有向烟商或地主、富农称贷，而付出月利五分、六分乃至

---

[1] 郑佩刚：《平汉沿线农村见闻杂述》，陈伯庄编：《平汉沿线农村经济调查》，第 31 页。据服部满江估计，山东胶济铁路沿线烟农每烘焙一亩烟叶，须耗燃煤 250 斤，参见［日］服部满江：《北方に於ける葉煙草栽培普及以来の農業経営の変化》，《满铁调查月报》第 21 卷第 12 期，第 89 页。

[2] 张锡昌：《河南农村经济调查》，《中国农村》第 1 卷第 2 期，1934 年 11 月，第 48 页。

[3] 《大公报》1936 年 4 月 9 日。

十分的利息。[1]1934年，豫中产烟区的农村借贷，平均年利率高达62.4%，较诸非产烟区的46.8%，高出三分之一。[2]再以棉花生产而言，豫西棉产区盛行期花交易，每届春末夏初，农民青黄不接，需款孔亟之际，收花行贩多实行所谓"籽花放款"，亦即一种变相之高利贷，其定盘价格之低，且不及市价之一半，1934年时仅陕州、阌乡、灵宝三地，棉花行贩客商所贷出之期花放款即达130万元之巨。[3]又如豫北的安阳花行花店，常于收花之前，预估棉花收获量，向棉农实行预买，并给付约市价三分之一的现金，当地棉农接受是项融资者，约达半数，所蒙损失至为巨大。[4]

在如此高度的剥削之下，河南经济作物市场价格所表现的农民利益，与农民的实际所得，往往有着极大的差距。以襄城烟农为例，1930年代，当烟叶收成正常时，农民实际收益仅及产地市场价格的31%—58%；而在1931年及1933等歉收年份，农民所得更降至市价的12%。[5]以彰德棉花来说，1939年当地花行向棉农收购价格为每皮棉百斤32元，而市场价格则为51元，亦即农民所得仅为市价的62.7%。[6]再以花生而言，民国初年，从事花生运销业务的商人，"赢余甚厚，每致骤富"，而开封农民从花生所得收入却仅及市场售价的60.9%。[7]凡此诸例，在在反映出从事经济作物生产之河南农民在价格市场上的不利地位。

不过，我们也不能过分夸大商业及高利贷资本的负面作用。事实上，在农民普遍缺乏资金的情形下，若非为数庞大的商业及高利贷资本从中调剂，近代

[1] 《河南省农村调查》，第120页；希超：《英美烟公司对于中国国民经济的侵蚀》，中国经济情报社编：《中国经济论文集》第1集，第98页。

[2] Chen Han-sheng, *op. cit.*, p. 52.

[3] 金陵大学农业经济系编：《豫鄂皖赣四省之棉产运销》，第121—122、125页；《河南民国日报》1934年12月11日，"中央研究院"近代史研究所藏微卷。

[4] 《北方农村概况调查报告——彰德县第一区宋村及侯七里店》，第11页。

[5] Chen Han-sheng, *op. cit.*, p. 52.

[6] 金陵大学农业经济系编：《豫鄂皖赣四省之棉产运销》，第142页。

[7] 章有义编：《中国近代农业史资料》第2辑，第207页及第523页。

河南的经济作物栽培殆绝无发展的可能。服部满江的调查便曾说明，即使承受着高度的高利贷剥削，山东的种烟贫农仍宁愿从事烟叶的栽培，而他们的日常生计也并未因此受到重大的打击。[1] 因此，近代河南农业经营中商业及高利贷资本所扮演的角色，仍有待于进一步的研究。

另一方面，从商业资本与经济作物的密切关系，我们也可窥见河南农民对国内市场乃至世界市场的高度依赖。本文前已述及，河南的芝麻生产几乎完全依附于对外贸易；而以棉花来说，本文也曾指出，1930年代河南各主要棉市行市的涨落，恒以上海、天津之行市为转移，而后者则经常追随着纽约、大阪的电讯来决定其标花市价。[2] 因而，透过市场的机制，近代河南的农村经济实已随着经济作物的发展，而被逐步纳入世界经济的范围。也因如此，农家经济对经济作物的依赖程度愈高，其所受世界经济变动的影响也就愈大。1930年代陈伯庄历行豫西、陕东等地，即曾发为如下的断想：

> 个人曾在陇海西段棉区旅行，经过洛阳、灵宝、渭南、西安等处，联想到美国罗斯福总统对于美棉统制、白银购买的一举一动，都可以使得这处住土穴的棉农立受影响。不论他是祸从天降，或者福自天申，这蚩蚩噩噩的中古世纪式的棉农，既然生在1934年，便逃不了罗斯福的影响。[3]

从这种角度来观察，帝国主义的经济势力，通过农业商品化的过程，确实对僻处内陆的河南农村产生了重大的影响。就此而言，所谓"二元经济论"

---

[1] ［日］服部满江：《北方に於ける葉煙草栽培普及以来の農業經營の變化》，《满铁调查月报》第21卷第12期，第101—102页。

[2] 严中平：《中国棉纺织史稿》，第322—323页。

[3] 陈伯庄编：《平汉沿线农村经济调查》，第1—2页。

（Economic Dualism）的说法，不无再做商榷的余地。[1]

1930 年代的学者，对于经济作物栽培所导致的中国农村对世界市场之高度依赖，大多采取批判的态度，视之为农村凋敝、农民破产之厉阶。这种说法，在一定范围内不失其正确性。例如当 1930 年代世界经济大恐慌风潮侵袭到中国后，花生价格大跌，农民所得平均减少了 34.1%。[2] 再如许昌石固镇为著名产烟区，在 1930 年的烟业黄金时代，品质最好的烟叶售价每斤贵至 1.2 元，做生意的和种烟农民都发了一点小财；但到 1933 年，市场景气一落千丈，最好的烟叶每斤跌至 0.4—0.5 元，仍难觅买主，农民因之破产者，为数甚众。[3] 长葛县和尚桥亦为烟叶种植区，1929 年时烟叶价格高昂，每担达 80 元，农民见大利所在，纷纷改种烟叶；及至 1931 年，烟叶生产过剩，加以景气不振，烟价狂跌，每斤仅值数分，尚乏顾主，农民亏累不堪，因而自杀者日有所闻。[4]

不过，世界商品市场价格的周期性波动，虽然确曾对河南农村经济造成若干不利影响，但是，诚如论者所言，这种景气变动乃是以专业化为特色之商品农业所无法避免的风险。[5] 事实上，自明末清初，河南的经济作物渐次普及以来，市场价格的升降，已是河南农民所必须面临的问题；帝国主义的经济侵略，并没有引起小农经济基本性质的变化，而仅是使其对市场的依赖更形广泛与深入而已。同时，如前所述，农业商品化乃是河南农民在日益内卷化的农业经营条件下，为谋取较短时期内的较高收益，以维持其基本生计所采行的一种冒险策略；而在景气相对繁荣的时期中，经济作物的栽培，也确乎有助于提高农民所

[1]　Philip C. Huang, *op. cit.*, p. 21. 所谓"二元经济论"（Economic Dualism），参见 Chi-ming Hou, "Economic Dualism: The Case of China, 1840–1937"一文，收于于宗先等编：《中国经济发展史论文选集》上册，台北：联经出版公司，1980 年，第 153—187 页。

[2]　章有义编：《中国近代农业史资料》第 2 辑，第 523 页。

[3]　郑佩刚：《平汉沿线农村见闻杂述》，陈伯庄编：《平汉沿线农村经济调查》，第 32—33 页。

[4]　同上书，第 31 页。

[5]　张瑞德：《平汉铁路与华北的经济发展》，第 96—97 页。

得，改善农民生活。因此，讨论 1930 年代经济大恐慌所造成的农村萧条，还必须考虑到农村金融枯窘、农产运销制度不善以及政治社会环境不安定等因素的影响，而不能完全归咎于经济作物所促进之农业商品化的负面作用。

虽然，帝国主义经济势力在河南农村中，借由原料市场的垄断，操纵商品价格，从而造成一种片面性依赖之农业经济结构的现象，亦不乏例证。关于这一点，我们可以从河南棉花市场与烟叶市场的比较，略见一斑。

如前文所述，河南的棉花与烟草在运销结构上极不相同。以棉花来说，河南花农所生产的棉花是由无以数计的花贩、轧户零星收购，他们人数众多，资本短绌，不可能享有独占的权力，因此小农生产者与收花小商贩之间所形成的是一种双边的高度竞争关系，从而花农所拥有的交易条件也相对较为有利。如灵宝乡间行贩，为争取棉花货源，往往高抬价格，以致产地棉价每或高于城市。[1]安阳宋村的花农在收花之后，亦可挟其产品选择开价最高的花行出售。[2]

但是，烟叶的销售市场，相对于棉花而言，却是一个高度封闭性的垄断市场。如前所述，河南所产美种烟叶，几乎全由英美烟公司直接收购，农民别无选择余地。最初，英美烟公司为了诱导农民种植，不惜提供免费种子及高价收购的保证，然而一旦大致垄断了河南烟叶的收购市场后，该公司不但撤销了这些补助，抑且利用其独占地位，透过低估等级、停收压价等手段，任意抑低原料烟叶的收购价格。[3]1934 年后，英美烟公司在许昌地区所定的烟叶收购价格，几乎减至 1934 年以前的六分之一，甚至七分之一，过去可卖 1.2 元或 0.8 元一斤的特等烟叶，在 1934 年后仅能卖到 0.1—0.3 元。[4]而一般农民既无法停止种

---

[1] 金陵大学农业经济系编：《豫鄂皖赣四省之棉产运销》，第 126 页。

[2] 《北方农村概况调查报告——彰德县第一区宋村及侯七里店》，第 147—148 页。

[3] 明洁：《英美烟公司和豫中农民》，《中国农村》第 2 卷第 7 期，第 74—75 页；张伽陀：《鲁东种烟区三个月的观感》，《东方杂志》第 33 卷第 6 号，1936 年 3 月，第 110—113 页；《英美烟公司在华企业资料汇编》第 1 册，第 412—413 页。

[4] 明洁：《英美烟公司和豫中农民》，《中国农村》第 2 卷第 7 期，第 75 页。

烟于前，又别无其他顾主可供选择，遂亦只有忍痛出售。[1] 在这种情形下，英美烟公司于 1921—1937 年间在中国所获实际利润高达 6.29833 亿元，实际年利润率超过 50%；而同一时期内，该公司却仅将其所得利润中的 5.5% 用于再投资。[2] 据统计，仅 1936—1941 年间，该公司从中国汇出款项共达 1287 万英镑、2512 万美元。[3] 由此而论，河南烟叶种植的发展，也可以说是帝国主义经济势力所促成的一种"依赖性"的农业商品化过程。

综合以上所述，我们或可断言近代河南经济作物的栽培，实不同于"资本主义"式农业经营的发展，而毋宁是如黄宗智所言的，在农业内卷化的内在条件与帝国主义经济侵略的外在因素下，所形成的"生计型"与"依赖型"的农业商品化过程。这样一种特殊性质，显然是无裨于河南农村经济之改善的。

结　语

19 世纪末以来，随着人口的不断增长，耕地相对严重匮乏，遂使河南的农业经营日益陷入内卷化的恶劣处境。

与此同时，随着铁路交通的出现、国内经济的发展以及对外贸易的增长，以专业化及地域分工为特色，并主要为市场而生产的棉花、烟草等经济作物在河南的农业经营中日见普及，逐步加深了其农业商品化的程度。

对于这些新发展，许多人曾寄之以厚望，视之为解决中国农业问题、发展

---

[1] 彭泽益：《中国近代手工业史资料》第 3 卷，北京：生活·读书·新知三联书店，1957 年，第 534—535 页。

[2] 《英美烟公司在华企业资料汇编》第 4 册，第 1488 页；张仲礼：《旧中国外资企业发展的特点——关于英美烟公司资本的积累和超额利润》，《社会科学》1980 年第 6 期，第 55—56 页。

[3] 张仲礼：《旧中国外资企业发展的特点——关于英美烟公司资本的积累和超额利润》，《社会科学》1980 年第 6 期，第 53 页。

国民经济的不二法门。民国初年，张謇出任农商总长，即曾高唱"棉铁救国"的论调，大力推动棉花的栽培。[1] 也就是在这种热切的期望之下，近代河南经济作物的栽培有着极为快速的发展，在相当程度内大幅改变了河南农村的传统面貌。

然而，河南近代的经济作物栽培，本质上却是与其农业经营的内卷化互为表里，息息相关。一方面，内卷化下小农生产中的过剩劳力为经济作物的种植提供了不可或缺的劳力来源，而反过来，经济作物又加深了农业内卷化的程度。在这种结构性的限制下，经济作物种植所促成的商品化过程虽曾为河南农业生产提供了一条新技术的传播管道，然而这些新的技术，却因完全缺乏现代的资本投资相配合，而根本未能发生任何重大作用。整个河南农村经济基本上仍深陷于贫乏经济的泥淖之中，1936 年陈伯庄便说：

> （平汉沿线）农村作物的商品化，似已达极度；交通之赐，可谓利用无遗，然而农作的净收入，不论自耕或佃耕，其各地平均，每人不及 6 元，佃农且亏 3 角。陈振先谓："入其境，田野荒芜，民有菜色，不足虑也。如入其境，田畴尽辟，而民有菜色，乃真足虑也。"[2]

"田畴尽辟，而民有菜色"，这一句话便一针见血地说明了：近代河南的经济作物栽培，虽然提高了边际土地与剩余劳力的有效利用，但在农业内卷化的脉络与帝国主义的经济侵略下，这一过程并不能有助于解决河南农业所遭遇到的困境。

---

[1] 胡竟良：《中国棉产改进史》，第 8 页。

[2] 陈伯庄编：《平汉沿线农村经济调查》，第 40 页。

下篇

国族与国民

近代中国民族主义的发展
兼论民族主义的两个问题

前　言

1949 年 10 月 1 日，天安门城楼上，中华人民共和国正式宣布成立。大会讲话言犹在耳，"占人类总数四分之一的中国人从此站立起来了"，"我们的民族将再也不是一个被人侮辱的民族了，我们已经站起来了"。[1]

这一席慷慨激昂的讲话，不但引得广场上三万多名挥舞着红旗的群众欢欣鼓舞，也在全中国与世界各地的华人社群中，激荡起热烈回响。[2] 从"中国人从此站起来了"的宣示中，人们所看到的，不外乎如下一幅璀璨图景：几个世代有志之士梦寐以求、生死以之的目标即将达成；一个富强康乐的新中国，即将实现；近代中国的民族主义，经过迢遥修远的奋斗求索，终将开花结果，赢得丰美甘甜的收获。

一如其他无以计数的类似事例，这些充满感性的政治修辞及其所召唤出

---

[1]　毛泽东：《中国人民站起来了》,《毛泽东选集》第 5 卷，上海：上海人民出版社，1977 年，第 3—7 页。

[2]　Henrietta Harrison, *China*, London: Arnold, 2001, p.227.

的昂扬的集体激情，再次印证了民族主义在近代中国所扮演的重要角色。余英时便曾指出，百年来中国历史发展最大的动力，殆非民族主义莫属。[1] 李泽厚也认为：反帝救国的民族主义，乃是"整个近代中国思想的压倒一切的首要主题"。[2] 甚至，在近代中国许多个人的意识中，民族主义更仿佛是习与性成，毋庸置疑的认同对象。1932 年，郭沫若回忆民初中国知识分子的一般心态，便说：

> 在那二三十年前的青少年，差不多每一个人都可以说是国家主义者。那时的口号是所谓"富国强兵"，凡是稍有志趣的人，谁都是想学些实际的学问，来把国家强盛起来。[3]

然而，民族主义作为一股强大有力的意识形态，蕴涵着许多亟待厘清的疑难："中国人"到底指谓为何？中国民族的边界究竟如何设定？中国民族是从怎么样的历史境况中，挣扎站立？站了起来的中国人民又将走向何方？从这种种方向思索，我们不难发现，近代中国耳熟能详、习焉不察的民族主义，绝非天经地义的自然事物，而是在特定的历史条件与过程中，透过论述与非论述的实践，被建构出来的人为产物。对于民族主义在近代中国复杂的发展过程，也只能透过历史性的探索，才能掌握其繁复面貌与特殊性格。

犹如世界其他地区的类似现象，近代中国民族主义运动所牵涉的问题，可谓千头万绪，包罗至广。民族主义所激发的，不仅是对现实政治秩序之构成与政治权力正当性基础的重大改造，更是冲击到个人意识与社会生活诸面向的一

---

[1] 余英时：《中国近代思想史中的激进与保守》，《历史月刊》1990 年第 29 期，第 144 页。

[2] 李泽厚：《中国近代思想史论》，北京：人民出版社，1979 年，第 309 页。

[3] 郭沫若：《创造十年》，上海：现代书局，1933 年，第 74 页。

场"文化的革命"。[1] 许多相关研究，也都指出民族主义在（再）建构族群、性别与阶级等社会界限上的关键作用。由于篇幅与学力的限制，本文当然无法对近代中国的民族主义进行全面而深入的分析，只能于描述其发展梗概之余，针对在中国的具体历史脉络中特别突出的两项重大议题——民族主义与"现代性"的纠葛，以及民族建构过程中所涉及的个人与国家关系——略做讨论。也是因为这种片面的关怀角度，本文所讨论的"民族主义"，其实只是民族主义运动中以国家的塑造（state-making）为主轴的特定层面。这种论述方式，固然有助于本文对于庞杂史事的部勒与开展，但其不足与扭曲之处，自亦所在多有。从而，本文所描述的中国民族主义，也只能是绚丽夺目的万花筒中一块碎片而已。

一、中国民族主义的传统根源

讨论中国民族主义，首先必然遇到的一项重大问题，便是：中国的民族主义究竟是源远流长、古已有之，还是迟至近代才突然出现的独特现象？

对于这个问题，19 世纪与 20 世纪之交鼓吹民族主义运动的诸多中国知识分子，往往表现出暧昧游移的态度。1901 年，梁启超标举"少年中国"的口号，便认为中国人传统上"不知有国"，中国历代但有朝名，而无国名，"然则吾中国者，前此尚未出现于世界，而今乃始萌芽芸尔"。[2] 同年，他撰写《国家思想变迁异同论》一文，痛切指陈中国对外不竞、国势杌陧的根由端在欧美列强挟其"民族帝国主义"，竭全民族之全能力以临我，而"吾国于所谓民族主义者，犹未胚胎焉"，固不足以为有力之抵制。然则，中国苟欲图存于生存竞争之大

---

[1] Philip Corrigan and Derek Sayer, *The Great Arch: English State Formation as Cultural Revolution*, Oxford: Basil Blackwell, 1985.

[2] 梁启超：《饮冰室文集》第 5 卷，台北：中华书局，1978 年，第 9—10 页。

潮，其唯"速养成我所固有之民族主义"一途可循。[1] 既说中国本非"民族"，"于所谓民族主义者，犹未胚胎焉"，却又呼吁国人从速"养成我所固有之民族主义"。前言后语之间的抵牾，充分流露出时人面对"民族主义"一词时左支右绌、无从明确定位的困难处境。[2]

其实，如同许多学者一再指出的，民族与民族主义这两个概念，其具体含义难以界定。[3] 论者甚至把民族主义研究称作"术语丛林"（terminological jungle），探险迷路，葬身其间者，殆不乏人。[4] 也正因如此，研究民族主义的学者，往往基于不同的立场与关怀，对其起源问题抱持着截然异趣的认知方式。主张"恒在论"（perennialism）或"根基论"（primordialism）的学者，通常依据若干根基性的准则如血统、语言、共同祖先、宗教、习俗等体质与文化的"既定资赋"（physical and / or cultural givens），认定"民族"乃是天然生成的人群区划方式，民族主义的感情与冲动也是与之俱来、绵延不绝的长期现象。反之，如本尼迪克特·安德森（Benedict Anderson）与欧内斯特·盖尔纳（Ernest Gellner）等偏向"现代论"（modernism）或"建构论"（constructivism）的学者，大抵都强调民族主义纵有其历史根源，本质上仍是一种近代情境下方才出现的"人为文化产物"，民族主义的兴起是和资本主义及工业化的发展分不开的。[5]

---

[1] 梁启超：《饮冰室文集》第 6 卷，第 22 页。

[2] 类似情况也可以在孙中山的民族主义理论中见到。孙于民族主义第一讲中认为中国人一向只有家族主义、宗族主义，而无民族主义；日本与中国所以遭到欧美列强尊重与轻侮的差别待遇，根本原因即在于"一则有民族主义，一则无民族主义"。但是在第二讲中，他又反过来强调中国自秦汉以来即为完整的"民族国家"，民族思想极为发达，只因其后长期遭受异族统治，加以世界主义的不良影响，致此鸿秘呈宝隐没不彰，因而大力鼓吹"恢复"中国"固有"之民族主义。参见孙文：《三民主义·民族主义》。

[3] Benedict Anderson, *Imagined Communities: Reflections on the Origin and Spread of Nationalism*, London: Verso, revised edition, 1991, p.3.

[4] Benjamin Azkin, *State and Nation*, London: Hutchinson, 1964, pp.7–10.

[5] Anthony D.Smith, *Nationalism and Modernism*, London: Routledge, 1998, and *The Nation in History*, Hanover: The University Press of New England, 2000; Umut Özkirimli, *Theories of Nationalism: A Critical Introduction*, N. Y.: St. Martin's Press, 2000.

只有伴随着 18 世纪以来长期而激烈的政治、经济、文化变迁，西方各国的"人民"（people）才有可能被形塑成"民族"。[1]

与此类似的观点分歧，在关于近代中国民族主义起源的研究中，也是屡见不鲜。同时，由于中国既有长达二千年的统一国家组织，复有悠远绵长的文化传统，其所独具的历史经验，自不同于从中世纪封建体制下孕育出现代民族国家的欧洲发展路径，也与第二次世界大战后由前殖民地独立而成的新兴国家大相径庭。这种特殊形态，更使得环绕这个问题的纷争愈形尖锐。

在中国古代典籍中，用来表达类似"民族"概念的语词，不下数十种，既有"民""族""种""部""类"等单音词，也有"民人""种人""民群""民种""部族""部人""族类"等双音词，独独未见"民""族"二字连缀并用成词者。[2] 目前已知汉语中最早使用"民族"一词者，见诸 1837 年西洋传教士编纂之《东西洋考每月统记传》所刊《约书亚降迦南国》一文。[3] 兹后王韬与康有为所编《强学报》中，分别都曾使用过这个词。[4] 不过，"民族"一词在中国之广泛流传，则是迟至 20 世纪初期之事，而此时一般所使用者，却与上述的语言先例略无瓜葛，而是借自明治维新时期日本知识分子拼凑"民""族"二字，以对译西文 nation 一词所成的汉语新词。易言之，吾人今日习用之"民族"一词，实为一翻译名词，也是 19 世纪与 20 世纪之交，中、西、日等不同文化系统间

---

[1]　James Kellas, *The Politics of Nationalism and Ethnicity*, N. Y.: St. Martin's Press, 1991, pp.163–164.

[2]　韩锦春、李毅夫：《汉文"民族"一词的出现及其初期使用情况》，《民族研究》1984 年第 2 期，第 36 页。

[3]　《东西洋考每月统记传》（*Eastern Western Monthly Magazine*）系道光十三年（1833），由普鲁士传教士郭实猎（Karl F. A. Gützla）在广州创办，是中国境内出版的第一份近代意义的中文杂志，其内容包括宗教、政治、科学、商业等。《约书亚降迦南国》一文讲述约书亚奉耶和华神论，率领以色列人民渡约旦河以入迦南地的故事，文中有曰："昔以色列民族如行陆路渡约耳但河也。"参阅方维规：《论近代思想史上的"民族""Nation"与"中国"》，《二十一世纪》2002 年 6 月，http://www.cuhk.edu.hk/ics/21c/supplem/essay/0107022.htm。

[4]　彭英明：《关于我国民族概念历史的初步考察》，《民族研究》1985 年第 2 期，第 8—9 页。

跨语际（translingual）文化实践的特殊产物。[1]

正因传统汉语中并无足以适切表达"民族"概念的语汇，中外学界对于前近代中国是否有过堪称"民族主义"的政治／文化概念，遂亦不免各执一词，相争不下。一般来说，中文学界的学者大都根据《左传》"非我族类，其心必异""严夷夏之防"一类的话语，认为中国人的族群与文化之自我辨识（self-identification）确立甚早，中国民族主义思想的历史渊源，可以远溯先秦；因而晚清以来的民族主义思想，"并不是由西方 NATIONALISM 一字直接译来"，而是"一种时代的醒觉与反应"，其效应所及，殆不过"使传统民族思想之内容有所扩充"而已。[2] 然而，如罗志田指出的，传统"族类"观念所构成的"夷夏之辨"，并非如近代"民族"概念对外深拒固闭的严格边界线（hard boundary），而是因势而异、漂移不定的柔性界限（soft boundary）。《左传》固然有"非我族类，其心必异"的说法，同时却也明白宣示"入于夷狄则夷狄之，入于中国则中国之"的信念；易言之，这种观念原即杂糅着"种族"与"文化"两层不同意涵，何者较占优势，端视汉族与其他族群相对势力的强弱而定。大略而言，历代汉族政权强盛时，常常是以文化优劣作为区分华夷的标准；反之，季世势衰，则转而强调血统的传承，以"坚夷夏之防"。[3] 就此而言，族类，充其量只是一个高度含混、难以明确界定的概念。也正由于族类观念内在的暧昧性，倾向于中国民族主义自发论的论者，也往往偏好刻意彰显传统中国"民族意识"中包容性相对较强的文化侧面，乃至视之为一种"原型的"（proto）

[1]　Lydia H. Liu, *Translingual Practice: Literature, National Culture, and Translated Modernity China 1900–1937*, Stanford: Stanford Univ. Press, 1995.

[2]　王尔敏：《清季学会与近代民族主义的形成》，《中国近代思想史论》，台北：自印本，1970 年，第 209、229 页；李国祁：《中国近代民族思想》，周阳山、杨肃献编：《近代中国思想人物论——民族主义》，台北：时报文化出版公司，1980 年，第 21 页。

[3]　罗志田：《夷夏之辨的开放与封闭》，《民族主义与近代中国思想》，台北：东大图书公司，1998 年，第 35—60 页。

文化民族主义。[1]

　　与汉语学界偏重中国民族主义自发性的本土根源适成对比的，乃是英语学界对其近代性与外铄性的强调。吊诡的是，西方学者也正是透过"文化"这个范畴，来否定中国民族主义中的传统质素。1960年代末期，美国学者詹姆斯·哈里森（James Harrison）首先揭橥"文化主义"（culturalism）的论点，认为前近代中国所认同的对象，乃是一套以儒家礼教为核心的普遍性道德文化秩序，因此，在中国漫长的王朝历史中，汉族之外的异民族如果愿意接受中华文化的浸濡，也可以取得统治中国的合法性地位。这种奠基于共同传统与共同象征系统的文化主义，与植根于现代"民族国家"之上的民族主义，可谓风马牛不相及。一直要到19世纪末叶，在西方坚船利炮的武力威慑下，中国人才被迫放弃长期抱持的文化优越感，由文化主义开始转向民族主义。根据这种论述，传统中国并非一个自觉的"历史民族"，民族主义也只能是近代中国从西方学习得来的新兴事物。[2]

　　这种"从前现代的文化主义转型到现代的民族主义"的叙事模式，经约瑟夫·列文森的推阐润饰，成为西方汉学界解释中国民族主义的理论典范，迄今犹居于主导性地位。[3] 虽然，陆续仍有部分学者对此解释框架提出批判性的反思。本杰明·阿克津（Benjamin Akzin）早在1964年便已肯定中国乃是一个历史的"民族"，当其迈入现代时，其民族性（nationality）与民族主义皆已粲然大

[1]　余英时：《国家观念与民族意识》，《文化评论与中国情怀》，台北：允晨文化公司，1988年，第18—21页。关于原型民族主义（proto-nationalism）的提法，参见 Eric J. Hobsbawm, *Nations and Nationalism since 1780: Programme, Myth, Reality*, Cambridge: Cambridge Univ. Press, 1990, pp.46–47。

[2]　James Townsend, "Chinese Nationalism," in Jonathan Unger ed., *Chinese Nationalism*, Armonk, N.Y.: M. E. Sharpe, 1996, pp.2–3.

[3]　例如著名政治学者白鲁恂（Lucien W. Pye）便一贯强调中国乃是一个伪装成"民族国家"（nation-state）的"文明"（civilization）。See Lucien W. Pye, "China: Erratic State, Frustrated Society," *Foreign Affairs*, 1990（4），p.58.

备，不假外求。[1] 最近，印裔美籍学者杜赞奇更从后现代与后殖民的理论视角，对"文化主义"假说所包含的现代化理论的偏见及其所预设的"直线进化历史观"提出严厉的质疑。杜赞奇反对将政治与文化断为两截，他认为我们很难把作为一种认同的文化主义与族群或民族认同感区分开来。在传统中国人的概念中，文化的观念总是与国家或地方共同体的观念紧密地结合在一起。民族主义并不是现代化的产物，前现代中国本身便是一个"自我意识的政治共同体"，同样存在着强烈的民族主义。[2]

本文无意，也无此能力涉入这场论争，更不拟为"民族"与"民族主义"标举出一套规范性的定义，借以评骘各家说法的是非曲直。严格说来，前近代中国的"族类"观念，当然与现代的民族主义有着重大的差异，不应随意比附。然而，这并不意味着两者之间毫无相互交涉的可能。诚如乌穆特·厄兹基里姆利（Umut Özkirimli）所言，民族主义并不是一种蛰伏的实质性力量，一俟时机成熟，即奔泻而出。民族主义毋宁是一套不断形塑吾人之意识与对世界之认知的论述（discourse）。这套论述将个人转化为"国民"（nationals），从而决定了我们的集体认同。它是一种制约着我们日常言行举止的观看与诠释的形式。[3] 就此角度而论，传统中国的"族类"观念，与西方的近代民族主义，所构成的，其实都是"想象的共同体"（本尼迪克特·安德森语）；只是这两种共同体有着不同的想象方式[4]，其所依循的论述规则（discursive regularity）及所造成的实际效应，自亦有所轩轾而已。另一方面，传统中国的政治／文化认同，也并不是

---

[1]　Benjamin Akzin, *State and Nation*, London: Hutchinson, 1964, pp.181–182.

[2]　Prasenjit Duara, "De-Constructing the Chinese Nation," in Jonathan Unger ed., *Chinese Nationalism*, pp. 31–55.

[3]　Umut Özkirimli, *Theories of Nationalism: A Critical Introduction*, p.4.

[4]　本尼迪克特·安德森便已指出，所有规模大于成员之间有着面对面接触之原始村落的人群共同体，都是想象的。不同共同体的区分标准，并不在于孰真孰假，而系诸被想象的方式。See Benedict Anderson, *Imagined Communities: Reflections on the Origin and Spread of Nationalism*, p.6.

停滞不变的同质整体，而是一个流动不居的动态过程，也是各种不同叙事相互争持（contested）、协商（negotiate）的场址（site）。[1] 因此，当近代中国在欧风美雨的侵袭之下，面对"二千年未有之变局"，被迫抛弃天朝体制，转而纳入由平等的主权国家所组成的现代世界体系时，中国作为一个"想象的共同体"，自然必须因应现实需要，重新被想象、被建构；而中国的民族主义者，也往往是透过挪用与重编既存的各种混杂交错的认同标志，来建立一套整合性的民族认同。在这个过程中，一方面，前现代中国的各类文化意符（signifier）被扯离其旧有脉络，被改变其原有的意义；中国由纷繁多样的声音所构成的"过去"，也在民族主义意识形态的支配下，透过一套由"特定的框架、声音与叙事结构"所组成的论述策略，被改造成以"民族"为主体的单一性、目的性的民族"历史"。从这个侧面而论，近代中国的民族主义无疑可以说是与传统"族类"论述的重大断裂。然而，在另一方面，近代中国民族主义的论述形构，却又绝无可能完全摆脱长期积累的文化习性（habitus），也不免反过来受到传统文化质素的强大制约。易言之，近代中国的民族主义，其实是在"过去"与"现在"不断交互作用、彼此制约的辩证过程中被建构出来的。这个特殊的历史过程，当然也形塑了近代中国民族主义的特殊性格，带来许多难以解决的问题与限制。

二、民族主义的兴起与发展

众所周知，近代中国的民族主义，一如亚非拉等第三世界后进国家，是对西方帝国主义与殖民主义的回应，也是在被西方列强不断进逼、迭遭挫败、国亡无日的深重危机下，被激荡出来的。基于这项历史的宿命，近代中国的首要

---

[1] Prasenjit Duara, "De-Constructing the Chinese Nation," in Jonathan Unger ed., *Chinese Nationalism*, pp. 31–55.

关怀，始终便是如何建立一个强固有力的现代民族国家，以应付外在情势的严峻挑战。为达此一鹄的，以政治国家为指归的民族主义如何取代以文化国家为归趋的族类观念，自为题中应有的当务之急。然而，由传统族类观念转化而为现代意义的民族主义，却是一段漫长而痛苦的调适历程。

如理查德·汉德勒（Richard Handler）所指出的，在民族主义者的想象中，"民族"通常被比作一个活生生的个人——一种集体性的个人（collective individual），民族主义因而也是一种"民族的个人主义"（national individualism）。[1] 由这种"主权个人"（sovereign individual）的隐喻引申出来，主权国家与民族自决乃是民族主义者不可须臾或离的两项基本原则。就后者而言，每个民族都应该有自己的国家组织，来代表民族的利益；从前者来说，每个民族国家在国际社会都应该是独立自主的主权单位，彼此平等、互不干涉。[2]

但是，在 19 世纪中叶的鸦片战争前夕，中国却毫无接受这套"普遍性"政治规范的准备。当时的中国仍是一个由非汉族的少数民族统治的古老帝国，虽然在现实政治中，清王朝的对外政策并非全无弹性的权宜措施[3]，但是在支撑帝国体制的意识形态与象征系统上，中国始终维持着以"夷夏之辨"与"天朝上国"为核心观念的族类思想；在对外关系中，中国人所认识的世界，也还是一个以中国为中心，由朝贡制度的怀柔羁縻手段所构成的差序性"天下"秩序。明末利玛窦在中国所见的世界地图中，大明帝国占满全图的中间部分，四周环绕大海，海中散布若干小岛，各标以中国所知其他各国之名，这些岛加在一起的总面积，还比不上中国最小的一个省。这幅地图具象地再现了前近代中国人

---

[1] Richard Handler, *Nationalism and the Politics of Culture in Quebec*, Madison: The Univ. of Wisconsin Press, 1988, pp.40–41.

[2] 郑永年：《中国民族主义的复兴：民族国家向何处去》，香港：香港三联书店，1998 年，第 48—50 页。

[3] 一个显著的例证便是清朝与俄国的外交关系。17 世纪以来，清廷不但以平等关系处理与俄国的交涉事务，并在京师设置俄罗斯馆，供俄国使节往来。See Henrietta Harrison, *China*, p.56.

对"天下"的看法。[1]而 1793 年马嘎尔尼（George Macartney）使华，因朝觐礼仪问题引发的争议，更明白反映了中华帝国体制与现代民族国家世界秩序扞格不入的困境。[2]

等到西方列强兵临城下，隆隆炮火轰开中国的门户，中国最初的反应仍是诉诸"族类"意识，坚守华夷之防，极力维护天朝体制于不坠。鸦片战争期间外国人在广州所办报刊便一再抨击清廷"坚持天朝的天下是无可比拟的伟大"，中国官吏都认为"把任何一个未曾被天朝的风教熏陶过的国家看作是文明的，并屈尊去与其缔结平等条约，都会贬低他们的人格"。[3]然而，此后一连串的挫败，终于逼使中国官民不得不低首下心，亟思应变之道。于是，而有自强运动之兴起。

在 1860 年代展开的自强运动期间，部分有识之士已认识到中国所面对的不再是王朝历史中反复为患的蛮夷戎狄，逐渐承认西洋诸夷亦自有其礼义节度，且其船坚炮利之术更远胜中国。不过，从魏源主张的"师夷长技以制夷"，下至张之洞集其大成的"中学为体，西学为用"等因应世变的对策，固然已非保守派人士深闭固拒之旧貌，基本上仍未背离文化中心之族类思想的樊篱。以张之洞为例，其所谓"保种、保教、保国"之说，最终目标固仍在捍卫传统的儒家道德文化秩序；他所标榜的忠诚对象，也不外乎体现这套秩序的普遍王权；而他用以凝聚人心、一致对外的论述策略，更依然是《易经》"君子以类辨物"与《左传》"非我族类，其心必异"的说法。[4]

然而，"族类"典范的认知框架迭经晚清士大夫的引申、扩充，最终吊诡地出现了"华夷易位"的现象。戊戌变法前夕，王韬于《华夷辨》一文已经指出：

[1] 陶绪：《晚清民族主义思潮》，北京：人民出版社，1995 年，第 13 页。

[2] 关于马嘎尔尼使华事件，近日史家有从后现代与后殖民之理论视角重加解释者，并因而引发英语汉学界一场热烈的争论。See James L. Hevia, *Cherishing Men From Afar: Qing Guest Ritual and the Macartney Embassy of 1793*, Durham and London: Duke Univ. Press, 1995.

[3] 罗福惠：《中国民族主义思想论稿》，武汉：华中师范大学出版社，1996 年，第 146 页。

[4] 李国祁：《中国近代民族思想》，周阳山、杨肃献编：《近代中国思想人物论——民族主义》，第 27—29 页。

"华夷之辨其不在地之内外，而系于礼之有无也明矣。苟有礼也，夷可进为华；苟无礼也，华则变为夷。"[1] 顺此逻辑推衍下去，遂有郭嵩焘坦率指陈的论断：三代之时，唯中国自有教化，其余"一皆远之于中国而名曰夷狄"；然而，今则西欧诸国富强远迈中国，"其视中国亦犹三代盛时之视夷狄也"。[2] 发展至此，"族类"典范的全盘崩解，也只是指顾间事耳。

1894 年中日甲午战争，清廷惨遭败衄，数十年间制械练兵的洋务事业尽付流水，继之而有东西列强争相攘夺，瓜分风潮日益剧烈，国际地位一落千丈，人心之震撼危疑，达于极点，传统族类观念所蕴含的文化优越感也在此时彻底破灭。梁启超便说："吾国四千余年大梦之唤醒，实自甲午战败，割台湾，偿二百兆以后始也。"[3] 康有为于 1898 年上书光绪皇帝，更明白说道："自东师辱后，泰西蔑视，以野蛮待我，以愚顽鄙我。昔视我为半教之国者，今等我于非洲黑奴矣；昔憎我为倨傲自尊者，今则侮我为聋瞽蠢冥矣。"[4] 这几句话所流露出的屈辱、挫折与"妒恨"（ressentiment）之情，可谓跃然纸上。从里亚·格林菲尔德（Liah Greenfeld）对民族主义兴起之感情动力的论断来看，中国近代民族主义可说已经略具雏形，呼之欲出。[5] 果然，不旋踵而有 1300 余名应试举人联名上书，打破传统"士人干政"的禁令，为中国国民集体参与国家政治过程开创先河。中国的民族主义，便在一片"救亡图存"的呼号声中，揭开序幕。

1895 年之后，中国的民族主义澎湃兴起，波涛汹涌，极尽曲折变幻。大致而言，我们可以参酌詹姆斯·汤森（James Townsend）与帕沙·查特吉（Partha Chatterjee）的说法，根据民族主义运动的实践主体与其扩散普及的程度，将之

---

[1] 王韬：《华夷辨》，《弢园文录外编》第 10 卷，上海：上海书店出版社，2002 年，第 245 页。

[2] 郭嵩焘：《郭嵩焘日记》第 3 卷，长沙：湖南人民出版社，1982 年，第 439 页。

[3] 梁启超：《戊戌政变记》，《饮冰室专集》第 1 卷，台北：中华书局，1972 年，第 1 页。

[4] 康有为：《上清帝第五书》，汤志钧编：《康有为政论集》上册，北京：中华书局，1981 年，第 202 页。

[5] Liah Greenfeld, *Nationalism: Five Roads to Modernity*, Cambridge: Harvard Univ. Press, 1992.

约略区分为"启航期"（moment of departure，1895—1918）、"操演期"（moment of manoeuvre，1919—1949）与"着陆期"（moment of arrival，1949— ）三个不同阶段。[1]

启航期：1895—1918

研究欧洲民族主义的学者认为，欧洲各国民族主义的发展有两条不同的路径：西欧的英法等地区民族国家的打造，大致是由"横向族群"（lateral ethnie），亦即国家的贵族阶层，借由国家官僚体制的吸纳能力，逐步将低层民众与边远地区整合纳入国家的统治之下；而相对落后的东欧地区所走的，则是由下而上的道路，也就是由"纵向族群"（vertical ethnie，亦即受大帝国统治或被殖民的本土族群）中的人文知识分子来提供这些族群发展民族认同所需的文化架构，以及改变政治现况的动力。中国虽然早有高度集权的国家组织与完备的官僚体系，但是，近代中国民族主义所追寻的，却是第二条道路。20世纪初期，中国民族主义运动的主力，正是一批新兴的知识分子。

阿克顿勋爵（John E.E.Acton）有言："正如压迫是自由主义的学校，流放是民族主义的摇篮。"[2]中国近代民族主义虽然肇始于甲午一役，而其粲然大备，则要等到世纪之交大批知识分子的流寓海外。

1898年戊戌政变发生后，康有为、梁启超等维新党人流亡日本，紧接着，又有大批青年学生赴日留学，据罗杰·哈克特（Rodger Hackett）估计，1901年至1910年间，中国留日学生共达32 428人。[3]如果借用本尼迪克特·安德森借

---

[1] James Townsend, "Chinese Nationalism," in Jonathan Unger ed., *Chinese Nationalism,* p.11; Partha Chatterjee, *Nationalist Thought and the Colonial World: A Derivative Discourse,* London: Zed Books, 1986, pp.50–51.

[2] ［英］阿克顿：《自由与权力》，侯健、范亚峰译，北京：商务印书馆，2001年，第123页。

[3] 王振辉：《中国民族主义与马克思主义的兴起》，台北：韦伯文化事业公司，1999年，第139页。

以分析 18 世纪拉丁美洲民族想象所由产生的重要概念，清末中国如此众多的人同时经历的异国"朝圣"（pilgrimage）经验，殆已为一个超越传统地理畛域的认同形式——民族认同，提供了有利的条件。[1] 另一方面，19 世纪末叶以降，中国的新式印刷事业蓬勃兴起，各类期刊报纸如雨后春笋般相继涌现；这些刊物以其惊人的流通规模，也为中国的"民族想象"提供了类似安德森所称之"大规模印刷资本主义"（print capitalism）的物质基础。[2] 在这种种制度性因素的支撑下，一种新的社群想象方式——民族，遂亦获得发展的契机，其截然有别于传统以儒家道德文化信条为内核，并以王朝官僚体制与科举制度为基盘的"族类／文化社群"。

当然，更重要的是，这群脱离传统体制、负笈异国的新式知识分子，在留学期间，直接间接受到 19 世纪末期盛行欧美之各类民族主义思潮的浸濡，并且透过翻译、著述的手段，剿袭（copy）、散播各项新观念，从而使得中国的民族主义变成一套可以明确叙说（articulate）的理念。"排满"最力的章太炎便自承其少年时期，因读郑思肖、王夫之等人著作，"民族"思想渐渐发达，不过，一直要到甲午以后，浏览东西各国新书，"才有学理收拾进来"。[3]

---

[1] Benedict Anderson, *Imagined Communities: Reflections on the Origin and Spread of Nationalism*, pp.53—59. 这种概念借用，当然与安德森原有的论述脉络大不相同。安德森所谓的"朝圣"，指的是欧裔海外殖民者（Creole）退回殖民母国游历、任官的历程。在此历程中，他们蒙受差别待遇，因而激发彼此同属一体的共同体想象。这种历史经验，与清末留日学生，无论在客观境遇或主观认知上，都不可同日而语。不过，离乡背井、负笈异域的留日经验，也使一个对于"中国"的共同体想象成为可能。参见［日］坂元弘子：《中國民族主義の神話》，《思想》1995 年第 849 期，第 76—79 页。

[2] 据一项统计，1900 年至 1918 年间，中国国内与国外各地区出版的定期刊物达七八百种之多，参见丁守和主编：《辛亥革命时期期刊介绍》第 1 集，北京：人民出版社，1982 年，"说明"，第 1 页。据另一项外国人所做统计，1890 年时有通俗期刊 15 种，1898 年增至 60 种，至 1913 年已暴增至 487 种，参见 Charlotte Beahan, "Feminism and Nationalism in the Chinese Women's Press, 1902-1911," *Modern China* Vol.1, No.4, p.379；这些刊物的发行量自是参差不齐，其畅销如《新民丛报》者，甚至可达 1 万份，阅读人数则在 10 万以上，参见张朋园：《梁启超与清季革命》，第 286—303 页。

[3] 章太炎：《演说录》，《民报》1906 年第 6 号，第 1 页。

许多相关研究都曾指出，晚清中国知识分子大抵深受严复所译《天演论》中社会达尔文主义意识形态的影响，几乎都是透过"物竞天择，适者生存"的认知框架，来理解世界的局势与中国的处境。从这种全球性（global）的新视野出发，他们迅速地指认出中国民族主义的对立面——帝国主义。[1]1901年，梁启超在《国家思想变迁异同论》一文中，便是从世界人群生存竞争的角度，引入帝国主义理论来证成打造中国民族主义的迫切性。其后，各类留日学生所创办的期刊，也相继撰文阐述帝国主义的侵略本质。他们反复强调，由于帝国主义列强争霸世界的竞争日益激烈，中国势将继非、澳、拉美之后，成为帝国主义列强侵略攘夺之首要目标，中国的民族危亡已迫在眉睫。为谋救亡图存，中国唯一可为倚恃的武器，厥为民族主义。1903年杨笃生在《新湖南》一书中便说："今日地球诸国所为凌厉无前者，帝国主义也。而此帝国主义，实以民族主义为之根柢。故欲横遏此帝国主义之潮流者，非以民族主义筑坚墙以捍之，则如泛桃梗于洪涛之上而已矣！"[2]同年的《湖北学生界》刊文讨论中国前途问题，也大声疾呼道："我国民不急行民族主义，其被淘汰于二十世纪民族帝国主义之潮流中乎？！"[3]由此可见，近代中国民族主义自诞生伊始，便是一种由外在危机所激发的防卫性机制。这种根源性的因素，形塑了中国民族主义的基本性格与关怀目标。自此以后，"反帝救亡"的主题盛行不衰，蔚为中国近代民族主义的基调。

不过，晚清知识分子在提倡民族主义，要求建立一个"民族单位与政治单位相契合"[4]的现代民族国家组织时，却面临了一项困难的抉择。这些民族主义知识分子几乎全属汉族，但是他们所面对的，却是一个由非汉族的少数族

[1] Tang Xiaobing, *Global Space and the Nationalist Discourse of Modernity: The Historical Thinking of Liang Qichao*, Stanford: Stanford Univ. Press, 1996.

[2] 杨笃生：《新湖南》，张玉法编：《晚清革命文学》，台北：经世书局，1981年，第87页。

[3] 《论中国之前途及国民应尽之义务》，《湖北学生界》第3期，光绪二十九年三月初一日，台北：国民党党史会影印本，1968年，第11页。

[4] Ernest Gellner, *Nations and Nationalism*, Oxford: Basil Blackwell, 1983, p.1.

群——满族所掌握的国家政权。因此，他们虽然同具"救亡图存"的宗旨，却因出身经历与政治立场的差异，而对中国"民族"有着极为不同的想象方式；他们也各自透过不同的"编码"（encoding）程序，来界定中国"民族"的边界。此所以中国民族主义所催生的中国"民族"，一如上文所引杜赞奇对中国传统文化认同所做论断，从一开始，便不是一个同质性的整体，而是各种论述相争相抗、不断协商的场域。

我们可以大致依据詹姆斯·凯拉斯（James Kellas）对民族主义所做的类型区分，把20世纪初期的中国民族主义粗略分为三种：社会或文化民族主义（social or cultural nationalism）、族群民族主义（ethnic nationalism）与国家民族主义（state nationalism）。[1] 我们可各以一位知名的知识分子为例，稍做说明。[2]

晚清的文化民族主义可以举康有为做代表。早在戊戌变法期间，康有为即已主张"立孔教"，以孔子纪年。康的主张，表面看来与传统以文化为华夷之判的族类思想并无二致，实则已将孔子所代表的普遍性道德文化秩序转化而为厘定中国民族边界、界定民族本质的一套符号系统。1898年他上呈光绪皇帝的一封奏折中，便说："孔子立大下义，立宗族义，而今则纯为国民义。"[3] 换言之，孔子所代表的儒家道德文化秩序，在康有为看来，已不复是放之四海而皆准的"大同"理想，而是凝聚中国为一整体的基本力量。不过，这套文化秩序纵使已由"普遍"转为"特殊"，毕竟还是可以力学而至；其所划定的，并非无从逾越的"天然"界限。在这种相对开放的民族概念下，一个人或一个族群是否得以成为民族的成员，当然不是由血缘、种性等生物性因素来决定，而完全视其

---

[1]　James Kellas, *The Politics of Nationalism and Ethnicity*, pp.51-52.

[2]　这并不是说，以下所举三位知识分子的思想可以完全用这几种不同类型的民族主义来概括；本文也不拟将章太炎、康有为与梁启超等人复杂多变的思想面貌加以本质化或简单化，而只是为了诠释的便利，将之视为代表三种民族主义类型的符号。这几位知识分子的思想本身，并不是本文所拟处理的对象，更何况笔者也没有这样的能力。

[3]　张玉法编：《晚清革命文学》，第282页。

是否接受这套共同的文化秩序而定。因此，直到"排满"革命的风潮澎湃兴起，康有为依然坚持其保皇立宪的一贯主张。1907年，他为海外侨民代上请愿书，便明白指出，满人入关以来，"一切礼文，悉从周、孔"，在文化上已全盘汉化，实与汉人同为中华民族的当然成员，自无"内自离析，以生讧衅"之必要。为此，他呼吁清廷删除满汉名籍，改定国名曰"中华国"，使满汉诸族群"合同而化，永泯猜嫌"，以便"团和大群，以强中国"。[1]

相对于康有为由柔性的文化边界所构成的民族想象，清末革命党人所鼓吹的民族主义，则是一种排拒性的（exclusive）族群民族主义。一如康有为的文化民族主义，这种族群民族主义的入手把柄也是对传统文化资源的动员与重构。"非我族类，其心必异"的族类论述，在革命党人的著述中，触目可见，至为寻常。但是，他们所理解的"汉族"，同时又掺入了来自西方的"种族"（race）概念，从而泯除了传统族类观念原有的弹性空间，进一步固定化为一个完全以根基性血缘纽带相联系的生物性范畴。在这套民族主义论述中，共同祖先的血缘传承，成为判定民族成员资格的严格界限。所以1907年，章太炎与康有为不约而同地主张将中国改名"中华"时，他所设想的"中国"，便完全是由汉人族群所组成的群体，其疆域也应该以汉代华人活动的范围为经界；至于满、蒙、回、藏等族群，血统既与汉族殊异，自应"任其来去"，否则亦应全面同化于汉族，而即便如此，仍不能取与汉族平等之地位，"吾之视之，必然美国之视黑民若"。[2]

既然血缘、种族乃是界定民族不可逾越的"天然"界限，革命派的民族主义知识分子便不能不以"排满"革命作为建构中国民族国家的张本。刘师培便说："中国者，汉族之中国也。叛汉族之人，即为叛中国之人；保汉族之人，即为存中国之人。"[3]章太炎也明白昌言："夫民族主义，炽盛于二十世纪，逆胡

---

[1] 张玉法编：《晚清革命文学》，第611—622页。

[2] 章太炎：《中华民国解》，汤志钧编：《章太炎政论选集》，北京：中华书局，1977年，第7—10页。

[3] 刘师培：《论留学生之非叛逆》，《苏报》光绪二十九年五月二十七日。

膻胯，非我族类，不能变法当革，能变法亦当革；不能救民当革，能救民亦当革。"[1] 这种封闭性的民族主义论述，不但有效地推动了晚清的政治革命，也为近代中国的民族打造，设下了重大的障碍。

康、章诸人之外，最早标榜民族主义口号的梁启超，则最终走上了另外一条道路。

晚清时期梁启超思想之善变多变，殆为人所皆知之定谳。流亡日本以后，梁先是追随康有为，提倡"文化民族主义"，随后一度改弦易辙，昌言"种族革命"，不旋踵而又高标"开明专制"之论，主张君主立宪，固所谓流质变幻，转易不定。不过，在梁的多变面貌之下，亦自有其未尝稍变的核心信念。如论者所言，梁真正关怀的目标，其实不在"文化"或"种族"，而是作为一个政治实体的"中国"。[2] 换句话说，在晚清知识分子所提出的建构中国民族的诸般策略中，梁所选择的道路，既非"保种"，也非"保教"，而是一种以"保国"为最终鹄的的国家民族主义。1903 年，梁启超便已提出"大民族主义"的说法，呼吁国内诸族群捐弃种族、文化的嫌隙，相互混融，共组一大"国群"，以御外侮而保中国。同年，梁往游新大陆，亲见在美华人之顽固鄙陋，其地域宗族之畛域，较诸内地，尤为森严。梁受此刺激，痛感仅借血统或文化之联系，断不足以融国人为一大群。中国苟欲抗御"民族帝国主义"的侵略，求存于"优胜劣汰"的国际竞争大潮，势不能不改采政治之手段，以国家为枢纽，易"族民"（people）而为"国民"（nation）。于是，梁乃彻底转向伯伦知理（Bluntchli J.Caspar）的国家学说，成为一个坚定不移的国家主义者。[3]

依据梁启超的理解，所谓"国民"，殆与时人所高唱之"民族"，有着根本

[1]　章太炎：《狱中答新闻报记者》，汤志钧编：《章太炎政论选集》，第 233 页。

[2]　黄进兴：《梁启超的终极关怀》，《史学评论》1980 年第 2 期，第 85—100 页。

[3]　张佛泉：《梁启超国家观念之形成》，《中国政治学报》1971 年第 1 期，第 37 页；Chang Hao, *Liang Ch'i-ch'ao and Intellectual Transition in China, 1890-1907*, Cambridge: Harvard Univ. Press, 1971, pp.238-254。

上的差异。后者系一文化、历史与社会之范畴，其所赖以存立的基础，在于血统、语言、宗教信仰、风俗习惯等"根基性的联结纽带"；而"国民"则是一个政治概念，乃构成一个国家的实体与主体，其得以形成，必赖一有意识的政治作为与一套明确的法制结构，俾人人得以参与其间，共建一国。[1] 梁认为"民族主义"并非建国独一无二之法门，现代国家所真正需要的，毋宁乃是健全的"国民资格"，而所以铸就"国民资格"者，固不能诉诸血缘、文化的联系，而主要须仰赖一个强大的政治权威，来担负起促进经济发展、提倡公众教育、进行政治整合等迫切工作。

从这样一种政治性的国民概念出发，梁启超明白宣称，中国当前之急务，端在推动政治改革，培养健全之国民，以造成一强固之国家组织。为此，梁终于抛弃了"民族主义"的口号，改揭"国民主义"与"国家主义"之旗帜。1906 年，他在一篇文章中，斩钉截铁地说道："今日欲救中国，惟有昌国家主义，其他民族主义、社会主义，皆当诎于国家主义之下。"[2] 由是可见，梁几经周折，最终确立的国民论述，其实乃是一种以国家为中心的民族建构。

基于这种"国民国家"的信念，梁启超一方面极力反对"排满"革命，同时大力要求清廷实施改革，树立政治权威，再借立宪法、开国会等政治行动，来为国民提供一套凝聚共识的法制架构。另一方面，他又高举"新民"的理想，要求国人自我改造，养成与国家为一体的国民能力与资格。这种以国家为归趋的民族主义论述，虽未能在晚清付诸实现，却为此后中国民族主义的高度国家化奠定了有力的基石。

另一方面，当海外各派民族主义知识分子正为中国民族国家所应遵循的建构形式相互激辩，争议不下时，中国内部同样掀起了民族主义的热潮。美国学者石

---

[1]　梁启超：《饮冰室文集》第 8 卷，第 71—72 页；张佛泉：《梁启超国家观念之形成》，《中国政治学报》1971 年第 1 期，第 18—19 页。

[2]　梁启超：《饮冰室文集》第 18 卷，第 52 页。

约翰（John Schrecker）对《清季外交史料》做过一项统计分析，发现"主权"概念在晚清最后数十年间，出现的频率越来越高，反映出当时朝野人士对于现代民族国家的认识日益深刻。[1] 各种自发性的群众民族主义运动，遂亦在此时相应兴起。1903 年由于俄国占据东北引发的拒俄运动、1905 年因华工问题激起的反美工约风潮、1908 年因日船"二辰丸"私运军火点燃的反日运动，乃至 20 世初期全国各地风起云涌的收回路矿利权运动，皆有大批学生与城市工商居民卷入其间。在一片充斥着"国民""救国"的呼号声中，甚至许多下层民众也都感染到这股强烈的民族主义情绪。1907 年，苏杭甬争路事件发生，常州各界争相奋起，积极响应，甚至当地妓女也开会招股，共襄义举，其传单上便说："路权一去，命脉尽绝，凡我姐妹，亦应固结团体，不可放弃权利。谁非国民，谁无热忱？"[2] 此外，许多直到目前依然广泛流传、激荡人心的民族主义神话，例如上海租界公园入口悬挂有"华人及狗不得入内"木牌的故事，也在 19 世纪与 20 世纪之交，逐渐被塑造成为中国近代社会的共同记忆。凡此诸端，在在显示近代中国民族主义的急遽扩散与深化，寝假而成为此后中国政治、社会生活中最为重要的力量。

面对国内外民族主义蓬勃兴起的强大压力，清廷也被迫在其统治的最后十年间，展开了"官方民族主义"（official nationalism）的新政措施。庚子之后，清廷下诏废除满汉通婚的禁令，并于 1909 年颁布国籍法，正式确认中国人民作

---

[1]　John Schrecker, *Imperialism and Chinese Nationalism: Germany in Shantung*, Cambridge: Harvard Univ. Press, 1971.

[2]　鲍家麟：《辛亥革命时期的妇女思潮》，《中华学报》1974 年第 1 卷第 1 期，第 110 页。当然，这些底层民众也可能是和琳达·科利所描述的 18 世纪末 19 世纪初的英国中下阶层一般，透过对民族主义运动的积极认同，作为改善自身政治、社会地位的手段，参见 Linda Colley, "Whose Nation? Class and National Consciousness in Britain, 1750–1830," *Past and Present*, 113（Nov.1986），pp.97–117。易言之，在近代中国民族主义的发展与扩张过程中，底层民众未必只是知识与权力精英随意形塑的消极客体；在民族主义所开拓的政治文化场域中，他们对于这套由特定真理治权（regime of truth）与强制性权力所建构的支配性霸权论述，也并不是全无操弄、逃避与抗拒的空间。可惜的是，关于近代中国"群众民族主义"（popular nationalism）的复杂面貌，至今仍未受到足够的重视与研究。

为国家成员的身份与资格。[1] 同时，更于 1905 年罢废科举，推行新式教育，明订"忠君爱国"的教育宗旨。此外，修筑铁路、兴办实业、改造政府组织、修订新式法律等一连串重大兴革，也相继登场；最后更于京师设资政院，各省置谘议局，为实行君主立宪做准备。

不过，清廷这种"民族打造"的迟来努力，未能有效遏阻种族民族主义的浪涛。一方面，在"反满"革命以"族群"判分"国民"的刺激下，汉人的种族意识固然越演越烈，而满人统治者的族群自觉也相应地继长增高，之间的猜忌嫌隙随之加深，国家认同的分裂危机日益严重。另一方面，由于财政资源的匮乏，新政改革非但未能强化中央政府的权力集中，反而造成国家政治权威的失坠，地方势力尾大不掉，而科举废除后，传统士绅日趋式微，也使国家机器丧失了与广大农村社会相联系的中介管道。1911 年，武昌事起，清廷便在各省督抚相率观望的情势下，迅速走向覆亡。然而，其所遗留下来的诸多问题，却在此后数十年间，依然还是中国民族主义运动最为迫切的棘手难题。

操演期：1919—1949

中国民族主义的第二个发展阶段，大致始于 1919 年的五四运动，而终于 1949 年中华人民共和国成立。

在查特吉为印度反殖民民族主义运动所做的分期中，其"操演期"的特征，是一位具有超凡魅力的民族主义领袖甘地（Gandhi），透过民粹式的道德文化感召，将广大的下层农民群众纳入民族主义运动的范围之内。[2] 在中国民族主义的同一阶段中，虽然没有甘地一类的灵魂人物，但民族主义情绪与意识之由社会上层的知识精英持续向下广泛渗透，却也是不争的事实。

不过，构成此一时期中国民族主义运动的实践主体，已由晚清少数知识精

---

[1] James Townsend, "Chinese Nationalism," in Jonathan Unger ed., *Chinese Nationalism*, p.16.

[2] Partha Chatterjee, *Nationalist Thought and the Colonial World, A Derivative Discourse*, pp.51, 85–125.

英垄断全局的局面，分化成两股主要力量。一方面，清末教育改革以来所培育出的大量新式学校的在学学生，异军突起，登上全国性的政治舞台，成为民国时期民族主义的重要代言人。学生民族主义运动，成为民国政治史上不可轻忽的篇章。另一方面，1920 年代乘民族主义浪潮而崛起的国民党政权，也承袭了晚清官方民族主义的余绪，透过各种国家暴力与意识形态机器，试图塑造一个以现有政权为认同对象的民族国家，从而开启民族主义政治化与党国化的转向。这两股力量时则相辅相成，相互强化，有时却又背道而驰，形成敌对的态势。

自 1902 年清廷颁布《奏定学堂章程》、1907 年设立学部，中国近代的新式教育迅速发展。1903 年至 1909 年短短数年间，全国学校数由 719 所增加到 52 384 所；学生总数由 6943 人增加到 1 560 270 人。民国以降，新式教育持续扩张，在 1919 年五四运动前夕，据官方统计，全国共有公立学校 52 650 所，学生约 450 万人，即以中等以上学校而言，到 1923 年时，已有 738 所，学生约达 12 万人。[1] 从全国人口的比例来说，这样的数目当然微不足道，不过，这些学校分布的情况极不平均，而且多半集中于北京、上海等沿海沿江的大都市，这种现象，自然有利于学生之间的联络、组织与动员。

另一方面，自晚清以来，新式学堂的学生群体，往往借由各种学会组织、社团活动及期刊书报为媒介，互通声息，并与其他社会组织如商会、教育会等横向联系。1905 年的中美工约风潮中，上海、北京等大城市的学生，便曾联合士绅、商人、工人，散发白话传单，举行演说大会，呼吁国人抵制美货。[2] 这些组织与活动，为学生们提供了从事政治、社会运动的宝贵经验，也凸显出学生群体在 20 世纪初期中国社会中的重要角色。

---

[1] 陈丰祥：《五四时期的民族主义》，《台大历史学报》1981 年第 9 期，第 303—331 页；吕芳上：《从学生运动到运动学生——民国八年至十八年》，台北："中央研究院"近代史研究所，1994 年，第 4—6 页。

[2] 李孝悌：《清末的下层社会启蒙运动，1901—1911》，台北："中央研究院"近代史研究所，1992 年，第 113 页。

但是，这些学生对于中国的现况却是极端愤懑不满。他们人数寡少，又大多出身于富裕的上层社会，自然形成一个独特的身份团体，一举一动，极易博取大众的同情与瞩目；不过，科举废除后，他们丧失了向上流动的制度性管道，而中国工商产业的极度落后，也使得他们就业谋生的机会相对狭隘。若非全国知名的大知识分子，一般中学毕业的小知识分子要想谋得足以养家糊口的一枝之栖，可谓难上加难。[1] 身份期望与实际生活的巨大反差，造成学生们心理上的严重挫折与强烈反弹，不免向外投射，寻求发泄的管道。不幸，他们所遭遇的政治现实，又恰恰是一片晦暝否塞的混乱局面。

辛亥革命之后，普遍王权的传统政治秩序彻底崩解，国家陷入政治权威的高度危机。议会政治的实验，经过短暂摸索，以失败告终，此后则帝制、复辟与长期的军阀混战接踵而至。东西帝国主义乘势勾结各地军阀，扩张在华势力。学生们自晚清以来长期接受"反帝救亡"民族主义意识形态的灌输，既对帝国主义的侵略深感屈辱与愤慨，更痛恨军阀政府的颠顶阑茸，无力维护国家主权。这种种情绪酝酿所积，终于在 1919 年爆发出惊天动地的五四运动。

1919 年 5 月 4 日，北京学生为抗议巴黎和会对山东问题的解决方式，发动数千名学生游行示威，提出"外争主权，内除国贼"的口号，并由罗家伦起草《北京学界全体宣言》，标举两条洋溢着民族主义精神的信条："中国的土地可以征服，不可以断送；中国的人民可以杀戮，不可以低头。"

这场运动一经北京政府的镇压，迅即扩散到全国各地，各大都市相继出现大规模的抗议活动，工人罢工、商人罢市、学生罢课，一致声援北京学生，使得中国的民族主义情绪顿时高涨至前所未有之程度。一位外国观察家阿普顿·克洛斯（Upton Close）便曾指出，在五四期间，数以百万计的中国农民、商人与工匠，破天荒地第一次议论起国家和国际大事，开始参与国家政治过程，在青

---

[1] 一个著名的例子便是青年毛泽东。毛泽东自湖南第一师范毕业后，于五四前夕，在北京大学图书馆担任馆员，月薪 8 元，衣食不给，而时任北大教授的胡适则月薪是 300 元。

年学生的推动下，"中国终于真正觉醒了"。[1]

在近代中国民族主义的发展史上，五四运动无疑是一座具有典范意义的里程碑。五四之后，中国境内无以计数、大大小小的学生民族主义运动，莫不祖述五四，以之为证成自身正当性的象征性资源。五四因而可以说是中国近代民族主义运动最为耀眼的精神标志。

五四之后，由中国社会所发动的民族主义运动进一步向下普及扩散，不久，乃有1925年的五卅运动。

五四期间，学生深受新思潮影响，开始将其探索的触角伸向中国社会内部，1919年北京各大学学生陆续组织平民教育讲演团等团体，走入城镇与农村，进行民众启蒙的工作。经由这些制度性的管道，学生浓厚的民族主义思想，逐渐散布到中国各大都市的下层民众中。1925年上海发生日资纱厂杀害中国工人事件，其后多名示威学生又遭英国租界当局开枪射杀，于是举国哗然，罢工、罢课、罢市的风潮快速蔓延至全国20多个主要都市，整个事件前后持续了两三个月之久。运动期间，一般群众深受感染，莫不激荡起强烈的反帝爱国情绪。1925年6月10日，上海《申报》便曾刊载一则新闻，报道一名运输公司职员痛心国事，愤而投江自尽，遗书中便慷慨指斥英日帝国主义的侵略野心："枪毙市民，即灭吾种族之试验；力禁吾人爱国，即瓜分我国之先声"，并大声疾呼，要求国人"宁为中华之雄鬼，勿作亡国之怯奴"，"激发爱国之心，争回人格，保全国体"。从这个实例，不难想见1920年代民族主义如何深入人心，蔚为支配城市大众意识与行动的主导力量。同时，从这个事件中屡见不鲜的"亡国灭种"之修辞模式与"国民／亡国奴"之对比意象，也不难明白此时由青年学生所推动的民族主义运动，大抵承袭着晚清时期所奠定的基本范式，仍是一种以国家为最终指归的高度政治化的意识形态。

---

[1] Chow Tse-tsung, *The May Fourth Movement: Intellectual Movement in Modern China*, Cambridge: Harvard Univ. Press, 1960, pp. 227–228 .

可想而知，这种政治化的民族主义，自然免不了受到当时中国各种正积极竞争政治资源、企图攫夺国家机器的政治势力的觊觎。如众多论者所指出的，五四以至五卅期间，学生民族主义的狂飙，不但为中国共产党的发展提供了良好的条件，更为民初以来蹉跎挫败、困处东南一隅的中国国民党，制造了获取政权的契机。

五四运动发生以后，避居上海的孙中山，立刻对学生的行动表示同情，积极援助，并训令各地党员创办报刊，发展组织，试图将这股自发的爱国力量纳入国民党的革命阵营。[1] 在国民党的大力笼络之下，学生民族主义迅即与国民党合流，矛头所指的攻击对象也由帝国主义列强转变为北洋军阀政府。1926 年 3 月 18 日，在国民党北京支部的策动下，北京学生与工商群众为抗议日舰炮轰大沽口、要求日本撤军，发起示威请愿。不料游行队伍走到段祺瑞督政府国务院门前，竟遭警卫部队开枪射击，示威群众死伤无数，是为"三一八"惨案。[2]

"三一八"惨案后，青年学生对当时代表中国的北洋政权彻底绝望，转而投奔国民党，参加反帝反军阀的国民革命运动。于是，国民党遂挟此民族主义之助力，于 1928 年完成北伐，统一中国，建立国民政府。

国民党掌握政权后，颁布《训政时期约法》，积极树立"以党治国"的党国集权体制。在这种体制之下，国民党成为中国"民族"的代言人，垄断了对"民族主义"的诠释权力。1929 年国民党第三次全国代表大会通过《训政时期行使政权之分际及方略》，便明白规定："中国人民须服从并拥护中国国民党、誓行三民主义……始得享受中华民国国民之权利。"[3] 中国的民族主义，正式走上了

---

[1]　吕芳上：《革命之再起——中国国民党改组前对新思潮的回应，1914—1924》，台北："中央研究院"近代史研究所，1989 年。

[2]　李健民：《北京三一八惨案（民国十五年）》，《"中央研究院"近代史研究所集刊》1987 年第 16 期，第 297—319 页。

[3]　缪全吉：《抗战前十年行政系统的变革》，"中央研究院"近代史研究所编：《抗战前十年国家建设研讨会论文集》，第 956 页。

党国化的道路。

顾名思义，国民党原是以民族主义为号召的政党。控制国家政权之后，国民党更极力动员各类意识形态机器，透过教育、宣传等手段，以推动其民族打造之事业。前举上海租界公园"华人及狗不得入内"的故事，便曾被编入国民党的反帝教材之内，广为宣传。

然而，1930年代国民党的"党国民族主义"，却面临着许多内在困难与外在压力。

1912年民国肇造之初，废除帝制，改行共和。不过，民国政府并未贯彻清末种族革命的口号，由汉族独立建国；反之，民国所承袭的，仍是清帝国包含着多元民族的广大疆土。为因应此一新局，民国政府迅速调适，放弃"种族革命"之主张，改悬五族共和之帜，试图将国内众多少数民族整合于一套以民主共和为标榜的政治架构之内。然而，这种权宜之计，并未真正改变"汉族中心"的浓厚种族意识。民元以后，中国边远的少数民族地区如蒙古、西藏等地，便成为民国政治的一大难题。

国民党掌政后，基本上依然袭取晚清官方民族主义之故智，其所标榜的中国"民族"，乃是一个超越族群、地域与性别之畛域，以国民党党国为主要认同对象的"国民"群体。在"国民国家"的号召之下，国民政府在1930年代便多次由中枢主持，举行成吉思汗的祀典，试图将晚清革命党人所极力攻讦的"羯胡虏酋"重行编码，纳入中国"民族英雄"的新系谱。

不过，国民党政权这种以"国民"为主轴的"民族想象"，同样未能达成凝聚民族国家的目的。"种族"意识，始终还是民国时期根深蒂固、挥之不去的暗影。民国以来对于"国民"资格的法定规范，一贯因袭1909年清廷所颁国籍法之规定，采取"血缘"原则，将中国"民族"视为一个由"血统"纽带所构成的群体。1924年孙中山讲演民族主义，也是把抟成"民族"最重要的"自然力"，归诸"血统"。甚至直到1937年，历史学者齐思和还必须特撰专文，驳斥当时混淆"种族"与"民族"的诐风与流弊。[1] 诚如费约翰（John Fitzgerald）所指出的，国民党党国民族主义，实质上依旧是晚清以来雄踞霸权位置之"种族建国"论述的翻版。[2]

另一方面，国民党政权在 1930 年代的"建国"努力，又缺乏足够的组织与意识形态的资源。在下层结构（infrastructure）建设极度落后的情况下，国民政府虽有将国家机器进一步渗入地方社会的强烈意图，其所能有效控制的范围，却始终局限于东南沿海少数省份的都会地区。广大的内陆农村，则依然操纵在掌握基层社会支配权力，并与国家部门构成一套相互依存而又彼此竞争之复杂关系的"土豪劣绅"手中。[3] 在这种"国家内卷化"的结构性限制下，民族国家的整合工作自亦难以推展。1930 年代，河南省农村地区，每逢节庆，所悬旗帜犹大书"大清某某府某某县"等字样，其与政治现实脱节的程度，可谓匪夷所思，更遑论其得以确立强固的民族国家认同。

尤有甚者，1930 年代的国民政府又面临着日本帝国主义不断进逼的强大压力。自 1931 年"九一八"事变以降，日本日益显著的侵华野心，直接威胁到中国的存亡绝续，也再度掀起了中国民族主义的热潮。

这股同样是由"反帝救亡"的急迫需要所引发的民族主义情绪，对国民党而言，本不失为一种正面的助力。1930 年代中国知识界的"民主与独裁"论争中，许多原先鼓吹民主立宪的自由主义知识分子，便是激于抗日救国的民族主义信念，相率改变立场，转而支持国民党的党国体制。但是，国民党基于中日军事力量对比悬殊的现实考量与"先安内，后攘外"的策略选择，并未正面回应抗日民族主义的吁求，反而对日方要求节节让步，极力遏阻青年学生

---

[1] 齐思和：《民族与种族》，《禹贡半月刊》1937 年第 7 卷第 1、2、3 期合刊，第 25—34 页。

[2] John Fitzgerald, "The Nationless State: The Search for a Nation in Modern Chinese Nationalism," *The Australian Journal of Chinese Affairs* 1995（33），p.97.

[3] 参见本书《地方精英与国家权力：民国时期的宛西自治（1930—1943）》。

的反日宣传与行动。国民政府这种自外于民族主义潮流的做法，终于重行煽起"三一八"惨案后渐趋式微的学生民族主义。1935年平津地区发生大规模的"一二·九"学生运动，与上海地区的救国会运动，南北呼应，对国民党统治的正当性基础构成莫大挑战。次年，遂有西安事变之发生，蒋介石被迫中止"剿共"，准备抗日。1937年，抗日战争全面爆发。

从中国近代民族主义发展史的角度来看，抗战无疑是由民族主义所激起的一场对外战争，而这场历时绵长、规模庞大的战争，反过来又强化了中国人民的民族主义情绪。在长达八年的全面抗战期间，数以千万计的中国军民播迁流离，彼此交融，使得跨越地域樊篱的集体认同，不再只是空洞的言语与概念，而是以无数人共同生活经验为具体指涉的实质事物。晚清以来由少数知识精英所倡导的民族主义意识形态与起自民间的群众民族主义情绪，面对共同的敌对"他者"，汇流并进，凝聚杂糅，中国"民族"的想象工程，至此而达于巅峰。

抗战结束后，中国如愿取消了长达百年的不平等条约的桎梏，国际地位大为提升，民族主义目标的实现，绽露曙光。然而，一向以民族主义为号召的国民党政权则因战后接收沦陷区、收编"伪军"等一连串大失人心的不当措施，转而成为以青年学生为主力之群众民族主义运动攻击的对象。1946年北平发生"沈崇事件"，国民政府因应失策，引发全国数十座城市50万学生集体行动的反美示威。接着，各地相继出现反饥饿、反内战、反迫害的大规模学生运动，北起沈阳，南到广州，60多个都市的大、中学生罢课游行，示威请愿。国民政府强力镇压，大肆逮捕；民众离德离心之余，转而支持中国共产党的革命活动。[1]载舟覆舟，依靠民族主义而崛起的国民党政权，便在民族主义狂涛的冲击下，败退大陆。

---

[1] 陈永发：《中国共产革命七十年》，台北：联经出版公司，1998年，第442—450页。

着陆期：1949—

1950 年代美国对华白皮书发布之初，西方观察家大都认为，民族主义的力量终将使中共与苏联分道扬镳，走上东欧社会主义国家的道路。

从近代中国民族主义发展史的角度来看，共产党与国民党尽管在许多实际作为上背道而驰，基本上却都是 20 世纪中国民族主义的产物。事实上，中国共产革命之所以赢得最后胜利，原因固多，而其争取到了民族主义代言人的桂冠，也是不容忽略的重要因素。[1] 五四后期，陈独秀等人"以俄为师"，走上共产革命的道路，原即是在昂扬的反帝民族主义激励下，所选择的一条"反西化的西化"途径。1921 年中国共产党正式建立之初，多数成员基于民族尊严，迟迟不愿同意成为共产国际的支部，也不愿接受共产国际的经济援助，同样显露出其民族主义的关怀。此后，中国共产党的发展与壮大，在在与民族主义运动有着密不可分的联系。1925 年五卅运动初起之际，共产党不过是只有 3000 名左右党员的小型革命政党，经过五卅与继之以起的省港大罢工等民族主义运动的洗礼，到 1926 年底，中共党员人数已急遽扩张达 18 000 余人。[2] 1935 年，中共穷蹙陕北一隅，也还是依仗"抗日民族统一战线"的民族主义号召，始得起死回生，重振声势。至于抗战期间，无数青年知识分子怀抱抗日救国之壮志，艰苦跋涉，奔赴延安，更充分说明了在当时许多人的心目中，中共比国民党更有资格充当民族的捍卫者。美国学者查默斯·约翰逊（Chalmers A.Johnson）甚至把中共革命胜利的根由，归结于其在抗战期间有效地动员了广大中国农民的民族主义情绪。[3]

中共的许多实际行动，也确实反映出民族主义意识形态的巨大影响。新中

---

[1] 陈永发：《中国共产革命七十年》，第 14 页。

[2] 同上书，第 172 页。

[3] Chalmers A. Johnson, *Peasants Nationalism and Communist Power: The Emergence of Revolutionary China, 1937–1945*, Stanford: Stanford Univ. Press, 1962.

国成立后，解放军深入过去国民政府鞭长莫及的内蒙古、新疆与西藏等边疆地区，便是一个明显的例证。

不过，如论者所指出的，中共的民族主义亦自有其独特面貌，乃是与强烈的马列主义意识形态紧密地结合在一起。1949 年，毛泽东在《论人民民主专政》一文中便说："十月革命帮助了全世界的也帮助了中国的先进分子，用无产阶级的宇宙观作为观察国家命运的工具，重新考虑自己的问题。"[1]换言之，在中共的革命蓝图里，中国的民族主义革命，是和国际性的世界共产革命互为一体；中国民族主义不但追求中国民族的自我解放，同时也以追求全世界无产阶级的解放为鹄的。[2]

正因中共民族主义这种特殊的性格，其所采取的革命进路便不能不是"阶级斗争"。从而，中国的"民族"也不再是由全体"国民"所组成的政治社群。反之，阶级认同与民族认同，两相迭合；甚至，"阶级"成分乃是决定民族成员资格的唯一标准。[3]毛泽东在前举《论人民民主专政》一文内宣称，在中华人民共和国内，"人民"有发言权，有"言论集会结社等项的自由权"；但是他所说的"人民"，却仅限于工人、农民、城市小资产阶级与民族资产阶级等四种阶级的成员，至于"地主阶级""官僚资产阶级"及代表这些阶级的"国民党反动派"，便只能是"人民"专政的对象。[4]

新中国成立以来，一方面通过"社会主义改造"，将私有的民间生产部门，亦即分散的小农经济、私营手工业与私人资本家所有的工商企业，完全纳入国家所有的国营企业与合作社的集体经济体系；一方面又发动"反右""整风"等

---

[1] 毛泽东：《论人民民主专政》，《毛泽东选集》第 4 卷，北京：人民出版社，1968 年，第 1360 页。

[2] 陈永发：《中国共产革命七十年》，第 964—965 页。

[3] John Fitzgerald, "The Nationless State: The Search for a Nation in Modern Chinese Nationalism," *The Australian Journal of Chinese Affairs* 1995（33），p.99.

[4] 毛泽东：《毛泽东选集》第 4 卷，第 1364 页。

政治运动，对知识分子进行改造。经过一连串雷厉风行的行动，"社会"这个范畴几乎完全被"国家"所吸纳。[1] 新中国成立后，几次大规模的群众民族主义运动，如1950年代抗美援朝所掀起的反美示威、1967年的反苏运动、1967—1970年间反美援越的抗议活动，动员人数动辄数百万，动员范围也遍及全中国。[2] 究其实质，虽不能说完全没有群众自发性的参与，但中共却是最为重要的发动力量与关键因素。《求是》曾发表一篇社论，重新引述邓小平1981年的一段谈话，说道："有人说不爱社会主义不等于不爱国。难道祖国是抽象的吗？不爱共产党领导的社会主义的新中国，爱什么呢？"[3] 就此而言，"着陆期"中国民族主义的发展，实与查特吉所讨论之同一阶段的印度民族主义，表现出同样的特质。[4]

三、民族主义与现代性

辛亥革命后，清廷倾覆，民国成立，倾心种族革命的钱玄同认为汉族既已"光复"，一切文物自应悉遵古制，乃参考《礼记》及黄宗羲等人有关古代服制的考证，特撰《深衣冠服说》一篇，并依式裁制一身，于江西省教育司科员任内，穿戴上班。不料竟大受嘲讽，腾为笑柄。[5] 与此同时，新成立的民国临时政府通令全国剪辫易服，然而，新的服制规定，却非"高冠深衣"的汉官威仪，而是来自西方的现代服饰。

这段小小的轶事，透露了近代中国民族主义一项深刻的内在紧张。

---

[1] 陈永发：《中国共产革命七十年》，第564—667页。

[2] 郑永年：《中国民族主义的复兴：民族国家向何处去》，第156—157页。

[3] 《发扬五四青年的爱国精神》，《求是》1990年第9期，第9页。

[4] Partha Chatterjee, *Nationalist Thought and the Colonial World, A Derivative Discourse*, pp.51, 131-162.

[5] 曹述敬：《钱玄同年谱》，第19页。

欧内斯特·盖尔纳（Ernest Gellner）在讨论民族主义的起源时，从社会学的结构功能论出发，认为民族主义是因应西方社会工业化的需要而产生的。[1] 里亚·格林菲尔德（Liah Greenfeld）对于英、法、俄、德、美等国的比较研究，则把这项论断颠倒了过来——并非现代化带来民族主义，而是民族主义促进了现代化的开展。[2]

从近代中国的脉络而言，"现代化"确实与民族主义有着极为密切的关系。晚清以降，"实业救国""教育救国""卫生救国""科学救国"一类口号此起彼伏，甚嚣尘上，各种现代性的事业莫不张扬民族主义的大纛，作为争取奥援、证成自身正当性的理据。而近代史上屡见不鲜的抵货运动，的确也有助于中国民族工商业的成长。

然而，中国民族主义与现代性的关系，却也并非如此单纯；这两者之间固然有着水乳交融、相互增益的正面效应，同时更存在着冲突抵牾的紧张性。

研究印度殖民地民族主义运动的帕沙·查特吉便讨论过这种后进国家民族主义运动中必然面对的矛盾。他指出：西方近代民族主义是一套标榜普遍性意义的知识架构，并以超越各文化的畛域相号召。后进国家的民族主义者在接受这套知识架构时，同时也默认了伴之以俱至的西方"现代性"诸价值的普遍适用性；但是，民族主义的核心信念却又强调每一个"民族"历史文化的自我认同与独特性。因而，这些民族主义知识分子不能不既接受又反对这套来自异文化的知识与道德上的宰制，长期摆荡于"现代性"与"本土传统"之间，徘徊踌躇，莫之能决。[3]

这种"现代性"与"民族性"相互冲突的困局，在近代中国推动民族主义企划的过程中，几乎随处可见。晚清时期中国民族主义萌芽之际，许多知识分

---

[1] Ernest Gellner, *Nations and Nationalism*.

[2] Liah Greenfeld, *Nationalism: Five Roads to Modernity*.

[3] Partha Chatterjee, *Nationalist Thought and the Colonial World, A Derivative Discours*, p.11.

子为了达成铸造"国民"，建立一个巩固强大的国家组织的目标，即已秉持来自西方的诸项现代观念与价值，对中国传统文化思想展开严厉的反省与批判。1902年，梁启超在《新民议》一文中便说："今日中国群治之现象，殆无一不当从根柢处摧陷廓清，除旧而布新者也。"他并且进一步指出：中国家族、国家、村落、社会之组织，乃至风俗、礼节、学术、思想、道德、法律、宗教诸般，无一不是千疮百孔，无所往而不败，非加全盘改造，势将为"天行大圈"所淘汰。[1]同时期的蔡锷于鼓吹"军国民"的理想时，也说："中国思潮之弊，至今日而达极点，非一洗数千年之旧思潮而更新之，则中国国民，其永就沉沦之途已。"[2]

等到五四时期，这种基于救亡的迫切需要所引发的启蒙思潮，得到进一步淋漓尽致的发挥。

如同李泽厚所指出的，五四新文化运动虽然是以文化改造为首要目标，但促成此一努力的基本动力，依然是晚清以来救亡图存、追求富强的民族主义关怀。[3]五四时期的中国知识分子在强烈爱国心驱迫下，所梦寐以求的，也还是如何打造一个强固的民族国家，以便有效因应当前的殷重危机。然而，在林毓生所谓"一元论主知主义思想模式"（monistic and intellectualistic mode of thinking）的支配下，他们认定中国社会、政治一切弊病的祸源，完全在于传统文化、思想的不良。[4]唯有将"垢污深积"的固有"伦理、道德、文学、艺术"诸端，彻底改造，才能挽救中国于危亡。胡适便说："我们的问题是救国，救这衰病的民族，救这半死的文化。在这件大工作的历程里，无论什么文化，凡可以使我们

---

[1] 梁启超：《饮冰室文集》第7卷，第106—107页。

[2] 奋翮生（蔡锷）：《军国民篇（三）》，《新民丛报》1902年第7号，第86页。

[3] 李泽厚：《中国现代思想史论》，合肥：安徽文艺出版社，1994年，第15—16页。

[4] Lin Yu-sheng, *The Crisis of Chinese Consciousness: Radical Antitraditionalism in the May Fourth Era*, Madison: The University of Wisconsin Press, 1979.

近代中国民族主义的发展

381

起死回生、返老还童的，都可以充分采用，都应该充分接受。"[1]鲁迅也对"国粹"下过这样的论断："'要我们保存国粹，也须国粹能保存我们。'保存我们，的确是第一义。只要问他有无保存我们的力量，不管他是否国粹。"[2]换句话说，五四时代所表现出来的精神，正是政治上的民族主义与文化上的反传统主义的综合体。五四知识分子对中国"民族"的想象，并非指向邈远的过去，而是指向一个现代性的未来。

虽然，许多研究民族主义的学者都曾指出，民族不只是一项政治概念，同时还是一种文化范畴。民族的建构，除了对"现代性之未来"的憧憬之外，还必须指向邈远的"过去"，植根于群体共同的历史、记忆、神话与象征之上。[3]

易言之，文化的认同，乃是一个民族赖以存立不可或缺的质素。如果中国为了救亡图存的需要，必须牺牲自身的文化独特性，中国还能成其为中国吗？

从这种思路开展出来的，便是中国近代民族主义的另一流裔。这一类型的民族主义者与文化上的保守主义相结合，对鼓吹现代性价值的激进民族主义，进行质疑与反动。他们深受传统文化主义的浸润，虽然同样致力于维护国家的生存，但是他们观念中的"中国"，不仅是一个政治实体，更是一套道德与文化的秩序。他们虽然也讲求富国强兵的经世大业，而其终极目标，却在抵抗外来文化势力的威胁，以翼护中国自身固有的文化伦理系统。他们甚至认为，中国国势杌陧，主要的症结正在传统文化的凋零消沉；真正的救亡之道，端在发扬传统文化的精神，以正人心而昌国运。这种民族主义，便是所谓的"保守的民族主义"。

晚清时期，康有为倡"孔教"之议，主张以文化厘定民族的界限，可谓近

---

[1] 胡适：《介绍我自己的思想》，胡明编选：《胡适选集》，天津：天津人民出版社，1991年，第 281 页。

[2] 鲁迅：《随感录三十五》，《鲁迅全集》第 1 卷，北京：人民文学出版社，1981 年，第306 页。

[3] Anthony D.Smith, *National Identity*, Reno: University of Nevada Press, 1991, pp.71-98.

代中国反现代性之民族主义的嚆矢。同一时期，拥护"反满"革命的黄节、邓实、刘师培等人则别创《国粹学报》，宣扬"国粹"，唤醒"国魂"，着手近代中国文化民族主义的建构。

国粹派诸人对于中国民族危机的深重，与晚清各派民族主义知识分子一样同抱切肤之痛；他们同样是透过帝国主义的理论框架，来了解中国"瓜分惨祸"的外在根由。不过，他们的独特之处，主要仍在于他们不但感受到中国民族的危机，更认识到这种民族危机与文化危机的一致性，甚至认为后者乃是更具本质性、更为严重迫切的危机。与18世纪德国文化民族主义的开创者赫尔德（Johann G.Herder）类似，他们强调，一个国家所以能立足于世界，具有其独特地位，不仅在于强大武备为之后盾，更系诸其赖以自立的民族"元气"，亦即其所特有的"文化"。中国当前的危机，不仅在于帝国主义列强政治、经济、军事等方面的步步进逼；更可畏的，毋宁是其企图从文化上彻底消灭中国。苟其狡计得逞，中国文化随以澌灭，民族元气沦胥消丧，则中国所面临的，固非仅止于亡国，而是"亡天下"，抑且更将陷于万劫不复的灭种之灾，此即所谓"学亡则亡国，国亡则亡族"。为此，他们反复强调以文化救亡为民族救亡之根本，标举出"保种、爱国、存学"的口号，呼吁有志之士一致奋起，致力保存国学、国粹，以达民族复兴之鹄的。由此可见，这批知识分子虽然也都投身革命，"以国粹激动种性"，而其真正关怀的"中国"，却不是一个政治性的社群，而是一套"中国之所以为中国"的道德文化秩序，也就是中国的"民族特性"。[1]

民国之后，基于对"中国性"的文化认同而陆续出现的文化民族主义运动，前后相望，不绝如缕。五四前期先有北大学生赓续国粹派遗风，组织学社，发行《国故月刊》，"昌明中国故有之学术"，以与"变古乱常以求新"的新文化

---

[1] 郑师渠：《国粹、国学、国魂——晚清国粹派文化思想研究》，台北：文津出版社，1992年，第41—42页。

运动相抗衡。五四后期，又有梅光迪、吴宓诸人创办《学衡》杂志，以"阐扬旧学，灌输新知"为标榜，重新肯定儒家思想的价值与意义。1930 年代，则有王新命等人发表《十教授宣言》，主张"从事中国本位的文化建设"，从而促发中国本位与全盘西化两派人马的激烈论战。

这种由于中国民族主义中"现代性"与"民族性"的内在矛盾而引发的冲突与紧张，并非局限于少数知识精英的言论争执，更在 20 世纪前半叶中国的政治与社会生活中留下深刻的烙痕。

民国初年，共和政府陆续颁行法令，禁止蓄辫，改易西式服制，并废除施行数千年之阴历，改行阳历。然而，这一连串以"现代性"为取向的象征性举措，却激起一般民众的激烈反弹。一位清朝的山西举人，在 1913 年的日记中，便感慨系之地指出："变乱"以来，一切施政，"竟袭洋夷皮毛"，改阴历为阳历，"即服色亦效洋式"，"其将何以立国乎"？这位举人在民国元年强制剪辫期间，发辫遭人剪去半截，直到一年之后，回忆此事，犹引为平生大憾，"恨贼为乱难当，莫能食其肉而寝其皮"。他同样将民国以来政治混乱的缘由，归于"孔孟之学不行而洋学是尚"。[1] 这虽然只是一个孤例，然而，我们若参照王国维的个人行止，也可看出这种文化心理的普及程度。王国维于晚清留学日本，醉心新学，毅然剪辫，但是民国之后，王国维亲历动乱，目睹时艰，痛感传统文化之不可背弃，遂干逆时禁，重行蓄辫，以遗老自居，最后更在北伐军进迫北京之际，投湖自尽，以死明志。[2]

面对这种"传统"与"现代"相激相荡的两难困局，民国时期的各类政权，莫不左支右绌，因应为难。以国民政府而言，国民党虽以建设现代化的民族国家为号召，却屡屡诉诸"传统文化"，作为凝聚民族认同的手段。1929 年，顾颉刚所编中学历史教科书，因否认三皇五帝的存在，竟遭国民政府查禁，曾经

---

[1] 刘大鹏：《退想斋日记》，太原：山西人民出版社，1990 年，第 175、181、227 页。

[2] 顾潮：《顾颉刚年谱》，北京：中国社会科学出版社，1993 年，第 142 页。

参与新文化运动的国民党元老戴季陶便明白表示，"中国所以能团结为一体，全由于人民共信自己为出于一个祖先"，因而，学者讨论上古史事，固无不可，以灌输学生民族意识为宗旨的教科书，则万万不能碰触此一神话，否则，"动摇了民族的自信力，必于国家不利"。对此，顾颉刚在申辩书中力加驳斥，认为民族的自信心应当建立在理性的基础之上，"三皇五帝既经一定不可信，万无维持其偶像之理"。[1]这段故事明白反映出，在民族主义的共同目标下，以"现代性"与"文化认同"为归趋的两种不同民族建构方式之间的差距与摩擦。

另一方面，20世纪中国民族主义的兴起，又是与资本主义的发展齐头并进，密不可分。1910年代以降，中国的新式工商企业乘欧战之机，渐次兴起，资本主义经济所汇聚的都会租界，成为中国最为现代化的先进部门，并为近代中国民族主义提供了不可或缺的人力与经济资源。

然而，如白鲁恂（Lucian W. Pye）所指出的，这种由通商口岸制度所推动的现代化过程，却也导致沿海口岸都市与内陆农村的两极分化。同时，由帝国主义所促成的半殖民地性质的现代性，更使笼罩于民族主义意识形态之下的都市知识分子，在心理上纠结着挥之不去的深刻内疚与罪恶感。1930年代许多都市知识分子所以走上马列主义的道路，抨击帝国主义与资本主义的罪恶，便大都可以归因于这种复杂的情结。同样出于这种心理纠葛，当时中国的民族主义知识分子往往转而营造一种浪漫的民族想象，将内地农村美化为淳朴、善良的人间乐园——一个代表"本真的中国"（authentic China）的道德理想国。1930年代由上海左翼知识分子所制造的大众消费文化产品，就经常流露出此一倾向。一部当时极受欢迎的电影《桃花泣血记》，便描述一位来自城市的富家男子爱上一名穷苦而善良的农村姑娘，把她带到城市，答应与她结婚，但她怀孕后，这个薄幸男子却弃她而去，心碎的女孩回到农村后，不久便因难产而死。研究近

---

[1] 顾潮：《顾颉刚年谱》，北京：中国社会科学出版社，1993年，第172页。

代中国电影的美国学者毕克伟（Paul Pickowicz）解读这部通俗道德剧时，便明白指认出，这名少女所暗喻的正是"天真自然"的中国，而城市所代表的西方现代性，则是败坏中国美好本质的罪魁祸首。[1] 而这部电影的风靡一时，恰可反映五四式民族主义的"现代性"论述，并不足以弭平社会大众对"中国性"之失落的恐惧与挫折；此后中国屡见不鲜的"精神污染"的议题，也正是导源于近代中国民族主义所蕴含的内在紧张。[2] 传统与现代性的纠结矛盾，无疑是当时中国民族主义亟待解决的难题。

四、国权与民权

1914 年，日后创立中国共产党的陈独秀，因参加"二次革命"，倒袁失败，五度流亡日本。同年 11 月，他在《甲寅》杂志上发表了一篇引起轩然大波的文章：《爱国心与自觉心》。

陈独秀在这篇文章里，首先说明爱国心与自觉心两者同为国家存立不可或缺的重要支柱，"国人无爱国心者，其国恒亡；国人无自觉心者，其国亦殆。二者俱无，国必不国"。接着，他对爱国心与自觉心分别加以阐释，他指出，中国人与欧美人对国家有着不同的认识与态度。欧美人把国家看作"为国人共谋安宁幸福之团体"，人民之所以爱国，乃是因为国家能够保障人民之权利，增进人民之福祉。然而，中国人所谓"爱国"，殆与"忠君"同义，人民只不过为缔造大业、夺取天下的君主充当牺牲，无丝毫自由权利与幸福可言。他认为，真正

---

[1]　Lucien W. Pye, "How China's Nationalism Was Shanghaied," in Jonathan Unger ed., *Chinese Nationalism*, pp. 92–102; Paul G. Pickowicz, "The Theme of Spiritual Pollution in Chinese Films of the 1930s," *Modern China*, Vol.17, No.1(1991), pp.41–44.

[2]　Paul G. Pickowicz, "The Theme of Spiritual Pollution in Chinese Films of the 1930s," *Modern China*, p.44.

的爱国，必须出自人民高度的自觉，了解国家之目的而后爱之，辨明国家之情势而后爱之。以此观之，当前的中国，外受列强侵逼，时有瓜分之虞，内则纲纪废弛，官贪兵乱、匪众财竭、民偷群溃，而执政当局依然敌视异己、耀兵残民、弁髦法令、紊乱财政，是中国之为国，"外无以御侮，内无以保民，不独无以保民，且适足以残民，朝野同科，人民绝望"。这样的国家，爱之何益？如果国家不能保民而致其爱，人民的爱国心终将为自觉心所排去，一旦海外之师振旅而至，中国人民"必且有垂涎而迎之者矣"！[1]

这篇文章刊出之后，各方反响至为激烈，《甲寅》主编章士钊便说："读者大病，愚获诘问叱责之书，累十余通，以为不知爱国，宁复为人？何物狂徒，敢为是论！"[2]

我们不知道这场纷争最后如何收场，不过，陈独秀在这篇文章中关于国家认同与人民权利的论述，却对近代中国民族主义提出了一个斯芬克斯（Sphinx）式的问题，一个"陈独秀问题"。

自法国大革命以来，西欧英法等民族国家的打造过程中，民族主义与民主政治被紧密地联结起来，民族国家本身便是民族主权（national sovereignty）与人民主权（popular sovereignty）彼此互动的产物。在这种"神圣"的民族主义意识形态中，民族被视为由主权个人所构成的群体，所有合格的民族成员一律平等，不能被排除于国家政治之外。[3] 国家，至少在理念上，只是对外贯彻民族意志，对内保障个体公民自由权利的必要工具。著名政治学者汉斯·摩根索（Hans J. Morgenthau）对于这种民主化的民族主义信念，便做过清楚的诠释。他

---

[1] 陈独秀：《爱国心与自觉心》，《甲寅》杂志 1914 年第 1 卷第 4 号，第 1—6 页。

[2] 章士钊：《国家与我》，《甲寅》杂志 1915 年第 1 卷第 8 号，第 1 页。

[3] T. K. Oommen, "Citizenship and National Identity in India: Towards a Feasible Linkage," in Oommen ed., *Citizenship and National Identity: From Colonialism to Globalism*, New Delhi: Sage Publications, 1997, pp. 143-172；郑永年：《中国民族主义的复兴：民族国家向何处去》，第 43、45 页。

说："民族主义的思想和自由的思想密不可分。……作为一种政治现象，民族主义为两种自由提供了精神泉源，即集体的自由与个人的自由。……在民族主义者那里，个人自由被认为是民族自由的先决条件，而民族自由仅仅是个人自由在国际舞台上的表达罢了。"[1] 在这种以个人自由为优先的民族想象中，由谁统治以及如何统治的国家形式问题，当然只能由"人民"的意志来决定。[2] 对于这种民族主义所造成的政治秩序，陈独秀提出的问题，显然是无的放矢，并无太大意义。

然而，在近代中国的历史脉络中，民族主义的发展却与民主政治彼此脱钩，对一个强固有力之国家组织的追求，取代了对自由民主的关怀。国家主权（state sovereignty），而非人民主权，在近代中国民族主义的论述与实践中，占据了最具优先性的地位。陈独秀问题，因而也是近代中国民族主义发展过程中一个极具现实意义的尖锐问题。

其实，早在陈独秀发表《爱国心与自觉心》一文的十余年前，一批最先从事建构中国近代民族主义的知识分子，在进行关于中国"国民"的讨论时，便已触及了这个问题。

1899 年，梁启超在一篇探讨中国积弱不振之症结的文章中，正式提出"国民"的概念。梁指出：当前的世界竞争，已非往昔朝代国家统治阶层之间的相互竞争，而是万众一心、全民总动员的国民竞争。不幸，中国民众数千年来，绝无国民之观念，人人视国家若胡越，以此而言，对外竞争自无侥幸之理。[3] 因此，梁启超提出的对治中国膏肓废疾的药方，便是如何将中国人自传统的"臣民"转化而为现代意义的"国民"。在他的大力提倡之下，"国民"一词在晚清

---

[1] 郑永年：《中国民族主义的复兴：民族国家向何处去》，第 44 页。

[2] 当然，这种关于"人民"的想象，也只能是奠基于若干预设与价值之上的神话建构；它本身便是一个充满暧昧性的概念。参见钱永祥：《人民与民主：如何理解民主制度里的人民》，发表于殷海光基金会主办"跨世纪台湾民主发展问题学术研讨会"（台北，1996 年 7 月 7—8 日）。

[3] 梁启超：《饮冰室文集》第 4 卷，第 57—60 页。

知识界迅速流传，风靡一时，蔚为近代中国民族国家建构过程中一个重要环节。

梁启超对所谓的"国民"下过一个简短的定义："以一国之民，治一国之事，定一国之法，谋一国之利，捍一国之患；其民不可得而侮，其国不可得而亡，是之谓国民。"[1]这样的"国民"，其实是一种相当含混而暧昧的概念。如前文所述，梁启超的"国民"观念借自伯伦知理，本是一项以国家为核心的整体性概念。他甚至把国民与国家的关系，当作名异实同、一体两面的关系。1903—1904年间，梁与革命派在对中国未来民族国家应具的政治形式进行激烈的言论交锋时，便明白指出："国民"乃是依附于国家的一种人格，也是存在于国家中的一个法团。国家作为一个统一永生的共同体，必赖有国民活动之精神以充之，而全体乃成，"故有国家即有国民，无国家亦无国民，二者实同物异名也"。[2]这样一种将国家与国民混为一体的论述方式，几乎也是当时各派民族主义知识分子的基本共识。与梁站在同一阵线的立宪派固毋庸待言，即使是与梁处于敌对态势的革命党人，也不例外。《云南杂志》创刊号便说："夫国民者，富于国家观念，与国家为一体之民也。"[3]1903年，《湖北学生界》更有一文以"家与身""机与汽""矢与的"等隐喻，来比拟国民与国家的密切关系。[4]这种意义的"国民"所侧重者，显然是对国家的认同。在这种"国民"论述的鼓动下，晚清知识分子莫不倾力鼓吹爱国思想，培育国人之国家观念，以为救亡图存之张本。"国家"，在近代中国民族主义论述成形之初，即已高居主导性的地位。

不过，晚清的国民论述，也并未忽略国民之权利与自由的问题。国民，尤其是作为国民整体之组成分子的个别国民，应该在国家社群的政治生活中扮演何种角色，不失为晚清"国民"论述的另一重要主题。事实上，从梁启超为国民所

---

[1]　梁启超：《饮冰室文集》第 4 卷，第 56 页。

[2]　梁启超：《饮冰室文集》第 13 卷，第 72 页。

[3]　墨之魂：《地方自治之精神论》，《云南》第 1 期，光绪三十二年八月廿八日，台北：国民党党史会影印本，1968 年，第 13 页。

[4]　《国民教育》，《湖北学生界》第 3 期，光绪二十九年三月初一日，第 13—21 页。

做定义的内在理路而言，国民既为构成国家之主体与实体，与国家为一体之两面，其参与国家政治事务，自属题中应有之义，而"国民主权"或"主权在民"等概念的浮现，亦为顺理成章的必然发展。1910年，雷昭性便已明白指出："国民实为国家之主体，以总握国家之主权。匪特对于国内之政治法律，一切由己主持，即对于他国之国际交涉，罔不以国民为最高之机关，以自行办理。"[1] 这种以国民为国家主体的观点，与传统儒家政治学说中的"民本"思想，无疑有着本质上的差异。所以，梁启超在《自由书》中便强调，孟子所言"民贵君轻"，要仍以君主为主体，最多只能说是"保民政体"或"牧羊政体"，其与专制暴政，虽有手段及用心之不同，却同样侵犯到人民的自由权利。他说："民也者，贵独立者也，重权利者也，非可以干预者也。"[2] 由此可见，梁启超所谓的"国民"，除了是组成国家的分子之外，确实也指谓着一个积极参与公共事务、享有各项政治权利、承担相应诸义务，并具独立、自由人格的现代"公民"。

为了陶铸作为权利主体、自由平等的真正"国民"，晚清的知识分子纷起并作，相率透过翻译、著述等手段，极力宣扬人权、自由、法治、平等等西方现代政治观念与价值。在19世纪与20世纪之交的短短数年间，卢梭、孟德斯鸠、密尔、斯宾塞等近代西方自由民主思想家的学说，大量输入中国。梁启超也在《新民说》中广泛讨论了公德、权利、自由、自治、进步、自尊等概念。当时，黄遵宪曾对梁"举西东文明大国国权、民权之说，输入于中国，以为新民倡，以为中国光"的影响与贡献，大力揄扬，赞誉备至。[3] 由这些零星片段的记述，不难想见20世纪之初中国民族主义知识分子，对于借民权、自由等观念的启迪，涤荡瑕秽，抟铸中华民族，是抱着何等殷切之期望。中国近代民族主

---

[1] 张枬、王忍之编：《辛亥革命前十年间时论选集》第3卷，北京：生活·读书·新知三联书店，1977年，第103页。

[2] 梁启超：《自由书》，台北：中华书局，1979年，第40—41页。

[3] 黄遵宪：《水苍雁红馆主人来简》，《新民丛报》1903年第24号，第35—47页。

义发端之初，国家主权与人民主权，至少在表面上仍然维持着齐头并进、相辅相成的和谐关系。

但是深入分析，我们不难发现，国家主权与人民主权，在晚清所建构的国民概念中，毕竟仍有主从先后的区别。所以如此，诚如郑永年所指出的，实取决于中国作为一个后进民族国家的具体历史条件。[1]20世纪初期，在中国知识分子的普遍认知中，中国是"生存竞争，弱肉强食"的国际现实政治中处于极端劣势的一方，在面临"亡国灭种"的危机时，中国民族主义的首要目标，便不能不是尽速打造一座强大的国家机器，以便广泛而有效地动员各项资源，以应付外来的敌人。因此，他们试图透过国民论述所达成的个人解放，其实是与一个更高的目标——国家解放——紧密相连，浑然一体，梁启超对民权与自由的论述方式，便是一个典型的例证。

梁在《新民说》中讨论权利思想时，先是强调个人的权利思想，犹如天赋之良知良能，不可须臾或离；然而，笔锋一转，接着却谈起国民权利与国家盛衰的关系。他说："国民者，一私人之所集结也；国权者，一私人之权所团成者"；因此，"其民强者，谓之强国；其民弱者，谓之弱国；……其民有权者，谓之有权国"。他并且进一步把国家权力与国民权利思想比作树木与树根的关系，从而指出："欲使吾国之国权与他国之国权平等，必先使吾国中人人固有主权皆平等，……若是者，国庶有瘳。"[2]对于自由，他也是把个人自由与团体自由相提并论："团体自由者，个人自由之积也。人不能离团体而自生存，团体不保其自由，则将有他团焉，自外而侵之、压之、夺之，则个人之自由，更何有也？"[3]

由此可见，对梁启超而言，个人或个别国民的自由与权利固然自有其内在

---

[1]　郑永年：《中国民族主义的复兴：民族国家向何处去》，第143—144页。

[2]　梁启超：《新民说》，台北：中华书局，1978年，第38—39页。

[3]　同上书，第46页。

价值，不容轻易抹杀；不过，其真正的意义根源，却是在巩固国家权力、保障群体生存上所能发挥的工具性效用。因而，个人的权利与自由在价值的优先性上，当然必须屈从于群体的权力与自由之下；唯有在群体（或国家）的利益与幸福获得充分保障之后，才有个人的幸福可言。一旦个人与群体的利益彼此冲突，梁所强调的乃是"绌己以伸群"；而他用来论证个人必不可放弃自身应有之权利的理据，也是指斥这种行为势将为害全群，"不啻对于国民全体而为叛逆"。[1]

顺着梁启超的论述理路推衍下去，个人之消融于群体之中，殆为事理所必至的发展，1903 年的《苏报》便坦率直陈："诸君亦知真自由与伪自由之分乎？真自由者，非言语自由，乃实际自由也；……非个人自由，乃团体自由也。"[2]1905 年陈天华揭橥革命之政治方针时，也说："吾侪求总体之自由者也，非求个人之自由者也。"[3]换言之，晚清民族主义运动所推动的国民论述，虽然极力鼓吹自由、民权、平等、自主等西方自由主义的观念与价值，其命意所在，却与这些观念与价值的原有脉络完全相反。当时的中国知识分子所关怀的并不是像密尔、洛克那样，企图借由缔造一套相对完善的政治机制，来抑制群体的权力扩张，保障个人的自我发展；反之，他们努力的方向，却是要透过这些观念的凝聚作用，把个人与国家紧密地结合起来。基于这种终极性的基本关怀，他们固然把国民视为国家组成的必要部分，然而，真正占据着核心位置的，却绝非国民本身，而是他们所构成的有机整体——国家。梁启超曾经意识到国家与国民（或个别国民）的利益，未必永远一致。对于这个难题，他的解决之道乃是："为国家生存发达之必要，不惜牺牲人民利益以殉之"，"牺牲人民一部分之利益者，凡以为其全体之利益也；牺牲人民现在之利益者，凡以为其将来

---

[1] 梁启超：《新民说》，第 37 页。

[2] 《学界风潮》，《苏报》光绪二十九年四月十三日。

[3] 陈天华：《论中国宜改创民主政体》，《民报》1905 年第 1 号，第 48 页。

之利益也"。[1]另一位革命派的青年知识分子则直截了当地宣称：个别国民之于国家，犹如手指之于一身，为了国家利益，牺牲个人，殆犹毒蛇噬体时，不能不断指护身，保其大而遗其小者。[2]最后，更出现了如此极端的国家崇拜论："吾所谓伦理主义，但有绝对之国家主义，而其他诸事皆供我主义之牺牲。国家者，……有绝对之完全圆满之主体，有绝对之完全圆满之发达。惟国家为绝对体，故民族之构造之也、崇奉之也，有绝对之恋慕，有绝对之服从。"[3]发展至此，近代中国民族主义论述所可能孕育的"人民主权"概念，殆已完全让位于国家主权。此后中国民族主义的政治化与党国化，盖亦胚胎于此。晚清的最后数年间，梁启超绝口不谈自由民权之说，转而以人民程度不足为口实，大力宣扬开明专制，便已透露其中消息。

同样地，孙中山于提倡革命的初期，极力鼓吹人民主权，冀望通过奠基于英美政党政治的共和体制，为中国人民提供有效的政治参与管道，打造一个以自由民主为归趋的现代民族国家。然而民国之后，共和实验彻底失败，民族危机日益深重，遂重循故步，改倡军政、训政、宪政的阶段建国论。1924年，孙中山更进一步以俄为师，改组国民党，试图用党国的力量来改造国家、整合国民。在这种由以"国家"为核心的民族主义所建构的政治架构中，党国机器成为一个强雄耸峙的利维坦，垄断了对中国民族的一切再现权力。由政党所控制的国家，既等于国民之整体，享有国民所赋予的高度正当性与炫目的道德光环，又超拔于任何个别国民之外，而自有其独立的意志与人格，且其意志与利益永远高于国民的个别意志与利益。如阿克顿勋爵所言，这样的民族国家，"凌驾于居民的权利和愿望之上，把他们形形色色的利益全部纳入一个虚幻的统一体。

---

[1] 梁启超：《饮冰室文集》第 20 卷，第 7 页。

[2] 《社会教育》，《游学译编》第 11 期，光绪二十九年八月十五日，台北：国民党党史会影印本，1968 年。

[3] 《湖南自治论》，《游学译编》第 12 期。

它为了满足更高的民族要求，牺牲他们的个人习惯和义务；为了维护自己的存在，压制一切自然权利和一切既定的自由"。[1]

结　语

近代中国的民族与民族主义，一如世界各地的类似现象，并不是天生自然的事物，而是被建构、被想象出来的人为文化产物。因而，讨论中国的民族主义，便不能不面对这样的问题：是谁在想象？怎样想象？

毫无疑问，近代中国在进行民族的建构时，其所师法的楷模，当然是近代的西方。本尼迪克特·安德森已经指出：民族，自从 19 世纪初期在欧洲出现以来，便逐渐脱离其原有的时空脉络，成为可供不断剽窃与复制的范式（models）。[2] 中国，一如其他后进国家，也正是在少数知识精英对这些范式模仿、学习的艰苦历程中，被"创造"了出来，套用保罗·伊格诺图斯（Paul Ignotus）的论断来说，当一群为数不多的知识分子决定它应该诞生时，近代中国的民族与民族主义就诞生了。[3] 此后，随着时间的推移，民族主义的意识形态快速向下扩散。20 世纪前期，中国各级新式学校培育出的大批次级知识精英，以及城市的中小商人与劳动阶层，相继卷入民族主义运动的狂潮；甚至广大的农村群众，最终也因为大规模的民族对外战争，受到民族主义相当程度的冲击。基本上，这场由民族主义所带动的社会动员，自成形之初便具有浓厚的政治色彩，始终是以打造一个强固的现代国家为依归，这也是近代中国民族主义最为凸显的特

---

[1]　［英］阿克顿：《自由与权力》，第 125 页。

[2]　Benedict Anderson, *Imagined Communities: Reflections on the Origin and Spread of Nationalism*, p.118.

[3]　*Ibid*., p.73.

色。[1] 然而，也正因如此，当中国的民族国家在民族主义的推动下渐次成形之后，民族主义却丧失了其自发动力，转而成为掌握国家权力之政治精英，为了达成集体或个人的目标而不断再创造的对象。[2]

另一方面，所谓民族想象，并不是虚构，也不是造假；无论是民族主义知识分子，抑或民族国家的行动者（agent），也都绝不是在一片真空的状态下，海阔天空地任意模塑他们理想中的"中国"。反之，他们对中国民族与民族主义的建构与想象，只能以固有的文化、历史资源为基磐。如沃尔夫冈·卡舒巴（W.Kaschuba）所言，民族作为一个想象的社群，绝非凭空捏造；对民族的制造与诠释，必然受限于历史传统所设定的语意辨识标志（semantic marking points）与象征性边界（symbolic border lines）。民族既是真实的，又是具有强大力量的，但却先要学会如何妥善运用过去所遗留下来的历史的与意识形态的诸多选项。[3]

近代中国在由前现代的文化国家，走向现代意义的政治民族国家的过程中，也从传统的"族类"观念汲取了许多重要的象征资源。但是，这种与民族主义具有高度亲和性的"族类"论述，同时也为中国民族主义的形构设下了若干难以超越的障碍。从本文所关怀的主要面向而言，这些限制一方面决定了近代中国民族主义中"族群"（或"种族"）因素所扮演的重要角色，另一方面，更使

---

[1] 在这一点上，我们可以将中国的民族主义运动与 19 世纪后期意大利的统一运动做一比较。1861 年，意大利的统一运动初步完成，国会召开，马西莫·达泽里奥（Massimo d'Azeglio）在开幕式上说道："我们已经造好了意大利，接下来的工作，便是创造意大利人。"See Hugh Seton-Watson, *Nations and States*, London: Menthuen, 1977, p.107. 易言之，近代意大利的形成，是先有"国家"，其次才有"民族"。相形之下，近代中国的民族主义运动，既非如约翰·布鲁伊利（John Breuilly）所论，是由于打造现代主权国家的政治现代化运动所激起的反动（John Breuilly, "Approaches to Nationalism," in Gopal Balakrishnan ed., *Mapping the Nation*, London: Verso, 1996, pp.162–172），也不像 19 世纪德国的文化民族主义运动那样，先有关于"民族"的想象，其次才展开国家打造的工程。在近代中国的场域中，"民族建造"（nation-building）与"国家打造"从一开始便是齐头并进，无法截然划分。或许，这也就是何以近代中国民族主义具有极为强烈之政治性格的症结所在。

[2] 郑永年：《中国民族主义的复兴：民族国家向何处去》，第 154—155 页。

[3] W. Kaschuba, "The Emergence and Transformation of Foundation Myth," in Bo Strath ed., *Myth and Memory in the Construction of Community*, Bruxelles: P.I.E.-Peter Lang, 2000, pp. 217–226.

所有后进民族主义运动所同具的"现代"与"传统"相争持的文化困局，在中国近代的历史经验中益形尖锐。

族类论述的文化侧面，未能有效地为近代中国的民族认同提供强力的支撑。民族主义论述中"传统"与"现代性"的冲突与纠结，使得近代中国的民族主义运动，始终无法自过去的遗产中提炼出一套实质的文化理想，以儒家道德秩序为主要内涵的传统文化，或遭到全盘性的抨击与否定，或在浪漫美化的投射过程中遭到严重的扭曲。如白鲁恂所言，在民族主义旗帜下，近代中国对传统文化资源的长期抑制与忽视，所造成的，乃是一个"无内容的民族"（contentless nation）。近代中国民族主义，缺乏的正是一套可以由有意义的象征与神话系统，所明确传达的集体理想与共通的集体期望。[1]

除了"族类论述"所造成的内在局限，再就近代中国民族主义发展的外在脉络而论，中国民族的想象与建构，又不免深受国际现实政治条件的限制。德国史学家奥托·欣茨（Otto Hintze）指出，来自外部的压力，对个别国家的内部结构具有决定性的影响。[2]中国作为民族主义的后进国家，其近代民族国家的抟塑，是在列强交逼的不利情势下被迫展开的艰难工程。因而，如上文所述，中国的民族主义自肇造伊始，所追求的一贯目标，始终便是一个对内足以凝聚国民、快速进行经济现代化，对外足以有效动员，以与其他国家进行生存竞争的强大国家组织。[3]易言之，中国民族主义走的是一条以"国家"为中心的道路。

对于若干力图兼顾这两项重要价值的西方政治思想家而言，民族主义与（自由）民主政治不必然是泾渭分明、水火不容的敌对两极。大卫·米勒（David Miller）便认为民族认同可以促进社会成员的相互了解，从而为公民权利的健全

---

[1]　Lucien W. Pye, "How China's Nationalism Was Shanghaied," in Jonathan Unger ed., *Chinese Nationalism*, pp. 105,112.

[2]　Otto Hintze, "Military Organization and the Organization of the State," in Felix Gilbert ed., *The Historical Essays of Otto Hintze*, New York: Oxford Univ. Press, 1975, p. 183.

[3]　郑永年：《中国民族主义的复兴：民族国家向何处去》，第 64—65 页。

发展提供一套必不可少的团结互信的关系网络。[1] 提倡多元文化公民权的威尔·金里卡（Will Kymlicka）也强调，透过其所形构出的引导选择行为的共同脉络与一套认同、归属的对象，民族主义可以开拓一个自由与平等的场域，提供一种群体成员彼此肯认、相互信赖的泉源，从而纾解现代社会中对于"善"之为物，必然出现的争议与不满。[2] 这些说法固然言之有据，但是，从本文所述百余年来中国民族主义的发展轨迹与实际效应而论，片面侧重以群体认同为基本构成原则的民族主义，却可能更是抑扼自由、民主、平等这些价值的重要因素。哈贝马斯曾经指出："缺少社会正义，民主的正当性也就失去了保障。"[3] 我们也可以根据他所标举的"后民族格局"（postnational constellation）的规范性构想，同样说道，若非以自由民主为归趋，任何形式的民族主义意识形态与政治运动，或许都是我们应该临深履薄、时加戒惕的对象。

---

[1]　David Miller, *Citizenship and National Identity*, Cambridge: Polity Press, 2000.

[2]　Will Kymlicka, *Multicultural Citizenship*, Oxford: Oxford Univ. Press, 1995, pp.105−106 .

[3]　Jürgen Habermas, *The Postnational Constellation: Political Essays*, trans. and ed. by Max Pensky, Cambridge: Polity Press, 2001, p.xix.

国权与民权
晚清的"国民"论述（1895—1911）

1920 年 10 月 25 日的天津《益世报》报道了北京街头一桩小小的风波。一名人力车夫与一个大学生模样的青年不知何故，当街发生争执。学生肆意詈骂，人力车夫则答以："吾与汝同为中国国民，怎堪如此辱骂？我虽然只是个拉车的，毕竟和你一样同属人类，同享人权。先生在学校读书，难道不知道人人平等的道理？"[1]

我们无法确定这项花边报道是否真有其事，抑或只是记者的想象与虚构。这也并不重要。历史的"真实"并不是这段叙事的重点，重要的是其所再现的社会真实。如此一桩无足轻重的小事，居然能够刊诸报章，而且还是以一向没有声音的贩夫走卒作为叙事的主角；这与其说反映了 20 世纪初期中国社会的实况，毋宁更透露了当时中国知识阶层亟欲动员"国民"概念及其所蕴涵的特定价值，以改造社会大众之意识构造的迫切意图。就此而言，它正是晚清以来不断扩大、不断深化"国民"论述的一个小小的环节。

时至今日，"国民"在我们的政治与社会生活中，已是一个极为基本而普遍的概念。国民，似乎乃是我们与生俱来，毋庸置疑的身份范畴。然则，我们应

---

[1] 《益世报》（天津）1920 年 10 月 25 日；原报未见，转引自 David Strand, *Rickshaw Beijing: City People and Politics in the 1920's*, Berkeley: University of California Press, 1989, p.177。

当如何理解这个重要的政治概念呢?

追本溯源,"国民"一语,一如"社会""经济"等习见惯语,并非汉家故物,而是 19 世纪与 20 世纪之交中国知识阶层自日文辗转假借而来的西洋翻译名词。这种中、西、日多种语言的跨语际运作,无可避免地造成语义上的不断漂移;从而,"国民"在近代中国,往往杂糅着复杂而混淆的意义。[1]就当时的"中华民国宪法"对国民的规范性定义而言,"国民"是与特定的国家认同紧密相关;其所指涉的对象,既为构成特定政治社群(国家)的个别成员,同时也指谓作为集体性实体(collective entity)而存在的国民整体。从这个侧面来说,国民一词的意蕴大致近似于英文中的 people。然而,如同上述轶事所显示的,在 20 世纪初期中国知识阶层的认知框架中,"国民"概念最突出的特质,却是其所包摄的个人尊严、平等与权利等西方(特别是英美)自由民主政治体制所赖以存立的诸项核心价值;易言之,他们所理解的"国民",其实兼具西方政治思想传统中的 citizen(公民)与 citizenship(公民权、公民资格)的意涵。[2]此亦所以当前一般讨论近代中国"国民"观念的中西学术论著,往往正是以 citizen 来对译"国民"一语。[3]透过这种以普遍

[1]　关于跨语际翻译活动所产生的理论 / 政治问题,目前已成学界关切的重要议题,参见许宝强、袁伟选编:《语言与翻译的政治》,香港:牛津大学出版社,2000 年,特别是孙歌为该书所写的前言。

[2]　西方的 citizenship 概念可以远溯至亚里士多德的共和主义传统与 17 世纪洛克鼓吹的自由主义传统。1950 年 T. H. 马歇尔在其经典演讲中,将近代西方 citizenship 的演进分为 civil citizenship、political citizenship 与 social citizenship 三个主要阶段,从而划定了此后学界相关讨论的路径,参见 T. H. Marshall and Tom Bottomore, *Citizenship and Social Class*, London: Pluto Press, 1992; original edition, 1950。然而,自 1980 年代末期以来,随着东欧局势的剧变、全球化进程的加速、移民与劳工的大量流动、多元文化的兴起与民族主义浪潮的冲击,citizenship 的概念遭遇重大挑战,对于此一概念的反省与重构,成为当前西方学界的一项重要课题。与此相关的论著为数繁夥,不胜枚举;简要的介绍之作,可参见 Keith Faulks, *Citizenship*, London & New York: Routledge, 2000; Derek Heater, *What is Citizenship*, Cambridge: Polity Press, 1999。

[3]　比较明显的例证可参见 Joshua A. Fogel and Peter Zarrow eds., *Imagining the People: Chinese Intellectuals and the Concept of Citizenship, 1890–1920*, Armonk, N.Y.: M. E. Sharpe, 1997; Henrietta Harrison, *The Making of the Republican Citizen: Political Ceremonies and Symbols in China, 1911–1929*, Oxford: Oxford Univ. Press, 2000 等书。

性 citizenship 作为参照架构的概念形构，国民身份既指称一个政治社群的成员[1]，更意味着其应享有的各项应得的（entitled）平等权利。[2] 唯有经由国民意识的涵化，"人民"才得以自消极无为的自存状态中矍然觉醒，确立其作为国家政治主体的独特地位。"从臣民到国民"，因而往往被视为政治现代化必经的发展历程；"国民"一词的普及化与常识化，遂亦经常被引为量度"民主过渡"的有效指标。

但是，征诸晚清以降百余年间现实政治的实践过程，"国民"观念始终未能如英国社会学家 T. H. 马歇尔（T. H. Marshall）所讨论的 citizenship 一般，发挥保障个人自由、巩固民主政治、促进社会平等的重大效应。反之，"国民"一语往往沦为国家机器迫害个别人民的口实，更屡屡成为政治人物操纵舞弄遂行政治野心的工具。[3]

然则，何以"国民"概念的开展如斯艰难险巇？何以它的发展路向迥然有异于近代西方所标举之 citizenship 的理想？究竟是哪些外在的限制与缺憾，使得近代中国"国民"的塑造，犹如其他相关努力，再度验证了后进国家在追求现代性诸价值的旅程中无可避免的顿挫与失败？这些问题，萦系几个世代中国

---

[1] 其实在西方政治思想中，citizenship 与 national identity 之间的关系，也还是众说纷纭、争论未已的重要问题；有些学者强调，唯有一套强固的 national identity，才能为 citizenship 的实践提供必不可少的意义系统与群体的团结（solidarity），参见 David Miller, *Citizenship and National Identity*, Cambridge: Polity Press, 2000；部分学者则认为，认同政治乃是妨碍 citizenship 健全发展的阻力，因而鼓吹 citizenship 与 national identity 的脱钩（de-linkage），参见 T. K. Oommen ed., *Citizenship and National Identity: From Colonialism to Globalism*。

[2] T. H. Marshall and Tom Bottomore, *Citizenship and Social Class*, p.18. 这种界定方式，当然是偏向于古典自由主义的立场，查尔斯·蒂利称之为一种 thin citizenship。相对于此，共和主义乃至社群主义的传统则较为强调 citizenship 所蕴涵的参与、责任与群体认同等积极面向，是一种 thick citizenship。蒂利的区分模式，参见 Keith Faulks, *Citizenship*, pp.11-12。

[3] 类似的例证在中国近代史上比比皆是，不胜枚举，例如民国初年袁世凯推动帝制，便先有"国民请愿团"的登场。

知识分子的心灵，成为挥之不去的梦魇。[1]

其实，这种对"国民"的提问方式，不但混淆了中西不同语境中"国民"与 citizenship 这两个概念的分歧与差异，更将导致这两个特定历史过程的产物，进一步地本质化与神话化。[2]社会史家查尔斯·蒂利（Charles Tilly）将 citizenship 界定为个人与国家代理者（agents）彼此互动所构成的一系列的链接纽带，这样的 citizenship 实为一项含混而多义的复杂概念，可以具备多样的面貌与形构。[3]然则，近代中国国民论述所建构的个人认同与国家想象，或许也只能经由诠释学的视野，透过对其特殊历史形构的检讨与反省，得到一些认识的线索。[4]

另一方面，"国民"作为一种政治纽带，往往更透过与其他既存社会纽带和身份，如阶级、族群与性别等范畴的联结与挪用，以树立其包容或排拒的边界。国民，在此意义之下，绝非意味着自由、权利与社会服务的不断积累与扩大，反而乃是社会、政治与道德斗争赖以进行的场域，其所构成的乃是一个"冲突、权力与支配的空间"。[5]近年来学界关于近代中国"国民"概念的研究，也已指

---

[1]　一个典型的例证可参见梁景和：《清末国民意识与参政意识研究》，长沙：湖南教育出版社，1999 年。作者在书中网罗大量史料，极力论证国民意识的积极作用与进步性格，认为该项意识的生发、成长与付诸实践，"使中国社会朝着独立、富强与民主的方向进化，其历史意义是巨大的"（第 262 页）。而该项意识所以无法落实，并非"国民"观念内在的限制，而是外在的政治、经济、教育条件的缺陷与国民素质的低劣使然。

[2]　此处所谓"神话化"，意指透过语言实践中"意符"（signier）与"意指"（signied）的位移转换所制造出的知识的健忘机制。See Roland Barthes, " Myth Today," in idem, *Mythologies*, tr. by Annette Lavers, New York: Hill & Wang, 1972, pp.115–117.

[3]　Charles Tilly, "Citizenship, Identity and Social History," in Charles Tilly ed., *Citizenship, Identity and Social History*, Cambridge: Cambridge Univ. Press, 1996, p.8.

[4]　罗伯特·亚历杭德罗认为对 citizenship 的诠释学视野，可以对此一传统、制度与实践提供一套不同的反省与批判的基础。See Robert Alejandro, *Hermeneutics, Citizenship, and the Public Sphere*, Albany: State Univ. of New York Press, 1993, p.39.

[5]　*Ibid*.

出其于性别建构与国族想象上的重大效应。[1] 唯因篇幅所限，本文不拟涉及这些重要侧面，而仅将讨论晚清国民论述所建构的个人与国家的关系。

一、国民观念的产生

日本学者池上荣子研究明治初期日本的公民权与国族认同，指出，明治日本在吸纳西方政治观念时，并没有将 citizenship 与 citizen 译作"市民权"与"市民"，而是将之译作"国民"。这种语意上的偏移，透露出近代日本的国民建构，未尝以一个相应的"市民社会"（civil society）为基础，而是与其国族打造（nation-building）的历史进程紧密相关。[2]

无独有偶，汲取自明治日本而发轫于 19 世纪末期的近代中国"国民"论述，从历史的脉络来看，其最显著的特色，也正在于其与民族主义意识形态同时俱生，甚至可说是近代中国国族计划（nationalist project）的重要构成部分。

19 世纪末 20 世纪初，中国迭经长期对外挫败，面对东西帝国主义列强瓜

---

[1]　关于"国民"与近代中国的性别建构，参见 Joan Judge, "Citizens or Mothers of Citizens?: Gender and the Meaning of Modern Chinese Citizenship," paper prepared for the conference on *Citizenship in Modern China*, Harvard Univ. Press, Oct. 29–31, 1999; Joan Judge, "Talent, Virtue, and the Nation: Chinese Nationalism and Female Subjectivities in the Early Twentieth Century," *The American Historical Review*, Vol.106, No.2（June 2001）；关于"国民"与近代中国的国族想象，参见 Joshua A. Fogel and Peter Zarrow eds., *Imagining the People: Chinese Intellectuals and the Concept of Citizenship, 1890–1920*; Shen Sung-chiao and Sechin Y.S. Chien, "Delimiting China: Discourses of 'Guomin' and the Construction of Chinese Nationality in Late Qing," paper presented at the International Conference on Nationalism: The East Asia Experienc, ISSP, Academia Sinica, Taipei, May 25–27, 1999。

[2]　Eiko Ikegami, "Citizenship and National Identity in Early Meiji Japan, 1868–1889: A Comparative Assessement," in Charles Tilly ed., *Citizenship, Identity and Social History*, p.190. 著名日本史家卡罗尔·格鲁克也指出，明治维新时期的日本，不论是改革派或保守派，一皆致力于"国民"观念的灌输与普及，借此巩固立宪君主的国家体制，以提振民族信心，争存于"弱肉强食"的国际社会。See Carol Gluck, *Japan's Modern Myths: Ideology in the Late Meiji Period*, Princeton: Princeton Univ. Press, 1987, passim. esp., p.102.

分攘夺的严重危机，亡国灭种的忧患意识深入人心。1905年，上海《东方杂志》的编者在盱衡世局、返顾十年间国家处境的变化时，慨然指出，自甲午（1895）以迄癸卯（1903），世变日亟，官绅士夫之议论国政，遂亦与时推移，陆续标出不同的宗旨："甲午以后，欲雪割地赔款之耻，于时人人言自强；庚子（1900）以后，欲弥赔款失权之憾，于时人人言自立"；驯至癸卯，国患日迫，"于是忧时之士，人人则言自存"。[1]

由自强、自立以至仅图"自存"，这些语词上的细微变化，充分反映出彼时中国知识分子对于国势濒危的心理焦虑，日益深刻而强烈。于是，他们殚精竭虑、苦心探求的首要目标，便是中国积弱不振的根源与夫如何救亡图存的有效途径。[2] 关于"国民"的想象与论述，便是在这样的历史背景下迅速展开。而首先推动此一工程者，厥为戊戌（1898）政变后流亡日本的梁启超。

1899年，梁启超抵日未久，便在其所创办的《清议报》上，借用"睡狮"的隐喻来描绘中国。[3] 他把这头"睡狮"看作一架人工铸就、备其精巧的机器，"其内有机，一拨捩之，则张牙舞爪，以搏以噬，千人之力，未之敌也"；所惜者，"其机废置已久，既就锈蚀，而又有他物梗之者，非更易新机，则此佛兰金仙者将长睡不醒矣"。[4] 换言之，在梁启超看来，中国的前途已无法寄望于其自

---

[1] 《自存篇》，《东方杂志》第2卷第5号，光绪三十一年五月廿五日，第100页。

[2] 王汎森便曾指出清末志士大倡"群"学，企图借此急速凝聚全国每一份力量，以应对空前的危局。参见王汎森：《"群"与伦理结构的破坏》，《章太炎的思想：（1868—1919）及其对儒学传统的冲击》，第243—249页；也正因如此，在19世纪与20世纪之交，当中国知识分子发现了"社会"这个范畴时，他们所想象的，并不是一个独立于国家支配权威之外的 civil society，而是一个与国家、民族紧密整合为一有机整体的"国族社会"（national society）。这方面的讨论，参见 Michael Tsin, "Imagining 'Society' in Early Twentieth-Century China," in Joshua A. Fogel and Peter Zarrow eds., *Imagining the People*, pp. 212–231.

[3] 近代中国知识分子之以"睡狮"隐喻中国的做法，由来甚久，最早可追溯至1887年曾纪泽发表的《中国先睡后醒论》一文。

[4] 哀时客（梁启超）：《动物谈》，《清议报》第13册，光绪二十五年三月初一日，第4b页。

然"觉醒"[1]，而须仰赖人为的努力，为其更换一套崭新的机制，加以彻底改造，始克重获生机，转危为安。

那么，这个足使中国起死回生的全新机枢究系何物？梁启超给出的答案，便是他自明治日本的言论界借来的一个语词：国民。

同年秋天，梁启超于《论近世国民竞争之大势及中国之前途》一文中，正式揭橥"国民"一语，借以探究中国沦胥板荡的根柢缘由。梁指出：当前的世界竞争，迥非曩昔之"国家"[2]竞争，而是万众一心、全民总动员的国民竞争。然而，中国民众数千年来，绝无国民之观念，人人视国家若胡越，以此而言对外竞争，自无侥幸之理。他沉痛地说道：

> 今我中国，国土云者，一家之私产也；国事云者，一家之私事也；国难云者，一家之私祸也；国耻云者，一家之私辱也。民不知有国，国不知有民。以此与前此国家竞争之世界相遇，或犹可图存；今也，在国民竞争最烈之时，其将何以堪之，其将何以堪之？！[3]

从这样的论点推衍下去，梁启超对治中国膏肓废疾的药方，便是如何将中国人自传统的"臣民"（subject）转化而为现代意义的"国民"。兹后，梁瘏口悴心，一意鼓吹者，正不外乎此一"国民"的观念。自1902年以降，他更发愤撰述《新民说》一书，于《新民丛报》长期连载，详尽阐述理想国民所应具备的

---

[1] 在近代中国的国族论述中，"觉醒"（awakening）也是一项极为重要而常见的母题（motif），参见 John Fitzgerald, *Awakening China: Politics, Culture, and Class in the Nationalist Revolution*, Stanford: Stanford Univ. Press, 1996。

[2] 梁此处所谓"国家"，显然是指传统君主专制统治下的朝代国家，而非他极力追求的与国民互为表里的现代国家。张佛泉已先行指破此意，参见张佛泉：《梁启超国家观念之形成》，《政治学报》1971年第1期，第22页。

[3] 哀时客（梁启超）：《论近世国民竞争之大势及中国之前途》，《清议报》第30册，光绪二十五年九月十一日，第3b页。

各项特质，对清末民初中国知识界产生了无与伦比的影响。[1]

梁启超在上引该文开宗明义，劈头便说：中国"数千年来通行之语，只有以国家并称者，未闻有以国民二字并称者"。言下之意，仿佛"国民"一词为其独到之创获。其实，姑不论梁乃是由明治日本所铸造的汉字新词，辗转借得此一概念，但就"国民"二字的字面渊源来看，梁固亦不免于英雄欺人之讥。"国民"二字连缀成词，最早见于《春秋左传》[2]，此后历代典籍中亦屡见不鲜。[3] 即使端就晚清而言，"国民"一词的运用也要稍早于此。1896 年梁本人在上海主持《时务报》，译载日本《文明日本报》的《中国论》一文时，便已采用了"国民"一语。[4] 1898 年 1 月，康有为在《上清帝第六书》中也建议光绪皇帝"采万国之良法，协国民之同心"[5]；戊戌变法期间，康有为奏请开设新式学校，更明白主张仿效德、日之制，创"国民学"，以"鼓荡国民，振厉维新"[6]。

不过，梁启超对自己的旧作，不可能毫无所忆；他的说法，表面上自相矛盾，实则有其独特用心。中国古代所称引之"国民"一词，不过一般泛称，其意涵与通常习用之"人民""庶人""黔首""臣民""编氓"等语，略无二致。康梁师徒在戊戌期间，对"国民"之义，也习焉不察，未尝有意识地加以明确定义。一

---

[1]　关于梁启超的"新民"思想，研究者甚夥，比较重要的研究成果，参见 Hao Chang, *Liang Ch'i-chao and Intellectual Transition in China, 1890–1907*, Cambridge: Harvard Univ. Press, 1971, Chapter 6, "The New Citizen," pp. 149–219 ; Philip C. Huang , *Liang Ch'i-ch'ao and Modern Chinese Liberalism*, Seattle: University of Washington Press, 1972, Chapters 3 & 4, pp. 36–83。较新的研究则有黄克武：《一个被放弃的选择：梁启超调适思想之研究》，台北："中央研究院"近代史研究所，1994 年。

[2]　《左传·昭公十三年》，叔向对韩宣子曰："……苟慝不作，盗贼伏隐，私欲不违，民无怨心。先神命之，国民信之。"

[3]　《清史稿》不计，历朝正史自《史记》以迄《明史》，"国民"二字连缀成词者凡 14 处。值得注意的是：魏晋南北朝以前，"国民"一词屡见不鲜；唐宋以降，则仅于《辽史》《元史》偶或可见，且皆用于外夷藩属，不复据以指称中土民人。此处数据之检索，得力于"中央研究院"史语所编辑之"二十五史"全文检索系统，谨此致谢。

[4]　中国史学会主编：《戊戌变法》第 3 册，上海：神州国光社，1955 年，第 276 页。

[5]　汤志钧编：《康有为政论集》上册，第 213 页。

[6]　同上书，第 305—306 页。

直要到梁启超流寓日本后，透过日文译本，大量接触西方的政治观念与词汇后，才能进一步援新入旧，利用日人所改造的汉语旧词，赋予"国民"一语全新的内涵。经过这一套跨语际（translingual）的语言运作过程[1]，其所揭橥的"国民"一语，殆已完全脱离旧有语境，不复汉家故物，而是一个深受西方政治学说影响，具有特定意涵的崭新名词。他为"国民"下了这样的定义：

> 国民者，以国为人民公产之称也。国者，积民而成，舍民之外，则无有国。以一国之民，治一国之事，定一国之法，谋一国之利，捍一国之患；其民不可得而侮，其国不可得而亡，是之谓国民。[2]

由此可见，梁所谓国民已不再是中国传统政治中"出粟米麻丝，作器皿、通货财以事其上"，毫无政治权利可言的百姓齐民，而是作为国家主体，人人有权参与国家政治生活的现代公民。这样一种观念的提出，诚如张佛泉所言，"实代表政治意识上之突然的、高度的自觉"。[3]与梁置身同一时代的若干中国知识分子，对于这项观念的突破性贡献，也有十分敏锐的体认：

> 国民二字在东西文明各国之价值，吾不敢知，而在吾国，则确为大

---

[1] 晚清中国知识分子透过日人改造的汉语旧词以吸纳源自西方之新观念，是一项极其普遍的知识现象，刘禾将此过程称作"translated modernity"，参见 Lydia H. Liu, *Translingual Practice: Literature, National Culture, and Translated Modernity: China, 1900–1937*. 相关的词汇变化，可参见该书第 302—342 页，"Appendix D"。以梁启超为代表的中国知识分子如何经由日本的中介，吸纳西方观念与理论，进而对近代中国思想产生决定性的影响，实为中国近代思想史上一个不容忽视的公案，也涉及 20 世纪东亚地区文化交涉的重要问题。近年来，日本京都大学教授狭间直树主持的集体研究计划，便是以梁启超为中心，探讨"西方近代思想的输入与明治时代日本"，其初步研究成果已结集出版，参见［日］狭间直树编：《梁启超·明治日本·西方——日本京都大学人文科学研究所共同研究报告》，北京：社会科学文献出版社，2001 年。

[2] 哀时客（梁启超）：《论近世国民竞争之大势及中国之前途》，《清议报》第 30 册，第 1a 页。

[3] 张佛泉：《梁启超国家观念之形成》，《中国政治学报》1971 年第 1 期，第 24 页。

逆不道之徽号。何以言之？民者，出粟米、通货财以事其上之名词也。自数千年之历史观之，以言名义，则蚁民可已、小民可已、贱民可已、顽民可已，与国家果有若何之关系？……国者，谁之国也？太祖以之传之太宗，太宗以之传高宗。名不正则言不顺，言不顺则民不从；数千年来社会之所习惯、脑筋之所模印，悉如于此。……顾甘冒不韪、干犯名器，自号主人，妄图窃国，此非大逆不道而何？此非大逆不道而何？！[1]

就此意义而言，如果我们把出现于 19 世纪末 20 世纪初的"国民"二字界定为一翻译名词，殆非过当之论。[2]

在"笔锋常带感情"，深具引人魔力的梁启超大力提倡之下，"国民"一词旋即不胫而走，风行一时，成为晚清知识阶层习闻惯用的熟语。[3]1903 年，章士钊在《苏报》上说："近世有叫号于志士，旁魄于国中之一绝大名词，曰：国民。"[4]1907 年，清廷考察宪政大臣于式枚的奏折中描述彼时蓬勃兴起的参政意识时，也说："横议者自谓国民，聚众者辄云团体，数年之中，内政、外交、用人、行政，皆有干预之想。"[5]此外，自 1901 年间东京的中国留学生创刊《国民报》，以"唤起国民之精神，讲求国民之义务"相号召以来，截至宣统三年（1911），海内外各类期刊以"国民"二字为名者，至少有 15 种之多[6]；而各类期刊，不论其政治立场如何，率多以启发国民自觉、振奋国民精神等语为标

[1] 《鸣乎国民之前途》，《国民日日报汇编》第 3 集（1903），第 602 页。

[2] 张佛泉便说："数典不可忘祖，吾人应知此二字原系一译名。"张佛泉：《梁启超国家观念之形成》，《中国政治学报》1971 年第 1 期，第 24 页。

[3] 《国民报叙例》，《国民报汇编》，台北：国民党党史会影印本，1968 年，第 2 页。

[4] 章士钊：《章太炎〈客民篇〉附论》，《苏报》光绪二十九年五月初八日。

[5] 《出使德国考察宪政大臣于式枚奏立宪不可躁进不必预定年限折》，光绪三十三年十月廿四日，《清末筹备立宪档案史料》上册，第 306 页。

[6] 史和等编：《中国近代报刊名录》，福州：福建人民出版社，1991 年，第 216—219 页。

榜 [1]；至于晚清众多政治及社会团体中冠以"国民"之称号者，更是所在多有。[2]
凡此诸端，历历可见 20 世纪最初十年间"国民"观念流传之广、影响之深。

二、国民与奴隶

晚清中国知识分子最初乃是透过一组二元对立的架构，来理解国民的概念。这个被他们拿来与"国民"比照对勘的镜像，便是"奴隶"。1903 年，上海成立国民公会，章程中便号召国人"革除奴隶之积性，振起国民之精神"；其所定之入会资格也明白宣示："凡中国人苟有愿为国民，而不愿为奴隶者，无论海外内地，皆可入会。"[3]

众所周知，无论是由生产组织还是由社会结构而论，"奴隶"在近代中国社会都不是一个明显可见、有其具体指涉对象的身份范畴。然则，何以晚清知识分子会运用这个奇特的概念作为建构国民的手段？当时人所谓的"奴隶"，究竟所指为何？

在西方政治思想史中，对 citizenship 的讨论，往往也是以"奴隶"（slave, slavery）作为对照性的参考架构。[4] 亚里士多德讨论古希腊城邦共同体的构成原

---

[1]　根据一项统计，1900 年到 1918 年间，国内与国外各地区所出版的刊物有七八百种之多。参见丁守和主编：《辛亥革命时期期刊介绍》第 1 集，"说明"，第 1 页。笔者翻检了四五十种较为常见的刊物，其创刊宗旨或发刊词明白表示以"国民"为鹄的者，便不下 18 种之多。

[2]　根据张玉法收集的资料，清末各种立宪与革命团体中，以国民或公民为号者，各有 9 个，其他散见报刊记载、未列入统计者，为数尤夥。参见张玉法：《清末的立宪团体》，台北："中央研究院"近代史研究所，1971 年，第 90—144 页；张玉法：《清末的革命团体》，台北："中央研究院"近代史研究所，1975 年，第 657—691 页。

[3]　《国民公会章程》，《苏报》光绪二十九年五月初五日。

[4]　瑞士学者 Herman van Gunsteren 便认为，与"公民"相对立的概念，并非"不平等"（inequality），而是"奴隶"。See Herman van Gunsteren, "Four Conceptions of Citizenship," in Bart van Steenbergen ed., *The Condition of Citizenship*, London: Sage, 1994, p.47.

则时，首先便是从主人与奴隶的分野，来区分专制统治与公民政治的统治形态。他所谓的奴隶，主要是一种财产法权关系下的人身依附，"凡在本性上不属于自己，而属于他人的人，就是天生的奴隶，可以说他是他人的人。作为奴隶，也是一件所有物"。[1]

不过，晚清知识分子所谓的"奴隶"，却与亚里士多德的社会性定义毫无相应之处。他们乃是从19世纪末西方帝国主义与殖民主义霸权支配下的全球地缘政治脉络来理解"奴隶"的意涵，从而将这种法权关系转化为一种政治性的概念。如前所述，19世纪后期以降，世界各弱小民族，特别是中国周边的朝鲜、菲律宾、越南、印度等地区相继沦为西方列强的殖民地，这对甲午战后面临风云日亟之瓜分狂潮的中国知识分子而言，不啻当头棒喝。一时之间，"亡国灭种"的危机意识迅速弥漫于中国知识分子的群体之间，"亡国奴"一语也成为有志之士彼此警诫惕厉的恐怖意象。[2] "奴隶"在此语境中，指涉的原为现代国际关系中特定政治实体主权沦亡、丧失自主性的臣属（subjugated）情境。然而，这种由全球性权力结构所衍生的"奴隶"论述，却被晚清知识分子挪用来对中国内部的政治构造进行反省与批判。于是，中国民众传统上在国家政治生活中消极被动的角色，遂一转而成与"国民"针锋相对的负面表征——奴隶。[3]

---

[1] ［古希腊］亚里士多德：《政治学》，颜一、秦典华译，新北：知书房出版社，2001年，第37页。

[2] 戊戌变法期间，康有为为激励光绪皇帝的变法决心，便曾进呈《波兰分灭记》一书，其所撰序文中有"分灭于外，惨为亡国之戮囚"等语，据说光绪帝读之，"垂涕湿纸，于是有七月大变法之举"。参见康有为：《进呈波兰分灭记序》，汤志钧编：《康有为政论集》上册，第344—345页。此外，当时更出现大量描述各国亡国历史的编译作品，"亡国史鉴"成为风行一时的历史文类，参见俞旦初：《中国近代爱国主义与"亡国史鉴"》，俞旦初：《爱国主义与中国近代史学》，北京：中国社会科学出版社，1996年，第242—259页。

[3] 关于晚清从全球性政治情境所建构出的"奴隶"论述，参见 Rebecca E. Karl, "'Slavery,' Citizenship, and Gender in Late Qing China's Global Context," in Rebecca E. Karl and Peter Zarrow eds., *Rethinking the 1898 Reform Period: Political and Cultural Change in Late Qing China*, Cambridge: Harvard Univ. Press, 2002, pp.216–220。

早在 1895 年，严复于《辟韩》一文中反省中国积弱不竞之根源，即已致慨于中国人民政治地位卑下，不啻"奴虏"："西洋之民，其尊且贵也，过于王侯将相；而我中国之民，其卑且贱，皆奴产子也。设有战斗之事，彼其民为公产公利自为斗也，而中国则奴为其主斗耳。夫驱奴虏以斗贵人，固何往而不败？"[1] 及梁启超流亡日本，吸纳了"国民"的概念后，以之反视本国，对于中国人在政治上的奴隶地位，更是感触良深。1899 年初，梁启超发表《爱国论》一文，追迹时贤，进一步阐发严复未尽之意：

> 西人以国，为君与民所共有之国，如父兄子弟，通力合作，以治家事，有一民即有一爱国之人焉。中国则不然，有国者，只一家之人，其余皆奴隶也。是故国中虽有数万万人，而实不过此数人也。夫以数人之国与数万万人之国相遇，则安所往而不败也？[2]

从严、梁等人的修辞策略来看，"奴隶"其实正与"亡国奴"互为表里。

但是，也正是在梁启超笔下，"奴隶"的概念又发生了一次意义上的位移；"奴隶"所指涉的对象，从政治的层面，再被推扩到意识与文化的层面。在同一篇文章中，梁斩钉截铁地下了这样的论断："以今日吾国如此之人心、如此之习俗、如此之言论、如此之举动，不谓之奴隶性、奴隶行，不得也。"[3] 换句话说，在梁启超看来，"奴隶"已不只是中国人外在的政治处境，更已内化为一般民众的意识结构与行为模式。然则，要想振济时弊，化"奴隶"为"国民"，自非仅由政治下手所能奏功，而势须从文化与道德的根柢，进行全盘的改造。

在梁的大力挞伐之下，一般知识分子为所歆动，相激相荡，在 20 世纪初期

---

[1] 严复：《辟韩》，王栻主编：《严复集》第 1 册，北京：中华书局，1986 年，第 36 页。

[2] 哀时客（梁启超）：《爱国论二》，《清议报》第 7 册，光绪二十五年一月廿一日，第 1b 页。

[3] 同上书，第 3a 页。

的中国言论界，掀起了一股"国民性批判"的热潮，对中国民族的集体人格与文化习性展开了激烈的反省与抨击；至其整体趋向正亦不外乎挟"国民"之理想，针砭中国民众的"奴隶"根性。[1]1900 年底，与梁同负《清议报》编务的麦孟华便将"奴隶"与"国民"相提并称，指出两者之间的重大轩轾：

> 奴隶者，与国民相对待而不齿于人类之贱称也。国民者，有自治之才力，有独立之性质，有参政之公权，有自由之幸福，无论所执何业，而皆得为完全无缺之人。曰奴隶矣，则既无自治之力，亦无独立之心，举凡饮食男女、衣服起居，无不待命于主人，而天赋之人权、应享之幸福，亦遂无不奉之主人之手。……他人视为大耻奇辱，不能一刻忍受，而彼无怒色、无忤容，怡然安为本分，乃几不复自知为人。……呜乎！天下伤心汗颜之事，固未有过于奴隶者也。[2]

根据这样的判准，麦孟华看到的中国，乃是一个奴性深重、溃烂腐朽的"奴隶之国"：

> 父训其子、兄诏其弟、师教其徒、友劝其朋，无不以奴隶为宗旨，……所言无非奴隶之言，所事无非奴隶之事，所思想无非奴隶之思想，所希望无非奴隶之希望。以奴隶为堤，而不敢溢其防，以奴隶为的，而不敢失其鹄；乃至举其国为奴隶之国，而外人遂以有奴隶性质唾贱我

---

[1]　关于 20 世纪初期中国知识分子的"奴隶性批判"，参见王也扬：《论本世纪初我国进步思想界对奴隶主义的批判》，《史学月刊》1986 年第 1 期，第 49—54 页；张扬勤：《中国近代资产阶级思想家对"奴隶性"的批判》，《学习与探索》1988 年第 6 期，第 54—61 页。
[2]　伤心人（麦孟华）：《说奴隶》，《清议报》第 69 册，光绪二十六年十一月廿一日，第 1b 页。此后梁启超所作《中国积弱溯源论》与 1903 年杨笃生所撰《新湖南》、邹容所撰《革命军》皆有大段文字完全剿袭麦孟华此文，可见其影响之深广。

四万万之人。[1]

1901 年，《国民报》刊载的《说国民》一文的作者，在对中国社会士农工商官绅各阶层的现况进行详尽分析后，也喟然感叹地指出：中国之民，"不论上下、不论贵贱，其不为奴隶者盖鲜"，乃至以中国之大，几可谓"举一国之人而无不为奴隶，即举一国之人而无一可为国民"。[2]

逮及壬寅（1902）、癸卯（1903）之交，随着俄军入据东北、拒不撤兵，留日学生筹组"拒俄义勇队"，复遭清廷迫令解散等一连串重大事件的相继发生，以东京、上海两地为中心的青年知识分子，痛感时局杌陧，报国无门，情绪日趋激昂，革命的浪涛排空而起，"国民性批判"的呼声，更因政治局势的转变达于巅峰。1902 年，欧榘甲作《新广东》一书，痛斥中国人之"奴隶犬马性质"："不知廉耻为何事、报复为何义，无所不忍，无所不受，刺之不知，激之不动，如小说家所谓铜皮铁骨之人，非中其咽喉，绝不知痛。"[3] 1903 年，杨笃生、邹容复相率刊布《新湖南》《革命军》等书，规抚梁、麦，对"奴隶性"所造成的顺民性格、卑污行径与种种丑态，做了淋漓尽致的刻画。[4] 同年夏，章士钊更发表《箴奴隶》一文，将批判的层面追溯到整个中国历史文化的流毒，痛斥中国之民"感受三千年奴隶之历史、熏染数十载奴隶之风俗、祗领无数辈奴隶之教育、揣摩若干种奴隶之学派。子复生子，孙复生孙，谬种流传，演成根性"，终至"组织一绝大无外之奴隶国"，四万万男女老幼，除少数盗贼外，率

---

[1]　伤心人（麦孟华）：《说奴隶》，《清议报》第 69 册，第 1b 页。

[2]　《说国民》，《国民报》第 2 期，1901 年 2 月。

[3]　太平洋客（欧榘甲）：《新广东》，张枬、王忍之编：《辛亥革命前十年间时论选集》第 1 卷（上），第 276 页。

[4]　杨笃生：《新湖南》，张玉法编：《晚清革命文学》，第 64—105 页；邹容：《革命军》，张玉法编：《晚清革命文学》，第 106—140 页。

皆"纷纷戢戢而游于奴隶之一圈"。[1]

由上引诸例，灼然可见，在"奴隶性批判"的思想风潮激荡之下，晚清知识界对于中国民族集体人格的反思与自省，几达前所未有的高度；其自责自咒的尖锐程度，亦非后人想象所能及。当时，梁启超甚至还以"野番""禽兽"比拟中国之人，斥曰："一国之大，而仅有四万万禽兽居焉。天下之可耻，孰过是也。"[2]

虽然，稽其用心，晚清知识分子此等自责自咎之语，其命意适在借此烘托"国民"观念的可贵与重要，并激励国人幡然憬悟，奋励自新，以化"奴隶"而为"国民"。邹容于所撰《革命军》一书中，便明白号召国人，"万众一心，全体努力，以砥以砺，拔起奴隶之根性，以进为我中国之国民"。苟非如此，"天演如是，物竞如是，有国民之国，群起染指于我中土。我同胞将由今日之奴隶，以进为数重之奴隶，由数重奴隶而猿猴，而野豕，而蚌介，而荒荒大陆，绝无人烟之沙漠也"。[3]

由近代中国思想史的发展脉络来看，晚清知识分子针对"奴隶"意象所掀起的"国民性批判"，可谓开启了一个极为广阔的知识场域。从辛亥、五四、1930 年代，以至 1980 年代，对于中国"国民性"（或曰"民族性"）的反思与讨论，绵延不绝，迄未止息，构成一套蔚为大观的思想系谱。[4]

然而，从以上的简要叙述可知，就其根源而言，"国民性"问题的出现，乃是晚清若干知识分子因应国际形势的冲击，从明治日本的现代民族国家理

---

[1] 《箴奴隶》，《国民日日报汇编》第 1 集，第 16—17 页。

[2] 中国之新民（梁启超）：《论权利思想》，《新民丛报》1902 年第 6 号，第 14 页。任公之以野番譬拟国人，参见《中国宜讲求法律之学》，《清议报》第 5 册，光绪二十四年十二月廿一日，第 1b 页。

[3] 邹容：《革命军》，张玉法编：《晚清革命文学》，第 135—136 页。

[4] 迟至 1999 年，香港三联书店还将沙莲香于 1988 所编之二册《中国民族性》一书再版印行，参见沙莲香编：《中国民族性》，香港：香港三联书店，1999 年。关于近现代中国"国民性批判"的思想系谱，可参潘光哲的简要介绍，参见潘光哲：《近现代中国"改造国民性"的讨论》，《近代中国史研究通讯》第 19 期，台北："中央研究院"近代史研究所，1995 年 8 月，第 68—79 页。

论中辗转假借，所铸就的一套论述形构。更有意思的是，明治日本勾勒中国"国民性"的理论基型，却是得自19世纪下半叶居华多年的美国传教士明恩溥（Arthur Smith）的相关著述。[1] 易言之，晚清的"国民性"论述，其实是一个多种语言、多重声音彼此渗透、相互磋商（negotiate）的混杂论述（hybrid discourse）。晚清知识分子试图透过这项论述，指认中国"国民"之本真（authentic）面貌的努力，恰恰足以说明"国民"概念的虚构性质。

吊诡的是，环绕着"奴隶"意象而出现的这种混杂性的"国民性"论述，却反过来产生了巩固"国民"概念的真理效应。可想而知，如果不是预先肯定了"国民"的确切存在，"奴隶"符号所指称的各项中国"国民"的精神与行为特质，又将如何寻得其赖以具体展现的载体？然则，晚清"国民"概念的论述形构，乃是以国民的对立面——奴隶，为其基本的构成条件。"国民"与"奴隶"，其实是一种交映叠影的镜像关系。[2]

那么，在晚清知识分子的心目中，国民与奴隶的根本分野究竟何在？综观斯时"奴隶性批判"的庞杂言论，可以看出，在万矢齐发的混乱局面中，锋镝所向，仍有两个明显的目标可寻。简而言之，20世纪初期，对中国国民习性的检讨，大抵集中在两个主要层面：（一）中国人无国家思想、无爱国心；（二）中国人无权利、义务之观念，缺乏独立自主、平等自由的精神。1906年《东方杂志》载有《论立宪与教育之关系》一文，便以"（中国）人民素受压制，丧失自

---

[1]　Arthur Smith, *Chinese Characteristics*, New York: Revell, 1894. 该书于1896年由日人涩江保译为日文出版，1903年上海作新社再据日译本译作汉文出版。1937年潘光旦又将此书节译，收入其《民族特性与民族卫生》一书中。1990年代，陆续又有两个译本出现：《中国人气质》，张梦阳、王丽娟译，兰州：敦煌文艺出版社，1995年；《中国人的特性》，匡雁鹏译，北京：光明日报出版社，1998年。关于此书对近代中国"国民性"论述的重大形塑作用，可参见刘禾《国民性理论质疑》一文，刘禾：《语际书写——现代思想史写作批判纲要》，上海：上海三联书店，1999年。

[2]　这或许就是何以1980年代中国民族性批判的代表性论著如柏杨《丑陋的中国人》，还是要以描述"奴隶"这样的负面形象，作为其主要论述策略的症结所在。

由，驯至放弃义务、弁髦权利，不识国家为何物，不知自治为何事"[1]寥寥数语，扼要地概括了由"奴隶"以进至"国民"的关键所在。换句话说，近代中国国民观念，并未遵循西方公民概念发展史上先有共和主义之传统，次有自由主义之新貌的既定矩矱；其创生伊始，便已兼具罗杰斯·布鲁贝克（Rogers Brubaker）所谓形式公民权（formal citizenship）与实质公民权（substantive citizenship）两个不同的侧面。[2]接下来，我们将对这两个面相，做进一步的讨论。

三、国民与国家

追本溯源，1899 年梁启超所标举的"国民"一词，基本来自德国政治学者伯伦知理。[3]依据伯氏的理论，近代国家与"国民"（volk）犹一物之两面，相辅相依，不可或缺。所谓"国民"者，与"族民"或"民族"（nation）在概念上颇有分殊。盖后者系一文化、历史与社会之范畴，依靠血统、语言、信仰、风俗习惯等"根基性的联结纽带"（primordial ties）相维系；而前者则为一政治概念，乃构成国家之实体与主体，其得以形成，必赖一有意识的政治作为，诸如新国

[1]　觉民：《论立宪与教育之关系》，《东方杂志》第 2 卷第 12 号，光绪三十一年十二月廿五日，第 246 页。

[2]　罗杰斯·布鲁贝克将西方 citizenship 的概念区分为 formal citizenship 及 substantive citizenship 两种：前者关心的焦点是国家认同与如何组织一个现代的民族国家等问题；后者则强调一个政治社群之成员应享有哪些人身的（civil）、政治的（political）以及社会的（social）权利。See Rogers Brubaker ed., *Immigration and the Politics of Citizenship in Europe and North America*, Lanham: German Marshall Fund and University Press of America, 1989, p.3.

[3]　依据张佛泉考订，伯伦知理所著《近代国家论》（*Lehre von modernen Staat*）一书之第一编《国家总论》（"Allgemeine Statslehre"）于明治十五年（1882）及明治二十二年（1889），陆续有二卷及五卷之日译本，任公于《清议报》所译之伯氏《国家论》一文即按日文本逐字直译，其所用"国民"二字确系德文 Volk 之译名。参见张佛泉：《梁启超国家观念之形成》，《中国政治学报》1971 年第 1 期，第 66 页，"校后记"。关于伯伦知理与 19 世纪德国的"国家学"，参见 David F. Lindenfeld, *The Practical Imagination: The German Sciences of State in the Nineteenth Century*, Chicago: The Chicago Univ. Press, 1997。

之宣告成立，或国家构成法（constitution）之制定与实行，俾人人参与其间，共建一国。故"国民"也者，即指此一政治共同体而言，其本身为一集体名词，与"国家"实属一而二、二而一之关系。[1]

梁启超流寓日本后，透过日文译本，接触到伯伦知理的国家学说，大为心折，遂乃几无保留地接受了伯氏关于"国民"的见解。直到1903年至1904年间，梁的政治态度由激烈转趋保守，从而与革命派展开言论交锋时，其对"国民"一词的阐释，仍以伯氏理论为圭臬：

> 伯氏乃更下国民之界说为二：一曰：国民者，人格也。据有机之国家以为其体，而能发表其意想、制定其权利者也。二曰：国民者，法团也，生存于国家中之一法律体也。国家为完全统一永生之公同体，而此体也，必赖有国民活动之精神以充之，而全体乃成。故有国家即有国民，无国家亦无国民，二者实同物异名也。[2]

这样一套以国家为核心的"整体式"（holistic）的国民观，在晚清救亡意识高涨的思想氛围中，自然极易激发共鸣。1900年底，麦孟华于《清议报》上发表《论中国国民创生于今日》，便高举同一宗旨，与梁为桴鼓之应："国家者，成于国民之公同心；而国家者，即为国民之公同体也。是以欧美政治家之公言，无政权之人民不能与以国民之称，而谓之曰：无国民者，无国家（No Nation, No State）；而国民之情感与国家无关系者，亦不能与以国民之称，而谓之曰：无国家者，无国民（No State, No Nation）。国民者，与国家本为一物，异名同

---

[1] 张佛泉：《梁启超国家观念之形成》，《中国政治学报》1971年第1期，第18—19页。

[2] 中国之新民（梁启超）：《政治学大家伯伦知理之学说》，《新民丛报》1903年第38、39号合刊，第26—27页。斯时《新民丛报》经常愆期，所载出版日期极不可靠，据李国俊考订，本期丛报应为1903年底至1904年初出刊。参见李国俊：《梁启超著述系年》，上海：复旦大学出版社，1983年，第80页。

实，要不能离为二也。"[1] 及 1903 年至 1907 年间，革命派与立宪派也都分从不同角度，相继援引这种"国民"论述，以为本派政治主张张目。[2]1906 年，《云南杂志》创刊号便说："夫国民者，富于国家观念，与国家为一体之民也。执是以例中国之民，恐悬千分之一以求，而犹恐不及格也。"[3]1903 年，《湖北学生界》上更有一文以"家与身""机与汽""矢与的"等隐喻来比拟国民与国家的密切关系。[4] 就此层面而言，晚清言论界盛行一时的"国民主义"一语，实与"民族主义"或"国家主义"（nationalism）具有相同的意涵。这种意义下的"国民"观念所侧重者，显然乃是国家认同的形式层面。

从这种整体式的"国民"观念出发，晚清知识分子反复指摘的国民弊病之大端，便是国家思想之欠缺。1902 年，梁启超着手撰作《新民说》，明白指出"中国有部民而无国民"[5]；他并且对"国民"与"部民"的分野，做了清楚的说明：

> 部民与国民之异安在？曰：群族而居，自成风俗者，谓之部民；有国家思想，能自布政治者，谓之国民。天下未有无国民而可以成国家

[1] 伤心人（麦孟华）：《论中国国民创生于今日》，《清议报》第 67 册，光绪二十六年十一月初一日，总第 4294—4295 页。值得注意的是，麦孟华是以 nation 来对译"国民"，实足透露晚清的国民概念，自始即与国族主义的意识形态纠结缠绕，无法截然厘划；而西方的 citizenship 虽与民族认同（national identity）有相当密切的关系，毕竟仍属两种不同概念，此所以哈贝马斯才能鼓吹以一套公共的政治文化（public political culture）来取代 national citizenship，参见 Jürgen Habermas, "Citizenship and National Identity," (1990), in *Between Facts and Norms: Contributions to a Discourse Theory of Law and Democracy*, tr. by William Rehg, Cambridge: The MIT Press, 1999, pp.491–515。

[2] 《民族主义之教育》，《游学译编》第 10 期，光绪二十九年七月十五日；精卫（汪兆铭）：《民族的国民》，《民报》第 1 期，1905 年 11 月 26 日，台北：国民党党史会影印本，1969 年，第 14 页；胡茂如：《中国近世最宜之政体论》，《中国新报》第 3 期，1907 年 3 月 20 日，台北：经世书局影印本，1985 年，第 80—81 页。

[3] 墨之魂：《地方自治之精神论》，《云南》第 1 期，光绪三十二年八月廿八日，第 13 页。

[4] 《国民教育》，《湖北学生界》第 3 期，光绪二十九年三月初一日，第 13—21 页。

[5] 中国之新民（梁启超）：《释新民之义》，《新民丛报》1902 年第 1 号，第 9 页。

者也。[1]

由此可见，当时的中国人之所以不得进而为"国民"，其首要关键端在缺乏国家思想。而正是由于国家观念淡薄，普通人"于国家之事、公众之业，可谓痛痒不相关，冷视已极矣。睹民生之多艰，而不知救；任外力之来袭，而不知屏"。[2] 数十年间，神州陆沉，国势板荡，追本溯源，正坐此弊耳。

斯时，对于中国人民欠缺国家思想的深刻感受，实非梁启超一人所独具。1900 年，八国联军进攻北京，北京有些人悬顺民之旗、送万民之伞，托庇于外人，甚且递呈禀帖，哀恳保护；南方各省当政者，则依然歌舞升平，冷眼旁观，一若胡越之不相及。兹后，日本报刊多方撰文，对此现象肆意嘲讽。[3] 海内外青年学生大受刺激，纷纷发出议论，反省国人政治意识上此一重大弊窦。1903 年，陈独秀在安庆爱国会上演讲，呼吁国人力阻俄约时，便说："我中国人如在梦中，尚不知有灭国为奴之惨。即知矣，而亦淡然视之，不思起而救之。盖中国人性质只争生死，不争荣辱；但求偷生苟活于世上，灭国为奴，皆甘心受之。"[4] 1907 年，留日学生吕志伊分析中国面临瓜分危局之祸源时，也把国人无国家观念、不知爱国，视为亡国灭种之厉阶。他说："我国人民无共同心、无团结力。本部十八省，则分如十八小国。……本国之主权，任他人攘夺之；本国之同胞，任他人奴隶之；本国之领土，任他人侵占之。严于省界、府界、州县界，而不知国界。是诚所谓列强不能瓜分我，而我自瓜分者也。岂不痛哉！岂

---

[1] 中国之新民（梁启超）：《论国家思想》，《新民丛报》1902 年第 4 号，第 1 页。

[2] 慧厂（梁启超）：《论功名心》，《新民丛报》1903 年第 37 号，第 5 页。

[3] 当时中国留日人士所办期刊对此等言论多有译载者，例见《瀛海纵谈·中国人之特质》译日本《朝日新闻》，《清议报》第 71 册，光绪二十七年正月十一日，总第 4551—4556 页；《清议报》第 72 册，总第 4613—4617 页；《游学译编》译载日人所著《北清观战记》，参见《东西佚闻》，《游学译编》第 10 期，光绪二十九年七月十五日；匪石：《顺民历史》，《浙江潮》第 9 期，光绪二十九年九月二十日，台北：国民党党史会影印本，1968 年，第 93—94 页。

[4] 《苏报》光绪二十九年四月三十日。

不痛哉！"[1]

在批判国人国家思想淡薄之余，晚清知识分子更进而探求造成此等现象的症结所在。梁启超在《新民说》的《论国家思想》一节中，把中国人之所以缺乏国家思想，归咎于彼等"知有天下而不知有国家"及"知有一己而不知有国家"二端。对于第一点，他从地缘因素指出，中国天然地势，平原磅礴，阻塞交通，形势易趋统一；且中国接壤四境，率多蛮夷小邦，不足与中国相争胜；加以战国以降，学者所言政术，莫不以大一统为理想，遂使国人长期以来，率以天下自视，而昧于国家之义。不过，梁认为，"知有天下而不知有国家"的谬见，为害尚不严重。随着"全球交通，列国比邻"的世界新形势，中国非但无法再维持闭关一统之传统格局，各项新知的传入，亦可一举摧破国人数千年旧学之熏习。真正最难改变的，厥为知有一己，而不知有国之弊。他强调，中国人二千年蜷伏于专制政体之下，早已铸就奴隶之根性，但知有己，一切唯势利是视，"有能富我者，吾愿为之吮痈；有能贵我者，吾愿为之叩头。其来历如何，岂必问也？"如此心性，沿而不改，空言国家思想之树立，实如缘木以求鱼。[2]然则，欲立国家思想以救中国，"新民之道，不可不讲矣"。此后，梁启超奋如椽之巨笔，做警世之洪钟，大力阐发"新民"之道，原其用心，正不外乎提撕国人国家之思想，以为造就"国民"之张本。

梁氏而外，由类似角度考究同一问题者，亦不乏人。1903年《浙江潮》刊有《公私篇》一文，也是把中国人不知爱国的缘由归于"天下"观念的流毒。该文指出：在"天下"思想的笼罩下，中国之人，"恒不以我之中国视中国，而以君主之中国视中国；且不以中国人之中国视中国，而以天下人之中国视中国"，以致二千年来，百姓齐民率皆"以顺民之资格，实行公天下之主义，箪食壶浆以迎

<hr>

[1] 侠少（吕志伊）：《国民保存国土之法》，张枬、王忍之编：《辛亥革命前十年间时论选集》第2卷（下），第829页。

[2] 中国之新民（梁启超）：《论国家思想》，《新民丛报》1902年第4号，第8—11页。

来者，以靳为奴为隶于异姓异种之箝制之下而不自愧惜"。[1]1907年，杨度发表《金铁主义说》长文，检讨中国处境之艰厄，同样认定"中国数千年来，无国际之名词；而中国之人民，亦惟有世界观念，而无国家观念"。[2]1900年，麦孟华所撰《国民公义》一文，则自"个人主义"立论，把"种族之沦胥、宗教之将坠"的根由，归诸四万万人"各谋其身，各顾其私"，以致"无一人能知国家之主义，无一人能任国民之公事，宁他日之为奴为隶、为牛为马，为异族之驱缚鞭笞，而必不肯于存亡呼吸之间，少缓其私，少用其力，以赴国民之急"。[3] 1903年，梁启超仲弟梁启勋更借用法国学者古斯塔夫·勒庞（Gustave Le Bon）的社会心理学理论，分析中国人的"种族精神"，为梁启超之说添一脚注。他认为，中国人的团结精神"实只达于一家，上焉者，达于一乡族而止"，所谓"种族全体之精神，实无一存者"，以此而言立国，殆犹南适越而北其辕，绝无可至之期。[4]

不过，当时批判中国人国家观念之缺失的各家言论，集矢最力、抨击最烈者，允为历代专制政治之流弊。1900年，麦孟华于前引《论中国国民创生于今日》一文中慨然痛陈：嬴秦以降，历代民贼，以愚民为政，"窃其国家为私有，而不许国民之预其事而睨其旁"，人民受制既久，则亦"偷安苟息，乐举其责任事业，委之一人之代谋。驯伏不已，日倚赖之，遂以国家为一家之产业、国事为一人之私事，吾侪小民，与国无关，惟当供其使役，而不必措意其间"。年深岁远，谬种流传，原本应为国家之主的国民，"一变而为客，再变而为佣，三变而为奴隶。既奴隶矣，而国民遂绝迹于天壤之间"。[5]1901年，东京留学生创

[1] 《公私篇》，《浙江潮》第1期，光绪二十九年正月二十日，第1—2页。

[2] 杨度：《金铁主义说》，《中国新报》第1期，1907年1月20日，第10页。

[3] 先忧子（麦孟华）：《国民公义》，《清议报》第48册，光绪二十六年五月二十一日，总第3113—3114页。

[4] 梁启勋：《国民心理学与教育之关系》，《新民丛报》1903年第25号，第56—57页。

[5] 伤心人（麦孟华）：《论中国国民创生于今日》，《清议报》第67册，光绪二十六年十一月初一日，总第4295—4396页。

刊《国民报》，于"叙例"中也振臂疾呼："中国之无国民久矣。驯伏于二千年专制政体之下，习为佣役，习为奴隶，始而放弃其人权，继而自忘其国土，终乃地割国危，而其民几至无所附属。"[1]1902 年，蔡锷更在《新民丛报》上，对此一论点做了最为精简有力的陈述：

> 自秦一统后，车书混同，而国家之观念潜销矣。自唐以后，乃专用募兵，民兵之制既废，而国民之义务愈薄已。民惟纳租税以供朝廷之诛求，朝廷惟工聚敛以肆一家族之挥霍，其他则非所问。呜呼！此外寇之侵来，所以箪食壶浆，高举顺民旗以屈膝马前耳。[2]

既然国家观念淡薄乃中国所以无"国民"的病根祸源，晚清知识分子自是万流并进，倾力鼓吹爱国思想。1902 年，梁启超在《新民说》中，便把"爱国"尊奉为"私爱之本位，而博爱之极点"，过与不及，皆属野蛮。在《意大利建国三杰传》一文中，更对爱国一事唱出这样的颂歌：

> 新民子曰：天下之盛德大业，孰有过于爱国者乎？真爱国者，国事以外，举无足以介其心，故舍国事，无嗜好；舍国事，无希望；舍国事，无忧患；舍国事，无怨憝；舍国事，无争竞；舍国事，无欢欣。[3]

1905 年革命党人创刊《二十世纪之支那》，也说："吾人之主义可大书而特书，曰：爱国主义。"[4]

---

[1] 《国民报叙例》，《国民报汇编》，第 1 页。

[2] 奋翮生（蔡锷）：《军国民篇（二）》，《新民丛报》1902 年第 7 号，第 68 页。

[3] 中国之新民（梁启超）：《意大利建国三杰传》，《新民丛报》1902 年第 9 号，第 31 页。

[4] 卫种：《二十世纪之支那初言》，《二十世纪之支那》第 1 集，光绪三十一年五月初一日，台北：国民党党史会影印本，1968 年，第 4 页。

值得注意的是：这种爱国思想的宣扬，并非仅以少数知识精英为对象。在"国民"观念的启发下，晚清知识分子逐渐注意到国民整体改造的迫切需要，从而将其言论锋芒部分转移到实际政治之外的一个新的领域——社会。[1]20世纪初年，中国各地白话报刊蓬勃发展，1900年至1911年的十余年间，便至少有130余种白话报刊相继出版。[2]透过这种新兴传播管道，晚清改革运动者大量利用小说、戏曲、弹词等通俗文学形式，辅以宣讲、演说等口语传播，对一般社会大众进行国家意识的灌输。李孝悌研究晚清下层社会启蒙运动，便一再指出，"国民"观念与爱国思想的传播，实为此一运动的主要收获。[3]在清末民初赈灾、国民捐、抵制外货、戒烟与争回利权等一连串大规模社会运动中，便往往有工人、贫民、妇女，乃至乞丐、妓女等下层民众的热烈参与。例如，1907年苏杭甬铁路发生争路风潮，常州各界积极响应，当地妓女亦开会招股，以为维护国家利权，略尽绵薄；其招股传单便说："路权一去，命脉尽绝，凡我姊妹，亦宜固结团体，不可放弃权利，谁非国民，谁无热忱？"[4]1912年，河南开办"国民

---

[1]　李欧梵指出：戊戌变法失败后，梁启超等人已经逐渐将注意力转向"社会"这个新领域，并将之与"民风"结合在一起。他认为：这种论述方式的转变，事实上已是在开创一种新的社会空间，并以之为基础，建立"新民"和新国家的思想。这项观察大致是正确的。王汎森也注意到，1902年前后，"社会"此一由日文转介而来的名词，已逐渐取代以往维新人士所惯举习用的"群"一语；此一语言转换过程，正可为李欧梵的说法提供一项佐证。不过，李欧梵并未注意到，在此一论述策略的转变过程中，国民观念所发挥的关键作用。我们甚至可以倒过来说：正是由于"国民"观念的兴起，激发了"新民"的努力，才有可能进一步逼出"社会"的概念。李欧梵的说法，参见李欧梵：《"批评空间"的开创——从〈申报〉"自由谈"谈起》，《二十一世纪》第19期，1993年10月，第40、42页；王汎森之说，参见 Wang Fan-sen, "Evolving Prescriptions for Social Life in Late Qing and Early Republic: From Qunxue to Society, " in Joshua A. Fogel and Peter Zarrow eds., *Imagining the People: Chinese Intellectuals and the Concept of Citizenship*, p.266；并可参见同书 Michael Tsin, "Imagining 'Society' in Early Twentieth-Century China "一文。

[2]　李孝悌：《胡适与白话文运动的再评估——从清末的白话文谈起》，周策纵等著：《胡适与近代中国》，台北：时报文化出版公司，1991年，第3页。

[3]　李孝悌：《清末的下层社会启蒙运动，1901—1911》。

[4]　《中国日报》1907年10月24日，参见鲍家麟：《辛亥革命时期的妇女思潮》，《中华学报》第1卷第1期，第110页。

捐"，开封民众纷纷解囊捐输，乞丐李长兴亦登台演说，将乞讨所得一百文尽行捐出。[1] 这些例证，在在显示"国民"论述对时人国家思想的冲击与影响。

四、国民与权利

除了强调国民与国家的密切关系外，从以上所引诸多批判专制政治的议论，可以看出：晚清知识分子对国人所以缺乏国家观念的反省，实已轶出国家认同的形式层次，进而触及"国民"观念的另一侧面。易言之，国民，尤其是作为国民整体之组成分子的个别国民，应该在国家社群的政治生活中扮演何种角色，实为晚清"国民"论述的另一重要主题。

如前所述，梁启超借自伯伦知理的"国民"观念，原是一项以国家为核心的整体性概念。不过，国民既为构成国家之主体与实体，与国家为一体之两面，"国民"之参与国家政治事务，自属题中应有之义，而"国民主权"或"主权在民"等概念的浮现，亦为水到渠成、顺理成章的必然发展。[2] 1902 年，欧榘甲在《新广东》一书中，即以公司组织比拟国家，人民犹如股东，政府则仅为掌柜，股东既为公司主人，则"凡生为中国之一人，即有中国之一份；中国之事，皆其身内之事，非在身外之事，无所不当亲理，无所不当干涉"。[3] 1910 年，雷

[1] 《民约报》（天津）1912 年 6 月 1 日，参见王天奖编：《河南辛亥革命史事长编》下卷，郑州：河南人民出版社，1986 年，第 219 页。当然，这些下层民众也可能是和琳达·科利描述的 18 世纪末 19 世纪初的英国中下阶层一般，透过对"国民"理想的积极认同，作为改善自身政治、社会地位的手段。See Linda Colley, "Whose Nation? Class and National Consciousness in Britain, 1750–1830," *Past and Present*, 113(Nov.1986), pp.97–117.

[2] 伯伦知理即已明白指出："对于未能享有政治权利，而全般处于被统治之群众，吾人不称之曰国民。……专制政体不知有国民，而仅知有属民也。"参见张佛泉：《梁启超国家观念之形成》，《中国政治学报》1971 年第 1 期，第 51 页，注 39。关于近代中国"主权在民"观念的发展，可参见王尔敏《中国近代之公仆观念及主权在民思想》的论述。

[3] 太平洋客（欧榘甲）：《新广东》，张枏、王忍之编：《辛亥革命前十年间时论选集》第 1 卷（上），第 279 页。

昭性更明白指出：

> 国民实为国家之主体，以总握国家之主权。匪特对于国内之政治法
> 律，一切由己主持，即对于他国之国际交涉，罔不以国民为最高之机关，
> 以自行办理。[1]

这种以"国民"为国家主体的观点，与传统儒家政治学说中的"民本"思想，无疑有着本质上的差异。梁启超在《自由书》中便已强调，孟子所言"民贵君轻"，要仍以君主为主体，最多只能说是"保赤政体"或"牧羊政体"，其与专制暴政，虽有手段及用心之不同，却同样侵犯到人民的自由权利。他说："民也者，贵独立者也，重权利者也，非可以干预者也。"[2] 由此可见，梁启超所谓的"国民"，除了是组成国家的分子之外，更是一个积极参与公共事务、享有各项政治权利、承担相应诸义务，并具独立、自由人格的现代"公民"。从这种角度来看，20 世纪初期所兴起的"国民"概念，除了强调国家主义之外，实亦具有前述布鲁贝克所谓"实质公民权"的侧面。汪精卫在《民报》上曾以"国民主义"为名，撰文鼓吹民权主义的理想[3]，正足显示"国民"观念的此一特定内涵。

为了凸显国民观念的这个侧面，晚清知识分子所采取的论述策略，还是将之与"奴隶"骈列并举，来阐释国民应具的特质。1901 年《国民报》所刊《说国民》一文开宗明义，劈头便说：

[1] 铁崖（雷昭性）：《中国立宪之观察与欧洲国会之根据》，《民声》第 1、2 期，1910 年 5—6 月，张枬、王忍之编：《辛亥革命前十年间时论选集》第 3 卷，第 703 页。

[2] 梁启超：《自由书》，第 40—41 页。此外，《浙江潮》第 2 期（光绪二十九年二月二十日）载有不龀子所撰《教育学》一文，也指出：中国传统所谓"民为邦本"系对君主而言；而今之言本，乃为国民全体而发，而非为一姓一家言也。

[3] 精卫（汪兆铭）：《民族的国民》，《民报》第 1 号，第 26 页；据张佛泉统计，汪在《民报》前十余期中，最喜用"国民主义"一词，仅在第 9 号中使用过一次"民权主义"一词。参见张佛泉：《梁启超国家观念之形成》，《中国政治学报》1971 年第 1 期，第 63 页，注 106。

同是一民而有国民、奴隶之分。……奴隶无权利，而国民有权利；奴隶无责任，而国民有责任；奴隶甘压制，而国民喜自由；奴隶尚尊卑，而国民言平等；奴隶好依傍，而国民尚独立。此奴隶与国民之别也。[1]

从这种分野出发，该文作者指出：中国民众既无天赋之人身自由权利，更无参与国事的政治权利；既无形体之自由，亦无精神之自由；既不思担负国事之责任，更昧于平等独立之公理，遂使"举一国之人，而无一不为奴隶，即举一国之民，而无一人可为国民"。[2]1903年，一位旅居日本东京的绍兴青年，也在致同乡父老的公开信中，借用同一概念，分析中日两国兴衰异趋的根柢。他指出：日本自明治维新以降，民权之说大盛，立宪法、开国会，"国有大事，非经议员多数之许可者，虽君相不得专行之；若宰相措事有为多数议员之所排击，则宰相必去位以避舆论"。反之，中国人民则"戢戢若奴隶然，任暴君污吏之束缚刲割，不能援法律以与之争"。此日本与中国所以强弱之为判也。[3]

基于消除国人"奴隶"性习，启发"国民"意识的迫切需要，晚清志士纷起并作，相率由各不同方面，致力于宣扬民权、自由、法治、平等等西方政治观念与价值。由1898年以迄1903年的短短数年间，卢梭、孟德斯鸠、密尔、斯宾塞等近代西方自由民主思想家的学说，大量输入中国。根据一项统计，在这六年之间，以专书或论文形式出现的西方政治学论著的译本，多达48种。[4]其中，卢梭的天赋人权与社会契约等学说，尤为中国知识分子所欢迎。自1898年，上海同文译书局将日本学者中江笃介以汉文所译《民约论》第一卷翻印出版并定名为《民约通义》以来，该书陆续出现过多种译本，在晚清知识界引发

---

[1] 《说国民》，《国民报》第2期，1901年6月10日，《国民报汇编》，第8页。

[2] 同上文，第9—15页。

[3] 《在日本东京绍兴人寄呈同乡公函》，《苏报》光绪二十九年四月廿一日。

[4] 熊月之：《中国近代民主思想史》，上海：上海人民出版社，1986年，第312—318页。

巨大回响。1903 年，革命党人刘师培甚至以《民约论》为蓝本，参酌中国历代近似民主的言论，编纂而成《中国民约精义》一书。[1] 而梁启超在阐发西方自由民主思想的工作上，用力尤勤，影响尤大。1901 年至 1902 年间，梁于《清议报》《新民丛报》奋笔为文，先后译介了霍布斯、卢梭、孟德斯鸠、边沁诸人的政治学说。接着又陆续推出《新民说》中论公德、论权利、论自由、论自治、论进步、论自尊、论合群各篇。一时之间，"新民"之说喧腾众口，深入人心。黄遵宪便对梁启超的影响与贡献，做过这样的评价：

> 嗟夫！我公……举西东文明大国国权、民权之说，输入于中国，以为新民倡，以为中国光，此列祖列宗之所阴助，四万万人之所托命也。[2]

由此引文，不难想见 20 世纪之初有志士夫，对于借民权、自由等观念的启迪，涤荡瑕秽，铸造"国民"，是抱着何等殷切之期望。

也是基于这样的憧憬，他们开始对中国本身的历史文化传统进行全面的反省与检讨，企图从制度及思想的根源探究中国人所以缺乏民主意识，不克自拔为"国民"的症结所在。1902 年，梁启超在《新民议》一文便说："今日中国群治之现象，殆无一不当从根柢处摧陷廓清，除旧而布新者也。"他并且进一步指出：中国家族、国家、村落、社会之组织，乃至风俗、礼节、学术、思想、道德、法律、宗教诸般，无一不是千疮百孔，无所往而不败，非加全盘改造，势将为"天行大圈"所淘汰。[3] 这种全盘改造的意念，一经标举，万方影从，迅即在 20 世纪最初十年间的中国社会，掀起了一场震天撼地的思想启蒙运动。

---

[1]　熊月之：《中国近代民主思想史》，第 307—308 页。郑永福：《卢梭学说与晚清思想界》，《中州学刊》1985 年第 4 期，第 110—113 页；刘师培：《中国民约精义》，《刘申叔先生遗书》第 1 册，台北：华世书局影印本，1975 年，第 673—713 页。

[2]　黄遵宪：《水苍雁红馆主人来简》，《新民丛报》1903 年第 24 号，第 45—46 页。

[3]　中国之新民（梁启超）：《新民议（一）》，《新民丛报》1902 年第 20 号，第 3—4 页。

可以想见，晚清知识分子一旦从民权、自由的角度，开始对中国政治与文化传统进行批判，其锋镝所向的首要鹄的，当然还是二千年的君主专制政体。梁启超在《新民说》的《论进步》一节中，便明白指斥历代专制君主桎梏民权、戕贼自由，以致中国生机窒塞，群治不进；中国所以历千百年而每况愈下者，"由霸者私天下为一姓之产，而奴隶、盗贼吾民使然也"。[1]1903 年，革命派的《江苏》杂志刊有《新政府之建设》一文，也从中西政术异同之本原，抨击专制政体之为祸。该文作者强调，欧西各国自法国大革命以降，相率奉行"平民政治之主义"，主权操之国民，政务决诸舆论，"国中有国民而无臣民，有主人而无奴隶"，人人得享天赋之人权，非依法律，任何人均不得而剥夺之。以故，"入其国境，行其四野，强侵暴凌、箝锁镇压之举动，不见于目；呻吟憔悴、咨嗟太息之声，不闻于耳"。反视中国，"专制妖氛弥漫全国，阶级毒焰深中人心；一国主权，一姓握之；万般政务，一人决之"，百姓小民，困顿泥犁，尽坠深渊，"更何国民之有？臣仆而已矣；更何主人之有？奴隶而已矣"。缘是，"入其国境，行其四野，强侵暴凌、箝锁镇压之举动，不绝于目；呻吟憔悴、咨嗟太息之声，不绝于耳"。试问彼我苦乐，何悬殊若此？一言以蔽之，曰："彼有平民政治，而我无平民政治故也。"[2]

既然专制政体乃阬塞民权、阻抑国人自进为"国民"的罪魁祸首，则其摧陷芟夷，要属刻不容缓之急务。早在戊戌维新时期，严复已呼吁清廷改造政体，听民自由、自治，以鼓民力，以开民智，而新民德。[3]至是，梁启超更把专制政体的破坏，视为"救危亡、求进步"的入手把柄：

[1] 中国之新民（梁启超）：《论进步》，《新民丛报》1902 年第 10 号，第 6 页。

[2] 汉驹：《新政府之建设》，《江苏》第 5 期，光绪二十九年七月初一日，台北：国民党党史会影印本，1968 年，第 10—11 页。

[3] 严复：《原强》（修订稿），王栻主编：《严复集》第 1 册，第 27 页。

然则，救危亡、求进步之道将奈何？曰：必取数千年横暴混浊之政体，破碎而齑粉之。……然后能涤荡肠胃以上进于进步之途也。[1]

兹后，有志改革的中国知识分子，相继遵循严、梁的号召，致力于政治之运动。其温和者，或主君主立宪，或倡国民立宪[2]，"立平等之律，导自由之权，行广济博爱之仁，励独立自尊之志，享和平安全幸福，去数千年故有之旧阶级制度，以组织全国国民一新社会"[3]；其激烈者，高倡革命，改建共和，"树独立旗，击自由钟，以奋我国民之精神，以复我天赋之人权"[4]。两派人士，取径固有参差，策略不无轩轾，原其本心，要皆以塑造深具权利、义务观念，享受自由、平等，并能积极参与国家政治事务之中国新"国民"为旨归。

专制政体而外，传统家族制度也被锐意革新的晚清知识分子视为阻碍国人自进为"国民"的一大绊脚石。梁启超在《新民说》的《论政治能力》一节中，已明白流露这种思想取向。他在此文检讨中国人何以缺乏政治能力，以致立国数千年，犹不能"组织一合式有机、完全秩序、顺理发达之政府"时，除了将之归因于上述专制政体的摧抑，更进而强调家族制度之为梗。他指出："欧美各国统治之客体，以个人为单位；中国统治之客体，以家族为单位。故欧美之人民，直接以隶于国，中国之人民，间接以隶于国。"由于中国社会组织一以家族为本位，传统各项制度遂莫不以族制为精神；而国人长期羽翼于家族之下，寝假则

---

[1] 中国之新民（梁启超）：《论进步》，《新民丛报》1902年第11号，第8页。

[2] "国民立宪"之说，于1905年后大盛于立宪派之阵营，主要提倡者除梁启超外，尚有杨度、蒋观云等人。留日满族知识分子如恒钧、乌泽声等，亦于所办《大同报》《醒报》等刊物中为桴鼓之应。其主要论点，参见刘伟：《清末立宪派的"国民立宪论"》，《史学月刊》1992年第6期，第47—54页。

[3] 遯园：《专制之结果》，《扬子江》第4期，1904年10月9日，张枬、王忍之编：《辛亥革命前十年间时论选集》第1卷（下），第960页。

[4] 太平洋客（欧榘甲）：张枬、王忍之编：《辛亥革命前十年间时论选集》第1卷（上），第274页。

独立自治之气概，斲丧以尽。因而，中国之民只能成其为族民，略无"市民"之资格可言。然则，欲进国人于"国民"，势须先行打破家族制度之藩篱。

1904 年，严复译刊《社会通诠》一书，为梁的论点提供了有力的学理依据。原著者甄克思（E. Jenks）在此书中，采取进化论的观点，将人类社会组织的发展化约为循蛮夷社会—宗法社会—国家社会（军国社会）等不同形式，直线进化的演化过程。严复在译者按语中，便根据甄氏所订划分标准，将中国社会性质界定为"宗法之社会，而渐入于军国者。综而核之，宗法居其七，而军国居其三"。[1] 换言之，中国所以无法完全进化为现代的国家社会，正因宗法社会遗习之害。1907 年，杨度推阐严复未尽之意，便把这个宗法遗孽归结为家族制度。他强调，西方文明各国之法律，莫不以个人为单位，人人皆为权利义务之主体，遂能以个人之资格，自由竞争于世界，社会因以活泼，国家从而发达。反之，中国社会权利义务之主体，不在个人，而在家族，"权利者，一家之权利，而非个人之权利；义务者，一家之义务，而非个人之义务"。如此之社会组织，卒使人人有身家之累，不暇计及社会之公益，更无暇思及国家之责任。此所以一与西人相遇，不得不循天演"公例"，而归于劣败淘汰之列也。因此，他呼吁国人，破除家族之思想，勉力于国家之组织，"奋发其责任心，扩张其能力，而成其为完全军国之国民，则中国之事庶几矣"。[2]

在化"族民"为"国民"的号召下，意气昂扬的晚清知识分子相率发出"家庭革命"和"毁家"的呐喊。1903 年，一位署名"家庭立宪者"的作者直截了当地指出：家族主义的阻滞隔绝，乃是中国人民缺乏国家思想的根本原因。他认为，中国人长期受家庭支配，养成奴隶之宗旨、牛马之人格，但知爱身，不知爱国；但知利己，不知利群，全无振兴国权、恢复人道之思想。以此无脑无血无灵魂之辈，驱之以与欧洲民族帝国主义之国民相争相竞，"尚得有国哉，尚

---

[1] ［英］甄克思：《社会通诠》，严复译，北京：商务印书馆，1981 年，第 15—16 页。

[2] 杨度：《金铁主义说》，《中国新报》第 2 期，1907 年 2 月 20 日，第 15—19 页。

得有家哉？"因此，"欲革政治命，先革家族命"。[1]1907 年，《天义报》上一篇文章，更石破天惊地喊出："家也者，为万恶之首。"唯有摧破家庭组织，"而后人类社会之中，乃皆公民而无私民"。[2] 由此可见，辛亥革命时期，为达铸造"国民"之目标，其议论所及，不但为日后五四时期以家庭为"万恶之首"[3] 的激进反传统思想开一先河；也明白显示出：斯时知识分子试图借自由、人权等西方式"现代性"诸价值，将中国社会组织根本改造，使之由以血缘关系为主要纽带的传统"社群"（Gemeinschaft），彻底转化为一个以个人为本位，以契约关系为主要纽带的现代"社会"（Gesellschaft）。[4] 这种新的"社会"想象方式，对二千年来赖家族宗法以存立的中国传统社会秩序，自是空前未有的冲击与挑战。

虽然，晚清知识分子犹不以摧陷廓清专制体制与家族制度为已足。他们更进一步把批判的矛头指向意识形态的层面，企图将传统学术思想、道德风尚中所有可能阻碍"国民"健全发展的各项因素，一举斩除，扫荡净尽。

早在戊戌维新期间，锐意改革的志士即已对中国固有学术思想进行反省与批判。1895 年，严复撰《辟韩》一文，对韩愈的尊君学说大加排诋，已见前引；稍后，谭嗣同更在《仁学》一书大声疾呼，彻底否定传统政治、学术的合法性："二千年来之政，秦政也，皆大盗也；二千年来之学，荀学也，皆乡愿也。"[5] 及梁启超流亡日本，以"国民"观念重行检视中国传统，更发为如下之议论：

---

[1] 家庭立宪者：《家庭革命论》，《江苏》第 7 期，光绪二十九年九月初一日，第 13—19 页。

[2] 汉一：《毁家论》，《天义报》第 4 期，1907 年 7 月 25 日，张枬、王忍之编：《辛亥革命前十年间时论选集》第 2 卷（下），第 916—917 页。

[3] 这是傅斯年的说法。参见傅斯年：《万恶之原》，《新潮》第 1 卷第 1 号，1919 年 1 月 1 日。

[4] 斐迪南·滕尼斯（Ferdinand Tönnies）将人类社会分为两种类型：一为以人际关系为主轴，以乡土及血缘为纽带的传统型社会组织，他称之为"社群"（Gemeinschaft, community）；另一类型的社会组织，则是以个人为本位，以理性计算的契约为纽带的现代社会（Gesellschaft, society）。Ferdinand Tonnies, *Community and Society*, tr. by Charles Loomis, New Brunswick: Transaction Books, 1988；王汎森即曾借用此一理论架构分析晚清"群"的思想，参见王汎森：《"群"与伦理结构的破坏》，《章太炎的思想：（1868—1919）及其对儒学传统的冲击》，第 244 页。

[5] 谭嗣同：《仁学》，《谭嗣同全集》，台北：华世出版社，1977 年，第 54 页。

必取数千年腐败柔媚之学说，廓清而辞辟之，使数百万如蠹鱼、如鹦鹉、如水母、如畜犬之学子，毋得摇笔弄舌、舞文嚼字，为民贼之后援，然后能一新耳目，以行进步之实也。[1]

继此而后，类似的批判言论相继涌现，层出而不穷。蔡锷在前引《军国民篇》中，便说："中国思潮之弊，至今日而达极点，非一洗数千年之旧思潮而更新之，则中国国民，其永就沉沦之途已。"[2]湖南留日学生所创办的《游学译编》亦撰文痛斥中国数千年学术思想，"皆劝为奴隶之绍介书"。[3]至其态度尤为激烈如秦力山者，甚至昌言：欲救中国政治、学术之弊，"非纵祖龙之火，一扫秦汉以来所有之文字而炬之不能"。[4]这种论调，与五四时期钱玄同尽废汉字的主张，殆无二致。

随着知识分子批判锋芒的日益尖锐，非特以儒家为主轴的学术传统大受震撼[5]，以纲常名教为标榜的旧有道德规范，也面临重大危机。戊戌时期，谭嗣同已挟"仁"之一义，排诋名教，指斥纲常。[6]等到"国民"观念蓬勃兴起，传统伦理秩序的流毒更成知识分子抨击最力的目标。1899年，麦孟博便痛责儒家纲常名教之虚文，"夺人天赋自由之权"，长此以往，国人终不自知有自主之权，甘为犬马奴隶，民贱种弱，势将蹈红黑人种之覆辙而后已。[7]1901年秦力山在

---

[1] 中国之新民（梁启超）：《论进步》，《新民丛报》1902年第11号，第8页。

[2] 奋翮生（蔡锷）：《军国民篇（三）》，《新民丛报》1902年第7号，第86页。

[3] 《支那灭亡之风潮》，《游学译编》第4期，光绪二十九年一月十五日。

[4] 遯公（秦力山）：《文字尚古学术尚今》，《清议报》第80册，光绪二十七年四月十一日，总第5109—5110页。

[5] 梁启超在1904年便已指出，"挽近学界对于孔子而试挑战者，颇不乏人"，"对于孔子之观念，以视十年前，划若鸿沟矣"。参见梁启超：《论中国学术思想变迁之大势》，《新民丛报》1904年第10号，第26页。

[6] 谭嗣同：《仁学》，《谭嗣同全集》，第14—15页。

[7] 无涯生（麦孟博）：《论政变后中国不亡之关系》，《清议报》第27册，光绪二十五年八月十一日，总第1735页。

分疏"奴隶"与"国民"之判时，也把中国人"奴隶"性成的根源归诸纲常名教之桎梏，从而极力呼吁："欲脱奴隶，必先平等；平等无他，必先破三纲之说。"[1]1903 年，杨笃生在《新湖南》中更说："吾国之所谓名教者，教猱升木，便利盗贼夷狄之利器也。"若不痛自警醒，割断此"魑魅魍魉学说"之根株，澡雪狂乱，"则以吾国民之性命，供白人之菹醢，亦孰非名教者耶？"[2]

对传统道德规范反复的猛烈抨击，终至逼出"道德革命"的萌蘖。1902 年，梁启超已有感于中国旧有之道德，"不足以范围天下之人心"，苟无新道德以辅佐之，势并旧有之善美者亦不能自存，而横流之祸，将有不忍言者。因此，他号召有志救世之人，勠力研究伦理之学，俾"斟酌中外，发明一完全之伦理，以为国民倡也"。[3]兹后，梁启超先后为文阐述"公德"与"私德"，用心正不外乎欲为中国之新国民树立一套道德的基础。在他的鼓吹之下，改革道德的呼声蜂起并作[4]；伦理学作为近代中国一项重要知识门类，亦于斯时奠定基础。[5]一些态度较为激进者辈，更高声疾呼，要求全盘唾弃传统之"伪道德"，全面引进西方自由、平等、博爱之"真道德"，从而下开五四时期"道德革命"之序幕。[6]

从以上这些由"国民"观念所引发的言论，可以清楚地看出：在"国民"论

---

[1] 公奴隶力山（秦力山）：《说奴隶》，《清议报》第 80 册，总第 5106—5107 页。

[2] 杨笃生：《新湖南》，张玉法编：《晚清革命文学》，第 105 页。

[3] 梁启超：《东籍月旦·伦理学》，《新民丛报》1902 年第 9 号，第 114 页。

[4] 马梅：《论中国国民道德颓落之原因及其救治之法》，《新民丛报》1902 年第 28 号，第 109 页，第 118—119 页；飞生（蒋百里）：《国魂篇》，《浙江潮》第 7 期，光绪二十九年七月二十日，第 33—40 页。

[5] 如刘师培即于此时撰作《伦理教科书》，《刘申叔先生遗书》第 4 册。蔡元培也是在此期间留学德国，将德国哲学家弗里德里希·包尔生（Friedrich Paulsen）的《伦理学体系》一书节译，于 1908 年以《伦理学原理》为名，由上海商务印书馆出版；五四期间，杨昌济任教湖南第一师范，即以此书作为授课教材，对毛泽东、恽代英等学生产成极大影响。参见罗国杰为［德］包尔生著、何怀宏与廖申白译《伦理学体系》（台北：淑馨出版社，1989）所作的译序《包尔生伦理思想述评》，第 1 页。

[6] 愤民：《论道德》，《克复学报》第 2、3 期，1911 年 8、9 月，张枬、王忍之编：《辛亥革命前十年间时论选集》第 3 卷，第 847—853 页。

述的有力支配下，20 世纪初年的中国知识分子，为了将国人自传统的"奴隶"改造为现代意义的"国民"，不但积极汲取西方政治思想中民主、自由、平等、人权等现代性诸价值，更相率致力于自身政治、文化传统的反省与批判。在这个自我重塑的过程中，他们所探触到的范围既深且广，非特对个人存在的意义做了全新的定位，也对整个中国的政治、社会与文化秩序，进行了与旧有体制截然不同的想象与建构。其结果，实不啻一场思想、观念与价值体系的大变革。其影响所及，以"国民"自命，要求参与政治事务、争取自由和平等的意识与行动，在清末民初的中国社会异军突起，蔚为时尚。我们从一些事例中，便可窥见其间蛛丝马迹。19 世纪与 20 世纪之交，中国各地新式学堂风潮迭起，学生动辄闹事罢学，而集体退学出堂者，更所在多有，其所持理由率不外乎学堂教习日以敲扑为事，视学生若"奴隶"，学生既自命"国民"，自难忍受此种违反公理之"野蛮行径"。[1] 1901 年上海各界集会味纯园电争俄约时，有薛仙舟其人，于发表演讲时起头便说："我乃一并无名望之人，今忽起而演说，在诸君观之，似乎可笑，虽然，以我言之，凡同为此国之人，均应含此类知识，均有权达己之所见。"[2] 1912 年，民国初建，孙（文）、袁（世凯）交替之际，湖北境内，更有自号"神州大布衣"者，发表一则《自请为公仆之通告书》，对孙、袁二人多所讥弹，并毛遂自荐，要求担任民国总统。[3] 姑不论这些人的意图与动机为何，其所采之修辞策略，要足说明当时部分中国人的政治意识与行为，已在"国民"论述的激荡之下，迅速迈入崩解与重组的新阶段。革命党人朱执信在"二次革命"失败后，回顾辛亥年间民气鼓荡的情形时，说道：

---

[1] 《学界风潮》，《苏报》光绪二十九年四月十四日。少年胡适在上海澄衷学堂为抗议同学遭无理开除，与学校当局发生冲突，忿而离校，也是众所周知的例证，参见胡适：《四十自述》，第 95—97、108—110 页。

[2] 《味纯园集议电争俄约记》，《清议报》第 75 册，光绪二十七年二月二十一日，总第 4822 页。

[3] 向岩：《新中华民国》，朱英主编：《辛亥革命与近代中国社会变迁》，武汉：华中师范大学出版社，2001 年，第 69 页。

> 我们想恢复的，一个就是官卑民尊的秩序，这个秩序在辛亥革命的时候，的确是已经有了的。……当南京政府同各省起义的省政府，没有受威信两个字传染的时候，的确是国民自己相信是主人翁。[1]

就此而论，晚清"国民"论述所发挥的启蒙作用，实不失为一股足以将中国社会自旧体制的层层桎梏中解放出来的强大力量。[2]

然而，这场由"国民"论述所引发的思想、观念与价值的变革运动，虽然有其解放的潜能，同时却也构成了另外一套更为严密的规训与支配的系统。在"国民"观念引导下，被带入近代中国政治场域中的自由、民主、平等、人权等西方式现代性诸价值，在中国人的心灵结构中，事实上并未内化为"人之所以为人"所不容割舍的终极目标。反之，如前所述，20世纪中国无以数计的斑斑史迹适足显示，"国民"观念在现实政治过程中的实际效应，却恰恰是对这些价值的摧残与对部分个人尊严的抑扼。

何以如此？这个复杂的问题，当然不能只从思想的层面加以完满解释，还要牵涉诸多制度性与偶然性的因素。不过，晚清"国民"观念的论述形构及其所赖以存立的历史背景与思想脉络，或许仍是一个不应轻忽的重大关键。

五、启蒙与救亡的困局——国民论述的历史局限

其实，我们从以上所引述的大量史料，或许已经觉察到，本文把晚清的国

---

[1]　朱执信：《恢复秩序与创造秩序》，邵元冲编：《朱执信文存》，台北：河洛图书出版社，1980年，第344—345页。

[2]　当然，这些例证远远不足以涵括20世纪初期中国社会，特别是广大农村地区思想与行为的实况。反而是鲁迅的小说如《阿Q正传》《风波》等篇，或许比较逼近当时社会的真实面貌。

民概念厘分为国家认同的形式层面与民主自由的实质层面，只是为了便于分析所做的武断区划。对世纪之交实际从事于"国民"建构的绝大多数中国知识分子来说，这种区划殆属毫无意义可言。透过国民的概念，他们所看到的，事实上乃是一个有机的整体：国家的解放与个人的解放紧密相连，浑然一体，略无此疆彼界可言。我们从梁启超对权利与自由的见解，便可充分窥见此中端倪。

1902 年，梁启超发表《论权利思想》一文。在该文中，梁先是把个人的权利思想比作天赋之良知良能，造次颠沛，不可须臾或离；接着，他却笔锋一转，谈起国民权利与国家盛衰的关系。他说："国民者，一私人之所集结也；国权者，一私人之权所团成者"；因此，"其民强者，谓之强国；其民弱者，谓之弱国；……其民有权者，谓之有权国"。他并且进一步把国家权力与国民权利思想比作树木与树根的关系，从而指出："欲使吾国之国权与他国之国权平等，必先使吾国中人人固有之权皆平等，……若是者，国庶有瘳。"[1]

对于自由，梁启超也抱持着类似的看法。1900 年，他在致康有为的书信中，便把个人自由与救国的政治目标联系在一起。他说：

> 弟子之言自由者，非对压力而言之，对于奴隶性而言之。……中国数千年腐败，其祸极于今日，推其大原，皆必自奴隶性来，不除此性，中国万不能立于世界万国之间。而自由云者，正使人自知其本性，而不受箝制于人。今日非施此药，万不能愈此病。[2]

稍后，他在《论自由》一文，也是把个人自由与团体自由相提并论："团体自由者，个人自由之积也。人不能离团体而自生存，团体不保其自由，则将有

---

[1]　中国之新民（梁启超）：《论权利思想》，《新民丛报》1902 年第 6 号，第 12—15 页。
[2]　梁启超：《致南海夫子大人书》，光绪二十六年四月初一日，丁文江编：《梁任公先生年谱长编初稿》，光绪二十六年庚子条，台北：世界书局，1972 年，第 125 页。

他团焉，自外而侵之、压之、夺之，则个人之自由，更何有也？"[1]

由此可见，确如许多学者所曾指出的，梁启超对自由与权利的理解，实与史华慈笔下的严复略无二致。个人或个别国民的自由与权利固然自有其内在价值，不容轻易抹杀；不过，其真正的意义根源，却是在巩固国家权力、保障群体生存上所能发挥的工具性效用。[2] 就此而言，在梁启超看来，个人的权利与自由在价值的优先性上，始终屈从于群体的权力与自由之下；唯有在群体（或国家）的利益与幸福获得充分保障之后，才有个人的幸福可言。[3] 此所以一旦个人与群体的利益彼此冲突时，他所强调的，乃是"绌己以伸群"[4]；而他用来论证个人必不可放弃自身应有之权利的理据，也是指斥这种行为，势将为害全群，"不啻对于国民全体而为叛逆"[5]。

这样一种对个人自由与国家自由的特殊认知方式，在晚清知识分子群中十分普遍，与梁启超同调的言论，可谓俯拾即得。1903 年，《游学译编》刊有《教育泛论》一文，作者于文中揭示"贵我"之主义，鼓吹人人应自保其自由与权利。虽然，个人权利所以可贵，乃是因为个人为全体之一部分，个人之权利即全体权利之一部分，"一人失其权利，即全体之权利已失其一分矣。若相牵相制，驯至人人皆失其权利，则全体之权利，遂荡尽无余矣"。[6] 1907 年，杨度在《金铁主义说》一文内也明白宣称："巩固国权亦为吾国今日重要之一国是，而非民

[1] 中国之新民（梁启超）：《论自由》，《新民丛报》1902 年第 8 号，第 2 页。

[2] 对于梁启超思想的这个面向，历来讨论者极多，参见 Hao Chang，*Liang Ch'i-ch'ao and Intellectual Transition in China*, pp. 197–198; Philip C. Huang，*Liang Chǐ-chào and Modern Chinese Liberalism*, pp.70–74; 关于严复思想的讨论，自以 Benjamin I. Schwartz，*In Search of Wealth and Power: Yen Fu and the Wes*, Cambridge: Harvard Univ. Press, 1964 一书最为重要。

[3] 刘纪曜：《梁启超与儒家传统》，台北：台湾师范大学历史研究所 1985 年博士学位论文，第 97 页。

[4] 梁启超：《服从释义》，《新民丛报》1903 年第 32 号，第 4 页。

[5] 中国之新民（梁启超）：《论权利思想》，《新民丛报》1902 年第 6 号，第 9—10 页。

[6] 《教育泛论》，《游学译编》第 9 期，光绪二十九年六月十五日。

权扩张之结果，则无由巩固国权。"[1] 部分知识分子甚至将此一主张推至极致，完全抹杀个人，一以群体之利益为依归。1903 年的《苏报》便坦率直陈："诸君亦知真自由与伪自由之分乎？真自由者，非言语自由，乃实际自由也；……非个人自由，乃团体自由也。"[2] 1905 年陈天华揭橥革命之政治方针时，也说："吾侪求总体之自由者也，非求个人之自由者也。"[3] 从这些政治立场虽有差异而立论取向却大致雷同的言论来看，晚清国民论述鼓吹自由、民权、平等、自主等源自西方自由主义的观念与价值，其命意所在，实与这些观念与价值的原有脉络完全相反。当时的中国知识分子所关怀的并不是像密尔、洛克那样，企图借由缔造一套相对完善的政治机制，来保障个人的自我发展；反之，他们努力的方向，却是要透过这些观念的凝聚作用，把个人与国家紧密地结合起来。[4] 换句话说，在"塑造国民"此一动人口号下，中国人民固然从传统的政治、社会组织与伦理规范的藩篱中被彻底解放出来，然而，其目的所在，却是要把他们重新纳入一个更大、更严密的群体——国家。在这种意义下，"国民"其实兼具着两个不同的身体——一个个别的身体与一个集体的身体，而集体的国民身体在位阶上永远优先于任何个别的国民身体。

然则，何以在晚清的"国民"论述中，国家竟然占有如此独特的地位？或者反过来说，为什么这些关于国家的构想，必须把"国民"纳入其中？这个问题，自然又不免牵涉到"国民"论述所以产生的时空背景与思想脉络。

简单地说，晚清的"国民"论述，事实上是与当时另一个主流论述（master

---

[1] 杨度：《金铁主义说》，《中国新报》第 2 期，1907 年 2 月 20 日，第 39 页。

[2] 《学界风潮》，《苏报》光绪二十九年四月十三日。

[3] 思黄（陈天华）：《论中国宜改创民主政体》，《民报》第 1 号，第 48 页。

[4] 关于洛克与密尔自由思想中个人与国家之关系的简要讨论，参见 David Held , "Central Perspectives on the Modern State," in Gregor Mclennan, David Held and Stuart Hall eds., *The Idea of the Modern State*, Milton Keynes: Open Univ. Press, 1990, pp. 40–41, 44. 黄宗智也分析过密尔与梁启超观念上的出入，参见 Philip C. Huang , *Liang Ch'i-ch'ao and Modern Chinese Liberalism* , pp. 72–74。

discourse）——社会达尔文主义环环相扣，密切衔接。我们仍然可以用梁启超为例证，略加分疏。

众所周知，自 1895 年，严复翻译赫胥黎（Huxley）所著《天演论》，正式引入社会达尔文主义以来，中国知识分子深受影响，观念为之丕变，寖假以成他们了解世界局势与中国处境的基本认知框架，从而衍生出一套"国际社会达尔文主义"的论述形构。1899 年，梁启超便已指出，自 18 世纪资本主义兴起以来，欧洲各国工业突飞猛进，日久遂有生产过剩之虞，欧人迫于生计，不得不挟其高度发达之国民力，向外扩张，殖民于全球各地，终乃鹰瞵虎视，争雄于中国全境。[1]1902 年,《游学译编》创刊时，杨度在发刊词中便说："今日之中国，方为世界竞争之中心点，优胜劣败之公例，必为天演所淘汰，自此以后，又将为黄白存亡、欧亚交代之过渡时代矣。悲夫！悲夫！"[2] 1904 年，于江苏金山出版的《觉民》杂志，也袭用梁启超之语，指出：当前世界，乃一强权世界，"东西强国，各守其民族帝国主义，认定势敌力均之目的，而施行殖民政策，鲸吞蚕食，不遗余力"。[3] 从这两个例证，不难想见，斯时稍具新知的知识分子，无分海内外，几乎都是以同一套世界观来解释中国所遭遇的灾难。

值得注意的是，这些知识分子对于西方殖民帝国主义扩张行径的正当性，完全未加质疑。反之，他们认为以强凌弱、以众暴寡，实乃生存竞争所必循的天演"公例"；基于这种不可抗拒的自然铁律，遭受他国侵略的国家，只能追随霸权国家的先例，按照同一法则，奋发图强，自求解放。梁启超便说："人人务求自存，则务求胜，务求胜则务为优者，务为优者，则扩充己之自由权而不知

---

[1] 哀时客（梁启超）：《论近世国民竞争之大势及中国之前途》，《清议报》第 30 册，光绪二十五年九月十一日，第 3b 页。

[2] 杨度：《游学译编叙》，《游学译编》第 1 期，光绪二十八年十月十五日。

[3] 脱羁：《军国民主义》，《觉民》第 1—5 集合本，转引自丁守和主编：《辛亥革命时期期刊介绍》第 1 集，第 417 页。类似的说法亦见汉驹：《新政府之建设》，《江苏》第 6 期，光绪二十九年八月初一日，第 4—5 页。

厌足，不知厌足则侵人自由必矣。……此必至之事，不必讳也。如以为罪乎？则宇宙间之生物，孰不争自存者？充己力之所能及以争自存，可谓罪乎？"[1] 1907 年，《大同报》的一位作者也以春秋战国群雄对峙之史例，比拟世界大局，从而指出：20 世纪之世界为强国所专有之世界，绝不容弱国侥幸苟存于其间，故为弱国计，唯有振奋国势、增长能力，使足与各国相抗衡，乃有存立于世界之希望。[2] 革命派的邹容甚至从此一逻辑推演出必然的结论，他强调，中国一旦革命有成，国势振起，亦将循英俄故辙，雄飞宇内："吾恐印度也、波兰也、埃及也、土耳其也，亡之、灭之者不在英俄诸国，而在我中国，亦题中应有之义耳。"[3]

既然"生存竞争，优胜劣败"乃决定世界局势的不二铁则，中国为应付当前严重危机，唯一可行之道，端在铸造一坚强有力之国家组织，始有幸存之望。虽然，国家也者，固非可与国民相离而独立者也。梁启超及其同时代的知识分子，深受伯伦知理"国家有机体说"的影响，认定国家乃是由全体国民凝聚而成，自具独立人格的有机物体，其强弱兴衰，一皆取决于其组成分子——国民之素质的良窳。[4] 梁在《新民说》的叙论中，便说：

> 国也者，积民而成，国之有民，犹身之有四肢五脏筋脉血轮也。未有四肢已断、五脏已瘵、血轮已涸，而身犹能存者，则亦未有其民愚陋、怯弱、涣散、混浊，而国犹能立者。[5]

---

[1] 梁启超：《放弃自由之罪》，梁启超：《自由书》，第 23—24 页。

[2] 佩华：《中国危亡之原因及补救之政策》，《大同报》第 4 期，光绪三十三年十月初五日，第 33 页。

[3] 邹容：《革命军》，张玉法编：《晚清革命文学》，第 124 页。

[4] 梁启超对伯伦知理国家有机体论的理解，参见梁启超：《政治学大家伯伦知理之学说》，《新民丛报》第 38、39 号合本，应为 1903 年底至 1904 年初，第 24—26 页。

[5] 中国之新民（梁启超）：《新民说一》，《新民丛报》1902 年第 1 号，第 1 页。

1907 年，刘泽熙上书陕西巡抚，鼓吹创办新式学堂，也说："国家者，可以人格看待者也，其所以组织之故，则因集合亿兆分子，而后成为一国家。犹之自然人者，集合五官百骸而后成一个人也。故耳目口鼻有一不善，则不得谓之完全人格；犹之国民，有一不沾溉教化，则不得谓之文明国家。"[1] 因此，在他们看来，人民与国家一如药料之与机器，盖有相辅相成、不可或离之关系。[2]

以此标准来看，传统中国自然称不上一个真正的国家，此所以梁启超经常发为中国"无国"之浩叹。[3] 以此"无国之国"，一旦与西方由国民凝聚而成的现代国家相遇，其犹以稚童而敌贲、育，胜败之数，不卜可决。所以，梁启超鼓吹"国民"观念、高倡新民之说，归根究底，不外乎先求改造国人心性和能力，进"奴隶"为"国民"，再进一步"藉政治之力，将国民打成一丸，以竞于外"[4]。由此可见，清末"国民"论述所以萌发，正如前文所论，基本上与塑造新国家以达救亡图存之民族主义目标实为一体之两面。从此意义来说，晚清"国民"论述所曾激起的"启蒙"风潮，与"救亡"的集体需求，所构成的乃是一个统一的连续体；甚至可以说，前者乃是后者的一个组成部分。李泽厚把救亡与启蒙断成两截，认为近代中国思想发展历程的特色乃是救亡压倒启蒙，显然并不是分析晚清思想发展的有效架构。[5]

也正因为建构"国民"的原动力起于对群体目标的追求，以致在当时的"国民"论述中，国民固然被视为国家组成的必要成分，然而，真正占据这个论述之核心位置的，却绝非国民本身，而是他们所构成的有机整体——国家。梁启超曾经意识到国家与国民（或个别国民）的利益，未必永远一致。对于这个难

[1] 刘泽熙：《上秦抚曹中丞书》，《中国新报》第 3 期，1907 年 3 月 20 日，第 178 页。

[2] 梁启超：《中国魂安在乎》，梁启超：《自由书》，第 38—39 页。

[3] 梁启超"无国"之感，张佛泉论之甚详，参见张佛泉：《梁启超国家观念之形成》，《中国政治学报》1971 年第 1 期，第 5—11 页。

[4] 梁启超：《中国立国大方针》，《饮冰室文集》第 28 卷，第 49 页。

[5] 李泽厚：《启蒙与救亡的双重变奏》，李泽厚：《中国现代思想史论》，北京：人民出版社，1987 年。

题，他的解决之道乃是："为国家生存发达之必要，不惜牺牲人民利益以殉之"，"牺牲人民一部分之利益者，凡以为其全体之利益也；牺牲人民现在之利益者，凡以为其将来之利益也"。[1] 另一位知识分子则直截了当地宣称：个别国民之于国家，犹如手指之于一身，"以指与身较，则身重矣；……以身与国比，则国犹重于身。无故而断其指者，不情，当蛇蛊断腕之时，一指之轻不足顾；行险徼幸以危其身者，不祥，当见危致命之际，一身之贱何足矜？保其小而遗其大，曷若保其大而遗其小也"。[2] 在这样的论述结构之下，国家，而非国民，才是他们终极关怀的对象。《游学译编》的一位作者，便曾高声喊道："吾所谓伦理主义，但有绝对之国家主义，而其他诸事皆供吾主义之牺牲；吾所谓道德，但有绝对之国民之道德，而其他诸事皆为吾主义之糠秕。国家者，……有绝对之完全圆满之主体，有绝对之完全圆满之发达。惟国家为绝对体，故民族之构造之也、崇奉之也，有绝对之恋慕，有绝对之服从。"[3]

晚清的"国民"论述发展至此，事实上已完全偏离这个词的原初意义。在表面上洋溢着一片对"国民"的歌颂声中，斯时中国知识分子所真正唱出的，却是将"国家"加以神化、圣化、物化的魔咒。其结果，当然只能召唤出一个霍布斯所谓的"利维坦"。这么一个强雄耸峙的国家巨灵，既等于国民之整体，享有国民所赋予的高度正当性与炫目的道德光环，又超拔于任何个别国民之外，而自有其独立的意志与人格，且其意志与利益，永远高于国民的个别意志与利益。换句话说，作为抽象整体的"国民"乃是掌握统治权威的"主体"（subject），个别具体的"国民"却只能是被支配、被宰制的客体（the subjected）。[4]1910 年，

[1] 梁启超：《政治与人民》（1907），《饮冰室文集》第 20 卷，第 7 页。

[2] 《湖南自治论》，《游学译编》第 12 期，光绪二十九年九月十五日。

[3] 《社会教育》，《游学译编》第 11 期，光绪二十九年八月十五日。

[4] 此处对于"国民"的两个"身体"的提法，借用自埃德蒙·摩根的 "people's two bodies" 的概念，参见 Edmund S. Morgan, *Inventing the People: The Rise of Popular Sovereignty in England and America*, New York: W. W. Norton & Company, 1988, pp.78–93.

梁启超于阐述其宪制理想时，便已充分流露出这种可能的发展路向。他说："欲群之能胜于外，固不可不先求坚树于内；欲求坚树于内，则不可不先取害群之事物而镇压之、消灭之。"因此，在他看来，国家之必须垄断强制性的统治力量，"实事势所不得不然，而亦人道之极致也"。[1] 然而，他却并没有告诉我们：是谁有权，根据怎样的判准，来决定谁是必须被"镇压"、被"消灭"的"害群之事物"？

其实，早在梁启超与其他晚清知识分子齐心协力，共同想象近代中国的理想"国民"之前的数十年，法国思想家托克维尔（Alexis de Tocqueville）便已认识到这种"国民"建构方式的危险性。他在讨论法国大革命时，说道：

> 国民作为整体，拥有一切主权权利；每个公民作为个人，却被禁锢在最狭隘的依附地位中：对前者，要求具有自由人民的阅历和品德；对后者，则要求具有忠顺仆役的质量。[2]

用托克维尔这段话做指针，我们不难发现晚清"国民"论述的根本问题与局限。"国民"，恰如其字面所示，只能是"国家的子民"。

结　语

1861 年，意大利的统一运动初步完成，国会召开，一位与会的代表马西莫·达泽里奥（Massimo d'Azeglio）在开幕式上说道："我们已经造好了意大利，

---

[1] 梁启超：《宪政浅说》，《饮冰室文集》第 23 卷，第 42 页。

[2] ［法］托克维尔：《旧制度与大革命》，冯棠译，北京：商务印书馆，1992 年，第 202 页。

接下来的工作，便是创造意大利人。"[1]易言之，近代意大利的形成，是先有国家，其次才有国民。

然而，近代中国"国民"的出现，却并未依循意大利的先例。反之，在晚清知识分子所建构的国民论述中，国民，从一开始，便如哈贝马斯笔下的 citizenship，同时历经了"双重的编码"（double coding）：国民既是一种以人身权利为内涵的法定身份，也是特定政治社群的成员资格。[2]尤有甚者，作为国家组成分子的"国民"，更在此一论述形构中，占据着支配性的地位。由这种方式被想象出来的中国国民，无疑只能是与国家组织重叠交会、异名同指的概念范畴。

所以如此，当然与"国民"观念赖以产生的实际脉络息息相关。晚清的"国民"，作为一套历史论述，借用彼得·贾德森（Pieter Judson）的话来说，并不是一个四处飘荡、无所寄寓的事物（disembodied entity），而更是一套政治与社会的实践过程。[3]如本文一再强调的，在亡国灭种的危机意识驱迫下，如何急遽有效动员人民整体力量、改造旧有帝国体制以成现代意义的国家，俾争强图存于"物竞天择，优胜劣败"的国际社会，乃是晚清以降中国知识分子焦心苦思、梦寐以求的首要目标。因此，中国的国族计划自创生伊始，便是要将国族打造与国家的塑造两项艰巨的事业冶为一炉，同时并举。而"国民"概念，便是他们用以通贯两端、呼应首尾的关键机括。

为了推动救亡图存的伟大工程，晚清知识分子以明治日本为中介，一方面接纳了德国政治学者关于"国家"与"国民"的整体性概念，重新建构了人民与

[1] Hugh Seton-Watson, *Nations and States*, p.107.

[2] Jürgen Habermas, "The European Nation-State: On the Past and Future of Sovereignty and Citizenship," *The Inclusion of the Other: Studies in Political Theory*, ed. by Ciaran Cronin and Pablo De Greiff, Cambridge: The MIT Press, 1998, p.113.

[3] Pieter Judson, *Exclusive Revolutionaries: Liberal Politics, Social Experience, and National Identity in the Austrian Empire, 1848–1914*, Ann Arbor: University of Michigan Press, 1996.

国家的关系；另一方面也吸收了英法两国自由、民主的政治思想传统，重行界定了个人在国家政治生活中所应扮演的角色。而其根本薪向，套用尤金·韦伯（Eugen Weber）的名著来说 [1]，便是要把因循数千年的"黔首""庶民"，改造为现代的中国"国民"，再进而凝聚国民整体，缔造一个与"国民"合为一体、强固有力、足以应付一切外来挑战的国家组织。经由这种建构方式所塑造的新中国与新中国人，殆犹车之两轮、鸟之双翼，非特如唇齿之相依，至可谓为一体之两面。

如本文所论，随着"国民"论述的建构与散布，晚清以来，中国知识阶层乃至一般社会大众的心理意识与政治行为，不免深受影响，渐形改观。国民观念所涵摄的自由、平等、民权等价值，确实也在近代中国的政治过程中，发挥了一定程度的启蒙效应。就此而言，晚清的国民论述，对于公民意识在近代中国的开展，或不无扫除奠基之功。

不过，也正因为其所由产生的特殊历史背景，晚清的"国民"论述实有其难以克服的矛盾与限制。首先，清末知识分子所以建构此一"国民"论述，首要用心无疑端在挟此以对抗西方帝国主义的殖民侵略。然而，如本文曾指出的，当时的中国知识阶层，沉溺于杂染着浓烈之强权观念的社会达尔文主义，对于西方殖民霸权证成（justify）自身侵略行径之正当性的理论假设，非特未加反思，反而奉为圭臬，视为中国图强求存的鸿秘至宝，甚至追慕英俄故步，标举"中华大帝国，雄飞廿世纪" [2] 的口号，作为激励"国民"的手段。换句话说，晚清的"国民"论述，其实正是遵循西方殖民主义文化霸权所划定的叙事空间，来进行反西方的民族主义论述。就此而论，晚清的"国民论述"恐怕也只能说是一个笼

---

[1] Eugen Weber, *Peasants into Frenchmen: The Modernization of Rural France, 1870–1914*, Stanford: Stanford Univ. Press, 1976.

[2] 秦风：《军国民歌》，《觉民》，见张枬、王忍之编：《辛亥革命时期期刊介绍》第 1 集，第 430 页。

罩在西方帝国主义阴影下的"派生论述"（derivative discourse）。[1]

其次，我们也可以看出，晚清的"国民"论述，表面上是以挣脱奴隶状态、重赋"国民"以自由为标榜，然而，其所真正关怀的，并不是任何实质的个人解放，而是超脱于个人之上的国家巨灵的解放。"国民"，在这套论述形构之中，纵然剽袭了诸多自由民主体制之下"公民"所常具备的外在形貌，其实却绝无citizenship概念所不可或缺的政治主体性可言。[2]

吊诡的是，这一套略无主体性可言的派生论述，自其诞生伊始，却吸引了无以数计的个别"国民"奉献牺牲，相率投身于营造中国现代国家的历史使命之中。因而，我们最后的一个问题便是：当一个个人，深受"国民"理想感召，毅然割弃他与旧体制的一切联系，孤独而勇敢地跃入这个晚清知识分子共同建构出来的"美丽新世界"，从而将其存在的意义完全交托给"国家神祇"之后，他所可能遭遇的，会是怎样的命运？

对于这个问题，本文所讨论的晚清知识分子，并没有留给我们任何足以追究的线索，或许他们也从未考虑过这个问题。倒是日后一位小说家，曾经设想出一项耐人寻味的可能答案。

1921年，郁达夫写下了成名代表作《沉沦》。这篇小说的主人翁是一名困顿潦倒的留日青年，在历经国事、私事的挫折和打击之后，投海自尽。临死前，他发出这样痛彻肺腑的悲号：

---

[1]　这是借自印度学者帕沙·查特吉的概念（Partha Chatterjee, *Nationalist Thought and the Colonial World: A Derivative Discourse*）。查特吉指出，19世纪中叶以降，印度的反殖民民族主义运动一以贯之的价值预设，完全来自西方霸权文化的"后启蒙理性论述"（post-Enlightenment discourse of rationality），基于这种"论述目标"与"论述方式"之间的矛盾与背反，查特吉认为印度的民族主义运动不过是由西方霸权文化论述繁殖出来的"派生论述"。同样，近代中国以西方高度"欧洲中心"的种族论述来进行反西方的保种运动，究其实质，殆亦难脱"派生论述"之讥。

[2]　在这里，我们不免会想到托克维尔的另一句话："谁在自由中寻求自由本身以外的东西，谁就只配受奴役。"参见〔法〕托克维尔：《旧制度与大革命》，第203页。

祖国呀祖国！我的死是你害我的！

你快富起来，强起来吧！

你还有许多儿女在那里受苦呢！

　　那么，隐伏在晚清"国民"论述的黑暗角落，等待着一个个有血有肉的"国民"的，除了这么一声腐骨蚀心、凄绝人寰的呐喊之外，还会有些什么呢？

　　不过，我们或许还可以另辟蹊径，联想到1790年法国爱国神父让－巴蒂斯特·沃尔菲乌斯（Jean-baptiste Wolfius）讨论"祖国"的一段话。他说："所谓祖国，并不是我们生于斯、长于斯的一块土地。真正的祖国，是一个政治社会。在这个社会里，所有的公民都受同样的法律保护，也都为同样的利益而联系在一起；他们享有人的自然权利，并为共同的目标而奋斗。"[1] 然则，除了晚清知识分子所提出的建构方式之外，"国民"是不是还有别的可能呢？

---

[1] Philip P. Wiener ed., *Dictionary of the History of Ideas*, Vol. Ⅳ, New York : Charles Scribner's Sons, 1974，p. 326.

中国的一日，一日的中国
1930 年代的日常生活叙事与国族想象

前　言

　　研究国族与国族主义的学者，通常会把焦点放在诸如战争、革命或群众运动等重大历史事件上，探究两者之间彼此激荡、相互影响的复杂关系，而很少注意到平淡无奇的日常生活在"国族"此一想象共同体的建构过程中所扮演的角色。[1] 一如瑞典人类学者奥维·洛夫格伦（Orvar Löfgren）所言：国族如何经由国族成员日常生活的践行，而不断重新被肯定的问题，在关于国族之文化建构的研究领域中，一向乏人问津。[2]

　　所以如此，当然和日常生活本身的特殊性质密切相关。所谓"日常生活"（everyday life, daily life）[3]，是一项相当模糊含混的概念，既没有固定不变的内

---

[1]　Hans J. van de Ven, *War and Nationalism in China, 1925–1945*, London and New York: Routledge, 2003.

[2]　Orvar Löfgren, "The Nationalization of Culture," *Ethnologia Europaea*, 19（1989）, p. 22.

[3]　在中文语境里，everyday life 与 daily life 都可以翻译为"日常生活"，但在西方社会理论与文化理论的知识脉络中，二者却指涉着迥然不同的概念。20 世纪西方学界研究"日常生活"的重要思想家如格奥尔格·齐美尔（Georg Simmel）、瓦尔特·本雅明（Walter Benjamin）、亨利·列斐伏尔（Henri Lefebvre）、阿格尼斯·赫勒（Agnes Heller）、米歇尔·德·塞托（Michel de Certeau）等人所关怀的，其实是与资本主义现代性纠结并生的 everyday life。这种"日常生活"是一种历史性的概念，指涉的乃是近代西方随着工业资本主义的出现与扩张，（转下页）

涵，也缺乏明确的界限。一般而言，日常生活指的是我们在生活中一再重复的行为、反复经历的旅程，以及我们最常占据的空间；它总是被忽略的、不显眼的、不突出的。[1] 换言之，它是一个"杂乱""不纯净"的领域，是"习惯、欲望与机遇的结合体"。[2] 也正由于其所具的复杂性与暧昧性，日常生活自难纳入学院知识严格的分类体系，成为专业知识生产者研究讨论的对象。此所以在日常生活研究领域最具贡献的法国理论家亨利·列斐伏尔，曾把"日常生活"比作一项残余物，"它是被所有那些独特的、高级的、专业化的结构性活动挑选出来用于分析之后所剩下的'鸡零狗碎'"。[3]

虽然，近30年间，随着知识风尚的急遽转变，"日常生活"逐渐成为学术

（接上页）社会历经急遽变迁，对时间与空间的认知也发生本质性的变化后，人类实际生活的特殊经验。因而，everyday life 截然有别于前近代由农业经济所形塑的 daily life；此一"日常生活"的地理场景，当然也局限于商品消费最为活跃的都会型大都市，而与农村地区无关。因此，本·海默尔主张，everyday life 一词应该用来特指现代性情境中的生活文化，而不能当作一个可以跨越历史差异，放诸四海而皆准的普遍范畴。从这个角度来说，我们讨论资本主义现代化高度滞后的近代中国，或许应该对此一概念的局限与不足，审慎地抱持警惕与批判的态度。缘此，本文所论 1930 年代中国社会的"日常生活"，基本上仍是以常识性的理解来运用此项概念，笼统地指称当时社会大众一般的生活样貌，亦即其衣食住行诸层面的生活经验中，那些例行性、重复性、平淡无奇、琐碎细微、缺乏重大意义、难以系统全面掌握的行为与活动，而不尽遵循西方学界对 everyday life 的严格定义。关于 everyday life 的特定意涵，参见 Harry Harootunian, *History's Disquiet: Modernity, Cultural Practice, and the Question of Everyday Life*, New York: Columbia Univ. Press, 2000, pp. 19, 54–55, 64–65. 本·海默尔（Ben Highmore）的看法，参见 Ben Highmore, "Introduction: Questioning everyday life," in Ben Highmore ed., *The Everyday Life Reader*, London and New York: Routledge, 2002, p. 33, n.1. 此外，连玲玲在讨论当前学界应用 "日常生活"来进行中国近代史研究的情况时，便已指出此一概念的限制与困难，参见连玲玲：《典范抑或危机？——"日常生活"在中国近代史研究的应用及其问题》，《新史学》第 17 卷第 4 期，2006 年 12 月，第 255—282 页。

[1] Ben Highmore, *Everyday Life and Cultural Theory: An Introduction*, London and New York: Routledge, 2002, p. 1.

[2] Alice Kaplan and Kristian Ross, "Introduction," *Yale French Studies*, 73（1987）, pp. 1–4; 亦收于 Ben Highmore ed., *The Everyday Life Reader*, pp. 76–79.

[3] Henri Lefebvre, trans. by John Moore, *Critique of Everyday Life*, Vol. I, "Introduction," London: Verso, 1991, p. 97. 中译文参见刘怀玉：《现代性的平庸与神奇——列斐伏尔日常生活批判哲学的文本学解读》，北京：中央编译出版社，2006 年，第 103 页。

界关注的重要课题。[1] 学者对国族与国族主义的研究取向，也相应出现了明显的调整。1989 年，洛夫格伦已呼吁学者应该更加注意国族文化认同与日常生活的密切相关性。他指出，国族的文化认同只能在日常生活的场域中不断被生产与再生产；瑞典人之所以成为瑞典人，便是经由观赏奥运的电视转播、家族聚会时的摇旗呐喊与假日游览名胜古迹等日常生活经验的涓滴细流所凝聚而成。因而，国族计划（national project）不能只靠意识形态的建构来维持，而必须转化为国族成员日常生活中的文化践行。[2]1995 年，社会心理学者迈克尔·比利希（Michael Billig）也提出"平庸的国族主义"（banal nationalism）的概念，进一步阐述国族认同与日常生活的交互作用。比利希强调，国族主义并不是平时蛰伏隐没，只在战争、革命、群众运动与国家庆典等重大场合中，才昂扬出场，激荡出一幕幕火血交织、充斥着声音与愤怒的历史戏剧；反之，国族认同其实早已广泛地渗透进我们日常生活中习惯性的言行举止，在习焉不察的情境下，形塑了我们对自身及社会世界的认知与理解。国族为我们日常的政治论述、文化生产，以至平日所阅读报纸的编排形式，都提供了一套持续性的背景；我们在日常生活中所谈论的"新闻"、所理解的"天气"，通常也都预设着一套国族主义的框架。换言之，即便在日常生活最细微隐蔽之处，"国族"的概念依然像一面旗帜一样，不停地被挥舞，不断地召唤出特定的主体认同。因而，国族认同乃是使得日常生活所以可能的基本形式；同时，也只有在国族成员日常的言谈

---

[1]　以历史学而言，1970 年代以降，西方便已出现"日常生活史学"此一新兴史学流派，较具代表性的两个学术群体，一为德国的 *Alltagsgeschichte*（日常生活史），一为意大利的 *microstoria*（微观史学）。近年来，中国近代史学界受此影响，也掀起一股日常生活史的研究热潮。关于西方日常生活史学的发展，参见 Georg G. Iggers, *Historiography in the Twentieth Century: From Scientific Objectivity to the Postmodern Challenge*, Hanover: Wesleyan Univ. Press, 1997, pp. 101–117; 并可参见布拉德·格雷戈里的批判性评论文章，Brad S. Gregory, "Is Small Beautiful? Micro-history and the History of Everyday Life," *History and Theory*, Vol.38, No.1(1999), pp. 100–110。关于近代中国日常生活史的研究成果及其问题，参见连玲玲：《典范抑或危机？——"日常生活"在中国近代史研究的应用及其问题》。

[2]　Orvar Löfgren, "The Nationalization of Culture," *Ethnologia Europaea*, 19（1989）, p. 23.

与行动中，国族才能不断地更新与再生。[1]

洛夫格伦与比利希讨论的对象，主要是西欧与北美地区那些国族建构起步较早、基础相对巩固的国家。他们的看法未必完全适用困处于国族打造之艰苦历程的近代中国。不过，他们所提供的研究路向，或许有助于我们从一个经常被忽略的视角，重新省视近代中国国族想象复杂而幽微的面貌。

其实，正如黑格尔所言，密涅瓦的猫头鹰总是在暮色低垂时，才振翅飞翔。理性认知的断裂，并不表示社会大众的日常生活在近代中国国族建构的实际历史过程中，未曾扮演过重要角色。相反的，自晚清少数精英知识分子着手推动中国的国族想象工程伊始，国族成员的生活样貌，便一直是国族主义者审视、议论与试图改造的对象。20 世纪初期严复、梁启超等人揭橥的国民改造论述，固已引发此一端绪；五四新文化运动期间，陈独秀、胡适、鲁迅诸人对中国社会"礼教吃人"的传统生活方式及其"贫、病、愚、贪、乱"的现实状态，更是口诛笔伐，不遗余力。[2] 中国社会中个人的日常生活，从而也在这套意识形态化的论述宰制下，与救亡富强的国族计划紧密挂钩，遭到了高度政治化的命运。

等到 1930 年代，外患日亟，中国面临存亡绝续的深重危机，中国民众的日常生活更进一步被问题化，成为政治势力竞相攘夺，进行政治动员，开展各类对抗性国族计划的场域。1934 年，南京国民政府发动范围广及全国的"新生活运动"，试图把一般民众衣食住行的各项生活惯行全面纳入国家权力教化与规训的范围，凝聚成一个以威权国家为中心的国族共同体，便是一个众所熟知的例证。

本文拟讨论的主要对象——1936 年出版的《中国的一日》一书，也是同一

---

[1] 关于"平庸的国族主义"的详细讨论，参见 Michael Billig, *Banal Nationalism*, London: Sage, 1995；并可参见 Stephen Reicher and Nick Hopkins, *Self and Nation*, London: Sage, 2001, pp. 44–45, 222。

[2] 黄金麟：《丑怪的装扮：新生活运动的政略分析》，《台湾社会研究》第 30 期，1998 年 6 月，第 166—167 页。

历史背景的产物。这部由上海左翼知识分子透过全国性征文的方式编辑而成的文本，汇集了数百篇无名大众对自身于当年 5 月 21 日一天内的生活经验与见闻的叙事，为 1930 年代中国社会的日常生活样貌留下一部档案式的记录，也为近代中国社会史与日常生活史的研究提供了弥足珍贵的史料。[1]

然而，如同研究日常生活的学者一再强调的，任何日常生活的叙事并不仅仅是反映社会"真实"的中性文本，而毋宁更是特定社会认同与权力关系借以确立、再生产，并相互竞争、协商的场域。[2] 因而，本文并不打算根据《中国的一日》所再现的日常生活现象，对 1930 年代的中国社会状况进行实证性的重构，而是将其置入近代中国国族建构的大脉络，探究其所以出现的历史条件、所运用的叙事策略，以及这套策略所建构的特定国族认同。借由本文粗浅的讨论，冀望能对近代中国国族想象与日常生活的复杂关系，提供一些初步的看法。

一、大众观察在中国——《中国的一日》的编辑与出版

1936 年 5 月 18 日，上海《申报》刊登了一则由"文学社"[3] 与"《中国的一日》编委会"共同具名的征稿启事，要求"全国的作家、非作家"将个人在 5 月 21 日这一天"所经历、所见的职业范围或非职业范围内的一切大小事故"照

[1]　1983 年美国学者高家龙（Sherman Cochran）等人将《中国的一日》选译出版，即着眼于其史料价值，参见 Translated, edited and introduced by Sherman Cochran and Andrew C. K. Hsieh with Janis Cochran, *One Day in China: May 21, 1936*, New Haven: Yale Univ. Press, 1983。

[2]　Allan Luke, Jennifer O'Brien and Barbara Comber, "Making Community Texts Objects of Study," *Australian Journal of Language and Literacy*, Vol.17, No.2（1994）, p.140; cited from Dorothy Sheridan, Brian Street and David Bloome, *Writing Ourselves: Mass-Observation and Literacy Practices*, Cresskill: Hampton Press, 2000, p. 237.

[3]　《文学》月刊为一大型新文学杂志，1933 年 7 月创刊于上海，由茅盾、郑振铎主持，傅东华主编，生活书店发行，撰稿者多属"左翼作家联盟"（左联）成员，为 1930 年代左派文学的重要根据地，后于 1937 年 11 月终刊。

实写出，投寄上海生活书店转交"《中国的一日》编委会"，汇集成书，借以"表现一天之内的中国的全般面目"。[1]

在 1930 年代，由期刊或出版社订定主题，主动向读者征求文稿的事例并不罕见，《中国的一日》的编辑构想自非创新之举。前此数年的 1932 年 11 月，上海《东方杂志》曾以"新年的梦想"为题，向"全国各界知名人物"发出征稿函，请对方就"梦想中的未来中国"与"个人生活中的梦想"两方面，撰写短文[2]，便是一个哄传一时、极受瞩目的类似活动。

不过，《中国的一日》无论在征稿主题或邀稿对象上，都与之前《东方杂志》的做法有着显著的差异。《东方杂志》所强调的，乃是对国族群体与个人未来远景渺茫的梦想与憧憬；其征稿方式，主要是向社会各界具有相当声望的人士个别函邀，只有一小部分稿件出自主动应征的杂志读者。因而，这批文稿所反映的，其实只是极少数聚居城市的上层知识阶层的关怀。[3] 而《中国的一日》所关注的，则是中国社会大众当下的现实生活面貌；其征稿对象并无任何身份、地位与职业的限制，而主动响应此一活动的 3000 多名投稿者，也是以学生、中小

---

[1] 《申报》（上海）1936 年 5 月 18 日；同一广告并刊载于《永生》周刊（上海）第 1 卷第 9 期，1936 年 5 月 2 日。

[2] 《编者、作者与读者》，《东方杂志》第 29 卷第 6 号，1932 年 11 月 16 日，第 44—45 页。此次征稿结果刊载于《东方杂志》第 30 卷第 1 号，1933 年 1 月 1 日，"新年特辑"。1934 年底，该刊又拟定"生活之一页"一题，再度邀集百余位各界知名人士撰稿，刊于《东方杂志》第 32 卷第 1 号，1935 年 1 月 1 日，"生活之一页特辑"。1998 年，学者刘仰东将此两次征文结果汇集成书，参见刘仰东编：《梦想的中国：三十年代知识界对未来的展望》，北京：西苑出版社，1998 年。

[3] 《东方杂志》编辑曾对该次征稿的结果进行详细分析，指出：在应征撰文的 142 人中，来自上海、南京与北平三大都会的，便分别占了 78、17 与 12 人，"而从江浙以外内地各省寄来的，更寥若晨星"；在职业的区分上，这些作者以"中等阶级的自由职业者为最多"，所占比例高达 90%，其中，更以大学教授、编辑、作家、新闻记者与教育家等"文化贵族"为最大宗，约占总人数的 75%，至于广大的农民、工人与商店职员则未见有撰稿者。至于年龄的分布，也以 35 岁以上者绝大多数；在性别方面，女性投稿人只有点缀性的 4 人。可见，这次征文活动确实只片面地反映了城市中产阶级男性知识分子的心声。参见记者：《读后感》，《东方杂志》第 30 卷第 1 号，第 79—81 页。

学教师、小商人、工人为主力。就此而言,《中国的一日》编辑计划所开展出的,在性质上,并不仅仅是一桩以"报告文学"为主轴的文学活动[1],同时也可说是一场类似于稍后出现于英国的"大众观察"(mass-observation),以传达"人民的声音"为标榜的社会与文化运动。[2]

如果把 1930 年代初期与中期这两次征文当作检测的指标,我们或许可以肯定地指出:到 1930 年代中期,以上海为中心的中国文化知识界,在社会认知的视野上确已发生急遽的变化。数量庞大的中下阶层社会大众的日常生活,从以往备受忽视的边缘性位置,转而成为众所注目、亟待认识与论述的对象。

何以会有这样的变化? 这与当时中国所处的历史情境,无疑有着密切的关联。

大体而论,只有在革命与战乱的激烈动荡时刻,一向平淡无奇、不足挂怀的日常生活,才会向历史开放,成为必须加以辨识、争议的问题。[3]1930 年代

---

[1] 主编《中国的一日》的茅盾便认为该书里大多数的文章,都属于"报告文学"的范畴;此后的相关论述,也大都将《中国的一日》定位为"集体写作的大型报告文学集"。参见茅盾:《关于"报告文学"》,《中流》半月刊(上海)第 1 卷第 11 期, 1937 年 2 月 10 日, 第 623 页;王瑶:《中国新文学史稿》上卷,上海:新文艺出版社, 1953 年, 第 293—294 页;张春宁:《中国报告文学史稿》,北京:群言出版社, 1993 年, 第 133—137 页。

[2] "大众观察"是由查尔斯·马奇(Charles Madge)、汉弗莱·詹宁斯(Humphrey Jennings)、汤姆·哈里森(T.Harrison)等一群左派知识分子在 1936 年底至 1937 年初酝酿发动的一项社会调查计划。他们透过报章杂志在英国全国城乡各地招募了近千名志愿者,对自身的生活经验与见闻进行详尽的观察与记录,试图借此传达出被官方论述及主流媒体忽视、遮蔽的"人民的声音"。自 1937 年 2 月始,这些主要由煤矿工人、工厂劳工等劳动阶层与售货员、家庭主妇、护士、银行职员、教师、学生等中下阶层组成的"观察员",被要求于每月的 12 日写下当天个人生活的经历与感想,寄交位于伦敦的大众观察组织总部。1937 年,詹宁斯与马奇两人曾就当年 5 月 12 日(英王乔治六世于是日举行加冕典礼)的相关材料,编选出版了 *May The Twelfth: Mass-Observation Day-Surveys 1937*(London: Faber and Faber, 1937; reprinted edition, 1987)一书。这项计划于 1950 年代初期中止,至 1970 年,哈里森将相关档案移送萨塞克斯大学典藏,并开放供学者从事研究。1981 年后,"大众调查"的调查活动重新展开,迄今陆续又有超过 2800 名的"通讯员"参与此项活动。该组织的简史,参见 Dorothy Sheridan, Brian Street, and David Bloome, *Writing Ourselves: Mass-Observation and Literacy Practices*, pp. 21–78; Nick Hubble, *Mass-Observation and Everyday Life: Culture, History, Theory*, Houndmills: Palgrave MacMillan, 2006, pp. 4–10; Ben Highmore, *Everyday Life and Cultural Theory: An Introduction*, pp. 75–77。

[3] Maurice Blanchot, trans. by Susan Hanson, "Everyday Speech," *Yale French Studies*, 73(1987), p. 12.

中期的英国，外则法西斯势力猖獗，战争阴霾笼罩全欧，内则英王爱德华八世（即温莎公爵）被迫退位，王政体制的正当性基础严重动摇，"大众观察"便是在此震撼危疑的关键时刻应运而起。[1] 同样地，同一时期中国所处的，也正是一个大众的日常生活濒临绝境的危机时代。一方面，这个时期的中国正面临着外力的深重威胁：自 1931 年"九一八"事变东北三省全面沦丧以后，日本帝国主义势力在中国的侵略步调日益加遽，至 1930 年代中期，华北半壁已名存实亡、断送殆尽，国家前途岌岌可危。另一方面，北伐之后，中国的内部统一工作并未真正完成，各地实力派的军事集团依然据地称雄，与南京国民政府相抗衡；而中共的长期军事革命活动，更构成国民政府的心腹大患。政治混乱之余，中国的社会经济状况也迭遭摧残，处于风雨飘摇、杌陧不安的局面。在世界性经济大萧条的冲击下，城市工商产业发展停滞，广大农村又连年遭逢水旱、饥馑与瘟疫的侵袭，陷入全面破产的困境。一般社会大众既面临着山河破碎、国难当头的群体危机，个人生活也直接蒙受失业、失学的切身威胁。因而举国上下莫不弥漫着一股阴郁不安与彷徨苦闷的气氛。特别是当时人数日增的青年知识分子群体，更普遍因为现实生活中各方面的挫折，惶惑愤懑，不知所从。一位在五四期间积极投身妇女解放运动的女性知识分子，在 1930 年代中期便已完全丧失了往昔的乐观与憧憬，转而悲叹道："近几年来，整个社会的不安，使我个人的生活也陷于艰难与苦痛之中了。"[2] 另一名上海的"文艺青年"也不时感到"心情的茫然悸动"，迷惘摆荡于"亡国的悲哀"与"生之困恼、病的倦怠"之间。[3]

在这样的社会氛围与心理状态下，如何针对中国社会大众的生活样貌提出一套完整的叙事，有效解释其所以陷入绝境的症结祸源，指出可能的出路与努

---

[1] Ben Highmore, *Everyday Life and Cultural Theory: An Introduction*, pp. 29, 75.

[2] 陈碧云：《已往之片段》，《东方杂志》第 32 卷第 1 号，"生活之一页特辑"，第 49 页。

[3] 楚阳：《黄昏小语》，《申报》1936 年 10 月 16 日，"文艺专刊"。

力方向，自然成为众所瞩目、亟待解决的重要课题。从而，日常生活不再只是个人私领域的隐秘事物，而是成为各类知识权威进行凝视、论述与教化等文化实践的公共空间；更成为意识形态迥异、利益与立场截然不同的政治团体，从事政治动员、角逐文化霸权的重要场域。南京国民政府于 1930 年代中期发动的新生活运动，便是这个斗争过程中，一场企图以国家力量介入民众日常生活来形塑特定国族认同的高度政治化的社会运动。[1]

1934 年 2 月 19 日，国民政府军事委员会委员长蒋介石在南昌行营发表《新生活运动的要义》的演讲，旋即成立新生活运动促进会，正式揭开新生活运动的序幕。在党、政、军与教育系统的大力配合之下，这项运动由南昌迅速向外扩散，至 1936 年，全国 20 个省、4 个院辖市、1355 个县，均相继设立分会，旗鼓高张，声势极为浩大。[2]

新生活运动的叙事策略，基本上是以一种负面的否定方式，来勾勒中国社会大众既有的生活样态。[3] 蒋介石把"中国普通一般人现实的生活状况"，归纳为"污秽、浪漫、懒惰、颓唐"数端。他强调，这种生活并非人类应当过的合理的文明生活，而是和"牛马猪狗禽兽一样"的野蛮生活，一种非人的"鬼生活"。

新生活运动者认为，社会大众日常生活的良窳优劣，直接关系到国家民族的盛衰兴亡。如果一般国民因循苟且，一味沉溺于现在这种"野蛮生活、鬼生

---

[1] 学界对新生活运动的研究为数甚多，观点互异、褒贬不一，然此并非本文关怀重点，不拟深入探究。以下讨论主要采取黄金麟的观点，参见黄金麟：《丑怪的装扮：新生活运动的政略分析》，《台湾社会研究》第 30 期，第 163—203 页。关于史学界对新生活运动研究成果的简要介绍，参见温波：《重建合法性——南昌市新生活运动研究（1934—1935）》，北京：学苑出版社，2006 年，"前言"，第 1—15 页。

[2] 《新运十年》，国民党中央委员会党史委员会编：《革命文献》（以下简称《革命文献》）第 68 辑，台北：党史会印，1975 年，第 208 页。

[3] 黄金麟：《丑怪的装扮：新生活运动的政略分析》，《台湾社会研究》第 30 期，第 171—173 页。

活"，其结果则"不仅国家不能保存，即种族亦就要消灭"。[1] 他们更认为中国之所以面临当前的深重危机，根本原因并非"帝国主义的侵略和压迫"，而端在于"人民生活的标准没有建树，一般人的习气太坏"，以致"国民步伐不能整齐，生产的效率不能增进"，社会元气受到无形损害，"民族自然不能长进"。[2]

然则，中国民众的生活状况，何以堕落到如此不堪的境地？新生活运动者把批判的矛头指向在西方文明冲击下，"礼义廉耻"等中国固有"国魂"的沦丧。因此，新生活运动的总体目标，便是要重新发扬传统"国魂"，使中国民众"都能以礼义廉耻为基本原则，改革过去一切不适于现代生存的生活习惯，从此能真正做一个现代国民"。[3] 换言之，也就是要根据"中国固有的礼义廉耻道德的习惯"，来规范全体国民日常衣食住行的各类生活行为。[4]

为了达到此项目标，新生活运动展开伊始，即拟订颁布《新生活须知》，分"规矩"与"清洁"二目，共95条，举凡衣着、进食、居家、言谈、行路、礼仪等各项生活细节，均有明确规定，甚至刷牙、洗脸、吐痰、便溺与扑蝇、灭鼠等日常卫生习惯，也成为政府指导与督察的对象。[5] 及1935年3月，新生活运动促进会进一步制订"三化"方案，鼓吹生活的"军事化""生产化"与"艺术化"。在此方案之下，政府一方面积极组训民众、调查户口、编练保甲，并对公务员与各级学校教职员普遍实施军事训练；另一方面更对社会大众日常生活中持躬待人、处事接物的各项细节，做出更为严格而细密的规定。[6]

配合这些条文规约，新生活运动促进会积极动员其所掌控的各类组织与宣

---

[1] 蒋介石：《新生活的意义和目的》，《革命文献》第68辑，第32页。

[2] 张世禄：《新生活运动与中国民族》，新生活丛书社编：《新生活运动须知》，南京：新生活丛书社，1935年，第155页。

[3] 蒋介石：《新生活运动之要义》，《革命文献》第68辑，第19页。

[4] 蒋介石：《新生活的意义和目的》，《革命文献》第68辑，第32页。

[5] 《新生活须知》，新生活丛书社编：《新生活运动须知》，第216—220页。

[6] 《新运十年》，《革命文献》第68辑，第237—240页；关志钢：《新生活运动研究》，深圳：海天出版社，1999年，第114—120页。

传资源，除利用报纸、杂志、电影、标语、广告等传播媒介大肆宣扬外，并召开市民大会、举办提灯游行、邀请名人公开讲演。同时，更由各省县市新运会，会同当地党政机关学校，组织纠察队，配合宪警，对各地住户、商家、机关、学校及各类公共场所、街道的清洁卫生状况，进行严密的监视与检查。在这一连串强制性的规训之下，社会大众的日常生活，一如上文所述，已不再是一个视而不察的潜伏领域，而是成为各方论述、争议与试图界定的场所，更成为政治权力开展其教化性活动的空间。[1]

就实际成效而言，这场声势浩大的生活改造运动，固难谓成功。[2] 不过，从近代中国国族建构的长远脉络观察，新生活运动实仍不失为其间一个重要的篇章。如论者所言，新生活运动一方面有其政治策略的考量，透过将自由主义与共产主义等敌对意识形态的"他者化"，这套特殊的生活论述，多少对国民党政权的正当性基础提供了强化的作用。另一方面，新生活运动更承袭了晚清以来"国民"论述的国族主义思想系谱，试图借由对一般民众日常生活的全面干预与改造，来塑造一群福柯所谓的"温驯的身体"（docile body）——一种既柔顺又具有生产性的身体，进而将其凝聚成一个以国民党党国意志为依归的政治共同体。[3] 就此而言，新生活运动实不失为近代中国国族打造过程中，一场以"日常生活"为舞台的国族主义"身体技艺"（technology of body）的特殊展演。

面对新生活运动铺天盖地的强大攻势，政治立场倾向社会主义且与南京政权处于敌对态势的左派知识分子，自然必须在同一战场上，提出一套有别于官方论述的抗制性叙事形式，来竞争对大众日常生活的解释霸权。他们所找到的，

---

[1] 黄金麟：《丑怪的装扮：新生活运动的政略分析》，《台湾社会研究》第 30 期，第 196 页。

[2] 1936 年蒋介石在新生活运动二周年纪念会上，便坦率指出："我们现在到处都可以看到新运的标语，而很少看到新运的实效；到处都可看到推行新运的团体或机关，却是很少看得见有多数国民确实受了新生活运动的效果。"参见蒋介石：《新生活运动二周年纪念之感想》，《革命文献》第 68 辑，第 45 页。

[3] 参见黄金麟《丑怪的装扮》一文的相关讨论，特别是第 188—203 页。

便是一种甫由国外传入未久的新兴文学体裁——报告文学。[1] 许多中国近代文学史的研究者都指出，1930年代中期，报告文学异军突起，风靡一时，吸引了许多文人投身其间，从事创作。[2] 当时，这种文类的作品，题材大多集中于工农大众日常生活苦难的描述和社会问题的挖掘，政治色彩十分浓厚。[3] 主编《中国新文学大系（1927—1937）·报告文学集》的芦焚便明白指出：这些作品大多以政治性宣传为写作目的，企图"把自己耳闻目睹人民大众的困苦以及反抗，传布到更远的地方，使全国读者都能够知道，使全国广大群众都能够听到"。[4] 换言之，1930年代中期，在前线硝烟炮火的有形战场之外，国共两党其实还在"日常生活"这块无形而静默的战场上，进行着激烈的斗争。

从这样的脉络观察，《中国的一日》可谓这场文化斗争的一个重要环节。《中国的一日》编辑期间，正是新生活运动如火如荼、全面推展的阶段，与"新生活"有关的各类符号与活动，自不免成为社会大众日常生活例行性的组成部分。《中国的一日》书中便有多篇文章直接、间接叙及编练壮丁、军训校阅、修堡筑路与清洁卫生等各项新生活运动所强制规定的工作。值得注意的是，这些文章的作者，大多对新生活运动抱持着或讥讽或抨击的态度。所以如此，当然与该书编选过程中刻意的取舍选择有关。而这种特定的再现方式，也正反映出《中国的一日》对新生活运动这一套来自官方的宰制性日常生活叙事的排拒与抵抗。

---

[1] 据张春宁研究，报告文学（reportage）一词在中国文学界正式出现于1930年，其命名与相关理论均系由国外引进。参见张春宁：《中国报告文学史稿》，第78—79页。

[2] 例见王瑶：《中国新文学史稿》上卷，第292—296页。张春宁也认为1936年是中国报告文学发展史上丰收的年头，标志着中国报告文学的成熟，参见张春宁：《中国报告文学史稿》，第139页。对于这段时期报告文学最详尽的研究成果，参见王文军：《局部抗战时期中国报告文学研究》，上海：上海社会科学院出版社，2007年。

[3] 张春宁：《中国报告文学史稿》，第153页。

[4] 芦焚：《序》，《中国新文学大系（1927—1937）》第13集《报告文学集》，上海：上海文艺出版社，1985年。

虽然，我们仍不应忽略直接促生这部 1930 年代中国日常生活档案[1] 的个别行动者（agent）与偶然性的历史机缘。其中，扮演着关键性角色的，便是《生活周刊》主编、生活书店创办人，近代中国著名的"进步"报人——邹韬奋（1895—1944）。

1926 年底，邹韬奋接办《生活周刊》之初，还是一个倾向于自由主义与个人主义的温和改良主义者。在这份以城市地区的中小学教师、学生与"职业青年"为主要对象的刊物上，邹韬奋发表了大量讨论升学、就业、婚姻、恋爱等现实生活问题的文章，极力强调个人道德、知识修养与勤奋自助的精神对于事业成功与社会进步的重要作用。这种言论立场相当契合这群正努力向上爬升的城市小市民的期望，因而使得杂志大受读者欢迎，销路也急速增加。到 1929 年，每期销数已由原来的 2000 多份，增长到 8 万多份，成为极具影响力的重要刊物。[2]

然而，等到 1930 年代，随着国族危机的急遽加深与社会经济状况的日趋恶化，城市小知识分子迭遭现实挫败之余，对于个人与群体之关系的看法，逐渐发生转变，思想也日益激进，许多"职业青年"便相继抛弃个人主义的道德信念，蜕变成高度政治化的"进步青年"。[3] 作为这个阶层之代言人的邹韬奋也不

[1] "日常生活档案"（everyday life archive）一词借自本·海默尔，参见 Ben Highmore, *Everyday Life and Cultural Theory*, pp. 24–26。"档案"的概念当然出自福柯，其所指并非只是文献的搜集与整理，更是一种"使陈述（statement）得以延续并时时刻刻地进行修正"的实践。See Michel Foucault, trans. by A. M. Sheridan Smith, *The Archaeology of Knowledge*, New York: Pantheon, 1972, pp. 128–131.

[2] 韬奋：《经历》，北京：生活·读书·新知三联书店，1958 年，第 75 页；陈挥：《邹韬奋：大众文化先驱》，上海：上海教育出版社，1999 年，第 76—77 页；Wen-hsin Yeh, "Progressive Journalism and Shanghai's Petty Urbanites: Zou Taofen and the Shenghuo Enterprise, 1926–1945," in Frederic Wakerman, Jr. and Wen-hsin Yeh eds., *Shanghai Sojourners*, Berkeley: University of California Press, 1992, pp. 190–216.《生活周刊》的销售数，参见张仲实：《一个优秀的中国人——邹韬奋先生的生平、其思想及事业》，邹嘉骊编：《忆韬奋》，上海：学林出版社，1985 年，第 76 页；钱小柏、雷群明编著：《韬奋与出版》，上海：学林出版社，1983 年，第 14 页。

[3] Wen-hsin Yeh, "Progressive Journalism and Shanghai's Petty Urbanites: Zou Taofen and the Shenghuo Enterprise, 1926–1945," in Frederic Wakerman, Jr. and Wen-hsin Yeh eds., *Shanghai Sojourners*, p. 198.

例外。经过 1931 年"九一八"事变与次年"一·二八"淞沪事变的重大刺激，邹韬奋既痛感国亡无日，对南京政府一再退让妥协的不抵抗政策尤为愤慨，言论立场遂出现重大转折，"渐渐注意于社会的问题和政治的问题，渐渐由个人出发点而转到集体的出发点了"。[1] 兹后，邹韬奋一方面积极投身反日救亡运动，另一方面对国民党专制统治的腐败与现实社会体制的黑暗大加抨击。1935 年底，他在《大众生活》周刊的发刊词中，更彻底否定其以往所持的个人主义信念，将中国的唯一出路完全寄托于人民大众反抗帝国主义与"封建残余"的民族解放斗争之上。[2] 此后，"努力促进民族解放"与"积极推广大众文化"便成为邹韬奋勠力以赴的两大目标。[3]

同一时期，邹韬奋主持的出版事业也有极为快速的进展。《生活周刊》转型为以抗日救亡为号召的政治性刊物后，发行数量突飞猛进，到 1930 年代初期，已达 155 000 余份，创下近代中国杂志发行量的最高纪录。[4] 在此基础上，邹韬奋进一步于 1932 年 7 月开办生活书店，大量出版各类"进步"书刊，复于《生活周刊》之外，陆续创办《文学》《世界知识》《妇女生活》《太白》《译文》等期刊，一时之间声势颇为浩大，蔚为 1930 年代上海出版界的后起之秀。[5] 在这个过程中，邹韬奋与上海的左翼知识分子、文人作家密切互动，往来频繁。这固然使邹韬奋的思想言论更形左倾，生活书店实际成为两党竞争文化领导权

---

[1] 韬奋：《经历》，第 75 页。

[2] 韬奋：《我们的灯塔（发刊词）》，《大众生活》（上海）第 1 卷第 1 期，1935 年 11 月 16 日，第 1—2 页。

[3] 《创刊词》，《生活日报》（上海），1936 年 6 月 7 日。

[4] 钱小柏、雷群明编著：《韬奋与出版》，第 14 页；生活书店史稿编辑委员会编：《生活书店史稿》，北京：生活·读书·新知三联书店，1995 年，第 22 页。

[5] 钱小柏、雷群明编著：《韬奋与出版》，第 15—20 页；生活书店史稿编辑委员会编：《生活书店史稿》，第 37—41、48—59 页。

的重要据点[1]；另一方面，却也为《中国的一日》的编辑与出版，提供了必要的人力与经费资源。

不过，《中国的一日》的出版构想，却非出自邹韬奋的创意，而是受到苏联作家高尔基偶然的启发。

1934年，高尔基在第一次全苏联作家大会上，提出一项以集体创作的方式，编写一部描述世界一日之书籍的构想。他主张随意选择一个平常的日子，由各国作家辑录当天报纸所刊载的真实事件，添注按语，然后汇编成书，以"表现现代生活纷杂麻乱的全部情景"。这项提议经过热烈争论后，得到与会各国作家的大力支持，但是由于规模庞大，需要极大的资金与严密的组织，不得不暂行搁置。直到次年夏天，巴黎举办世界作家大会，苏联代表重申前议，并自愿担任组织联络的工作，这项计划才正式落实下来。

《世界的一日》编辑部设立后，选定1935年9月27日为标的，呼吁世界各国的"记者、作家、社会领袖、艺术家、学者、戏剧演员"，留意搜集当天的个人札记、报纸、摄影、戏院海报、街头广告，以及"一切希奇的社会的文化的和人事的文告"，投寄到位于莫斯科的编辑总部，译为俄文，以编就一部观察、记录"地球上平常的一天"的档案性文本。

高尔基发动这项计划的消息，首先由供职于莫斯科中国大使馆的翻译家耿济之撰文报道，刊载于邹韬奋主编的《大众生活》；1936年初，知名左翼作家茅盾又在《译文》月刊上将《世界的一日》编辑柯耳曹夫（Mikhail Kolzov）所写的介绍性文章翻译刊布，引起了中国知识界广泛的注意，也激发了邹韬奋效仿的念头。[2]

---

[1] 邹韬奋生前并非中共党员（死后始由中共中央追认），不过，生活书店成立之初，中共党人即已渗入，总编辑张仲实即一例；此外，胡愈之（1896—1986）的影响尤为重大，夏衍便称胡愈之为生活书店的"军师"，参见生活书店史稿编辑委员会编：《生活书店史稿》，第17—21页。

[2] 以上所述，参见耿济之：《苏联文坛近闻》，《大众生活》第1卷第1期，第27—28页；M. 柯耳曹夫：《世界的一日》，茅盾译，《译文》（上海）新1卷第1期，1936年3月，第43—53页。

邹韬奋原本便对高尔基十分景仰。1933 年 7 月，他曾根据英文相关著作编译出版了《革命文豪高尔基》一书，介绍高尔基的生平。不久，邹韬奋出游海外，抵达莫斯科时，还特意致函高尔基，表达敬慕之意，并赠送《革命文豪高尔基》一书。[1] 因而，当他得知《世界的一日》的编纂计划时，甚感兴奋，便打算仿效编印一部《中国的一日》。[2]

1936 年 4 月，邹韬奋找到茅盾，邀其担任该书主编。双方经讨论后，选定是年的 5 月 21 日为主题[3]，并决定采取包干的办法，生活书店只管出版与发行，所有集稿及编辑工作，统由茅盾负责。不过，为淡化该书政治色彩，避免当局的注意与干涉，除茅盾及邹二人外，另邀王统照、沈兹九、金仲华、柳湜、陶行知、章乃器、张仲实、傅东华、钱亦石九人，共同组成一个并无实质功能的编辑委员会。[4]

据茅盾回忆，这个编辑委员会前后只开过一次会，主要任务在商定全书体

---

[1] 戈宝权：《邹韬奋和高尔基》，邹嘉骊编：《忆韬奋》，第 234—237 页。

[2] 以下所述，大体根据茅盾《我走过的道路》中册（香港：香港三联书店，1984 年，第 317—323 页）及茅盾《关于编辑的经过》（茅盾主编：《中国的一日》[以下简称《中国的一日》]，上海：生活书店，1936 年，第 1—7 页）的叙述，非有必要，不另加注。

[3] 据茅盾回忆，所以选择 5 月 21 日，主要是该日平凡无奇，较能反映大众日常生活的真貌，更可避免特定纪念日来稿内容过于雷同。最近，学者李晓茹曾引述该书助理编辑孔另境的说法，指出这个日期的选择，是为纪念发生于北伐期间的"马日事变"（1927 年 5 月 21 日），参见李晓茹《〈中国的一日〉编辑出版探析》。唯此说法并无任何其他旁证支持，1969 年，茅盾接受外部调查时，所持说法与其回忆录的叙述相符，当属可信。参见茅盾：《关于〈中国的一日〉的补充介绍》，《茅盾全集补遗》，北京：人民文学出版社，2006 年，第 588—589 页。

[4] 茅盾指出，这些人选的拟订，主要是从政治上考量，参见茅盾：《关于〈中国的一日〉的补充介绍》，《茅盾全集补遗》，第 588 页。王统照（1897—1957），著名作家；沈兹九（1898—1989），著名女报人，《妇女生活》主编，抗战期间加入共产党；金仲华（1907—1968），"进步"报人，时任生活书店编辑主任，《世界知识》杂志主编；柳湜（1903—1968），中共党员，时任《申报》编辑，并与李公朴、艾思奇共同创办《读书生活》半月刊；陶行知（1891—1946），著名教育家，时任《生活教育》半月刊主编，并积极参与抗日救亡运动；章乃器（1897—1977），时任浙江实业银行副经理，并与马相伯等人共同发起上海文化界救国会，为著名的"救国会七君子"之一；张仲实（1903—1987），中共党员，时任生活书店总编辑；傅东华（1893—1971），著名翻译家，《文学》月刊主编；钱亦石（1889—1938），中共党员，著名社会学家，时任上海政法学院及暨南大学教授。

例与发动投稿。由于高尔基主编的《世界的一日》迟未出版[1]，自无范本可依，编委会几经斟酌，最终决定不论文章的内容与文体，完全依省市之别分卷编排。在稿源方面，除刊登启事广行征稿外，还打算透过私人关系拉稿，以补足部分必要的稿件；所有稿件，均以1000字为限，文体方面则不做任何限制。不过，后来的结果显示，靠私人关系拉稿的成效并不理想，绝大多数的稿源，"还是靠广大的'无名英雄'的赞助"。

各项基本方针厘定之后，便出现了上文所引述的征稿启事。

这则征文启事在各报刊登出之后，迅即引发各界热烈回应，应征稿件源源不断涌入生活书店。据茅盾统计，至6月底活动截止时，总共收到稿件3000余篇，共约600万字。以地区分，当时全中国除新疆、青海、西康、西藏、内蒙古等边疆地区外，各省市均有来稿；以职业分，"除了僧道妓女以及'跑江湖的'等等特殊'人生'而外，没有一个社会阶层和职业'人生'不在庞大的来稿堆中占一位置"。主持实际编辑工作的茅盾对此一出乎意料的盛况，便有过如下一段的感想：

> "五月二十一"几乎激动了国内国外所有识字的而且关心着祖国的运命的而且渴要知道在这危难关头的祖国的全般真实面目的中国人的心灵，他们来一个脑力的总动员了！[2]

基于成本、售价与销路的考虑，这些稿件当然不可能全盘收录。经过茅盾与担任助理编辑的妻弟孔另境两人前后两次仔细筛选、历时一个多月的努力，

---

[1]　《世界的一日》一书迟至1937年，才在莫斯科出版；1960年，苏联出版界为纪念《世界的一日》编辑计划二十五周年，又选定1960年9月27日向全世界征稿，以同一书名出版。"Introduction: Two Versions of *One Day in China*," *One Day in China: May 21, 1936*, p. xv, n.16.

[2]　茅盾：《关于编辑的经过》，《中国的一日》，第2页。

终于选定 471 篇，约 80 万字的稿件。[1] 这将近 500 篇在形式上涵盖了短篇小说、报告文学、小品文、日记、信札、游记、速写、印象记、短剧等各类文体的生活叙事文本，再加上张仲实搜集 5 月 21 日当天全国各大报纸所刊登之政治、经济、外交、军事、教育、体育等方面的重大消息所编成的"全国鸟瞰"，以及孔另境所编纂的"一日间的报纸"（全国近百种报纸的提要）与"一日间的娱乐"（摘抄各省主要城市当日娱乐活动内容）两编，便共同构成一部共 18 编、凡 801 页的大书——《中国的一日》，并于同年 9 月 15 日正式出版。[2]

茅盾在《中国的一日》出版前，特意执笔撰写《关于编辑的经过》一文，充作全书的前言。在这篇文章中，茅盾详细说明了该书的缘起、编辑的历程、选录文章的标准，以及全书的大致内容。但是，面对这部卷帙浩繁、性质独特的大书，我们仍不免产生许多难解的疑问。

首先，《中国的一日》数千位的投稿者，究竟是哪些人？出自怎样的社会阶层？他们对自身生活经验的叙述，是否足以代表当时中国社会大众一般性的生活面貌？

茅盾曾对所有投稿者的职业分布与性别区隔，做过粗略的估计。以"社会属性"来区分，要以学生为最大宗，约占总人数的 34.9%，其次为中小学教员，约占 15.5%，商人占 9%，文字工作者占 4.7%，工人占 1.7%，农民占 0.4%，其他各种自由职业、军警人员及身份不明者共占 33.8%；若以性别分，则为男性

---

[1] 茅盾选稿的标准主要是从地区、内容、文字等方面考量，以尽量避免重复为原则，但对边远地区来稿极少者，则不论其内容文字如何，几乎均予采用。参见茅盾：《关于编辑的经过》，《中国的一日》，第 2—3 页。此外，茅盾称，收入《中国的一日》的文稿，达 490 篇左右，唯据实际计算，仅得 471 篇，其中有一篇为 8 名作者的集体创作，由 6 篇短文组成（《枣庄的一日》，《中国的一日》第十一编），如此文改以 6 篇计，则全书应为 476 篇。

[2] 据高家龙等人统计，《中国的一日》全书 801 页中，摘录或概述当日报纸之内容的部分（即"全国鸟瞰""一日间的报纸""一日间的娱乐"三编），合计仅占 61 页；此外，前言、编辑说明与图片部分共 26 页，其余 714 页均为投稿者所撰写的生活叙事。"Introduction: Two Versions of *One Day in China*," *One Day in China: May 21, 1936*, p. xvi, n. 17.

居绝大多数，女性仅占总数的 4% 至 5%。[1] 由此可见，对此一征稿活动响应最为热切的，还是由城市地区男性小知识分子与"职业青年"所构成的小市民阶层，这与前文所述《生活周刊》读者群的身份结构大致相符。

不过，《中国的一日》最终收录的近 500 篇文章，是否忠实地反映出这样的作者结构？主编者在编选的过程中，是否曾渗入个人的主观好恶，以致扭曲了不同阶层原来所占的比重？

由于原始资料的散佚，我们无法用最初的稿件来与《中国的一日》比对覆勘，只能根据该书各篇的内容，稍加推估。[2] 据本文统计，该书共收录 480 位作者所撰写的 471 篇文章（其中有两篇为 2 名作者合撰，一篇由 8 名作者集体撰写）。这 480 名作者中，可确定为女性者仅 16 人，性别不明者 47 人，其余417 人均为男性。从地域分，这些文章大多来自各大都市与沿海、沿江的中小市镇，其中仅上海（62）、南京（23）、北平（20）、苏州（16）、武汉（11）、广州（10）、杭州（9）几地合计便达 151 篇，占总数的三分之一左右；而察哈尔（6）、绥远（3）、河南（14）、山西（15）、陕西（11）、甘肃（5）、广西（7）、贵州（3）、云南（7）、四川（8）等内陆省份的来稿，总共只有 79 篇，尚不及总数的 17%。就职业身份的区划观察，这 480 名作者，除去身份不明的228 人，所余 252 人中，学生 63 人，占总数的 25%；中小学教员 64 人，也占了 25%（其中，小学教员 48 人，占 19%）；商人及店职员共 27 人，占 10.7%；工人与学徒共 15 人，占 5.9%；公务员 9 人，占 3.6%；军宪警（含军警学校学生）共 29 人，占 11.5%；记者编辑共 15 人，占 5.9%；大学教授及自由职业者共 14 人，占 5.6%；其他（含政治犯等）身份者共 13 人，占 5.2%。易言之，

---

[1] 茅盾：《关于编辑的经过》，《中国的一日》，第 5 页。

[2] 高家龙等人曾致函茅盾，探询未经《中国的一日》收录出版之稿件的下落，唯直到 1981 年茅盾去世，始终未获答复。该批稿件是否尚存于世，亦不得而知。"Introduction: Two Versions of One Day in *China*," *One Day in China: May 21, 1936*, p. xx, n. 26.

在身份可以确认的作者群中，小学教员与一般中下层"职业青年"所占的比例，明显高过他们在3000多名投稿人中的原始比重，可见该书的编成的确经过主编者有意识的选择与调整。茅盾本人也坦承，该书在文稿的取舍上，比较偏好那些"向来从不写稿"的"店员、小商人、公务员、兵士、警察、宪兵、小学教员"等人的作品；他强调，也正是由于他们的贡献，"这本书的材料才不单调，而展示了中国一日之多种的面目"。[1]

不过，这种刻意的选择，除了有增进全书内容的多样性等技术性考量外，多少也与邹韬奋及茅盾等人抱持的政治意图有着密切的关系。在此之前，高尔基倡议编印《世界的一日》，已带有浓厚的政治动机，柯耳曹夫便把此项工作当作"全世界一致拥护苏联的文化发言权"的示威运动。[2]同样地，邹韬奋与茅盾编印《中国的一日》，目的也在通过这种活泼的文学形式，"来反映全国各地民众抗日的要求，与当局的不抵抗政策作一对照"，并向读者介绍"在这国家生死存亡之时全国的黑暗面和光明面"。[3]由是而论，《中国的一日》并不仅是一套以特殊文学形式再现中国社会"真实"面貌的文本，同时也是特定意识形态与政治立场的产物。

那么，这部具有浓厚政治宣传意味的作品，究竟在当时发挥过多大的影响？它的销售与流通状况如何？一般社会大众是怎样来接受、解读和回应这部书所试图传达的讯息？

由于相关资料的严重不足，我们无法确切回答这些重要问题。我们只知道，生活书店为促销该书，花了不少力气，不但订定相当低廉的书价（硬面精装一巨册，售价仅1元6角），还在各大报刊上大做广告，同时更推出优惠办

---

[1] 茅盾：《关于编辑的经过》，《中国的一日》，第6页。

[2] M. 柯耳曹夫：《世界的一日》，《译文》（上海）第1卷第1期，第52页。

[3] 茅盾：《我走过的道路》中册，第317页。

法，凡订阅该书店所发行之《文学》月刊一年份，一律附赠该书一册。[1] 此外，茅盾特意为此书撰写专文，以广招徕[2]；上海的左翼刊物也先后刊出数篇评介文章，做桴鼓之应。[3] 不过，这些相关活动到底收到多少实际效果，我们仍是不得而知。

比较可以确定的是，《中国的一日》出版之后，迅即成为同类作品争相模仿的圭臬，甚至被誉为此后诸多"一日型"出版物的"父本和母本"，"持续影响着中国文化界"。[4] 1936 年，陕北苏区的中国文艺协会即曾发布征文启事，决定以 1937 年 2 月 1 日为标的，仿照《中国的一日》，编辑《苏区的一日》，以"全面表现苏区的生活和斗争"。[5] 1938 年春，上海华美报馆为纪念全面抗战一周年，也以《中国的一日》为师法的对象，公开征文，编成一部含 432 篇、共约 100 万字的《上海一日》。[6] 1941 年春，中共晋冀察边区所辖冀中地区的党政军领导程子华等人，又择定当年的 5 月 27 日，号召当地群众与干部、士兵，以个人是日的生活与战斗为范围，执笔写作。最后选录了 200 余篇，编为《冀中

[1] 《中国的一日》的出书广告与赠书办法，参见《申报》1936 年 9 月 1 日、9 月 9 日、9 月 22 日；《生活日报星期增刊》（上海）第 8 期，1936 年 7 月 26 日；《生活星期刊》（上海）第 1 卷第 14 号，1936 年 9 月 6 日，第 1 卷第 16 号，1936 年 9 月 20 日，以及第 1 卷第 17 号，1936 年 9 月 27 日；《妇女生活》（上海）第 3 卷第 8 期，1936 年 11 月 1 日。

[2] 茅盾：《被考问了〈中国的一日〉》，《生活星期刊》第 1 卷第 18 号，1936 年 10 月 4 日，第 207、213 页。

[3] 据笔者所知，计有徐懋庸：《〈中国的一日〉（生活话题）》，《生活知识》（上海）第 2 卷第 9 期，1936 年 9 月 20 日；梅雨：《〈中国的一日〉（书评）》，《通俗文化》（上海）第 4 卷第 6 期，1936 年 9 月 30 日；（黎）烈文：《介绍〈中国的一日〉》，《中流》半月刊（上海）第 1 卷第 3 期，1936 年 10 月 5 日，第 159—160 页。

[4] 李晓茹：《〈中国的一日〉编辑出版探析》。

[5] 张春宁：《中国报告文学史稿》，第 78—79 页。该书后来并未编印完成，仅有部分作品发表于《苏区文艺》及陕北各报刊上。

[6] 朱作同、梅益主编：《上海一日》，上海：华美出版公司，1938 年。该书主编梅益为上海中共地下组织文化工作委员会的成员，这部书并未指定固定的一天为描述主题，只要是抗战一年间任何一日均可，因而与《中国的一日》编辑方式略有出入。参见张春宁：《中国报告文学史稿》，第 180—182 页。

一日》一书，分作四辑，陆续印行。[1] 至于其他较不知名的类似征文活动，更是所在多有 [2]，充分显示了《中国的一日》长远而广泛的影响力。

因而，学者将《中国的一日》称作"中国报告文学史上的一个壮举，自有其不可磨灭的功绩"[3]，洵非过誉之辞。不过，这当然已不是本文所能讨论的问题了。

二、空间、时间、"他者"——日常生活叙事与国族认同

从事日常生活研究的文化理论家，都难以规避一项兼具理论与实践意涵的重大问题。本·海默尔在讨论英国的"大众观察"运动时，便指出，川流不息、无休无止乃是日常生活的最大特质，因而任何试图捕捉、理解、审视日常生活的努力，往往都是劳而无功；我们也很难找到一种贴切的论述形式，来适切地再现日常生活。然则，面对"大众观察"所生产的大量日常生活档案，我们如何才能有效地运用？如果这批档案本已充斥着日常生活多元而嘈杂的声音，我们又怎样才能将其编织成一些有意义的主题，讲出一套完整可读的叙事？[4]

这个问题，也正是茅盾在编纂《中国的一日》时遇到的难题。他在作为该

---

[1] 张春宁：《中国报告文学史稿》，第 220—222 页。不过，该书最初仅石印或油印了 200 部，旋即散佚，直到 1959 年至 1963 年间始先后正式出版。该书部分内容可参见中国报告文学丛书编辑委员会编：《中国报告文学丛书》第二辑第四分册，武汉：长江文艺出版社，1983 年，第 127—445 页。

[2] 例如 1938 年上海学生生活社编了一部以抗战为背景、主要由学生写作的《抗战的一日》；1940 年，上海联合出版委员会又以征文汇编的方式，出版《学校的一日》；分见北京图书馆编：《民国时期总书目——文学理论、世界文学、中国文学》下册，北京：书目文献出版社，1992 年，第 1085、1125 页。此外，《冀中一日》印行后，晋冀察边区各地也纷纷效仿，先后展开过《安平一日》《保定一日》《束鹿一日》《徐水一日》等征文活动，参见张春宁：《中国报告文学史稿》，第 222 页。

[3] 张春宁：《中国报告文学史稿》，第 137 页。

[4] Ben Highmore, *Everyday Life and Cultural Theory*, pp. 21, 24.

书前言的《关于编辑的经过》一文中，便已明白点出构成这部档案性著作的400余篇日常生活叙事文本复杂、多样的面貌：

> 真的，这里是什么都有的：富有者的荒淫享乐，饥饿线上挣扎的大众，献身民族革命的志士，落后麻木的阶层，宗教迷信的猖獗，公务员的腐化，土劣的横暴，女性的被压迫，小市民知识分子的彷徨，"受难者"的痛苦及其精神上的不屈服，……真的！从都市的大街和小巷，高楼和草棚，从小城镇的冷落仄隘的市廛，从农村的断垣破屋，从学校，从失业者的公寓，从军营，从监狱，从公司公署，从工厂，从市场，从小商店，从家法森严的旧家庭——从中国的每一角落，发出了悲壮的呐喊，沉痛的声诉，辛辣的诅咒，含泪的微笑，抑制着的然而沸涌的热情，醉生梦死者的呓语，宗教徒的欺骗，全无心肝者的狞笑！这是现中国一日的然而也不仅限于此一日的奇瑰的交响乐！[1]

的确，在5月21日这一天被描述的日常生活经验与事件中，充斥着城市与乡村、匮乏与逸乐、压迫与抵抗、奋斗与惶惑、牺牲与背叛……种种难以数计的尖锐矛盾与巨大差异。

虽然，这些差异并不是任意滋蔓、不断延异，绝无任何共通之处。社会学者格奥尔格·齐美尔在论述日常生活中特殊性与整体性的辩证关系时便强调，我们虽不能把日常生活化约为一套系统、一种世界观，但是日常生活的片段，也并不是彼此互不相干的孤立原子，我们仍能找到一套语言，编织出将其系结起来的线缕，从而描绘出一个异质、多样与繁复的整体。[2] 而茅盾所找到，用来结合日常生活之"歧异性与共通性"这两个不同面向的，显然是一套国族主义

---

[1] 茅盾：《关于编辑的经过》，《中国的一日》，第6—7页。

[2] Ben Highmore, *Everyday Life and Cultural Theory*, p. 38.

的修辞。如上文所引述的,《中国的一日》中各种殊异的生活片段所共同谱成的,是一阕"现中国一日的然而也不仅限于此一日的奇瑰的交响乐"。换言之,这批日常生活档案所再现的纷杂多样的独特性与差异性,乃是被统摄在一个层次更高、范围更广的共同框架之内——那便是"中国"。

其实,从《中国的一日》的书名,我们已能察觉到,支配这部日常生活档案、赋予其一套整体性意义的叙事主体,并不是那些具体的、孤立的个别作者,而是作为一个想象共同体的中国国族。从这部书所采取的编排形式与叙事系列,我们更能看到,这部书为形塑中国的国族认同所建构出的特定空间与时间概念。

如上所述,《中国的一日》全书共分18编,第一编便是摘录各大报刊所载全国性重大消息与事件而成的"全国鸟瞰",为其后诸篇提供了一个整体性的参照架构。[1]接着便是全国政治中枢的南京(第二编),依次则为上海(第三编),再由华东的江苏(第四编)、浙江(第五编),转入华中的江西、安徽(第六编),湖北、湖南(第七编),继则北上以达北平、天津(第八编),乃至河北、察绥等省(第九编),兼及东北、冀北等"失去的土地"(第十编),稍南而达山东、河南(第十一编),复西向以入山西、陕西、甘肃(第十二编),再折向东南的广东、福建(第十三编),偏西而历广西、贵州、云南、四川诸省(第十四编),最后再附入国家主权延伸所及的海疆、空域(第十五编"陆·海·空"),与国族成员离散寄寓的海外各地(第十六编"侨踪")。如此周行一过,勾勒出一块范围明确、界线清晰的地理体(geo-body)[2];而中国社会大众的日常生活践行,自然也是被铭刻、镶嵌在这样的国族空间之中了。

另一方面,在中国的国族空间中布列(deploy)、开展的日常活动,其所遵

---

[1] 这种编排方式也见诸"大众观察"先后出版的几部生活叙事档案。当然,如本·海默尔指出的,这种编排形式,除为全书提供一个整体性的框架外,另一个更重要的功能,则在借此凸显官方及主流传播媒体的叙事,与此后各编的日常生活叙事之间的重大落差与矛盾。See Ben Highmore, *Everyday Life and Cultural Theory*, pp. 85–86.

[2] 关于"地理体"的概念及其与国族想象的关系,参见 Thongchai Winichakul, *Siam Mapped*。

循的时间序列，同样也是一套国族化的时间图式。茅盾曾在一篇导读性的文章中，借着与朋友讨论该书内容的方式，指引读者如何阅读、理解这本书中形形色色、纷乱驳杂的生活经验。他说："这一日是平凡的。然而在我们中国，平凡下面就隐伏着特殊，所以你也不妨说这一本书全体是平凡而又特殊，特殊而仍似平凡。"[1] 就是这"平凡而又特殊"的一天中，在南京：

公务员忙着预习第二天受检阅时的仪式，一位教官在逐项告诫，要那些公务员把耳朵后根洗干净，记住了自己手上有几个"箩"，几个"箕"。[2]

在上海的一个角落里：

有一位女中学生提心吊胆地在暗防她的破产的父亲会自杀。[3]

同时，离上海不远的松江佘山，正有一批虔诚的天主教徒，准备参加"圣主升天节"的弥撒。[4] 而在遥远的北平，西北六十里的妙峰山下：

一位全身红衣，脚镣手铐，三步一磕头的还愿女子，刚走上山去。[5]

---

[1] 茅盾：《被考问了〈中国的一日〉》，《生活星期刊》第 1 卷第 18 号，第 207 页。

[2] 茅盾：《被考问了〈中国的一日〉》，《生活星期刊》第 1 卷第 18 号，第 207 页；参见黎民：《训话》，《中国的一日》第二编，第 4—5 页。

[3] 茅盾：《被考问了〈中国的一日〉》，《生活星期刊》第 1 卷第 18 号，第 207 页；参见姚霞：《挨过了这一天》，《中国的一日》第三编，第 43—45 页。

[4] 茅盾：《被考问了〈中国的一日〉》，《生活星期刊》第 1 卷第 18 号，第 207 页；参见嘉谟：《五月廿一日的佘山》，《中国的一日》第四编，第 62—63 页。

[5] 茅盾：《被考问了〈中国的一日〉》，《生活星期刊》第 1 卷第 18 号，第 207 页；参见蒋恩钿：《妙峰山进香》，《中国的一日》第八编，第 10—11 页。

同一天，在江苏某"模范县"的一所乡村小学中：

　　一百八十多位小学生正因缴不出祝寿捐，开了个全体大会，提议把身上的衣服脱下来当这么一毛五分钱。[1]

也是同一时刻，福建省仙游县的四五十名小学教师，正在罢教，并组成索薪团，向县长追讨积欠多月的薪资。[2]

这一幕幕发生于不同地点，性质上迥不相同的日常生活事件，所以能够拼贴、连缀，合为一体，并不是因为它们之间存在着任何逻辑性的因果关系，而是它们在日历时间上的一致性（temporal coincidence）；它们之间的差异，因而也是一种"同时性"（simultaneity）的差异。这种由日历与钟表所标定的"同时性"，其所蕴涵的时间概念，乃是瓦尔特·本雅明所说的"同质的、空洞的时间"。本尼迪克特·安德森指出，国族想象所以可能的一项必要条件，正在于时间概念的改变。只有当"同质的、空洞的时间"取代了神圣性的"弥赛亚时间"后，一个群体的不同成员才能被想象成会在任何特定的时间点上，同时进行着稳定、匿名的活动，而且，他们也将不断顺着时间之流，持续地共同进行活动。因而，这种"同质的、空洞的时间"，正是一种国族的时间。[3]《中国的一日》同样也是凭借着这套国族时间的网络，来编织一幅"中国的人生"的总体图像。由是以观，《中国的一日》确为1930年代中国的国族想象，提供了必不可少的空间与时间架构。

---

[1] 茅盾：《被考问了〈中国的一日〉》，《生活星期刊》第1卷第18号，第207页；参见白水：《临时全体大会》，《中国的一日》第四编，第49—50页。

[2] 茅盾：《被考问了〈中国的一日〉》，《生活星期刊》第1卷第18号，第207页；参见田青：《罢教后的第三天》，《中国的一日》第十三编，第65—67页。

[3] Benedict Anderson, *Imagined Communities*, pp. 24-26; 中译文见吴叡人译：《想象的共同体——民族主义的起源与散布》，台北：时报文化出版公司，1999年，第28—30页。

不过，任何国族认同的打造与维系，并不能单纯地寄托于一套抽象的时间与空间概念之上，它还需要国族成员无比强烈的感情投入。国族，作为一个认同的对象，与其他各种身份认同（如性别、阶级等）最大的差异，正在于其足以激发出国族成员无怨无悔、生死以之的澎湃激情。法国诗人瓦莱里（Paul Valéry）甚至认为，国族乃是无从计量，也不能以冷酷无情的理性手段加以厘清、界定的事物；它只能取决于其所具之"巨大的力量、狂热的爱与信仰"，而这种神秘的魔力，将会把人们引向超越他们自身的不可知之处。[1] 瓦莱里这段话，或许过度夸大了国族认同的心理要素，而忽略了其所兼具的社会面向，却也有力地点出，感情与意义所构成的"内在环境"（internal environments）在形塑国族认同上的重要作用。[2]

1930 年代的中国知识分子，在进行中国国族想象的过程中，并未忽略这项重要的资源。1934 年，《新生》周刊主笔李平心便用"中国人的心"一词来指称凝聚中国国族认同的感情纽带。他指出，中国的国民，无论在分布空间、职业、生活方式、宗教信仰、年龄差距上都有极大的差异，但是，"我们却都久已相识了"，因为"我们都有着一颗中国人的心"。正由于都有这样一颗"中国人的心"，中国人才能像"共同生活着的家庭"一样，"同祸福，同休戚，同荣辱，同甘苦"，结为一个强固的国族共同体。[3]

但是，李平心这段话却刻意规避与掩蔽了一个重要问题。他所谓"中国人的心"这样一种特殊的"感觉结构"，并不是个人天赋自然、与生俱来的根基性

---

[1] Stephen Reicher and Nick Hopkins, *Self and Nation*, p. 4.

[2] "内在环境"一词借自社会学家亚历山大·杰弗里（Alexander C. Jeffrey）。杰弗里鼓吹的文化社会学特别强调由"感情与意义的视域"（horizon of affect and meaning）所构成之"内在环境"对人类社会行动的重要作用。这种"内在环境"乃是使得社会行动所以可能，同时又限制着社会行动之范围的观念资源，而社会结构（外在环境）的再生产与转变，也都有赖于此。See Alexander C. Jeffrey, *The Meaning of Social Life: A Cultural Sociology*, Oxford: Oxford Univ. Press, 2003, p.12.

[3] 童恂斋（李平心）：《给读者们的第三封信：〈中国人的心〉》，《新生》周刊（上海）第 1 卷第 3 期，1934 年 2 月 24 日，第 52—53 页。

禀赋，而是社会的与论述的建构性产物。[1] 李平心本人所使用的语言修辞，其实也正是此一建构过程的部分环节。

那么，要透过怎样的论述与文化实践，才能有效动员国族成员对国族的感情投注呢？许多研究国族与国族主义的学者大都强调，国族主义者往往利用对国族起源、语言文字、宗教信仰、历史记忆，乃至地理疆域的特定论述策略与再现形式，来凝铸社群成员对一个本真、独特而崇高的国族共同体的认同与奉献。在此意义下，国族不仅仅是一个政治的形构（political formations），更是一套斯图尔特·霍尔（Stuart Hall）所谓的"文化再现的系统"（systems of cultural representations）。[2]

不过，除了对国族"本质"的文化再现之外，如何划定国族边界，区隔国族的内部与外部、分辨国族的成员与非成员，更是国族建构过程中不可或缺的关键。人类学家弗雷德里克·巴特（Frederik Barth）甚至认为，造成一个族群团体的决定性因素，不在该群体所具有的血统、语言、宗教等文化内涵，而是取决于一条分隔内外的"边界"。族群成员的文化特质可以改变，整个群体的组织形式也可以重新编组，但是，这条划分"我群"与"他群"的界限，却绝不可少；它乃是族群维持与延续的生命线。[3] 由此而论，界定国族的判准，主要并非国族内部的性质，而是国族的外部。易言之，只有把国族从其他国族或族群团体区分出来后，才能有效地凝聚出国族成员对国族的认同与归属感。因而，国族的存在，事实上仰赖于与之相对立的"他者"。国族认同，便是经由"他者"

[1] Michael Billig, *Banal Nationalism*, p. 18; Ruth Wodak, Rudolf de Cillia, Martin Reisigl and Karin Liebhart eds., trans. by Angelika Hirsch and Richard Mitten, *The Discursive Construction of National Identity*, Edinburgh: Edinburgh Univ. Press, 2000, pp. 3–4.

[2] Stuart Hall, "The Question of Cultural Identity," in Stuart Hall, David Held, Don Hubert and Kenneth Thompson eds., *Modernity: An Introduction to Modern Societies*, Cambridge and Oxford: Polity, 1995, p. 612.

[3] Frederik Barth, "Introduction," in Frederik Barth ed., *Ethnic Groups and Boundaries: The Social Organization of Cultural Difference*, Bergen: Universites for Laget, 1969, pp. 14–15.

的作用与影响，来自我界定与再界定。而在这些"他者"中，那些"重要的他者"（significant others）更扮演着举足轻重的关键性角色。所谓"重要的他者"，意指地理位置上与国族毗邻，互动频繁，却对国族持敌对态势，从而严重威胁（或被认为是威胁）到国族之生存的其他国族或族群团体。心理学家安娜·特里安达菲利多（Anna Triandafyllidou）即以古希腊与马其顿共和国的冲突为例，指出：每个国族在任何时刻，都会面对一个真实的或想象的"重要的他者"，并借此来形构或改变其自身的认同。[1] 琳达·科利（Linda Colley）研究18、19世纪英国的国族打造过程，也特别强调与英伦三岛隔海相望的法国，作为一个敌对性他者，在抟塑不列颠国族认同上的重要作用。[2]

《中国的一日》同样也是通过一个镜像式的"重要的他者"，来凝聚中国社会大众的国族认同。在当时的中国，这个"重要的他者"，无疑就是日本。

如前所述，1930年代中期，日本帝国主义侵华日亟，不断扩张其政治、军事势力，使中国面临存亡绝续的严重危机。而遍布中国各地之日本驻军经常性的武装演习与其包庇下的大规模走私、贩毒活动，更令一般社会大众，在日常生活的领域中直接感受到这群敌对性他者的切身威胁。《中国的一日》中，便处处洋溢着市井小民与此一国族他者相遭逢时，所引发的惊惶、愤恨与敌忾之情。上海一位小市民5月21日晚上与朋友聚餐饮酒后，回家路上遇到正在进行巷战演习的日军，在刺刀的胁迫下，他饱受惊吓，只得鹄立巷口。一位流落北平的东北青年，则在车站月台碰见一名护路的日本宪兵：

> ……这个头真不小！平常的中国人都没有他高，大红帽缘底下露出黑黄的面孔，皮肉长的真结实，眼神很利害，从头顶上到脚跟底下，没

---

[1] Anna Triandafyllidou, "National Identity and the 'Other'," *Ethnic and Racial Studies*, Vol.21, No.4（July, 1998）, pp. 593–612.

[2] Linda Colley, *Britons: Forging the Nation, 1707–1837*, New Haven: Yale Univ. Press, 1992.

有一丝一毫的和气地方。我的眼神和他的眼神打了一个照面，心里立刻起了一个冷战。……我踟蹰着，竭力镇静自己，不叫自己的愤怒的神气，和他的目光接近。[1]

同日，太原一名中学国文教员，看到天空飞过一架机翼上漆着红色太阳的"友邦"飞机，也不由心中"感到铅一样的沉重，压迫"。[2]

在这种强烈的感情投射下，《中国的一日》书中所描述的日本人，往往都不再是具体存在的个人，而是被抽象化、类型化（stereotype）为充满恶意，绝无可能彼此沟通、相互肯认的绝对性"他者"——一种本体论意义上的"敌人"。上文所引日本宪兵的形象，便已透露此中消息，而上海一位铁路警察的生活自述，更把这种心理转折表现得淋漓尽致。这名路警在值勤时，碰到一对带着一名幼儿的日本夫妻，这个小孩十分活泼可爱，不但成为众人瞩目的对象，连这位路警也对他"发生无限的爱慕"，不觉和孩子的父亲攀谈起来。但是：

> 我低下头，正想同他谈话，忽然看到他那虽然不高，然而非常雄壮的身体、狰狞的面孔，及两道使人看不惯的粗眉，处处都可以表现出他内心的狡诈！……看见他种种的举动，不由得使我脑筋内，回想起许多的悲痛事件：如朝鲜之亡、廿一条、东北四省、一二八、伪满洲国、塘沽协定、华北问题，及现在当局无法制止的全国普遍走私！他国外交上的口头禅，是"亲善！亲善！"，大概上项的事件，就是表示所谓"中日亲善"吧。我恐怕他对待我太亲善了，所以我便不再开口。[3]

---

[1] Y cheng ze：《文化城的一日》，《中国的一日》第八编，第7—8页。

[2] 丽云：《一页日记》，《中国的一日》第十二编，第6页。

[3] 吴钧：《我今天的日记》，《中国的一日》第三编，第14—15页。

然而，在南京政府忍让妥协的不抵抗政策束缚下，《中国的一日》的作者群面对这些横暴恣肆的绝对"他者"时，更常感受到的，却是因无力抗拒所造成的屈辱、挫败与愧疚等复杂情绪。北平一位青年与朋友赴中山公园赏花途中，看到一群中国士兵列队朝车站前进，一面高唱着《满江红》的雄壮歌曲，恰好车站正运送来一批日本军队，一时之间，"大家的心都变得紧张了，所有的观众的脸孔都显出另一种表情来"。不料，就在这一触即发的紧张时刻：

> 好像一个提琴名手一下子从高音转到低音似的，嘹亮的歌声立刻跌落了，变得懦弱而模糊……

这位青年与他的朋友，也只好"怀着一种不可形容的情绪"，绝望地挤出人群，继续向目的地进发。[1] 天津一批中学生听到学校当局被迫订阅了一份日人所办的《盛京时报》，激忿之余，在公民课上群起要求老师说明原委。这位老师却一味搪塞，顾左右而言他，"同学们按着忿气，只是瞪圆了眼睛直视着地板"。这时，远处断断续续传来日军打靶的枪声，"击碎了每个偷安懦弱的死心"。[2]

对于那些处在日人势力直接控制地区的中国民众来说，这种感受自然格外尖锐。冀东某中学的学生在上"本国史"的课程时，一上课，老师就要学生拿出墨笔，把教科书中所有叙述日本侵华事迹的章节全部添注"删去"二字。记述此事的学生，在他投寄《中国的一日》的文章中，便这样形容个人的感受：

> 删去这——似割掉我们自己身上的肉，当我们不得不写"删去"的时候，那支手中的墨笔，似一把尖锐的刀刺入我们的心头！[3]

---

[1] 王西稔：《赏花记》，《中国的一日》第八编，第27—28页。

[2] 大戈：《中学生日记》，《中国的一日》第八编，第41页。

[3] 刘士引：《永不能忘记的一课》，《中国的一日》第十编，第12—13页。

另一名留学日本的广东青年男子，偕同乡女同学赴东京游览，却因女同学被误认为日本人，致遭日本警察拘留盘查，大受屈辱。回到宿舍后，与同舍同学谈起各自的遭遇，"两个人默默地对坐着，像有一大堆胶布塞住喉头"。同学离去后：

> 我又呆呆地望着天空，萦念着那辽远云外的故国。但恍惚还有一串声音在耳畔响道："你们算好呢！还可说是中国人！"我的眼泪无力地滴下了。[1]

社会心理学家指出，国族主义的修辞，往往隐含着强烈的愧疚感与耻辱感。[2] 石静远也认为，屈辱感与挫败感在近代中国国族想象过程中发挥过关键性的作用。这种由外化的愧恨之情所造成的受难感（victimhood），不但是近代中国文学的重要母题，也为中国的国族认同提供了强大的心理动力与必要的修辞策略。在这种特殊的文化心理浸润下，个人的苦难与欲望，深深烙印着对国族命运的悲愤与忧思。近代中国的国族主体，便是由这种创伤性的耻辱感召唤而成。因而，对苦难与屈辱的沉溺，往往更能激发出强烈的国族主义情绪，以及对集体未来一种理想性的憧憬。[3] 从《中国的一日》的相关生活叙事中，我们也能清楚看到这样的心理变化历程。那位在北平车站月台踯躅徘徊、压抑着满腔愤懑的青年，最终便是以这样的豪情壮志来自我淬砺：

> ……我们难道就甘心作亡国奴了吗？我们难道就甘心被人家偷偷地给卖了？偷偷地给定了卖身文书？我们好像是在黑暗的旷野里，周围有

---

[1] 陈琳：《五月二十一日的事》，《中国的一日》第十六编，第 14—16 页。

[2] T. J. Scheff, *Bloody Revenge: Nationalism, War and Emotion*, Boulder: Westview Press, 1995; cited from Michael Billig, *Banal Nationalism*, p. 101.

[3] Jing Tsu, *Failure, Nationalism, and Literature: The Making of Modern Chinese Identity*, Stanford: Stanford Univ. Press, 2005.

纷纭万端：近代中国的思想与社会

许多的狼，对着我们嚎叫，不拿出身上的武器，那个狼肯后退！掏出一根火柴来罢！点起旷野的荒草来罢！让一星星的火亮变作几万万星星的火亮！让野火烧退了狼群，让野火肃清了整个肮脏的世界。[1]

那名被迫删改教科书的冀东学生，则是一面滴着泪水，一面在纸上写下他为国家民族牺牲奉献的决心："国家垂危，实不容缓！既是国家之一分子，当要极力救国！"[2]

从这些环绕着"重要的他者"而开展的生活叙事中，《中国的一日》所召唤出的，正是对中国国族的热切认同。就此而言，《中国的一日》，或许犹如詹明信（Fredric Jameson）对第三世界文学所做的极具争议性的论断，可说是一套不折不扣的"国族寓言"（national allegory）。[3]

三、"人民的声音"——《中国的一日》中的阶级与国族

《中国的一日》进行征稿活动时，系狱南京的陈独秀也应邀写了一篇短文。倾心于无产阶级世界革命的陈独秀，相当敏锐地注意到"中国的一日"这项标题所蕴含的国族主义取向；因而，他那篇短文全未涉及个人的生活状况，而是对这个题目的意识形态意涵提出严厉的批判与告诫。他说：

> ……在阶级的社会里，一个国际主义者的头脑中所谓世界，只有两

---

[1] Y cheng ze：《文化城的一日》，《中国的一日》第八编，第 9 页。

[2] 刘士引：《永不能忘记的一课》，《中国的一日》第十编，第 13 页。

[3] Fredric Jameson, "Third-World Literature in the Era of Multinational Capitalism," *Social Text*, 15（1986），pp. 65–88. 对詹明信此一观点的批驳，参见 Aijaz Ahmad, "Jameson's Rhetoric of Otherness and the 'National Allegory'," *Social Text*, 17（1987），pp. 3–25.

个横断的世界，没有整个的世界；在这两个横断的世界之斗争中，若有人企图把所谓整个的世界这一抽象观念，来掩盖两个横断的世界之存在而和缓其斗争，这是反动的观点，……在一个国家中，也是这样，也只有两个或两个以上横断的社会之存在，抽象的整个国家是不存在的。……如果有人相信这利害取舍根本不同的横断世界及横断社会，可以合作，可以一致，这不是痴子，便是骗子。[1]

在陈独秀看来，阶级与国族这两种认同范畴相互对立，绝无并存的可能。他这段话也反映出，在1930年代中国知识阶层关于中国未来出路的思考与讨论中，阶级与国族这两个概念纠结缠绕的紧张关系。

其实，无论"国族"抑或"阶级"，都不是一种内涵固定、界限明确的实体（entity）。社会学家皮埃尔·布尔迪厄（P.Bourdieu）便极力反对关于"阶级"的"实体主义"式解释。他认为，在现实社会生活中，阶级并不是靠一套确定的客观判准来界定，而是一种关系性的建构，亦即经由对什么是"社会世界及其内部区分之合法观点"的斗争，而建构出来的一种身份认同。[2] 至于"国族"，作为一个"想象的共同体"，更是恒常处于不断被（再）诠释、（再）发现与（再）建构的过程。人类学家雷纳托·罗萨尔多（Renato Rosaldo）便对安德森的理论提出过重要的补充。他强调，把国族界定为"想象的共同体"，并不是问题的结束，反而是更多问题的开端。如果国族真的是想象的产物，我们当然必须追问：是谁在想象？是通过怎样的文化策略来想象？不同的想象方式又会造成怎样不同的结果与影响？[3] 迈克尔·比利希

---

[1] 陈独秀：《中国的一日》，《中国的一日》第二编，第31—32页。

[2] David Swartz, *Culture & Power: The Sociology of Pierre Bourdieu*, Chicago: The Univ. of Chicago Press, 1997, pp. 147–148.

[3] Renato Rosaldo, "Others of Invention: Ethnicity and Its Discontents," *Voice Literal Supplement*, p. 27, cited from Ana Maria Alonso, "The Politics of Space, Time and Substance: State Formation, Nationalism, and Ethnicity," *Annual Review of Anthropology*, 23（1994）, p. 392.

（Michael Billig）也清楚地点出"国族"作为各方势力竞逐对象的特质。他说："不同的群体，不管是阶级、宗教、地域、性别，还是族群，总是不断地在角逐为国族代言的权力，并努力把他们自己的声音呈现为国族整体的声音。"[1] 因而，接受国族主义召唤的主体，虽然都怀抱着热烈的国族主义激情，却未必对国族的内涵及其界限有着相同的看法。[2] 换句话说，国族主义政治过程中，真正重要的，并不是对"国族"本身的质疑，而是对国族的性质、范围及其合法代表者的争议。从这样的观点而论，阶级与国族这两个认同范畴，自非如陈独秀所指，此疆彼界，壁垒分明，绝无相互渗透、调适的可能。事实上，在马克思主义长远而复杂的思想传统中，固然可以找到以"工人无祖国"为标榜的世界主义取向，却也能够发现一套把劳动无产阶级视为国族"本真性"（authenticity）之代表的国族主义预设。[3] 因而，对邹韬奋及其周遭的中国左翼知识分子来说，真正的问题并不是像陈独秀所谆谆告诫的那样，要在阶级与国族之间做出非此即彼的最终决断，而是如何建构一套论述，来有效地综摄二者。他们所提出的，便是一种代表"人民的声音"，以工农基层社会大众为主要成员，具有强烈阶级意涵的国族论述。1935 年底，一位化名"景观"的作者发表了一篇讨论"爱国"的文章。他指出，所谓国家，不过是"大众生活的集团"，国家可爱的地方，就在于能够保障大众的生活，增进大众的福利；所以，"真正能够爱国、知道爱国的，只有那些勤劳大众"。[4] 因

---

[1]　Michael Billig, *Banal Nationalism*, p. 71.

[2]　Jing Tsu, *Failure, Nationalism, and Literature: The Making of Modern Chinese Identity*, p. 23.

[3]　马克思主义与国族主义的关系，是一个非常复杂、聚讼纷纭的问题，相关论著为数繁夥，最近一部以 19 世纪末 20 世纪初法国为主题的历史学研究，参见 Robert Stuart, *Marxism and National Identity: Socialism, Nationalism, and National Socialism during the French Fin de Siécle*, Albany: State Univ. of New York Press, 2006. 关于中国共产革命运动与国族主义的纠葛，参见陈永发：《中国共产革命七十年》，第 962—974 页。

[4]　景观：《爱国论》，《大众生活》第 1 卷第 1 期，第 8—9 页。

"新生事件"[1]而身系囹圄的《新生》周刊主编杜重远，则在一篇回应性的短文中，明白阐释出该文未曾正面表述的论点："中国是中国大众的中国；我们也许还可以说，中国应该是中国大众的中国，或可以说，我们应该努力使中国成为中国大众的中国。"[2]稍后于此，另一位署名"简博"的左派知识分子，更进一步将这种立场表达得十分显豁。他认为，所谓"爱国""救国"，所认同的是"民族的利益"，而非"统治机关"的利益。在推动救国运动时，"劳苦大众"的利益是和"民族利益"相一致的。因而，"只有劳苦大众积极的参加救国运动，成为救国运动中最英勇坚决的首干，救国运动才会得到全盘的最后胜利"。[3]《中国的一日》的作者们，大体便是遵循着这样的论述策略。

一般说来，主动响应《中国的一日》征稿活动的作者，大抵都是思想比较激进，既热切于抗日救亡的爱国运动，更同情于社会主义理想的"进步青年"。[4]他们对于中国社会现实中贫富悬殊的状况极为不满，也对落实公义、平等诸价值的社会改造抱持着高度的憧憬与期望。一位上海香烟制造厂的会计，便对该厂高层职员假公济私、肆意靡费，所耗餐饮旅行等开销动辄数十百元，而长时间在高温厂房辛苦劳动的工人不幸闷死后，却只得到区区五元收殓费的尖锐对比，深表愤慨。[5]南京一名小学教员，班上有一些贫苦学生，因无制服

---

[1] 1935 年 5 月 4 日，杜重远主编的《新生》周刊登载了易水（艾寒松）所写《闲话皇帝》一文，略谓日本昭和天皇并无实权，故以搜集植物标本为日常工作。不料此文引起日本政府强烈抗议，认系侮辱天皇。在日方压力下，南京国民政府借口该文违反图书审查条例，判处杜重远一年两个月徒刑，并查封《新生》周刊，是为"新生事件"。参见生活书店史稿编辑委员会编：《生活书店史稿》，第 46—47 页。

[2] 杜重远：《爱谁的国》，《大众生活》第 1 卷第 3 期，1935 年 11 月 30 日，第 78 页。

[3] 简博：《要救国!》，《生活日报》1936 年 7 月 2 日，第 7 版。

[4] 化名"辛不留"，在《中国的一日》书中发表《北平的一日》一文的朱迈先，便是一个典型的例证。朱迈先（1918—1951）为知名作家朱自清长子，当时就读于北平崇德中学，在政治上极为活跃，曾参与 1935 年的"一二·九"学生运动，并于 1936 年秘密加入共产党。其后参加国民党军队，从事抗日宣传与统战活动。

[5] 华蕊：《在香烟制造厂里》，《中国的一日》第三编，第 80—81 页。

可穿，无法参加全国教具玩具展览会的参观活动，却又违反老师的嘱咐，不肯打扫教室。这位教师在了解了他们受挫而委屈的感觉后，感慨地勉励这些小孩："不要悲哀！和你们一样的享不到幸福的孩子多着，然而你们的国度终有一天到来呵！"[1]

这种强烈的社会关怀，使得《中国的一日》作者群对中国大众日常生活中普遍的贫困与痛苦极为敏感，这也是该书着墨最多、刻画最深的主题。在这些作者对自身与周遭人物生活状况的观察与记述中，无论城市、乡村，举凡处于社会下层的工厂工人、商店职员、学徒、农民，乃至穷苦学生、小学教员与小公务员、军警人等，几乎都处于朝不保夕、为维持基本生存而奋力挣扎的悲惨境遇，其甚者，乃至失业流离，沦为流民、乞丐，辗转沟壑，不知死所。上海一名绸厂工人便因厂方长期以来仅发给半额工资，以致生活无以为继，"家人们整整二十四小时没有一粒米下过肚子"。[2]江苏一所乡村单级小学中，一位几经艰难才觅得职缺的青年包办了上自校长下至工役的所有校务，名义上月薪20元，实则四个月间，只领到区区8元。几度断炊之余，只得把棉被送进当铺，却又在当铺巧遇同样来典质衣物的邻村初小校长：

> 我们两人走出门来，挤在一块走，挤得很紧，默默地走着，好像彼此间有什么联系似的，整个的心腔，都给一种凄切的感觉包围着，我们的眼睛里，都漾动着辛酸的泪水。[3]

济南一位督学下乡视察乡村小学办理状况，却发现好几所短期小学根本凑不齐半数学生，许多学童都在街头讨饭，送到河边供强迫劳役的家人充饥。这

[1] 忆渊：《孩子们！等待着你们的国度吧！》，《中国的一日》第二编，第14—15页。

[2] 林岚：《一个绸厂工人的日记》，《中国的一日》第三编，第75页。

[3] 白燕：《鞭笞》，《中国的一日》第四编，第64—66页。

位督学"看见那一个个焦黄的脸，一丛丛的蓬头垢发，一双双粽子般的小脚"，不由一阵戮觫："这一群饥饿的孩子，是应该读书吗？"[1] 河南郑州一个军校学生在道路测图的实习课上，看到路旁麦田边上有个小女孩，蹲着身子，正在拔草，一问之下才知道，这草是拿来吃的；这位军校生不禁想起自己的妹妹，"又想起了穷家乡，心里好难受"。[2] 重庆一位作者回农村老家，听说无地贫农平常都靠山坡上挖出的"观音米"（白坭）果腹，而且，"每天去挖那家伙的，至少一处都有七八百人，不精灵的等到天黑都不容易候着轮子"。[3] 成都一名大学生在写给父亲的家书中，也转录法院的审判书，报告了一桩发生在川北农村的吃人案件：三名妇人原本靠背柴卖菜度日，不期年成不好，家人陆续饿死，最后连草都没得吃，只得盗掘尸首，析骸为炊，前后共吃掉六个人。这位大学生在信中激动地向他曾任法官的父亲提出这样的质疑："你看了心中作何感想呢？你将如何判他们的罪呢？你愿这现实腐朽下去吗？"[4]

正如成都这位大学生的反应，《中国的一日》的作者们在身历或耳闻社会大众现实生活中种种惨绝人寰、阴郁黑暗的事件后，不会不进一步思考造成这些悲惨图景的原因，也不会不去追索彻底改变现况的途径。但是，他们并没有因而响应陈独秀的号召，走上无产阶级世界革命的道路；这些黑暗、悲惨的生活现象，反而更强化了他们国族主义的热情。在他们看来，中国基层民众生活中普遍遭遇到的苦难与危机，正是国族外部的"他者"——日本帝国主义直接造成的结果。

许多《中国的一日》的作者都认为，日本的军事与经济侵略，乃是斫害中国国族之生存与发展，导致中国工商凋敝、民生困苦的祸源厉阶。宁波一位纱

[1] 黎侣：《"这碗饭真不易啊"》，《中国的一日》第十一编，第 10—11 页。

[2] 辛彬：《我的五月二十一日》，《中国的一日》第十一编，第 39 页。

[3] 平东：《乡里一日》，《中国的一日》第十四编，第 34 页。

[4] 赵其贤：《一日间》，《中国的一日》第十四编，第 26—27 页。

厂职员便说，他供职的纱厂，"这几年来是一直走上了一个悲惨的命运，栈房里是成千成万卖不出去的纱，横在老板们面前的是金融周转的严重困难的问题"，以致工厂不时被迫停工，工人和职员的生活陷入绝境。[1] 冀东玉田县一位青年在致友人的信函中也指出，该县本为棉布产区，赖布业为生者不下数万人，自从逃税的走私日货大量入境倾销以来，该地的织布工业无力竞争，完全破产，加以水旱为灾，连年歉收，关外粮食又在日人统制下，无从输入，致使粮价飞涨，农民生活苦不堪言，已到走投无路的地步，因而，抢粮风潮接踵而生。[2] 另据山东周村的一位作者调查，该镇一日之间输入的走私日本人造丝便达 220 箱，加上原有积压于各商行的存货，总数高达 9000 箱，该镇冻结在此项货物的金钱，便将近 200 万元，以致金融紧缩，百业萎靡。[3]

猖獗的走私问题之外，日本在华北各地贩卖毒品、开设赌局的行径，更被《中国的一日》的作者们视为直接戕害中国社会大众正常生活的罪恶渊薮。一位冀东青年向离乡友人报告家乡的近况时，便指出，在"敌人加紧进攻剥削之下"，其家乡的广大农村地区中，即便是穷乡僻壤的小村落，也都纷纷设立了洋行和赌局，以致"每个勤苦的青年，甚至大半的中年和妇女，都被引诱得吸毒狂赌，荒芜了他们的田园，牺牲了他们的工作"。整个农村因而急遽地趋向破灭，人民大众的生存更陷于绝境，造成普遍不安的混乱局面。[4] 一名在天津求学的青年返回东北营口的故乡时，举目所见，"竟是异常的黑暗、凄凉、萧条"；当地街头的墙上贴满贩售鸦片、白面的广告，马路上也不时发生日本浪人强迫农民买卖毒品的事件，农民大众终日"生活在惊怖、饥寒、压迫中"，郊外野地

---

[1] 洪嘉绚：《一封满是牢骚的信》，《中国的一日》第五编，第 33 页。

[2] 亦民：《一封来信》，《中国的一日》第十编，第 11 页。

[3] 允哉：《周村的一日》，《中国的一日》第十一编，第 18 页。

[4] 庄梦光：《冀东的民生》，《中国的一日》第十编，第 5—6 页。

中也"增加了许多的野哭与新墓"。[1]

就此而言,《中国的一日》的作者群,其实并不反对国家统一、主权独立的国族主义立场。不过,他们也没有完全忽略陈独秀的告诫:并没有一个"抽象的、整体的"中国。他们认为,国族外部敌对"他者"对中国社会大众的侵凌与迫害,还得到国族内部许多邪恶势力的推波助澜。这便是与日本帝国主义狼狈为奸,肆意剥削中国民众的汉奸、资本家、土豪劣绅与军阀、官僚等人群。他们所构成的,便是一批缺乏"中国人的心"的国族内部的"他者"。

在《中国的一日》的相关叙事中,这些国族内部的"他者"唯利是图,毫无国家民族意识可言;他们为虎作伥,与日本帝国主义侵略者的勾结,更如雪上加霜,增添了一般民众生活的艰辛与痛苦。徐州一位中学教师报道当地的社会状况时,便指出,徐州汉奸活动频繁,两三天内就有一二十名贫苦青年受其利诱,被拐骗到天津或伪满洲国去;一些蝇营狗苟、汲汲于私利的商人也争相抢购日本私货,数百吨的白糖短期内便被争买一空。这位教员因而感慨地说道:"要商人也爱国,真像把骆驼从针孔里拉过去一样的困难了。"[2] 张家口一个小公务员也指出,当地往返察北的长途汽车行,是由"中国同胞"开设,却雇用日本浪人担任保镖,横行无忌,抗纳一切捐税。[3] 上海一名纱厂工人更根据亲身经历,对资本家假爱国之名,行剥削之实的行径,提出严厉的控诉。他工作的华商纱厂中,工人的劳动时间最早是实施"六进六出"制,每班工作12小时,此后陆续延长,到1935年时,已增加到每班16小时。而厂方增加工时的口实,则是强调日纱削价倾销,华纱无力竞争,因而要求工人发挥"反日爱国"的精神,协助资方降低成本,共渡难关。全厂千余名工人,一方面为"爱国行动"之美名所诱,一方面又受到"关厂失业"的胁迫,只得勉强应允,从而更

[1] 孟威:《东北来的一封信》,《中国的一日》第十编,第4—5页。

[2] 杨逸波:《徐州杂碎》,《中国的一日》第四编,第97页。

[3] 黄冰:《塞外的一日》,《中国的一日》第九编,第26页。

加深了劳工的"牛马奴隶化"。[1]同样地，中国农村地区的农民大众，除了日本帝国主义直接、间接的压迫外，还受到各类土豪劣绅等"封建势力"的残酷侵剥。冀东玉田县那位青年分析民众对于日人控制下"自治"局面的反应，便强调，当地的豪绅地主与出身于此一阶层的部分知识分子，为保护本身的财产和地位，不但俯首帖耳，"甘心当帝国主义的孝子顺孙"，更凭借敌人的势力，肆意欺压本国民众，"有时他们的手段，比他们的主子还厉害呢！"[2]一位太原的作者，也叙述了该地绅商地主利用军队征调给养的时机，大肆囤积居奇，以致粮价高涨，贫苦农民无以为生的苦况。[3]寄自陕西凤翔的一篇文章，更极意刻画出不肖地主经营高利贷，盘剥农民，甚至强索债款，掳人作抵，因而逼出人命的横暴行径。[4]

　　既然中国社会大众所受苦难的根本祸源，主要来自日本帝国主义与汉奸、资本家、土豪劣绅等内外两股势力里应外合、彼此勾结的侵略与压迫，许多《中国的一日》的作者都不免认为，挽救国族危机的唯一道路，只能是努力唤起一般大众的民族意识，团结动员，共挽狂澜。两位合力撰文的杭州高中学生便强调，要根本解决严重的农村问题，只靠局部的改良，缓不济急，"应该立刻发动一个神圣的民族解放斗争，驱逐出帝国主义者在中国的势力，并根本铲除封建余孽"，然后才能运用教育和经济的手段，按部就班，逐步挽救没落的农村。[5]无锡一名织布厂的低级职员也深觉，在"外受日帝国主义的积极侵略"，"内受封建思想和地主、土豪劣绅、资本家的压迫"下，"国难愈深，民间的疾苦更甚"；因而，中国人民大众正确的努力方向，乃是"在外抗强暴、内清压榨

[1] 方根宝：《一个纱厂工人的话》，《中国的一日》第三编，第76—77页。

[2] 亦民：《一封来信》，《中国的一日》第十编，第12页。

[3] 怀：《柳村的一日》，《中国的一日》第十二编，第9—10页。

[4] 侯培森：《讨债》，《中国的一日》第十二编，第34—35页。

[5] 吴土源、缪夏荣：《在杭高》，《中国的一日》第五编，第6—7页。

的目标之下，联合国内外的被压迫者和平等待我的民族，站在一条战线上，共同奋斗"。[1]

在这样的论述策略下，《中国的一日》的作者们所想象出的中国国族，毋宁是一个由工农大众等处于社会底层的广大人群，以及与此阶层站在同一阵线的爱国小知识分子所构成的政治共同体。在此一共同体中，阶级界限与国族界限彼此叠合，从而排拒了资本家、地主豪绅与军阀、官僚等特定社会群体参与国族生活的可能。这种国族想象方式，当然与国民党政权以国家为中心的整体性国族论述凿枘难入。因而，《中国的一日》的作者们所再现的底层民众生活状况，虽然在表面上与新生活运动者所指斥的"野蛮、非人的鬼生活"并无二致，他们却无法接受将中国社会的病灶归因于传统道德沦丧的论述方式；他们对南京当局枝枝节节的琐碎改革措施，也都抱持着怀疑与拒斥的态度。江苏泰县一位小学教师，便引录了一封贫苦学生的信件，借以对新生活运动舍本逐末、不切实际的做法表达强烈的不满。这个学童在课堂上听到老师讲述日常生活中卫生习惯的重要性后，回家便向父母要求改善居家环境。但是，对这个连维持基本生存都极为艰难的家庭来说，这些要求根本无从实现；这名学童也才明白：只有那些有钱人家的孩子才配得上谈"卫生"，像他那样的穷人家小孩，是"没有资格谈卫生的"。[2] 苏州一名失业青年在出门告贷的途中，望着满街随处可见的新生活运动标语："钮要扣好""要漱口洗头""手要洗干净""行路不要吃东西"等等，也不由嘲讽地想道："饭也快没有吃了，还背它做甚？"[3]

另一方面，当时南京国民政府在积极备战的口号下，于各地大规模推展的修路筑堡等工程，更成为《中国的一日》作者极力抨击讥讽的对象。如前所

---

[1] 同：《生活剪影和一些感想》，《中国的一日》第四编，第 42 页。

[2] 曼流：《退回来的礼物》，《中国的一日》第四编，第 85—87 页。

[3] 王知更：《五月念一日的观感》，《中国的一日》第四编，第 22—23 页。"念"即"廿"，原文如此。

述,《中国的一日》第一编收录了 5 月 21 日全国各大报刊登载的国内外重要消息。在这个代表官方观点的栏目中,铁路公路的交通建设,不但被视作军事活动得以顺利进行的关键因素,更被宣传为减轻人民负担、保障地方安全的重要措施。[1] 然而,《中国的一日》的作者群,在实地观察一般社会大众的感受与反应后,却对这些建设做出迥然不同的评价。他们认为,政府一味退让妥协,迟迟不愿将抗日口号付诸实际行动;因而,道路与碉堡的修筑,非但不能发挥应有的功能,反而平白占用了大批贫苦农民赖以为生的土地田产,更加深了基层民众生活的负担与痛苦。尤有甚者,这些工程征用民地、调派劳役的过程,又往往为地方官僚与豪强土劣提供了上下其手、鱼肉小民的良机;影响所及,甚至将基层民众原有的些微国家民族意识摧残殆尽。宜兴一位小知识分子拒绝了当地甲长以钱代工的提议,亲自参加开河挖泥的"劳动服役",却发现这项名义上标榜全民共同担负的义务,"完全和一般养尊处优的人脱离关系!'服役'的人,大都还是终年'劳动'者"。[2] 无锡一名作者,也记述了当地农村三万多名农民在军政当局以抗日国防工事为名的号令下,"舞动铁耙,把自己的麦田慢慢的开成大路"的情景。在乡长与士兵的监视下,这些农民只能俯首帖耳地做着苦工,稍有违抗,动辄惨遭毒打。因而,在这位作者笔下,南京政府大肆宣扬的"国防"大道,真正象征的,并不是万众一心、一致抗敌的国族主义热情,而是"千万人的汗水,千万人的诅骂,千万人的怨恨"。[3]

　　从这种角度观察,《中国的一日》之所以和异时异地的英国"大众观察",不谋而合地采取把主流媒体的全国性新闻报道放在全书之首这样一种独特的编排形式,并不是单纯的巧合,而毋宁更有着共通的、极具政治作用的意涵。事实上,"大众观察"的相关出版物,所以一律采用这种编排方式,目的正在借以

---

[1] 《全国交通事业的发展》,《中国的一日》第一编,第 7 页。

[2] 鲍雨:《一页日记》,《中国的一日》第四编,第 70—71 页。

[3] 沈天羽:《征工筑路第四天》,《中国的一日》第四编,第 46—47 页。

凸显代表权力集团之利益的主流传媒所刻意营造的整体性意象，实与社会大众分歧多样的日常生活经验存在着极大的落差。[1] 同样地，《中国的一日》所以做此编辑安排，也正是要透过官方的宣传论述与底层民众实际生活状况之间的巨大反差与尖锐对比，来传达出后者一向被掩蔽着、被压抑掉的低微声音——一种"人民的声音"。

不过，我们或许应该继续追问：《中国的一日》借由一套高度阶级化的国族叙事所试图再现的"人民的声音"，究竟是谁的声音？

"庶民研究小组"的重要学者斯皮瓦克（Spivak）曾经针对底层民众是否可能发出自己的声音，提出过深刻的质疑。[2] 学界对"大众观察"运动的研究也指出，该计划原本企图让一般英国中产阶级与下层的劳工阶级，都能有各自发出不同声音的机会；然而，其实际结果却是教师、图书馆员、店职员、学生与家庭主妇等下层中产阶级的成员，几乎垄断了所有的声音，工人阶层则依然还是没有声音的弱势群体。[3] 从以上引述的诸多文本，我们也可看出，《中国的一日》对工农大众生活状况的叙述，绝大多数仍是出自学生、教师、店职员、小公务员等小知识分子的手笔。事实上，在1930年代中国的社会经济条件下，广大工农群众极度缺乏最基本的经济与文化资本[4]；他们纵使知道《中国的一日》的征稿活动，恐怕也无暇、无力执笔书写自身的生活经验与感受。广西南宁的一名中学教师便已意识到这一点。他在赴校上课的路上，一面构思打算投寄《中国的一日》的文稿，一面看着身边走过的"一个个挑粪的妇人和一群群苦力"，不

---

[1] Ben Highmore, *Everyday Life and Cultural Theory*, pp. 85–86.

[2] Gayatri Chakravorty Spivak, "Can the Subaltern Speak?," in Cary Nelson and Lawrence Grossberg eds., *Marxism and the Interpretation of Culture*, Urbana: University of Illinois Press, 1988, pp. 271–313.

[3] Dorothy Sheridan, Brian Street and David Bloome, *Writing Ourselves*, p. 33.

[4] 据上文引述的那位成都大学生的调查，1936年成都人口共480 596人，其中有业者321 598人，无业者154 172人；识字者213 378人，文盲262 439人。成都尚且如此，内地农村之状况，可想而知。参见赵其贤：《一日间》，《中国的一日》第十四编，第27页。

由联想起："'中国的一日'的征求，于她们有什么呢？"[1]

就此角度而论，中国社会的底层群众毕竟不是能够自我表述的主体，而只能是被表述的客体。因而，《中国的一日》所标榜的"人民的声音"，究其实质，也只能是一些边缘性知识分子，基于特定的意识形态立场，假"人民"之名所发出的声音。

吊诡的是，在《中国的一日》经由大量日常生活叙事所建构的国族论述中，这群没有声音的"人民"大众，虽然被赋予中国国族构成主体的优越地位，被当作抗敌救亡的国族计划中不可或缺的关键力量，却同时也被认为是中国国族中资格尚未完备的半成员，也是有待国族教化、规训与改造的客体。《中国的一日》的作者们便经常惊诧地发现一般工农大众、小商贩，并不像他们所期望的那样，洋溢着爱国、救国的国族主义热情。南京一名青年记录了一段推销员与杂货店老板的对话，这名推销员以极为优惠的条件，说服店主违反政府禁令，答应代销东洋仁丹。[2]河南郏县的茶馆中，也有几名茶客在议论时局之余，得出如此的结论："这年头，谁来我们是谁的老百姓。"[3]广州一位作者则在赴沙面办事途中，目睹一群中国小贩谈笑风生地走进当地日人所设走私机关。[4]河北保定一个卧病在床的作者，更对一般市井小民麻木不仁、毫无国家民族意识的表现，极为痛心。他从窗外望见日本军机在保定上空盘旋：

> 可是马路上的行人却仍嬉皮笑脸的看着玩，没有半点忧郁的表情，我不觉滴下两道热泪来，不知是苦还是酸。[5]

---

[1] 周健：《南宁半日记》，《中国的一日》第十四编，第3页。
[2] 江风：《仁丹》，《中国的一日》第二编，第25—26页。
[3] 马祥云：《郏县一日印象记》，《中国的一日》第十一编，第50页。
[4] 秦卫：《沙面一瞥》，《中国的一日》第十三编，第4页。
[5] 田婴：《窗外随录》，《中国的一日》第九编，第3页。

中国社会的底层大众何以如此欠缺与国族命运休戚与共的感情联系？可以想见，《中国的一日》的许多作者，大抵都将之归咎于物质生活的贫乏与艰困。正是由于生计拮据，这些工农商贩才不得不接受国族敌人的威迫利诱；也正是贫穷造成的无知，才使他们对国家民族的前途视同胡越，漠不关心。此外，愚昧、自私、迷信等根深蒂固的"封建"习性，更被《中国的一日》的作者们认为是阻碍社会大众彻底觉醒、肯认自身与国族群体真正利益的主要症结。《中国的一日》便有多篇文章记述一般民众沉溺于宗教"迷信"的情景。镇江一位作者到城隍庙参观，看到"无数的'消灾求福'的人们虔诚的缩着一团跪在偶像面前"，又想到别的庙里同时还有许多"灰色的生命在那里蠢蠢的动着"，不由"感到有点惘然了"。[1] 徐州那名中学教师也描述了轰动当地的"活神仙"替人治病的经过。这个穿着僧服的"活神仙"，号称手摸口吹，即能医治百病；这位教师看过之后，忍不住"肚子都笑痛了"。然而，求治的民众却是前拥后继，为数极多，致使这位教师也不免为之"大惑不解"。[2] 来自河南的一篇投稿，则刻画了郑州庙会中许多农村妇女为了给"眼光爷"烧香，不惜缩衣节食、倾囊施舍的愚昧行径。[3]

　　在《中国的一日》的作者看来，基层民众这种"无知固执"的表现，正反映着中国社会中"时代的逆流到处泛滥，封建的余威到处充塞"，急需以文明的力量加以全盘改造。江苏一位乡村小学的校长，便是以这样的一段话来自我期许："在这乌烟瘴气的社会中，到处都正须我们努力啦！我们要抱着摸黑路求长进的态度，去渡过一层一层的难关，将古旧的农村改建，造一个合理的意境啊！"[4]

---

[1] 陈迹：《这一日的寺庙》，《中国的一日》第四编，第4—5页。

[2] 杨逸波：《徐州杂碎》，《中国的一日》第四编，第97页。

[3] 石珀：《郑州的眼光庙会》，《中国的一日》第十一编，第53—54页。

[4] 董澄宇：《乡村小学教员生活之一页》，《中国的一日》第四编，第88—89页。

经由这样一套对大众日常生活的叙事,《中国的一日》事实上不自觉地与他们所极力抨击的新生活运动,建立了一种隐晦的共谋关系。他们虽然坚决反对新生活运动者对中国大众日常生活中各项弊病的解释框架与解决策略,然而,他们却与新生活运动者同样预设了一套在历史过程中,与资本主义体制相偕共生,并以理性、进步为主要表征的现代性诸价值。从这种角度来说,《中国的一日》的作者们,纵使百般拒斥资本主义所宰制的经济与社会体制,却依然拥抱着齐泽克所谓的"没有资本主义的资本主义"。[1]

从"没有资本主义的资本主义"的价值预设出发,在《中国的一日》所建构的国族想象中,一般工农大众只能处于国族内部文明阶序中的从属性位置,并接受国族代言者持续不断的领导、教化与启蒙。因而,《中国的一日》中对工农大众日常生活的叙事,不仅是一套召唤国族主体的论述策略,更是叙事者用以树立、巩固其文化霸权的意识形态装置。上海一群"进步"学生在向贫苦的人力车夫进行爱国宣传,得到热烈回应后,便十分乐观地说道:

> 劳苦大众的生活虽然恶劣,教育虽然幼稚,但并不像卖国求荣、欺蒙民众者所宣传的一样。他们并不愚昧,他们并不懦弱,他们并不消极。反之,他们是一群头脑清醒、积极勇敢的战士。在适当的组织和领导之下,他们将为解放民族、改造社会的先锋队。[2]

在这个过程中,这群"进步青年"虽然扯下了国民党政权新生活运动替"人民"大众日常生活披上的意识形态面纱,却同时又为其蒙上了另一套意识形

---

[1] 齐泽克所谓"没有资本主义的资本主义"(capitalism without capitalism),意指消除了社会阶级区隔的资本主义体制。See Harry Harootunian, *History's Disquiet: Modernity, Cultural Practice, and the Question of Everyday Life*, p. 52.

[2] 上中社会科学研究会:《读者之声——贫民窟内》,《永生》第 1 卷第 8 期,1936 年 4 月 25 日,第 199 页。

态的面纱。

那么，在 1930 年代的中国，"人民的声音"到底在那里？我们无从回答这个问题。我们或许只能说："人民"，正如"国族""阶级"一样，都不过是在特定权力关系下，经由各种不同的叙事与论述，被建构出来的象征性产物。[1]

结　语

1930 年代的中国，面临着内忧外患的殷重危机，国族主义的情绪随之极度高涨。这种强烈的感情，不仅成为支配中国社会公共论述与行动的关键因素，也渗透进一般大众日常生活各项食衣住行的例行性活动之中，不断地召唤、形塑着一批批新生的国族主体。《中国的一日》中两位杭州高中学生记述其参加升旗典礼的经过，便发为如下感想：

> 在号声嘹亮之下，我们那美丽的国旗当着八百只举着致敬的手，洋洋地爬上了旗杆的顶梢。但不知有几多脑袋，当这霎那间曾经想到了：就在我们这个国度里，已有大片的土地上，看不见这漂亮的国旗了！[2]

张家口的一名小公务员出城登高，远眺周遭景色，但见一片"滔滔的浊流，蔚蓝的远山，无穷的碧落，山光水色，水声云影"，不由慨然感叹：

---

[1] 关于西方政治思想中的"人民"概念，参见玛格丽特·卡诺万简要而精辟的讨论，参见 Margaret Canovan, *The People*, Cambridge: Polity, 2005。

[2] 吴士源、缪夏荣：《在杭高》，《中国的一日》第五编，第 6 页。

啊，大好河山，只是山河不改，人事日非了！[1]

一如迈克尔·比利希"平庸的国族主义"所指出的，1930年代中国的国族认同，便是在这些日常生活中细微而零散的经验与感觉中，持续地被再生产、再发现与再确认。

然而，正因日常生活乃是凝聚国族认同的重要场域，1930年代中国各个角逐着国族领导霸权的权力集团，自然也不免要对这个场域进行着对抗性的攘夺与竞争。这些意识形态与实际利益迥然不同的政治团体，面对中国社会动荡扰攘、民众生活贫困艰窘的现实状况，相率提出各类不同叙事，来解释社会大众日常生活中所遭遇的苦难，并指示出个人与群体的未来出路及奋斗方向。因而，当时中国社会大众的日常生活，犹如亨利·列斐伏尔所言，乃是被包裹在一层由当下生活经验与意识形态力量所混杂而成的硬壳之中，其中既有经济的现实，也混杂着政治上层结构的运作，更蕴涵着革命性的政治意识。[2]

1930年代，南京国民党政权所推展的新生活运动用来打造这层外壳的手段，便是一套将社会大众日常生活加以"丑怪化"的叙事策略。在这套叙事中，中国民众深深陷溺于"非人的""野蛮的"生活境遇，而其根本症结则在于"礼义廉耻"等传统道德精神的沦丧；因而，振救之道，端在经由国家对人民生活各项细节的严密规训与监督，重振"国魂"，进而凝聚成一个"军事化""生产化"的整体性国族。换言之，这种日常生活叙事最终蕲向的，乃是一个以威权国家为主体的中国国族想象。

相对于国民党政权特定的国族想象，以上海为中心的左派知识群体，也在1930年代中期，通过一场"大众观察"式的社会文化运动，汇聚了一批散处全国各地，以边缘性小知识分子为主要成员的"大众"，来对中国基层社会的生

---

[1] 黄冰：《塞外的一日》，《中国的一日》第九编，第27页。

[2] Henri Lefebvre, *Critique of Everyday Life*, Vol. I, "Introduction," p. 56.

活样貌进行直接的观察与分析，从而产生了一部近代中国日常生活的档案性文本——《中国的一日》。

从《中国的一日》杂沓多元的喧哗声中，我们大致可以拼凑出一套与新生活运动针锋相对的抗制性日常生活叙事。根据这套叙事，中国社会大众生活中所遭遇的悲惨命运，与传统"国魂"之存亡毫无瓜葛，而主要是由日本帝国主义与汉奸、军阀、土豪劣绅、资本家这两类分别处于国族内外的"他者"，对中国人民的侵略与压迫所造成。因而，唯有联合劳苦大众，发动大规模的民族解放斗争，"外抗强暴，内清压榨"，重建一个平等合理的社会体制，才能挽救国族的危机，也才能将中国社会大众的日常生活导入正轨。这样的日常生活叙事所建构的，是一种以"人民大众"为主体，把国族界限与阶级界限叠合为一的中国国族想象。

1930 年代中国社会大众的日常生活并不只是一块充斥着各类习焉不察的生活惯行，被社会的自觉意识排拒在外的模糊空间。它毋宁乃是各种知识权威凝视、论述、评断的对象，同时更是各种权力、利益与意识形态进行动员，相互争持、对抗与协商的政治场域。

然而，如同米歇尔·德·塞托再三强调的，正因日常生活多元、杂乱、零散的独特性质，它不可能被任何外在力量全面殖民，社会世界也无法经由任何宏大叙事来紧密缝合（suture）。[1]《中国的一日》的编写，虽然一开始便定下一套以国族为叙事主体的总体框架，许多参与书写的作者也都高度自觉地将 1936 年 5 月 21 日那一天个人的时间、思想与感情毫无保留地奉献给这件"表现一天之内的中国的全般面目"的伟大事业 [2]；但是，这部巨大的中国社会日常生活档

---

[1]　Mark Poster, *Cultural History and Postmodernity: Disciplinary Readings and Challenges*, New York: Columbia Univ. Press, 1997, p. 125.

[2]　《中国的一日》书中便有多处反复自我提醒"不要忘记了今天是'中国的一日'"，例见许炳荣：《我之一日》，《中国的一日》第二编，第 13 页；朱今：《代考》，《中国的一日》第三编，第 53 页；冀马：《但愿能摆下你的书桌》，《中国的一日》第十编，第 2 页；杜子劲：《开封一瞥》，《中国的一日》第十一编，第 35—36 页。

案，依然不时迸溅出若干异质性的因素，流动着许多不在国族宰制范围之内的生活碎片：一位从事地下革命活动的青年，所描写的是他对其组织对象产生单恋情愫的窘态[1]；另一位慈爱的母亲则叙述了她为幼子庆生的欢乐景象。[2]

既然连深深烙刻着"国族"印痕的5月21日当天，都无从摆脱各类杂音的干扰；那么，时过境迁，5月21日这一天消逝之后，《中国的一日》的作者们是否还能念兹在兹、心无旁骛地继续进行着国族想象的艰巨工程，而不把他们的注意力转移到现实生活中无可避免的柴米油盐、喜怒哀乐，乃至偶然邂逅的路旁小花、天际云彩？

如果答案是否定的，《中国的一日》所艰辛打造出的"中国"，或许也只能是"一日的中国"吧。

---

[1] 茂材：《我恨自己》，《中国的一日》第八编，第30—31页。
[2] 刘恒：《长真生日》，《中国的一日》第六编，第2—3页。

后 记

本书是一部论文集，辑录了个人自1986年至2010年前后二十余年间所撰写刊布的若干篇论文。

惠蒙谭徐锋先生雅意，为本书题名曰《纷纭万端：近代中国的思想与社会》。这个书名，一方面点出本书所讨论的历史时段，乃是遭逢"二千年未有之大变局"的近代中国；风云诡谲、变幻莫测，正是这段时期的最大特色。另一方面，"纷纭"一词也表明了本书所收诸文，广泛涉及政治、社会、经济与文化思想等不同面向，杂乱无章，不成统系；夸称"著作"，不免贻笑方家。

虽然，勉为分疏，这几篇论文大致仍可依据撰述先后与论述主题，区分为三大部分。

第一个部分，便是本书的上篇："思想与人物"。

1970年代至1980年代，台湾史学界曾兴起一股思想史研究的热潮。我个人以性向所偏，不能自外于时潮，读研期间便选定近代中国的保守主义作为研究对象，并撰写完成硕士论文《学衡派与五四时期的反新文化运动》。兹后有幸入"中央研究院"近代史研究所供职，得以赓续该项研究，于1986年发表《五四时期章士钊的保守思想》一文，算是对五四时期的保守思想做了一番粗略总结。

研究五四，自然不能不碰触到胡适、陈独秀、鲁迅等叱咤一时的风云人物。1990 年，为纪念胡适百岁冥诞，台北举办了"胡适与近代中国"学术研讨会。而前此数年，湮没已久的胡适日记、书信等一手史料陆续出现，为学界从事胡适研究提供了更为宽广的视野。个人因缘际会，便运用这批新材料，撰写成《一代宗师的塑造：胡适与民初的文化、社会》一文，在会议中宣读，其后收入台北时报文教基金会出版的《胡适与近代中国》一书。

在进行思想史研究的同时，我又应邀加入近代史研究所前辈学者张朋园先生所主持的第二期中国现代化区域研究此一集体研究计划。在 1986—1990 年的几年间，主要心力便集中于探究 19 世纪中期至 20 世纪 30 年代，河南省区在政治、经济与社会、文化等各方面的变迁与发展。借由这几年的摸索，稍稍弥补了个人平素对社会经济史的荒疏与隔阂，其具体成果便是本书中篇"政治与经济"所收录的三篇论文：发表于 1989 年的《从自治到保甲：近代河南地方基层政治的演变（1908—1935）》《经济作物与近代河南农村经济：以棉花与烟草为中心（1906—1937）》两篇文章与 1992 年发表的《地方精英与国家权力：民国时期的宛西自治（1930—1943）》一文。

现代化区域研究计划结束后，故剑重拾，依然走回文化思想史的领域，而具体的研究兴趣则因外在客观形势的激荡与冲击，逐渐转向近代中国民族主义的相关问题。

1990 年代初期，随着东西德统一与苏联解体，"二战"以来两极对峙的冷战格局宣告结束。然而，人类历史的发展并未就此终结；反之，东欧乃至世界各地相继爆发激烈而血腥的分离运动与族群冲突，民族主义的巨大幽灵依然笼罩全球。

事实上，民族主义本是推动近代中国历史变迁最为强大的思想动力；中国"国族"与民族主义的起源及性质，也是学界长期争议的重要课题，相关论著为数甚夥，积累了极为丰硕的研究成果。不过，由于历史条件与理论资源的囿限，汉语学界既往的相关研究，大多偏向于"根基论"的立场，强调中国"国族"与民族主义源远流长的自发性本土根源；对于民族主义的历史作用，也大都采取正面乐观的态度。然而，1990年代以来的历史经验，却在在提醒我们对于此一重大议题，不能不戒慎恐惧，深入反思与批判。而1980年代，欧内斯特·盖尔纳、艾瑞克·霍布斯鲍姆与本尼迪克特·安德森诸人相继出版的经典著作，也提供了我们赖以重新思考与论述是项课题的恢廓视野与理论凭借。我个人就是在这种问题意识的激励下，贸然踏入这一片歧路亡羊、危机四伏的学术丛林。

基本上，个人深受安德森与盖尔纳相关论著的启迪，对于中国近代民族主义采取一种修正式的"建构论"立场，认为中国的民族主义，乃是在近代特定的历史条件下的文化产物；而中国"国族"，便是此一文化生产过程所形塑的"想象的政治共同体"。基于这套特定的研究取向，个人陆续撰写并发表了《我以我血荐轩辕：黄帝神话与晚清的国族建构》（1997）、《振大汉之天声：民族英雄系谱与晚清的国族想象》（2000）、《江山如此多娇：1930年代的西北旅行书写与国族想象》（2006）及《中国的一日，一日的中国：1930年代的日常生活叙事与国族想象》（2009）等多篇文章，分别就族群祖源神话、族群历史书写、地理空间的疆域化以及日常生活场域的国族化等角度，粗略剖析了由晚清以迄1930年代这段期间，中国国族共同体的打造过程、历史意义与其间所涉及的难题。并于2002年草就《近代中国民族主义的发展：兼论民族主义的两个问题》一文，粗略勾勒出近代中国国族想象的历史脉络与思想背景。

处理近代国族问题，无可避免也会触及诸如"民""人民"等多项与国族想象过程密不可分的重要概念与语词。为了厘清这些概念的复杂意涵，个人也借镜概念史的研究路径，撰成《国权与民权：晚清的"国民"论述（1895—1911）》一文，于2002年刊载于《"中央研究院"历史语言研究所集刊》。这其中的部分论文，便构成本书的下篇"国族与国民"。

个人滥竽学界三十载，耕耘所获，不过芜文数篇，思之汗颜。陈寅恪先生评骘学术优劣，有预流不预流之目。驽钝谫陋如我者，自难企及前贤所悬目标，但望书中诸文一得之愚，或稍有裨于四方同道对相关议题的思考与探索；至若画眉深浅、入时与否，其唯俟诸大雅君子有以裁之。

董理旧作，回首前尘，南港四分溪畔的生活点滴犹历历在目，无时或忘。深深感念昔时近代史研究所诸位前辈师长，尤其是已故的吕实强所长及张朋园、张存武等三位先生的提携、关怀与宽容，使我得以摆脱理性化学院体制的桎梏，恣意徜徉于古今典籍的浩瀚学海，度过了几十年宁静、平和而愉快的研究生涯。而所内陈永发、张瑞德、罗久蓉与余敏玲等数位同道旧友长期的切磋砥砺、论辩问难，更是激励个人得以完成本书各篇论文的重大助力。此外，多年以来，辱蒙院内院外多位师友的厚爱，或谬加推许，或指点迷津，受益良深，至深铭感。敢假尺幅，谨对以下几位先生略表诚挚之谢悃："中央研究院"人社中心的钱永祥先生，史语所的黄宽重、王明珂和王道还等诸位先生，民族所的黄应贵先生，新竹交通大学的陈光兴先生，上海社科院的周武先生，中国社科院的贺照田先生，以及南京大学的孙江、李恭忠两位先生。

本书得以问世，全赖谭徐锋先生鼎力相助。我久闻徐锋先生在大陆学术出版界的盛名，而未曾谋面，无缘识荆。乃徐锋先生不弃鄙陋，采及葑菲，慨然惠允综理本书之出版事宜。自刏议伊始，中经集稿、定名、编排、校订，乃至洽商出版社等诸般繁剧琐务，皆由先生一肩承担。云情高谊，曷可忘之？

内子黄文珍女士与我结缡近四十年，本书诸文撰作期间，她在本身的教学工作之余，尚需挑负操持家务、抚育子女的重担，可谓备极艰辛。愿趁此机缘，谨将本书题献给她，勉强算是迟来的道谢。

辛丑孟夏

沈松侨谨识于台北

文景

Horizon

社 科 新 知 文 艺 新 潮

纷纭万端：近代中国的思想与社会

沈松侨 著

出 品 人：姚映然
责任编辑：项 玮
营销编辑：胡珍珍
美术编辑：安克晨
封扉设计：周伟伟

出　　品：北京世纪文景文化传播有限责任公司
　　　　　（北京朝阳区东土城路8号林达大厦A座4A 100013）
出版发行：上海人民出版社
印　　刷：山东临沂新华印刷物流集团有限责任公司
制　　版：北京楠竹文化发展有限公司

开 本：730mm×980mm 1/16
印 张：31.75　字 数：420,000　插页：2
2024年9月第1版　2025年5月第3次印刷
定 价：98.00元
ISBN：978-7-208-18852-5 / K·3369

图书在版编目（CIP）数据

纷纭万端：近代中国的思想与社会 / 沈松侨著. ––
上海：上海人民出版社，2024
（新史学&多元对话系列）
ISBN 978-7-208-18852-5

Ⅰ.①纷… Ⅱ.①沈… Ⅲ.①中国历史–近代史–文
集 Ⅳ.①K250.7–53

中国国家版本馆CIP数据核字（2024）第073400号

社科新知 文艺新潮 ｜ 与文景相遇

微信公众号　　　　微　博　　　　　豆　瓣

bilibili　　　　　　抖　音　　　　　小红书